EUROPA-FACHBUCHREIHE für wirtschaftliche Bildung

All inclusive – Fachwissen Tourismus

Unternehmerisch Handeln

Band 4

VERLAG EUROPA-LEHRMITTEL
Nourney, Vollmer GmbH & Co. KG
Düsselberger Straße 23 · 42781 Haan-Gruiten

Europa-Nr. 60709

Autor
Günter de la Motte
Studiendirektor, Worms

Lektorat
Birgit Bassus, Rödermark

1. Auflage 2013
Druck 5 4 3 2 1

Alle Drucke derselben Auflage sind parallel einsetzbar, da bis auf die Behebung von Druckfehlern untereinander unverändert.

ISBN 978-3-8085-6070-9

http://www.europa-lehrmittel.de
Umschlag, Satz und Layout: tiff.any GmbH, 10999 Berlin
Druck: Konrad Triltsch Print und digitale Medien GmbH, 97199 Ochsenfurt-Hohestadt

Vorwort

Band 4 der Reihe »*All inclusive* – Fachwissen Tourismus« beinhaltet die Lernfelder 8, 9, 10, 12 und 13.

Entsprechend dem Lehrplan werden in Lernfeld 8 die notwendigen *Basics* gelegt, um auf der Basis von Kundenwünschen und unter Berücksichtigung spezifischer Bedürfnisse bedarfsgerechte Angebote von Flug-, Bahn- und Fernlinienbusreisen, Fährpassagen und Mietwagennutzungen für Privat- und Geschäftsreisende zu konfigurieren und zu vermitteln.

Des Weiteren werden in Lernfeld 9 die notwendigen Parameter aufgezeigt, um auf der Grundlage von Marktforschungserkenntnissen eigene Reiseveranstaltungen in eine Destination selbstständig und eigenverantwortlich im Rahmen der Produkt- und der Preispolitik unter Berücksichtigung einer Chancen-Risiken-Analyse zu planen und zu entwickeln. Hierbei werden selbstverständlich die rechtlichen Aspekte der Veranstaltertätigkeit und die Absicherung der Veranstalterrisiken mit einbezogen.

Die Darstellung der Distributionspolitik erfolgt in Lernfeld 10 praxisgerecht als abgestimmte *Multi-Channel-Distribution* unter Einbeziehung des *Marketing-Controllings* und berücksichtigt im Rahmen eines integrierten strategischen Kommunikationskonzeptes das klassische Wettbewerbsrecht. Im Hinblick auf den Gesamtprozess der Produkterstellung und Produktvermarktung werden die Marketinginstrumente in ihrer Wirksamkeit unter ökonomischen und ökologischen Aspekten bewertet.

In Lernfeld 12 werden Möglichkeiten zur Optimierung von Betriebsabläufen und die Entwicklung von effektiven Instrumenten zur Planung, Steuerung, Kontrolle und Sicherung der Dienstleistungsqualität aufgezeigt, um ein Unternehmen dauerhaft – auch bei unterschiedlichen wirtschaftlichen Entwicklungen – am Markt zu positionieren.

Lernfeld 13 schließlich vermittelt das notwendige »Rüstzeug«, um ein branchenbezogenes Projekt selbstständig und eigenverantwortlich erfolgreich zu managen.

Sommer 2013

Der Verfasser

Lernfeld 8

Reiseleistungen für Privat- und Geschäftsreisende vermitteln und organisieren ... 9

1 Organisation von Geschäftsreisen ... 10
1.1 Begriffe rund um Geschäftsreise ... 12
1.2 Reiserichtlinien ... 17
1.3 Buchungswege ... 20
1.4 Einkauf von Business Travel-Leistungen ... 22
1.5 Vergütungsmodelle ... 25
1.6 Rahmenprogramme ... 27
Aufgaben ... 29

2 Buchung von Beförderung und Mobilität ... 30
2.1 Flugbeförderung ... 31
2.1.1 Fluggastrechte und Haftungsbestimmungen ... 32
2.1.2 Luftfahrtallianzen und -kooperationen ... 42
2.1.3 Flugtarife und Beförderungsklassen ... 46
2.1.4 Gepäckkonzepte ... 50
2.1.5 Loyalty-Programme ... 54
2.2 Bahnreisen ... 60
2.2.1 Europäischer Bahn- und Fernverkehr ... 62
2.2.2 Tarifangebote im Fernverkehr 67
2.2.3 Fahrgastrechte ... 70
2.2.4 Kundenbindungs- und Rabattprogramme ... 74
2.3 Verkehrsmittel Bus ... 79
2.3.1 Öffentlicher Busverkehr ... 79
2.3.2 Fernlinienbusverkehr ... 80
2.3.3 Fernbusreisen ... 84
2.3.4 Fahrgastrechte im Kraftomnibusverkehr ... 86
2.4 Schiffs- und Fährpassagen ... 88
2.4.1 Schiffstypen ... 89
2.4.2 Ausstattung an Bord ... 93
2.4.3 Fährbuchung ... 95
2.4.4 Haftung im Fährverkehr ... 97
2.5 Mietwagennutzung ... 99
2.5.1 Anbieter von Mietwagen ... 100
2.5.2 Mietwagenbuchung ... 101
2.5.3 Versicherungen und Voucher 104
2.5.4 Tankregelungen und Bezahlung ... 107
Aufgaben ... 109

3 Buchung von Beherbergung ... 115
3.1 Touristische Unterkünfte ... 115
3.2 Hotelklassifizierung ... 117
3.2.1 Deutsche Hotelklassifizierung 118
3.2.2 Markenhotellerie ... 120
3.2.3 Hotelketten und -kooperationen ... 124
3.3 Hotelvielfalt ... 125
3.3.1 Offene Standards ... 126
3.3.2 Hotelname als Marketinginstrument ... 127
3.3.3 Erlebniswelten ... 129
3.4 Der Beherbergungsvertrag ... 134
Exkurs: Teilzeit-Wohnrechtvertrag ... 136
3.5 Kundenbindungsprogramme ... 138
Tabelle: Überblick Bonusprogramme der großen Hotelketten und -kooperationen ... 139
Aufgaben ... 141

Lernfeld 9
Eigenveranstaltungen entwickeln 143

1 Marketing 144
1.1 Marketinginstrumente 145
1.2 Marketingziele........148
1.3 Vorbereitung einer Marketingstrategie 149
Aufgaben 150

2 Produktpolitik 151
2.1 Produktprogramm........152
2.2 Produktlebenszyklus........154
2.3 Produktplanung und -entwicklung 157
2.4 Nachhaltige Produktpolitik ..160
Aufgaben 165

3 Preispolitik........ 167
3.1 Marktstrukturen bestimmen den Preis........168
3.2 Preisbildung und Gleichgewichtspreis........169
3.2.1 Preiselastizitäten........173
3.2.2 Kreuzpreis- und Einkommenselastizitäten 176
3.3 Preisbildung in verschiedenen Marktformen 177
3.3.1 Preisbildung im Oligopol 180
3.3.2 Das Modell der geknickten Nachfragekurve 181
3.4 Klassische Preisfindungsstrategien........182
Aufgaben 185

4 Analyse der Marktposition eines Unternehmens 190
4.1 Marktforschung........190
4.1.1 Marktforschungsformen.....192
4.1.2 Methoden der Datenerhebung194
Exkurs: Auswertung einer empirischen Befragung........195
4.2 Marktanalysen........200
4.2.1 Situationsanalyse und Umfeldanalyse........200
4.2.2 Branchenanalyse........201
4.2.3 Wettbewerbsanalyse........202
4.3 Unternehmensanalysen 205
4.3.1 SWOT-Analyse 206
4.3.2 Portfolioanalyse........209
4.3.3 Produktlebenszyklus-Analyse 211
Aufgaben 212

5 Entwicklung einer Marketingstrategie 214
5.1 Kunden- und wettbewerbsbezogene Strategien........215
5.1.1 Marktsegmentierung 217
5.1.2 Marktfeldstrategien 220
5.2 Produktpolitische Strategien .223
5.2.1 Leistungsdiversifikation und -differenzierung 223
5.2.2 Präferenzstrategie und Simultanstrategie 225
5.3 Preispolitische Strategien 226
5.3.1 Preis-Mengen-Strategie, Preisbündelung, Target Pricing 226
5.3.2 Preisdifferenzierung........227
5.3.3 Yield-Management........230
Aufgaben 232

6 Eigene Leistungen bündeln und kalkulieren 234
6.1 Absicherung der Veranstalterrisiken 234
6.1.1 Verträge mit Beherbergungsbetrieben 234
6.1.2 Verträge mit Transportunternehmen........238
6.1.3 Dienstverträge im Tourismus 239
6.1.4 Formulierung Allgemeiner Geschäftsbedingungen (AGB) 241
6.2 Einholen von Angeboten und Preisen 246
6.2.1 Angebotsvergleich 246
6.2.2 Kommunikation mit Leistungsanbietern in der Destination .248

6.2.3 Preiskalkulation und Muss-Faktoren im Angebotsvergleich . . . 251
Exkurs: Megatrends erfordern Strategieanpassungen . . . 252
Aufgaben . . . 253

Lernfeld 10

Eigenveranstaltungen vermarkten und auswerten . . . 255

1 Kommunikationspolitik . . . 256
1.1 Kommunikationsinstrumente 256
1.2 Corporate Identity . . . 258
1.2.1 Corporate Behaviour . . . 260
1.2.2 Corporate Design . . . 261
1.2.3 Corporate Communication . . . 263
1.3 Elemente der Unternehmenskommunikation . . . 264
1.3.1 Interne Kommunikation . . . 264
1.3.2 Öffentlichkeitskommunikation/Public Relations . . . 265
1.4 Nachhaltige Kommunikationspolitik . . . 267
Aufgaben . . . 269

2 Distributionswege . . . 270
2.1 Traditionelle Vertriebswege . . 272
2.1.1 Handelsvertreter Reisebüro . . 273
2.1.2 Reisebüroketten und -kooperationen . . . 275
2.1.3 Mischform Franchising . . . 277
2.2 Elektronischer Marktplatz . . . 279
Aufgaben . . . 281

3 Wettbewerbsrecht . . . 282
3.1 Unlautere Wettbewerbshandlungen . . . 284
3.2 Unlautere Werbung . . . 285
3.3 Pflicht zur Preisangabe . . . 287
3.4 Rechtsfolgen unlauterer Handlungen . . . 289
Aufgaben . . . 290

4 Marketingkommunikation und Vermarktung . . . 292
4.1 Vom Werbebudget zum Werbeplan . . . 293
4.2 Direktmarketing . . . 298
4.3 Verkaufsförderungsmaßnahmen . . . 300
4.3.1 Sponsoring . . . 302
4.3.2 Product Placement . . . 303
4.4 Online-Marketing . . . 304
4.4.1 E-Mail-Marketing . . . 304
4.4.2 Affiliate-Marketing . . . 305
4.4.3 Social Media-Marketing . . . 306
Exkurs: Code of Conduct – Ehrenkodex für den Bereich Online-Marketing . . . 308
Aufgaben . . . 309

5 Überwachung von Zahlungseingängen . . . 310
Aufgaben . . . 312

6 Marketing-Controlling . . . 313
6.1 Erfolgsbewertungen . . . 314
6.2 Messung der Werbewirksamkeit . . . 315
6.3 Überprüfung der Kundenzufriedenheit . . . 318
6.3.1 Confirmation-/Disconfirmation-Paradigma . . 319
6.3.2 Kano-Modell und Kano-Analyse . . . 320
6.4 Aktives Reklamationsmanagement . . . 324
6.5 Erfolg unter den Kriterien der Nachhaltigkeit . . . 327
6.6 Ökonomische Erfolgskontrollen . . . 330
6.7 Einflussfaktoren auf zukünftige marktpolitische Entscheidungen . . . 332
Aufgaben . . . 335

Lernfeld 12

Unternehmerisches Handeln mitgestalten 337

1 Konjunkturseismograf Reisebranche 338
1.1 Konjunktur 339
1.2 Konjunkturphasen 342
1.3 Konjunkturindikatoren 344
Aufgaben 350

2 Kundenbindung – Kundenbeziehung – Kundenwert ... 355
2.1 CRM: Der Kunde im Visier ... 355
Exkurs: Gesprächsleitfaden 360
2.2 Kundenbeziehungs-Lebenszyklus 366
2.3 Ermittlung des Kundenwertes 369
2.4 Kundenportfolio 374
2.5 Messung der Kundenzufriedenheit 375
2.6 Nachhaltige Kundenbindung 379
2.7 Aktives Beschwerdemanagement 382
Aufgaben 384

3 Prozesskostenrechnung 387
3.1 Tätigkeitsanalyse 390
3.2 Definition des Hauptprozesses 393
3.3 Ermittlung von Kostentreibern 394
3.4 Festlegung von Prozessmengen 396
3.5 Bestimmung der Prozesskosten 397
3.6 Ermittlung der Prozesskostensätze 400
Aufgaben 407

4 Chancen und Risiken einer Marke 410
4.1 Markengesetz – der juristische Hintergrund ... 410
4.2 Ökonomische Merkmale einer Marke 411
4.3 Markenstrategien der Reiseveranstalter 414
4.4 Markenzeichen 419
4.5 Markenkontrolle 420
Aufgaben 422

5 Servicequalität im Reisebüro 425
5.1 Qualitätsmanagement 426
5.2 Kundenorientierter Qualitätsbegriff 429
5.3 Qualitätsmessungen von Dienstleistungen 431
5.3.1 Fünf Dimensionen der Dienstleistungsqualität 432
5.3.2 Erweiterung der Dimensionen 434
5.3.3 Abfrage und Bewertung 437
5.4 Qualitätskreislauf eines Reisebüros 439
5.5 Qualitätszertifikate 441
Aufgaben 445

Lernfeld 13

Projekte planen, durchführen und auswerten 447

1 Projektarbeit 448
1.1 Projektmanagement 449
1.2 Projektziele 452
1.3 Projektbeteiligte und Projektorgane 454
1.4 Projektorganisation 456
1.5 Projektdokumentation und -informationssystem 459
Aufgaben 461

2 Projektvorphase 463
2.1 Kreativitätstechniken/ -methoden 464
2.2 Projektinitialisierung und notwendige Dokumente 472
2.2.1 Projektantrag und Projektsteckbrief 473
2.2.2 Projektauftrag 473
2.2.3 Lastenheft und Pflichtenheft 474
2.3 Projektstart 475
Aufgaben 477

3 Projektplanung 478
3.1 Projektstrukturplan 479
3.1.1 Arbeitspakete 480
3.2 Projektablaufplan 482
3.2.1 Meilensteine 482
3.2.2 Gantt-Diagramm 483
3.3 Netzplan 485
3.3.1 Vorgangsknoten 485
Exkurs: Anwendung der Netzplantechnik 487
3.3.2 Netzplanpuffer 488
3.3.3 Kritischer Pfad 490
3.4 Kapazitätsplanung 492
3.5 Kostenplan 495
3.6 Risikomanagement und Planoptimierung 497
Aufgaben 500

4 Projektdurchführung 502
4.1 Projektcontrolling 503
4.1.1 Meilenstein-Trend-Analyse . . 505
4.1.2 Kosten-Trend-Analyse 507
4.1.3 Risikocontrolling 508
4.2 Projekt-Berichtswesen 510
4.2.1 Projekt-Statusbericht 510
Aufgaben 514

5 Projektende und Abschlussbericht 515
Aufgaben 517

Lernfeld 8

Reiseleistungen für Privat- und Geschäftsreisende vermitteln und organisieren

Europa ist die wichtigste Zielregion für den weltweiten Tourismus und auch diejenige Region, aus der die meisten Touristen kommen. Die Anzahl der internationalen Ankünfte in Europa stieg von 25,3 Millionen im Jahr 1950 auf 472,7 Millionen im Jahr 2010. Bis 2020 wird sie auf über 700 Millionen steigen (▸ Fachwissen Tourismus Band 1, LF 1, Kapitel 1). Es wird angenommen, dass etwa 20 Prozent der Touristen Geschäftsreisende sind.

Der Bereich der Geschäftsreisen ist ein umsatzstarker Markt. Der Verband Deutsches Reisemanagement (VDR) hat in seiner Geschäftsreiseanalyse für das Jahr 2011 insgesamt 8,8 Millionen Geschäftsreisende und 163,9 Millionen Geschäftsreisen für Deutschland im Wert von 44,8 Milliarden Euro angegeben. Dieses Marktvolumen zeigt an, dass in den Zukunftsmärkten für nachhaltige Geschäftsreisen große Potenziale liegen.

1 Organisation von Geschäftsreisen

Der Begriff »Reiseverkehr« subsumiert zum einen ***Leisure Travel,*** also den privaten Reiseverkehr und zum anderen ***Business Travel,*** den Geschäftsreiseverkehr.

Thomas Cook, der »Erfinder der Pauschalreise«, organisierte am 17. Mai 1861 eine Reise für Arbeiter per Bahn und Schiff von London nach Paris. Er buchte **Beförderungsmittel, Unterkunft und Verpflegung** für seine Reisenden bei verschiedenen Leistungsträgern. Diese nutzte auch *Phelias Fogg*, der Protagonist aus *Jules Vernes* »In 80 Tagen um die Welt«. Er war der Geschäftsreisende *par excellence*. Wie die *Business-Traveler* heute benötigte er jedoch bei seinem Trip um den Globus ein **effizientes Mobilitäts- und Beherbergungsangebot**, um sein Vermögen vor dem Zugriff seiner Londoner Wettkumpanen zu retten.

Geschäftsreisende und **Privatreisende** unterscheiden sich eklatant hinsichtlich der Reisemotive und der Reiseorganisation, außerdem in ihren Sicherheits-, Service- und Komfortbedürfnissen. Entsprechend ergeben sich für die Organisation und Buchung einer Reise **völlig verschiedene Ansprüche**.

Vergleichskriterien	*Leisure Travel*	*Business Travel*
Motiv der Reise	individuell, private Motive	ökonomisch, fremd bestimmte Motivation
Zweck	private, individuelle Bedürfnisbefriedigung	► Anbahnung/Aufrechterhaltung/ Ausbau von wirtschaftlichen Beziehungen zwischen räumlich getrennten Geschäftspartnern ► unternehmensinterne Reisen wegen unterschiedlicher Standorte
Reisezeit, Saison	Brückentage, Wochenenden, Urlaubstage Hauptsaison: Ferienzeit	ganzjährig, i. d. R. während der Arbeitswoche
Zeitfenster	Freizeit	Arbeitszeit
präferierte Reiseziele	Urlaubs-/Freizeitdestinationen	ökonomische Zentren
Bestimmung des Reiseziels	Reisende/r wählt selbst aus	Bestimmt durch die Organisatoren der geschäftlichen Treffen im Rahmen von z. B. Konferenzen, Ausstellungen, Messen, Tagungen, Seminaren, Kongressen und *Incentive*-Reisen

Vergleichskriterien	*Leisure Travel*	*Business Travel*
Planungs- und Vorlaufzeit	i. d. R. mittel- bzw. längerfristig, zunehmend kurzfristig (Kurzurlaubsreisen)	häufig kurzfristig
Finanzierung der Reisekosten	privates Reisebudget	Arbeitgeber
Transportmittel	individuelle Entscheidung des Reisenden	In der Regel in Reiserichtlinien des Unternehmens festgeschrieben
Komfortbedürfnis	Flug i. d. R. *best buy*-Flüge Unterkünfte am Zielort sind 3- bis 4-Sterne-Hotels HP, VP, *All inclusive*, u. a.	► Transport/Beherbergung von bestmöglichem Preis/Leistungs-Verhältnis ► erstklassige Service, hervorragende Betreuung bis Luxus ► authentische regionale Erlebnisse
Sicherheitsbedürfnis	u. a.: ► persönlicher, deutschsprachiger Ansprechpartner ► Reisekostenrücktrittsversicherung, ggf. Auslandskrankenversicherung ► entspannende und unbeschwerte Sicherheitslage ► Visumbeschaffung ► Aufklärung über Impf- und Gesundheitsbestimmung	u. a.: ► Auslandskrankenversicherung, Reiseunfall- und Haftpflichtversicherung ► Krisenprävention und Krisenmanagement ► Risikovorsorge ► direkte Beratung von Reisewilligen und Touristen vor Ort
Buchungszeitraum	Kurz- bis langfristig	i. d. R. kurzfristig
Umbuchung	stellt Ausnahme dar	häufig
Servicebedürfnis	► entspannende Aktivitäten (Animation, Sport- und Ausflugsangebot) ► alles, um »sich treiben lassen zu können«	► Professionalität, Pünktlichkeit, Diskretion, Plansicherheit und Gestaltungsflexibilität, ► Visumbeschaffung
Bezahlung	Anzahlung, Restzahlung (meist als Lastschrift)	auf Rechnung, Firmenkarte
Reisedauer	► Haupturlaubsreise durchschnittlich 12,3 Tage ► zusätzliche Urlaubsreisen durchschnittlich 9,3 Tage (Stand 2012)	durchschnittlich 1,8 Tage (Stand 2012)
Reiserecht	dominant Pauschalreisen (► Band 1, LF 4.1, Kapitel A.1)	meist Individualreisen (► Band 1, LF 4.1 Exkurs Kapitel A.1)

Tab. Ansprüche von Privat- und Geschäftsreisenden (Beispiele)

Der Geschäftsreisende bucht eine Reise, um zum Beispiel an Konferenzen, Tagungen und Messen teilzunehmen, also Geschäftstermine wahrzunehmen. Das Segment der *Business*- oder Geschäftsreisen wird daher oftmals auch als **MICE-Segment** (engl. *Meetings, Incentives, Conventions & Events*) bezeichnet. Der Reiseverlauf und Reiseablauf richtet sich entsprechend nach den Geschäftsterminen. Der ***Business*-Kunde** ist aufgrund des **vorgebenden Zeitrahmens** der Reise **unflexibel**. Da Geschäftstermine verschoben bzw. abgesagt werden können, sollten **Umbuchungs- und Stornierungsmöglichkeiten** hingegen **flexibel** gestaltet sein.

1.1 Begriffe rund um die Geschäftsreise

Auswärtstätigkeit

Das steuerrechtliche Pendant zum Begriff »Geschäfts- oder Dienstreise« ist die **beruflich veranlasste Auswärtstätigkeit,** die in den Lohnsteuerrichtlinien (LStR) 2008 geregelt ist.

- Eine **Auswärtstätigkeit** liegt vor, wenn der Arbeitnehmer außerhalb seiner Wohnung und an keiner seiner regelmäßigen Arbeitsstätten vorübergehend tätig wird.
- Die **Tätigkeit ist vorübergehend**, wenn der Arbeitnehmer voraussichtlich an die regelmäßige Arbeitsstätte zurückkehren und dort seine berufliche Tätigkeit fortsetzen wird.
- Für das Vorliegen einer Auswärtstätigkeit ist **keine Mindestentfernung** von Wohnung oder regelmäßiger Arbeitsstätte erforderlich.

Die Lohnsteuerrichtlinien regeln insbesondere die mit der Auswärtstätigkeit verbundenen **nachgewiesenen Reisekosten** (Fahrtkosten, Verpflegungsmehraufwendungen, Übernachtungskosten und Reisenebenkosten, vgl. R 9.4 LStR) für Arbeitgeber und Arbeitnehmer. Auf eine Ausführung wird an dieser Stelle verzichtet.

Business Travel Management

In Unternehmen ist das *Business Travel Management* für die Abwicklung von »Geschäftsreisen« verantwortlich. **Aufgabe des *Business Travel Managements*** ist die Analyse, Steuerung sowie Optimierung der Prozesse und Leistungen der geschäftsbedingten Reiseaktivitäten in einem Unternehmen. Sie umfasst die Planung, Organisation, Durchführung, Abrechnung und Kontrolle der »Geschäftsreisen«.

Der **Verband Deutsches Reisemanagement (VDR)** nennt folgende zentralen Aufgaben für das *Business Travel Management*:

- Reiserichtlinien festlegen
- Verhandlungen mit Reisebüros führen
- Verhandlungen mit Leistungsträgern führen
- Reisekosten steuern und kontrollieren

Geschäftsreise

[Ist] Jede **betrieblich veranlasste Reise**, die anhand von einzelnen Reisekostenabrechnungen erfasst wird. Dauer, Zweck, Entfernung, Ziel der Reise oder berufliche Stellung der Reisenden sind hierfür unerheblich. Somit fließen auch Fahrten zum ständigen oder wechselnden Arbeitsplatz oder Fahrten ohne Ortswechsel in die Zahlen mit ein, sobald sie als ▸ Geschäftsreisekosten abgerechnet werden.

www.vdr-service.de/info-center/vdr-glossar

Geschäftsreisekosten

Der Begriff umfasst sämtliche Kosten für Transport (z. B. Flug, Mietwagen, Bahn, Taxi, Dienstwagen), Übernachtung, Verpflegung (eigene und/oder Bewirtung von Geschäftsfreunden) Kommunikations-, Seminar-, Kongress- und Nebenkosten. Diese **direkten Reisekosten** werden im Rahmen der Reisekostenabrechnungen eingereicht und erstattet.

Daneben gehören auch die **indirekten Reisekosten** für Dienstleistungen (u. a. Reisebüro-Serviceentgelte, Kreditkartenentgelte und Lizenzgebühren für ein *Travel Management-System*) zu den ▸ Geschäftsreisekosten.

Geschäftsreiseverkehr

Geschäftsreiseverkehr[1]

- 8,8 Mio. Geschäftsreisende machten 2011
- 163,9 Mio Geschäftsreisen im Wert von
- 44,8 Mrd. EUR[1]
- Ca. 20.000 Geschäftsreisebüromitarbeiter

Urlaubsreiseverkehr[2]

- 54 Mio Urlaubsreisende machten 2011
- 148 Mio Urlaubsreisen im Wert von
- 79 Mrd. EUR
- Ca. 62.000 Reisebüro-Mitarbeiter

[1] VDR (2012): Geschäftsreiseanalyse 2012, Marktanalyse zum Jahr 2011

[2] FUR (2012): Die 41. Reiseanalyse RA 2012, Marktanalyse zum Jahr 2011

Abb. Vergleichszahlen »Geschäftsreise« *versus* Urlaubsreise

Geschäftsreisen sind ein erheblicher **Kostenfaktor im Unternehmen**. Ihre Intensität ist sowohl ein Barometer für die Entwicklung nationaler Volkswirtschaften, als auch der globalen wirtschaftlichen Entwicklung. **Weltweit** wurden im Jahr 2011 ca. 967 Mrd. US Dollar für »Geschäftsreisen« ausgegeben.

Deutschland ist als Geschäftsreiseziel in Europa die Nummer Eins. Mit einem Gesamtumsatz von rund 66 Milliarden Euro (Stand 2011) sind Geschäftsreisen ein bedeutender Wirtschaftsfaktor im Deutschland-Tourismus.

Der Geschäftsreisebereich reagiert empfindlich und kurzfristig auf das **Weltgeschehen**. Naturkatastrophen, politische Verwerfungen und neue Terrorgefahren führen zu einer Abnahme der Geschäftsreisetätigkeit.

Kundenprogramme

Kundenprogramme sind Abkommen mit Anbietern von Reisedienstleistungen (Fluggesellschaften, Bahngesellschaften, Mietwagengesellschaften, Hotelketten ▸ Kapitel 2.1.5, 2.2.4 und 3.5), die bei Abfragen zu verfügbaren Reisedienstleistungen bzw. bei der *Online*-Buchung berücksichtigt werden können.

Reisekosten

Zu den mit der Auswärtstätigkeit verbundenen Reisekosten zählen **Fahrtkosten, Verpflegungsmehraufwendungen, Übernachtungskosten und Reisenebenkosten** gemäß R 9.4 LStR (**direkte Reisekosten**). Während die nachgewiesenen Fahrtkosten, Übernachtungskosten und Reisenebenkosten ohne Begrenzung vom Arbeitgeber **lohnsteuerfrei ersetzt** werden können, werden Verpflegungsmehraufwendungen nur in Höhe bestimmter **Pauschalen** als nicht steuerpflichtiger Arbeitslohn anerkannt.

Sollten die dem Arbeitnehmer entstandenen Kosten vom Arbeitgeber nicht oder nicht bis zur steuerlich zulässigen Höhe ersetzt werden, verbleibt dem Arbeitnehmer die Möglichkeit des **Abzugs als Werbungskosten** im Rahmen seiner persönlichen Einkommensteuererklärung. (Einzige Ausnahme: Übernachtungspauschalen können zwar vom Arbeitgeber gezahlt werden, nicht jedoch vom Arbeitnehmer als Werbungskosten geltend gemacht werden.)

Reiseprofil

Durch das Zuordnen des Reiseprofils zu einem Reisenden kann die Einhaltung der Reiserichtlinien eines Unternehmens (▸ Kapitel 1.2) bei der Reiseplanung und Buchung von Reisen für diesen Reisenden gesteuert und gewährleistet werden.

Das Reiseprofil eines Reisenden setzt sich aus mehreren Parametern zusammen. Ein Beispiel für die Abfrage und Dokumentation eines Reiseprofils ist auf der nächsten Seite abgedruckt.

Traveller Profile Record

DML-Travel

Firma: **Kundennummer:**

Personal- und Kontaktdaten

Herr/Frau: Titel:
Nachname(n): .... Vorname(n): ....
Geburtsdatum: .... Nationalität: ....
Telefon *Office*: Mobil: E-Mail:
Personalausweis-/Reisepass-Nr.: ausstellende Behörde:
Ausstellungdatum und Ort: Gültigkeitsdauer:
Führerscheinklasse: Ausstellungdatum/Ort:

Firmen Daten:

Personal-Nr.: Kostenstelle:
Abteilung/Betriebsstätte: Sekretariat:
Travel Arranger:
Nachname(n): Vorname(n):
Telefon *Office*: Mobil: E-Mail:

Flugreisen — *Airline* Präferenz

Airline: Vielflieger-/Bonuskarten-Nr.:
Airline: Vielflieger-/Bonuskarten-Nr.:
Airline: Vielflieger-/Bonuskarten-Nr.:

Sitzplatzreservierung: ☐ Gang ☐ Fenster ☐ spez. Reihe
Spezielles Essen: ☐ vegetarisch ☐ laktosefrei ☐ sonstiges ....

Bahnreisen

Bahncard-Nr.: Gültigkeit:
☐ BC 25 % ☐ BC 50 % ☐ BC 100 % ☐ 1. Klasse ☐ 2. Klasse

Sitzplatzreservierung: ☐ Gang ☐ Fenster ☐ Großraum ☐ Abteil ☐ Tisch ☐ Handyzone

Hotel/Mietwagen

Hotelkette: Bonusprogramm: Karten-Nr.:
Hotelkette: Bonusprogramm: Karten-Nr.:
Präferenz:

Autovermieter: Bonusprogramm: Karten-Nr.:
Autovermieter: Bonusprogramm: Karten-Nr.:
Präferenz:

Kreditkarten

Karteninhaber: Kartenemittent:
Kartennummer: Gültigkeit:

Wesentliche Bestandteile eines Reisenden-Profils:

- Personalstammdaten des Mitarbeiters
- Inhaber: Kreditkarten (Mitarbeiterkreditkarte, ggf. sonst private Kreditkartenangaben) Inhaber: Rabattkarten (z. B. *BahnCard*)
- Mitgliedschaften (Bonusprogramme, *Preferred-Card*)
- Teilnahme an Kundenprogrammen

persönliche Präferenzen, soweit sie den Unternehmensrichtlinien entsprechen:

- Hotelpräferenzen (z. B. bevorzugte Hotelkette, Zimmerpräferenzen)
- Mietwagenpräferenzen (Fahrzeugpräferenzen, Anbieterpräferenzen)
- Bahnpräferenzen (Abteilart, Sitzposition)
- Flugpräferenzen (Sitzposition, Verpflegung)

Einmal für den Reisenden angelegt, weiß z. B. das Reisebüro bei jeder Reservierung, ob der Reisende im Flugzeug am liebsten am Gang sitzt oder ein vegetarisches Essen bevorzugt und kann die Bonusprogramm-Nummer des Kunden jeder Buchung zuordnen.

Travel App

Ein *Travel App* als persönliche Reisebegleiter informiert jederzeit u. a. über Flugverspätungen und Annullierungen, zeigt Straßenkarten, Hoteladressen und Mietwagenstationen an, hilft in Krisensituationen und gibt Reisetipps für die Auslandsreise (soziokulturelle Besonderheiten, Bräuche, Sitten und Tabus). Diese Applikationen können auch beim Buchen, Stornieren oder Umbuchen von Reiseleistungen zum Einsatz kommen.

Travel Manager

Der *Travel Manager* ist der zentrale Ansprechpartner für die Geschäftsführung, die externen Leistungsträger und den Reisenden bei Geschäftsreisen. Seine Kernaufgabe ist es **Reisekosten zu senken** bzw. so gering wie möglich zu halten. Dies kann durch Optimierung des Einkaufs aller Reiseleistungen und durch interne/externe Prozessoptimierung unter Berücksichtigung der Zufriedenheit der Geschäftsreisenden und ihrer Sicherheit erreicht werden.

Er (bzw. *Travel Management*) entscheidet, ob die damit verbundenen Leistungen für die Mitarbeiter vom Unternehmen selbst erbracht werden, ein Reisebüro zur Unterstützung und Beratung in den Prozess eingebunden wird oder ein Reisebüro das komplette *Travel Management* für das Unternehmen erbringen soll (***outsourcing***). Die Unternehmen bedienen sich Serviceleistungen externer Anbieter in unterschiedlichem Umfang.

1.2 Reiserichtlinien

Die **Reiserichtlinien eines Unternehmens** (engl. *Travel Policy*) sind die Grundlage für die Durchführung von beruflich veranlassten Auswärtstätigkeiten und steuern Art und Umfang der erlaubten »Geschäfts-/Dienstreisen«. Sie sollen das Erreichen der Unternehmensziele unterstützen und zur Unternehmenskultur passen.

Die Reiserichtlinien basieren auf dem **Direktionsrecht des Arbeitgebers** und unterliegen i. d. R. der Zustimmung durch den Betriebsrat. Sie können im Rahmen einer Betriebsvereinbarung gelten. Sie sollten einfach und klar formuliert sein und keinen Raum für Interpretationen bieten.

BEISPIEL

Formulierte Reiserichtlinien

- »Diese Reiserichtlinien gelten ab ... für Dienstreisen im In- und Ausland.«
- »Die Genehmigung von Dienstreisen erfolgt durch den jeweiligen Vorgesetzten.«
- »Reisekostenvorschüsse werden für die Reisenebenkosten dem Mitarbeiter bar ausgezahlt, sofern ihm keine Firmenkreditarte überlassen wird.«
- »Der Mitarbeiter nutzt bei der Auswahl die günstigste Verkehrsverbindung.«
- »Die Verbindung von Dienst- und Privatreisen ist grundsätzlich nicht gestattet.«
- »Stornierungen von Reiseleistungen und Rückgaben nicht genutzter Reisemittel sind vom Reisenden unverzüglich durchzuführen.«
- »Der Mitarbeiter ist gehalten, einen Flug aus der Liste der Rahmenvertragspartner (engl. *Preferred Carrier List*) zu buchen.«
- »Reisekosten sind spätestens innerhalb 4 Wochen nach Beendigung der Reise anzuzeigen.«

Kernfrage ist: Wer darf Was mit Wem und Wie?

Inhaltlich sollten alle relevanten Grundsatzfragen im Zusammenhang mit einer Geschäftsreise abgeklärt werden und der Rahmen für den gesamten **Geschäftsreiseprozess** (► Kapitel 1.4) u. a. Planung, Vorbereitung, Genehmigung, Bestellung, Bezahlung, Durchführung und Abrechnung, im Unternehmen und dessen Ablauf verbindlich vorgeben werden. Für die Nichteinhaltung sind Konsequenzen zu definieren.

MERKE

Reiserichtlinien

Reiserichtlinien sind ein wichtiges Kommunikationsmittel des *Travel Managements* und gleichzeitig wichtigste Informationsquelle für die/den Reisende/n. Sie geben eine Vielzahl von Weisungen und Rechten vor.

Die **Akzeptanz von Reiserichtlinien** wird i. d. R. erhöht, wenn sie in gleicher Weise für alle Hierarchieebenen verbindlich sind.

Wesentliche Bestandteile von Reiserichtlinien:

© CreativStudio – MEV Verlag

© Karl Holzhauser – MEV Verlag

© Karl Holzhauser – MEV Verlag

© Independent Light – MEV Verlag

- Festlegung des **Geltungsbereiches** der *Travel Policy*
- Definition einer **Auswärtstätigkeit**
- Erläuterungen der **steuerlichen Aspekte** einer Auswärtstätigkeit
- Angaben zum **Genehmigungsverfahren** einer Auswärtstätigkeit
- Besonderheiten bei internationalen Reisen (aktuelle **Sicherheitsempfehlungen**)
- Festlegung der **Transportmittelwahl** (Beförderungsklasse) und **Übernachtungskategorien**
- Festlegung der **Buchungswege** für Flug, Bahn, Mietwagen, Hotel, z. B. über Reisebüro oder *Online*buchungssysteme
- Erläuterungen zum **Einsatz von Firmenkarten** (engl. *Corporate Card*) und persönlichen Kreditkarten
- Festlegung der **Nebenkostenerstattungen** (u. a. Gepäckbeförderung, Parkgebühren)
- Festlegung des **Versicherungsschutzes** und **Risikomanagement-Regelungen** (z. B. Reiseabbruch, Gesundheitsprävention)
- Regelung zu **Bonusprogrammen**
- Festlegung der **Abrechnungsmodalitäten**
- **Hinweise zu Impf- und Visa**-Bestimmungen
- Erläuterungen zur **Verbindung** einer Geschäfts-/Dienstreise mit einer Privatreise
- Folgen bei **Zuwiderhandlung**

Reisemittler kennen die Reiserichtlinien der Unternehmen und sind dazu angehalten nur **Richtlinien konforme Buchungen** zu tätigen. Sie informieren den *Travel Manager* über das Maß der Einhaltungsquoten (engl. *Compliance Rates*) der Reiserichtlinien und den Ausnahmeberichten (engl. *Exception Reports*).

Risikomanagement

Der Arbeitgeber hat gegenüber seinen Arbeitnehmern nach den Paragrafen §§1 ff. des Arbeitsschutzgesetzes (ArbSchG), nach Paragraf § 618 Bürgerliches Gesetzbuch (BGB) und nach der *EU-Corporate Manslaughter and Homicide Act* (kurz: *EU-Manslaughter Act*) eine **Fürsorgepflicht**.

Diese gilt natürlich auch auf Geschäftsreisen. Ein ***Travel Risk Management*** muss deshalb bereits vor der Reise über mögliche Risiken und notwendige Verhaltensmaßnahmen im Zielgebiet informieren und **medizinische Länderinformationen mit Notrufnummern** bereitstellen. Während der Reise muss die Ortung und Kontaktaufnahme rund um die Uhr gewährleistet sein, um u. a. Unterstützung und Hilfe in Krisenfällen (Krankheit, Terroranschläge, Naturkatastrophen) veranlassen zu können. Die **medizinische Sicherheit** ist durch medizinische Vorsorge und den Abschluss von Auslandskranken- und Unfallversicherungen zu gewährleisten.

Diese Dienste werden zum einen von Geschäftsreisebüros angeboten (► Kapitel 1.4), zum anderen von weiteren Dienstleistern, wie z. B. *International*SOS und iJET *Security*. Die einzuhaltenden Kommunikationswege sollten dem Reisenden bekannt sein.

BEISPIEL

Risk-Management-Dienstleister

International SOS GmbH *Alarm center* Frankfurt

Admin Tel: +49 6102 3588 441

Admin Fax: +49 6102 3588 591

Open 24 hours a day

iJET Security, Annapolis, USA – AUTOMATED RISK MONITORING

iJET's award-winning Worldcue® Global Control Center technology automatically crosschecks our alerts with your employees' trips and expatriate assignments, keeping you informed, 24x7

- 24x7 *real-time threat alerts delivered directly to your phone, PDA or e-mail*
- *Advanced mapping and dashboards to quickly view threats to your people, globally*
- *Automated notifications about changing conditions affecting your people delivered to you and others who need to know*

www.ijet.com/services.aspx?id=16

Nachhaltigkeit

Der Bereich der Geschäftsreisen ist weltweit ein umsatzstarker Markt. Im **Hinblick auf die Nachhaltigkeit** stellt sich Unternehmen die Frage, ob Geschäftsreisen wenigstens teilweise durch moderne Kommunikationsmittel, wie z. B. Audio-, Video- oder Webkonferenzen ersetzt werden können. Solche Möglichkeiten bieten sich u. a. als Ersatz für *Meetings* in aktuellen Krisengebieten, bei kurzfristig anstehenden Entscheidungen oder wenn sich die Geschäftspartner bereits persönlich kennen, an. Dies würde in Folge zu einer Kostenreduktion im Unternehmen führen, da der Reisende selbst häufig das »teuerste Element« der Reise darstellt.

Certified Green Hotel

Für Geschäftsreisen können – genauso wie für jede Privatreise – die **CO_2-Kompensationsmöglichkeiten** von *atmosfair* (unter ► www.atmosfair.de) und *myclimate* (unter ► www.myclimate.org) genutzt werden. Oder es können bestimmte Dienstleister gewählt und genutzt werden. Der **Verband Deutsches Reisemanagement e. V. (VDR)** z. B. hat einen Prüfungskatalog für nachhaltige und ökologisch zukunftsweisende Hotels entwickelt (► www.vdr-service.de). An dem Gütesiegel »*Certified Green Hotel*« erkennen Geschäftsreisende das nachhaltige Hotel.

Einen interessanten **Verkehrsmittelvergleich zwischen Bahn-Flugzeug-Auto** bietet ▸ www.reiseauskunft.bahn.de unter der Rubrik UmweltMobilCheck. Sie vergleicht die Energie*ressourcen*, den Kohlendioxid-Ausstoß und die Feinstaubbelastung der oben genannten Verkehrsmittel.

Weitere Informationen zu Nachhaltigkeit in einem Unternehmen (u. a. *Corporate Social Responsibility*, Unternehmensethik) erhalten Sie in ▸ Fachwissen Tourismus Band 1, LF 1, Kapitel 1.4 und in diesem Band ▸ LF 10, Kapitel 6.5.

1.3 Buchungswege

Der *Travel Manager* oder das *Travel Management* eines Unternehmens entscheidet im Reisebuchungsprozess, welche der angebotenen Buchungswege genutzt werden. Der **Verband Deutsches Reisemanagement (VDR)** e. V. unterscheidet **vier maßgebliche Buchungswege**:

- **Direkt** (über Buchungsmedien wie *Websites* der jeweiligen Anbieter, E-Mail, Telefon, Fax, Automaten)
- **Reisebüro** (vom Buchungsmedium und von der Art der Vertragsbeziehung unabhängig)
- **Travel Management-System** (inklusive Online-Buchungssystem)
- **Internet-Portal**/*Online*-Reisebüro

www.travel-management-wissen.de/glossar

Buchungsweg 1 – Direktbuchung

Das Unternehmen, der Reisende bzw. der *Travel Arranger* (Reisebuchungsassistent) bucht direkt über die *Website*, per E-Mail, Telefon, Fax oder *online* (auch mobile Applikation) zum Beispiel das Hotel, die Fluggesellschaft, die Bahn oder den Autovermieter. Der Leistungsträger nimmt die Buchung in das eigene Reservierungssystem auf und bestätigt sie dem Unternehmen.

Buchungsweg 2 – Buchung über Reisebüros

Die Buchung der Geschäftsreise über ein Reisebüro erfolgt meist telefonisch oder per E-Mail und beansprucht kaum eine Beratung, da Zeit, Ziel und Dauer schon vorgegeben sind. Dem Reisebüro obliegt die operative Durchführung und Abwicklung der Geschäftsreisebuchung nach den Vorgaben des *Travel Managements* und unter Einhaltung der Reiserichtlinien des Unternehmens. Die dafür genutzten Reisebüroformen beschreibt die Tabelle auf der nächsten Seite.

Weitere Möglichkeiten zur Buchung von Geschäftsreisen bieten die klassischen Reisebüros (▸ LF 10, Kapitel 2.1) und ggf. das firmeneigene Reisebüro.

Internetreisebüro	Es offeriert in der Regel lizenzfreie *Online*-Angebote für Reiseleistungen, die eine *Online*-Buchung auf der Basis *Business-to-Business* (B2B) ermöglichen und von einem Anbieterkreis oder einem Handelsvertreter betrieben werden.
Call Center	Vertreiben i. d. R. ebenfalls lizenzfreie *Online*-Angebote, die telefonische Buchungen auf der Basis B2B ermöglichen.
Fullfilment Center	Sind Reisebüros, die spezielle Aufgaben im Zusammenhang mit der Ausstellung von Tickets (engl. *Ticketing*), vor allem im Flugbereich und bei der Erstellung von Reisedokumenten (engl. *Fullfilment*) erfüllen. Ihnen obliegt die operative Durchführung und Abwicklung der Geschäftsreisebuchungen nach Vorgaben des *Travel Managements* eines Unternehmens unter Einhaltung der Reiserichtlinien.
***Business Travel Center* (BTC)**	Entweder ein Reisebüro, das verschiedene Firmenkunden betreut, oder ein *Dedicated Team*, das ausschließlich für ein Unternehmen agiert.
Implant (inhouse)	Der Begriff »*Implant*« bezeichnet eine Reisebürofiliale in einem fremden Unternehmen, die exklusiv für das betreffende Unternehmen arbeitet oder als Kombi-*Implant* auch für weitere Unternehmen tätig ist.
Outplant	Ein *Outplant* ist ein Reisebüro, das in der Regel nur für ein Unternehmen tätig ist und sich nicht auf dessen Unternehmensgelände befindet.

Tab. Reisebüroformen für Geschäftsreisebuchungen

Buchungsweg 3 – Travel Management System

Ein *Travel Management* System (TMS) verknüpft alle Komponenten des »Prozesses Geschäftsreise« (► Kapitel 1.4): das Antragsverfahren, Verwaltung und Genehmigung von Reisen über z. B. *Smartphone*, die Profilverwaltung, die Reisevorbereitung, die Buchungsmöglichkeiten/Umbuchungen von Flug, Bahn, Hotel und Mietwagen, das tagesaktuelle *Reporting* (Reiseberichte) und die Reisekostenabrechnung.

Buchungsweg 4 – Internet-Buchungsportale

Das Internet wird i. d. R. als Buchungs*tool* für die **Buchung nur eines Leistungsträgers** präferiert. Portale sind vor allem im Bereich Beherbergung aktiv. Daneben bieten aber auch *Airlines*, Autovermieter und die *Deutsche Bahn* als wichtigster »Leistungsträger Schienenbeförderung« ihre Dienste in eigenen Portalen direkt an.

1.4 Einkauf von Business Travel-Leistungen

© UbjsP – Fotolia.com

Die **Auswahl des Geschäftsreiseanbieters** erfolgt i. d. R. über Ausschreibungen. Die strukturierte Ausschreibung (***request for proposal***, kurz **RFP**) spiegelt die Leistungsanforderungen des Unternehmens an das Reisebüro wider. Die RFP enthält u. a. Fragen zu Umsätzen, Standorten, Mitarbeitern (z. B. Fremdsprachenkenntnisse, formale Qualifikationen), Technik und Buchungs*tools* (z. B. Ausstattung mit CRS – *Computer Reservations System* ▸ Fachwissen Tourismus Band 2, Glossar oder GDS – *Global Distribution System*, einem globalen Reservierungssystem), den Betreuungsumfang (*Call Center*-Lösung oder persönliche *Team*-Betreuung), die Unterstützung in Notfällen (z. B. bei Pandemien oder Naturkatastrophen) und die Servicezeiten (24-Stunden-Erreichbarkeit).

Die Anzahl der **Geschäftsreisebüros** (engl. ***Travel Management Company***) in Deutschland ist überschaubar. Es existieren u. a. die folgenden Anbieter:

BEISPIEL

Geschäftsreisebüros in Deutschland

Travel Management Company	Rechtsstellung
American Express	TMC-Kette, global
BCD *Travel*	TMC-Kette, global
BTO24	TMC, Hamburg
CWT – *Carlson Wagonlit Travel*	TMC-Kette, global
DERPART	*Franchise*-Gruppe im REWE-Konzern
Egencia	Tochter von *Expedia*, global
First Business Travel (FBT)	*Franchise*-Gruppe im TUI-Konzern
FCm *Travel Solutions*	TMC-Kette, global, REWE-*Group*
HRG-Hogg	TMC-Kette , global
Robinson Group	TMC-Kette, global
LCC-*Lufthansa City Center*	Franchise-Gruppe, global
OBT	Tochter der *Bahn AG*
Opodo-Corporate	Tochter von *Opodo*
Uniglobe	*Franchise*-Gruppe, global

Das **ausgewählte Geschäftsreisebüro unterstützt** das *Travel Management* des Unternehmens bei Verhandlungen mit potentiellen Leistungsträgern, wie z. B. das Aushandeln von Routen*deals* und Firmenraten mit Fluggesellschaften, Hotelketten oder Mietwagenfirmen und berät über Bonusprogramme der verschiedenen Leistungsträger (▸ Kapitel 2).

Grundsätzlich gilt, dass das Reisebüro das **Buchungsverhalten des Unternehmens** kennen muss. Hierzu gehören Unternehmensinformationen und Kennzahlen über die Umbuchungs-/Stornoquote, die Hauptreiseziele, Destinationsverteilung in den Flugbereichen nach National, Europa und Interkontinental, Buchungsdurchführung (telefonisch, per E-Mail, mit Hilfe eines *Online-Tools*), Buchungsleistungen (Flug, Bahn, Mietwagen und Hotel) und die Anzahl der Reisenden.

Der **Vertrag zwischen Unternehmen und Reisebüro** regelt u. a. die Vergütung und die Art und Weise der Zusammenarbeit. Verträge werden in der Praxis mit sechs Monaten Kündigungsfrist, automatischer Verlängerung um ein Jahr, Kalenderjahreslaufzeiten und abweichenden Geschäftsjahreslaufzeiten (z. B. 01. November 20XX – 31. Oktober 20XX+1) geschlossen.

Im ***Service Level Agreement*** **(SLA)** werden die Ziele und Qualität der vereinbarten Leistungen definiert und ggf. Grenzwerte festgelegt (z. B. Bonus-, Malus-Regelungen), auf deren Basis die Sonderzahlungen (engl. *Performance*) für besondere Leistungen an das Reisebüro berechnet werden.

Generell wird zwischen Basisdienstleistungen und erweiterten Service-Dienstleistungen (TMC) unterschieden:

Basisdienstleistungen	Erweiterte Service-Dienstleistungen (TMC)
▸ Informationseinholung ▸ Buchung/Umbuchung/Stornierung ▸ Wartelistenverfolgung (z. B. Beobachtung und Bestätigung bei kurzfristiger Um-/Buchung) ▸ Kostenvergleich/*Best Buy/Spot Buying* (tagesaktuelle Preise) ▸ Zahlungswege/Rechnungen ▸ Statistiken/Reporting ▸ *Account Management* (z. B. telefonisch, persönlich) ▸ Einkaufsunterstützung (z. B. Rahmenabkommen mit Fluggesellschaften und Hotelketten) ▸ Kreatives *Ticketing* (verschiedene Tickettarife werden so kombiniert, dass unter Berücksichtigung der Reiserichtlinie die preisgünstige »Ticket-Variante« gebucht werden kann) ▸ Umsetzung der Reiserichtlinie	▸ Kooperationen mit anderen Reisebüros im Ausland ▸ *Saving Reports* (Kostenersparnis-Übersichten) ▸ Visumbesorgung ▸ Krisenmanagement (z. B. bei Naturkatastrophen) ▸ *Webmeeting*-Buchungen (Reisevermeidung) ▸ Verhandlung von Messehotelraten ▸ Reisekostenabrechnung ▸ Bereitstellung einer *Online Booking Engine* (OBE)-Software, die dem Kunden die eigenständige Buchung ermöglicht ▸ Verwaltung von Bonusprogrammen ▸ Bereitstellung eines *Travel App*

Tab. Beispiele für Vertragsinhalte von Basis- und TMC-Dienstleistungen

Geschäftsreiseanbieter orientieren sich bei Ihrem Serviceangebot i. d. R. an den verschiedenen **Prozessschritten des »Vorganges Geschäftsreise«**. Sie werden in umseitiger Abbildung dargestellt.

Abb. Geschäftsreiseprozess

Die **Betreuung des geschäftlichen Reisevorganges** kann aus Sicht eines Reisebüros ebenfalls in verschiedene Prozessschritte gegliedert werden. Dieser Prozess beinhaltet nur vier Schritte.

- ***Pre Trip Services*** – Zur Vorbereitung der Reise kann sich der betreffende Mitarbeiter eines Unternehmens beim Reisebüro (Reisemittler) über verfügbare Verbindungen und Unterkünfte, Fahr- und Flugpläne, Visa-Bestimmungen, Stadtpläne, Wetterdaten und den Zielort informieren.
- ***Booking Services*** – In dieser Phase werden dem berechtigten Reisenden bzw. *Travel Arranger* Buchungen angeboten und das *Ticketing* organisiert.
- ***On Trip Services*** – Der Reisende erhält Zugriff auf aktuelle Reisedaten und Reispläne und ggf. Unterstützung für Umbuchungen oder in Risikosituationen.
- ***Post Trip Services*** – Das *Travel Management* hat die Möglichkeit Rechnungen *online* einzusehen und *Controlling*-Daten herunter zu laden. Für den Reisenden besteht die Möglichkeit eines Feedback (z. B. Beschwerden oder Anregungen).

In allen Phasen ergeben sich potenzielle Berührungspunkte zwischen ausführendem Reisebüro und Reisendem, die sich elektronisch unterstützen lassen. Bei dem Umgang mit Personen bezogenen Daten ist konsequent auf die Einhaltung der Erfordernisse des **Bundesdatenschutzgesetzes (BDSG)** zu achten.

Datenschutz

Das allgemeine Ziel des BDSG ist es, die Rechte des Einzelnen in Bezug auf die persönlichen Daten zu sichern. Es findet Anwendung auf den Umgang (Erhebung, Verarbeitung und Nutzung) mit personenbezogenen Daten (vgl. § 1 Abs. 2 BDSG). Laut Paragraf § 3 Absatz 1 BDSG sind »Personenbezogene Daten Einzelangaben über persönliche oder sachliche Verhältnisse einer bestimmten oder bestimmbaren natürlichen Person (Betroffener)«.

In den Paragrafen §§ 27 bis 35 BDSG ist die **Datenverarbeitung insbesondere von Wirtschaftsunternehmen (Reisebüros)** geregelt. Reisebüros nutzen personenbezogene Daten der Reisenden (Name, Geschlecht, Geburtsdatum, Adresse und Telefonnummer, E-Mail-Adresse, Kreditkartennummer, Reiseziele, Reisewünsche) zur Erstellung eines elektronischen Profils. Diese Daten werden u. a. für Reservierungen an Dritte weitergegeben, wie an Fluggesellschaften oder computergesteuerte Buchungssysteme oder Hotels. Sie dienen auch zum Abgleich des Profils mit den Reiserichtlinien des Unternehmens und zur Analyse der Reisekosten.

Letztlich **entscheidet der Reisende** über die Verwendung seiner persönlichen Daten. Er kann Auskunft über die von ihm gespeicherten persönlichen Daten verlangen und die Zustimmung zur Speicherung widerrufen.

1.5 Vergütungsmodelle

Die am häufigsten in der Praxis eingesetzten Vergütungsmodelle zwischen Unternehmen und Reisebüros sind die *Management Fee*, die *Transaction Fee* und das *Performance*-Modell.

Management Fee

Das *Management Fee* ist ein Vergütungsmodell für im Rahmen eines Dienstleistungsvertrages festgelegte, Geschäftsreise-spezifische Dienstleistungen eines Reisebüros für ein Unternehmen. Es basiert auf zwei Vereinbarungen:

- Zum einem werden dem Reisebüro alle durch die Betreuung eines Unternehmens entstandenen Kosten (Einzel- und Gemeinkosten) durch eine zeitbezogene Pauschale **(Pauschal-Vergütung aller Leistungen)** erstattet (Abrechnungszeitraum i. d. R. vierteljährlich, halbjährlich oder jährlich), zuzüglich eines prozentualen Aufschlages als *Marge*.
- Zum anderen **erhält das Unternehmen im Gegenzug alle Provisionserlöse** inklusive der eventuellen *Overridings* (dt. Sonderprovisionen), die der Geschäftsreiseanbieter von einem Leistungsträger für den für das Unternehmen getätigten Umsatz erhält.

Mit der *Management Fee* ist die komplette Betreuung einer Geschäftsreise (z. B. Buchung, telefonische Information zum Flug, über geltende Einreisebestimmungen, Organisation Taxitransfer) durch ein Reisebüro abgedeckt.

© Karl Holzhauser – MEV Verlag

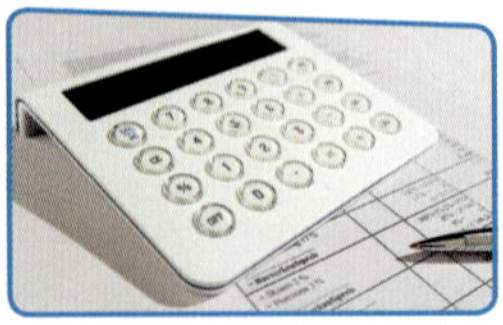

© Independent Light – MEV Verlag

© Karl Holzhauser – MEV Verlag

© Independent Light – MEV Verlag

Transaction-Fee

Beim *Transaction Fee*-Vergütungsmodell erhält das Reisebüro für **jede getätigte Transaktion** vom Unternehmen ein Entgelt. Die Zahlung basiert auf einem ausgehandelten Preiskatalog zwischen dem Geschäftsreiseanbieter und dem Kunden. Ebenso wie beim *Management Fee* erhält das Unternehmen alle Provisionserlöse inklusive der eventuellen *Overridings*.

Gebührentafel eines Geschäftsreisebüros

BEISPIEL

Grundleistungen

Leistung	**Ticketart**	**Ticket-*Fee***	***Handling-Fee***
Flug Deutschland und Europa	E-Ticket	15.00	
	Papierticket	18.00	
	Internet-Buchung	16.00	
Flug International	E-Ticket	34.00	
	Papierticket	37.00	
	Internet-Buchung	34.00	
Bahn	*Bahntix*	7.90	
	Papierticket	9.00	
	BahnCard		5.00 (je Vorgang)
Hotel		11.50	
Mietwagen		11.50	

Optionale Leistungen

Aufpreis Bestellung Telefon, Fax, E-Mail	6.50
Antrags- und Genehmigungsverfahren	2.00
Vorkalkulation	6.50
Reisekostenabrechnung	14.00

Alle Preise verstehen sich in Euro zzgl. der gesetzlichen MwSt.

- Wird jede (Teil-)Leistung mit einer einzelnen *Transaction Fee* abgerechnet, so bezeichnet man dies auch als ***Unbundled Fee***.
- Werden mehrere vorher abgestimmte Leistungen zusammen in einer Reise gebucht und insgesamt mit einer kombinierten *Transaction Fee* abgerechnet so handelt es sich um eine ***Trip Fee*** (auch ***Bundled Fee*** genannt).

Das *Transaction Fee*-Vergütungsmodell setzt voraus, dass die einzelnen Transaktionen definiert sind und ihnen Entgelte zugeordnet werden können, die bei Buchung fällig werden.

Performance-Modell

Das *Performance*-Modell wird häufig zusätzlich zu den *Transaction Fee-* und *Management Fee*-Vergütungsmodellen zwischen Unternehmen und Reisebüro vereinbart. Es schreibt quantitative und qualitative **Leistungskriterien** (engl. *Performance*) fest, bei deren **Erfüllung eine Prämie** (engl. *Incentive*) an das Reisebüro gezahlt wird.

Da Kosteneinsparungen ein wichtiges Ziel der *Travel Manager* sind, werden im Folgenden einige Beispiele benannt, die Reisekosten reduzieren und gerne Reisebüros als Leistungskriterien vorgegeben werden.

BEISPIEL

Reisekosten reduzierende Leistungskriterien

- Einhaltung der *Best-buy*-Garantie
- Einhaltung der Reiserichtlinien
- kreatives *Ticketing*
- Aushandlung von *Corporate Net Rates* (CNR) mit *Airlines*

Beispiele für **kreatives *Ticketing*** sind das Kombinieren von Tickets, *Ticket Splitting* sowie das Ausnutzen von Fremdwährungsunterschieden zugunsten der Kunden. Unter dem Begriff ***Corporate Net Rates* (CNR)** versteht man das Aushandeln von Sonderpreisen auf viel beflogenen Strecken.

MERKE

In Verbindung mit dem *Performance*-Modell
wird i. d. R. beim *Transaction Fee*-Modell das Transaktionsentgelt
und beim *Management Fee*-Modell die zeitbezogene Pauschale reduziert.
Die Verschlechterung der Erlössituation kann das Reisebüro durch die Einhaltung der Performance wieder ausgleichen bzw. verbessern.

1.6 Rahmenprogramme

Durch die wachsende **Erlebnisorientierung der Gesellschaft** und den Wunsch nach Individualität werden Geschäftsreisen häufig mit einem Rahmenprogramm komplettiert. **Rahmenprogramme** sind gesellschaftliche und fachliche Veranstaltungen, die das Gesamtprogramm insbesondere den als »Gruppentourismus« definierten Kongress- und Tagungstourismus »abrunden«.

Neben einem ***Professional Congress Organizer* (PCO)** oder einer **Eventagentur** werden auch Reisebüros häufig mit der Durchführung eines Rahmenprogramms für Geschäftsreisen beauftragt. Dabei treten sie zwischen dem Veranstalter und den einzelnen, meist touristischen Dienstleistern, deren Leistungen zu einem Rahmenprogramm kombiniert werden, auf.

BEISPIEL

Jahreszeiten unabhängige Rahmenprogramme
Stadtrundfahrt, *Musical*-, Konzert- oder ein Theaterbesuch, renommierte Fachleute oder außergewöhnliche Menschen (wie einen Astronauten) einladen und sprechen

Jahreszeitenabhängige *Outdoor*-Erlebnisse
Rafting, Canyoning, Höhlentour, Paragleiten, Ski- oder *Snowboard*safari, Schneeschuhwandern, *Snow-Tubing*, Rodeln

© oksix – Fotolia.com

Dafür sollten Reisebüros in der Lage sein z. B. Stadtführer, Hostessen und Dolmetscher zu buchen sowie Restaurantreservierungen und Firmenbesichtigungen für Geschäftsreisende zu organisieren.

Tipp: Hierfür ist es von Vorteil sich als Expedient eine »Sammlung« von Eventmöglichkeiten in häufig gebuchten Destinationen anzulegen. So haben Sie die entsprechenden Kontaktpersonen, -daten und die dafür notwendigen Vertrags- und Versicherungsvoraussetzungen schnell »zur Hand«.

Häufig trägt zum Gelingen einer Veranstaltung bereits die Auswahl des Tagungsortes bei:

- »Tagen in der Stadt – zentral und urban«
- »Tagen im Grünen – naturnah und ruhig«
- »Tagen in besonderen *Locations* – originell und besonders«

Für das Reisebüro gibt es vielfältige Möglichkeiten Veranstaltungen zu einem unvergesslichen Erlebnis zu machen und mit einem *Highlight* passend zu Jahreszeit und Witterung zu krönen.

Wie oben bereits beschrieben sind die **Intentionen von Privatreisenden und Geschäftsreisenden** unterschiedlich. Beide setzen jedoch sowohl ein entsprechendes Mobilitäts- und Beherbergungsangebot voraus, als auch Spezialisten, die mit den Erfordernissen der Organisation einer bezweckten Reise umzugehen wissen.

AUFGABEN

1. Grenzen Sie die Begriffe »*Leisure Travel*«, »*Business Travel*« und »MICE-Segment« voneinander ab.
2. Worin sehen Sie die entscheidenden Unterschiede im Hinblick auf Ihre Arbeit als »Kümmerer« für Geschäftsreisende und Privatreisende? Bitte nennen Sie vier Beispiele.
3. Warum reagiert der Geschäftsreisebereich im Gegensatz zu dem Privatreisebereich »empfindlich« und »kurzfristig« auf das Weltgeschehen?
4. Welche Vorteile bieten Reiseprofile jeweils für ein Unternehmen, den Geschäftsreisenden und für das Reisebüro?
5. Erstellen Sie für sich Ihr Reiseprofil.
6. Welche Aufgaben obliegen einem »*Travel Manager*«?
7. Warum beinhalten Reiserichtlinien eine Vielzahl von Weisungen und Rechte für den Geschäftsreisenden?
8. Welche Bedeutung haben Reiserichtlinien für den Reisevermittler?
9. Formulieren Sie Reiserichtlinien für Ihren Ausbildungsbetrieb und begründen Sie Ihre Normen.
10. Welche Forderungen würden Sie im Rahmen des »*Travel Risk Managements*« an einen Reisevermittler stellen? Bitte nennen Sie drei Beispiele.
11. Entwickeln Sie ein Konzept für eine »nachhaltige Geschäftsreise« unter Beachtung der kompletten Reisekette.
12. Welche Buchungswege präferieren Ihre Geschäftskunden? Welche besonderen Anforderungen sind damit für den Mitarbeiter verbunden?
13. Erläutern Sie die Betreuung des geschäftlichen Reisevorganges aus Sicht eines Reisevermittlers.
14. Unterscheiden Sie die Vergütungsmodelle »*Management Fee*« und »*Transaction Fee*«.
15. Welche Vor- und Nachteile sehen Sie für den Reisevermittler beim »*Performance*-Modell«?

2 Buchung von Beförderung und Mobilität

Privat- und Geschäftsreisen setzen immer – so unterschiedlich ihre Intentionen auch sind – ein entsprechendes **Mobilitätsangebot** zu Wasser, zu Lande und in der Luft und ein adäquates Beherbergungsangebot voraus. Bahnen, Busunternehmen, Reedereien, Fluggesellschaften und andere **Unternehmen der Verkehrswirtschaft** spielen eine entscheidende Rolle für die räumliche Mobilität. Reiseveranstalter und Reisevermittler **kombinieren Beförderungs- und Unterkunftsleistungen** zu kostengünstigen Reisepaketen und ermöglichen Menschen private Reisen zu Zielen in aller Welt. Reisevermittler sind aber nicht nur die Fachleute in Sachen Urlaub, sie buchen und überwachen auch Geschäftsreisen, die unabdingbar in einer globalisierten Wirtschaft sind.

Die **Wahl des Reiseverkehrsmittels** ist abhängig von der Wahl des Reisezieles, dem Zweck der Reise und den persönlichen Vorlieben des Reisenden. Generell ergeben sich folgende Zuordnungen:

© Rapp Joachim – MEV Verlag

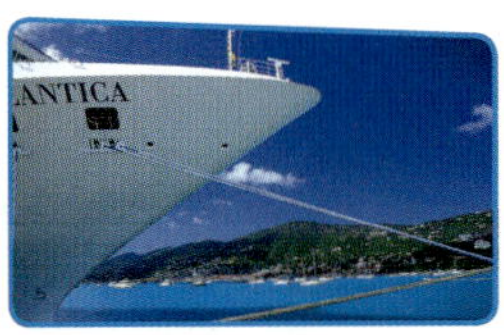

© Photodesign Müller – MEV Verlag

© Ruff – Fotolia.com

- Flugzeug – interkontinentaler und internationaler Verkehr
- Bahn – kontinentaler Verkehr
- Bus und Auto – nationaler/internationaler Verkehr
- Schiff und Fähre – internationaler- und interkontinentaler Verkehr

Beförderungsvertrag

Bei Beförderungsverträgen werden mehrere verschiedene Verträge unterschieden. Im weitesten Sinne liegen stets **Werkverträge** vor. Im konkreten Fall sind die einzelnen Rechte jedoch durch nationale Gesetze und internationale Verträge zur Beförderung von Personen und/oder Fracht ganz besonders ausgestaltet:

Luftbeförderung	Busbeförderung	Bahnbeförderung	Schiffsbeförderung
▸ Luftverkehrsgesetz (LuftVG) ▸ Montrealer Übereinkommen (MontÜbk)	▸ Personenbeförderungsgesetz (PBefG)	▸ Eisenbahn-VerkehrsOrdnung (EVO) ▸ Übereinkommen über den internationalen Eisenbahnverkehr (COTIF)[1]	▸ Binnenschifffahrtsgesetz (BinSchG) ▸ Zweites Seerechtsänderungsgesetz (Londoner Haftungsbeschränkungs-Übereinkommen), *Haag-Visby*-Regeln[2]), Athener Übereinkommen[3])

Tab. Für Beförderungsformen (Beispiele) geltende Gesetze

1) **COTIF:** *Convention relative aux transports internationaux ferroviaires* (Übereinkommen über den internationalen Eisenbahnverkehr), näheres unter ▸ www.cit-rail.org/index

2) ***Haag-Visby*** **Regeln:** Sie beinhalten insbesondere die Mindestanforderungen hinsichtlich der Handhabung von Gütern unter einer B/L (engl. *Bill of Loading*) und die Haftung der Reeder; näheres unter ▸ www.schimpf-schwerte.de/fileadmin/templates/sped/gesetze/haager-visby-regeln.pdf

3) **Athener Übereinkommen:** Übereinkommen über die Beförderung von Reisenden und ihrem Gepäck auf See; näheres unter ▸ www.umwelt-online.de/recht/eu und ▸ Kapitel 2.4.4.

MERKE

Beförderungsvertrag
Der Beförderungsvertrag ist eine spezielle Form des Werkvertrages, bei dem die Leistung in der Beförderung (z. B. Taxi, Ski-Lift) von Personen oder Sachen liegt und der Leistungserfolg mit Ankunft am definierten Zielort eintritt.

Je nach Beförderungsarten sind Beförderungsverträge durch zahlreiche Sonderbestimmungen (z. B. im Haftungsbereich) nationalen Gesetzen und internationalen Verträgen sowie Verordnungen unterworfen.

2.1 Flugbeförderung

Durchschnittlich 2.500 Kilometer [...]

Flugpassagiere, die von deutschen Flughäfen aus ins Ausland reisen, legten im Jahr 2011 im Durchschnitt vom deutschen Startflughafen bis zum ersten ausländischen Zielflughafen 2.500 Kilometer zurück. [...] Die Distanzen dieser Direktflüge liegen zwischen 300 Kilometern nach Luxemburg und 11.500 Kilometern nach *Buenos Aires* in Argentinien. [...]

www.destatis.de/DE/PresseService

Der Anteil der B2C-Kunden ist je nach Jahreszeit gegenüber den B2B-Kunden unterschiedlich hoch. So sinkt z. B. am Frankfurter Flughafen der Anteil der Geschäftsreisenden in den Sommerferien von zuvor 62 Prozent auf rund 46 Prozent, der Anteil der Privatreisenden steigt dagegen auf rund 54 Prozent an (Stand 2010).

Die internationale Flugbeförderung ist vielfältig geregelt. Daher finden verschiedene gesetzliche Regelungen Anwendung. Drei davon sind hier dargestellt: die Regelungen im **Bürgerliches Gesetzbuch (BGB)**, das ***Montrealer Übereinkommen*** **(MontÜbk)** und die Rechte des Reisenden nach **EU-Fluggastverordnung (EG-VO) Nr. 261/2004**.

2.1.1 Fluggastrechte und Haftungsbestimmungen

Für Fluggäste im Rahmen einer Pauschalreise sind grundsätzlich zwei Vertragspartner vorhanden: die **Fluggesellschaft und Reiseveranstalter**.

Pauschalreisevertrag	Fluggastrechte EU
Keine Entschädigung bei Verspätung bis einschließlich vier Stunden; ab der 5. Stunde fünf Prozent je angefangene Stunde vom anteiligen Reisepreistag	Entschädigung schon ab zwei Stunden Verspätung und bei über 1.500 km Flugstrecke
Entschädigung bei einer Flugzeitänderung möglich, wenn nicht nur der erste und der letzte Reisetag betroffen sind	Entschädigung schon ab zwei Stunden Verspätung
Versicherung des Reiseveranstalters bei Insolvenz	Keine Versicherung bei Insolvenz der Airline

Tab. Vergleich Fluggastrechte nach BGB und EG-VO Nr. 261/2004

Die **reisevertraglichen Rechte der Paragrafen §§ 651a ff. BGB** des Pauschalreisenden gegen den Reiseveranstalter bleiben unberührt.

Weiterhin sind auf europäischer Ebene geregelt: die Haftung für Unfälle, bei Verspätung von Reisenden und Gepäck sowie Gepäckverlust bzw. -schaden (EG-VO Nr. 889/2002 und die Rechte von Behinderten oder mobilitätseingeschränkten Flugreisenden (vgl. Artikel 11 EG-VO 261/2004).

Montrealer Übereinkommen

Das ***Übereinkommen von Montreal* (MontÜbk) vom 28. Mai 1999** regelt Entschädigungsansprüche des Fluggastes an den Luftfrachtführer. Die Liste der Unterzeichnerstaaten (vgl. *List of Signatories* – ständig aktualisiert von der *International Civil Aviation Organization* ICAO) ist z. B. im Internet unter ▸ www.icao.int einsehbar.

Nach dem Abkommen hat der **Fluggast einen Entschädigungsanspruch an den Luftfrachtführer** bei Flügen zwischen den Vertragsstaaten (alle EU-Staaten, die USA, Kanada und Japan) oder bei Flügen, die durch ein Luftfahrtunternehmen der EU geleistet werden oder innerhalb Deutschlands bleiben. **Entschädigungsbeträge** werden in der **Recheneinheit (RE)** des **Internationalen Währungsfonds (IWF**, engl. *International Monetary Fund*, IMF) angegeben, der seine Bücher und Geschäfte in dieser führt. Es handelt sich bei diesen **Sonderziehungsrechten (SZR**, engl. *Special Drawing Rights*, SDR) um einen

Währungskorb aus US-Dollar, Euro, Britischem Pfund und Yen, der täglich neu berechnet wird. (Weitere Informationen unter ▸ www.imf.org, Stichwort *IMF Finances.*)

Soweit das MontÜbk nicht anwendbar ist, gelten im internationalen Luftverkehr weiterhin die entsprechenden Bestimmungen des ***Warschauer Abkommens* vom 12. Oktober 1929** (oder in der Fassung von *Den Haag* 28. September 1955).

Umfang der Haftung wegen Schadenersatz bei Tod oder Körperverletzung	Für Schäden bis zu einer Höhe von 100.000,00 SZR (ca. 135.000,00 Euro); gemäß der Definition des IWF kann das Luftfahrtunternehmen keine Einwände gegen Schadenersatzforderungen erheben. (Das Warschauer Abkommen von 1929/1955 legt ca. 13.500,00/27.000,00 Euro dafür fest.)
Vorschusszahlungen	Wird ein Fluggast getötet oder verletzt, hat der Luftfrachtführer innerhalb von 15 Tagen nach Feststellung der schadenberechtigten Person eine Vorschusszahlung zu leisten, um die unmittelbaren wirtschaftlichen Bedürfnisse zu decken. Im Todesfall beträgt diese Vorschusszahlung nicht weniger als 16.000,00 SZR.
Haftungsbeschränkung für Verspätung von Fluggästen und Reisegepäck	Für Verspätungsschäden haftet der Luftfrachtführer bei der Beförderung von Personen nur bis zu einem Betrag von 4.150,00 SZR je Reisender. Die Haftung für Verspätungsschäden bei der Beförderung von Reisegepäck ist auf 1.000,00 SZR begrenzt. (Das Warschauer Abkommen enthält hierfür keine Regelung.) Seit dem 17.05.2005 können daneben Rechte aus der Verordnung EG Nr. 261/2004 über eine gemeinsame Regelung für Ausgleichs- und Unterstützungsleistungen für Fluggäste im Fall der Nichtbeförderung und bei Annullierung oder großer Verspätung von Flügen bestehen.
Haftungsbeschränkung für Zerstörung, Verlust oder Beschädigung von Reisegepäck	Der Luftfrachtführer haftet für die Zerstörung, den Verlust oder die Beschädigung von Reisegepäck bis zu einer Höhe von 1.000,00 SZR. (Das Warschauer Abkommen sieht max. ca. 520,00 Euro bzw. ca. 26,00 Euro/kg vor.)
Fristen bei Verlust, Beschädigung und verspäteter Beförderung des aufgegebenen Reisegepäcks	Verspätung oder verspäteter Beförderung des aufgegeben Koffers innerhalb von 21 Tagen nach Übergabe des Reisegepäcks durch einen Erfüllungsgehilfen der Fluggesellschaft. Anzeigefrist für den Mangel: unverzüglich nach Entdeckung des Schadens bzw. innerhalb von sieben Tagen nach Annahme des Reisegepäcks (vgl. Art. 31 Abs. 2 MontÜbk). Die Klage auf Schadenersatz muss innerhalb der Ausschlussfrist von zwei Jahren gemäß Artikel 35 MontÜbk gegen die ausführende Fluggesellschaft oder die vertragliche Airline als Anspruchsgegner erhoben werden.

Gerichtliche Geltendmachung	Gerichtliche Klagen auf Schadenersatz sind innerhalb von zwei Jahren einzureichen; beginnend mit dem Tag der Ankunft des Flugzeugs oder dem Tag, an dem das Flugzeug hätte ankommen sollen. Möglichkeit der Klageerhebung auf Schadenersatz durch die verletzten bzw. schadenersatzberechtigten Personen bei einem Gericht des Ortes, an dem sich ihr ständiger Wohnsitz befindet.
Haftungsbegrenzung Sondervereinbarungen USA	Für Fluggäste, die eine Flugreise nach oder von den USA unternehmen oder deren Flugreise eine planmäßige Unterbrechung oder Zwischenlandung in den USA aufweist, sehen das MontÜbk und weitere Sondervereinbarungen, für Tod und Körperverletzung der Fluggäste in den meisten Fällen und auf nachgewiesene Schäden maximal USD 75.000,00 pro Fluggast vor.

Tab. Auszüge aus dem Montrealer Übereinkommen (MontÜbk)

Haftungshöchstgrenzen nach dem MontÜbk (Stand 2012):

© CreativStudio – MEV Verlag

© Karl Holzhauser – MEV Verlag

© Karl Holzhauser – MEV Verlag

© Independent Light – MEV Verlag

- Bei **Personenschäden** liegt die Haftungshöchstgrenze bei 113.100,00 SZR (ca. 127.750,00 Euro).
- Bei **Gepäckschäden** liegt die Haftungshöchstgrenze bei 1.131,00 SZR (ca. 1.257,00 Euro).
- Bei **Verspätungsschäden** liegt die Haftungshöchstgrenze bei 4.694,00 SZR (ca. 5.302,00 Euro).

Für bestimmte Gegenstände wie Geld, Schmuck, Kamera, Uhr, Handy und persönliche elektronische Geräte wird keine Haftung übernommen. Bei Verlust des Gepäcks auf der Reise zum Zielort dürfen »Noteinkäufe« getätigt werden.

Geschädigte Fluggäste können **Entschädigungsansprüche** an ihrem gewöhnlichen Aufenthaltsort geltend machen, wenn der verantwortliche Luftfrachtführer Flugverbindungen in dieses Land unterhält und dort Geschäftsräume hat.

BEISPIEL

Geltendmachung von Entschädigungsansprüchen

Geschädigter Fluggast wohnt in Deutschland.
Dieser fliegt mit einer amerikanischen Fluggesellschaft von NY nach London.
Besagte amerikanische Fluggesellschaft unterhält ein Büro in München.
Geschädigter kann von Deutschland aus klagen.

Der **Luftfrachtführer haftet nicht**, wenn er alle adäquaten Maßnahmen ergriffen hat, um Haftungstatbestände abzuwenden, bzw. ihm nicht möglich war, solche zu ergreifen.

Auch **Reiseveranstalter** können als vertraglicher Luftfrachtführer für den Ablauf des Fluges verantwortlich sein. Dies ist der Fall, wenn im Rahmen einer Pauschalreise ein Flug gebucht wird. Der Reiseveranstalter (Anspruchsgegner) haftet dann als ausführenden Luftfrachtführer.

EG-VO Nr. 261/2004

Die **EU-Fluggastverordnung** regelt Ansprüche von Fluggästen gegenüber einer Fluggesellschaft, wenn sie von, nach oder innerhalb der Europäischen Union reisen und, sobald sie von einer EU-Fluggesellschaft befördert werden (vgl. Artikel 3 Absatz 1 EG-VO).

Die **Passagierrechte** aus der Fluggastverordnung werden in Artikel 3 Absatz 2 geregelt und betreffen nur den Flug. Der Artikel beschreibt die **Mindestrechte für Fluggäste** im Fall der **Nichtbeförderung und bei Annullierung oder großer Verspätung** von Flügen.

Dabei ist es unerheblich, ob es sich um einen Linienflug, um eine Bedarfs- oder Pauschalreise oder um die Nutzung eines »Billigfliegers« handelt. Die *Airlines* sind verpflichtet ihre Fluggäste bereits beim »Einchecken« über Ihre Rechte zu informieren (vgl. Artikel 14 EG-VO). Sobald sie ihre Kunden nicht planmäßig befördert, muss die Fluggesellschaft ihnen schriftliche Informationen über die Ausgleichsleistungen aushändigen. Die EU-Fluggastverordnung verpflichtet das Luftfahrtunternehmen, das die Beförderung tatsächlich ausführt beziehungsweise ausführen sollte (vgl. Artikel 3 Absatz 5).

Rechte bei Nichtbeförderung

Eine **Nichtbeförderung im Sinne der Fluggastverordnung Artikel 2 j** ist die Weigerung des Luftfahrtunternehmens einen Fluggast zu befördern, obwohl

- dieser sich gemäß den vertraglichen Bedingungen rechtzeitig (beziehungsweise spätestens 45 Minuten vor der veröffentlichten Abflugzeit) am Flugsteig eingefunden hat und
- keine vertretbaren Gründe für die Nichtbeförderung gegeben sind. Als solche Gründe gelten z. B. ansteckende Krankheiten oder andere, die die allgemeine oder betriebliche Sicherheit gefährden, oder unzureichenden Reiseunterlagen.

Die Fluggesellschaft ist gemäß Artikel 4 Absatz 1 EG-VO 261/2004 verpflichtet, Freiwillige zu suchen, die **auf den Flug verzichten**. Die »freiwilligen Verzichter« erhalten:

- eine entsprechende Gegenleistung, die zwischen dem betreffenden Fluggast und dem Luftfahrtunternehmen vereinbart, wird und
- Erstattung des Flugpreises oder anderweitige Beförderung gemäß Artikel 8 der Verordnung.
- Finden sich nicht genügend Freiwillige, so kann das Luftfahrtunternehmen einzelnen Fluggästen die Beförderung verweigern.

MERKE

Fluggast-Ansprüche bei Nichtbeförderung
Bei Nichtbeförderung haben Verbraucher nach der EU-Fluggastverordnung:
- Anspruch auf Ausgleich (Erstattung) gemäß Artikel 7 (engl. *Compensation*),
- Anspruch auf Erstattung oder anderweitige Beförderung gemäß Artikel 8 (engl. *Refound*) und
- Anspruch auf Betreuungsleistungen gemäß Artikel 9 (engl. *Care*).

Der Fluggast verzichtet in diesen Fällen auf weitere Schadenersatzansprüche nach den Paragrafen §§ 631 und 280 des BGB (vgl. Art. 12 EG-VO Nr. 261/2004).

Demnach hat ein Flugpassagier gemäß Artikel 8 der Flugast-VO bei **Nichtbeförderung wegen z. B. Überbuchung** Anspruch auf:

- Erstattung des Ticketpreises und ggf. kostenloser Rückflug zum ersten Abflugort,
- eine frühest mögliche Ersatzbeförderung zum Zielort oder
- eine anderweitige Beförderung zum Zielort zum Wunschtermin des Fluggastes (sofern Plätze frei sind).

Achtung: Die Überbuchung von Flügen mit bis zu 10 Prozent der Flugkapazität ist mittlerweile gängige Branchenpraxis.

Zusätzlich haben die Fluggäste einen Anspruch auf Zahlung einer **Entschädigung (Ausgleichszahlung)** nach Artikel 7, die sich nach der Länge der Flugstrecke richtet:

- 250,00 Euro bei Strecken bis 1.500 km
- 400,00 Euro bei Strecken über 1.500 km innerhalb der EU
- 400,00 Euro bei Strecken zwischen 1.500 und 3.500 km mit Abflug- oder Zielort außerhalb der EU
- 600,00 Euro bei Strecken über 3.500 km mit Abflug- oder Zielort außerhalb der EU

Die **Entschädigungssummen reduzieren sich um die Hälfte**, wenn die Fluggesellschaft einen Ersatzflug anbietet, der sein Ziel nicht wesentlich verspätet erreicht. Dabei gelten folgende Obergrenzen:

- zwei Stunden bei Strecken bis 1.500 km
- drei Stunden bei Strecken über 1.500 km innerhalb der EU
- drei Stunden bei Strecken zwischen 1.500 und 3.500 km mit Abflug- oder Zielort außerhalb der EU
- vier Stunden bei Strecken über 3.500 km mit Abflug- oder Zielort außerhalb der EU.

Die Tabelle fasst noch einmal zusammen:

Entfernung	von	nach	Zahlung mit / ohne Alternativflug	Maximale erlaubte Verspätung bei Alternativflug
unter 1.500 km	Nicht relevant		125,00 / 250,00 Euro	2 Stunden
über 1.500 km	EU	EU	200,00 / 400,00 Euro	3 Stunden
1.500 km bis 3.500 km	EU	Drittstaat		
	Drittstaat	EU		
über 3.500 km	Nicht relevant		300,00 / 600,00 Euro	4 Stunden

Tab. Höhe der Ausgleichzahlungen bei Nichtbeförderung

Ausgleichszahlungen müssen **binnen sieben Tagen** dem Passagier zukommen. Sie haben durch Barzahlung, Überweisung oder Scheck zu erfolgen. Mit Reisegutscheinen oder andere Dienstleistungen muss sich der betroffene Fluggast nicht einverstanden erklären.

Nichtbeförderung kann in Verspätung oder Annullierung münden. Während der Wartezeiten sind die *Airlines* verpflichtet, sogenannte **Betreuungsleistungen** anzubieten (Erfrischungen, Mahlzeiten, notfalls Hotelunterbringung inklusive Transfer, zwei unentgeltliche Telefongespräche, Telefaxe oder E-Mails).

Rechte bei Annullierung

Eine **Annullierung im Sinne der Fluggast-Verordnung (vgl. Artikel 2 l)** ist die Nichtdurchführung eines geplanten Fluges, für den zumindest ein Platz reserviert war. In diesem Fall ergeben sich gemäß Artikel 4 Absatz 3 für den Fluggast dieselben Rechte wie bei einer Nichtbeförderung.

Eine **Ausgleichszahlung erfolgt jedoch nicht** bei:

- Information über den Entfall des Fluges mindestens 14 Tage vor dem Abflug,
- Information über den Entfall des Fluges zwischen 14 und sieben Tagen vor dem Abflug in Verbindung mit einem Angebot zur anderweitigen Beförde-

rung, das es dem Fluggast ermöglicht, nicht mehr als zwei Stunden vor der planmäßigen Abflugzeit abzufliegen und sein Endziel höchstens vier Stunden nach der planmäßigen Ankunftszeit zu erreichen,

- Information über den Entfall des Fluges weniger als sieben Tage vor dem Abflug in Verbindung mit einem Angebot zur anderweitigen Beförderung, das es dem Fluggast ermöglicht, nicht mehr als eine Stunde vor der ursprünglichen Abflugzeit abzufliegen und sein Endziel nicht mehr als zwei Stunden nach der geplanten Ankunftszeit zu erreichen.

Für die Berechnung der Entfernung wird der letzte Zielort angenommen, der durch die Nichtbeförderung oder Annullierung verspätet erreicht wird. Artikel 7 Absatz 4 der EG-VO legt fest, dass die Entfernungen nach der **Methode der Großkreisentfernung** ermittelt werden. Einen Rechner für die Großkreis-Berechnungen finden Sie unter ▸ www.gc.kls2.com.

Rechte bei Verspätung

Eine **Verspätung im Sinne der Fluggast-Verordnung (vgl. Artikel 6)** ist eine Verzögerung der Abflugzeit um mindestens zwei Stunden:

Eine Verspätung im Sinn der VO liegt bei diesen Zeiten vor:

- zwei Stunden bei Flügen bis 1.500 km
- drei Stunden bei Flügen zwischen 1.500 km und 3.500 km
- vier Stunden bei Flügen über 3.500 km

Mindestwartezeit	Flugentfernung	von	Nach
2 Stunden	unter 1.500 km	Nicht relevant	
3 Stunden	über 1.500 km	EU	EU
	1.500 km bis 3.500 km	EU	Drittstaat
		Drittstaat	EU
4 Stunden	über 3.500 km	Nicht relevant	

Tab. Mindestwartezeiten für eine »Verspätungssituation«

Dem Fluggast stehen auch hier **– mit Einschränkungen –** dieselben Rechte wie bei der **Nichtbeförderung zu:**

- Der Fluggast hat bei einer verspäteten Ankunft – anders als bei einem Flugausfall oder einer Nichtbeförderung – **nicht ausdrücklich einen Anspruch auf Entschädigungs- oder Ausgleichszahlung** nach Artikel 7. Dies wurde jedoch durch **Urteile des Europäischen Gerichtshofes (EuGH) im Jahr 2009** genauer festgeschrieben. Eine **Verspätung ab drei Stunden** ist demnach wie eine Annullierung zu behandeln.

MERKE

Anspruch auf Ausgleichszahlung nach drei Stunden
Nach einer Entscheidung des EuGH (Urteile C-402/07 und C 432/07 vom 19. November 2009) ist eine Verspätung von mehr als drei Stunden wie der Ausfall des betreffenden Fluges zu behandeln. Wird also das Endziel frühestens drei Stunden nach der geplanten Ankunftszeit erreicht, kann der Fluggast ebenso wie die Fluggäste annullierter Flüge von der Fluggesellschaft eine pauschale Ausgleichszahlung bei Kurz- und Mittelstreckenflügen zwischen 250,00 und 400,00 Euro und bei Langstreckenflügen 600,00 Euro (300,00 Euro, wenn ein Ersatzflug innerhalb von vier Stunden stattfindet) verlangen.

Eine **Ausgleichszahlung entfällt**, wenn die Verspätung auf **Außergewöhnliche Umstände** zurückgeht, die mit zumutbaren Mitteln nicht vermeidbar waren. Außergewöhnliche Umstände sind z. B. unvorhergesehene Flugsicherheitsmängel, politische Instabilität, fehlende Starterlaubnis wegen Schlechtwetter am Zielflughafen.

BEISPIEL

Technischer Defekt = Außergewöhnlicher Umstand?
Häufig führen Fluggesellschaften zur Begründung eines außergewöhnlichen Umstandes einen unerwarteten technischen Defekt am Flugzeug an. Technische Defekte, wie sie beim Betrieb eines Flugzeugs gelegentlich auftreten können, begründen für sich gesehen jedoch keine außergewöhnlichen Umstände i. S. d. EG-Verordnung (vgl. Art. 5 Abs. 3 EG-VO).

- Erst nach einer **Verspätung, die fünf Stunden und mehr** andauert, kann der Passagier vom Flug zurückzutreten, erhält eine Ticketpreiserstattung und/oder kann gegebenenfalls einen kostenlosen Rückflug oder Ersatzflug verlangen.
  Achtung: Der Entwurf zur Novellierung der EG-VO Nr. 261/2004 sieht vor, dass künftig Ausgleichszahlungen bei Verspätungen erst bezahlt werden:
  – ab mehr als 5 Stunden bei der Ankunft von Flügen < 3.500 km,
  – ab mehr als 9 Stunden bei Flügen von 3.500 bis 6.000 km und
  – ab mehr als 12 Stunden bei Langstreckenflügen über 6.000 km.
- **Betreuungsleistungen** können je nach Flugstrecke erst ab einer Verspätung von zwei bis vier Stunden geltend gemacht werden.

Generell gilt: Wenn durch Verspätung, Nichtbeförderung bzw. Annullierung ein nachweislicher Schaden entsteht (z. B. wenn dadurch ein interkontinentaler Anschlussflug verpasst wird, dem Fluggast ein Geschäftsabschluss entgeht, er sein Kreuzfahrtschiff nicht erreicht), hat der Passagier die Möglichkeit auf **Schadenersatz** zu klagen. Die Höhe ist hierbei auf bis zu 4.150 SZR begrenzt.

Neben der Vertrags-*Airline* kann (im Falle von *Code-Sharing* ▸ Kapitel 2.1.2) auch gegen die durchführende Fluggesellschaft vorgegangen werden.

Weitere Regelungen der EU-Fluggastverordnung im Überblick

Verlegung von Passagieren in eine andere Klasse Fluggästen, die von der Fluggesellschaft veranlasst in eine höhere Flugklasse verlegt werden, kann kein Preisaufschlag berechnet werden. Umgekehrt wird bei Herabstufung je nach Flugentfernung eine Erstattung von 30 bis 75 Prozent des Flugpreises fällig (vgl. Artikel 10 EG-VO 261/2004).
Vorrang von Personengruppen Personen mit eingeschränkter Mobilität und deren Begleitpersonen, sowie Kinder ohne Begleitung genießen bei der Beförderung Vorrang (vgl. Artikel 11 EG-VO 261/2004).
Weitergehender Schadenersatz Die Verordnung stellt eine Mindestregelung des Gemeinschaftsrechts dar. Aufgrund dessen bleiben weitergehende verschuldensabhängige Schadenersatzansprüche des Reisenden aus Pflichtverletzungen des Luftbeförderungsvertrags (vgl. §§ 631, 280 BGB) unbeschadet. Hierunter fallen der Anspruch auf einen Ersatzflug, der Ersatz vergeblicher Aufwendungen und die Schadensminderungspflicht nach Paragraf § 254 des BGB. Allerdings kann die nach EU-Verordnung gewährte Ausgleichsleistung auf einen solchen Schadenersatzanspruch angerechnet werden (vgl. Artikel 12 EG-VO 261/2004).
Regressansprüche des Luftfahrtunternehmens Leistet ein ausführendes Luftfahrtunternehmen eine Ausgleichszahlung oder erfüllt die sonstigen, sich aus der EU-VO ergebenden Verpflichtungen, kann es Regress nehmen bei einem vertraglichen Luftfahrtunternehmen bzw. bei Reiseveranstaltern (vgl. Artikel 13 EG-VO 261/2004). Voraussetzung dafür ist, dass eine entsprechende Regressklausel im Chartervertrag zwischen Luftfahrtunternehmen und Reiseveranstalter besteht oder eine Geschäftsführung ohne Auftrag gemäß der Paragrafen §§ 677 und 683 BGB erfüllt ist.
Informationspflichten des Luftfahrtunternehmens Die ausführende Fluggesellschaft muss bei der Abfertigung der Passagiere durch Aushang folgende Informationen geben: »Wenn Ihnen die Beförderung verweigert wird oder wenn Ihr Flug annulliert wird oder um mindestens zwei Stunden verspätet ist, verlangen Sie am Abfertigungsschalter oder am Flugsteig schriftliche Auskunft über ihre Rechte, insbesondere über Ausgleichs- und Unterstützungsleistungen.« Sobald die Beförderung nicht planmäßig möglich ist, muss die Fluggesellschaft den Reisenden schriftliche Informationen über die Ausgleichsleistungen aushändigen (vgl. Artikel 14 EG-VO 261/2004).

Tab. Weitere Regelungen der EU-Fluggastverordnung im Überblick

Die **EG-VO Nr. 261/2004** enthält **keine Regelung über die Verjährung**. Daher sind auf das Luftbeförderungsrecht die Paragrafen §§ 631, 195 und 199 des BGB anzuwenden. Aus diesen ergibt sich die **Regelverjährung von drei Jahren**.

Die Verordnung enthält außerdem **keine Zuständigkeitsregelung über den Gerichtsstand**. Nach der Entscheidung des EuGH (Az.: C-204/08) können Passagiere auf Linienflügen, ebenso wie für Pauschalreisen, innerhalb der EU in den meisten Fällen frei wählen, ob sie ihre Rechte am Abflug- oder am Zielflughafen einklagen. Reisende, die Ansprüche aus der Verordnung geltend machen wollen, können somit aufgrund des Wahlrechtes ein Gericht in Deutschland anrufen.

URTEIL

Erfüllungsort und Gerichtsstand

Der EuGH hat klargestellt, dass der Erfüllungsort nach Wahl des Fluggastes der Flughafen ist, an dem der Flug planmäßig startet oder endet. Somit kann der Fluggast bei Buchung eines Hin- und Rückfluges als auch bei einem einfachen Flug i. d. R. vor deutschen Gerichten klagen. Eine Ausnahme ist nur gegeben, wenn es sich um einen Flug handelt, der weder in Deutschland beginnt noch endet, die Fluggesellschaft keinen Sitz in Deutschland hat und hier auch keine Niederlassung unterhält, über die das Flugticket erworben wurde.

(EuGH Entscheidung vom 19.11.2009, Az.:C-402/07, C-432/07)

BEISPIEL

Gerichtsstand

Geschäftssitz *Ryanair*: Dublin, Geschäftssitz *Easyjet*: London Luton, Abflug- oder Zielflughafen in Deutschland = Reisende können deutsches Gericht anrufen.

Um langwierige Gerichtsprozesse zu vermeiden, wurde in Deutschland für Privatreisende (nicht geltend für Pauschalreisen) **ab Oktober 2012** eine **Schlichtungsstelle eingerichtet**, die Ansprüche gegenüber Luftfahrtgesellschaften bis unterhalb von 5.000,00 Euro regelt.

Eine **EU-*Smartphone-App*** informiert im Internet nicht nur Fluggäste unter ▸ ec.europa.eu/transport/passenger-rights/de/mobile über Rechte als Reisende unter dem Motto »Ihre Rechte als Reisende immer dabei«.

Zusammenfassend kann gesagt werden:

Ist der Flug im Rahmen einer Pauschalreise im Sinne des Paragrafen § 651c des BGB mangelhaft (▸ Fachwissen Tourismus Band 1, LF 4.1, Kapitel B.2.1), so kann der Reisende **entweder** die Rechte aus dem Reisevertrag gemäß der Paragrafen §§ 651a ff. BGB (Minderung, Kündigung, Schadenersatz ▸ LF 4.1, Kapitel B.2.2 bis B.2.4) geltend machen **oder** seine Ansprüche nach EG-VO 261/2004 gegen das Luftfahrtunternehmen richten.

Es lohnt zu prüfen, ob das deutsche Recht dem Reisenden wirklich mehr Rechte einräumt oder eine bessere Entschädigung zuspricht.

BEISPIEL

Überschneidung Pauschalreiserecht und EU-Verordnung:

Der gebuchte Hinflug des Reisenden zum Urlaubsort wird annulliert.
Der Fluggast erfährt in Folge eine Verspätung der Ankunftszeit um 10 Stunden, die Flugstrecke beträgt 6000 km (von EU in ein Drittland). Der Flugreisende besitzt ein Wahlrecht zwischen Ausgleichszahlung nach EG-VO 261/2004 und Geltendmachung nach BGB.
Nach Anwendung der Frankfurter Tabelle erhält er fünf Prozent des anteiligen Reisepreises für einen Reisetag und pro Stunde Verspätung, wobei die ersten 4 Stunden nicht gezählt werden.
Er hat 14 Tage Urlaub zum Preis von 1.400,00 EUR gebucht.
Berechnung nach Frankfurter Tabelle:
1.400,00 : 14 Tage = Reisepreis pro Tag 100,00 EUR
5 % von 100,00 EUR = 5,00 EUR
6 Stunden x 5,00 EUR = 30,00 EUR Preisminderung nach BGB.
Die Ausgleichszahlung nach EG-Verordnung beträgt dagegen 600,00 EUR.

Eine Kumulation (d.h. Sammlung) der Ansprüche des Reisenden gemäß BGB und EU-Verordnung ist nicht möglich.

MERKE

Ansprüche differenzieren

Generell muss der Reisende differenzieren zwischen Ansprüchen aus Reisemängeln (► Fachwissen Tourismus Band 1, LF 4.1, Kapitel B.1) gegenüber dem Reiseveranstalter und Ansprüchen gegenüber einer Fluggesellschaft, z.B. bei Verspätung und Annullierung von Flügen.

2.1.2 Luftfahrtallianzen und -kooperationen

Im Rahmen einer **Flugallianz** kooperieren rechtlich eigenständige Luftfahrtunternehmen freiwillig, überbetrieblich und zwischenbetrieblich. Die ***Star Alliance*** war das **erste internationale Luftfahrtbündnis der Welt**. Sie wurde 1997 durch eine Kooperation (in Zusammenarbeit) von *Air Canada*, *United Airlines*, *Lufthansa*, SAS und *Thai Airways* gegründet.

Durch die Kooperation haben ihre Mitglieder **logistische und wirtschaftliche Vorteile**, sie steigern die Leistungskraft und ihre Wettbewerbsfähigkeit. So stimmen sie ihre Buchungssysteme, Vielflieger-Programme oder Anschlussflüge aufeinander ab und vermieten sich gegenseitig Sitzplätze in ihren Flugzeugen (engl. ***Codeshare***). Durch das gemeinsame Vermarkten eines Fluges durch verschiedene *Airlines* unter mehreren Flugnummern (engl. ***Codeshare*-Flüge**) steigt die Auslastung. Dies ermöglicht den einzelnen *Airlines*, eine größere Auswahl an Flugsegmenten und Anschlussmöglichkeiten anzubieten, quasi ein »nahtloses Reisen« weltweit zu ermöglichen.

© Deyan Georgiev – Fotolia.com

Auch die **Passagiere profitieren** von diesen Zusammenschlüssen und erhalten besseren Service, mehr Flexibilität beim Umsteigen und ein größeres Flugangebot. Aufgrund der **aufeinander abgestimmten Flugpläne** hat der Reisende gute Anschlussmöglichkeiten ohne lange Wartezeiten und sein Gepäck wird, auch bei mehrmaligem Umsteigen, nur einmal ein- und bis zum Zielflughafen durchge*checkt*. Darüber hinaus besitzen Flugallianzen auf den Flughäfen eigene Terminals bzw. nebeneinander liegende *Gates*, die dem Reisenden ein schnelles Umsteigen erlauben.

Star Alliance Ca. 22.000 tägliche Abflüge zu 1.345 Zielen in 191 Ländern	Mitglieder: *Adria Airways, Aegean Airlines, Air Canada, Air China, Air New Zealand, ANA, Asiana Airlines, Austrian, Avianca, TACA Airlines, Brussels Airlines, Copa Airlines, Croatia Airlines, EGYPTAIR, Ethiopian Airlines, LOT Polish Airlines, Lufthansa, Scandinavian Airlines, Shenzhen Airlines, Singapore Airlines, South African Airways, SWISS, TAM Airlines, TAP Portugal, THAI, Turkish Airlines, United* und *EVA AIR* (ab 2013)
SkyTeam Über 15.000 tägliche Abflüge zu ca. 1.000 Zielen in 187 Ländern	Mitglieder: *Aeroflot, Aerolinas Argentinas, Aeroméxico; Air Europa, Air France, Alitalia, China Airlines, China Eastern, China Southern, Czech Airlines, Kenya Airways, KLM, Korean Air, Middle East Airlines, Saudia, TAROM, Vietnam Airlines Xiamen Air* und *Garuda Indonesia* (ab 2014)
Oneworld 9.500 tägliche Abflüge zu über 850 Zielen in 150 Ländern	Mitglieder: *Airberlin, American Airlines, British Airways, Cathay Pacific, Finnair, Iberia, Japan Airlines, LAN, Malaysia Airlines, Quantas, Royal Jordanian* und *S7 Airlines*

Tab. Die weltgrößten Flugallianzen (Stand 01/2013)

Ziel der Allianzen ist ein **weltweites Netzwerk** aufzubauen, um Kunden an nahezu jeden Ort der Welt bringen zu können und so an sich zu binden.

MERKE

Synergieeffekte nutzen

Der Flugverkehrsmarkt ist ein Käufermarkt. Daher kooperieren *Airlines* in unterschiedlichen Formen, um *Synergie*effekte zu nutzen, effektiver am Markt aufzutreten und ihr Angebot zu erhöhen.

Neben der Zusammenarbeit der Fluggesellschaften in Allianzen gibt es auch **operative Kooperationsvereinbarungen** zwischen zwei oder mehreren Fluggesellschaften. Die so genannten »***Handling Agreements***« sind eine Form dieser Vereinbarungen. Hier beauftragen Fluggesellschaften Dritte die Abfertigungsdienste für ihre Flugzeuge vor Ort zu übernehmen.

Ground Handling Agreement

Grundsätzlich kann die Bodenabfertigung von einem unabhängigen ***Handling Agent***, dem Flughafenbetreiber oder durch eine, der am Flughafen vertretenen Fluggesellschaften wahrgenommen werden. Im Rahmen eines ***Ground handling Agreements*** kann eine Fluggesellschaft das *Ground Handling* der eigenen Flüge sowie auch der Flüge anderer *Airlines* übernehmen. Die Dienstleistungen umfassen die ***Passenger Services*** und die ***Ramp & Logistics***.

BEISPIEL

Passenger Services und Ramp & Logistics

Passagierdienste sind u. a. die Betreuung von Passagier*lounges*, VIP-Dienste, Passagierbetreuung, *Check-In*, *Gate* und *Transit* sowie Ticketausstellung.
Ramp & Logistics umfassen u. a. den Gepäcktransport, Flugzeug Be- und Entladung, Manövrierung, Operationskontrolle, Ladeplanung und Koordination.

Ferner bestehen branchenweite Kooperationsvereinbarungen im Rahmen der *International Air Transport Association* (IATA) und der ICAO. Darunter fallen Bereiche wie Wartung, Reparatur, Instandhaltung und Ersatzteilhaltung. Daneben können *Airlines* auch Vertriebsabkommen schließen.

Interline Agreement

Sie regeln die gegenseitige Anerkennung von Flugtickets und Transportdokumenten zwischen zwei Fluggesellschaften. Der Kunde benötigt somit nur noch **ein Flugticket** für eine Gesamtflugstrecke mit verschiedenen *Airlines*. Das bedeutendste ***Interlining*-Abkommen** wird von der IATA organisiert: Es regelt die gegenseitige Anerkennung der Beförderungsdokumente, Beförderungsbedingungen und Abrechnungsmodalitäten zwischen den teilnehmenden Fluggesellschaften. Die Fluggesellschaften müssen dazu nicht zwingend ein Mitglied der IATA sein. Die Abrechnung der Fluggesellschaften untereinander erfolgt durch das IATA-*Clearing House* (ICH).

Interchange Agreements

Hierbei wird die **Nutzlastkapazität** bestimmter Flugzeuge ganz oder teilweise auf bestimmten Strecken »ver*chartert*«.

Franchise-Abkommen

Der *Franchise*nehmer führt **unter der Flugnummer des *Franchise*gebers** Flüge für bestimmte Destinationen durch. Der *Franchise*nehmer nutzt das *Corporate*

Design des *Franchise*gebers. Der *Franchise*nehmer organisiert die Flugplanung und trägt das wirtschaftliche Risiko. (Das Prinzip des *Franchising* ist in ▸ LF 10, Kapitel 2.1.3 beschrieben.)

General Sales Agreements

Hierbei übernimmt eine Fluggesellschaft die **regionale Repräsentation, Vermarktung und Reservierung** in einem Land **gegen Provision**, in dem die andere vertragsschließende Fluggesellschaft nicht durch Agenturen vertreten ist. *General Sales Agreements* werden i. d. R. nur in Verbindung mit *Pool*abkommen geschlossen. ***Pool*abkommen** sind vertragliche Vereinbarungen über einen gemeinsamen Flugbetrieb auf einer Strecke. Durch die Abstimmung ihrer Flugpläne können die *Airlines* Überkapazitäten vermeiden.

Royality Agreements

Sie regeln den **kommerziellen Erwerb von Verkehrsrechten**, indem ein *Carrier* einem anderen *Carrier* »gestattet« die Ausübung ihm selbst zugewiesener Verkehrsrechte zu nutzen. Dabei wird häufig in Form von *Code Sharings* kooperiert.

Codesharings

Sie sind sowohl innerhalb von Luftverkehrs-Allianzen üblich, als auch in der Zusammenarbeit zwischen zwei Fluggesellschaften möglich. Ziel einer solchen Übereinkunft ist es, **Sitzplätze** in einer Maschine **für eine Flugstrecke gemeinschaftlich** anzubieten. Der Flug erhält sowohl eine Flugnummer der *Airline* die den Flug durchführt, als auch eine Flugnummer der Partnergesellschaft.

Codesharing BEISPIEL

Lufthansa verkauft einen Flug mit eigener Flugnummer LH 5774. Ausführende *Airline* ist *Swiss* mit eigener Flugnummer SX 1073 FRA-ZRH. Im Flugplan der *Lufthansa* sieht man dann immer den Zusatz: »*Operated by Swiss*«.

Bei Flügen, die im Reisebüro gebucht werden, steht in der **ausgedruckten *Passenger-Receipt*** (dt. Rechnung oder Reisebeleg) immer **von wem** der Flug durchgeführt wird (»*Operated by …*«). Auf der Bordkarte steht dann welche *Airline* fliegt.

Eine weitere Möglichkeit beim *Code Sharing* ist es, **Anschlussverbindungen** von zwei oder mehreren *Airlines* unter einer **gemeinsamen Flugnummer *(»Code«)*** auszuweisen. Grundsätzlich lassen sich dabei drei Arten unterscheiden:

Point-to-Point Codeshare	*Feeder Codeshare*	*Connection Codeshare*
Ein einzelner Flug wird von verschiedenen *Airlines* unter der jeweils eigenen Flugnummer angeboten.	Zubringerdienste verwenden die Flugnummer der großen *Airlines (Network Carrier).*	Anschlussverbindungen mehrerer Hauptflugstrecken werden von verschiedenen Fluggesellschaften unter einem gemeinsamen *Code* geführt.

Tab. Arten des *Codesharing*

Durch *Codesharing* können Fluggesellschaften ihr **Streckennetz erweitern** und ihre Maschinen werden **besser ausgelastet**. Für den Passagier kann ein *Codeshare*-Flug dann zum Nachteil werden, wenn die Partner-*Airline* z. B. einen schlechteren Service bietet.

2.1.3 Flugtarife und Beförderungsklassen

Generell kann man die Vielzahl von Tarifen und Tarifstrukturen bei der Flugbeförderung in **drei Tarifarten (oder Tarifpositionen)** einteilen, die unterschiedlichen Tarifbedingungen unterliegen.

Flexibler Tarif (Standardtarif)	Sondertarif	Firmentarif
► haben i. d. R. keine Einschränkungen, d. h., keine Bindung an Vorausbuchungsfristen, keine Umbuchungs- und Stornogebühren und keine Mindestaufenthaltsdauer ► Streckenänderungen sind zugelassen, Umbuchung in höhere Klasse möglich	► preisgünstiger als flexible Tarife ► Einschränkungen u. a. in: Umbuchungen kostenpflichtig bzw. nicht möglich, Ticketpreis nicht nach Ticketausstellung erstattungsfähig bzw. nur gegen Gebühr ► weitere Einschränkungen: Mindest- oder Maximalaufenthalte, Vorausbuchungsfristen, Einschränkungen bei Umbuchung in höhere Klasse	► Großkunden werden von vielen *Airlines* flexible Tickets zu günstigeren Preisen angeboten, die individuell mit dem jeweiligen Unternehmen vereinbart werden ► im Gegensatz zu Sondertarif unterliegen Firmentarife keinen Restriktionen

Tab. Tarifarten/Tarifpositionen bei der Flugbeförderung

Sondertarife müssen i. d. R. binnen einer Frist von 24 Stunden ausgestellt werden. Der Reisende ist vorab über die **Anwendungsbestimmungen des Tickets** zu informieren und kann sich dann innerhalb eines Tages entscheiden, ob er den Sondertarif oder den flexiblen Tarif wählt. *Malaysia Airlines* bietet z. B. in bestimmten Zeitfenstern Sondertarife nach Asien und Australien an, *Emirates* offeriert »Begleitertarife« für zwei oder mehr Personen in der *Business*- oder *First Class* bzw. spezielle Flugzeugtypen (wie A 380).

Flugbuchung/Informationspflichten des Reisevermittlers/Hinweis auf Umbuchbarkeit und Stornokosten BGB

Ein Reisevermittler muss im Rahmen der Vermittlung eines Fluges den Kunden auch über die Bedingungen bzw. den Ausschluss einer Stornierung der Flugbuchung aufklären.

AG Frankfurt a. M., Urt. v. 28.6.2011 – 30 C 346/11 (68), Fundstelle: RRa 2012, 17

www.reiserecht-fuehrich.de/Reiserechts-Urteile

Beförderungsklassen

Die meisten Fluggesellschaften unterteilen ihre Tarife in **physische Klassen**, in denen ein Passagier an Bord befördert wird. Die drei wesentlichen **Beförderungsklassen** sind: ***Economy Class*** (Abkürzung Y), ***Business Class*** (Abkürzung C) und ***First Class*** (Abkürzung F). Sie unterscheiden sich u. a. im Serviceangebot.

First Class	*Business Class*	*Economy Class*
Am Boden: *Parking* und Limousinen-*Service*, diskrete Abläufe, *First Class Lounge*	Am Boden: *Priority Check-In* *Business Class Lounge*	
An Bord: Persönliche Betreuung Privatsphäre gewährleistet ergonomisch geformter Sitz ausziehbare Tische *Laptop*anschlüsse innovative Unterhaltungs- und Informationsprogramme Bett mit ebener Liegefläche individuelle Essenszeiten interkontinentaler Menüs edle Getränke Marken-Pflegeprodukte höhere Anzahl von Meilen für Teilnehmer am Vielflieger-Programm	An Bord: Privatsphäre gewährleistet Individuelle Kabinenbetreuung stufenlos verstellbare Sitz- bis Liegepositionen *Video on demand* Internationale Menüs edle Weine *Laptop*anschlüsse Höhere Anzahl von Meilen für Teilnehmer am Vielflieger-Programm	An Bord: Sitzbreite von über 40 cm Menüs reichhaltiges Sortiment an Getränken individueller Zugang zum umfangreichen Unterhaltungsprogramm *Inseat Screens* (in die Sitze integrierte persönliche Bildschirme) Zeitschriftenangebot Meilen für Teilnehmer am Vielflieger-Programm
drei Gepäckstücke bis jeweils 32 Kilogramm	**zwei Gepäckstücke** bis jeweils 32 Kilogramm	**ein Gepäckstück** bis 23 Kilogramm kostenfrei

Tab. Beförderungsklassen und Services bis 2013 (Beispiel Lufthansa)

Die Beförderungsklassen selbst werden von den Fluggesellschaften in verschiedene **Buchungsklassen** unterteilt, die sich ihrerseits in Preis und Buchungsmodalitäten und/oder Reisebedingungen unterscheiden. Die Lufthansa bietet die vier Buchungsklassen »*Economy Class*«, »*Premium Economy*«, »*Business Class*« und »*First Class*« an.

Innerhalb der *Lufthansa*-Gruppe (*Lufthansa, Austrian Airlines, Brussels Airlines, Germanwings, SunExpress, JetBlue, SWISS*) als auch bei den Partnern *Jet Airways, Air India, Luxair* und *Air Malta* gilt auf den Langstrecken (Flüge mit mehr als 3.500 km) eine im Wesentlichen **einheitliche Buchungsklassenhierarchie**.

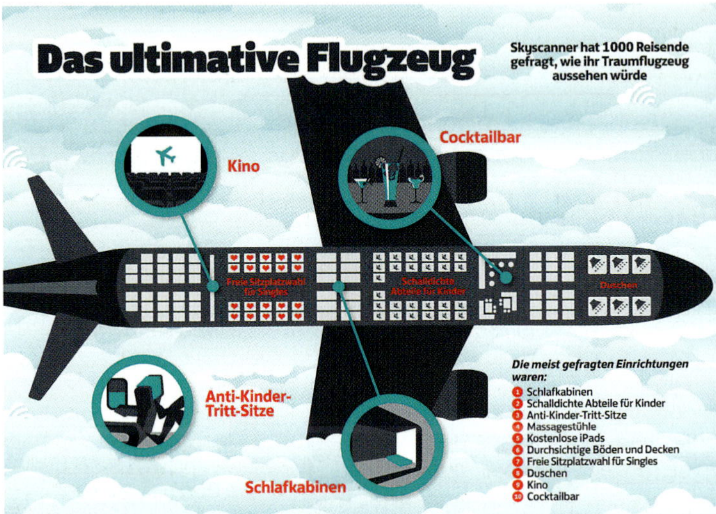

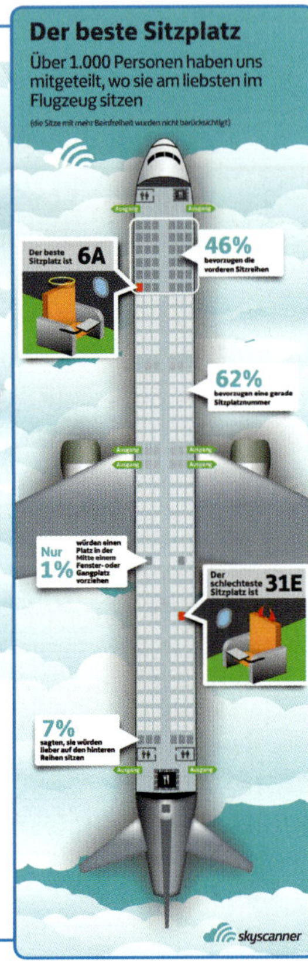

Die Wunschliste für das perfekte Flugzeug-
laut Skyscanner Umfrage vom 2. bis 18. Mai 2012.:

1. Schlafkabinen
2. Schalldichte Abteile
3. Anti-Kinder-Tritt-Sitze
4. Massagestühle
5. Kostenlose iPads
6. Durchsichtige Böden und Decken
7. Freie Sitzplatzwahl für Singles
8. Duschen
9. Kino
10. Cocktailbar

Abb. »Traumflugzeug«

Seit einigen Jahren bieten manche Fluggesellschaften auch eine **Zwischenklasse** an, die in ihrem Komfort und im Preis zwischen der *Economy Class* und der *Business Class* anzusiedeln ist (z. B. *United, British Airways*, SAS, Lufthansa ab 2014).

Bei den »Billigfliegern« wird lediglich **eine Sitzklasse** angeboten. Dagegen bieten *Premium Class Airlines*, wie z. B. *PrivatAir* nur eine *Business Class* oder *First Class* **als Standard** an.

Besondere Tarifangebote

Star Alliance und *SkyTeam* zum Beispiel bieten einen ***Round the World*-Tarif** an. Für eine Weltreise muss nur **ein Ticket** gekauft werden. *OneWorld* bietet die ***Circle*-Tarife** an, die ebenfalls das interkontinentale Reisen erleichtern.

Unbegleitete Kinder

Für Kinder im **Alter zwischen fünf und 11 Jahren** besteht die Möglichkeit alleine zu reisen. Für sie bieten die meisten Linienfluggesellschaften **Betreuungsangebote** an. Sie orientieren sich dabei an den **Internationalen Beförderungsvorschriften für unbegleitet reisende Kinder** (engl. *unaccompanied minors*, UM). Auf Wunsch der Eltern können Kinder von 12 bis maximal 17 Jahren ebenfalls betreut werden. Die alleinreisenden Kinder müssen jedoch vorher als »UM« angemeldet werden.

Der **UM-*Service* ist nicht obligatorisch**, bei vielen *Airlines* jedoch verfügbar. Die Angebote variieren zwischen den Fluglinien. Die Fluggesellschaft *Germanwings* bietet z. B. **spezielle Berechtigungskarten**, mit denen Erziehungsberechtigte ihre Kinder durch die Sicherheitskontrolle bis zum *Gate* begleiten können. Bei manchen Fluggesellschaften dürfen Eltern die Kinder nur bis zum *Check-In*-Schalter begleiten. Das Begleitpersonal holt das Kind dort ab, führt es durch die Pass- und Sicherheitskontrollen und begleitet es bis ins Flugzeug. Dort übernimmt ein/e Flugbegleiter/innen die Betreuung vom Start bis zur Landung. Am Zielflughafen übernimmt wiederum Begleitpersonal vor Ort die Obhut des Kindes und führt es durch die Pass- und Zollkontrollen. Im Ankunftsterminal wird das Kind an die von den Eltern bestimmte Abholperson übergeben.

An einigen Flughäfen wie Frankfurt am Main (FRA) und München (MUC) wird den alleinreisenden Kindern die Wartezeit in einer eigenen **Warte-*Lounge*** mit einem umfangreichen Angebot an Gesellschaftsspielen, Computern mit Internetanschluss und Spielkonsolen verkürzt.

BEISPIEL

Betreuungsgebühr

Zum Flugpreis kommt pro Strecke eine Betreuungsgebühr:

Gebühr in Euro	Gebühr in USD	Anwendungsgebiet
40	60	Für innerdeutsche Flüge *Nonstop* und *Transit* und für Strecken in Drittländern, auf denen *Lufthansa* Passagiere befördert
40	60	*Nonstop*-Flüge innerhalb Europas
80	120	*Transit*-Flüge innerhalb Europas
80	120	*Nonstop*-Flüge von/nach außerhalb Europas
100	150	*Transit*-Flüge von/nach außerhalb Europas

Ausnahmen: Bei zusammen reisenden Geschwistern wird die Betreuungsgebühr nur einmal erhoben.

www.lufthansa.com/de/de/Alleinreisende-Kinder

Alle wichtigen Dokumente (u. a. Ausweis, Flugticket, ggf. *Visum* und Allergiepass, wichtige Telefonnummern und Adressen sowie die Einverständniserklärung der Eltern, dass das Kind allein reisen darf) sollte das alleinreisende Kind bei sich tragen. Hierzu stellen einige *Airlines* spezielle Brustbeutel bzw. Umhängetaschen zur Verfügung.

Fliegen mit Babys und Kleinkindern

Bei den meisten *Airlines* können so genannte »*Baby Baskets*« (engl. *bassinet seats*) in den dafür vorgesehenen **Mutter-Kind-Reihen** angemeldet werden. Sie bieten i. d. R. mehr Fußraum und sind mit speziellen Vorrichtungen zum Anhängen eines Babykorbs ausgestattet. Die Körbe eignen sich für **Babys unter 14 kg** und unter 83 cm Körpergröße und werden kostenlos zur Verfügung gestellt. Alternativ dazu werden von verschiedenen *Airlines* auch Kinderbettchen zur Verfügung gestellt.

Für **Kinder bis zu einem Alter von etwa sieben Jahren** bietet sich die Mitnahme von Kinderrückhaltesystemen an. Einige Fluggesellschaften erlauben die Nutzung von Kindersitzen, die für Auto und Flugzeug zugelassen sind.

Barrierefreies Reisen

Viele Fluggesellschaften bieten **behinderten Fluggästen** und **Fluggästen mit eingeschränkter Mobilität** einen besonderen Betreuungs-Service an, damit auch sie unbeschwert reisen können. So stehen z. B. *Lufthansa*-Gästen in Frankfurt am Main und in München beim *Check-In* behindertengerechte **Sonderbetreuungsschalter** zur Verfügung. Auf diesen *Airports* können hilfsbedürftige Fluggäste die Zeit bis zum Abflug in einer speziellen **Betreuungs-*Lounge*** verbringen. Ein *Service*-Mitarbeiter begleitet den Fluggast sowohl zum Flugzeug-, als auch nach der Landung zur Kontaktperson oder zum Weiterflug.

Für **Gäste mit Gehbehinderung** ist es wünschenswert, dass auf allen Flügen ein Bordrollstuhl mitgeführt wird und ein WC mit Toilette in einer Größe verfügbar ist, in das der Passagier mit dem Bordrollstuhl hineinfahren kann.

2.1.4 Gepäckkonzepte

Grundsätzlich unterscheiden die *Carrier* bei der Beförderung von **Reisegepäck** zwischen dem »**Stückkonzept**« (engl. ***piece concept)*** und dem »**Gewichtskonzept**« (engl. ***weight concept).*** Die meisten *Airlines* präferieren das Stückkonzept.

Beim **Stückkonzept** können die Fluggäste je nach Flugklasse eine bestimmte, festgelegte Anzahl an Gepäckstücken kostenlos als Freigepäck aufgeben. Beim Überschreiten des entsprechenden Limits wird ein Aufpreis für das Übergepäck fällig. Das **Gewichtskonzept** sieht ebenfalls eine definierte Gewichtsgrenze als Freigepäck vor. Wird diese überschritten, ist eine Zusatzgebühr zu entrichten. Die Tarifstruktur für **Übergepäck** ist i.d.R. von drei Faktoren, den **Grundlagen der Tarifberechnung nach dem Gewichtskonzept**, abhängig:

- Zonen der Abflug- und Ankunftsflughäfen
- Zonentarif pro Kilogramm Übergepäck
- Kilogrammgewicht des Übergepäcks

BEISPIEL

Freigepäck

Sie reisen gerne mit großem Gepäck? Dann nehmen Sie es gelassen! Denn als Inhaber der *topbonus Silver, Gold, Platinum* oder *Service Card* gelten für Sie besondere Freigepäckgrenzen auf von *airberlin* und *NIKI* durchgeführten Flügen.

	Economy Class	*Business Class*
topbonus Service Card	1 Gepäckstück à 32 kg (71 lbs)	2 Gepäckstücke à 32 kg (71 lbs)
topbonus Silver Card	2 Gepäckstücke à 23 kg (51 lbs)	2 Gepäckstücke à 32 kg (71 lbs)
topbonus Gold Card	2 Gepäckstücke à 23 kg (51 lbs)	3 Gepäckstücke à 32 kg (71 lbs)
topbonus Platinum Card	2 Gepäckstücke à 32 kg (71 lbs)	3 Gepäckstücke à 32 kg (71 lbs)

Darüber hinaus können Sie bei fristgerechter Voranmeldung auf allen von *airberlin* & *NIKI* durchgeführten Flügen ein Sportgepäckstück bis 32 kg kostenlos mitnehmen.

Tab. Freigepäckgrenzen der *airberlin*

www.airberlin.com – topbonus-Vorteile

[...] Die Freigepäckmengen werden entsprechend der genutzten Serviceklasse unterschieden. Dabei variieren die Anzahl der erlaubten Freigepäckstücke sowie das zulässige Gewicht der Gepäckstücke. *Miles & More* Statuskunden sowie *Star Alliance Gold Member* dürfen sich darüber hinaus über weiteres Freigepäck freuen. [...]

	Allgemein	*Frequent Traveller*	*Senatoren/HON-Circle Member/Star Alliance Gold Member*
Economy Class	1 Stück à 23 kg	2 Stück à 23 kg	2 Stück à 23 kg
Business Class	2 Stück à 32 kg	2 Stück à 32 kg	3 Stück à 32 kg
First Class	3 Stück à 32 kg	3 Stück à 32 kg	4 Stück à 32 kg
Zusätzliches Sportgepäck	Alle Strecken außer Nordatlantik: + 1 Skiausrüstung	Alle Strecken außer Nordatlantik: + 1 Skiausrüstung	Alle Strecken außer Nordatlantik: + 1 Skiausrüstung + 1 Golfausrüstung

Tab. Freigepäckmengen der *Lufthansa*

www.lufthansa.com

Fluggesellschaften unterscheiden i. d. R. bei Übergepäck im Hinblick auf die Beförderungsgebühren nach innereuropäischen und nach Interkontinentalflügen.

Handgepäck

Je nach gebuchtem Tarif und Serviceklasse dürfen **ein bis zwei Handgepäckstücke mit an Bord** genommen werden.

Ein Handgepäckstück bei *airberlin* darf maximal ein Gewicht von 6 kg aufweisen und die Abmessungen dürfen 55 cm x 40 cm x 20 cm nicht überschreiten. Bei *Lufthansa* darf das mitgeführte Gepäckstück nicht größer als 55 cm x 40 cm x 23 cm und nicht schwerer als 8 kg sein. Hiervon ausgenommen sind faltbare Kleidersäcke, die bis zu einer Größe von 57 cm x 54 cm x 15 cm bei dieser *Airline* als Handgepäck gelten.

Gepäckstücke, die diese Grenzen überschreiten, werden innerhalb der von den *Airlines* festgesetzten Freigepäckmengen **gebührenfrei im Frachtraum** befördert.

Sportgepäck und Sondergepäck

Sportgepäck wir als **Sondergepäck im Stückkonzept** befördert. Dazu wird es bei einigen *Airlines* in Kategorien eingeteilt, z. B. klein, mittel und groß (engl. *small, medium, large*). Nach diesen richtet sich auch die Einteilung in verschiedene Gewichts- und Gebührenklassen.

Sportgepäck bei der *Lufthansa*

BEISPIEL

Bitte beachten sie die maximale Größe pro Gepäckstück von 158 cm (Breite + Höhe + Tiefe). Für Gepäckstücke, die in Größe und/oder Gewicht die Freigepäckbestimmungen überschreiten fallen Pauschalpreise an. [...]

Skiausrüstung	Ein Paar Ski, ein Paar Skistöcke, ein Paar Skischuhe (auch in einer separaten Tasche möglich), ein Skihelm
Golfausrüstung	Eine Golftasche inklusive Golfschläger, Bällen und einem Paar Golfschuhe
***Surf*brett**	Ein *Surf*brett (bis 2 Meter)
***Windsurf* Ausrüstung**	Ein *Surf*brett, ein Segel, ein Baum, ein Mast, eine wetterfeste Tasche

Taucherausrüstung	Eine Tauchermaske, Schnorchel, Flossen, Neoprenanzug, BCD-Jacke, Atemregler, eine leere Sauerstoffflasche, eine Lampe (ausgeschaltet, die Energieversorgung separat verpackt, Batterie aus Gerät entfernt und vor Kurzschluss geschützt)
Angelausrüstung	Eine Köderbox oder ein Brotbeutel oder ein Angelkorb, eine Tasche oder eine Box, eine Rute
Weiteres Sondergepäck	Für den Transport von Musikinstrumenten, sperrigen Gepäckstücken und anderem Sondergepäck gelten besondere Tarife und Bedingungen. [...]

Tab. Sportgepäck und Preise der *Lufthansa* (Auszüge)
www.lufthansa.com – Freigepäck-Regeln und Über- und Sondergepäckregelungen

Mitnahme von Tieren

Airlines transportieren Tiere entsprechend ihres Gewichts und ihrer Größe entweder in der Passagierkabine oder im Frachtraum des Flugzeugs. Tiere sind i. d. R. nicht im Freigepäck enthalten und werden als Übergepäck berechnet. Die Höhe der Gebühr ist dabei abhängig von der Größe des Käfigs. Für einen Tiertransport ist eine **rechtzeitige Anmeldung** notwendig.

Ein **Hund oder eine Katze** dürfen i. d. R. in die Kabine mitgenommen werden, wenn ein Gewicht von 8 kg (inklusive Transportbehälter) nicht überschritten wird. In der Kabine muss das Tier in einer wasserundurchlässigen sowie bissfesten Box untergebracht sein, die bestimmte Maße (z. B. 55 cm x 40 cm x 20 cm) nicht überschreitet.

Tiere, die nicht in der Kabine transportiert werden können, befördern *Airlines* in **tiergerechten Containern** in einem klimatisierten Abschnitt des Frachtraums. Es kann ein eigener Transportbehälter verwendet werden, wenn er den von der IATA festgelegten Bestimmungen entspricht.

Beförderung von Tieren

BEISPIEL

	Innerhalb Deutschlands	Innerhalb Europas und zwischen Drittländern	Interkontinental
	Pro Tier	Pro Tier	Pro Tier
Small: Tiere in der Kabine max. 8 kg	EUR 35,00 USD/CAD 50,00	EUR 50,00 USD/CAD 60,00	EUR 70,00 USD/CAD 100,00
Medium: Tiere im Frachtraum Käfiggröße 1+2	EUR 70,00 USD/CAD 100,00	EUR 100,00 USD/CAD 150,00	EUR 150,00 USD/CAD 200,00

	Innerhalb Deutschlands	Innerhalb Europas und zwischen Drittländern	Interkontinental
Large: Tiere im Frachtraum Käfiggröße 3+4	EUR 150,00 USD/CAD 200,00	EUR 200,00 USD/CAD 300,00	EUR 300,00 USD/CAD 400,00

Käfiggröße	Maße in cm	Gewicht in kg
1	60 x 45 x 40	4
2	80 x 55 x 55	6
3	100 x 65 x 70	13
4	125 x 75 x 85	22

Tab. Tarife für die Beförderung von Tieren bei der *Lufthansa*

Blindenhunde und vergleichbare Servicehunde
Blinden-, Gehörlosen- sowie andere vergleichbare Servicehunde, auf die Sie angewiesen sind, werden grundsätzlich auf allen *Lufthansa* Flügen kostenlos transportiert und dürfen auch mit in die Kabine. Bitte denken Sie daran auch Ihren Servicehund rechtzeitig anzumelden.
www.lufthansa.com/at/de/Tiere

2.1.5 Loyalty-Programme

© lightpoet – Fotolia.com

Das Entwickeln und das Halten werthaltiger Kundenbeziehungen auf einem Käufermarkt mit hohen Kundenakquisitionskosten gewinnen zunehmend an Bedeutung. **Loyalitätsprogramme (Bonus-, Treue- oder Vielfliegerprogramme)** sind effektive Instrumente, um mit dem Kunden gezielt und persönlich in einen kontinuierlichen Dialog einzutreten. Sie helfen das Vertrauen der Kunden zu gewinnen und eine dauerhafte Kundenbindung (*Brand*-Loyalität) aufzubauen.

Mit Treueprogrammen, von denen es weltweit über 200 gibt, versuchen die Fluggesellschaften, die Kundenbindung zu stärken und den **Vielflieger** zu animieren, immer dieselbe *Airline* bzw. eine Flugallianz für ihre Reisen zu nutzen. Solche Programme gibt es nicht nur im Flugverkehr, sondern auch bei der Bahn (▸ Kapitel 2.2.4).

Im Rahmen von Bonusprogrammen erhalten die Kunden nach einer bestimmten Flughäufigkeit Punkte bzw. Bonusmeilen, die sie entsprechend ihrer **Größenordnung (Einlöseschwelle)** in zahlreiche **Vorteile *(Boni)*** umwandelt können. Sie können z. B. in Prämienflüge, Hotelreservierungen, Mietwagen, Rollenkoffer, Sonnenbrillen oder Geschenkgutscheine umgetauscht werden.

Die ***Star Alliance*** zum Beispiel (▸ Kapitel 2.1.2), besitzt kein eigenes Vielflieger-Programm (engl. *Frequent Flyer Program*, FFP). Stattdessen sammeln die Reisenden Meilen des Programms einer Mitgliedsgesellschaft, sobald sie mit dieser fliegen. Dazu genügt es, sich z.B. kostenlos beim Bonusprogramm einer Mitgliedsgesellschaft anzumelden, in deren Verbund die Bonusmeilen auf einer Vielflieger-Karte gegenseitig anerkannt werden.

Je häufiger ein Reisender mit den Mitgliedsgesellschaften der Allianz fliegt, desto höher wird sein **Status im Vielfliegerprogramm**. Entsprechend des besseren Status kommt der Vielflieger in den Genuss zusätzlicher Vorteile. Damit hat ein Reisender Anspruch auf z.B. *Lounge*zugang, zusätzliches Freigepäck, Prämien, *Upgrades*, bevorzugtes *Boarding*, *Standby*-Status und Reservierungen.

BEISPIEL

Star Alliance Gold-Vorteile

- Bevorzugte Wartelistenbehandlung (1) – Sollte sich auf bereits ausgebuchten Flügen noch ein freier Platz ergeben, rücken Sie auf der Warteliste ganz nach oben.
- Bevorzugte Behandlung bei *Stand-By*-Flügen am Flughafen – genießen Sie Flexibilität, auch ohne feste Buchung. (1)
- Bevorzugter *Check-in Service* – Einchecken am Schalter der *Business* oder First Class
- Bevorzugte Behandlung Ihres Gepäcks – Ebenso wie Sie, wird auch Ihr Gepäck bevorzugt behandelt und bei der Ankunft vor den anderen Gepäckstücken ausgeladen.
- Freigepäck – Erhöhung des Freigepäcks um zusätzliche 20 kg oder ein weiteres Gepäckstück.
- Bevorzugtes *Boarding* (2) – Gehen Sie gemeinsam mit den Passagieren der *First-* und *Business Class* an Bord.
- Zugang zu den Flughafen*lounges* weltweit für Sie und einen Gast (3), wenn Sie mit einer Mitgliedsgesellschaft der *Star Alliance* fliegen, unabhängig von der Serviceklasse.

Star Alliance Silver-Vorteile

- Bevorzugte Wartelistenbehandlung (1) – Sollte sich auf bereits ausgebuchten Flügen noch ein freier Platz ergeben, stehen Sie auf der Warteliste ganz oben.
- Bevorzugte Behandlung bei *Stand-By*-Flügen am Flughafen – Genießen Sie Flexibilität, auch ohne feste Buchung. (1)

(1) Nicht zulässig für *Star Alliance* Prämientickets.

(2) Sofern verfügbar.

(3) Gäste haben nur mit einem *Star Alliance Gold* Mitglied Zutritt und müssen im Besitz eines Flugtickets einer *Star Alliance* Mitgliedsgesellschaft sein, wobei der Flug zu einem anderen Zeitpunkt erfolgen kann. Abweichungen innerhalb der Vorteile der Vielfliegerprogramme sind möglich.

www.miles-and-more.com/online/portal

Miles & More

Miles & More, das **Bonusprogramm der *Lufthansa***, hat sich seit der Gründung im Jahr 1993 zum führenden Vielflieger-Programm Europas entwickelt. Auf allen von *Lufthansa* durchgeführten Linienflügen sammelt der Teilnehmer Meilen.

Es gibt drei unterschiedliche Arten von Meilen:

- **Prämienmeilen** sind 36 Monate gültig und können in attraktive Prämien eingelöst werden. Für *Frequent Traveller*, Senatoren, HON-*Circle Member* und *JetFriends* sind Prämienmeilen unbegrenzt gültig, solange sie ihren Status innehaben.
- **Statusmeilen** entscheiden über den *Frequent Traveller* und *Senator* Status und werden jeweils im Kalenderjahr der Gutschrift gezählt. Jede Statusmeile wird ebenfalls als Prämienmeile angerechnet.
- **HON-*Circle* Meilen** zählen zur Erreichung des HON-*Circle* Status. Sie werden über zwei aufeinanderfolgende Jahre gezählt. Sammelt ein Kunde in zwei Jahren 600.000 HON-Meilen so erhält er den HON-Status als höchsten Vielflieger-Status der *Lufthansa*. Ab 1. September 2012 können diese HON-Meilen lediglich in der *Business*- und *First-Class* erworben werden

Die Höhe der Meilengutschrift richtet sich nach der Buchungsklasse. In Europa gelten **feste Meilenwerte** für die einzelnen Buchungsklassen, bei weltweiten Flügen sind die Buchungsklasse und die zurückgelegten Entfernungsmeilen maßgeblich. Flugprämientickets und innerhalb der Reisebranche ermäßigte Tickets (z. B. ID, AD) sind generell vom Meilensammeln ausgeschlossen. (Stand: 29.02.2012)

BEISPIEL

Die Miles & More Statuslevel

Wer viele Statusmeilen auf seinem Konto hat, kommt weiter. Und zwar bequemer, schneller und mit vielen Privilegien. Im *Miles & More* Programm gibt es folgende Vielfliegerlevel, die jeweils mindestens für zwei Jahre gültig sind.

Die wichtigsten Leistungen	*Miles & More* Teilnehmer	*Frequent Traveller*	*Senator*	HON *Circle Member*
Karte				
Qualifikation	1 Prämienmeile	35.000 Statusmeilen im Kalenderjahr	100.000/ 130.000 Statusmeilen im Kalenderjahr	600.000 HON-*Circle* Meilen in zwei aufeinander folgenden Kalenderjahren
Meilengültigkeit	36 Monate	Unbegrenzt	Unbegrenzt	Unbegrenzt
Ihre Meilen verfallen nicht	Für Inhaber einer *Miles & More Credit Card*	✓	✓	✓

Die wichtigsten Leistungen	*Miles & More* Teilnehmer	*Frequent Traveller*	*Senator*	HON *Circle Member*
Zusätzliche Meilen *(Executive Bonus)*		25 % mehr Prämien-, Status- und HON-*Circle* Meilen	25 % mehr Prämien-, Status- und HON-*Circle* Meilen	25 % mehr Prämien-, Status- und HON-*Circle* Meilen
Eine Klasse höher fliegen *(Upgrade Voucher)*			2 *eVoucher* bei Statuserreichung und jeder Statusverlängerung	6 *eVoucher* bei Statuserreichung und jeder Statusverlängerung
Buchungsgarantie			Bis 48 h vor Abflug in der hochwertigsten Buchungsklasse der gewünschten Reiseklasse	Bis 24 h vor Abflug in den beiden hochwertigsten Buchungsklassen der *Business Class* und in der hochwertigsten *Economy*-Buchungsklasse
Wartelistenpriorität		Dritthöchste Wartelistenpriorität	Zweithöchste Wartelistenpriorität	Höchste Wartelistenpriorität
Bevorzugter *Check-in*		*Business Class Check-in*	*First Class Check-in; Premium Check-in*	*First Class Check-in; Check-in* im *First Class* Terminal Frankfurt *(Air Dolomiti, Austrian Airlines Group, Lufthansa, Swiss); Premium Check-in*
Lounge-zugang		*Business Lounge*	*Senator* und *Star Gold Lounges*	*Lufthansa First Class, Swiss First* und *Austrian* HON-*Circle Lounge, First Class* Terminal in Frankfurt

Tab. Die wichtigsten Vorteile im Überblick (Auszug)

Ab dem 1. September 2012 gelten u. a. folgende Programmänderungen:
Für die Buchungsklasse Z – Fluggäste erhalten in dieser Buchungsklasse zukünftig:

1.000 Prämien-, Status- und HON-*Circle* Meilen auf Inlandsflügen
1.250 Meilen auf grenzüberschreitenden Flügen innerhalb Europa
150 % der Entfernungsmeilen auf weltweite Flüge
Für die Buchungsklasse P – Für diese sehr preisgünstige *Business*-Buchungsklasse werden folgende Meilenwerte vergeben:
500 Prämien-, Status- und HON-*Circle* Meilen auf Inlandsflügen
750 Meilen auf grenzüberschreitenden Flügen innerhalb Europas
100 % der Entfernungsmeilen auf weltweiten Flügen
www.miles-and-more.com/online/portal

Im Rahmen des *Miles & More*-Programms können auch Prämienmeilen bei Partnerunternehmen wie Hotels (z. B. *Accor*–Marken, *Ameron Hotel Collection)*, bei der Autoanmietung (z. B. *Avis, Europcar)*, Parfümerien, Modegeschäften, Zeitungs- und Zeitschriftenverlagen oder *Online*-Buchhandlungen usw. gesammelt werden. Durch diese ergänzenden Angebote wird dem Reisenden ein **weiterer Zusatznutzen** geboten.

Lounges

Auf vielen internationalen *Airports* existiert ein vielfältiges Angebot, sich die Zeit bis zum Abflug in einer der *Lounges* angenehm zu gestalten. ***Airlines* betreiben gemeinsam oder einzeln** entsprechende Möglichkeiten. So stehen die LUXX-*Lounges* (z. B. der *Air Malta, Qatar Airways, US Airways)* und die SKY-*Lounges* (z. B. der *Delta Airlines, China Airlines, Saudi Arabian Airlines)* Gästen mit einem *Business*- oder *First Class-Ticket* oder Fluggästen anderer *Carrier* gegen eine Gebühr offen.

© Deutsche Lufthansa AG, Frankfurt/Main

Air France, Emirates und *Lufthansa* betreiben für ihre Fluggäste **ein individuelles *Lounge*angebot**. Alle Passagiere mit einem *Business*- oder *First Class-Ticket* können die *Lounge* gebührenfrei nutzen. *Business Class*-Reisende und *Frequent Traveller*-Status-Reisende des Vielflieger-Programms *Miles & More* verbringen ihre Zeit vor dem Abflug in einer *Business Lounge*. Für Reisende mit einer *First Class*-Bordkarte oder je nach Status im *Miles & More*-Vielflieger-Progamm gibt es z. B. bei der *Lufthansa* gesonderte *Lounge*angebote.

Generell zeichnen sich das *Lounge*angebot der *Airlines* durch ein ruhiges Ambiente und erstklassige Services aus. Bequeme *Relax*sessel, *TV-Area* und *Wellness*-Bereich sorgen für Entspannung, der Appetit kann in der die Bistrozone oder am Buffet gestillt werden. Die Bar lädt zu einem *Cocktail* ein. Mit dem kostenlosen W-LAN reißt keine Verbindung ab. In der *Business Lounge* stehen zahlreiche Arbeitsplätze zur Verfügung, um *Meetings* vorzubereiten oder E-Mails zu bearbeiten.

Zugangsregeln Lufthansa Lounges

BEISPIEL

	Lufthansa First Class Lounge	*Lufthansa Senator Lounge*	*Lufthansa Business Lounge*	*Lufthansa Welcome Lounge*
Lufthansa* und *Swiss First Class Ticket	*First Class* Bordkarte eines ankommenden/abfliegenden Fluges desselben Tages	*First Class* Bordkarte eines ankommenden/abfliegenden Fluges desselben Tages	*First Class* Bordkarte eines ankommenden/abfliegenden Fluges desselben Tages	*First Class* Bordkarte eines ankommenden Lufthansa Interkontinental-Fluges desselben Tages
Star Alliance First Class Ticket	Kein Zugang	*First Class Star Alliance* Bordkarte eines abfliegenden Fluges desselben Tages	*First Class Star Alliance* Bordkarte eines abfliegenden Fluges desselben Tages	Kein Zugang
Miles & More* HON *Circle Member Card	Gültige HON *Circle Member Card* und Bordkarte eines ankommenden/abfliegenden *Lufthansa/Star Alliance/Codeshare* Partner-Fluges desselben Tages	Gültige HON *Circle Member Card* und Bordkarte eines ankommenden/abfliegenden *Lufthansa/Star Alliance/Codeshare* Partner-Fluges desselben Tages	Gültige HON *Circle Member Card* und Bordkarte eines ankommenden/abfliegenden *Lufthansa/Star Alliance/Codeshare* Partner Fluges desselben Tages	Gültige HON *Circle Member Card* und Bordkarte eines ankommenden *Lufthansa/Swiss*-Fluges desselben Tages
Miles & More Senator Card	Kein Zugang	Gültige *Senator Card* und *Lufthansa/Star Alliance/Codeshare Partner*-Bordkarte eines ankommenden/abfliegenden Fluges desselben Tages	Gültige *Senator Card* und *Lufthansa/Star Alliance/Codeshare Partner* Bordkarte eines ankommenden/abfliegenden Fluges desselben Tages	Gültige *Senator Card* und Bordkarte eines ankommenden *Lufthansa* Interkontinental Fluges desselben Tages

	Lufthansa First Class Lounge	***Lufthansa Senator Lounge***	***Lufthansa Business Lounge***	***Lufthansa Welcome Lounge***
Star Alliance Gold Card	Kein Zugang	Gültige *Star Alliance Gold Card* und *Lufthansa/Star Alliance*-Bordkarte eines abfliegenden Fluges desselben Tages	Gültige *Star Alliance Gold Card* und *Lufthansa/Star Alliance* Bordkarte eines abfliegenden Fluges desselben Tages	Kein Zugang
Lufthansa/Star Alliance Business Class Ticket	Kein Zugang	Kein Zugang	Bordkarte eines abfliegenden *Lufthansa/Star Alliance* Fluges desselben Tages	*Business Class* Bordkarte eines ankommenden LH-Interkontinental Fluges desselben Tages
Miles & More Frequent Traveller Card	Kein Zugang	Kein Zugang	Gültige *Frequent Traveller Card* und *Lufthansa/Star Alliance/Codeshare Partner* Bordkarte eines abfliegenden Fluges desselben Tages	Gültige *Frequent Traveller Card* und Bordkarte eines ankommenden *Lufthansa* Interkontinental Fluges

www.lufthansa.com/de/de/Loungetypen-und-Zugang

Neben dem *Lounge*angebot der *Carrier* gibt es zum Beispiel auf dem Frankfurter Flughafen (FRA) noch eine *DB-Lounge* und eine *VIP-Lounge*, die von allen Fluggästen nach vorheriger Anmeldung kostenpflichtig genutzt werden kann.

(Aufgaben zum Kapitel Flugbeförderung finden Sie ab ► S. 109.)

2.2 Bahnreisen

Die ***Deutsche Bahn* (DB) AG** verfügt über eines der am besten entwickelten Schienennetze Europas. Auf diesem Verkehrsnetz setzt sie unterschiedliche Züge ein. (Die folgenden Ausführungen kamen mit Hilfe der Internetseiten der DB AG zustande. Details können unter ► www.bahn.de/p/view/service/zug/fahrzeuge eingesehen werden.)

Der ***Interregio-Express*** **(IRE)** verkehrt in einem Taktfahrplan und verbindet die Mittel- und Oberzentren, der ***Regional-Express*** **(RE)** bindet die Regionen an das Fernverkehrsnetz und an die S-Bahnen an.

Der ***Intercity-Express*** **(ICE)**, von dem es fünf Varianten gibt (ICE 1, ICE 2, ICE 3, ICE T und ICE-*Sprinter*), ist das »Flaggschiff« und die schnellste Zuggattung im Fernverkehr der DB. Er erreicht auf entsprechend ausgebauten Strecken, wie zum Beispiel auf der Neubaustrecke Köln-Frankfurt am Main, bis zu 320 km/h.

BEISPIEL

ICE T und ICE-Sprinter

Der ICE T (»T« steht für »*tilt-technology*«, dem englischen Begriff für Neigetechnik) ist der erste elektrisch getriebene Neigetechnik-Triebzug der Bahn. Der ICE T kann sich bis zu acht Grad in die Kurve neigen und ist damit auf kurvenreichen Strecken bis zu 20 Prozent schneller als herkömmliche Züge.
Der ICE-*Sprinter* bietet *Nonstop*-Verbindung zwischen Deutschlands Metropolen. In ca. 3,5 Stunden erreicht man von Frankfurt am Main Berlin bzw. von Berlin oder Hamburg Frankfurt am Main. Für Fahrten mit dem ICE-*Sprinter* besteht Reservierungspflicht.

Die **ICE-Züge** bieten ein **hohes Komfortniveau** und ein freundliches Zugteam als Ansprechpartner. Alle Züge sind vollklimatisiert, haben getönte Panoramafenster und verfügen über einen Speisewagen (in der 1. Klasse inklusive Am-Platz-Service) beziehungsweise über einen Bistro-Bereich. Die »rollende Minibar« versorgt den Gast in der 2. Klasse mit *Snacks* und Getränken am Sitzplatz. Über Lautsprecher werden die Reisenden über den nächsten Haltebahnhof und die Anschlussmöglichkeiten (in Deutschland) informiert.

Die **Großraumwagen** bieten Plätze in Reihe und *vis-a-vis*. Die Sitze in der 1. und 2. Klasse können individuell eingestellt werden. An den Plätzen in Reihenanordnung befinden sich klappbare Ablageflächen, während an den Plätzen *vis-a-vis* ein größerer Tisch zur Verfügung steht. ICE-Züge verfügen über einen Ruhebereich, in dem Handytelefonate, Klingeltöne, lautes Musikhören (auch via Kopfhörer) oder sonstige lärmende Tätigkeiten nicht erwünscht sind. Im »Handybereich« wiederum verfügen die meisten Sitzplätze über einen optimierten Handyempfang und die Möglichkeit, sich mit einem WLAN-fähigen Endgerät drahtlos ins Internet einzuloggen. Über Kopfhörer können am Sitzplatz in vielen ICE-Zügen bordeigene Audioprogramme (Klassik, Rock/Pop, Kinderprogramm) sowie Rundfunksender der durchfahrenen Regionen empfangen werden. **Die Abteilwagen** bieten außerdem eigene Familienabteile mit Stellplatz für Kinderwägen.

Für die **Reise mit einem Kleinkind** empfiehlt sich eine Platzreservierung im Kleinkindabteil mit Steckdose für Flaschenwärmer und mit Krabbelfläche. In jedem ICE-Zug steht ein Baby-Wickeltisch zur Verfügung. Mit ***Kids on Tour*** biete die DB außerdem einen Begleitservice für allein reisende Kinder zwischen sechs und 15 Jahren mit Betreuung durch die Bahnhofsmission an. Dieses Angebot kann freitags und sonntags auf ausgewählten Strecken zu einem Aufpreis gebucht werden. Mit der Bahn dürfen Kinder rein rechtlich ab fünf Jahren alleine reisen.

Alle ICE-Züge verfügen über besondere **behindertengerechte Einrichtungen**, z. B. breite Einstiegstüren, Rollstuhl-Stellplätze und behindertengerechtes WC. In der 1. Klasse bieten Bahnmitarbeiter aktuelle Tageszeitungen am Platz an (in Deutschland). Für Reisende der 2. Klasse besteht die Möglichkeit, diese im *Bordbistro* zu erwerben. Das Gepäck kann während der Fahrt in den Schließfächern im Einstiegsbereich des ICE aufbewahrt werden.

Die »**Marke ICE**« erreicht laut DB in Deutschland einen Bekanntheitsgrad von fast 100 Prozent.

BEISPIEL

Standardsitz und Sitzabstand

- Reisebus-Sitzabstand 740 bis 850 mm
- auf Mittelstrecken-Flügen gewöhnliche Sitzabstände von 762 bis 813 mm, auf Langstreckenflügen zwischen 813 bis 864 mm
- ICE-Züge: breite Sitze und individuell einstellbare Beinfreiheit

Der **ICE** verbindet im Ein- oder Zweistundentakt ca. **180 Bahnhöfe in Deutschland**. So erreicht der Fahrgast mit nur einmal umsteigen in Köln oder Frankfurt am Main Städte wie Hamburg, Bremen, Düsseldorf, Hannover, Berlin, Stuttgart Nürnberg oder München. In vielen Bahnhöfen findet der Umstieg von ICE zu ICE auf demselben Bahnsteig (gegenüber) statt.

ICE-Züge verbinden außerdem Bahnhöfe in **sechs Nachbarländern** (Österreich, Schweiz, Frankreich, Belgien, Niederlande und Dänemark), vier ICE-Züge fahren täglich von *Bruxelles-Midi* über *Lüttich*, Aachen, Köln und Frankfurt Flughafen in die Frankfurter Innenstadt.

MERKE

Bahn oder Flugzeug

Der ICE und der ICE-*Sprinter* übertreffen unter Berücksichtigung z. B. von Taktfrequenz, Komfort, Bordservice, Reisegeschwindigkeit, Sicherheit und Ökologie im nationalen und z. T. im grenzüberschreitenden Verkehr vielfach das Flugzeug.

2.2.1 Europäischer Bahn- und Fernverkehr

***Intercity*- und *Eurocity*-Züge** verkehren als grenzüberschreitende Reisezüge im Ein- oder Zwei-Stunden-Takt zwischen vielen größeren Städten und in touristischen Destinationen. Im nationalen Verkehr wird der Zug als ***Intercity*-Zug (IC)**, auf Verbindungen mit europäischen Nachbarländern als ***Eurocity* (EC)** bezeichnet, sofern er einen international festgelegten Qualitätsstandard erfüllt.

Der ***Railjet*** der *Österreichischen Bundesbahnen* (ÖBB) verbindet München mehrmals täglich mit Salzburg, *Wien* und *Budapest*. Der ***Berlin-Warszawa-Express* (EC BWE)** bringt Reisende mehrmals täglich in weniger als sechs Stunden von Berlin über Frankfurt/Oder und *Poznan* (dt. Posen) nach Warschau.

Die DB kooperiert im internationalen Hochgeschwindigkeitsverkehr. So verkehrt **TGV *(Train à grande vitesse)*** der *Französischen Staatsbahn* SNCF *(Société Nationale des Chemins de fer Français)* zwischen *Paris*, Stuttgart und Karlsruhe und zwischen *Paris* und München.

Nachtreisezug

Die *DB AutoZug GmbH* ist eine 100prozentige Tochter der *DB Bahn Fernverkehr AG* und steuert das **Autozug-Geschäft** sowie das **Nachtreisezug-Geschäft**. Die Fahrgastrechte der DB (▸ Kapitel 2.2.3) gelten auch für diese Züge.

Der Nachtzug bei der Deutsche Bahn heißt ***City Night Line*** (frühere Bezeichnung: *DB Nachtzug*). In diesem Zug erreicht der Reisende über Nacht die Metropolen in Europa. Das Reiseangebot umfasst verschiedene Komfortklassen in Schlafwagen, Liegewagen und Sitzwagen. (Details zu den folgenden Ausführungen können unter ▸ www.bahn.de/citynightline/view/de/service/komfortklassen/schlafwagen/uebersicht eingesehen werden.)

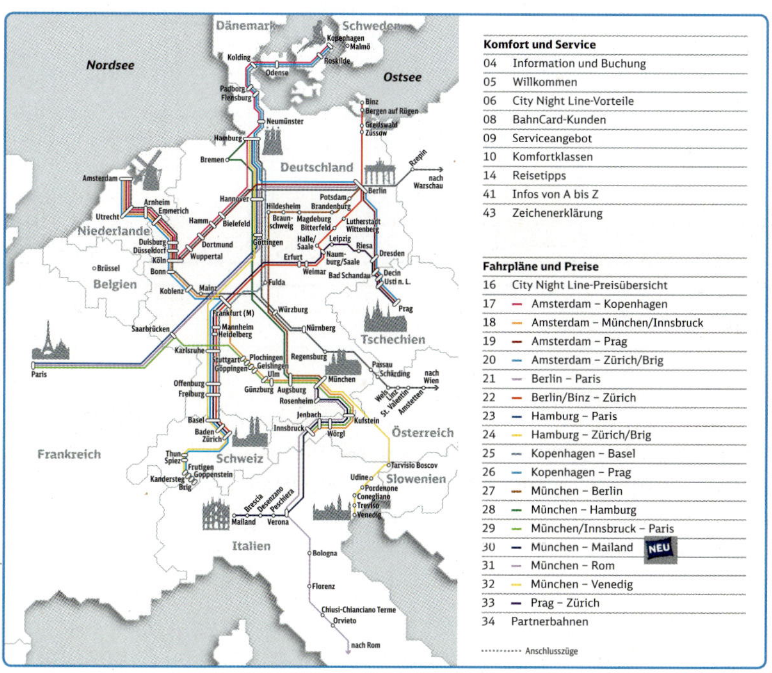

www.citynightline.de (Stand Januar 2013)

Der **Schlafwagen des *City Night Line*** bietet die komfortabelste Reisemöglichkeit im Zug. Zur Auswahl stehen *Economy*- und *Deluxe*-Abteile. Jedes *Economy*-Abteil verfügt über eine eigene Waschgelegenheit inklusive Toilettenartikel und Handtüchern. Dazu steht in jedem Wagen eine weitere Waschgelegenheit mit Waschbecken, WC und Dusche zur Verfügung. Die *Deluxe*-Abteile verfügen zusätzlich über ein eigenes Bad mit Waschbecken, Dusche und WC sowie einen ausklappbaren Tisch. Alle Abteile in der Kategorie Schlafwagen sind klimatisiert.

Auf den befahrenen Strecken werden die **Schlafwagentypen** *Doppelstock* und *Comfortline* eingesetzt. Die *Economy*- und *Deluxe*-Abteile im Schlafwagentyp *Doppelstock* sind für eine oder zwei Personen buchbar, zudem gibt es auch einige Vierer-Abteile (nur *Economy*). Im Schlafwagentyp *Comfortline* reisen bis zu drei Gäste in einem Abteil durch die Nacht.

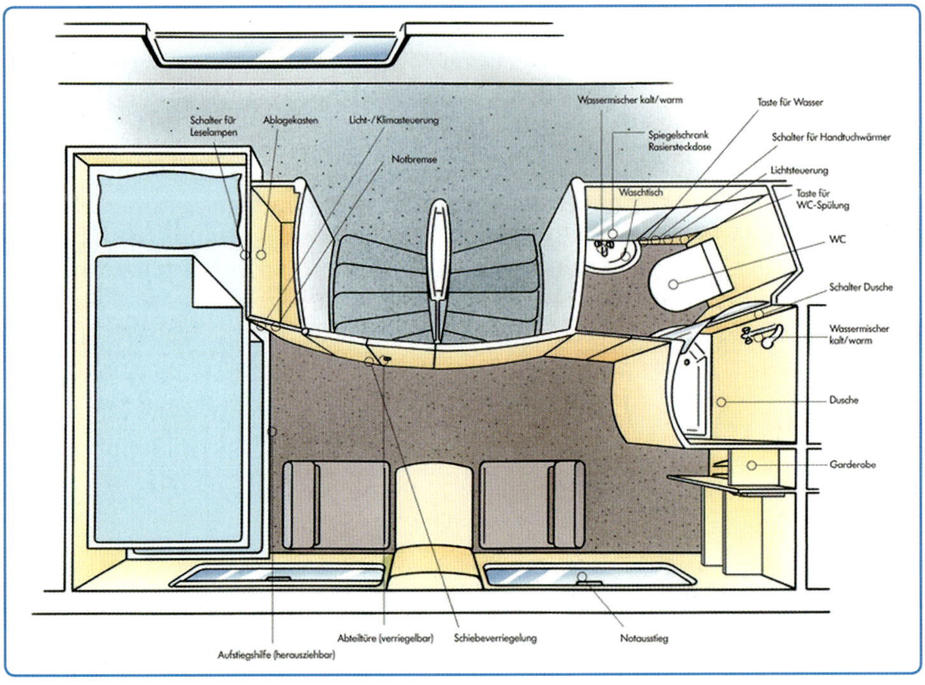

Abb. Grundriss *Deluxe*-Abteil Doppelstock

Für Schlafwagengäste ist das **Frühstück inbegriffen** und wird im Abteil serviert. Die Gäste im *Economy*-Abteil erhalten ein kleines Frühstück in einer praktischen Box, Gäste im *Deluxe*-Abteil eine etwas reichhaltigere Variante auf einem Tablett serviert.

In den **Liegewagen des *City Night Line*** finden bis zu sechs Personen in einem Abteil Platz. Reisende können einzelne Plätze oder ein ganzes Abteil buchen. Bei Einzelplatzbuchungen wird nicht nach Geschlechtern getrennt, für alleinreisende Damen werden jedoch reine Damenabteile angeboten. In jedem Abteil liegen für jeden Reisenden eine Decke, ein Laken sowie ein frisch bezogenes Kopfkissen bereit. Wasch- und Toilettenräume stehen in jedem Wagen zur Verfügung. Gegen einen Aufpreis bleibt die Maximalzahl pro Abteil auf vier Personen beschränkt

Die **Sitzwagen des *City Night Line*** kommen als Großraumwagen mit bequemen Ruhesesseln oder als Abteilwagen mit jeweils sechs Sitzen zum Einsatz. Wasch- und Toilettenräume befinden sich in jedem Wagen. Die Ruhesessel in den Großraumwagen sind nach hinten verstellbar. In den Sitzwagen mit 6er-Abteilen sitzen sich je drei Personen gegenüber. Auf Wunsch erhalten Sie im Ruhesesselwagen Decken.

Liege- und Sitzwagengäste können ihr **Frühstück gegen Bezahlung im Speisewagen** einnehmen oder beim Servicepersonal *Snacks* und Getränke bestellen. Bereits vor Antritt der Fahrt ist eine Platzreservation im Speisewagen möglich. Auf Verbindungen ohne Speisewagen sind grundsätzlich Getränke und *Snacks* beim Servicepersonal erhältlich.

Autozug

Der Autozug bietet von **sieben deutschen Autozug-Terminals** die Anreise in attraktive Urlaubsgebiete im Süden sowie im Norden Europas. **Startterminals** gibt es in Deutschland in Hamburg, Berlin, Hildesheim, Düsseldorf, Neu-Isenburg, München und Lörrach.

Die Luxusvariante bei Übernachtfahrten bietet der **Schlafwagen** in *Economy*- und *Deluxe*-Abteilen. Wer etwas weniger investieren möchte, wählt die komfortable Liegewagen-Variante. **Liegewagen** sind für bis zu fünf Personen buchbar und bieten am Tag bequeme Sitzplätze und in der Nacht komfortable Liegeflächen. Auf allen Verbindungen wird auch ein rollstuhlgerechtes Liegenwagenabteil mit entsprechendem WC angeboten. Kinder unter sechs Jahren, die keine eigene Liege beanspruchen, reisen in Begleitung eines Erwachsenen frei. Wird eine Liege in Anspruch genommen, so erhalten Kinder bis zum 14. Lebensjahr 50 Prozent Ermäßigung auf den Einzelplatzpreis.

Die **Verladezeit für das mitgeführte Fahrzeug** liegt mitunter 1,5 bis zwei Stunden **vor der Abfahrtszeit**. Das Hinauffahren auf den offenen Waggon am **Belade-Terminal** sowie das Hinunterfahren am Zielort geschieht unter der Mithilfe des Bahnpersonals.

© DB AutoZug GmbH

Fahrzeuge dürfen bei Fahrten auf dem Autozug bestimmte **Abmessungen** nicht überschreiten. Diese sind von den Eisenbahnen der jeweiligen Länder vorgegeben. Die Angabe von Höhe und Dachbreite eines Pkw ist für die Buchung erforderlich, da die Stellplätze auf den Wagen unterschiedlich hoch sind.

Fahrzeuginformationen für Fahrten innerhalb Deutschlands und Österreich

BEISPIEL

Die maximale Fahrzeughöhe inkl. Dachaufbauten beträgt 2,05 m bei einer Dachbreite von höchstens 1,35 m. Fahrzeuge mit einer Dachbreite von über 1,35 m bis zu 1,55 m (z. B. Geländewagen, *Vans*) dürfen eine Höhe von 1,96 m nicht überschreiten. [...]

www.dbautozug.de > Fahrzeugabmessungen

Inhaber der *BahnCard* (▸ Kapitel 2.2.4) und ADAC Mitglieder erhalten bei einer Autozug-*Online*-Buchung pro Strecke eine Preisermäßigung. Detaillierte Informationen und Konditionen zu den Autozug-Reisen finden Sie unter ▸ www.bahn.de/autozug.

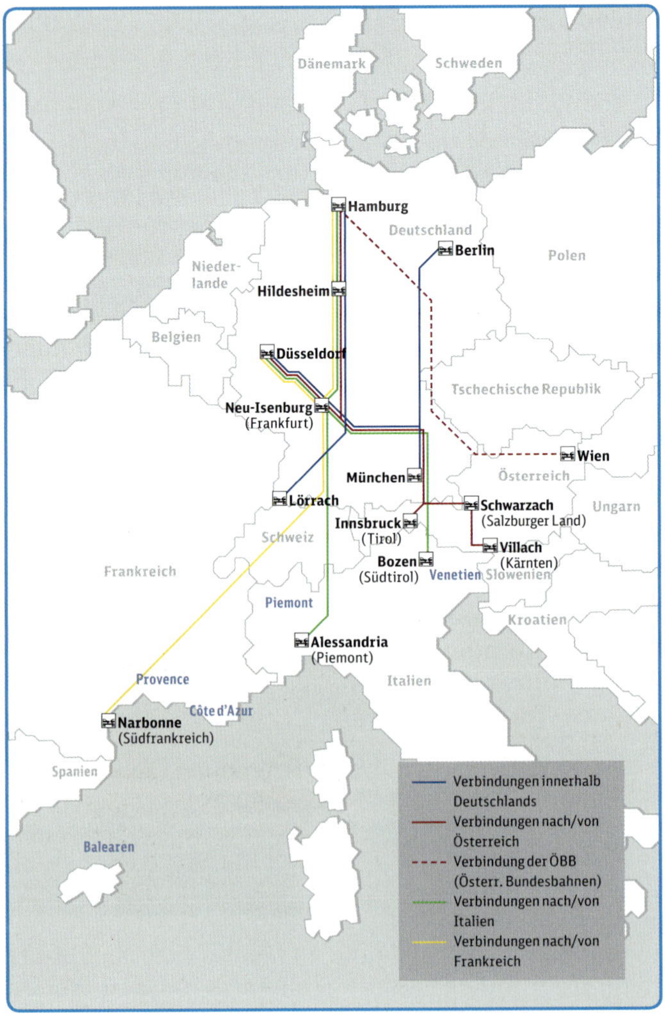

Abb. Linienkarte Sommer 2013

2.2.2 Tarifangebote im Fernverkehr

Der **Normalpreis der *Deutschen Bahn* (DB) AG** dient als Grundlage für die Preisberechnung. Der Verkauf von Fahrkarten zum **Normalpreis** ist bis zum Reiseantritt in den Verkaufsstellen oder am Automaten möglich. Er unterliegt keinen Beschränkungen, wie z. B. Wochenendbindung, spezielle Zugbindung, Gruppen- oder Sparpreisen, Aktionspreisen. Eine **Fahrkarte** ist nur dann auf einen Dritten übertragbar, wenn sie nicht auf den Namen des Reisenden lautet und die Fahrt noch nicht angetreten ist.

Die einfache Fahrt innerhalb Deutschlands kostet maximal 139,00 Euro (2. Klasse) beziehungsweise 225,00 Euro (1. Klasse), Stand 2013. Mit der *BahnCard* (▸ Kapitel 2.2.4) oder den Sparpreisen können bis zu 50 Prozent des Normalpreises eingespart werden. Eigene Kinder von sechs bis einschließlich 14 Jahren reisen kostenlos (Eintrag auf der Fahrkarte erforderlich). Kinder unter sechs Jahren reisen stets kostenlos und ohne Fahrkarte (Eintrag auf der Fahrkarte nicht erforderlich).

Das Preissystem der DB unterscheidet entsprechend den Zugarten **drei Produktklassen**, die in den Buchungssystemen i. d. R. nach A, B und C unterschieden werden.

Produktklasse A ICE (Fernverkehr)	*Inter City Express* (ICE), ICE-*Sprinter*, TGV, *Railjet* (RJ)
Produktklasse B IC/EC (Fernverkehr)	*Inter City* (IC), *Euro City* (EC), D-Zug (D)
Produktklasse C (Nahverkehr)	*Interregio-Express* (IRE), Regional-Express (RE), Regionalbahn (RB) und S-Bahn (S)

Tab. Produktklassen der DB

Für jede dieser Produktklassen gibt es eine **unterschiedliche Methode zur Errechnung des Normalpreises**, auf den dann gegebenenfalls verschiedene Rabatte gewährt werden.

DB Sparpreis-Bahnticket

Mit dem *DB Sparpreis-Bahnticket* (früher *Dauerspezial-Ticket*) kann man beliebig weite Bahnfahrten mit IC/EC und ICE-Zügen **deutschlandweit** unternehmen. Es können auch Regionalbahnen benutzt werden, so lange eine Teilstrecke mit dem IC bzw. ICE gefahren wird. Mit *BahnCard 25* (▸ Kapitel 2.2.4) gibt es zusätzlich 25 Prozent Rabatt.

Am Fahrkartenschalter erworben kosten *DB-Sparpreis-Bahntickets* 5,00 Euro mehr. Es steht nur eine begrenztes Kontingent dieser Tickets zur Verfügung, deshalb sollte so früh wie möglich, jedoch **maximal 91 Tage vor Reisebeginn** der Bahnfahrt, bestellt werden.

Preis	**2. Klasse:** 19,00 / 25,00 Euro (nur bis 250 km) über 250 km: ab 29,00 bis 109,00 Euro **1. Klasse:** ab 49,00 bis 169,00 Euro [...]	Produkte	ICE, *Intercity*, *Eurocity* Nutzung von Zügen des Nahverkehrs ist im Vorlauf/Nachlauf möglich *City Night Line* (zzgl. Reservierung für die gewünschte Komfortkategorie)
Vorkaufszeitraum	Frühestens 91 Tage und spätestens 3 Tage vor dem Reisetag.	Kinder-Ermäßigung	Eigene Kinder von 6 bis einschließlich 14 Jahren reisen kostenlos (Eintrag auf der Fahrkarte des Elternteils erforderlich) Kinder unter 6 Jahren reisen stets kostenlos und ohne Fahrkarte (Eintrag auf der Fahrkarte nicht erforderlich)
Geltungsdauer zwischen Hin- und Rückfahrt	1 Monat	Besonderheiten	Solange der Vorrat reicht. Buchung von Nachtreisezügen gegen Aufpreis möglich.
Strecke	In Deutschland frei wählbar.	Versicherung	Es besteht die Möglichkeit, bereits ab 6,00 Euro eine *DB-Spar- und Spezialpreis-Versicherung* abzuschließen, mit der der Fahrkartenpreis bei Rücktritt aus versichertem Grund erstattet wird.
Zugbindung	Ja		
BahnCard-/ RAILPLUS (▸ Kapitel 2.2.4)	Inhaber einer *BahnCard 25* erhalten 25 % Rabatt		
Mitfahrer-Rabatt	Bis zu vier Mitfahrer jeweils ab 20,00 Euro.		

Tab. Konditionen für das *DB Sparpreis-Ticket* (Stand Januar 2013)
www.bahn.de – spartickets

Europa-Spezial-Angebote

Die Bahn bietet mit der **neuen Plattform** »*Europa-Spezial-Angebote im Sparpreis-Finder*« Offerten für die meisten internationalen Ziele, für das *Europa-Spezial*, das *London-Spezial* und die *CityNightLine*-Angebote im Internet unter ▸ www.bahn.de/p/view/angebot/international/europaspezial.

Europa-Spezial-Angebote umfassen ausgewählte Ziele, heißt Städte der europäischen Nachbarstaaten, wie z. B. *Stockholm, Kopenhagen, Amsterdam, Paris, Zürich, Rom, Venedig, Verona* oder *Florenz* und *Zagreb*. Sie erhalten unter dem

Sparpreis-Finder der DB u. a. aktuelle Reiseziele, Verbindungen, Fahrpläne und Preise. Die Preise sind abhängig von der Verfügbarkeit in den jeweiligen Zügen und gelten für eine einfache Fahrt. Inhaber einer *BahnCard 25* (▸ Kapitel 2.2.4) erhalten außerdem 25 Prozent Rabatt.

Dasselbe Portal informiert u. a. über internationale Zugverbindungen und Fahrpreise in europäische Metropolen. Im Folgenden finden Sie eine Auswahl des Angebotes.

Internationale Zugverbindungen

BEISPIEL

Die DB und die SNCF bieten Ihnen mit den **Hochgeschwindigkeitszügen ICE und TGV** täglich bis zu neun Direktverbindungen von Deutschland nach *Paris*.
Von Frankfurt am Main und Stuttgart erreichen Reisende *Paris* in rund 3 ¾ Stunden, von Mannheim und Karlsruhe aus in etwas mehr als drei Stunden. Der Hochgeschwindigkeitszug TGV verbindet außerdem einmal am Tag Frankfurt am Main direkt mit *Marseille*.
Mit dem **ICE-*International*** erreicht man binnen vier Stunden von Frankfurt am Main aus *Amsterdam*.
Der **ÖBB *Railjet*** verbindet München mit *Salzburg*, *Wien* und *Budapest* insgesamt fünfmal täglich.
Eine Verbindung nach *Wien* wird mit dem **ICE T** angeboten. Die Fahrzeit ab München liegt knapp über vier Stunden und die Fahrzeit weiter nach *Budapest* bei ca. 7,5 Stunden.
Mit dem neuen ***London-Spezial*** erreicht man aus Deutschland kommend mit dem ICE *Brüssel*, die Weiterfahrt erfolgt im ***Eurostar*** durch den Kanaltunnel direkt bis in die Innenstadt *Londons* (Bahnhof *St. Pancras International*). Die Vorkaufsfrist beträgt drei Tage, die Preise sind abhängig von der Verfügbarkeit (im Internet unter ▸ www.bahn.de/p/view/angebot/international/london-spezial einsehbar).

InterRail-Angebot

InterRail bietet mit dem **Ein-Land-Pass** die Möglichkeit, ein Land, -oder mit dem ***Global Pass*** bis zu 30 Länder zu bereisen. ***InterRail*-Pässe** können von allen Reisenden mit einem (mindestens seit sechs Monaten bestehenden) festen Wohnsitz in Europa, der Türkei und der Russischen Föderation genutzt werden. Sie gelten nicht im eigenen Wohnsitzland.

Der ***InterRail Global Pass*** gibt es als ***Flexi-Pass*** oder als ***Konsekutiv-Pass***. Mit dem *Flexi-Pass* kann der Reisende die Reisetage innerhalb eines festen Zeitraums selbst bestimmen, der *Konsekutiv-Pass* gilt an allen Tagen innerhalb der Gültigkeit. ***InterRail*** **Ein-Land-Pässe** gibt es nur als *Flexi-Pass*. Er ist erhältlich für drei, vier, sechs oder acht Reisetage innerhalb eines Monats.

Ein **Reisetag** geht von 00:01 Uhr morgens bis 23:59 Uhr nachts. An den Reisetagen können beliebig viele Grenzen überschritten und Züge genutzt werden.

2.2.3 Fahrgastrechte

Die Rechte von Fahrgästen im Bahnverkehr regelt in der Europäischen Union die EU-Verordnung 1371/2007 **(EU-Fahrgastrechtverordnung, FahrgRechtVO)**. Die Verordnung wurde im Jahr 2009 mit dem **Gesetz zur Anpassung eisenbahnrechtlicher Vorschriften in Deutschland** gesetzlich verankert und gilt für alle Fahrten, die von einem genehmigungspflichtigen Eisenbahnunternehmen im Eisenbahnverkehr erbracht werden (Fahrten mit der *Deutschen Bahn AG*, Regionalbahnen, Privatbahnen und S-Bahnen). Basis einer Inanspruchnahme der Fahrgastrechte ist ein gültiger Beförderungsvertrag (▸ Beginn Kapitel 2).

Der **Bahnbeförderungsvertrag** ist ein **Werkvertrag** im Sinne der Paragrafen §§ 631 ff. BGB. Er wird zwischen der Eisenbahn (der Bahngesellschaft) und dem Reisenden geschlossen. Gegenstand des Vertrages ist die Beförderung des Reisenden (Gläubigers) und seines Gepäcks durch die Bahn (Schuldner) von einem Bahnhof zu einem anderen Bahnhof. In diesem Zusammenhang wird eine Fahrkarte, als ein **Inhaberpapier** gemäß Paragraf § 807 BGB, das den Anspruch auf die Beförderungsleistung dokumentiert, ausgestellt.

Die folgenden Texte sind mit Informationen auf den Internetseiten der **Schlichtungsstelle für den öffentlichen Personenverkehr (söp) e. V.** (▸ soep-online.de/rechte-bahnreisende.html) entstanden. An dieser Stelle kann ein Fahrgast im Falle von Beförderungsmängeln seine Rechte geltend machen.

Entschädigung bei verspäteter Ankunft am Zielbahnhof

Ab 60 Minuten Verspätung am Zielbahnhof erhalten die Fahrgäste eine Entschädigung von 25 Prozent des gezahlten Fahrpreises für die einfache Fahrt, ab 120 Minuten Verspätung 50 Prozent. Bei einer Verspätung von mindestens 60 Minuten müssen den Fahrgästen zudem in angemessenem Umfang Mahlzeiten und Erfrischungen angeboten werden. Erreicht der ICE-*Sprinter* den Zielbahnhof mit 30 oder mehr Minuten Verspätung, wird der ICE-*Sprinter*-Aufpreis erstattet. Entschädigungsbeträge unter 4,00 Euro werden nicht ausgezahlt. Zeitfahrkarteninhaber des Nah- und Fernverkehrs werden pauschal je Verspätung ab 60 Minuten entschädigt.

Kartenart	2. Klasse	1. Klasse
Zeitfahrkarten des Nahverkehrs	1,50 Euro	2,25 Euro
Zeitfahrkarten des Fernverkehrs	5,00 Euro	7,50 Euro
Mobility BahnCard 100	10,00 Euro	15,00 Euro

Tab. Entschädigungen für Zeitfahrkarteninhaber des Nah- und Fernverkehrs

Neben dem *DB-Sparpreis* im Fernverkehr kann man auch im Nahverkehr mit diesen Tickets preiswert Bahn fahren: Die *Ländertickets* gelten von Montag bis Freitag von 9.00 bis 3.00 Uhr des Folgetages, am Wochenende und an gesetzlichen Feiertagen ab 0.00 Uhr. Das *Schönes Wochenende-Ticket* gilt bundesweit an Samstagen und Sonntagen für bis zu fünf Personen (Geltungsbereich beachten). Das *Quer-durchs-Land-Ticket* gilt bundesweit von Montag bis Freitag.

Zeitfahrkarten des Nahverkehrs
MERKE
Schönes Wochenende-Ticket, Quer-durchs-Land-Ticket und Länder-Tickets sind Zeitfahrkarten des Nahverkehrs.

Weiterfahrt mit einem anderen Zug
Bei einer zu erwartenden Verspätung von mindestens 20 Minuten am Zielort der Fahrkarte kann der Reisende bei nächster Gelegenheit die Fahrt auf der gleichen Strecke oder über eine andere Strecke fortsetzen oder die Fahrt zu einem späteren Zeitpunkt fortsetzen, wenn dadurch die Ankunftsverspätung am Zielbahnhof reduziert werden kann. Erheblich ermäßigte Fahrkarten (z. B. *Schönes Wochenende-Ticket, Quer-durchs-Land-Ticket, Länder-Tickets*) sind von diesen Regelungen jedoch ausgenommen.
Verspätung, Zugausfall oder Anschlussverlust
Bei einer zu erwartenden Verspätung von mehr als 60 Minuten am Zielort kann der Fahrkarteninhaber von der Reise zurücktreten und sich den Fahrpreis erstatten lassen oder die Reise abbrechen, wenn die Reise durch die Verspätung sinnlos geworden ist und sich den Anteil des Fahrpreises für die nicht genutzte Strecke erstatten lassen.
Verkehrsmittelersatz
Bei einer planmäßigen Ankunftszeit zwischen 0.00 und 5.00 Uhr und einer Verspätung am Zielort von mindestens 60 Minuten kann der Reisende ein alternatives Verkehrsmittel (z. B. Bus oder Taxi) nutzen. Die Kosten dafür werden bis maximal 80,00 Euro erstattet.
Übernachtung
Wird aufgrund eines Zugausfalls oder einer Verspätung eine Übernachtung erforderlich und ist die Fortsetzung der Fahrt am selben Tag nicht zumutbar, werden angemessene Übernachtungskosten erstattet.

Tab. Fahrgastrechte (Auszüge)

Rail&Fly und Rail Inclusive Tours

Rail&Fly beinhaltet die Bahnreise von/zu über 5.600 DB-Bahnhöfen zu Flughäfen bzw. in die Zentren der Städte. Die Flughäfen Frankfurt am Main (FRA/AIR*ail*-Terminal), Düsseldorf (DUS), Leipzig/Halle (LEJ) und Köln/Bonn (CGN) sind direkt durch ihre Fernbahnhöfe an das DB-Netz angebunden.

Haftung eines Reiseveranstalters
MERKE
Wenn ein Reiseveranstalter ein *Rail&Fly*-Ticket anbietet, ist die Anreise zum Flughafen ein Teil des Reisevertrages. Verpasst ein Urlauber wegen einer erheblichen Verspätung der Bahn seinen Flieger, haftet der Veranstalter für die Folgen. Entschädigungsansprüche können gemäß EG-VO 1371/2007 bis zu einem Jahr nach Ablauf der Gültigkeit der Fahrkarte geltend gemacht werden.

Die ***Rail Inclusive Tours*** oder »RIT-Reise« (► Fachwissen Tourismus Band 2, Glossar) ist eine **Pauschalreise von Reiseveranstaltern**, die neben der Bahnfahrt mindestens eine Hauptreiseleistung im Sinne des **Reisevertragsrechts** bzw. des Paragrafen § 651a BGB enthalten muss (► Band 1, LF 4.1).

Verträge mit Reiseveranstaltern MERKE

Verträge mit Reiseveranstaltern, bei denen die Eisenbahnfahrt nicht die Hauptleistung des Vertrages bildet, fallen unter das Reisevertragsrecht. Verpasst der Reisende wegen einer Zugverspätung zum Beispiel den Flug, so muss er sich wegen möglicher Ersatzansprüche an den Reiseveranstalter und nicht an die Bahn wenden. Dies hat auch der BGH in seinem Urteil vom 28.10.2010, AZ.: Xa ZR 46/10 klar bestätigt.

Soweit die Entschädigungsvoraussetzungen vorliegen, erfolgt durch das »*Servicecenter* Fahrgastrechte« eine **pauschale Entschädigung** bei einer Verspätung ab 60 Minuten am Zielort der Eisenbahnbeförderung.

Fahrkarten-/Reiseart	2. Klasse	1. Klasse
Rail&Fly	10,00 Euro	15,00 Euro
Rail Inclusive Tours (RIT)	10,00 Euro	15,00 Euro

Tab. Entschädigungen für Fahrkarteninhaber *Rail&Fly* und RIT

Grenzüberschreitende Fahrscheine (Auszug)

Die DB entschädigt grundsätzlich nur grenzüberschreitende Fahrscheine, die von der DB ausgegeben wurden. Reisende mit einer durchgehenden **internationalen Fahrkarte** erhalten eine Entschädigung in Höhe von 25 Prozent ab einer Verspätung von mindestens 60 Minuten am Zielort und 50 Prozent des Fahrpreises ab einer Verspätung von mindestens 120 Minuten am Zielort.

Nachtreisezug/Autozug (Auszug)

© ivaniKova – Fotolia.com

Für Nachtreisezüge wie *City Night Line, EuroNight* und *D-Nacht*, gelten die **Fahrgastrechte des nationalen bzw. internationalen Eisenbahnverkehrs**. Beim Autozug wird bei Verspätungen grundsätzlich nur die Personenbeförderung entschädigt, nämlich ab 60 Minuten 25 Prozent bzw. ab 120 Minuten 50 Prozent des Schlafwagen- oder Liegewagenpreises. Für eine verspätete Fahrzeugentladung kann Schadenersatz nur geltend gemacht werden, wenn der entstandene Schaden nachgewiesen werden kann (Schadenersatz bis maximal zur Höhe des Stellplatzpreises). Ab einer Verspätung von mindestens 60 Minuten müssen den Fahrgästen in angemessenem Umfang Mahlzeiten und Erfrischungen angeboten werden.

Reisegepäck (Auszug)

Die DB haftet nur, wenn ihr **ein Verschulden** an der Beschädigung oder dem Verlust des Gepäcks des Reisenden **nachgewiesen** werden kann. Der Ausgleich wird in der **Recheneinheit (RE) des IWF** angegeben, **dem SZR** (▸ Kapitel 2.1.1).

Gepäckzustand	Schadenersatz
beschädigtes Handgepäck	bis zu 1.400 SZR pro Reisender; mit den Mitgliedsländern denominiert
beschädigtes, aufgegebenes Gepäck	Obergrenze: siehe verlorenes Gepäck
verspätetes, aufgegebenes Gepäck (bis 14 Tage)	pro Tag bis 0,80 SZR je kg bzw. 14 SZR pro Gepäckstück; ohne Nachweis eines konkreten Schadens 0,14 bzw. 2,80 SZR pro Gepäckstück
verlorenes, aufgegebenes Gepäck (ab 14 Tage)	bis zu 80 SZR pro kg oder 1.200 SZR pro Gepäckstück; ohne Nachweis eines konkreten Schadens 20 bzw. 300 SZR pro Gepäckstück

Tab. Entschädigungsbeträge für Reisegepäck bei der DB AG[1])

Personenschäden (Auszug)

Sollte ein Fahrgast **während eines Bahnunfalls** verletzt werden, muss das Bahnunternehmen den Schaden ersetzen, der durch notwendige Behandlungen entstanden ist, etwa Arzt-, Pflegekosten, Vermögenseinbußen. Verliert eine Familie oder eine Einzelperson den unterhaltspflichtigen Versorger bei einem Bahnunfall, so muss das Unternehmen Unterhaltsleistungen zahlen sowie für Überführung und Bestattung aufkommen.

Nach der **EU-Verordnung 1371/2007** haften Unternehmen im Falle von Personenschäden mit einer Summe von bis zu 175.000 SZR. Hier gilt jedoch das **Günstigkeitsprinzip**. So sieht das deutsche Haftpflichtgesetz Höchstgrenzen von 600.000,00 Euro oder 36.000,00 Euro jährliche Geldrente für jede getötete oder verletzte Person vor.

Erlöschen der Ansprüche bei Tötung und Verletzung:

- **Anzeigefrist** des Unfalls – binnen zwölf Monate nach Schadenkenntnis
- **Verjährung** – a) Ansprüche des Reisenden: drei Jahre, gerechnet vom ersten Tag nach dem Unfall, b) Ansprüche der anderen Berechtigten: drei Jahre, gerechnet vom ersten Tag nach dem Tod des Reisenden

---

[1]) **Verjährungsfristen bei Gepäckschäden** – bei gänzlichem Verlust vierzehn Tage nach der Nichtauslieferung am Bestimmungsort und bei teilweisem Verlust, Beschädigung oder verspäteter Auslieferung mit dem Tag der Auslieferung; der als Beginn der Verjährung bezeichnete Tag ist in keinem Fall der Frist inbegriffen.

Höhere Gewalt und andere Ausschlussgründe MERKE

Eisenbahnunternehmen müssen keine Entschädigungsleistungen gewähren, wenn Verspätung oder Zugausfall durch höhere Gewalt (Erdrutsch, Überschwemmung), das Verschulden Dritter (Selbstmord, Vandalismus an Gleisen und Oberleitungen) oder der Fahrgast selbst (verspätetes Eintreffen, Polizeieinsatz wegen Straftaten) verursacht werden. Schlechtes Wetter oder Schneefall sind generell noch keine Ausschlussgründe, wenn durch entsprechende Vorkehrungen ein geordneter Betriebsablauf gewährleistet werden kann.

2.2.4 Kundenbindungs- und Rabattprogramme

Mit **Treueprogrammen oder Langzeitermäßigungen** versuchen auch die Bahngesellschaften die Kundenbindung zu stärken. In Deutschland ist die DB der dominante Anbieter von Fernreisen, daher wird hier ihr Programm beschrieben. Die Ausführungen sind mit Hilfe der Informationen auf der Internetseite ▸ www.bahn.de/p/view/bahncard/ueberblick entstanden.

BahnCard

Dem Privatkunden der Bahn stehen grundsätzlich drei *BahnCards* zur Verfügung.

- Mit der *BahnCard 25* spart jeder Bahnreisende 25 Prozent auf den Normalpreis und auf die Sparangebote des Fernverkehrs bei jeder Bahnreise.
- Adäquat spart man mit der *BahnCard 50* bei jeder Bahnreise garantiert 50 Prozent auf den Normalpreis.
- Der private oder berufliche Vielfahrer greift zur *BahnCard 100*. Sie ermöglicht **ohne weiteren Fahrscheinkauf** absolute Bahnmobilität.

Preis	*BahnCard 25*	*BahnCard 50*	*BahnCard 100*
1. Klasse	123,00 Euro	498,00 Euro	6.890,00 Euro
2. Klasse	61,00 Euro	249,00 Euro	4.090,00 Euro

Tab. *BahnCard*-Preise (Stand Januar 2013)

Die *BahnCard 25* und *BahnCard 50* gelten jeweils für **ein Jahr ab Ausstellungsdatum** und verlängern sich automatisch um jeweils ein Jahr, wenn sie nicht spätestens sechs Wochen vor Laufzeitende gekündigt werden.

Abb. *BahnCard 25*

Für Ehe- und Lebenspartner, Kinder und ausgewählte Gruppen, wie z. B. Studenten und Senioren, gibt es die *BahnCard* als Hauptkarte/Partnerkarte zum ermäßigten Preis. **Ermäßigte Hauptkarten** erhalten auch Kinder von sechs bis einschließlich 17 Jahre, Schüler, Azubis und Studenten bis einschließlich 26 Jahre sowie Personen ab 60 Jahre, Rentner wegen voller Erwerbsminderung und Schwerbehinderte (ab Behinderungsgrad GdB 70). **Ermäßigte Partnerkarten** erhalten Ehe- oder Lebenspartner von *BahnCard 50*-Inhabern mit gemeinsamem Hauptwohnsitz mit dem Hauptkarteninhaber.

RAILPLUS

Mit dieser ***BahnCard-Extra* für Europa** erhält der Inhaber 25 Prozent Ermäßigung **auf den Normalpreis der Auslandsstrecke** bei grenzüberschreitenden Reisen in über 30 europäischen Ländern. Alle Inhaber einer *BahnCard mit RAILPLUS* erhalten die *RAILPLUS*-Ermäßigung bei Bahnfahrten zum Beispiel nach Belgien, Bulgarien, Dänemark, Finnland, Griechenland, Großbritannien, Italien, Serbien, Montenegro, Mazedonien, Kroatien, Litauen, Lettland, Luxemburg, Niederlande, Österreich, Polen, Rumänien, Schweiz, Slowakei, Slowenien, Tschechien und Ungarn.

Für Reisen innerhalb der zur **TEE *Rail Alliance*** gehörenden Länder (Deutschland, Österreich und die Schweiz) benötigt man grundsätzlich kein zusätzliches *RAILPLUS*, da hier die einzelnen Ermäßigungskarten der jeweiligen Bahnen (z. B. die *BahnCard*) **untereinander anerkannt** werden und ebenfalls 25 Prozent Rabatt gewähren (auf den Normalpreis).

Vorteile für BahnCard-Inhaber

***BahnCard*-Inhaber** genießen einige Vorzüge. So erhalten sie auf Artikel (außer Bücher) aus dem *BahnShop* i. d. R. 10 Prozent Rabatt oder sparen als *BahnCard*-Neukunden bis zu 25 Prozent auf die Tarife von *Call a Bike*. Die *Call a Bike*-Fahrräder stehen an festen Mietstationen, an denen das Rad abgeholt und auch wieder abgestellt wird, z. B. in Berlin, Frankfurt am Main, Köln und München und werden per Telefonanruf gemietet. Die Abrechnung erfolgt bargeldlos.

Erwirbt ein Fahrgast mit seiner *BahnCard 25* bzw. *BahnCard 50* eine DB-Fernverkehrskarte (Strecke über 100 km), ist damit ein kostenloses ***City-Ticket*** verbunden, sodass der Reisende in vielen Städten Deutschlands kostenlos per Bus, S-Bahn, Straßenbahn oder U-Bahn zum Startbahnhof und vom Zielbahnhof zu seinem Reiseziel im Stadtgebiet weiterfahren kann. Ferner erhalten *BahnCard*-Inhaber in vielen beschrankten Parkeinrichtungen in Deutschland einen bis zu 50 Prozent vergünstigten Tarif.

MERKE

Von der Rabattkarte zum Kundenbindungsinstrument
Das neben dem ICE wohl bekannteste Produkt der DB ist die *BahnCard*. Der Betrieb über die *Cards* beschert der DB ernorme Umsätze und bindet Kunden. Sie wurde seit ihrer Einführung 1992 von der Rabattkarte kontinuierlich zum hoch ausdifferenzierten Kundenbindungsinstrument weiterentwickelt.

bahn.corporate

bahn.corporate ist das **kostenlose Firmenkundenprogramm** der DB. Die Anmeldung eines Unternehmens zum Firmenkundenprogramm ist Voraussetzung zur Teilnahme am **Großkunden-Rabatt (GKR)** der DB. Der Großkunden- bzw. Firmenrabatt richtet sich nach der Höhe der jährlichen DB-Ticketumsätze.

DB-Ticketumsätze pro Jahr	Rabatt
ab 3.000 Euro	3,0 %
ab 5.000 Euro	3,5 %
ab 10.000 Euro	4,0 %
ab 20.000 Euro	4,5 %
ab 35.000 Euro	5,0 %
ab 100.000 Euro	5,5 %
ab 200.000 Euro	6,0 %
ab 500.000 Euro	7,0 %
ab 1.000.000 Euro	8,0 %
ab 2.500.000 Euro	9,0 %

Grafik: Wolfgang Herzig

Abb. *bahn.corporate*-Ticketumsätze pro Jahr und darauf gewährte Rabatte

Die **Einstufung des Unternehmens in die Rabattstaffel** erfolgt auf Basis der Vorjahresumsätze. Ein Neukunde erhält den Firmenkundenrabatt, sobald er einen Ticketumsatz von 3.000,00 Euro erreicht hat. Zu den Umsätzen zählen die Fahrkarten, Sitzplatzreservierungen und *BahnCards Business* der Mitarbeiter des angemeldeten Unternehmens. Der Großkundenrabatt wird auf alle DB-Tickets zum Normalpreis gewährt und kann beliebig mit den ***BahnCard Business*-Rabatten** kombiniert werden.

Das **Firmenkundenprogramm** der Deutschen Bahn bietet für unterschiedliche Unternehmensgrößen adäquate Lösungen an, vom kompakten Buchungsportal bis hin zum kompletten *Travelmanagement*:

- ***bahn.corporate SMART*** – ist ein Buchungsportal, in dem die Ticket-Buchung ausschließlich *online* im Firmenkundenportal möglich ist. Die gebuchten *Online*-Tickets können ausgedruckt oder an mobile Endgeräte versendet werden. Verrechnet wird der Rabatt direkt mit dem Ticketpreis bei der *Online*buchung.
- ***bahn.corporate CLASSIC*** – Mit diesem Firmenkundenprogramm können Bahntickets *online*, über das Reisebüro, am Automaten, telefonisch oder per Handy gebucht werden. Der nach Umsatzhöhe gestaffelte Rabatt reicht von drei bis 10 Prozent. Der *Travel Manager* als Administrator des Firmenkundenportals kann u. a. gebuchte Aufträge *online* einsehen und Umsatz*reports* inklusive Detaildaten abrufen sowie Reiseprofile anlegen.
- ***Online Business Travel* (OBT)** – OBT ist ein komplettes *Travel Managementsystem* mit dem Bahn, Flug, Hotel und Mietwagen gebucht werden können.

Es können u. a. eine beliebige Anzahl von Nutzern verwaltet und ein aktuelles Reisekosten*reporting* erstellt werden.

- Das gebührenpflichtige ***OBT Plus*** bietet weitere Serviceleistungen, wie z. B. das Anlegen von firmenindividuellen Reiserichtlinien.

Vergleich der Konditionen und Funktionen			
	bahn.corporate SMART	*bahn.corporate CLASSIC*	*Online Business Travel – OBT*
Empfohlene Nutzergruppe	Unternehmen mit wenigen Mitarbeitern	Unternehmen mit mehr als 20 Mitarbeitern	mittelständische Unternehmen mit höherem Geschäftsvolumen
Ticketbuchung	nur *online* im Firmenkundenportal	Reisebüro, Internet, Reisezentrum, Automat	*Online*-Buchungen; *Offline*-BUchungen: *OBT Business Travel Center*, telefonisch, Ticketautomat
Akzeptierte Zahlungsverfahren	Kreditkarte und Firmenkreditkarte	Kreditkarte und Firmenkreditkarte	Kreditkarte und Firmenkreditkarte
Buchbare Leistungen	Bahn	Bahn	Bahn, Flug, Hotel, Mietwagen
Nutzung	sofort nach Anmeldung nutzbar	nach Freischaltung nutzbar	sofort nach Anmeldung nutzbar
Programmvorteile von *bahn.corporate*	alle Vorteile nutzbar	alle Vorteile nutzbar	alle Vorteile nutzbar
Beratung	*online* und telefonisch durch Firmenkundenbetreuung	*online* und telefonisch durch Firmenkundenbetreuung	*online* und telefonisch durch das *Business Travel Center*
Anmeldung und Teilnahme	kostenlos und ohne Laufzeitvertrag	kostenlos und ohne Laufzeitvertrag	*OBT Kompakt* – kostenlos *OBT Plus* – 49,00 Euro pro Monat Informationen unter ▸ OBT/Serviceentgelte

Tab. DB-Lösung *bahn.corporate*, Konditionen für B2B-Kunden
www.bahn.de – bahncorporate

Ein weiterer Baustein von *bahn.corporate* ist die ***BahnCard Business***. Sie wird in zwei Variationen angeboten: *BahnCard Business 25* und *BahnCard Business 50*. Mit der *BahnCard Business* erhalten die Geschäftsreisenden bei jeder Bahnreise 25 bzw. 50 Prozent Rabatt auf den Normalpreis.

Die ***BahnCard 100*** ist die eigentliche Mobilitätskarte der Bahn für Firmenkunden. Sie wird einmal bezahlt und kann dann innerhalb Deutschlands in fast allen Zügen der DB ein Jahr lang unbegrenzt genutzt werden. Der Inhaber einer solchen *BahnCard* benötigt keine Fahrkarte. Er genießt außerdem besondere Vorzüge, wie zum Beispiel das bereits enthaltene *City-Ticket* sowie den *bahn.bonus comfort-Status*, der automatisch mit dem Kauf der Karte erreicht wird.

	BahnCard Business 25	*BahnCard Business 50*	*BahnCard 100*
First bzw. 1. Klasse	127,00 Euro	584,00 Euro	6.890,00 Euro
2. Klasse	63,00 Euro	292,00 Euro	4.090,00 Euro

Tab. Preise *BahnCard Business* und *100* (Stand Januar 2013)

Weitere Vorteile:

- Rabatt auf DB-Tickets, kombinierbar mit *BahnCard Business*-Rabatten
- Verlängerte Rücknahmefrist für ungenutzte DB-Tickets
- *City-Ticket* bei Reisen in der 1. Klasse inklusive
- Kompetente Beratung durch Firmenkundenbetreuung
- Teilnahme an *bahn.bonus* und *bahn.bonus comfort* möglich

Das Bonusprogramm bahn.bonus

© lightpoet – Fotolia.com

Das Programm gilt für alle Bahnfahrer, also privat Reisende und Geschäftsreisende, die eine ***bahn.bonus Card*** *online* beantragen. Bei jedem Kauf eines DB-Tickets (Fahrkartenmindestwert 5,00 Euro) und beim Kauf einer *BahnCard* gibt es für jeden Euro Umsatz einen **Statuspunkt**.

Auch bei einigen Partnern der DB, wie Hotels (z. B. *Steigenberger Hotels and Resorts)* und Autovermietungen (z. B. *Europcar)* sowie bei *Call a Bike* oder im *Bahnshop* können **Prämienpunkte** mit der *bahn.bonus Card* gesammelt werden. Mindestens 500 Punkte sind notwendig, um sie gegen eine Prämie eintauschen zu können. So gibt es z. B. für 500 Punkte einen Fünf-Euro-Gutschein für die Bordgastronomie oder einen Gutschein für sieben Ausgaben der *Frankfurter Allgemeine Zeitung* (FAZ). Für 1.000 Punkte gibt es ein *Länder-Ticket* oder ein kostenloses *Upgrade* in die 1. Klasse (einfache Fahrt). Wer 2.000 Punkte in einem Jahr gesammelt hat, bekommt u. a. den *bahn.bonus comfort*-Status mit Zugang zu den *DB-Lounges* in den Bahnhöfen. Statuspunkte verfallen allerdings nach zwölf Monaten. Prämienpunkte hingegen sind ab dem Sammeldatum drei Jahre lang gültig.

Wer seinen Einkauf mit der *bahn.bonus*-Kreditkarte (ausgestellt über die *Commerzbank)* bezahlt, kann weitere Prämienpunkte sammeln. Für einen Umsatz von z. B. 2,00 Euro bei der DB gibt es einen Prämienpunkt zusätzlich zu den gewohnten Prämien- und Statuspunkten.

(Aufgaben zum Kapitel Bahnbeförderung finden Sie ab ▸ S. 111.)

2.3 Verkehrsmittel Bus

Im Jahr 2011 unternahmen ca. 120 Mio. Fahrgäste in Deutschland eine Reise mit dem Bus.

- Davon unternahmen ca. 5,5 Mio. Reisende eine **Busurlaubsreise** ab fünf Tagen Dauer,
- ca. 14 Mio. Reisende eine Kurzurlaubsreise mit einer Dauer von zwei bis vier Tagen und
- ca. 70 Mio. Reisende waren im Rahmen des **sonstigen Gelegenheitsverkehrs**, u. a. Tagesfahrten, Klassenfahrten, Ausflüge, mit dem Bus unterwegs.
- Die verbleibende Differenz entspricht weiteren Urlaubsreisen mit teilweiser Busnutzung.

Die Umsätze im **Busreiseverkehr** und im **Öffentlichen Busverkehr** betrugen 2011 insgesamt 6,5 Mrd. Euro, davon entfielen ca. 5 Mrd. Euro auf den **Linienverkehr**. Busurlaubsreisen ab fünf Tagen Dauer führten in circa einem Drittel zu Zielen im Inland und zu circa zwei Dritteln ins Ausland.

2.3.1 Öffentlicher Busverkehr

© Deutsche Bahn AG

Grundsätzlich kann der Öffentliche Busverkehr zuerst in **Linien- und Gelegenheitsverkehr** und innerhalb des Linienverkehrs nach den Entfernungszonen in **Nah- und Fernverkehr** untergliedert werden.

Linienverkehr

Linienverkehr ist eine zwischen **bestimmten Ausgangs- und Endpunkten** eingerichtete **regelmäßige Verkehrsverbindung**, auf der Fahrgäste an bestimmten Haltestellen ein- und aussteigen können.

Er findet mit **Kraftomnibussen (KOM)** statt und ist im **Personenbeförderungsgesetz (PBefG)** definiert. KOM sind Kraftfahrzeuge, die nach ihrer Bauart und Ausstattung zur Beförderung von mehr als neun Personen (einschließlich Fahrer) geeignet und bestimmt sind.

Linienverkehr setzt gemäß Paragraf § 42 PBefG und Abschnitt 173 Absatz 5 der **Umsatzsteuerrichtline (UStR)** nicht voraus, dass ein Fahrplan mit bestimmten Abfahrts- und Ankunftszeiten besteht oder Zwischenhaltestellen eingerichtet sind.

Nahverkehr	Fernverkehr
Zum Liniennahverkehr zählen alle Linienverkehre, in denen Fahrgäste mit Omnibussen überwiegend im Stadt-, Vorort- oder Regionalverkehr befördert werden.	Der Fernverkehr mit Omnibussen ist in der Regel **Überlandlinienverkehr** (Fernlinienbusverkehr ▸ Kapitel 2.3.2) – Im Zweifelsfall zählen hierzu Linienverkehre, bei denen in der Mehrzahl der Beförderungsfälle die gesamte Reiseweite 50 km oder die Reisezeit 1 Std. übersteigt.

Tab. Unterscheidung von Nah- und Fernverkehr des Öffentlichen Busverkehrs

Gelegenheitsverkehr

Gelegenheitsverkehr ist die Beförderung von Personen mit Kraftfahrzeugen, der **nicht Linienverkehr** nach den Paragrafen §§ 42 und 43 des PBefG ist (vgl. auch Abschnitt 221 Absatz 4 UStR).

Ausflugsfahrten (§ 48 PBefG)	Mietomnibusverkehr (§ 49 PBefG)	Ferienzielreisen (§§ 46, 48 PBefG)
Das sind Fahrten, die der Unternehmer mit Kraftomnibussen (KOM) oder Personenkraftwagen nach einem bestimmten, von ihm **aufgestellten Plan** und zu einem für alle Teilnehmer gleichen und **gemeinsam verfolgten Ausflugszweck** anbietet und ausführt. [...]	Verkehr mit Mietomnibussen liegt vor, wenn der Bus insgesamt **zur Beförderung angemietet wird**. Die Fahrgäste müssen ein **zusammengehöriger Personenkreis** (z. B. Schulklasse, Kegelclub, Männergesangsverein) sein und über **Zweck, Ziel und Ablauf der Fahrt** einig sein.	Das sind **Reisen zu Erholungsaufenthalten**, die der Unternehmer mit Kraftomnibussen (KOM) oder Personenkraftwagen nach einem bestimmten, von ihm aufgestellten Plan zu einem **Gesamtentgelt für Beförderung und Unterkunft mit oder ohne Verpflegung** anbietet und ausführt.

Tab. Unterteilung des Gelegenheitsverkehrs

Die **typischen Kundengruppen** für Busreiseveranstalter im Gelegenheitsfernverkehr sind die Generation 50+ und Jugendliche zwischen 14 und 19 Jahren.

Es wird zwischen Gelegenheitsverkehr und Gelegenheitsfernverkehr unterschieden.

MERKE

Gelegenheitsfernverkehr = Fernbusreiseverkehr
Zum Gelegenheitsfernverkehr zählen Ausflugsfahrten und Mietomnibusverkehre, wenn die Reiseweite 50 km übersteigt, sowie alle Ferienzielreisen (vgl. §§ 46, 48 PBefG und Fernbusreisen ► Kapitel 2.3.4).

2.3.2 Fernlinienbusverkehr

Seit Anfang 2013 ist der nationale Fernverkehr mit Bussen auch in Deutschland möglich. Die **Liberalisierung des Personenbeförderungsgesetzes (PBefG)** ermöglicht, dass – wie es in Italien, England oder in den USA schon länger üblich ist – pendelnde Fernbusse im Linienverkehr eine Alternative zur Schiene bieten.

Bislang räumte das **PBefG Paragraf §13 Absatz 2 von 1934** der Bahn quasi ein **Monopol** im nationalen Fernverkehr ein. Fernbuslinien wurden nicht genehmigt, wenn es parallel zu ihnen eine Zugverbindung gab (»Verbot der Doppelbedienung«). Die von der Bahn erzielten Mehreinnahmen flossen in die Reparationszahlungen des Ersten Weltkriegs. Paragraf § 13 bestand bis zum 31.12.2012, lange nachdem die Kriegsschuld beglichen war. Nur für ganz spezielle Fälle, etwa für Fahrten, die die Bahn nicht bedienen konnte bzw. für die das Angebot einer Fernbuslinie die Verkehrsverhältnisse verbesserte, gab es Ausnahmen. So war der Westteil von Berlin zu Zeiten der deutschen Teilung nur mit dem Bus erreichbar.

Reisende können nun, statt Mitfahrzentralen, Billigflieger und Fernzüge zu nutzen im Inland preisgünstig Bus fahren. Fernbusanbieter können die Fahrten ca. 30 bis 40 Prozent günstiger anbieten als die Bahn, weil keine Kosten für den Betrieb eines Schienennetzes anfallen und die Kosten für die Fahrzeuge niedriger sind als die für einen Eisenbahnbetreiber.

Schutz des regionalen Zugverkehrs MERKE

Zum Schutz des von den Bundesländern mitbezahlten regionalen Zugverkehrs dürfen Fahrtstrecken unter 50 Kilometern Länge und mit weniger als einer Stunde Reisezeit auch nach der Novellierung des Personenbeförderungsgesetz im Fernlinienbusverkehr nicht angeboten werden.

Das Angebot an **Fernlinienbussen** richtet sich an diese **potenziellen Kunden:**

- **preissensible Pkw-Nutzer**, denen eine Mitfahrzentrale nicht verlässlich genug ist oder denen die Autofahrt wegen hoher Spritpreise schlicht zu teuer ist,
- **Reisende, die Einschränkungen** bei Pünktlichkeit und Reisegeschwindigkeit **in Kauf nehmen**, also terminlich flexibel sind oder lieber länger fahren als umzusteigen.

Der Fernbus bietet bei steigenden Kraftstoffpreisen eine **Klima schonende** und **sichere Alternative** für den Selbstfahrer. Wer spontan und dringend von A nach B muss, nutzt sicherlich weiterhin Auto, Flieger oder Bahn.

Preis- und Fahrzeitenvergleich Fernbus-Deutsche Bahn BEISPIEL

Frankfurt (Main)-Leipzig am 18.01.2013
Die Strecke kostet bei *meinfernbus.de* rund 15,00 Euro. Die Fahrt dauert vier Stunden und 40 Minuten. Mit dem ICE braucht man drei Stunden und 26 Minuten; die Fahrkarte kostet 77,00 Euro.

Berlin–Düsseldorf am 18.01.2013
Die Strecke kostet bei *BerlinLinienBus* rund 46,00 Euro und die Fahrt dauert neun Stunden. Mit dem ICE zahlt man für die Strecke 111,00 Euro, die Fahrt dauert dafür aber nur vier Stunden und 35 Minuten.

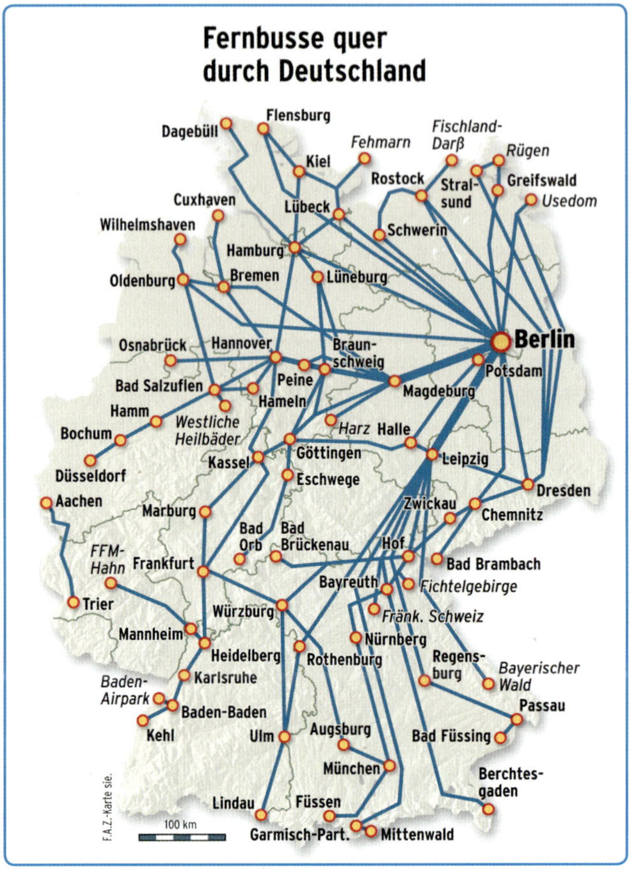

© F.A.Z. aus dem Artikel »Jetzt kommen die Fernbusse nach Deutschland« (26.05.2010)

Bustickets sind über das Reisebüro, an Ticketschaltern, telefonisch, *online* bzw. mobil mit einem *Smartphone* buchbar. Dabei gilt: Wer früher bucht, erhält die »Schnäppchen-Preise«.

Bislang werden **Busse im Fernverkehr in Deutschland** deutlich weniger genutzt als in einigen anderen Ländern. Es mangelt an Informationen über bestehende Verbindungen und an einem flächendeckenden Netz.

Derzeit gibt es etwa 100 **Fernlinienbusverbindungen**. Die **innerdeutschen Fernbuslinien** verbinden Großstädte miteinander oder Knotenpunkte wie Flughäfen.

In Europa können mit dem Bus mehr als 700 Ziele in 34 Ländern erreicht werden. Zielorte sind von Deutschland bzw. Mitteleuropa aus Städte oder Touristenzentren in ost-, süd- und südosteuropäischen Ländern. Die Busse bedienen in der Ausgangs- und Zielregion meistens mehrere Städte – sie sammeln und verteilen die Fahrgäste an verschiedenen Stationen. Befahren werden möglichst Schnellstraßen und Autobahnen. So werden zum Beispiel ohne Umsteigen von Berlin aus *Kopenhagen, Rotterdam* oder *Belgrad* erreicht. Auch zu exotischen Zielen wie *Kasachstan* oder nach *Istanbul* gibt es Linienbusverbindungen.

Europaweite Fernlinienbusbetreiber BEISPIEL

Orland Reisen – Busreisen zwischen Deutschland und Polen
Kasternbus – Strecke München–*Kiew*
Favorit-Reisen – Linien zwischen Nordrhein-Westfalen und Polen
Autobus Oberbayern – Strecke München–Regensburg–*Pilsen–Prag*
Fernlinien Regionalverkehr Erzgebirge – ab Chemnitz nach Berlin, *Karlovy Vary, Prag,* Usedom und Rügen

Für den **Fernlinienbusbetreiber gilt**:

Beförderungspflicht	Der Unternehmer ist zur Beförderung verpflichtet.
Fahrpläne	Der Fahrplan muss die Führung der Linie, ihren Ausgangs- und Endpunkt sowie die Haltestellen und Fahrzeiten enthalten.
Streckenbindung	Fixe Ausgangs- und Endstationen unterbrochen von mindestens zwei weiteren Haltestellen sind obligatorisch.
Betriebspflicht	Der Betrieb muss entsprechend des Fahrplanes aufrechterhalten werden.
Beförderungsentgelte	Werden allgemeinverbindlich veröffentlicht.

Tab. Pflichten von Fernlinienbusbetreibern

Für die **Fahrgäste herrscht Anschnallpflicht**.

Noch ist die **Zahl der Fernbusunternehmen** in Deutschland überschaubar. Dies wird sich jedoch in absehbarer Zeit ändern. So wollen z. B. der ADAC und die *Deutsche Post AG* ab 2014 gemeinsam Busse (in gelber Farbe) auf die Straßen schicken. Die Linien sollen Städte mit zumindest 150.000 Einwohnern verbinden. Marktführer ist derzeit noch die *BerlinLinienBus GmbH* (BLB).

BerlinLinienBus GmbH	Die größte Fernbusflotte hat die *Deutsche Bahn* (DB) AG, die mit der Marke *BerlinLinienBus* (BLB) zurzeit rund 30 Fernbuslinien innerhalb Deutschlands betreibt. **Besonderheit:** ▸ Stewardessen-Service auf zahlreichen Strecken des nationalen Verkehrsangebots, ▸ Freifahrt für Kinder bis einschließlich 12 Jahre, die in Begleitung eines Eltern- oder Großelternteils reisen. Das Busnetz bedient heute viele internationale und 30 innerdeutsche Strecken von Berlin aus. Auf dem Fahrplan stehen 300 Zielorte in Deutschland und Europa.
MeinFernbus.de	Das Unternehmen hat bereits acht Linien mit 30 Bussen im Einsatz (zum Beispiel die Strecken Freiburg-Berlin oder Frankfurt-Zürich). 26 Städte werden von den grünen Bussen mehrmals täglich angefahren. Tickets bekommt man *online* oder beim Fahrer selbst, falls noch Plätze frei sind.
Eurolines/ Deutsche Touring	Die Eurolines-Busse der Deutschen Touring fuhren bisher von ca. 500 Haltestellen in Deutschland aus in 34 Länder. Von Norwegen bis Griechenland, von Portugal bis nach Russland, die Streckenkarte der Touring weist kaum noch »weiße Flecken« auf. Jetzt werden auch Tickets für innerdeutsche Strecken verkauft, 45 deutsche Städte werden angefahren. Diese Fahrten kosten zwischen 9,00 und 39,00 Euro.

DeinBus.de	Das Busmitfahrunternehmen hat ein ganz spezielles Mietkonzept entwickelt: Auf dem *Onlineportal* kann ein Initiator eine Fahrt vorschlagen. Melden sich genug andere Mitfahrer für die Strecke an, kommt die Fahrt zustande. Die Passagiere werden darüber eine Woche vor Abfahrt per *Mail* informiert. Daneben bietet das Unternehmen aber auch feste tägliche Fernlinienbusverbindungen an.
Flixbus	Mehrmals pro Tag werden die wichtigsten deutschen Metropolen von *Flixbus* verbunden. Ab München werden die Städte Frankfurt und Nürnberg angefahren. Ab Köln starten die Busse mit den Zielen Nürnberg, Frankfurt, Hamburg und Dresden. Auch Hamburg und Berlin sollen miteinander verbunden werden.
BEX	Die zum Bereich DB Regio Bus gehörende Firma *Bayern Express & P. Kühn Berlin GmbH* – kurz BEX – ist seit über 50 Jahren im Busvermietgeschäft unterwegs. Die neuesten Busse der BEX-Flotte präsentieren sich im markanten ICE-Design der Deutschen Bahn. Ihr Angebot umfasst u. a. Destinationen wie Hamburg (bis zu 14-mal tägliche Hin- und Rückfahrt), Dresden (bis zu 10 Mal täglich) sowie Kopenhagen (dreimal täglich), Prag (zweimal täglich). Insgesamt bietet BEX 30 innerdeutsche und 23 internationale Linienverkehre an.

Tab. Bekannte Fernlinienbusbetreiber (Stand 01/2013)

Fazit:

Die **Vorteile von Fernlinienbussen** sind zum einen der günstigere Preis gegenüber Bahn und Flugzeug und es werden oft Haltestellen angefahren, die man mit dem Zug nur mit mehrfachem Umsteigen erreicht.

Die **Nachteile** sind bei manchen Strecken die vergleichsweise lange Reisezeit und dass es nicht überall geeignete Haltepunkte und Busbahnhöfe gibt. Ferner wird nicht für jede Fahrstrecke täglich angeboten.

2.3.3 Fernbusreisen

Die **Gütegemeinschaft Buskomfort (gbk)** ist ein Zusammenschluss von fast 500 Busreiseveranstaltern aus ganz Deutschland, die Sterne des ***Gütezeichens RAL Buskomfort*** vergibt und kontrolliert. Fünf mit Sternen gekennzeichnete Kategorien bieten dem Verbraucher bereits vor Reiseantritt eine Orientierungshilfe. Mit dem Gütezeichen werden nachprüfbare Standards gesetzt, um die Qualitätsunterschiede bei Bussen deutlich zu machen.

Abb. Gütezeichen RAL Buskomfort

Beinfreiheit (= Komfortmaß), **Stärke der Rückenlehne** und **Serviceeinrichtungen an Bord** bilden die Grundlage für die Verleihung des Gütesiegels, aber auch die Sicherheit kommt durch die jährliche Überprüfung der Busse durch TÜV oder DEKRA nicht zu kurz.

Die **gbk-Klassifizierungskategorien für Busse** zeigt die folgende Tabelle:

★ *Standard-Class* – Der Bus für den kurzen Trip
Dieser Bus verfügt über eine Abfallbeseitigung und ein Mikrofon für die Reiseleitung sowie über Tonträger und eine Musikanlage. Zudem gehören Heizung, Lüftung und Nachtbeleuchtung zur Grundausstattung und garantieren ein Minimum an Komfort.
★★ *Tourist-Class* – Der Bus für kleinere Ausflüge
Die Grundausstattung der *Standard-Class* wird vom Sonnenschutz an den Seitenfenstern ergänzt. Zudem steht jedem Reisegast ein Stauraum von mindestens 15 Litern zur Verfügung.
★★★ *Komfort-Class* – Der Bus für bequeme Touren
Komfortmaß: mind. 68 cm, Rückenlehne: mind. 3 cm Zusätzlich zur Grundausstattung bietet Ihnen dieser Bus verstellbare Rückenlehnen, eine Doppelverglasung, einen Fahrgasttisch, eine Leselampe sowie eine Toilette mit Waschbecken und eine Klimaanlage. Aus der Mini-Küche duftet frischer Kaffee oder die Gäste können sich mit einem kleinen Imbiss stärken.
★★★★ *First-Class* – Der Bus für lange Reisen
Komfortmaß: mind. 74 cm, Rückenlehne: mind. 4 cm Zusätzlich zum Standard im Drei-Sterne-Bus sorgen Fußstützen für einen hohen Komfort. Im Heck des Fahrzeuges finden nur vier Passagiere Platz. So werden auch lange Touren zu einem angenehmen Erlebnis.
★★★★★ *Luxus-Class* – Der Bus für höchste Ansprüche
Komfortmaß: mind. 81 cm, Rückenlehne: mind. 5 cm Zusätzlich zum hohen Komfort in der *First-Class* bietet dieser Bus seinen Gästen ein Maximum an Freiraum. Bordkomfort bis ins kleinste Detail macht jede lange Reise zu einem kurzweiligen Vergnügen.

Tab. Klassifizierungskategorien des gbk

www.gbkev.de – Bus – Sterne

Miniküche | Bordküche | Air-Condition | Toilette | Garderobe | Videoanlage | WLAN | Mehrkanalanlage

www.gbkev.de – piktogramme

Wer in einem Fernreisebus z. B. von Berlin nach Frankfurt am Main unterwegs ist (Fahrzeit ca. 6 Stunden) wird sicherlich den *VIP-Charakter* eines 5-Sterne-Busses genießen. Service und Komfort gepaart mit einem angenehmen Ambiente lässt eine Fahrt mit dem Bus zu einem Erlebnis werden. Busreisen heißt: Einsteigen, Wohlfühlen – und nachhaltig reisen.

Fernreisebusse

BEISPIEL

Premium-Reisebusse bieten ein einzigartiges Erlebnis. Diese exklusivsten Reisebusse vereinen Ästhetik, Funktionalität und Qualität für höchste individuelle Ansprüche. Die *VIP-Class* steht für maximalen Reisekomfort und innovative Sicherheitssysteme.
Skyliner (Doppeldecker), *Longliner* (lange Hochdecker mit drei Achsen) oder *Travelliner* (Hochdecker mit zwei Achsen) sind das Maß für moderne Fernreisebusse.

Abb. © *MAN Truck & Bus AG, NEOPLAN Skyliner*

Der **(Fern-)Reisebus** ist mit seinem vergleichsweise geringen Ausstoß an CO_2 das **klimafreundlichste Verkehrsmittel**. Die Summe der **ausgeschiedenen Schadstoffe pro Person bei 1.000 km Reiseleistung** betragen beim Reisebus 28.850 Gramm, bei der Bahn 33.130 Gramm, beim Pkw mit Katalysator 183.935 Gramm und beim Flugzeug 201.330 Gramm.

Sollten Sie als Veranstalter im Gelegenheitsfernverkehr Busreisen planen, so berücksichtigen Sie die **Lenkzeitverordnung der EU VO 561/2006/EG**. Danach sind nach einer Lenkdauer von 4,5 Stunden mindestens 45 Minuten oder 15 Min + 30 Minuten Pause vorgeschrieben und die tägliche Ruhezeit sollte regelmäßig mindestens 11 Stunden (auch möglich 3 + 9 Stunden) betragen.

2.3.4 Fahrgastrechte im Kraftomnibusverkehr

Die Verordnung **(EU) Nr. 181/2011** über Fahrgastrechte im Kraftomnibusverkehr (»**EU-Buspassagierrechte-Verordnung**«) gilt ab dem **1. März 2013**. Sie sieht eine Stärkung der Fahrgastrechte für Reisende im Linienbusverkehr vor. Sie erfasst alle nationalen und grenzüberschreitenden Linienverkehrsdienste im Langstreckenverkehr ab einer Entfernung von 250 km.

Die EU-Verordnung sieht u. a. **folgende Entschädigungsleistungen** vor:

- Bei sich abzeichnenden **Annullierungen, Abfahrtsverspätungen um mehr als 120 Minuten** oder **Überbuchung** ist dem Fahrgast unverzüglich Folgendes zur Auswahl anzubieten:
  a) **Fortsetzung der Fahrt bzw. Weiterreise** mit geänderter Streckenführung ohne Aufpreis und zu denselben Konditionen wie im Beförderungsvertrag vereinbart,
  b) **Erstattung des Fahrpreises** binnen 14 Tagen nach dem Angebot oder Antragstellung und ggf. kostenlose Rückfahrt.
  Wurde die Auswahl nicht angeboten, ist zusätzlich zur Erstattung des Fahrpreises binnen eines Monats nach Antragstellung eine **Entschädigung i. H. v. 50 Prozent des Fahrpreises** zu zahlen (vgl. Art. 19 Abs. 2 EU 181/2011). Bei eingetretenen Annullierungen oder Abfahrtsverzögerungen um mehr als 120 Minuten gelten die vorstehenden Ziffern a) und b) ebenfalls.

- Bei einer **Verzögerung der Abfahrt des Busses um mehr als 90 Minuten** haben Fahrgäste Anspruch auf Imbisse und Erfrischungen.
- Im Fall einer **Unterbrechung der Fahrt**, eines Unfalles oder bei Verspätungen, die eine Übernachtung erforderlich machen, muss der Anbieter zusätzlich bis zu zwei Übernachtungen von höchstens 80,00 Euro pro Nacht zur Verfügung stellen.
- Bei **Beschädigung/Verlust von Rollstühlen, anderer Mobilitätshilfen oder Hilfsgeräten** muss die Entschädigung dem Wiederbeschaffungswert oder den Reparaturkosten der verloren gegangenen oder beschädigten Ausrüstung entsprechen.

Unter bestimmten Bedingungen müssen Busunternehmen – wie auch Luftverkehrs- und Schifffahrtsunternehmen – **keine Ausgleichsleistungen** erbringen, wenn sich das Problem auf **außergewöhnliche Umstände** (z. B. widrige Wetterbedingungen oder schweren Naturkatastrophen) zurückführen lässt. Dies gilt für Busunternehmen auch, wenn sie die Alternativen **Rückerstattung oder anderweitige Beförderung** ausdrücklich angeboten haben.

Die EU-VO gilt vor allem für die Regelungen bezüglich der Haftung für Verspätungen und Annullierungen sowie bezüglich der Beförderungs- und Informationsrechte mobilitätseingeschränkter Personen.

Kundmachung der Verordnung MERKE

Die Kundmachung der Verordnung (EU) Nr. 181/2011 des Europäischen Parlaments und des Rates vom 16. Februar 2011 über die Fahrgastrechte im Kraftomnibusverkehr und zur Änderung der Verordnung (EG) Nr. 2006/2004 im Amtsblatt der EU erfolgte am 28.02.2011.

Beschwerdefristen

Die Einreichung von Beschwerden muss innerhalb von **drei Monaten nach der tatsächlichen oder geplanten Durchführung des Linienverkehrsdienstes** eingereicht werden (außer bei Tod oder Körperverletzung von Fahrgästen und Verlust oder Beschädigung von Gepäck). Der Beförderer muss dem Fahrgast innerhalb eines Monats nach Eingang der Beschwerde mitteilen, ob seiner Beschwerde stattgegeben wurde, ob sie abgelehnt wurde oder ob sie noch bearbeitet wird. Die Frist für die endgültige Beantwortung darf drei Monate ab Eingang der Beschwerde nicht überschreiten.

Ausnahme Buspauschalreise

Die klassische Buspauschalreise (**Fernbusreise** ► Kapitel 2.3.3) bleibt von den wesentlichen Regelungen der **EU-Buspassagierrechte-Verordnung (EU Nr. 181/2011)** ausgenommen. Für den Gelegenheitsverkehr gelten im Wesentlichen die Bestimmungen über die Entschädigung und Hilfeleistung für Unfälle und der Ersatz für Rollstühle und Mobilitätshilfen.

Auch die **Verordnung VO 90/314/EG Pauschalreise** (▸ Fachwissen Tourismus Band 1, LF 4.1) wird durch die EU-VO 181/2011 nicht berührt.

Ferienzielreisen und spezielle Reisearten wie die **Städte-, Rund- und Studienreise** (alle ▸ Fachwissen Tourismus Band 2, LF 3) sowie die *Musical*-Reise gehören zu den Pauschalreisen, die nach den Paragrafen §§ 651a ff. BGB zu beurteilen sind.

Allgemeine Geschäftsbedingungen

Im Hinblick auf die **AGB der Fernbuslinienbetreiber** sollte u. a. auf die Bestimmungen geachtet werden, unter denen **Kinder und Minderjährige** im nationalen und internationalen Linienverkehren befördert werden. (In der Regel werden Kinder und Minderjährige, die das 16. Lebensjahr noch nicht vollendet haben, nur befördert, wenn sie eine beglaubigte Genehmigung des/der Erziehungsberechtigten vorlegen und während der Fahrt von einer Person begleitet werden, die das 18. Lebensjahr vollendet hat. Jugendliche ab dem vollendeten 16. Lebensjahr dürfen unabhängig hiervon alleine reisen, wenn sie eine beglaubigte Genehmigung des/der Erziehungsberechtigten vorlegen können.)

Bei den meisten Betreibern ist eine bestimmte **Sitzplatzreservierung** nicht möglich und die Mitnahme von **Reisegepäck** auf zwei Gepäckstücke pro Person begrenzt. Daraus ergibt sich, dass die **Beförderung von Tieren, Fahrrädern und Einrichtungsgegenständen** im grenzüberschreitenden und innerdeutschen Fernlinienbusverkehr nicht gestattet ist.

2.4 Schiffs- und Fährpassagen

Eine **Fähre** verbindet zwei oder mehrere Punkte, die **auf dem Landweg nicht** (z. B. wegen fehlenden Landverbindungen bzw. Brücken) **bzw. nur schlecht erreichbar** sind. In Städten, die am Meer (z. B. Hamburg), an einer Meerenge (z. B. Istanbul) oder an einem Fluss liegen oder viele Kanäle aufweisen (z. B. *Venedig*) kommt den Fähren auch eine besondere **Bedeutung im Nahverkehr** zu.

Fährfernverkehr ist sowohl im Urlaubs- und Geschäftsreiseverkehr als auch beim Transport von Gütern von großer Bedeutung. Wer nach Skandinavien möchte und/oder Skandinavienurlaub machen will, muss über die *Ostsee*, übers *Kattegat* oder über das *Skagerak*.

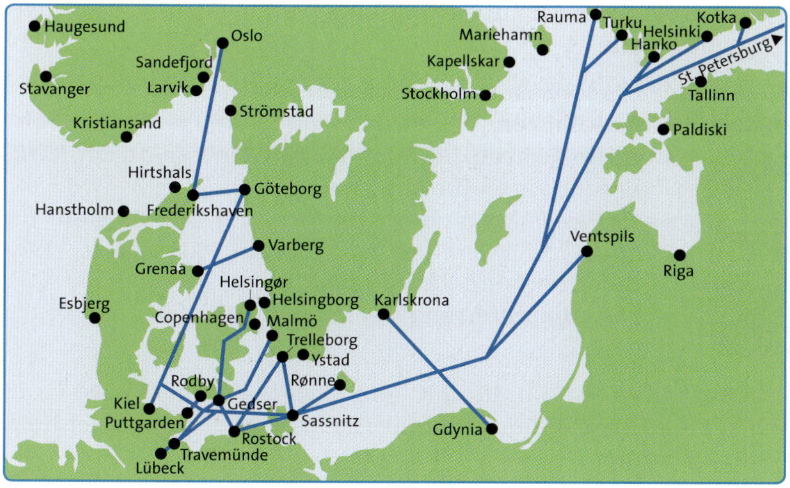

Abb. Fährverbindungen ab Deutschland (Ostsee)

Alternative zum Flugverkehr MERKE

Fähren bilden häufig die einzige Alternative zum Flugverkehr, um Inseln und Inselgruppen zu erreichen.

Der **größte Anteil (ca. 80 Prozent des Fähraufkommens)** an Reisenden und Pkw wird auf nationalen Routen befördert, während ca. 40 Prozent der *Caravan*- und Wohnmobilbeförderung auf internationalen Routen stattfindet. Weltweit wird das Passagieraufkommen auf ca. **eine Milliarde Passagiere** geschätzt.

2.4.1 Schiffstypen

Es gibt viele verschiedene Fährschiffarten. Grundsätzlich wird zwischen **konventionellen** und **unkonventionellen** Fährschiffen unterschieden.

Merkmale	konventionelle Fährschiffe	unkonventionelle Fährschiffe
Geschwindigkeit	bis zu 30 Knoten	erheblich mehr als 30 Knoten
Transport	Passagiere, Fahrzeuge, auch Lkw und Fracht	vorrangig nur Passagiere, teilweise auch Pkw
Kabinen	vorhanden	nicht zugelassen
Wetter	bei jedem Wetter	wetteranfällig wegen Komfort
Fahrtgebiete	unbegrenzt	vorrangig Warmwassergebiete
Routen	Kurz- und Langstrecke	Kurzstrecke, innerhalb von Inselgruppen, auch im Ärmelkanal

Tab. Unterschiede bei konventionellen und unkonventionellen Fährschiffen

Nach der Transportaufgabe unterscheidet man zwischen:

- **Personenfähren** (Passagierfähren)
- **Autofähren**
- ***RoRo*-Fähren** (*RoRo* steht für engl. *roll on/roll off*, Frachtfähren für Lkw-Beladung)
- ***RoPax*-Fähren** oder ***Kombicarrier*** (*RoPax* steht für engl. *roll on/roll off* und *Pax* für Passagiere, Lkw-Beladung und Pkw-Passagiere)
- **Eisenbahnfähren** (*Trajekt*schiffe)

Egal welchen Schiffstyp Ihr Kunde präferiert, es gilt immer: **Steuerbord** ist in Fahrtrichtung rechts, mit grüner Positionslampe, **Backbord** ist in Fahrtrichtung links, mit roter Positionslampe.

Passagierfähren

Im Passagierfährbetrieb gibt es grundsätzlich **zwei Geschäftsmodelle**: Der Passagier bucht unkonventionelle Fährschiffe (hoher Fährpreis, hohe Geschwindigkeit) oder konventionelle Fährschiffe mit niedriger Geschwindigkeit und einem geringeren Fährpreis.

Bei einer **Schnellfähre** liegt die Reisegeschwindigkeit deutlich über 30 Knoten (ca. 55 km/h). Zum Vergleich: konventionelle Fährschiffe erreichen eine Höchstgeschwindigkeit von 18 bis 26 Knoten (33–48 km/h). Ein **Knoten** entspricht 1,8532 Kilometer pro Stunde. Schnellfahrgäste buchen die ***High Speed Ferry*** oder (H/S/F)-Fähre gerne unter dem Motto »Die Fahrt ist das Ziel«. Geld wird auf beiden Fährschifftypen mit *Merchandising* und Vergnügungen, Restaurants, *Discos*, Bars sowie *Gambling* an Bord verdient.

Abb. *Anek Lines, H/S/F Hellenic Spirit*

In europäischen Fahrtgebieten werden dominant konventionelle Fährschiffe mit meist einer großen Anzahl von Bordeinrichtungen eingesetzt. Die **Kapazität** von Passagierfähren liegt je nach Größe bei 500 bis 3.000 Passagieren bzw. bei 150 bis 900 Autos.

Zu den **europäischen Fahrtgebieten** zählen Nordosteuropa mit der Ostsee, Nordwesteuropa mit der Nordsee sowie das westliche und östliche Mittelmeer.

Weitere Fährtypen

Der ***Kombicarrier*** ist meist ein konventionelles Fährschiff, das in erster Linie für den Transport von Lkw und Fracht gedacht ist, aber auch Passagiere befördert. Die Bordeinrichtungen sind mit Passagierfähren vergleichbar. Lediglich in Sachen *Entertainment* geht es auf diesem Schiffstyp etwas ruhiger zu. Da der **Aspekt der Frachtbeförderung im Vordergrund** steht, liegt die Passagierkapazität i. d. R. zwischen 500 bis 600 Personen. Kombifähren als Nachtfähren werden überwiegend auf längeren Strecken, wie z. B. von Travemünde nach *Helsinki* bei *Finnlines* eingesetzt.

RoPax*-Fähren** weisen große und damit leicht und schnell zu beladende und entladende Decks auf. Auf hohen Fahrzeugdecks finden neben Lkws und Autos auch Wohnwagen und Wohnmobile ausreichend Platz. Neben den öffentlichen Bereichen wie z. B. Restaurants, Kino und Spielkasino, gibt es reine »Trucker*-Bereiche**«.

Der Großteil des Lkw-Verkehrs zwischen Finnland und Westeuropa (Lübeck, Rostock, Wismar) wird mittels ***RoRo*-Schiffen** abgewickelt (RoRo steht für engl. *roll on/roll off*). Auf diesen Fährschiffen werden Fahrzeuge aller Art mitgenommen, angefangen vom Fahrrad über Motorrad und Pkw bis hin zu sehr hohen und langen Wohnmobilen und Gespannen. Einige Einschränkungen gibt es auf Schnellschiffen auf Grund der Bauweise.

Der ***Doppelender*-Schiffstyp** wird zum Überqueren von Meeresengen als eine Art »Brückenersatzdienst« genutzt. Die Überfahrt auf diesen Kurzstrecken dauert i. d. R. nicht länger als zwei Stunden, in denen den Passagieren Restaurants, Bars, *Shops* und ein Sonnendeck zur Verfügung stehen. Bei den *Doppelender*-Fähren sind Heck und Bug gleich (zwei Brücken, zwei Öffnungen), so dass die Schiffe zum Be- bzw. Entladen im Hafen nicht mehr gedreht werden müssen. In Deutschland sind z. B. nach Dänemark die Fähren zwischen *Rodby* und *Puttgarden* im (Dauer-)Einsatz.

Eisenbahnfähren (*Trajekt*schiffe) verfügen im Rumpf über Vorrichtungen (Schienen) zur Überführung von Eisenbahnzügen über Gewässer. Sie werden dort eingesetzt, wo Brücken über Meerengen, Seen oder Flüsse aus technischen oder finanziellen Gründen nicht praktikabel sind. Zu den bekanntesten Verbindungen in Europa (über die Ostsee) zählen:

- *Puttgarden-Rødby* (im Verlauf der Vogelfluglinie)
- Sassnitz-*Trelleborg* (die sogenannte Königslinie)

Die ***»Skåne«*** der *Scandlines*-Reederei ist das **größte kombinierte Eisenbahn- und *RoRo*-Fährschiff der Welt**. Das Schiff verfügt über eine Ladekapazität von 55 Eisenbahnwaggons und 500 Pkw, die zugelassene Passagierzahl beträgt 600. Das *Trajekt*schiff verkehrt auf der Linie Rostock-*Trelleborg*.

Weitere Schnellfähren

Mit einer Flotte von 35 Schiffen und Europas umfangreichstem Routennetzwerk in Skandinavien, Großbritannien und Irland gehört die **Reederei *Stena Line*** zu den größten Fährunternehmen der Welt. Schnellfähren bedeuten bei *Stena Line* meistens HSS *(High Speed Sea Service)*.

Die HSS-Schiffe sind eine Ideallösung, wenn Zeit eine wichtige Rolle spielt. Mit ihnen ist der Reisende effizient, sicher und komfortabel unterwegs. Ein erstklassiger Service an Bord rundet ein solches, nicht alltägliches Reiseerlebnis, ab.

Auswahl: Fährverbindungen Ostsee mit Retourmöglickeiten

- *Frederikshavn* (DEN) – *Göteborg* (SWE)
- *Frederikshavn* – *Oslo* (NOR)
- Kiel – *Oslo* (NOR)
- Kiel – *Göteborg* (SWE)
- Lübeck – St. Petersburg (RUS)
- Lübeck – *Ventspils* (LAT)
- Puttgarden – *Rødby* (DEN)
- Rostock – *Helsinki* (FIN)
- Rostock – *Gedser* (DEN)
- Rostock – *Trelleborg* (SWE)
- Sassnitz – *Rønne* (DEN)
- Sassnitz – *Trelleborg* (SWE)
- Travemünde – *Helsinki* (FIN)
- Travemünde – *Malmö* (SWE)
- Puttgarden – *Rødby* (DEN)
- *Grenaa* (DEN) – *Varberg* (SWE)

www.stenaline.de/faehren

BEISPIEL

»HSS Explorer« von Stena Line

Zu der Flotte von *Stena Line* zählt auch die *Stena HSS Explorer*. Sie gehört zu den weltgrößten Katamaranen und kann bis zu 1.500 Passagiere und um die 350 Fahrzeuge transportieren. **Katamarane** verfügen über zwei Rümpfe welche über die darüber liegenden Schiffsaufbauten miteinander verbunden sind. Die *HSS Explorer* ist so groß wie ein Fußballstadium und wird von **Jet-Triebwerken** angetrieben (d. h., Wasser wird angesogen und mit enormem Druck durch Wasserdüsen wieder ausgestoßen). Sie erreicht bis zu 40 Knoten (ca. 74 km/h). Ihr komfortables Bordangebot umfasst u. a. *Á la carte*-Restaurant, Selbstbedienungsrestaurant, Bar/*Café*, Spielautomaten, *Stena Shop* und Kinderspielbereich.

»Benchijigua Express« von Fred Olsen

Die Reederei *Fred Olsen* setzt z. B. als Schnellfähre den *Benchijigua Express* auf den Strecken *La Gomera (San Sebastián) – Tenerife (Los Cristianos)* und *La Palma (Santa Cruz de La Palma) – Tenerife (Los Cristianos)* ein.

»The novel trimaran, Benijigua express, is the most modern multiple hull ship in the world. Since 2005 it has offered a 40-minute service between Los Cristianos and La Gomera and a 2-hour service between Los Cristianos and La Palma. [...] Once on board, passengers can enjoy the utmost in comfort, with generous, well-lit lounges, large, reclining seats, three bars, shops, children's play area, T.V. and sun decks. [...]«

www.fredolsen.es/lineas/ingles/Benchijigua.asp

Die ***Monohull*-Schnellfähren** haben wie konventionelle Fährschiffe wieder nur einen Rumpf. Vom Prinzip her ist das Einrumpfboot (engl. *Monohull*) ein recht leistungsstarkes Fährschiff mit strömungsgünstigem Rumpf. Die Kapazität beläuft sich auf ca. 650 Passagiere und 150 Pkw, die Reisegeschwindigkeit liegt bei ca. 35 Knoten (65 km/h). Den »einrumpfigen Schnellschiffen« sagt man bei wetterbedingter, langsamerer Geschwindigkeit ein etwas ruhigeres Fahrverhalten als den »zweirumpfigen« Katamaranen nach.

Jet- oder Hydrofoil sind **Tragflächenboote** (engl. *Hydrofoil*), die als reine Passagierschiffe in küstennahen Gewässern sowie auf Seen und Flüssen mit bis zu 48 Knoten (zirka 90 km/h) unterwegs sind. Die Hochgeschwindigkeitswasserfahrzeuge werden bei steigender Geschwindigkeit durch den **unter Wasser liegenden Tragflügel** während der Fahrt angehoben, so dass der Rumpf nicht mehr das Wasser berührt. Das Fahrzeug »fliegt« über die Wasseroberfläche.

2.4.2 Ausstattung an Bord

Je nach Schiffstyp und Strecke verfügen die Schiffe über eine größere Anzahl von **Kabinen aller Kategorien**. Das Angebot reicht von Standard-Innenkabinen und Außenkabinen mit mehreren Betten über Luxus-Kabinen bis hin zu *Suiten* mit allem erdenklichen Komfort.

© Anek Lines, Piraeus

Abb. *Anek Lines* – Kabinenbeispiel

Grundnutzen und Zusatznutzen bei Fährbuchungen MERKE
Die eigentliche **Beförderung (Grundnutzen)** tritt bei der Buchungswahl immer mehr zurück. Der **Erlebniswert (Zusatznutzen)** ist für viele Fährreisende das entscheidende Auswahlkriterium für eine Reederei.

Das **Ausstattungsniveau** vieler Fähren lehnt sich an Kreuzfahrtschiffe an (▸ Fachwissen Tourismus Band 2, LF 7, Kapitel 5). Restaurants, Geschäfte, Bars, Tagungsräume, Bereiche speziell für Kinder und Fitnessbereiche werden von den Passagieren häufig bereits als selbstverständlich angesehen.

© Anek Lines, Piraeus

© Anek Lines, Piraeus

© Anek Lines, Piraeus

Abb. *Anek Lines* – *Café* und *Á-la-Carte*-Restaurant (Innenansicht, Eingangsbereich)

Fähren-Boom MERKE
Fähren erleben nicht zuletzt deswegen einen *Boom*, weil sie dem Reisenden, der seine Bahn-, Auto- oder Flugreise mit einer Fahrt auf dem Schiff kombiniert, die »passenden Planken« von spartanisch bis luxuriös bieten.

Die europäischen Fährreedereien haben diesen Trend erkannt und bieten entsprechend **»Städtereisen per Schiff«** – z. B. nach *London, Stockholm* oder *St. Petersburg* – und komfortable **Minikreuzfahrten** auf Ost- und Nordsee und ***Bordpartys* bei Nachtüberfahrten** an.

Neuere Fährschiffe sind auf das Motto **»Kurzkreuzfahrten auf Fährschiffrouten«** ausgerichtet, so dass die Schiffe in den Unterdecks Fahrzeuge und Fracht befördern können, ansonsten jedoch als »moderne *Cruiseliner*« konzipiert sind. Auf diesen Passagen ist im Gegensatz zu der normalen Fährpassage die Verpflegung an Bord i. d. R. mit eingeschlossen.

Beliebte Strecken in der Nordsee	Beliebte Strecken in der Ostsee	Beliebte Strecken im Mittelmeer
Kiel – *Oslo* Kiel – *Göteborg* *Kopenhagen – Oslo* *Amsterdam – Newcastle*	*Stockholm – Helsinki* *Stockholm – Turku* *Helsinki – Tallinn* *Stockholm – Tallinn* *Schären*-Kreuzfahrt ab *Stockholm* zu den *Åland*-Inseln	*Venedig – Patras* *Ancona – Patras* *Livorno*-Korsika/Sardinien *Genua/Savona* – Korsika/ Sardinien *Genua – Tunis* oder *Palermo*

Tab. Beispiele: *Minicruises* und »Städtereisen per Schiff«

Cruise-Ferries

BEISPIEL

Die **größten Kreuzfahrtschiffe der Welt mit Autodeck** sind die Schwesterschiffe *M/S Color Fantasy und M/S Color Magic*. Sie bieten eine Überfahrt als Seereise im Kreuzfahrt-Stil. Große und kleine Gäste erleben und genießen maritime Atmosphäre, ein exzellentes *Show*programm, spezielle Animationsprogramme, ein überwältigendes Restaurantangebot und perfekt ausgestattete Kabinen. Auf der 20-stündigen Seereise von Kiel nach *Oslo* erleben die Passagiere Kreuzfahrt*feeling* pur.

Abb. Fährschiff *M/S Color Magic*
www.fotocommunity.de

Das Fähren-Plus

Fähren bieten ein **maritimes Erlebnis** und Seeluft pur. Der Urlaub beginnt schon an Bord bequem und entspannt. Der eigene Pkw, das Wohnmobil oder das Motorrad reisen genauso wie die zwei- und vierbeinigen Familienmitglieder mit. Das vielfältige gastronomische Angebot lässt keine Wünsche offen und Kinderanimation, Bühnen*shows*, *Discos* und weitere Animationsprogramme lassen keine Langeweile aufkommen. »Fähren« heißt: **Urlaubszeit effizient nutzen**.

2.4.3 Fährbuchung

Prinzipiell gibt es **keine festen Vorausbuchungsfristen** für Fähren. Bei Sondertarifen sollte man auf spezielle Zeitfenster (Fristen) und tagesaktuelle Angebote achten.

Viele Reedereien bieten ein **flexibles Preissystem** an. Das bedeutet, je früher man bucht, desto günstiger ist der Preis. Auf den Strecken in Nordeuropa besteht in der Regel eine **Kabinenpflicht auf Nachtüberfahrten**. Im Mittelmeer können auf fast allen Schiffen auch **reine Deckpassagen** gebucht werden.

Gepäck kann auf Fährschiffen unbegrenzt mitgenommen werden. **Haustiere** können vorbehaltlich der Einreisebedingungen des Ziellandes grundsätzlich auf Fähren mitgenommen werden, allerdings ist die Unterbringung je nach Fahrtgebiet und Schiff unterschiedlich. Eine Buchung des Haustieres ist in jedem Fall im Voraus erforderlich.

Fähren verfügen über **speziell gebaute und ausgestattete Kabinen für Behinderte**, die direkt bei der Buchung reserviert werden können. Auf fast allen Schiffen gibt es Fahrstühle. Die Reise darf nicht wegen Behinderung oder eingeschränkter Mobilität verweigert werden. Behinderte haben in Häfen und an Bord von Fahrgastschiffen **Anspruch auf Hilfeleistungen**, solange dem Beförderer oder Terminalbetreiber spätestens 48 Stunden vor dem Zeitpunkt der benötigten Hilfeleistung diese gemeldet wird. Dies gilt auch für Kreuzfahrtschiffspassagiere.

Die **Internationale Seeschifffahrts-Organisation (IMO)** hat im Rahmen des internationalen ***»Ship and Port Facility Securit-Code«*** **(ISPS)** konkrete Vorgaben zur Sicherheit von Hafenanlagen (engl. *Port-Ship-Interfaces*) und von Schiffen, die im internationalen Verkehr abgefertigt werden, erlassen. Um die Überwachungsmaßnahmen gewährleisten zu können, sollte sich der Passagier **mindestens zwei Stunden** vor planmäßiger Abfahrt am Einschiffungsort einfinden.

MERKE

Buchung einer Fährpassage

Entsprechend des *ISPS Codes* sind diese Daten zur Buchung einer Fährpassage notwendig:

- Name, Vorname
- Geschlecht
- Geburtsdatum
- Nationalität
- Fahrzeugtyp und Kennzeichen, Länge und Höhe (bei Gespannen von jedem Fahrzeug einzeln)
- Passagiere eines Nicht-EU-Gebietes: Passnummer und Ausstellungsdatum, ggf. Ausstellungsdatum des Visums

Im Fährverkehr werden **grundsätzlich zwei Ticketarten** unterschieden.

Ticket mit festem Datum	Die Fährpassage wird fest eingebucht, die Reisenden erhalten auf jeden Fall die gebuchten Plätze, eine Umbuchung ist nur gegen Kostenbeitrag möglich. Sollte ein Reisender ein festes Datum mit Uhrzeit gebucht haben und früher am Hafen sein, kann er meistens, sofern keine Abweichung (Kabine/Saisonpreis) vorhanden ist, preisgünstig, z. T. kostenlos umbuchen: Dies gilt jedoch nicht im umgekehrten Fall. Hier kann i. d. R. nur im Rahmen der Kulanz umgebucht werden, da das Ticket verfallen ist.
Open Ticket	Ein Ticket mit offenem Datum Ist ein Fahrschein für die Rückfahrt mit dem entsprechenden Rückfahrtrabatt. Es wird jedoch noch keine feste Überfahrt eingebucht, dies erfolgt durch den Reisenden später bei dem jeweiligen Hafenbüro. Hiermit ist allerdings das Risiko verbunden, dass der Wunschabfahrtstermin bereits ausgebucht ist bzw. die Kabinenbelegung und/oder Fahrzeugkapazitäten ausgebucht sind. Sollte vom Passagier eine preiswertere Kabine genutzt werden gibt es i. d. R. Geld über einen Antrag zurück. Bei einer höherwertigen Kabine muss der Aufpreis vor Ort gezahlt werden.

Im Hinblick auf die **Fährtarife** gibt es mittlerweile für alle etwas, ob Familientarif, *Best-Ager*-Tarif, Studententarif, Frühbuchertarif usw., alle Kundentypen werden fündig. Die entsprechenden Portale zeigen gültige Preise übersichtlich und vor allem aktuell. So können Sie als Expedient vor der Buchung die Preise vergleichen.

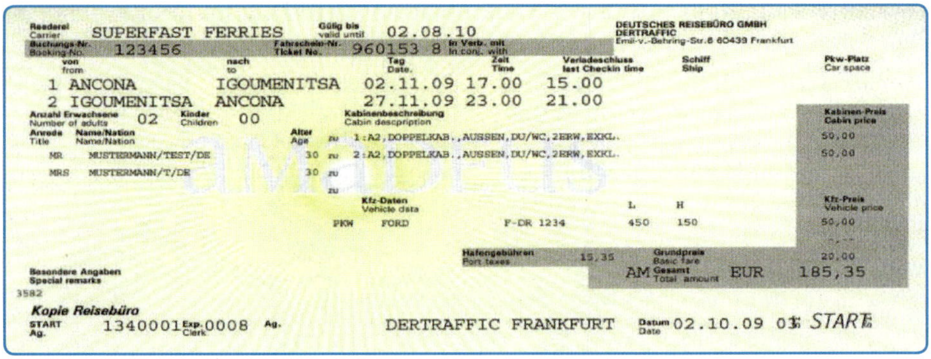
Reederei / Carrier: SUPERFAST FERRIES — Gültig bis / valid until: 02.08.10
DEUTSCHES REISEBÜRO GMBH
DERTRAFFIC
Emil-v.-Behring-Str.8 60439 Frankfurt
Buchungs-Nr. / Booking No.: 123456 — Fahrschein-Nr. / Ticket No.: 960153 8 — in Verb. mit / in conj. with

von / from	nach / to	Tag / Date	Zeit / Time	Verladeschluss / last Checkin time	Schiff / Ship	Pkw-Platz / Car space
1 ANCONA	IGOUMENITSA	02.11.09	17.00	15.00		
2 IGOUMENITSA	ANCONA	27.11.09	23.00	21.00		

Anzahl Erwachsene / Number of adults: 02 — Kinder / Children: 00

Anrede / Title	Name/Nation	Alter / Age		Kabinenbeschreibung / Cabin description	Kabinen-Preis / Cabin price
			zu	1:A2,DOPPELKAB.,AUSSEN,DU/WC,2ERW,EXKL.	50,00
MR	MUSTERMANN/TEST/DE	30	zu	2:A2,DOPPELKAB.,AUSSEN,DU/WC,2ERW,EXKL.	50,00
MRS	MUSTERMANN/T/DE	30	zu		
			zu		

Kfz-Daten / Vehicle data			L	H	Kfz-Preis / Vehicle price
PKW	FORD	F-DR 1234	450	150	50,00

Hafengebühren / Port taxes: 15,35 — Grundpreis / Basic fare: 20,00
AM Gesamt / Total amount: EUR 185,35
Besondere Angaben / Special remarks
3582
Kopie Reisebüro
START Ag.: 1340001 Exp. Clerk: 0008 Ag. DERTRAFFIC FRANKFURT Datum / Date: 02.10.09 03 START

Abb. Fährfahrschein (Auszug)

Camping an Bord

Camping an Bord ist eine **spezielle Unterbringungsmöglichkeit** auf Fähren für Wohnmobile und Wohnwagengespanne. Sie werden dazu auf speziell dafür vorgesehenen offenen Decks während der Überfahrt geparkt. Die Campingfahrzeuginsassen können sich während der Überfahrt in ihrem Fahrzeug aufhalten und dürfen auch dort übernachten. Ähnlich wie auf einem Campingplatz können Stromanschluss und sanitäre Anlagen sowie die übrige Infrastruktur des Schiffes genutzt werden. Aus Sicherheitstechnischen Gründen ist es nicht erlaubt während der Überfahrt mit Gas zu kochen oder zu heizen.

Camping an Bord gibt es nur im Mittelmeer (Griechenland, z. T. Sardinien) auf speziell dafür ausgestatteten Schiffen. In der Regel ist es nur von April bis Ende Oktober möglich. Die Saison variiert jedoch je nach Reederei. *Camping on Board* muss sehr früh (ca. sechs Monate) im Voraus gebucht werden, da die Plätze limitiert sind. Sollte ein Reisender keinen Platz mehr buchen können, so wird der *Camper* normal als Fahrzeug eingebucht. Das Campingfahrzeug darf während der Überfahrt dann nicht aufgesucht werden. Auf **Fähren in Nordeuropa** ist *Camping an Bord* grundsätzlich nicht erlaubt (Stand April 2012).

Abb. *Anek Lines – Camping on Board*

BEISPIEL

Camping an Bord-Anbieter

Folgende Fährgesellschaften bieten *Camping an Bord* an:
Agoudimos Lines, Anek Lines, AnekSuperfast (neuer Gemeinschaftsdienst für *Ancona – Patras*), *Minoan Lines* und *Superfast Ferries* (Schiffstyp bedingt) z. B. auf den Passagen Italien – Griechenland, *Livorno – Sizilien, Genua – Barcelona.*

2.4.4 Haftung im Fährverkehr

Schiffsreisende in der Europäischen Union (EU) werden bei Verspätungen entschädigt. Sie haben damit ähnliche Rechte wie Flug- und Bahnpassagiere.

Die Regelung gilt für Schiffe, die auf der See oder auf Flüssen **mehr als zwölf Fahrgäste bzw. Passagiere** transportieren können, **mehr als drei *Crew*-Mitglieder** haben und deren **einfache Fahrtstrecke mehr als einen halben Kilometer** beträgt. (Ausgenommen sind einige Ausflugs- und Besichtigungsfahrten sowie Fähren, die Fahrten unter 500 Metern zurücklegen.) Somit sind u. a. Hafenrundfahrten, kurze Exkursionsfahrten und Sightseeingfahrten von der Entschädigungsregel ausgeschlossen.

Grundsätzlich haben die Reisenden, wenn sich die Abfahrt **um mehr als 90 Minuten verzögert oder sie annulliert** wird,

- Anspruch auf einen kostenlosen Imbiss, auf Mahlzeiten oder Erfrischungen.
- Anspruch auf eine anderweitige Beförderung, um schneller an das Reiseziel zu gelangen oder Anspruch auf Erstattung des Fahrpreises bei Nichtantritt der Reise.

Sollten Reisende durch die verspätete Abfahrt gezwungen sein, sich am Abfahrtort in ein **Hotel einzuquartieren**, so stehen Ihnen als Entschädigung die Kosten der Unterkunft in Höhe von maximal 80,00 Euro pro Nacht bei höchstens drei Nächten zu.

Wenn eine **Verspätung durch höhere Gewalt** wie zum Beispiel durch die Wetterbedingungen oder durch außergewöhnliche Umstände verursacht wird, dann haben Sie keinen Anspruch auf eine Entschädigung!

Unabhängig davon, ob die Fahrgäste sich für oder gegen den Antritt der Reise entscheiden, die **folgenden Entschädigungen** stehen ihnen zu, wenn das Schiff zu spät ablegt oder verspätet im Zielhafen ankommt:

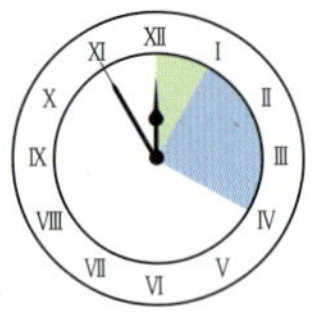	Reisen, die auf bis zu 4 Stunden Dauer angesetzt wurden und bei Ankunft mindestens 1 Stunde Verspätung haben ▸ mindestens 25 Prozent des Fahrpreises als Entschädigung
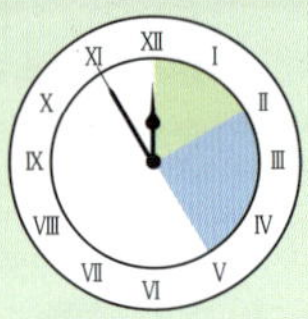	Reisen, die auf 4 bis 8 Stunden Dauer angesetzt wurden und bei Ankunft mindestens 2 Stunden Verspätung haben ▸ mindestens 25 Prozent des Fahrpreises als Entschädigung
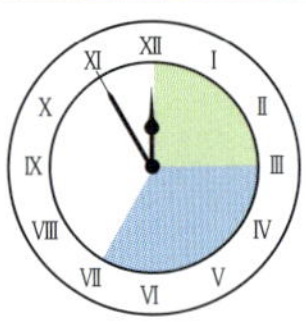	Reisen, die auf 8 bis 24 Stunden Dauer angesetzt wurden und bei Ankunft mindestens 3 Stunden Verspätung haben ▸ mindestens 25 Prozent des Fahrpreises als Entschädigung
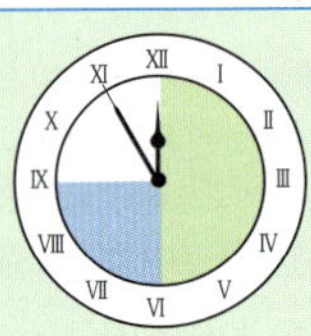	Reisen, die auf über 24 Stunden Dauer angesetzt wurden und bei Ankunft mindestens 6 Stunden Verspätung haben ▸ mindestens 25 Prozent des Fahrpreises als Entschädigung
Sollte die Verspätung doppelt so hoch sein wie die hier festgesetzte Mindestzeit, beträgt die Entschädigung 50 Prozent des Fahrpreises.	

Tab. Anspruch und Entschädigung bei Verspätung von Schiffspassagen

Mit **Gutscheinen** können die Schiffsreiseanbieter die anfallende Entschädigung nur dann begleichen, wenn die Reisenden damit einverstanden sind. Sie müssen jedoch keinen Entschädigungsgutschein akzeptieren und können auf Auszahlung in bar bestehen.

Beschwerdefristen

Die Beschwerde muss **innerhalb eines Monats** nach der tatsächlichen oder geplanten Schifffahrt bei dem Beförderer eingereicht werden. Dieser ist verpflichtet binnen 20 Tagen auf die Beschwerde zu antworten bzw. in Ausnahmefällen darüber zu informieren, wann mit einer Antwort zu rechnen ist. Sollte eine Beschwerde nicht innerhalb von zwei Monaten beantwortet werden, so gilt sie **als akzeptiert.**

Athener Übereinkommen

Die Entschädigungen für Gepäckschäden und Personenschäden sind seit Januar 2012 im ***Athener Übereinkommen* (Athen-VO 392/2009)** geregelt.

Der **Beförderer haftet für den Verlust oder die Beschädigung von Gepäck**, wenn das den Schaden verursachende Ereignis auf ein Verschulden des Beförderers zurückzuführen ist. Die **Haftungshöchstgrenze** für Kabinengepäck liegt bei ca. 2.700 Euro.

Für den **Schaden durch Verletzung oder Tod eines Reisenden** haftet der Beförderer grundsätzlich bis zu einer Haftungshöchstgrenze von ca. 300.000 Euro. Die Ansprüche sind **binnen einer Frist von 15 Tagen** geltend zu machen und weichen somit vom Pauschalreiserecht und dem Paragrafen § 651g I BGB ab (▸ Fachwissen Tourismus Band 1, LF 4.1). Keine Haftung besteht im Falle von **höherer Gewalt**. Für **Fährkreuzfahrten** (▸ Band 2, LF 7, Kapitel 5), die in Deutschland gebucht werden, gilt das Pauschalreiserecht.

2.5 Mietwagennutzung

Als **Mietwagen** werden Angebote der Personenbeförderung verstanden, die es dem Mieter ermöglicht, ein bestimmtes Fahrzeug gegen Entgelt für eine befristete Zeit zu nutzen.

Bei national und international Kurz- wie Langzeitgeschäftsreisen ist individuelle Mobilität wichtig. Geschäftsleute sind deshalb auf Dienstreisen immer häufiger im Mietwagen unterwegs. Einschlägige Forschungsinstitute schätzen, dass im Jahr 2011 etwa 1,2 Millionen geschäftliche Anmietungen an deutschen Stationen erfolgten, Tendenz steigend.

Alle großen *Premium*vermieter verfügen über ein **flächendeckendes Stationsnetz** mit **vielen verschiedenen Fahrzeugtypen** (vom verbrauchsbewussten Kleinwagen bis hin zur Luxuslimousine, vom *Van* bis zum Minibus, vom *Cabriolet* bis zum 4x4-*Offroader)* und sie bieten spezielle Programme für Unternehmen an.

B2B-Mietwagenprogramme

Damit Geschäftsreisende, die mit Zug oder Flugzeug am Reiseziel ankommen, gleich auf einen Mietwagen zurückgreifen können bieten viele Autovermietungen einen speziellen Service für Firmenkunden: Es kann alternativ zum Mietwagen ein ***Chauffeurservice*** (z. B. ein Büro- und Konferenz-Mietwagen) genutzt werden, um sich auf wichtige Termine vorzubereiten.

Viele große Autovermieter arbeiten mit Firmenreisebüros zusammen, häufig in Verbindung mit günstigen Flügen für Geschäftsreisen. Basis sind die vertraglich festgelegten **Firmenkonditionen für die Mietfahrzeuge**. Sie sind bei Anmietung durch das Unternehmen als individuelle Firmenkonditionen für Mietwagen gespeichert, so dass bei jeder Miete immer auf die vertraglichen Konditionen meist weltweit zurückgegriffen werden kann.

Die Geschäftsführung erhält in der Regel eine Statistik über das Mietverhalten aller Mietwagen nutzenden Mitarbeiter *(Report-Service)*.

Mit speziellen ***Business*-Kundenkarten** werden Geschäftsreisende am Schalter schneller bedient, die Formalitäten und die Wartezeit sind auf ein Minimum reduziert. Alternativ können zur Zeitersparnis zuvor erworbene und bei Bedarf an den Dienstreisenden weiter gegebene **Mietwagen-Gutscheine** vorgelegt werden.

Eine weitere Variante besteht auch in der **Zahlung einer monatlichen Pauschale**, die es dem Dienstreisenden ermöglicht, z. B. in ganz Europa einen unbegrenzten Zugang zu einem Mietwagen auf Kosten seines Unternehmens zu erhalten.

MERKE

Individuelle Rahmenabkommen
Vorzüge sind z. B. weltweit attraktive Preisvorteile, flexible Mietdauer mit Mietunterbrechung bei Nichtbenutzung des Fahrzeuges und kostenlose Einwegmieten innerhalb bestimmter Grenzen[1]), Hol- und Bringservices, modellbezogene Reservierungen, *Upgrades*, vorher festgelegte Anmietprozesse, Mietfahrzeugtransfer zum Firmenstandort bzw. *Standby*-Parken auf dem Firmengelände usw.

Auch Urlauber sind gerne individuell unterwegs. So wollen ca. 85 Prozent der Deutschen bei Flugreisen einen Mietwagen nehmen. Besonders beliebte Mietwagengebiete sind Spanien, Italien oder die USA. In Ländern mit Linksverkehr wie Großbritannien, Australien und Neuseeland sind Urlauber aus Deutschland etwas zurückhaltender.

2.5.1 Anbieter von Mietwagen

Unter Anbietern, auch Veranstalter genannt, versteht man Autovermietungen und *Broker*.

- **Autovermietungen** (»**Direktanbieter**«) sind Firmen, die eine eigene Wagenflotte besitzen.
- ***Broker*** sind Anbieter ohne eigene Wagenflotte.

[1]) Eine Einwegmiete fällt meist dann an, wenn der Abholort des Mietwagens vom Rückgabeort abweicht.

Zu den großen **Autovermietern** zählen insbesondere *Hertz, Avis, Sixt, Europcar, Budget* und *National*. Sie gehören zumeist internationalen **Autovermieter-Ketten** an und treten als Vermieter vor Ort und als Vermittler in Deutschland mit eigenen Fahrzeugen auf.

Ähnlich agieren **Direktanbieter**, die vor Ort ihre eigenen Mietwagen vermieten und nicht mit einem großen Autovermieter zusammenarbeiten.

Daneben gibt es die so genannten **Mietwagen*broker* (Mietwagenvermittler)** wie *Sunny Cars, holiday autos, AutoEurope* oder *Holiday Cars*. Sie vermitteln Wagen der Direktanbieter weiter, indem sie ihnen große Kontingente an Mietautos abnehmen und dafür entsprechende Rabatte erhalten.

Die Mietwagen werden vornehmlich **in Zusammenarbeit mit Reisebüros** vermietet. Zu den Mietwagen*brokern* gehören auch Reiseveranstalter wie *Drive-*FTI oder DERTOUR.

Buchung über einen Mietwagenvermittler MERKE

Die Mietwagenbuchung bei einem Mietwagen*broker* empfiehlt sich für alle, die günstig *all inklusive*-Mietwagenangebote suchen. Häufig sind bereits eine Vollkaskoversicherung ohne Selbstbeteiligung, erhöhter Haftpflichtversicherungsschutz und alle gefahrenen Kilometer inklusive. In der Regel ist auch bis zu 24 Stunden vor Anmietung eine kostenfreie Stornierung oder Umbuchung möglich.

Die Internetkontakte der wichtigsten Mietwagenvermittler lauten ▸ autoeurope.de, easycar.de, m-broker.de, cardelmar.de, holiday-autos.de, e-mietwagen.de, drivefti.de, sunnycars.de.

Die wichtigsten ***Low Cost*-Autovermieter** in Deutschland sind zumeist Tochterunternehmen oder Marken der großen Autovermieter wie *Sixt, Europcar, Avis, Hertz* und *Starcar*. Das Angebot richtet sich an junge flexible Konsumenten in Großstädten die auf eine große Modellauswahl und auf spezielle Angebote wie Einwegmieten, kurzfristige Buchungen, umfassenden Service usw. verzichtet wollen. Die Mietwagen sind in der Regel nur *online* über das Internet zu buchen. Günstige *Low-Cost*-Autovermieter sind ▸ sixt.com, Interrent.com, avis-basic.de, simplywheelz.de, laudamotion.com, renty.de.

Beim Entscheidungsprozess für einen Anbieter sollte nicht nur der Mietpreis, sondern vor allem der Versicherungsschutz des Mietwagens (▸ Kapitel 2.5.3) eine wichtige Rolle spielen.

2.5.2 Mietwagenbuchung

Bei Mietwagenbuchungen wird kein bestimmtes Automodell gebucht, sondern immer nur eine **Fahrzeuggruppe**, die nach einer international standardisierten Mietwagen-Klassifizierung dargestellt werden. Die **Mietwagen-Klassifizierung der Autovermieter** erfolgt nach einem vierstelligen **ACRISS-*Code*** (Abk. für engl. *Association of Car Rental Industry Systems Standards)*, **SIPP-*Code*** (engl. *Standard Interline Passenger Procedures)* oder **CRS-*Code*** (CRS steht für das **C**omputer-**R**eservierungs-**S**ystem). Diese *Codes* teilen grundsätzlich jedes Fahrzeug, abhängig von Größe, Ausstattung und Antrieb, einer Fahrzeuggruppe zu. Hersteller und Modell spielen bei der Klassifizierung keine Rolle. Die Codierung wird weltweit in englischer Sprache von den Mitgliedern *Alamo*, AVIS, *Europcar, Hertz, National* und *Sixt* sowie den Partnern wie z. B. *Enterprise* und *Budget* verwendet.

Sollte beim Buchungsvorgang ein bestimmtes Fahrzeug angegeben oder dargestellt werden, so ist dies in den meisten Fällen nur als **illustratives Beispiel** zu sehen, das die Größe und Ausstattung des angemieteten Wagens symbolisiert, ein Anspruch auf genau dieses Fahrzeug entsteht nicht. Welches Mietfahrzeug der Kunde erhält, hängt von der Verfügbarkeit der Mietwagen der jeweiligen Autovermietung vor Ort ab (Ausnahmen sind im Rahmen von Firmenverträgen möglich).

SIPP Codes

BEISPIEL

Der *SIPP-Code* klassifiziert Mietwagen mit einem 4-buchstabigen Kürzel nach Fahrzeugkategorie (M = *Mini*, E = *Economy* usw.), und Karosserieform (z. B. W = Wagon/Kombi). Der dritte Buchstabe kann nur ein A = Automatik oder M = für manuelle Schaltung sein und der vierte Buchstabe nur ein Y = *Yes* oder N = *No*. Er gibt schließlich an, ob die Fahrzeuggruppe mit oder ohne Klimaanlage ausgestattet ist. Zudem kann auch die Art des Treibstoffs dem jeweiligen Fahrzeug zugeordnet werden.

Kategorie	**Typ**	**Getriebe/Antrieb**	**Treibstoff/Klimaanlage**
M Mini	B 2–3 Türen	M Manuell/nicht definierter Antrieb	R nicht definierter Treibstoff/mit AC
E Economy	C 2–4 Türen	N Manuell/4WD	N nicht definierter Treibstoff/ohne AC
C Compact	D 4–5 Türen	C Manuell/AWD	D Diesel/mit AC
I Intermediate	W Kombi	A Automatik/nicht definierter Antrieb	Q Diesel/ohne AC
S Standard	V Minivan	B Automatik/4WD	H Hybrid/mit AC
F Fullsize	L Limousine	D Automaitk/AWD	I Hybrid/ohne AC
P Premium	S Sport		V Benzin/mit AC
L Luxury	T Cabriolet		Z Benzin/ohne AC
X Special	F SUV		
J Geländewagen			
P Pickup 2 Türen			
Q Pickup 4 Türen			

www.infonet.m-travel.ch

Die folgenden, auf der nächsten Seite abgebildeten Wagentypen sind beispielhaft bestimmten Mietwagenkategorien zugeordnet.

Mini

Chevrolet Matiz, Citroën C1, Daihatsu Charade, Fiat Panda, Ford Ka, Hyundai i10, Lancia Ypsilon, Peugeot 107, Renault Twingo, Suzuki Alto, Toyota Aygo, VW up

Gruppe 0 3-türig

Klein/Eco

Citroën C2, Citroën C3, Fiat Punto, Ford Fiesta, Kia Rio, Mazda 2, Nissan Micra, Opel Corsa, Peugeot 207, Renault Clio, Seat Ibiza, Toyota Yaris, VW Polo

Gruppe A 3-türig
Gruppe B 5-türig
Gruppe F 3-türig mit Klimaanlage
Gruppe I mit Automatik-Getriebe

Untere Mittelklasse

Alfa Romeo 147, Audi A3, BMW 1er, Citroën C4, Fiat Bravo, Ford Focus, Hyundai i30, Kia cee'd, Mercedes-Benz A-Klasse, Opel Astra, Peugeot 308, Renault Mégane, Seat Altea, Seat Leon, Toyota Auris, Toyota Corolla, VW Golf

Gruppe C 3-türig
Gruppe G 3-türig mit Klimaanlage
Gruppe J mit Automatik-Getriebe

Compactvans & Kombifahrzeuge

Citroën Berlingo, Citroën C4 Picasso, Ford C-MAX, Mercedes-Benz B-Klasse, Opel Meriva, Opel Zafira, Peugeot Partner, Renault Kangoo, Renault Scénic, VW Caddy, VW Touran

Gruppe M untere Mittelklassefahrzeuge als Kombi
Gruppe N Mittelklassefahrzeuge als Kombi
Gruppe L Compactvans

Oberklasse

Audi A6, BMW 5er, Chrysler 300C, Citroën C6, Mercedes-Benz C-Klasse, Mercedes-Benz E-Klasse, Peugeot 607, Saab 9-5, Volvo S60, Volvo V60, Volvo V70, Audi A8, BMW 7er, Lexus LS 460, Mercedes-Benz S-Klasse, Volvo S80, VW Phaeton

Gruppe U 5-türig mit Klimaanlage
Gruppe P Kombifahrzeug

Vans

Chrysler Voyager, Fiat Ulysse, Ford Galaxy, Ford Transit, Mercedes-Benz Vito, Opel Vivaro, Renault Espace, VW Caravelle, VW Sharan

Gruppe V 7 Sitze
Gruppe W 8 Sitze
Gruppe Z 9 Sitze

Bei voller Nutzung der Sitzplätze ist kein Gepäckraum vorhanden.

Standard 4WD/SUV

Daihatsu Be-go, Fiat Sedici, Ford Kuga, Jeep Wrangler, Nissan Qashqai, Suzuki Jimny, Toyota RAV4, VW Tiguan

Gruppe R

Premium 4WD/SUV

Audi Q7, BMW X5, Jeep Liberty, Land Rover Discovery, Land Rover Freelander, Mercedes-Benz M-Klasse, Nissan Patrol, Nissan X-Trail, Opel Antara, Toyota Land Cruiser, VW Touareg

Gruppe S

Im Zeichen der Umwelt »segeln« auch die Autovermieter unter »grüner Flagge«, ihre Routen sind dabei jedoch verschieden: Während das Unternehmen *Enterprise* ein CO_2-Ausgleichsprogramm startete, setzen *Avis, Europcar* und *Sixt* partiell auf E-Mobilität.

Praxistipps von holiday autos

BEISPIEL

- Bitte achten Sie beim Mietwagenverkauf auf die angebotenen Fahrzeuggrößen. Familien oder Sportler benötigen z. B. einen Kombi oder *Minivan*, Paare wollen sich in einem *Cabrio* den Wind durchs Haar wehen lassen. Prüfen Sie die Bedürfnisse Ihrer Kunden!
- Bitte weisen Sie Ihre Kunden auf die ggf. vor Ort entstehenden zusätzlichen Kosten hin, z. B. für Kindersitze, Einwegmieten, Hotelzustellungen. Alle Informationen dazu finden Sie in den Mietbedingungen im CRS unter Aktion ‚I'. Die *holiday autos* Infos unter Aktion ‚I' sind immer gleich aufgebaut. Sie listen:
  - im gebuchten Paket enthaltene inklusive-Leistungen
  - Mietbedingungen vor Ort (Mietvertragssprache, Mindest- und Maximal-Alter, Führerscheininfos, Kaution, Tankregelung)
  - Extras (Hotelzustellung, Annahme und Abgabe außerhalb der Öffnungszeiten, Zusatzfahrer, Kindersitze, Navigationsgeräte, ggfs. Winterausrüstung)
  - Versicherungen, die ggf. vor Ort noch abgeschlossen werden können
  - Fahrerlaubnis (Auslandsfahrten) und Einwegmieten sowie Gebühren – ggf. müssen diese beim Vermieter angemeldet bzw. angefragt werden

Der Aufbau der Mietbedingungen ist bei *holiday autos* immer gleich. In CRS und Mietwagen*voucher* können Sie schnell nach den wichtigen Punkten suchen.

2.5.3 Versicherungen und Voucher

Grundsätzlich darf **jeder, der eine gültige Fahrerlaubnis besitzt**, einen Mietwagen fahren. Allerdings gibt es bei vielen Vermietern Einschränkungen: Häufiger erhalten junge Erwachsene unter 21 Jahren kein Auto. Besonders teure oder luxuriöse Autos werden meist erst an Erwachsene ab 25 Jahren vermietet. In manchen Fällen erhalten auch Senioren, die älter als 70 Jahre sind, kein Mietauto mehr.

Sollen neben dem Mieter **weitere Personen den Mietwagen fahren können**, muss dies bereits bei der Buchung angegeben werden. Ansonsten kann die Versicherung ihre Leistung verweigern, falls ein anderer als der angegebene Fahrer in einen Unfall verwickelt ist. Die Eintragung zusätzlicher Fahrer ist u. U. mit Extrakosten verbunden.

© line-of-sight – Fotolia.com

Mit dem **Abschluss einer Vollkasko- und einer Diebstahlversicherung** bei der Reservierung sichert sich der Kunde gegen Schäden am Mietwagen und den Diebstahl des Mietwagens ab. Auf seinem ▸ *Voucher* tauchen diese Versicherungen meist unter den Kürzeln *CDW* (engl. *Collision Damage Waiver)* und *TP* (engl. *Theft Protection)* auf.

Die sogenannte ***LDW*-Versicherung** (engl. *Loss and Damage Waiver)* deckt in der Regel neben Vollkasko und Diebstahl auch **Schäden durch Feuer** ab.

Durch eine **Insassenunfallversicherung** *(PAI, engl. Personal Accident Insurance)* werden Schäden abgedeckt, die bei einem Unfall nicht der Fahrer erleidet, sondern ggf. mitfahrende Personen. Alles, was dann nicht von der Krankenversicherung der mitfahrenden Personen übernommen wird, leistet diese Versicherung. Zum Beispiel können Schmerzensgeld-Forderungen an sie abgegeben werden.

Achtung: Die bisher genannten Versicherungen sind **ein MUSS** für Ihre Beratung.

MERKE

Schutzschirme für Mietwagenfahrer
LDW- und *PAI*-Versicherungen oder vergleichbare »Schutzschirme« sind das Sorglospaket für einen jeden Kunden. Nehmen Sie Ihre Verantwortung nicht nur als Reise*scout*, sondern auch als *Security*-Berater wahr.

BEISPIEL

Übersicht Versicherungen

ALI (Additional Liability Insurance): Höhere Haftpflichtdeckungssumme
CDW (Collision Damage Waiver): Vollkasko mit reduzierter Haftung, teils auch Haftungsbefreiung
LDW (Loss and Damage Waiver): Vollkaskoversicherung mit Haftungsbefreiung, auch bei Diebstahl
LIS (Liability Insurance Supplement): Ebenfalls Erhöhung der Haftpflichtdeckungssumme
PAI (Personal Accident Insurance): Insassenunfallversicherung
PEC (Personal Effects Coverage): Gepäckversicherung
PEP (Personal Effects Protection): Ebenfalls Gepäckversicherung
PERSPRO/CCP (Carefree Personal Protection): Personen- und Gepäckversicherung
SCDW (*Super* CDW): Vollkasko mit niedrigem oder keinem Selbstbehalt
STP (*Super* TP): Diebstahlpolice mit niedriger oder ohne Selbstbeteiligung
TP (Theft Protection): Diebstahlversicherung, oft mit Selbstbeteiligung
UMP (Uninsured Motorist Protection): Versicherung bei Unfällen mit unterversicherten Unfallgegnern oder bei Unfallflucht des anderen.

Je nach Anbieter können die Leistungen und die Bezeichnungen der Versicherungen unterschiedlich sein. Wie bereits oben erwähnt sollte daher beim Entscheidungsprozess für einen Anbieter vor allem der Versicherungsschutz des Mietwagens eine wichtige Rolle spielen. Manche Angebote beinhalten nur die im jeweiligen Reiseland **gesetzlich vorgeschriebene Mindestdeckungssummen** für die Haftpflichtversicherung. Zur Information: Die gesetzliche Mindestdeckungssumme beträgt in einigen Bundesstaaten der USA z.B. nur 20.000 USDollar!

Die so genannte »**Mallorca-Police**« ist eine zusätzliche Autohaftpflichtversicherung mit einer hohen Haftpflicht-Deckungssumme. Sie kommt als Zusatzversicherung in Betracht, wenn ein Mietwagen auch im Ausland (außerhalb Europas) genutzt wird. Für private Mieter bietet sich häufig der Abschluss eines »Sorglospaketes« an.

BEISPIEL

»Sorglospaket« holiday autos

Das Unternehmen *holiday autos* bietet echte Inklusivpreise: unbegrenzte Kilometer, erhöhte Haftpflichtdeckungssumme (in der Regel unbegrenzt, wo landesüblich kein ausreichender Versicherungsschutz besteht ist eine Zusatzhaftpflichtversicherung mit einer Deckung in Höhe von 2 Mio. Euro enthalten), Vollkasko- und Kfz-Diebstahlversicherung ohne Selbstbeteiligung, alle lokalen Steuern, Flughafenbereitstellung, Flughafengebühren.

Voucher

Im **Mietwagen*voucher*** sind die Informationen für den Kunden immer in der im ▸ Beispiel Praxistipps Kapitel 2.5.2 dargestellten Reihenfolge zu finden. Das *Voucher* (dt. die »Eintrittskarte«) ist die Buchungsbestätigung über eine Mietwagenanmietung und dient zugleich als **Zahlungsnachweis** über das entrichtet Entgelt. Das Dokument beinhaltet u.a. die Vouchernummer, die Mietwagenkategorie und die Anschrift der Abhol- und Abgabestation des Autovermieters, den Zeitraum des Mietverhältnisses und individuell vereinbarte Spezifikationen (Mehrwegmieten, örtliche Steuer- und andere Zuschläge, Anzahl der Fahrer usw.).

Vereinbarte Spezifikationen

BEISPIEL

ASC (Airport Service Charge) = Flughafenbereitstellungsgebühr, BOND (Deposit) = Kaution, *UM (Unlimited Mileage)* = Unbegrenzte Freimeilen, *CST (Child Seat)* = Kindersitz, *GPS (Global Position System)* = Auf Satellitenortung basierendes Navigationssystem, *MPG (Miles Per Gallon)* = Amerikanische Verbrauchskennzahl/Reichweite eines Fahrzeuges mit einer Gallone Treibstoff

Tipp: Geben Sie Ihrem Kunden die eigentliche *Voucher*-Seite zweimal mit, so hat er alle wichtigen Informationen auch vorliegen, wenn er bereits mit dem Mietwagen unterwegs nochmals eine Frage an den Vermieter hat oder in den Bedingungen etwas nachlesen möchte.

Voucher in Europa und den USA

BEISPIEL

holiday autos

BITTE NICHT BEBUCHEN - TESTAGENTUR
Test Berater 01

billing address
holiday autos GmbH
Barthstr. 26
D-80339 München
Germany
Deutschland: Tel 01805 17 91 92* Fax 089 1792 11 11
*(14 Ct./Min. Festnetz, max. 42 Ct./Min. Mobilfunk)
Österreich: Tel 0810 000 999 Fax 0810 000 998
aus dem Ausland: +49 89 17 92 13 17

! Bitte Mietbedingungen aufmerksam lesen !

VERMIETPARTNER: Atesa

HOLIDAY AUTOS INKLUSIVLEISTUNGEN
- Vollkaskoversicherung mit Rueckerstattung der Selbstbeteiligung im Schadensfall, auch fuer Schaeden an Glas, Dach und Reifen.
- KFZ-Diebstahlschutz mit Rueckerstattung der Selbstbeteiligung im Schadensfall.
- Erstattung im Schadensfall garantiert in 14 Tagen.
- Erhoehte Haftpflichtdeckungssumme mindestens 2 Mio.
- Unbegrenzte Kilometer.
- Lokale Steuern und Flughafengebuehren.
- 1. Zusatzfahrer

MIETBEDINGUNGEN VOR ORT
- Mietvertrag: Englisch, Spanisch.
- Mindestalter: Kategorie V, V1, Z, Z1: 23 Jahre Kategorie U: 25 Jahre. Restliche Kategorien: 21 Jahre Zusatzgebuehr fuer Fahrer 21-25 Jahre 9 Euro/Tag zzgl. Steuern und Gebuehren (max. 90 Euro/Fahrer/Anmietung).
- Maximalalter: keines

Steuern und Gebuehren.
- Zusatzfahrer: 1 inklusive. Jeder weitere 6 Euro/Tag zzgl. Steuern und Gebuehren. Max. 54/Fahrer/Anmietung zzgl. Steuern und Gebuehren. Max. 3 Zusatzfahrer erlaubt.
- Kindersitz: 0-7 Jahren. 6 Euro/Tag zzgl. Steuern und Gebuehren max. 42 Euro/Anmietung zzgl. Steuern und Gebuehren. Bitte geben Sie das Alter des Kindes bei Buchung an!
- Sitzerhoehung: 6 Euro/Tag zzgl. Steuern und Gebuehren max. 42 Euro/Anmietung zzgl. Steuern und Gebuehren. Bitte geben Sie das Alter des Kindes bei Buchung an!
- Skitraeger: 45 Euro/Anmietung zzgl. Steuern und Gebuehren. Nur auf Anfrage. Nur an bestimmten Stationen erhaeltlich.
- Schneeketten: 45 Euro/Anmietung zzgl. Steuern und Gebuehren. Nur auf Anfrage. Nur an bestimmten Stationen erhaeltlich.
- GPS: 7,50 Euro/Tag zzgl. Steuern und Gebuehren, max. 75 Euro/Anmietung zzgl. Steuern und Gebuehren. Nicht an allen Stationen erhaeltlich. Fuer das Navigationssystem mit Zubehoer muss eine Kaution on Hoehe von 280 Euro zzgl. Steuern und Gebuehren hinterlegt werden.

Abb. *Voucher PMI* (für Mallorca)

- Selbstbeteiligung: Kaution wird bei Schaden einbehalten.
  Erstattung siehe AGB
- Tankregelung: 1. Tankfuellung inklusive.
  Sie geben das Fahrzeug bequem mit leerem Tank zurueck.
- Aenderungen o.g Angaben vorbehalten und jederzeit ohne Vorankuendigung auch nach Buchung moeglich.
- Ihr holiday autos Team wuenscht Ihnen eine gute Fahrt!

Weitere Informationen finden Sie auf der nächsten Seite!

Mietwagengutschein

MUSTER

Ausstell-Dat:	02.07.2012	Fahrer:	Erna Musterfrau
Leistungen:	Premium R-Code: 428260G		
Buchungsnr.:	D9064037	Fahrzeugtyp:	Toyota Corolla Intermediate 2dr; a/c; aut (or simil
Vermieter:	Alamo		
Zeitraum:	01.08.2012/10:00 - 08.08.2012/10:00,7 days		
Flugnr.:	XY 123 Time: 10:00		
Anmietung:	Miami Flughafen (FL) (Flughafenbahn)	Rückgabe:	Miami Flughafen (FL) (Flughafenbahn)
Station:	Transfer zum Alamo-Schalter mit dem MIA Mover (Flughafenbahn)		
Adresse:	3900 NW 25th St	Adresse:	3900 NW 25th St
Telefonnr.:	001-0305-6336076	Telefonnr.:	001-0305-6336076
Öffnungszeit:	01.08.2012: 00:00 - 24:00	Öffnungszeit:	08.08.2012: 00:00 - 24:00

** ITEMS INCLUDED IN PREPAID HIRE CHARGE: **
theft protection, collission damage waiver/loss damage waiver, liability coverage insurance 2 Mio. min., all add. driver, unlimited mileage, airport Fee, local tax, first full tank except Manhattan, personal protection insurance, incl. holiday autos own extended liability insurance (elvia

** Comment: **

Abb. *Voucher MIA* (für Miami)

Ein *Voucher* muss gemeinsam mit dem Führerschein und dem Personalausweis oder Reisepass in der Autovermietung vorgelegt werden, wenn der Mieter seinen Mietwagen bei der Autovermietung abholt.

2.5.4 Tankregelungen und Bezahlung

In Deutschland und den meisten anderen Ländern bieten die Vermieter in der Regel einheitlich die **Tankregelung »voll-voll«**. In Spanien, Griechenland, Irland, den USA sowie einigen weiteren Ländern können sich die Mietwagenangebote jedoch in der Tankregelung unterscheiden.

> **MERKE**
>
> **Tankregelungen**
> Die Tankregelungen sind ebenfalls ein wichtiger Bestandteil der Mietbedingungen. In der Tankregelung ist festgehalten, mit welchem Tankinhalt der Mietwagen vom Mieter übernommen wird und mit welchem Füllstand der Mietwagen zurückgegeben werden muss.

Bei der **Tankregelung »voll-leer«** muss der Mieter die erste Tankfüllung vor Ort kaufen. Der Mieter übernimmt den Mietwagen dann mit vollem Tank und gibt ihn mit leerem Tank zurück. Häufig verlangen Vermieter zusätzlich eine Servicegebühr für das Betanken des Wagens und rechnen den Kraftstoff zudem zu höheren Preisen als an einer Tankstelle ab.

Tankregelung »gleicher Füllstand wie bei Abholung«: Im Prinzip entspricht dies der Regelung »voll-voll« mit dem Unterschied, dass der Mieter den Mietwagen mit einer beliebigen Tankfüllung übernimmt und den Mietwagen mit dem gleichen Tankfüllstand zurückgeben muss.

© Sandor Jackal – Fotolia.com

Ein Spezialfall der Regelung »gleicher Füllstand wie bei Abholung« ist die **Regelung »leer-leer«**: Hier übernimmt der Mieter den Mietwagen mit nahezu leerem Tank und gibt ihn auch mit nahezu leerem Tank wieder zurück.

Regelung »erste Tankfüllung Inklusive« (Abholung voll, Rückgabe leer): Bei dieser Tankregelung ist die erste Tankfüllung bereits im angezeigten Preis enthalten. Bei der Abholung übernimmt der Mieter den Mietwagen mit vollem Tank – ohne zusätzliche Berechnung.

Mietwagen werden i. d. R. **mit Kreditkarte bezahlt**; bei einer Buchung im Reisebüro sind Lastschrifteinzug und Barzahlung üblich. Privatreisende sollten auch einen Blick auf die Stornokosten werfen, wobei auch hier gilt, dass der Mieter berechtigt ist, dem Vermieter die Entstehung eines nur geringen oder gar keines Schadens nachzuweisen.

Autovermieter möchten natürlich auch ihre **Kunden binden**. So können z. B. bei dem Vermieter *Sixt* Prämienmeilen für das *Lufthansa Miles & More*-Programm (▸ Kapitel 2.1.5) gesammelt werden.

© Rapp Joachim – MEV Verlag

© Photodesign Müller – MEV Verlag

© Ruff – Fotolia.com

Hinweis für die Internetbuchung von Mietwagen: Das von Fernabsatzverträgen bekannte **gesetzliche Widerrufsrecht** gilt bei Reiseverträgen **ausdrücklich nicht** (vgl. Paragraf § 312b (3) 6 BGB: »Die Vorschriften über Fernabsatzverträge finden keine Anwendung auf Verträge [...] über die Erbringung von Dienstleistungen in den Bereichen Unterbringung, Beförderung, [...]«).

Unsere Welt ist in ständiger Bewegung. **Mobilität** scheint das Gebot der Stunde für Privat- und Geschäftsreisende zu sein. Hieraus ergibt sich ein **Zielkonflikt** zwischen dem steigenden Verkehrsaufkommen und der Reduzierung des Anteils der Verkehre an den Treibhausemissionen. Die EU-Kommission hat Ende März 2011 eine ***Roadmap*** »zu einem einheitlichen Europäischen Verkehrsraum – hin zu einem wettbewerbsorientierten und Ressourcen schonenden Verkehrssystem bis 2050« vorgestellt. Hierin entwirft sie eine **Vision für ein integriertes, nachhaltiges und effizientes Mobilitätsnetz**, das in den nächsten 40 Jahren stufenweise verwirklicht werden soll.

AUFGABEN

1. Überprüfen Sie die Aussage für Geschäftsreisende und Privatreisende, dass die Wahl des Reiseverkehrsmittels vom Reiseziel, dem Zweck der Reise und den persönlichen Vorlieben des Reisenden abhängig ist.
2. Wann gilt ein Beförderungsvertrag als erfüllt?
3. Erläutern Sie die Bedeutung des »Montrealer Übereinkommens«, der »EU-Fluggastverordnung« und des Paragrafen § 651 BGB für Fluggäste.
4. In welchem Fall haftet der Reiseveranstalter (Anspruchsgegner) als ausführender Luftfrachtführer?
5. Für welche Flüge gilt die »EU-Fluggastverordnung«?
6. Welche drei Prämissen setzt die »Nichtbeförderung« voraus?
7. Welche Bedeutung haben Annullierungsfristen im Hinblick auf Ausgleichszahlungen?
8. Was wird unter »außergewöhnlichen Umständen« i. S. der EU-VO verstanden?
9. Was versteht man unter Sonderziehungsrecht (SZR)?
10. Ergänzen Sie die folgende Tabelle »Nichtbeförderung – Annullierung und Ausgleichszahlungen bei Verspätungen«.

Entfernung	Von	nach	Zahlung	Ankunftsverspätung
bis 1.500 km				
über 1.500 km				
1.500 km bis 3.500 km				
über 3.500 km				
über 3.500 km				

11. Was sind Luftfahrtallianzen?
12. Welche Vorteile bietet eine »Kooperation« den *Airlines* und den Fluggästen? Bitte nennen Sie jeweils vier Beispiele.
13. Unterscheiden Sie die folgende Begriffe:
    a) »*Handling Agreements*«
    b) »*Interlining*-Abkommen« und
    c) »*Code Sharings*«.

14. Was bedeutet der Hinweis »*operated by* ...« auf dem ausgedruckten *Passenger-Receipt*?

15. Beschreiben Sie drei Möglichkeiten des »*Code Sharings*«.

16. Welche drei Tarifarten werden generell bei der Flugbeförderung unterschieden?

17. Für welche Beförderungsklassen stehen die Buchstaben Y, C und F?

18. Unterscheiden Sie zwischen Beförderungsklassen und Buchungsklassen am Beispiel einer *Airline* Ihrer Wahl.

19. Wonach richtet sich der Preis für die Beförderung von Gepäck beim »*Piece Concept*« und beim »*Weight Concept*«?

20. Was subsumiert der Begriff »Loyalitätsprogramm«?

21. Im Zusammenhang mit Loyalitätsprogrammen werden folgende Begriffe verwendet: »Einlöseschwelle«, »Statuslevel«, »*Lounge*zugang«, »*Upgrade*«, »bevorzugtes *Boarding*« und »*Standby*-Status«. Erläutern Sie die Bedeutung der Begriffe in Ihren eigenen Worten.

22. In wie fern dienen »Loyalitätsprogramme« einer »werthaltigen Kundenbeziehung« bei *Airlines* und bei deren Partnerunternehmen?

23. Zwischen welchen Rechtsnormen kann der Reisende grundsätzlich bei einem mangelhaften Flug im Rahmen der Pauschalreise wählen?

24. Ein Flug verspätet sich im Rahmen einer Pauschalreise um

a) 3 Stunden b) 4 Stunden c) 8 Stunden.

Zu welcher Rechtswahl raten Sie dem Kunden?

© Guido Vrola – Fotolia.com

25. Prüfen Sie die Voraussetzungen für die Anwendung der EG-VO 261/2004 für die folgenden Abflughäfen, von denen ein Reisender seinen Flug antritt. Sein Ziel ist jeweils Frankfurt (FRA): *Tallinn, Dublin, Nikosia, Riga, Vilnius, Valletta, Ljubljana, Bratislava.*

26. Welche der folgenden Fälle regelt die EG-VO 261/2004?
Flugantritt: ausführendes Luftfahrtunternehmen mit Sitz in der EU
Flugziele: a) *Nassau* b) *Saint George's* c) *Lima Kingston*

27. Wie hoch wären die Ausgleichszahlungen bei kurzfristig annulliertem Flug und ohne anderweitige Beförderung innerhalb einer festgesetzten Frist von einem ausführenden Luftfahrtunternehmen mit Sitz in der EU? Unterstellen Sie als Entfernung die Luftlinie der folgenden Strecken:

a) *Nassau* – Frankfurt am Main (NAS – FRA)

b) Frankfurt am Main – *New York* (FRA – JFK)

28. Angenommen, der Flug Frankfurt (FRA) – *New York* (JFK) wäre für den 21.10.2013 gebucht. Welche Rechte kann der Reisende bei Vorliegen der beschriebenen Ereignisse ggf. in Anspruch nehmen?
a) Der Kunde erhält am 05.10.2013 eine Benachrichtigung, dass der Flug annulliert wird.
b) Der Kunde erhält acht Tage vor Abflug eine Benachrichtigung, dass der Flug annulliert wird und gleichzeitig ein Angebot zur anderweitigen Beförderung, das ihm ermöglicht, eine Stunde vor der planmäßigen Abflugzeit abzufliegen und sein Endziel entsprechend früher zu erreichen.

29. Ein Flug von Frankfurt (FRA) nach *Sydney* (SYD) verspätet sich um sechs Stunden. Welche Rechte hat der Reisende entsprechend der EG-VO 261/2004?

30. Wann verjähren Ansprüche auf Erstattung des Flugpreises für einen Flug, der am 02.01.2013 mit einer achtstündigen Verspätung startete? Der Reisende trat deshalb vom Beförderungsvertrag zurück.

31. Erläutern Sie den Gedanken des Verbraucherschutzes durch die Entscheidung des EuGH vom 19.11.2009 für deutsche Pauschaltouristen.

32. Erläutern Sie jeweils zwei charakteristische Merkmale folgender Züge: ICE-*Sprinter*, ICE, IC und *City Night Line*.

33. Was versteht man unter den »Produktklassen« der Bahn?

© ivanikova –Fotolia.com

34. Worin bestehen die Unterschiede zwischen einem Liegewagen und einem Sitzwagen im Zug »*City Night Line*«?

35. Den »*InterRail Global Pass*« gibt es als »Flexi-Pass« oder als »Konsekutiv-Pass«. Für welchen Kunden ist das jeweilige Angebot gedacht?

36. Welche Rolle kommt der Bahn bei »*Rail&Fly*« und »*Rail Inklusive Tours* (RIT)« zu?

37. Erläutern Sie die wesentlichen Fahrgastrechte für die Beförderung mit der Bahn.

a) Unter welchen Umständen kann ein Bahnreisender mit einem anderen Zug weiterfahren?

b) In welchen Fällen darf er einen höherwertigen Zug benutzen?

c) Unter welchen Umständen darf der Bahnkunde ein Taxi nutzen?

d) In welchen Fällen sind die Eisenbahnen von der Haftung freigestellt?

e) Innerhalb welcher Frist müssen Ansprüche aus den Fahrgastrechten bei der Bahn geltend gemacht werden?

38. Erstellen Sie eine Tabelle für die Haftung der Bahn im Falle der Beschädigung bzw. des Verlustes von Reisegepäck. Welche Fristen (Geltendmachung des Mangels) sind dabei zu beachten?

Gepäckzustand	Schadenersatz	Frist

39. Führen Sie »Wirtschaftlichkeitsberechnungen« rund um die »*BahnCard*«, 2. Klasse, durch:
(Die Aufgabenstellungen berücksichtigen keine sonstigen Ermäßigungen und Besonderheiten im Nahverkehr.)

a) Eine einfache ICE-Fahrt von A nach B kostet 50,00 Euro. Der Bahnkunde fährt jedes zweite Wochenende (also 26 Mal im Jahr) nach B und zurück. Die »*BahnCard 50*« der DB kostete im Jahr 2013 genau 249,00 Euro.

a1) Wie hoch sind die jährlichen Bahnfahrkosten für den Kunden ohne Nutzung einer »*BahnCard*«?

a2) Wie hoch sind die jährlicher Bahnfahrkosten mit der »*BahnCard 50*« für den Kunden?

a3) Wie hoch sind für den Kunden die effektiven jährlichen Ersparnisse durch die Nutzung der »*BahnCard 50*«?

© Deutsche Bahn AG

b) Ab welchem Fahrkartenumsatz ist die »*BahnCard 25*« (Preis im Jahr 2013 = 61,00 Euro) rentabel?

c) Ab welchem Fahrkartenumsatz ist die »*BahnCard 50*« der »*BahnCard 25*« beim Sparen überlegen?

d) Ab welchem Fahrkartenumsatz ist die »*BahnCard 100*« der »*BahnCard 50*« überlegen? (Preis für die »*BahnCard 100*« im Jahr 2013 = 4.090,00 Euro.)

40. Welcher Personenkreis kann eine ermäßigte »*BahnCard 50*« oder »*BahnCard 25*« erhalten?

41. Im Rahmen des Bonusprogramms »*bahn.bonus*« können Prämien- und Statuspunkte gesammelt werden. Worin liegt der Unterschied?

42. »Öffentlicher Busverkehr« ist der Oberbegriff für »Linienverkehr« und »Gelegenheitsverkehr«. Bilden Sie jeweils zwei Beispiele für die jeweiligen Verkehrsarten.

43. Welche Ruhezeitenregelung sieht die »Lenkzeitverordnung« der EU für einen Buskraftfahrer an einem Arbeitstag vor?

44. Für wen gilt die EU-Buspassagierrechte-Verordnung?

45. Was versteht man unter einem »Komfortmaß«?

46. Unterstellt ist, dass eine Busfahrkarte für eine Fernbusreise 50,00 Euro kostet.

a) Welche Rechte hat der Kunde, wenn die Abfahrt um 120 Minuten gegenüber der planmäßigen Abfahrt verzögert ist?

b) Wie hoch ist der Gesamtanspruch des Reisenden, wenn nach einer Verspätung von 120 Minuten die Fahrt schließlich annulliert wird?

47. Angenommen, die Busreise aus Aufgabe 46 sollte am 28. Mai 20XX stattfinden.

a) Bis zu welchem Tag muss der Reisende seine Beschwerde geltend machen?

b) Wann endet die Frist für die endgültige Beantwortung der Beschwerde?

48. Worin besteht der entscheidende Unterschied zwischen einer »Fernbusreise« und einer klassischen »Buspauschalreise«?

49. Fernreisebusse werden häufig als »*Skyliner*«, »*Longliner*« und »*Travelliner*« bezeichnet. Worin bestehen die Unterschiede?

50. Grundsätzlich wird bei Fährschiffen zwischen »konventionell und unkonventionell« einerseits und nach ihren »Transportaufgaben« andererseits unterschieden. Charakterisieren Sie die genannten Fährschifftypen mit jeweils zwei Merkmalen.

51. Stellen Sie jeweils eine mehrtägige Fährkreuzfahrt (ggf. eigene Konzeption) unter dem jeweils unterschiedlichen Motto:
a) »*City-Hopping* per Schiff«, b) »Minikreuzfahrt auf Ostsee« und
c) »Mit der Fähre in die Natur« vor.

52. Belegen Sie an sechs konkreten Beispielen von Fähr- und Kreuzfahrtschiffen die Aussage: »Das Ausstattungsniveau vieler Fähren lehnt sich an Kreuzfahrtschiffe an.« Recherchieren Sie für die Lösung der Aufgabe die Ausführungen in ► Fachwissen Tourismus Band 2, LF 7, Kapitel 5.2.2.

53. Welche Ticketarten unterscheidet der Fährverkehr grundsätzlich?

54. Was versteht man unter »*Camping an Bord*«?

a) Welche Buchungsfristen empfehlen Sie für »*Camping an Bord*«?

b) Auf welchen Strecken in Europa und in welchem Zeitfenster ist »*Camping an Bord*« nur möglich?

© Anek Lines, Piraeus

55. Unter welchen Voraussetzungen kann der Schiffsreisende die Rechte aus der entsprechenden EU-Verordnung in Anspruch nehmen?

56. Ein Reisender bucht für den 28. Juli 20XX eine Fährpassage, Transferzeit ist fünf Stunden, zum Ticketpreis von 80,00 Euro. Aufgrund des zu späten Ablegens wird der Zielhafen erst mit 70 Minuten Verspätung erreicht.

a) Wie hoch ist die Entschädigung bei dem genannten Ticketpreis?

b) Bis zu welchem Datum muss der Kunde seine Beschwerde bei dem Beförderer eingereicht haben?

c) Ab welchem Tag gilt die Beschwerde vom Beförderer als akzeptiert, sofern er sich nicht beim Kunden zwischenzeitlich gemeldet hat?

57. Bei Autovermietern wird zwischen »Veranstaltern« und »*Brokern*« unterschieden. Worin liegt der wesentliche Unterschied?

58. Wie lautet der »*SIPP-Code*« für eine *Mercedes* Limousine Automatik mit Dieselmotor?

59. Welche Altersgrenzen sind bei den meisten Autovermietungen zu berücksichtigen?

60. Erklären Sie die Versicherungen, die unter die »MUSS- Beratung« für eine Autovermietung fallen.

61. Was beinhaltet ein »Mietwagen-*Voucher*«?

© Jürgen Effner – Fotolia.com

62. Warum sind die Tankregelungen »gleicher Füllstand wie bei Abholung« und »leer-leer« häufig mit Schwierigkeiten für den Mieter verbunden?

3 Buchung von Beherbergung

Die Hotelbranche ist durch eine **kompetitive Marktstruktur (Verdrängungswettbewerb)** gekennzeichnet. Dies hat u. a. dazu beigetragen, dass sich die Hotelpreise nicht weiterentwickeln konnten. Große Hotelketten und Hotelkooperationen dominieren vom Umsatz her den Markt. Ihre starke Marktposition beruht auf kontinuierlichen Investitionen, dem Erschließen neuer Standorte und innovativen Hotelkonzepten.

3.1 Touristische Unterkünfte

In die europäische und internationale Norm **für »Tourismus-Dienstleistungen, Hotels und andere Arten touristischer Unterkünfte Terminologie« (EN ISO 18513) von 2003** sind Definitionen der Betriebsarten und Zimmerarten integriert. Die Norm erhielt u. a. den Status einer deutschen Norm mit entsprechender DIN-Nummerierung.

Die folgenden Definitionen erfolgten daher in enger Anlehnung an diese Terminologienorm (im Internet unter ▸ www.beuth.de zu bestellen) und an die **Touristische InformationsNorm (TIN)** des Deutschen Tourismusverbandes (DTV).

Begriff Betriebsart	Definition
All-Suite-Hotel	Hotel, in dem die Unterbringung nur in *Suiten* erfolgt
Aparthotel, Apartmenthotel	Hotels, die *Studios* oder *Apartments* anbieten
Bauernhof	Die Unterbringung erfolgt in einem landwirtschaftlichen Betrieb [...]
Boardinghouse	Diese Hotels bieten mit weniger oder umfangreichen *Full Service* Programm Übernachtungen in städtischer Umgebung und evtl. für längere Zeit (Anmerkung: Der Service reicht von sehr geringem Angebot bis hin zu einem hotelmäßigen *Roomservice*, ein Zimmer wird daher auch als *Serviced Apartment* bezeichnet.)
Ferienhaus, Ferienwohnung	Abgeschlossene Wohneinheit mit eigener Küche und Sanitärbereich (Anmerkung: Die Kosten in einem Ferienhaus oder in einer Ferienwohnung summieren sich mit der Miete weiterhin über die Nebenkosten für Bettwäsche, Endreinigung, Handtücher, Strom und Wasser.)

Begriff Betriebsart	Definition
Gästehaus	Siehe Pension (unten) (Anmerkung: Ein Gästehaus ist ein Beherbergungsbetrieb, der Unterkunft normalerweise für mehr als eine Nacht und in der Regel keine Speisen anbietet.)
Gasthof	Dienstleistung wie in einem Hotel, jedoch nicht in der Breite und Vielfalt, Leistungsspektrum ist gleich dem einer Pension (Anmerkung: Der Gasthof ist üblicherweise ein ländlicher Gastronomiebetrieb, der Speisen und Getränke anbietet und auch einige Unterkünfte bereithält.)
Hotel	Die Mindestparameter eines Hotels sind 20 Zimmer, ein Restaurant, tägliche Zimmerreinigung und andere Dienstleistungen
Hotel garni	Diese Kategorie ist in der Hotellerie ein einfaches Hotel von 1–2 Sternen gem. Sterneklassifizierung der DEHOGA (► Kapitel 3.2.1), hat kein Restaurant, führt nur Übernachtung mit Frühstück und *Snacks*
Kurhotel	Das Kurhotel ist ein in einem Heilbad oder Kurort gelegenes Hotel (► Fachwissen Tourismus Band 2, LF 3.1, Kapitel 7). Es ist ausgerichtet an die Bedürfnisse eines Kurgastes und verfügt über ein eigenes Angebot an Gesundheitsbehandlungen
Motel	Ein Motel ist ein Hotel, das an verkehrsreichen Straßen errichtet wird
Pension	Durch diese Beherbergungskategorie finden Zimmervermietungen wie in Gasthöfen statt, die oft von Privatpersonen durchgeführt werden und nicht das Leistungsspektrum eines Hotels aufweisen

Tab. Betriebsarten Beherbergungsgewerbe (Auszug)
www.hotelier.de/lexikon

Unter **Parahotellerie** – auch als ergänzende oder zusätzliche Hotellerie bezeichnet – werden u. a. Unterkünfte subsumiert, die lediglich Teilleistungen anbieten. Aus diesem Grund gehören Jugendherbergen, Ferienhäuser und -wohnungen und Gästehäuser usw. zum Beherbergungsgewerbe.

Die folgende Tabelle gibt die **Definition der Zimmertypen** in enger Anlehnung an DIN EN ISO 18513:2003 (Abschnitt »*Grading scheme*«) und TIN wieder:

Begriff Zimmertyp	Definition
Apartment	Ein Apartment ist eine Unterkunft mit Schlaf- und Wohnräumen sowie einer Kochnische.
Doppelzimmer	Ein Doppelzimmer ist ein Zimmer mit Schlafgelegenheiten für zwei Personen in einem Doppelbett oder zwei längsseits aneinander gefügte Einzelbetten.
Einzelzimmer	Ein Einzelzimmer ist ein Zimmer mit Schlafgelegenheit für nur eine Person.
Familienzimmer	Ein Familienzimmer ist ein Zimmer mit Schlafgelegenheiten für drei oder mehr Personen, von denen mindestens zwei für Erwachsene geeignet sind.
Juniorsuite	Eine *Juniorsuite* ist eine Unterkunft in einem Raum mit zusätzlichem Platz für Sitzgelegenheiten.
Maisonette	Eine *Maisonette* ist eine Wohnung, die sich über mindestens zwei Etagen erstreckt, die intern miteinander verbunden sind.
Mehrbettzimmer	Ein Mehrbettzimmer ist ein Zimmer mit Schlafgelegenheiten für drei oder mehr Personen.
Penthouse	Ein *Penthouse* ist eine Wohnung, die sich in der obersten Etage eines mehrgeschossigen Gebäudes befindet und über eine große Dachterrasse verfügt.
Schlafsaal	Ein Schlafsaal ist ein Zimmer mit mehreren Schlafgelegenheiten für Personen, die einer bestimmten Gruppe angehören oder nicht.
Studio	Ein Studio ist eine Unterkunft in einem Raum mit einer Kochnische.
Suite	Eine *Suite* ist eine Unterkunft mit separaten, verbundenen Schlaf- und Wohnräumen.
Zweibettzimmer	Ein Zweibettzimmer ist ein Zimmer mit Schlafgelegenheiten für zwei Personen in getrennten Betten.

Tab. Zimmertypen in Anlehnung an DIN EN ISO 18513:2003 und TIN (Auszug)

www.deutschertourismusverband.de – Touristische InformationsNorm

3.2 Hotelklassifizierung

Unter der Schirmherrschaft von **HOTREC**, der **Europäischen Dachorganisation der Hotellerie- und Gastronomieverbände**, wurde im Dezember 2009 die *Hotelstars Union* gegründet.

Die Partnerschaft offeriert eine harmonisierte **Hotelklassifizierung mit gemeinsamen Kriterien und Richtlinien** in den 11 teilnehmenden Ländern Deutschland, Niederlande, Österreich, Schweden, Schweiz, Tschechien, Ungarn, Estland, Lettland, Litauen und Luxemburg (Stand 2013).

UNTERKUNFT FÜR HOHE ANSPRÜCHE ★★★★
- 18 Stunden besetzte separate Rezeption, 24 Stunden erreichbar
- *Lobby* mit Sitzgelegenheiten und Getränkeservice, Hotelbar
- Frühstücksbuffet oder Frühstückskarte mit *Roomservice*
- *Minibar* oder 24 Stunden Getränke im *Roomservice*
- Sessel/Couch mit Beistelltisch
- Bademantel, Hausschuhe auf Wunsch
- Kosmetikartikel (z. B. Duschhaube, Nagelfeile, Wattestäbchen), Kosmetikspiegel, großzügige Ablagefläche im Bad
- Internetzugang und Internetterminal
- *À-la-carte*-Restaurant

UNTERKUNFT FÜR HÖCHSTE ANSPRÜCHE ★★★★★
- 24 Stunden besetzte Rezeption, mehrsprachige Mitarbeiter
- *Doorman*- oder Wagenmeisterservice
- *Concierge*, Hotelpagen
- Empfangshalle mit Sitzgelegenheiten und Getränkeservice
- Personalisierte Begrüßung mit frischen Blumen oder Präsent auf dem Zimmer
- *Minibar* und 24 Stunden Speisen und Getränke im *Roomservice*
- Körperpflegeartikel in Einzelflakons
- Internet-PC auf dem Zimmer
- *Safe* im Zimmer
- Bügelservice (innerhalb einer Stunde), Schuhputzservice
- Abendlicher *Turndownservice*
- *Mystery-Guesting*

www.hotelsterne.de

G-Klassifizierung

Neben der Deutschen Hotelklassifizierung hat der DEHOGA in Kooperation mit dem **Deutschen Tourismusverband (DTV)** als weiteres Markenprodukt die »**Deutsche Klassifizierung für Gästehäuser, Gasthöfe und Pensionen**« (»G-Klassifizierung«) entwickelt.

Die G-Klassifizierung wendet sich an **nach dem Gaststättengesetz konzessionierte Beherbergungsbetriebe** mit mehr als acht Gästebetten und nicht mehr als 20 Gästezimmern, die keinen Hotelcharakter aufweisen und in deren Betriebsname der Begriff »Hotel« nicht enthalten sein darf.

3.2.2 Markenhotellerie

Hotelunternehmen lassen sich grundsätzlich in **Individualhotellerie** und **Markenhotellerie** unterscheiden. Im Bereich **Individualhotellerie (Privathotelle-**

rie) existieren Einzelhotels, die stark von den Vorstellungen des Unternehmers und seiner Persönlichkeit geprägt sind.

Die **Marktmacht der Markenhotellerie** nimmt stetig zu, zulasten der Häuser der Individualhotellerie. Bei genauerer Betrachtung ergibt sich – bezogen auf die Marktanteile von Individualhotels im Jahr 2010 – folgendes Bild:

- Im klassischen Beherbergungsgewerbe (Hotels und auch *Hotels garni*, Gasthöfe und Pensionen) hat die Individualhotellerie gemessen an der **Anzahl der Betriebe** einen Marktanteil von 89,7 Prozent, also ein klares Übergewicht.
- Gemessen an der Zimmerzahl sind es laut des **Hotelverband Deutschland (IHA)** 63,7 Prozent. Die Markenhotellerie bringt es hier schon auf 36,3 Prozent.
- Gemessen am **Netto-Umsatz** kommt es zu einer Verlagerung: Die Markenhotellerie hat einen Anteil von mehr als 50 Prozent.

So erwirtschafteten allein die 50 größten Hotelgruppen laut **AHGZ-*Ranking*** (Bewertung der *Allgemeine Hotel- und Gastronomie-Zeitung*) im Jahr 2010 in Deutschland einen Nettogesamtumsatz von 6,81 Mrd. Euro (vgl. ahgz/Der Hotelier Nr. 30/23, Juli 2011). Das sind knapp **40 Prozent des Gesamtumsatzes** des klassischen Beherbergungsgewerbes, das kleinbetrieblich und mittelständisch strukturiert ist. Es ist ein klares Indiz dafür, dass die Konzentration sich verschärft: Sie betrifft insbesondere die Großstädte, wie eine Studie der Marketingagentur *FFF Hospitality consult* zeigt (► ahgz.de vom 27. September 2011).

Abb. Die Großen fressen die Kleinen

Der IHA als Branchenverband der Hotellerie in Deutschland, subsumiert unter dem Oberbegriff »Markenhotellerie« Hotelketten und Hotelkooperationen (► Kapitel 3.1.2).

MERKE

Markenhotellerie nach IHA

Zur Markenhotellerie gehören gemäß IHA alle Unternehmen mit mindestens einem Standort in Deutschland und vier Hotels. Sie wirken nach außen mit einheitlicher Markenstrategie und *Corporate Identity*.

Markenhotellerie ist somit die Bezeichnung für Hotels, die Hotelketten und/ oder Hotelkooperationen angehören. Ein Hotel einer Hotelkette kann gleichzeitig auch zu einer Hotelkooperation gehören. Ein Beispiel dafür ist das *Hotel*

3.2.3 Hotelketten und -kooperationen

Kettenhotellerie und **Kooperationshotellerie** zählen zur Markenhotellerie. Die Kooperationshotellerie unterscheidet sich gegenüber der Kettenhotellerie dadurch, dass sie wirtschaftlich unabhängig agiert und keinem Konzern (an)gehört.

Hotelketten

Hotelketten haben Ihren Ursprung in den USA. Innovator *Elsworth M. Statler* eröffnete 1907 das erste moderne Hotel der Welt für Geschäftstourismus in *Buffalo*/USA und baute nach diesem Erfolg die *Statler Hotel Company*, die **erste Hotelkette der Welt**, auf. 1919 öffnete ein Hotel in *San Francisco* seine Türen und *Conrad Hilton* legte damit den Grundstein für eine der **später bekanntesten Hotelketten der Welt**: *Hilton*.

Entstanden sind die »Kettenhotels«, um die gehobenen Bedürfnisse von Kaufleuten, die gezwungen waren in ihnen völlig unbekannte Städte zu reisen, zu befriedigen.

Konzept »Hotelkette« MERKE

Das Konzept vereinfachte die Suche nach einer Unterkunft, da man bereits am Namen Standard und Preis ableiten konnte. Der Markenname einer Hotelkette garantiert dem Gast weltweit einen einheitlichen Service und bekannte Qualität.

In Deutschland etablierten sich die Hotelketten erst Mitte des 20. Jahrhunderts. 1958 wurde das erste *Hilton* eröffnet, *Dorint* und *Maritim* folgten 1959 bzw. 1969. Die **älteste deutsche Hotelkette *Steigenberger*** wurde bereits 1940 gegründet.

Die französische ***Accor-Gruppe*** liegt an **erster Stelle der größten Hotelgruppen in Europa**, Tendenz steigend, da sie durch *Franchising* weiterhin wächst.

Rang 2012	Hotelkette/gruppe	Zahl der Hotels	Zahl der Zimmer
1	*Accor*	2.345	254.553
2	*Best Western*	1.316	89.743
3	*Intercontinental*	559	86.780
4	*Groupe du Louvre*	956	67.687
5	*Carlson Rezidor*	253	51.498
6	NH Hotels	356	51.453
7	*Whitbread Hotels*	606	45.496
8	*Melia International Hotels*	201	45.145

Rang 2012	Hotelkette/gruppe	Zahl der Hotels	Zahl der Zimmer
9	*Hilton*	184	43.189
10	TUI	161	40.804
	Summe	6.910	773.357

Tab. Die 10 größten Hotelgruppen in Europa
www.tourexpi.com

Kettenhotellerie wird von Hotels nationaler und internationaler Hotelgesellschaften bzw. Hotelkonzernen betrieben, die unterschiedliche Rechtsformen oder Formen der Betriebsführung aufweisen und eine einheitliche Konzeption, meist im Sinne einer **Marke**, verfolgen. Die Führung des einzelnen Hotels obliegt einem Manager, der im Angestelltenverhältnis zum Eigentümer steht **(Managementbetrieb)**.

Hotelkooperationen

Hotels, die dem Wesen nach Individualhotels sind, d.h. juristisch und wirtschaftlich selbständig, und die von einem Einzelunternehmer geführt werden, können **Kooperationen** bilden. Sie schließen sich freiwillig zusammen, um betriebliche Aufgaben, wie z.B. Einkauf, Werbung, Reservierung, Personaltraining, Marktforschung, etc. gemeinsam effizienter zu lösen. Dabei können **einheitliche oder unterschiedliche Konzepte** von einem Unternehmer im Rahmen der Kooperation verfolgt werden.

BEISPIEL

Bekannte Hotelkooperationen
The Leading Hotels of the World (400 der weltweit besten Hotels)
Relaix & Chateaux
Small Luxury Hotels of the World
Romantik Hotels

3.3 Hotelvielfalt

Die Vielfalt des Hotelangebotes verspricht für jeden Anlass, jedes Budget und jeden Wunsch das richtige Haus, kurzum *Savoir-vivre, Savoir-business*. Was häufig hinter den Häusern »mit Persönlichkeit und eigenständigem Charakter« steht erfahren Sie im Folgenden.

3.3.1 Offene Standards

© oksix – Fotolia.com

Der **Hotelverband Deutschland (IHA)** hat auf die vielfältigen Zertifizierungsangebote kommerzieller Anbieter reagiert und möchte mit seinen so genannten »**offenen Standards**« Hotelgästen verlässliche Informationen über das zu buchende Hotel bieten und somit zu mehr Transparenz beitragen. Veröffentlicht wurde ein ganzes **Set von Verbandsdefinitionen** mit (anspruchsvollen) Anforderungen. Unter anderem werden hier die **IHA-spezifischen Hotelmarktsegmente** *Gourmet*hotels, Tagungshotels, *Wellness*hotels und Barrierefreie Hotels beschrieben.

Gourmethotels

Der Hotelverband stützt sich auf die Bewertungen der wesentlichen **Restaurantführer** und Publikumszeitschriften im *Gourmet*bereich: *Michelin, Gault Millau, Varta Führer* und *Schlemmeratlas* sowie die Zeitschriften *Feinschmecker* und *Savoir Vivre*. Erreichen Hotelrestaurants unter den Verbandsmitgliedern die Mindestkriterien in einem dieser Führer oder einer dieser Zeitschriften, werden sie im Segment *Gourmet*hotel geführt.
Beispiele: ***Michelin*** (1- bis 3 Sterne oder *Bip*[1]), ***Gault Millau*** (ab 13 Punkte)

Tagungshotels

Das **Leistungsspektrum eines professionellen Tagungshotels** wird durch 7 Pflicht-Anforderungen, denen alle Kriterien thematisch zugeordnet sind, gekennzeichnet. Es muss:

1. [...] über einen eigenen, professionellen Tagungsbereich verfügen.
2. [...] standardisiertes Informationsmaterial in Druck- und in digitaler Form vorweisen.
3. [...] ein standardisiertes Angebots*procedere* einhalten.
4. [...] professionelle, tagungsspezifische F&B-Leistungen sowie die entsprechenden F&B-Räumlichkeiten zur Verfügung stellen.
5. [...] eine professionelle Veranstaltungsbetreuung sicherstellen.
6. [...] einen vorgegebenen Abrechnungsprozess sowie eine vorgegebene Abrechnungsform einhalten.
7. [...] in Ausstattung und Dienstleistung geschäftsreise-geeignet sein.

www.iha-hotelführer.de > Marktsegment Tagungshotels

Um der Heterogenität von Angebot und Nachfrage Rechnung zu tragen, können Tagungshotels noch den Zusatz »300«, »500« oder »500 Plus« führen. Dieser Zusatz signalisiert die **maximale Tagungsteilnehmerzahl** bei Reihenbestuhlung und zugleich die nutzbare Raumfläche im größten Tagungsraum des Hauses.

[1]) 1997 führte *Michelin* mit dem ›*Bip Gourmand*‹ eine neue Empfehlung für eine gute Küche ein, welche kulinarische Genüsse für kleinere *Budgets* bietet. 2003 folgte der ›*Bip Hotel*‹ – Übernachtungen zu kleinen Preisen. Namensgeber ist in beiden Fällen das *Michelin*-Männchen, welches auf Französisch ›*Bibendum*‹, kurz: ›*Bib*‹, heißt.

*Wellness*hotels	
Die **Anforderungen** nach den Verbandskriterien entstammen den folgenden Bereichen:	
1. Naturnahe Lage, 2. Umweltbewusster Betrieb, 3. *Wellness*-Vital-Küche, 4. Immissionsfreie Bereiche, 5. Angebotsgestaltung,	6. Beratung und Betreuung 7. *Spa*- und *Wellness*bereich (Allgemein, Umkleidebereich, Badebereich, Saunalandschaft, Anwendungen, Fitness, Sport, Stressbewältigung)
www.iha-hotelführer.de > Marktsegment Wellnesshotels	
Barrierefreie Hotels	
Hierzu wurden Mindeststandards der Kategorien A–E festgelegt. ► für gehbehinderte Gäste und Rollstuhlnutzer (Kategorien A und B) ► für blinde und sehbehinderte Gäste (Kategorie C) ► für gehörlose und schwerhörige Gäste (Kategorie D) Die entsprechenden Standards finden Sie unter ► www.hotellerie.de/home/barrierefreie_hotels	

Tab. IHA-Verbandskriterien der Hotelmarktsegmente

3.3.2 Hotelname als Marketinginstrument

Hotelbezeichnungen – insbesondere in der **Individualhotellerie** (► Kapitel 3.2.2) – werden aus Marketinggründen gerne mit den Namens-Bestandteilen »Hof« und »Haus« und in Kombination mit Regions- oder Gemeindebezeichnungen als »**Markenbezeichnung**« geführt.

© Brian Jackson – Fotolia.com

In einem solchen Fall wird auf die **Tradition der Betreiberfamilie** und die Lage verwiesen (Beispiele: »Hof Niedersachsen« oder »Haus Alpenblick«). Sollten die Vorfahren »Blaues Blut« vererbt haben, spiegelt auch dies sich im Markennamen wider durch die Begriffe »Schloss« oder »Krone«.

Nach dem **Motto: »die Lage macht's ...«**, nennt man sich auch gerne »Hotel zur Mühle« und »Hotel am See«. Entsprechend der Zielgruppen sind den Bezeichnungen kaum Grenzen gesetzt (Beispiele: »Familienhotel«, »Sport-Hotel«).

MERKE

Hotelbezeichnungen
Alle gewählten Hotelbezeichnungen sagen über den Hotelstandard wenig aus. Nur ein standardisiertes Bewertungssystem, basierend auf festgelegten Kriterien (► Kapitel 3.2.1) kann dem Buchenden eine Orientierungshilfe sein.

Weit exklusiver geht es bei den »Markennamen« folgender Hotels zu.

Resorthotel

Ein *Resort* ist eine Destination, die alle notwendigen Einrichtungen für einen Aufenthalt besitzt, um als selbständiges Reiseziel zu gelten. Somit ist ein *Resort*-hotel ein Hotel, das weitläufig angelegt, für einen ganzheitlichen Gästenutzen (z.B. Beherbergung, Verpflegung, Einkaufsmöglichkeiten für den täglichen Bedarf, fremde Betreiber u.a. in Boutiquen, Freizeiteinrichtungen, Sportanlagen, Erholungsbereiche) zur Verfügung steht.

Boutiquehotel

© Hollmann Beletage, Wien

Luxus und Stil, kombiniert mit persönlichem Service und viel *Flair* zeichnet die *Boutique*-hotels aus. Meist **speziellen Themen** wie Jugendstil, dem alten Rom oder den imperialen Frankreich gewidmet, bieten sie Luxus in jeder Hinsicht, wobei auf die Individualität gesetzt wird. Der Gast lässt sich auf Schlössern und Burgen, alten *Renaissance*häusern und Palästen in eine andere Welt entführen, wird ganz besonders umsorgt und kann sich der puren Erholung widmen. Die Zimmer sind oftmals verschiedenen Themen und Stilrichtungen gewidmet und man kann sich wie im afrikanischen Busch, auf einer thailändischen Teeplantage oder einer mexikanischen *Hacienda* fühlen. Ein gutes *Spa*-Angebot rundet das Bild ab.

www.themenhotels.net/design-lifestyle/boutiquehotel

Lifestylehotel

© araraadt – Fotolia.com

Lifestyle – das ist eine Lebensart, ob nun luxuriös oder auch naturgetreu. In einem *Lifestyle*hotel der Eleganz wird Wert auf Perfektion bis ins Detail und das Puristische gelegt, während ein Hotel für Naturfreunde eher rustikal und aus natürlichen Materialien ist. Der Lebensstil ist die Art zu leben, die man innerhalb einer Gesellschaft wählt, aber *Lifestyle*hotels bieten einem die Möglichkeit, aus dem wirklichen Leben auszubrechen und einmal eine ganz andere Stilart auszuprobieren. Sich etwas ganz besonderes zu schenken, ein Urlaub in Eleganz und Stil oder einmal das *Santa-Fé-Feeling* auszuprobieren, mit bunten Decken, Hängematte und wunderbaren Töpfereien mit viel Farbe umgeben.

www.themenhotels.net/design-lifestyle/lifestylehotel

Designhotel

© Hotel Wilhelmshof GmbH

Das *Design* ist nicht nur bei den großen Modemogulen der wichtigste Aspekt. *Design*hotels bieten lebendige Kunst, die man hautnah erleben kann. Hier wird auf Stil und Echtheit Wert gelegt, die Liebe zum Detail erkennt man in jedem einzelnen Stück. *Design*hotels befinden sich meist in Städten, die auch architektonisch sehr interessante Objekte haben und der *Designer* des Hotels lässt sich von der Umgebung und dem *Urbanlife* inspirieren, lässt es in seinem Hotel überall spüren. Ob modern, klassisch oder antik – *Design*hotels sind es alleine schon wert, angesehen zu werden. *Design*, in dem man nächtigen, das man leben und anfassen kann.

www.themenhotels.net/design-lifestyle/designhotel

3.3.3 Erlebniswelten

Erlebniswelten sind originäre Orte, an denen der Besucher den Ablauf seines Aufenthalts nach eigenen Bedürfnissen und Wünschen selbst gestalten kann oder gestalten lässt. Die heutigen Erlebniswelten sind mehr als ein Freizeitpark, sie beinhalten Erlebnisbäder, *Shopping Malls*, *Multiplex*-Kinos, diverse Spiel- und Unterhaltungs*saloons* und beeindruckende Hotelbauten. **Ziel einer solchen Parallelwelt** ist es Touristen eine konstruierte Urlaubswelt mit »Paradiescharakter« zu schaffen, die in Kontrast zum Alltag steht (Beispiele: Erlebniswelten *Atlantis* oder *The Palm*, in *Dubai*).

Elemente dieser künstlichen Freizeitwelten finden sich u. a. in Themen- und Clubhotels wieder. Hier und auch in Themen- und Ferienparks wird gezielt eine inhaltliche, thematische und gestalterische Inszenierung geschaffen, die so viele **Möglichkeiten zum »Erleben« der Freizeit** anbietet, dass es gar nicht nötig ist, den Hotel- oder Parkbereich zu verlassen.

Themenhotel

Jedes Hotel ist »eine Welt für sich«: Themenhotels ahmen in ihrer Architektur thematisch und gestalterisch das Original nach. Dabei stört es keinen Gast, dass z. B. das im *Luxor-Hotel* nachgebaute *Babylon* am *Strip* von *Las Vegas* in Wirklichkeit gar nicht in *Ägypten* liegt. An der *Türkischen Riviera* (Nähe *Antalya*) liegen nun das »*Weiße Haus*« und der »*Kreml*« fast nebeneinander und der »*Topkapi-Palast*« nur einen Steinwurf entfernt.

MERKE

Themenhotels und Urlaubsland
Im Themenhotel kann sich der Urlauber wie in einem »anderen Urlaubsland« im eigentlichen Urlaubsland fühlen.
Die Frage sei gestattet: Und welches Interesse hat der Gast am Urlaubsland?

Abb. Hotel WOW *Kremlin Palace, Antalya*

BEISPIEL

WOW KREMLIN PALACE – *Antalya*

LAGE: Direkt am Strand. Ca. 20 km von *Antalya* entfernt. Transferzeit vom Flughafen *Antalya* ca. 25 Minuten.

EINRICHTUNG: Die fantasievolle, dem weltberühmten *Kremlin-Palast* in *Moskau* nachgebildete weitläufige Anlage mit 837 Zimmern verfügt über [...] Innen- und Außenrestaurant mit Nichtraucherzone, 4 *á la carte*-Restaurants, Bars, *Convention-Center* (gegen Gebühr), Geschäfte, Frisör und Hallenbad. In der Außenanlage befinden sich *Swimmingpool*-Landschaft mit *Jacuzzi*, Pool mit 3 Wasserrutschen und Amphitheater. Arzt und Krankenschwester (24 Stunden), Autovermietung.

ZIMMER: Ausgestattet mit Bad/WC, Föhn, Direktwahltelefon, SAT-TV mit Musikkanal, *Pay-TV* und Internet-Anschluss [...]

SPORT UND FITNESS: Kostenlos: 8 Tennisplätze (Kunstrasen mit Quarzsand), Tennis-Gruppenkurse für Anfänger (30 Minuten), *Squash*, Minifußball, *Jogging-Parcours*, Basketball, *Beach*volleyball, Tischtennis, Bogenschießen, geführte *Mountainbike*-Touren, *Surfen* (mit Lizenz), Wasserski, *Wakeboard*, Kanu, Bananefahrten, *Fitnesscenter, Aerobic, Stretching, Step- Aerobic*, Sauna, *Hamam* und *Jacuzzi*. Gegen Gebühr: Flutlicht für Tennisanlage, *Bowling* (6 Bahnen), Segeln (mit Lizenz), *Beauty-Center*, Massage, Tauchen, Segeln und *Surf*unterricht und weitere Wassersportmöglichkeiten.

UNTERHALTUNG: Kostenlos: *Darts*, Billard, Diskothek, ganztägige Animation mit Abendshows. [...]

www.vaybee.de/tuerkei > antalya-hotel-wow-kremlin-palace.html

Auch in Deutschland gibt es ein großes Angebot an Themenhotels: *Flugzeughotel, Gefängnishotel, Märchenhotel, Weinfasshotel* oder *Leuchtturmhotel* usw. stehen zur Buchung bereit. Sie bieten neben der Übernachtungsmöglichkeit eine architektonisch einzigartige Atmosphäre und/oder eine andere Welt, in der man das »Außergewöhnliche« genießt (z. B. »Wohnen wie zu Kaisers Zeiten«, »Das Mittelalter hautnah erleben«) oder so manches spannende Abenteuer z. B. im Krimihotel besteht. Die Fantasie der Marketingstrategen ist unerschöpflich. Kritiker sprechen in Zusammenhang mit Themenhotels auch von einer »*Disneyifizierung*«.

Clubhotel

Das Grundgerüst einer **Clubanlage** ist die attraktive Lage und die Sicherheit. Ein weiterer Baustein ist die Ausstattung und das Verpflegungsangebot auf 4–5 Sterneniveau. Sportmöglichkeiten und *Wellness* sorgen für das körperliche Wohlbefinden. Kinderclub und *Entertainment* bieten Groß und Klein die passende Unterhaltung. Das Ausflugsangebot vermittelt zumindest das Gefühl kein »Kulturbanause« zu sein.

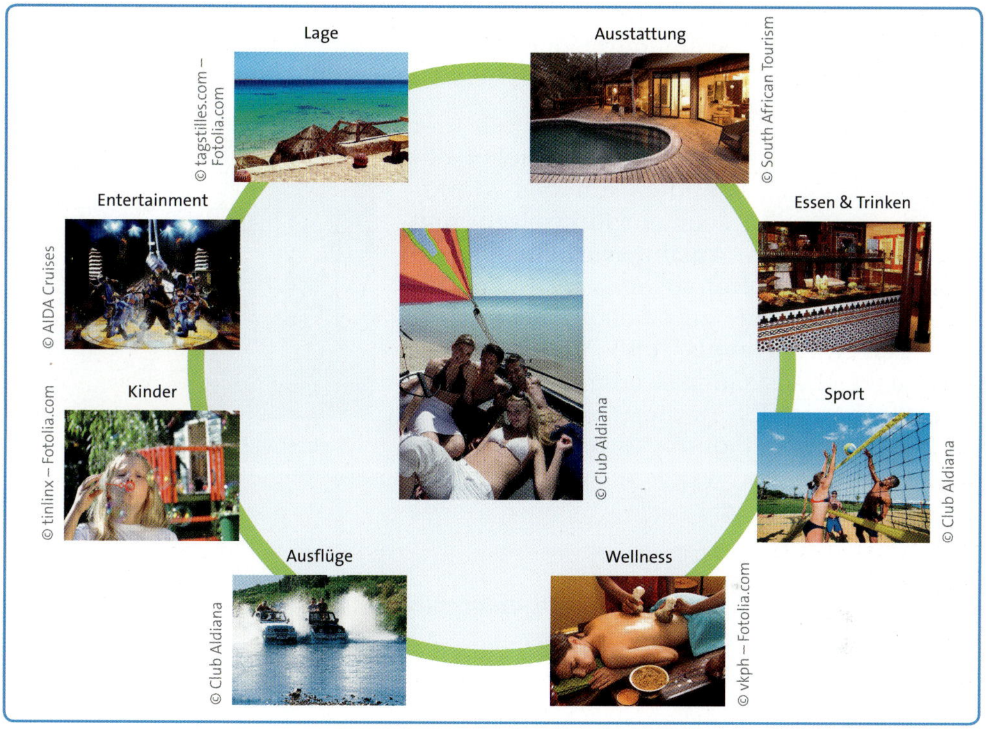

Marketingstrategie »Urlaubscommunities«

BEISPIEL

»Cluburlaub unter Freunden bei *Aldiana*.«
»Nebenbei kommt man schnell mit anderen *Club Magic Life*-Gästen ins Gespräch und hat viel Freude an gemeinsamen Aktivitäten.«
»Das Spektrum von Cluburlaub ist so vielfältig wie seine Gäste!«

Das Erfolgsgeheimnis von Clubhotels sind jedoch die so genannten »Urlaubs*communities*«. Darunter wird die **vielfältige Interaktion zwischen Betrieb und Gast und Gast und Gast** verstanden. Dabei kommt dem **Gästemix** eine entscheidende Bedeutung zu. *Social Media* lässt grüßen und ist der Schlüssel zum Erfolg. Findet keine entsprechende oder eine nicht zufriedenstellende Kommunikation statt, lenkt der Urlauber seinen Fokus auf die *Hardware* und drückt seine Unzufriedenheit durch Reklamationen und/oder in entsprechenden Kommentaren auf den Bewertungsplattformen aus.

Themenpark

Themenparks sind großflächig angelegte, in sich abgeschlossene Freizeitanlagen, die in erster Linie, schwerpunktartig auf Unterhaltung setzen.

Die Parks fokussieren ihr Angebot insbesondere auf *Entertainment*-Konzepte, die in einer inszenierten Atmosphäre, zum Teil dramaturgisch verwirklicht werden. Der Besucher wird aus der Passivität in eine **Pseudo-Aktivität** »geschleudert«, er bleibt jedoch nur begrenzt aktiv, das meiste geschieht um ihn herum.

Die Erlebniswelten der Themenparks zielen besonders auf das Marktsegment **Kurzreisen- und Ausflugsverkehr** ab und versuchen, ein differenziertes Angebot für »die ganze Familie« zu machen. Als **moderner Freizeit-, Erlebnis- und Vergnügungspark** setzt er als Ganzes oder in einzelnen thematischen »Mikrowelten« auf bestimmte Motive, Themata, Figuren sowie deren »Wiedererkennbarkeit«.

Abb. oben und hier: *Europapark Rust* zu *Halloween*

Beliebte Freizeitparks BEISPIEL

Disneyland Paris, Warner Brother Movie Park, Europapark Rust, Wild- und Freizeitpark Klotten, Phantasialand, Legoland

Kurzeisenden stehen dabei häufig auch **Hotels im oder am Themenpark** im 4-Sterne-Segment zur Verfügung. So bietet der *Europapark* vier *Europapark-Hotels*, das *Phantasialand* die Themenhotels LING BAO und MATAMBA und *Disneyland Paris* insgesamt sieben Hotels, u. a. die Hotels *Cheyenne, New York* und *Santa Fee.*

Ferienpark

»Ferienparks« sind touristische Einrichtungen mit **besonderen Freizeitmöglichkeiten**, zentral gelegenen Unterkünften, Restaurants und Sportstätten und weisen häufig einen **Dorf ähnlichen Charakter** auf.

Center Parcs ist Europas Marktführer im Segment »Familienkurzurlaub in Ferienparks«, mit insgesamt 20 Parks in Deutschland, den Niederlanden, Belgien und Frankreich. Die Parks sind eine gelungene Kombination zwischen natürlicher, erholsamer Umgebung und ganzjährig nutzbaren Freizeitaktivitäten. Die stilvoll bis praktischen **Bungalows oder Ferienhäuser** sind eingebettet in großzügige Wald- und Seenflächen inmitten regionaler Naturlandschaften. **Besonderes Merkmal ist das Parkzentrum** (daher der Name *Center Parcs*), in dem sich ein subtropisches Erlebnisbad, eine Einkaufs- und eine Restaurantmeile befinden. Einige Parks sind auch mit Hotels ausgestattet. Das Angebot in den *Center Parks* umfasst z.B. *Wellness-Center, Water-Playhouse* mit Rutschen, Fontänen und Wasserrädern, *Shopping-Tour* im *Market-Dome*. In allen Anlagen existieren jeweils verschiedene *Indoor*-Spielwelten, *Bowling*bahnen und Sportanlagen für *Badminton*, Tennis, *Squash* u.v.m. Das gesamte Angebot kann ganzjährig und wetterunabhängig in 4-Sterne-Qualität gebucht werden.

Abb. *Center Parcs* Erlebnisbad

Unter dem Motto »*Escape & Enter*« hat *Center Parcs* seine Parks für ***Business*-Veranstaltungen** geöffnet. Ob Tagung, Kongress, Mitarbeiter- oder Kundenveranstaltung – Unternehmen können nicht nur moderne Konferenzräume mieten, sondern gleich einen kompletten Park. Die gesamte Anlage bleibt dann für andere Besucher geschlossen.

Weitere Ferienparks

BEISPIEL

Ferienparks von *Landal GreenParks*

[...] Mit 47 Ferienparks in den Niederlanden steht *Landal* auf Platz eins der niederländischen Ferienpark-Anbieter. Außerhalb der Niederlande verfügt *Landal* über Parks in Deutschland, Belgien, Tschechien und Österreich. Sieben Ferienparks bieten auch Campingplätze mit insgesamt rund 1.500 Campingstellplätzen. [...]

www.landal.de

Ferienparks von *Roompot*

[...] *Roompot* bietet seinen treuen Gästen attraktive Urlaubsziele an der niederländischen Küste – mit einer hohen Parkdichte in der Provinz *Zeeland* – sowie ein vielseitiges Angebot an Ferienparks im niederländischen und deutschen Binnenland in attraktiven Naturumgebungen und touristischen Regionen.

Momentan umfasst das Angebot von *Roompot* circa 150 Bungalowparks und 23 Campingplätze. Die Parks bieten eine große Auswahl an Unterkünften mit luxuriösen Bungalows, *Chalets, White Camp Cottages*, Familienvillen, Landhäusern, Campingplätzen und Appartements. Die Parks sind sehr gut mit unter anderem Schwimmbädern, *Bowling*bahnen, Sportanlagen und Restaurants ausgestattet. In den vergangenen Jahren hat sich *Roompot* zu einem Spezialisten für Themenurlaube auf den Gebieten »*Beauty & Wellness*«, »Golf«, »Wandern und Fahrradfahren« sowie »*Fit-and-Fun*« entwickelt. [...]

www.roompotparks.de

Auf der Internetseite ▸ www.ferienparks-deutschland.info werden 108 Ferienparks ausführlich vorgestellt.

3.4 Der Beherbergungsvertrag

Der Beherbergungsvertrag ist ein gemischter Vertrag, mit **wesentlichen Elementen aus dem Mietvertrag** (► Fachwissen Tourismus Band 1, LF 2, Kapitel 2.5). Hinzu kommen weitere Vertragselemente wie zum Beispiel:

- Kaufvertrag (z. B. für das Frühstück),
- Werkvertrag (z. B. für den Weckservice),
- Mietvertrag (z. B. Anmietung eines *Safes*)
- Dienstvertrag (z. B. über eine Massagebehandlung),
- Verwahrungsvertrag (z. B. für Garderobe im Restaurant) und ähnliches.

Deshalb sieht das Gesetz für **diese Art von Vertrag besondere Rechte** vor. Es gilt der **Grundsatz der Formfreiheit**, so dass Verträge auch mündlich und insbesondere auch telefonisch abgeschlossen werden können.

© UWimages – Fotolia.com

MERKE

Angebot und Annahme beim Beherbergungsvertrag
Die Reservierung ist das Angebot auf den Abschluss eines Beherbergungsvertrages, die Reservierungsbestätigung die Annahme. Beherbergungsverträge werden geschlossen, wenn einem Gast gewerblich Unterkunft gewährt wird.

Der **Inhalt des Beherbergungsvertrages** wird im Wesentlichen durch Paragraf § 535 BGB bestimmt. Der Beherbergungsbetrieb muss für die ausgemachte Mietzeit das vereinbarte Hotelzimmer zur Verfügung stellen, der Vertragspartner den vereinbarten Zimmerpreis bezahlen. Der Hotelier ist grundsätzlich nicht berechtigt, das Zimmer anderweitig zu vergeben, wenn der Gast nicht bis zu einer bestimmten Uhrzeit anreist (**Nichtbereitstellungspflicht**).

Gast und Hotelier sind beide an einen einmal geschlossenen Beherbergungsvertrag gebunden. Sie können nur im Einvernehmen eine Reservierung stornieren. Eine **kostenlose Stornierungspflicht** für den Hotelier **gibt es nicht**. Nach Paragraf § 537 BGB wird der Gast von der Zahlung des Zimmerpreises nicht dadurch befreit, dass er persönlich verhindert ist. Der Hotelier muss sich allerdings die ersparten Aufwendungen anrechnen lassen, die durch die Nichtinanspruchnahme des Zimmers wegfallen (verminderte Betriebskosten, keine Kosten für Verpflegung und Service).

BEISPIEL

Stornierungsgebühren
Folgende Sätze gelten als branchenüblich:
Wert der ersparten Aufwendungen in Prozent des Unterkunftspreises:

- bei Übernachtung mit Frühstück pauschal 20 %,
- bei Übernachtung mit Halbpension pauschal 30 %,
- bei Übernachtung mit Vollpension pauschal 40 % und
- bei Vermietung einer Ferienwohnung oder eines Ferienhauses pauschal 10 %

Allgemeine Geschäftsbedingungen

Grundsätzlich können Gastwirte sich **Allgemeiner Geschäftsbedingungen (AGB)** bedienen. Sie können höhere oder niedrigere Aufwandssätze bei Nachweis geltend machen, d.h. es sind durch die **AGB für den Hotelaufnahmevertrag (AGBH)** abweichende Vereinbarungen möglich.

Die allgemeinen Geschäftsbedingungen

1. Der Gastaufnahmevertrag ist abgeschlossen, sobald das Zimmer bestellt und zugesagt, oder falls eine Zusage aus Zeitgründen nicht mehr möglich war, bereitgestellt worden ist.
2. Der Abschluss des Gastaufnahmevertrages verpflichtet die Vertragspartner zur Erfüllung des Vertrages, gleichgültig, auf welche Dauer der Vertrag geschlossen ist.
3. Der Gastwirt ist verpflichtet, bei Nichtbereitstellung des Zimmers dem Gast Schadenersatz zu leisten.
4. Der Gast ist verpflichtet, bei Nichtinanspruchnahme der vertraglichen Leistung, den vereinbarten oder betriebsüblichen Preis zu bezahlen, abzüglich der von Gastwirt ersparten Aufwendungen.
5. Der Gastwirt ist nach treu und Glauben gehalten, nicht in Anspruch genommene Zimmer nach Möglichkeit anderweitig zu vergeben, um Ausfälle zu vermeiden (nach 20.00 Uhr am Anreisetag wenn nicht anders vereinbart).
6. Bis zur anderweitigen Vergebung des Zimmers hat der Gast für die Dauer des Vertrages den nach Ziffer 4 errechneten Betrag zu bezahlen.
7. Absagen bzw. stornieren des Gastaufnahmevertrages ist für beide Vertragspartner spätestens fünf Arbeitstage vor dem Anreisetag möglich.
8. Erfüllungsort und Gerichtsstand ist Nürnberg.

www.hotel-frankenhof.de

Der Gast selbst hat i.d.R. das Recht am **Anreisetag ab 14.00 Uhr** das Zimmer zu beziehen und muss es am **Abreisetag bis 12.00 Uhr** verlassen, sonst hat der Hotelier das Recht – sofern sich der Gast nicht beim Vermieter abmeldet (z.B. durch Zahlung des Preises, Rückgabe des Schlüssels) – die Miete für den Folgetag zu verlangen.

Haftung des Hoteliers

Für **Verlust, Zerstörung oder Beschädigung** von Sachen, die vom Gast eingebracht wurden haftet der Hotelier (vgl. §§ 701 ff. BGB). Der Höchstbetrag beträgt bei Geld, Wertpapieren und Kostbarkeiten 800,00 Euro, für andere Sachen 3.500,00 Euro; die Haftung ist unbeschränkt bei schuldhaftem Handeln und für Sachen, die der Gastwirt zur Aufbewahrung übernommen hat; sie besteht jedoch nicht für Fahrzeuge und darin belassene Sachen.

Beherbergungsmängel

Für die **Geltendmachung von Mängeln** gilt das **allgemeine Mietrecht**. Seine Nichteinhaltung führt zu einem Mangel an der Mietsache, aus denen sich Rechte ergeben (▸ Fachwissen Tourismus Band 1, LF 4.1, Kapitel B.1 und B.2).

© CreativStudio – MEV Verlag

© Karl Holzhauser – MEV Verlag

© Karl Holzhauser – MEV Verlag

© Independent Light – MEV Verlag

- Tritt ein **Mangel an der Mietsache** (z. B. Ungeziefer) auf oder liegen **zugesicherte Eigenschaften** (z. B. laut Prospektangaben) nicht vor, so kann der Mieter vom Vermieter die **Minderung des Mietzinses** verlangen.
- **Schadenersatzansprüche** bestehen bei Ansprüchen, die über eine Mietminderung hinausgehen. Dies sind z. B. Verletzungen durch eine nicht abgesicherte Steckdose.
- Der Gast kann den **Beherbergungsvertrag kündigen**, wenn die Mietsache nicht oder nur in geringem Umfang nutzbar ist (z. B. wurde ein Doppelzimmer reserviert und ein Einzelzimmer zugewiesen).

Exkurs: Teilzeit-Wohnrechtvertrag

Reisevermittler betätigen sich vereinzelt auch als Vermittler von *Timesharing*-Verträgen und agieren nebenbei quasi als »Immobilienmakler«.

© fhmedien_de – Fotolia.com

***Timesharing*-Verträge** umfassen sowohl Immobilien, als auch Teilzeit-Nutzungsrechte an beweglichen Unterkünften, wie z. B. Hausbooten oder Wohnmobilen.

Bei einem **Vermittlungsvertrag** dürfen keine Zahlungen des Verbrauchers gefordert oder angenommen werden, bis der Unternehmer seine Pflichten aus dem Vermittlungsvertrag erfüllt hat oder diese Vertragsbeziehung beendet ist (vgl. §§ 481 ff. BGB).

MERKE

Vertragsdauer
Timesharing-Verträge werden zwischen einem Unternehmer und einem Verbraucher für die **Dauer von mindestens einem Jahr** geschlossen. Dem Verbraucher wird vertraglich das Recht eingeräumt, ein Wohngebäude für einen bestimmten Zweck oder zu einem bestimmenden Zeitraum für Übernachtungszwecke zu nutzen.

Die Nutzung zu Erholungs- oder Wohnzwecken steht nicht im Vordergrund. Dafür hat der Verbraucher einen Gesamtpreis zu bezahlen (vgl. §§ 481 ff. BGB).

Verbraucher sollen durch die Vorschriften zu den Teilzeit-Wohnrechtverträgen im BGB gemäß der Paragrafen §§ 481 bis 487 geschützt werden.

- **Informationspflichten** – Der Verkäufer muss den Kunden detailliert über sich, den Eigentümer, die *Timesharing*-Anlage, das Apartment, die Gemeinschafts- und Versorgungseinrichtungen, die Kosten und anderes mehr informieren. Jedem Interessenten ist deshalb ein Prospekt in seiner Sprache auszuhändigen und die Informationen müssen auch im Vertrag enthalten sein. Selbstverständlich ist auch der Vertrag in der Landessprache des Käufers auszufertigen.
- **Widerrufsrecht** – *Timesharing*-Verträge ab einer Laufzeit von einem Jahr können **innerhalb zwei Wochen nach Aushändigung** der Vertragsurkunde ohne Angabe von Gründen widerrufen werden. Die Frist kann sich bis zu sechs Monate verlängern, wenn der Verkäufer beispielsweise seinen Informationspflichten nicht oder nicht in vollem Umfang nachkommt. Über das Widerrufsrecht von zwei Wochen muss der Kunde schriftlich und hinreichend deutlich belehrt werden. Die Belehrung muss unter Anderem auch Angaben zum Fristbeginn und zur Adresse des Empfängers des Widerrufschreibens enthalten. Ohne **ordnungsgemäße Belehrung** ist ein Widerruf unbegrenzt möglich. Auch vom Verkäufer finanzierte Verträge, die beispielsweise eine Bank finanziert, die mit dem Verkäufer zusammenarbeitet, können widerrufen werden.
- **Anzahlungsverbot** – Anbietern ist es ausdrücklich verboten, vor Ablauf von 14 Tagen nach Aushändigung der Vertragsurkunde eine (An)Zahlung zu fordern oder entgegenzunehmen.

Neben dem klassischen *Timesharing* werden in den Paragrafen §§ 481–486a BGB auch Verträge über langfristige Urlaubsprodukte und Tauschsystemverträge erfasst.

BEISPIEL

Langfristige Urlaubsprodukte und Tauschsystemverträge

- Ein typisches Beispiel für ein **langfristiges Urlaubsprodukt** nach Paragraf § 481a BGB ist die Mitgliedschaft in *Reise-Rabatt-Clubs*, die gegen Entgelt für einen bestimmten Zeitraum den Zugriff auf besonders günstige Reiseangebote ermöglichen.
- Ein **Tauschsystemvertrag** liegt beispielsweise vor, wenn der Verbraucher gegen Entgelt Zugang zu einem Tausch*pool* erhält, der zur Nutzung einer Übernachtungsunterkunft oder anderen Leistung berechtigt, wenn der Verbraucher im Gegenzug die vorübergehende Nutzung seines eigenen Teilzeit-Wohnrechts durch einen Dritten ermöglicht.

Auch bei diesen Vertragsarten wird der Verbraucher u. a. durch die oben genannten Rechte geschützt.

3.5 Kundenbindungsprogramme

Auch für das »touristische Segment Beherbergung« existieren viele Bonusprogramme zur Kundenbindung. **Bonusprogramme mit Beherbergungsbetrieben** können bei der Reisekalkulation helfen, z. B. die Kosten für das Frühstück oder den Parkplatz einsparen, usw. Vielreisende profitieren von zusätzlichem Komfort.

Auch die **Sammel- und Einlöseoptionen** von Punkten sind vielfältig; sie reichen z. B. von kostenlosen Hotelübernachtungen über Mietwagen- und Tankgutscheine bis hin zur Spende der Punkte für einen wohltätigen Zweck. Oft besteht auch die Möglichkeit, Punkte gegen Meilen einzutauschen, Punkte zu übertragen oder Punkte hinzu zu kaufen.

Spektrum der Leistungen – Hotel-Bonusprogramme BEISPIEL

Early Check-In, Late Check-Out, Express Check-In, garantierte Zimmerverfügbarkeit, kostenlose Zimmer-*Upgrades*, Wartelistenpriorität, persönlicher Ansprechpartner, kostenfreies Frühstück, kostenfreie Parkmöglichkeit, kostenlose Nutzung der *Healthcare*-Einrichtungen (u. a. *Wellnesscenter*, Massage- und Behandlungsräume, *Whirlpool*, *Fitness*möglichkeiten, Sauna und Dampfbad), kostenfreie Übernachtung des Ehepartners, kostenfreie Tageszeitung an Wochentagen, *Shuttleservice* vom/zum Flughafen, kostenfreie Getränke (abhängig), Willkommensgeschenk

Einen **Überblick der Bonusprogramme** von größeren Hotelketten und Hotelkooperationen können Sie sich mit Hilfe der auf den nächsten beiden Seiten dargestellten ► Tabelle verschaffen.

Für Firmen, die **Rahmenverträge mit Hotels** ausgehandelt haben, sind Bonusprogramme weniger relevant. Sie erhalten bereits Sonderkonditionen, bei denen viele der in den Programmen enthaltenen Vorzüge eingeschlossen sind.

Wenn Sie für Ihren Kunden eine Beherbergung buchen sind die folgenden Angaben unerlässlich: Name der Person auf die die Buchung läuft, Anreisetag, Abreisetag, Zimmerkategorie, Verpflegungswünsche, ggf. Garagenplatz und die Berücksichtigung weiterer Sonderwünsche.

Hotels	IHG-Hotels	*Hilton*-Hotels	*Maritim*-Hotels
weltweit	fast 4.300 Hotels	5.300 Hotels	50 Hotels
In Deutschland	69 Hotels	14 Hotels	36 Hotels
Bonus-programm	*Priority Club Rewards*	*Hilton Honors*	*Maritim PartnerCard*
Teilnehmende Marken	*InterContinental Hotels & Resorts, Crowne Plaza, Holiday Inn Hotels & Resorts, Holiday Inn Express, Staybridge Suites, Candlewood Suites,* Hotel *Indigo*	*Hilton, ConradHotels & Resorts, Doubletree, Embassy Suites Hotels, Hampton, Hilton Garden Inn, Hilton Grand Vacations, Homewood Suites by Hilton*, Hotels der *Waldorf Astoria Collection*	Sämtliche *Maritim*-Hotels weltweit
Mitgliedstufen	1. *Club:* bis zu 14 Übernachtungen 2. *Gold:* mind. 14 Übernachtungen oder mind. 20.000 gesammelte Punkte pro Kalenderjahr 3. *Platinum:* mind. 50 Übernachtungen oder mind. 60.000 Punkte	1. *Blue:* Status nach Anmeldung erreicht 2. *Silver:* vier bonusberechtigte Aufenthalte oder zehn Übernachtungen innerhalb eines Kalenderjahres 3. *Gold:* 16/36 bonusberechtigte Aufenthalte/ Übernachtungen oder 60.000 gesammelte Punkte innerhalb eines Kalenderjahres 4. *Diamond:* 28/60 bonusberechtigte Aufenthalte/Übernachtungen oder 100.000 Punkte	1. *Maritim PartnerCard:* für Geschäftsreisende, Tagungs- und Urlaubsgäste, Familien. Keine Mindestanzahl an Übernachtungen oder gesammelten Punkten notwendig 2. *Maritim PartnerCard Plus:* zusätzliche Leistungen für ältere Gäste. Keine Mindestanzahl an Übernachtungen oder gesammelten Punkten notwendig
Auswahl Punkte oder Meilen sammeln	sowohl als auch	beides gleichzeitig: »*Double Dipping*«	sowohl als auch

Tab. Überblick Bonusprogramme der großen Hotelketten und -kooperationen (Stand 01/2011)

18. a) Ein Hotelier hat den Gast Reiß in das Gästebuch eingetragen. Als dieser anreist, ist das Hotel ausgebucht, weil einige Gäste ihren Aufenthalt verlängert haben. Der mit dem Zug angereiste Herr Reiß muss deshalb in einen 20 km entfernten Ort, zu dem er ein Taxi benutzt, in einem Hotel ein Zimmer nehmen, das 30,00 Euro pro Nacht teurer ist. Welche Ansprüche hat Herr Reiß?

b) Herr Reiß bucht fünf Übernachtungen mit Frühstück zum Preis von 100,00 Euro pro Nacht. Am dritten Tag seines Aufenthaltes erhält er einen Anruf von seinem Sohn, dass in sein Haus eingebrochen wurde. Als er an der Rezeption die Rechnung für drei Übernachtungen bezahlen möchte, fordert der Hotelier daneben 160,00 Euro für die nicht in Anspruch genommenen Übernachtungen. – Wie viel muss Herr Reiß zahlen?

c) Am nächsten Tag reisen neue Gäste an und somit kann das frühzeitig verlassene Zimmer von Herrn Reiß kurzfristig wieder vermietet werden. Welche Ansprüche kann Herr Reiß nun geltend machen?

19. Herr Frohgemut liebt die Sonne und das Meer. Deshalb möchte er sich auf *Mallorca* eine Wohnung kaufen, die er vier Monate im Jahr nutzen möchte. Da er nur begrenzte Zeit auf der Insel sein kann, entschließt er sich für einen *Timesharing*-Vertrag. Vor Ort trifft er den deutschen Bauunternehmer Goldkette, der ihm einen entsprechenden Vertrag mit einer 10jährigen Laufzeit anbietet. Leider kann dieser Herrn Frohgemut nur einen Prospekt über das Objekt in spanischer Sprache überlassen und meint, die Bilder und der Grundriss der Wohnung seien aussagekräftig genug. Herr Frohgemut ist begeistert und nimm auch gerne das Angebot von Herrn Goldkette an, die Finanzierung der Wohnung über seine spanische Hausbank abzuwickeln. Für seine Bemühungen fordert Herr Goldkette eine Abschlagszahlung auf den *Timesharing*-Preis von schlappen 4.000,00 Euro. Nach der Unterzeichnung des *Timesharing*-Vertrages bleibt Herr Frohgemut weitere drei Wochen im »17. Bundesland«. Zu Hause angekommen bereut Herr Frohgemut seine Kauflaune und möchte vom Vertrag zurücktreten. Nennen Sie drei Argumente, die sein Problem lösen können.

20. Herr Surfer schließt über das Internet am 1. April folgende Verträge ab: Einen Beherbergungsvertrag vom 17.08.–20.08.20XX; er bucht einen Flug von Frankfurt am Main nach *Paris* für den 18.09.20XX und einen Golfkurs ab 01.10.20XX. Die korrekte Widerrufsbelehrung wird Herrn Surfer unverzüglich nach Vertragsschluss als E-Mail mitgeteilt. Kann er die Verträge widerrufen? (Vergleichen Sie hierzu auch die Ausführungen in ▸ Fachwissen Tourismus Band 1, LF 2, Kapitel 2.6.).

21. Stellen Sie jeweils ein Bonusprogramm Ihrer Wahl einer großen Hotelkette und -kooperation vor (Internetrecherche).

Lernfeld 9

Eigenveranstaltungen entwickeln

Traditionell stellen Reiseveranstalter das touristische Produkt aus »Fremdleistungen« zusammen. Eine Erweiterung ihres Angebotes wird häufig durch eine horizontale Integration (auf der gleichen Stufe der touristischen Wertschöpfungskette ► Kapitel 6 und ► Band 2, LF 3, Kapitel 1.2) realisiert, z. B. dadurch, dass sie andere Reiseveranstalter in ihre Unternehmen aufnehmen und ihr Programm entsprechend erweitern. Eine solche Integration dient primär der Vergrößerung des Marktanteils für eine ähnliche Abnehmerschicht.

Touristikkonzerne können sich häufig aus ihren »Regalen« bedienen, weil sie über eine entsprechend »vollbesetzte« Wertschöpfungskette verfügen oder versuchen Hotels/Hotelketten, Fluggesellschaften und *Incoming*-Agenturen in den touristischen Leistungserstellungsprozess zu integrieren (vertikale Integration). Dadurch erzielen sie Synergien, Kostenvorteile und verdienen an den einzelnen Stufen der Wertschöpfungskette sowie an der Reiseveranstaltermarge. Durch die vertikale Integration kann flexibler auf neue Trends auf dem Reisemarkt reagiert, neue Kunden gewonnen und die Kundenbindung gestärkt werden. Dies führt zu einer Reduktion des Marktrisikos.

1 Marketing

Entscheidend für die **Minimierung des Marktrisikos** auf einem Käufermarkt wie dem Tourismusmarkt ist es, dem Kunden »seine Reise« anbieten zu können. Deshalb versuchen Reiseveranstalter einerseits Kundenbedürfnisse frühzeitig zu erkennen und sie andererseits im Rahmen des Buchungsprozesses zu beeinflussen. Dazu sind sowohl eine **marktgerechte-,** als auch **eine marktgerichtete Unternehmenspolitik** notwendig.

Der **Begriff Marketing** ist abgeleitet von der Wortkombination »*to go in the market*« und ist eine grundsätzliche unternehmerische Denkhaltung, in deren Mittelpunkt das Erkennen der Erfordernisse des Marktes und nicht der bloße Verkauf vorhandener eigener Veranstaltungsleistungen steht.

Tourismusmarketing ist Dienstleistungsmarketing, das objektive Leistungsvorteile gegenüber Mitbewerbern und den »Mehrwert« (Grund- und Zusatznutzen) einer Dienstleistung für den Kunden vermarktet.

Die **touristische Dienstleistung Reise** ist eine komplexe Leistung, deren Qualität wesentlich von natürlichen Ressourcen und Infrastruktur sowie den politischen, ökologischen und kulturellen Bedingungen in der Destination bestimmt wird.

Besonderheiten der touristischen Dienstleistung Reise sind:

© Rapp Joachim – MEV Verlag

© Photodesign Müller – MEV Verlag

© Ruff – Fotolia.com

- dominant saisonale Leistung,
- immateriell, nicht lager- und transportfähig,
- einmalig und nicht standardisierbar,
- Qualität wird primär aufgrund natürlicher Ressourcen bestimmt,
- erfordert Dienste, die auf den menschlichen Körper gerichtet sind (tangible),
- erfordert Dienste, die auf den Intellekt des Menschen gerichtet sind (intangible),
- erfordert Nachhaltigkeit,
- Buchung/Kauf vor Inanspruchnahme,
- Dienstleistungserstellung und Konsum erfolgt gleichzeitig (UNO-ACTU-Prinzip),
- der Reisende ist »*Prosumer*« (das Wort setzt sich aus *Producer* und *Consumer* zusammen, d.h. der Kunde wirkt an der Erstellung seiner eigenen Dienstleistung mit).

Unter Berücksichtigung dieser Aspekte sind alle externe und interne Unternehmensaktivitäten auf die Markterfordernisse auszurichten und das Leistungsspektrum entsprechend den gegenwärtigen und künftigen Anforderungen der Märkte zu gestalten.

1.1 Marketinginstrumente

Marketing umfasst aus funktionaler Sicht folgende Instrumente (die »*Four P's*«):

- Produktpolitik (*Product* ► Kapitel 2)
- Preispolitik (*Price* ► Kapitel 3)
- Distributionspolitik (*Place* ► LF 10, Kapitel 2)
- Kommunikationspolitik (*Promotion* ► LF 10, Kapitel 1)

Die einzelnen Instrumente sind aufeinander abzustimmen und zu einem **Marketing-Mix** zu kombinieren, um eine nachhaltige Wirkung und Effizienz am Markt zu erzielen. Sie haben operativen, also kurzfristigen-, als auch strategischen Charakter.

Die Instrumente stehen somit in Beziehung zueinander. Entsprechend der Marktsituation und dem Marketingziel ergibt sich bei ihrem Einsatz ein unterschiedlich intensives Zusammenspiel. Der Marketing-Mix dient **kurzfristig orientierten operativen Maßnahmen**, d. h. der konkreten Umsetzung der Unternehmensphilosophie (z. B. Preissenkung) zur Erreichung eines Marketingzieles (z. B. gesteigerte Absatzmenge) und der längerfristigen (strategischen) Marktbearbeitung.

Dies lässt sich durch folgende Funktion beschreiben:

Marketingziele = *f* (Marketinginstrumente)

Im Idealfall beantwortet der Marketing-Mix die Frage, **auf welchem Weg** ein von den potentiellen und aktuellen Kunden wahrgenommener **Positionsvorteil** erreicht wird.

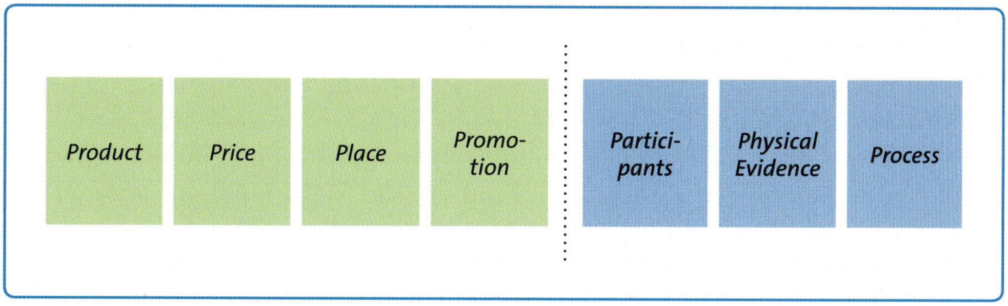

Abb. Dienstleistungsspezifische Erweiterung des Marketing

Die **signifikanten Merkmale von Dienstleistungen** sind Immaterialität, Nichtlagerfähigkeit und die Kundenbeteiligung bei der Erstellung. Deshalb wird der noch zu erbringenden Reiseleistung vom Kunden häufig eine gewisse Skepsis entgegengebracht. Diese muss durch vertrauenswürdiges Personal, einen individuellen Service und transparente Prozesse abgebaut werden. Daher sind die »*Four P's*« um drei weitere Instrumente zur Abdeckung sämtlicher, für Dienstleistungen relevanter Bereiche erweitert worden:

»Participants«

Participants bezeichnet die am **Erstellungsprozess der Dienstleistung** beteiligten Personen, also das Kontaktpersonal (z. B. der Reisebüroberater oder die Hotelrezeptionistin) sowie die anwesenden Kunden (Reisenden).

Dabei werden die Mitarbeiter der einzelnen touristischen Leistungsträger als »interne« Kunden angesehen. Unter strategischen Gesichtspunkten soll so eine **Unternehmensphilosophie** geschaffen werden, die Kundenorientierung und Marktbewusstsein in der gesamten Belegschaft fördert.

BEISPIEL

Marketinginstrument Participants
Qualifikation, Schulung und Motivation von Mitarbeitern, Mitarbeiterkompetenz, Mitarbeiterloyalität, kundenorientiertes Verhalten der Mitarbeiter

Process

Hierunter fällt die **kundenrelevante Ablauforganisation** der Leistungserstellung.

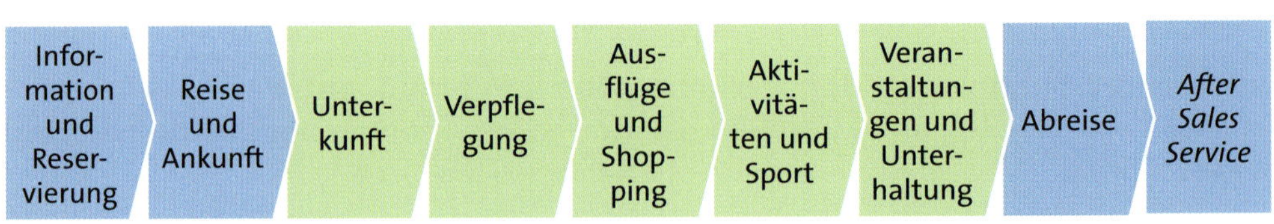

Abb. Beispiel eines integrierten Serviceprozesses (Pauschalreise)

Das **Prozessmanagement** trägt sorge dafür, dass alle Aktivitäten fehlerfrei, kostengünstig, flexibel, transparent mit der angemessenen Zeitdauer erbracht werden. Der Kunde muss das Gefühl haben, mir steht jederzeit jemand zur Seite, ich habe einen »Kümmerer«. Dies gilt für den *Pre-*, *Post-* und *After-Sales*-Prozess. Hierzu gehört ein kundenorientiertes Reklamationsservice genauso wie *Customer-Care-Calls* (»Kuschel*calls*«).

Der Prozess, der aus sehr vielen Einzelschritten besteht, wird für den Kunden als eine Service-Kette, die ein komplettes Tourismusprodukt bildet, dargestellt. Das Gesamtprodukt wird dem entsprechend von dem Gast bewertet.

Marketinginstrument Process BEISPIEL
IT-Systeme, Führungssysteme, *Data Mining*, *Warehousing*, Zusammenarbeit *Front-/Backoffice*, Qualitätssicherung, Filialnetzdichte, Beschwerdemanagement, *Call Center*, Kundenautomaten

Physical Evidence

Dieser **Instrumentalbereich (Ausstattungspolitik)** umfasst das vom Unternehmen gestaltete Umfeld, in dem der Leistungserstellungsprozess einer Dienstleistung erfolgt.

Marketinginstrument Physical Evidence BEISPIEL
Ladengestaltung, *Design*, Ausstattung, Qualitätseinstufung, Mitarbeiterauftreten/-kleidung

Die eigentliche Leistung im Tourismus ist häufig austauschbar – das »Wie«, der Service, macht den entscheidenden Unterschied. Die Produktpolitik und die Preispolitik (► Kapitel 2 bzw. 3) entsprechen der **Angebotspolitik eines Unternehmens**.

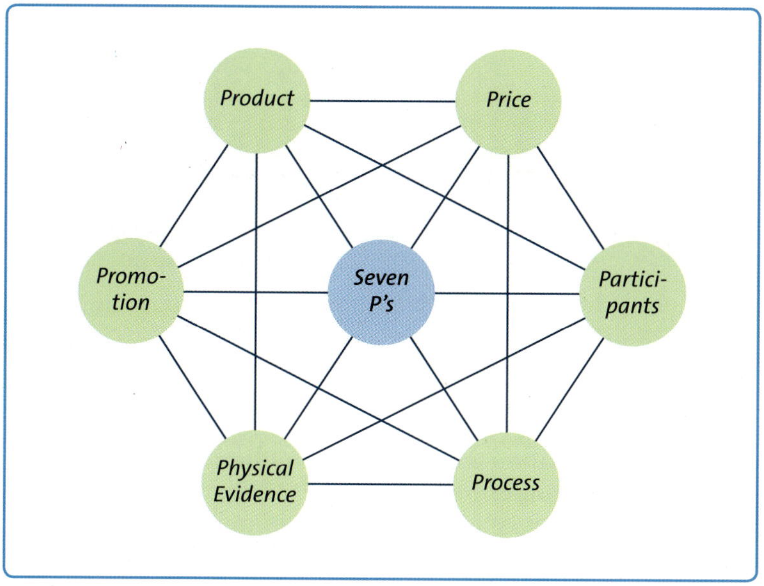

Abb. Service Marketing-Mix – die *»Seven P's«*

1.2 Marketingziele

Auf der Grundlage von gewonnenen Daten werden absatzmarktorientierte Unternehmensziele entwickelt.

ökonomisch	psychologisch
Rentabilität steigern Gewinnmaximierung Umsatzsteigerung Neue Marktsegment erschließen Marktanteile vergrößern Kostensenkung	Imageaufbau Bekanntheitsgrad Kundenzufriedenheit Markentreue Lebensqualität für die Kunden steigern Emotionen und Lifestyle der Konsumenten Entwicklung von Marken-Mythos

Tab. Mögliche Zielstellungen eines Tourismusunternehmens (Beispiele)

Diese Ziele gilt es **nach Prioritäten zu ordnen** und **operational zu formulieren** als zukünftiger Zustand der Realität. Hierzu eignet sich u. a. die SMART-Technik (▸ Fachwissen Tourismus Band 1, LF 2, Kapitel 1.3). Die Ziele als solche können wiederum differenziert werden z. B. nach **geografischer oder soziodemographischer Segmentierung** (▸ Kapitel 5.1.1).

Unter **Berücksichtigung des Leitbildgedankens** (▸ Fachwissen Tourismus Band 1, LF 1, Kapitel 1.3.2) haben sich bei touristischen Unternehmen vier zentrale Ziele herauskristallisiert:

© GEWA FotoStudio – MEV Verlag

© Creativstudio – MEV Verlag

© Mike Witschel – MEV Verlag

© bluedesign – Fotolia.com

- **Realisation** einer angestrebten **Anzahl Kundenbuchungen** bzw. Größe der Marktsegmente,
- **Informationsgewinnung** über die Kundenbedürfnisse, die zu diesem Zweck zu befriedigen sind,
- adäquate **Gestaltung eines Leistungsportfolios,** das am besten geeignet ist, die Kundenbedürfnisse zu befriedigen,
- ein qualitatives und quantitatives Ausmaß an **Wettbewerbsvorteilen** gegenüber Mitbewerbern zu schaffen.

Marketingziele im Tourismus enthalten somit **Aussagen über Marktsegmente**, die erreicht werden sollen, über **Kundenbedürfnisse** (Probleme, Wünsche, Forderungen), die befriedigt werden müssen, über die geplante **Leistungsangebotsgestaltung** und die angestrebte **Vorteile gegenüber der Konkurrenz**.

1.3 Vorbereitung einer Marketingstrategie

Die konsequente Kundenorientierung als **Leitidee der Marktorientierung** (also die Ausrichtung am Kundennutzen) zielt darauf ab, die absatzmarktorientierten **Unternehmensziele** zu erreichen. Diese Ziele sind zu definieren und eine Strategie unter Berücksichtigung der **Philosophie des Unternehmens** (Vision, Mission, Werte ► Fachwissen Tourismus Band 1, LF 1, Kapitel 1) festzulegen, wie diese Ziele zu erreichen sind.

1. Situationsanalyse

Kernfrage: Wo stehen wir?
In dieser analytischen Phase werden mit Hilfe von Marktforschung oder Markt- und Unternehmensanalysen Einstellungen, Bedürfnisse und Wünsche der bestehenden Kunden und der potenziellen Zielgruppen erfasst und ein entsprechendes Stärken-Schwächen-Profil, Chancen-Risiken-Analysen, Produktlebenszyklen und Portfolio im Hinblick auf die Mitbewerber erstellt.

↓

2. Festlegung der Marketingziele (Unternehmensziele)

Kernfrage: Wo wollen wir hin?
Auf der Grundlage der gewonnenen Daten werden absatzmarktorientierte Unternehmensziele entwickelt.

↓

3. Strategiephase

Kernfrage: Welche Wege nehmen wir zur Zielerreichung?
Hierzu werden die Geschäftsfelder, Zielgruppen, Marktfeldstrategien bestimmt sowie der Aus- und Aufbau eines Wettbewerbsvorteils konzipiert und das Verhalten gegenüber Wettbewerbern festgelegt.

↓

4. Gestaltungsphase

Kernfrage: Mit welchen Beförderungsmitteln können wir das Ziel erreichen?
In dieser Phase werden die Instrumente zur Gestaltung der Marketingstrategien (Strategische Produkt-, Preis-, Vertriebs- und Kommunikationspolitik) unter Einbeziehung des *Relationship-Marketings* sowie z. B. weiterer Maßnahmen wie Suchmaschinenoptimierung, *Partnership, Sponsoring, Events* (z. B. Hausmessen) oder *Product-Placement* festgelegt.

↓

5. Marketing-Controlling

Kernfrage: Sind wir am Ziel angekommen?
Kontrolle aller internen und externen Marketingaktivitäten.

Abb. Entwicklungsprozess einer Marketingstrategie

Kundenorientierung setzt genaue Kenntnisse über Erwartungen und Einstellungen der Kunden voraus. Nur so kann – im Vergleich zu Mitwerbern – ein **im Nutzen** sowie **im Preis-Leistungsverhältnis** überlegenes Angebot ***(unique selling proposition)*** im Sinne eines einzigartigen Verkaufsversprechens angeboten werden. Eine **Marketing-Strategie** ist ein schlüssiger, ganzheitlicher Plan zur Realisierung dieser Ziele.

MERKE

Marketing- und Unternehmensstrategie

Unter einer **Marketingstrategie** versteht man die langfristige, geplante, grundsätzliche, kunden- und wettbewerbsbezogene Ausrichtung eines Unternehmens und den adäquaten Aktionsrahmen zur Erreichung von Unternehmens- und Marketingzielen. Die Marketingstrategie als solche leitet sich aus der **Unternehmensstrategie** ab. Marketing bedingt eine Strategieentwicklung und ein Entscheidungsverhalten, das sich an einer systematischen Planung ausrichtet, die einen strategischen Wettbewerbsvorteil sichen soll.

Eine **Marketingstrategie im Tourismus** kann nur erfolgreich sein, wenn sich:

- das Reiseangebot strikt an den Kundenbedürfnissen orientiert, und
- intern alle auf den Markt gerichteten Aktivitäten optimal koordiniert werden.

Die Umsetzung einer solchen Marketingstrategie wird konkretisiert durch **Analyse, Planung, Gestaltung, Umsetzung und Kontrolle** sämtlicher interner und externer Unternehmensaktivitäten. Die Tätigkeit des Vermarktens hat somit einen Prozesscharakter.

AUFGABEN

1. Worin kommt die Besonderheit des Dienstleistungsmarketings im Tourismus zum Ausdruck?
2. Erläutern Sie die signifikanten Merkmale einer touristischen Dienstleistung.
3. Marketingziele können qualitative oder quantitative Ziele beinhalten. Geben Sie jeweils vier Beispiele.
4. Welches primäre Ziel wird mit einem Marketing-Mix angestrebt?
5. Warum sind im Dienstleistungsmarketing die *Participants* von besonderer Bedeutung?
6. Welche Elemente umfasst die Angebotspolitik eines Unternehmens?
7. Worin sehen Sie die *Unique Selling Proposition* (USP) Ihres Unternehmens?
8. Welcher Zusammenhang besteht zwischen Marketingstrategie und Unternehmensstrategie?

2 Produktpolitik

Die **Produktpolitik** ist eines der wichtigsten Marketinginstrumente für touristische Unternehmen. Sie beschäftigt sich mit sämtlichen Entscheidungen, die sich auf die **materielle und immaterielle Gestaltung bestehender und zukünftiger touristischer Produkte** und des **touristischen Angebotes** eines Unternehmens beziehen.

Die Produktpolitik berücksichtigt dabei u. a. das Leistungsniveau der Dienstleistungen und die Aktivitätsniveaus von Anbietern und Nachfragern sowie Eingriffsmöglichkeiten. Letztere, um bei Störungen in den **Erstellungsprozess des touristischen Produktes** (von der Buchung bis zur Heimreise) durch einen externen Faktor (z. B. durch ein Hotel) korrigierend eingreifen zu können.

Die **Kernfrage der Produktpolitik** lautet: Welche Leistungen werden welchen Kunden wie differenziert mit welchen Leistungsvorteilen angeboten?

Produktpolitik und Marketing MERKE

Marketingplanungen basieren häufig auf einem Produkt. Deshalb wird die Produktpolitik als »Herz« des Marketing bezeichnet. Touristische Dienstleistungen werden dafür optimal an die spezifischen Zielgruppen angepasst, so dass sie aus Kundensicht ein Mittel zur Bedürfnisbefriedigung sind, der individuellen Nutzengewinnung dienen und als »wertvoll« angesehen werden.

Produktpolitik erfordert Entscheidungen über:

- die Produktgestaltung,
- das Produktprogramm,
- die Markenpolitik/das Gütesiegel sowie
- über das Niveau der Produkt- und Servicequalität.

Produkte sind so zu gestalten, dass sie für den Kunden den größtmöglichen Nutzen erbringen. Somit muss der Kunde im Fokus der Produktgestaltung stehen.

Touristische Produkte bestehen aus einer Basisleistung (Kernprodukt), die einen Grundnutzen (primäre Funktion des Produktes) implizieren (z. B. Hotelübernachtung), und aus im Mitbewerberumfeld üblichen Leistungen sowie u. U. aus außergewöhnlichen Zusatzleistungen. Gerade diese empfindet der Kunde als Zusatznutzen (technische, ästhetische und symbolische Eigenschaften der Reise).

Ein Ziel der Produktpolitik ist es, diese Eigenschaften so zu gestalten, dass sich das Produkt von Mitbewerberprodukten in besonderem Maße unterscheidet. So erreicht das Unternehmen eine ***Unique Selling Proposition*** **(USP)** aufgrund des aus dem Nutzen bezogenen Produktvorteils.

BEISPIEL

Außergewöhnliche Zusatzleistungen

- *Welcome Airport Service:* Die Reisenden werden persönlich am Flughafen per Bus-, Limousinen-, speziellem Eisenbahnwagen-, Pferdekutschen- oder Helikopter-Service abgeholt und zum Hotel gebracht.
- Die Reiseleiter sind niveauvolle, mehrsprachige, motivierte und freundliche Mitarbeiter mit guten Destinationskenntnissen.
- Für die Kunden werden Werk- und Firmenbesichtigungen, welche normal für die Öffentlichkeit nicht offen sind, organisiert.

Die **Alleinstellungsmerkmale** lassen sich umso besser realisieren, je mehr sich das Unternehmen auf spezielle Kundengruppen spezialisiert. Hierzu gehört auch der **Aufbau einer Marke (Markenpolitik)** wie z. B. bei *Lufthansa* oder TUI realisiert (► LF 12 und Fachwissen Tourismus Band 1, LF 4, Kapitel 3.3.1).

2.1 Produktprogramm

Im Rahmen der Produktpolitik entscheidet ein Unternehmen über die Einführung neuer Produkte, Produktverbesserung und -differenzierung, Produktvariation und die Eliminierung nicht mehr erfolgreicher Produkte.

Das **Produktprogramm** legt somit die art- und mengenmäßigen Produkte und die angebotenen Zusatzleistungen fest. Hierzu zählen auch die **Programmtiefe**, also wie viele Varianten einer Produktart in das Programm aufgenommen werden, und die **Programmbreite**, d. h. wie viele verschiedene Gruppen (Produktlinien, Programmgruppen) das Absatzprogramm enthält.

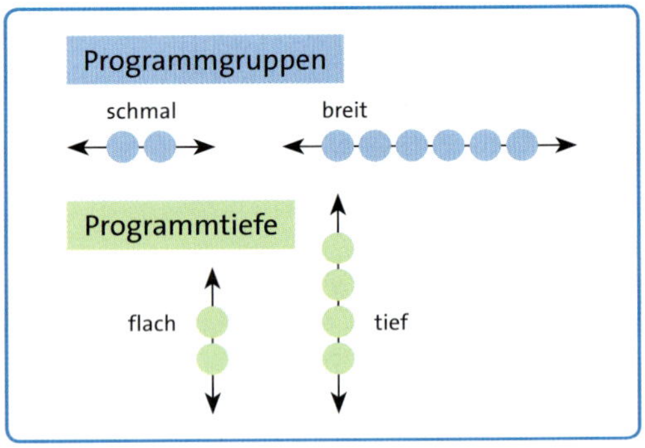

Abb. Programmgruppen und Programmtiefe

Produktprogramm (2012)

BEISPIEL

Der Reiseanbieter *clevertours.com GmbH* mit Sitz in Köln ist eine 100-prozentige Tochter der REWE *Touristik GmbH*. Das Unternehmen konzipiert, entwickelt und vermarktet hochwertige Reiseprodukte mit ganz unterschiedlichem Zuschnitt. *Low Budget* oder Luxus, Städtetrip nach dem Baustein-Prinzip oder Strandurlaub, Autoreise oder Anreise per Bahn – alles ist möglich.

Leistungsträger	(a) Hauptleistung (Kernprodukt entspricht dem Grundnutzen	Beispiele für (aus Sicht der Kundenerwartungen) unterschiedlich zu bewertende Zusatzleistungen		
		(b) Basisleistung	(c) Übliche Leistung (Wettbewerbsvergleich)	(d) Besondere Leistung
Hotel	▸ Übernachtung	▸ Bett ▸ Waschgelegenheit ▸ telefonische Erreichbarkeit	▸ Dusche ▸ Sauberkeit ▸ nicht durchgelegene Matratze ▸ Kreditkarten-akzeptanz	▸ Willkommens-getränk ▸ Obstschale im Zimmer ▸ Sekt bei Regenwetter
Restaurant	▸ Nahrungsangebot (Essen und Trinken)	▸ gewisse Auswahl an Speisen und Getränken ▸ Speisekarte ▸ intakte Bestuhlung	▸ Kinderstühle ▸ getränkedifferenzierte Gläser ▸ Getränkeberatung des Kellners	▸ Vorspeise auf Kosten des Hauses ▸ Getränke über dem Eichstrich ▸ Eingehen auf Sonderwünsche
Fluggesellschaft	▸ Transport von A nach B	▸ Sicherheit ▸ Check-in ▸ Gepäckausgabe	▸ Pünktlichkeit ▸ Fluginformationen ▸ zügige Gepäckausgabe ▸ Bordverpflegung	▸ Exzellente Lounge ▸ Hotel-Check-in ▸ Sonderverpflegung
Reiseveranstalter	▸ Kombination von Leistungen unterschiedlicher Leistungsträger ▸ Reisedurchführung	▸ Reiseunterlagen ▸ Beurteilung und Auswahl unterschiedlicher Leistungsträger	▸ Reiseinformationen ▸ Angebot von Ausflugsprogrammen	▸ Beschwerde-management vor Ort ▸ Anruf nach der Rückkehr
Reisebeüro	▸ Prospektausgabe und Buchung	▸ bestimmtes Sortiment ▸ Beratung	▸ Spezialveranstalter im Sortiment ▸ Gebietskenntnisse bei häufig gebuchten Zielen	▸ Buchung von Hotels, die nicht in Katalogen stehen ▸ Anruf nach der Rückkehr
Tourismusort	▸ Aufenthalts-möglichkeit ▸ Speisemöglichkeit	▸ einige Freizeitangebote ▸ Restaurants ▸ Straßen-beschilderung	▸ Stadtführungen ▸ beschilderte Wanderwege ▸ Tourismus-informationsstelle	▸ Besuch eines Mitarbeiters der Tourismus-information im Quartier (Frage nach Anregungen)

Beispiele für Kernprodukte und Zusatzleistungen im Tourismus (Freyer 2004, Romeiß-Stracke 1995, Meffert/Bruhn 2003, Dreyer/Dehner 1998)

Ziel der Produktpolitik
Das übergeordnete Ziel der Produktpolitik ist die optimale Programmgestaltung und die Schaffung und Erhaltung eines akquisitorischen Sortiments.

MERKE

In diesem Zusammenhang ist zu beachten, dass der **Individualisierungswunsch** der Reisenden stetig ansteigt. Als Folge daraus sind vermehrt spezielle Zielgruppen bzw. Themen zu berücksichtigen und Einzelleistungen als »Bausteine« in den Veranstalterprogrammen aufzunehmen, die eine Bündelung zu Leistungspaketen (Pauschalreisen/***Packages***) erlauben.

2.2 Produktlebenszyklus

Die **produktpolitischen Entscheidungen** beruhen häufig auf dem Konzept des Produktlebenszyklus. Mit Hilfe dieses Modells versucht man den Lebensweg eines Produktes gemessen an Umsatz oder Gewinn während einer als begrenzt angenommenen Lebensdauer zu erkennen. Der Produktlebenszyklus umfasst i. d. R. **fünf Phasen**. Der Entstehungsprozess, also die Ideen- und Produktfindungsphase, sowie die Entwicklung und ggf. eine Testphase sind nicht Bestandteil des Produktlebenszyklus.

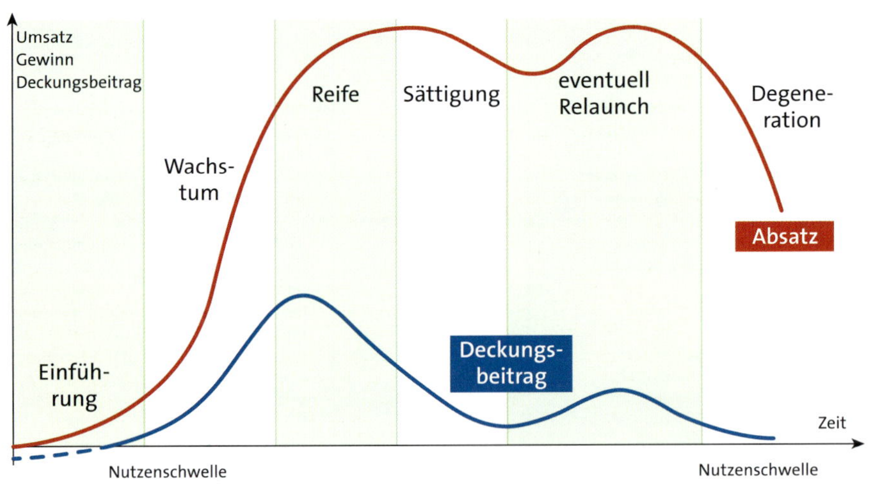

Abb. Produktlebenszyklus mit *Relaunch*
www.economics.phil.uni-erlangen.de, Online-Lehrbuch

	Einführungsphase	Wachstumsphase	Reifephase	Sättigungsphase	Degenerationsphase
Absatz	langsam ansteigend	weiter ansteigend	leicht steigend	Erreichen des Umsatzmaximums, dann absolut rückläufig	nimmt stetig ab
Konsumenten	Innovatoren	Erstkäufer	Erstkäufer Wiederholungskäufer	Nachzügler Wiederholungskäufer	Nachzügler
Marktform	Temporäres Monopol	Oligopol	Polypol	Oligopol	Polypol
Marktstellung	Pionier	Frühe Folger	Späte Folger	Nachzügler	Nachzügler
Preis (Begriffe ▸ Kapitel 3.1)	Hoher Einführungspreis oder Niedrigpreis-Strategie	Wettbewerbsorientiert	Preise sinken, hohe Kreuzpreiselastizität	Kampfpreispolitik	Preissenkungen
Gewinn/ Umsatz	Kein Gewinn wegen hoher Vorlaufkosten/Umsatz steigt	Produkt überschreitet die Gewinnschwelle/ Umsatz steigt	abnehmender Gewinn/ leicht steigender Umsatz	Rückgang	kaum Gewinne/Umsatz rückläufig trotz Preissenkungen
Produktpolitik	Standardisierung	Markenpositionierung	Markendifferenzierung	Selektion oder Modifikation	Selektion oder Modifikation
Wettbewerbsbarrieren	Markteintrittsbarrieren	Steigende Konkurrenz	Hohe Konkurrenzintensität	Marktaustrittsbarrieren	Auch Konkurrenten stellen die Produktion ein

Tab. Die Phasen des Produktlebenszyklus

Einführungsphase – Für Tourismusunternehmen ist die **Produktinnovation** aufgrund der zunehmenden Individualität der Nachfrage von besonderer Bedeutung, da Umsatz- und Gewinnsteigerungen oft von neuen Produkten abhängen. Unter Produktinnovation wird die Entwicklung und Einführung von Produkten verstanden, die für den Markt und/oder das Unternehmen vollkommen neuartig sind.

Eine Produktinnovation ist mit erheblichen Risiken verbunden. Daher bietet sich in diesem Zusammenhang auch an mit anderen innovativen Unternehmen zu kooperieren bzw. innovative Unternehmen aufzukaufen und deren neue Produkte weiter zu entwickeln und zu verkaufen. Das neue Produkt muss so auf dem Markt positioniert werden, dass es sich möglichst deutlich vom Konkurrenzprodukt abhebt (engl. ***Unique Selling Proposition***). Als »Pionier« auf dem Markt hat man die Chance auf hohe Preise und einen Imagegewinn.

Einige Produktinnovationen in 2012 BEISPIEL

- Bei den Radreiseprogrammen kann zwischen 23 Touren in 11 Ländern gewählt werden, die sich mit oder ohne Führer unternehmen lassen. Für weniger sportliche Gäste stehen E-Bikes bereit.
- Pauschalreisen mit medizinischer Betreuung für *Best Ager* führen in sechs Zielgebiete und inkludieren ärztliche Hotelsprechstunden, Notfallbereitschaft rund um die Uhr sowie Ausflüge mit einem Arzt als Begleiter.
- So viel »Komfort und Mehrwert, wie noch nie« verspricht zudem das Segment Pauschalreisen für besonders Anspruchsvolle, das zuletzt konstant zugelegt hat. Hier werden jetzt auch Städtereisen, die Anreise mit einem Privatflugzeug oder private Ausflüge auf exklusiven Segelyachten angeboten. In zwei Katalogen »*Selection* Europa & Nordamerika« und »Fernreisen« finden Thomas Cook-Gäste Zielgebiete in 35 Ländern und 430 ausgewiesene Komforthotels. Mehr dazu im Internet unter: www.airportzentrale.de.
- BalancePlus by FTI richtet sich an Reisende, die Sport und Erholung im Urlaub verbinden möchten. Dabei geht FTI eine Kooperation mit der Sportstudiokette body + soul ein.
- Daneben führt FTI eine neue Produktkategorie für Paare ein und kennzeichnet passende Hotels in den Katalogen mit dem Symbol »2sam«.

Wachstumsphase – In der Wachstumsphase werden die Produkte je nach Akzeptanz durch die Kunden ggf. noch verändert (Produktverbesserung oder -modifizierung) und Möglichkeiten geprüft, durch Produktdifferenzierung den Markt auszuweiten.

Reifephase – Ziel in der Reifephase ist es den Marktanteil zu halten, z. B. durch Produktverbesserungen oder vertikale Differenzierung und durch die Entwicklung zusätzlicher Produkteigenschaften (Zusatznutzen). In dieser Phase sind kaum noch Wachstumsraten zu erwarten, da neue Konkurrenten mit u. U. günstigeren Preisen auf den Markt kommen.

Sättigungsphase – Das Interesse am Produkt lässt deutlich nach, Marktanteile schrumpfen. Häufig werden deshalb die Preise gesenkt oder Produktänderungen vorgenommen. In dieser Phase fällt häufig die Entscheidung zur Aufgabe des Produktes.

Degenerationsphase – Durch ein *Facelifting* (z. B. Unterbringung in hochwertigen Hotels, eine Hotelkette lässt ihre Hotels auf einen zeitgemäßen Stand bringen) versucht man das Produkt wieder zu beleben, um neue Kundengruppen und eine Neupositionierung des Produktimages zu erreichen. Dies wird als *Relaunch* bezeichnet.

Zielgruppengerechte Produktpolitik MERKE
Das Produkt ist in jeder Lebensphase zielgruppengerecht auf geeignete Marktsegmente abzustimmen. Dazu sind jeweils eigens darauf abgestimmte Maßnahmen (Gast bucht auch »Illusionen«) des Marketings erforderlich.

Um erfolgreiche Produkte jeder Produktlebensphase zusammenzustellen, müssen entsprechende touristische Leistungen (**Kapazitäten**) eingekauft werden. Diese bestimmen sich z. B. nach dem angestrebten Umsatz bzw. Gewinn des Unternehmens.

Dieser wiederum ist abhängig von der Absatzrate der Produkte. Daher wird die **Produktpolitik des Unternehmens** stets den Kundenwünschen und -bedürfnissen angepasst und auf sie ausgerichtet.

2.3 Produktplanung und -entwicklung

Reiseveranstalter haben viele Möglichkeiten der Produktplanung und -gestaltung. Grundsätzlich müssen sie für die **Planung von Eigenveranstaltungen** die in ▸ Kapitel 6 beschriebenen, rechtlichen und vertraglichen Aspekte berücksichtigen.

© Guido Vrola – Fotolia.com

© fhmedien.de – Fotolia.com

Um den **angestrebten Umsatz bzw. Unternehmensgewinn** mit den angebotenen Produkten **zu realisieren** sind anzusprechende Zielgruppen, touristische Fenster (z. B. Sommer-/Wintersaison) und touristische Destinationen zu bestimmen, für die **Komplettlösungen bzw. Bausteine oder *Dynamic Packages*** angeboten werden sollen. Das erfordert, dass alle touristischen Leistungsangebote (Produkte) **tagegenau** (z. B. Hotelbetten PMI am 28.07.20XX ▸ Kapitel 6) einzukaufen sind.

Für eine Erfolg versprechende **Produktgestaltung** unter zielgruppenspezifischen Aspekten kann die folgende Arbeitshilfe herangezogen werden:

BEISPIEL

Arbeitshilfe für die Produktplanung:
Wen wollen Sie erreichen?

Auf Grundlage der Urlaubsmotivationsspannungsfelder Sicherheit ↔ Abenteuer und *Convenience* ↔ Eigeninitiative lassen sich 16 Einstellungsdimensionen faktorenanalytisch ermitteln. Sie sind in dem folgenden Kreisdiagramm genannt.

Abb. Einstellungsdimensionen als Arbeitshilfe für die Produktplanung

verändert nach: Reisemotive im Zeitalter der Digitalisierung und Individualisierung, forsa/phaydon|research + consulting

Außerdem sollten noch die folgenden Punkte **bei Ihrer Produktplanung Berücksichtigung** finden:

- Reisezeitpunkt (Klima)
- Kreativität bei Produkterstellung und -gestaltung
- Authentizität des Produktes
- Zielgebiet/Zielort (ggf. Einbindung eines aktuellen Anlasses)
- Verkehrsträger, Transfer, Unterkunft (barrierefreies Reisen)
- Verpflegung (ggf. kulinarische Höhepunkte)
- Zusatzleistungen (***Add-ons:*** Zusatz- und Ergänzungsprodukte)
- Betreuung vor Ort (Reiseleitung)
- Unterhaltung (Animation, Ausflüge, Besichtigungen)
- Transparente Leistungsbeschreibung
- Optimales Preis-/Leistungsverhältnis
- Buchbarkeit/Buchungsabwicklung
- Preisbestimmung
- Ansprechende Präsentation

- Für **Städtereisen** sind die »***Four A's***« zu erfüllen: ***Attractions*** (Attraktionen), ***Amenities*** (attraktive Hotellerie, Gastronomie, Freizeiteinrichtungen), ***Access*** (schnelle und bequeme Erreichbarkeit) und ***Authenticity*** (unverwechselbarer lokaler *Spirit*).

Weitere Aspekte, die bei der Produktentwicklung berücksichtigt werden sollten sind die **natürlichen Gegebenheiten der Destination**, z. B. Landschaftsbild, Vegetation, Tierwelt **und die soziokulturellen Verhältnisse** (Kultur, Sprache, Sicherheit) **sowie die touristische Infrastruktur** (z. B. Seilbahn, Erlebnispark). Sie alle gehören zu den **Attraktivitätsfaktoren einer Destination**, die in ▸ Fachwissen Tourismus Band 2 ausführlich beschrieben werden.

Ist ein Produkt neu für ein Unternehmen, sollte z. B. auch eine **Stärken-Schwächenanalyse** (▸ Kapitel 4.3.1) mit dem bereits auf dem Markt vorhanden Produkten durchgeführt werden, bevor es in das Produktprogramm fest aufgenommen wird.

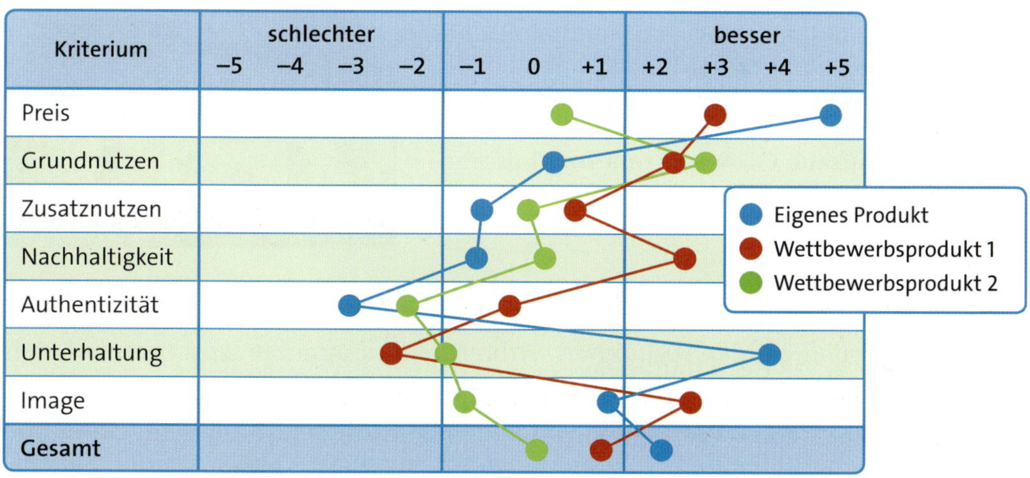

Abb. Stärken-Schwächenanalyse für eine neue touristische Leistung

Grundsätzlich gilt bei der Produkterstellung zu beachten, dass der angesprochene Kunde seine spezifischen Bedürfnisse und Sehnsüchte möglichst einfach und rasch befriedigen möchte.

2.4 Nachhaltige Produktpolitik

Ein Reiseveranstalter sollte bereits bei der Produktplanung **ökologische und soziale Aspekte** berücksichtigen.

Auf die **Bedeutung der Nachhaltigkeit** für die Zielausrichtung der Touristikunternehmen und für die **Zukunft des Tourismus selbst** wird bereits in ▸ Fachwissen Tourismus Band 1 LF 1, Kapitel 1.3 und 1.4 ausführlich hingewiesen. Im Rahmen der umgesetzten Produktpolitik des Unternehmens kann diesen wichtigen Aspekten Rechnung getragen werden.

Im Hinblick auf die Destination kann dies u. a. durch die Festlegung von **Kapazitätsgrenzen**, **Besucherlenkungsmaßnahmen**, Festlegung von **Badewasser- und Strandqualität** (**Touristische Label** ▸ Fachwissen Tourismus Band 2, LF 3, Kapitel 2.2) sowie Informations- und Öffentlichkeitsarbeit geschehen. Reiseziele, in denen die **Achtung der Menschenrechte fragwürdig** ist, sollten keine Berücksichtigung finden.

Für die **Auswahl von Beherbergungsbetrieben** können dann u. a. folgende Kriterien herangezogen werden:

- **Abfall:** Abfallvermeidung, -trennung, Wertstoffrecycling,
- **Energie:** Verbrauchsreduzierung, Nutzung regenerativer Energiequellen,
- **Wasser:** Reduzierung des Wasserverbrauches, Abwassernutzung, Anschluss an eine Kläranlage,
- **Luft:** Reduzierung bzw. Vermeidung von Emissionen,
- **Grünanlagen:** Nutzung einheimischer Pflanzen und Vermeidung von Pestiziden,
- **Zusammenarbeit mit Lieferanten:** Kooperation mit Anbietern aus der Region,
- **Ökologische Gästeinformation:** Informationsbroschüre über Möglichkeiten, wie der Gast mithelfen kann seinen Urlaub ökologisch zu gestalten,
- **Baustoffe und Baustil:** entsprechend der Region, die Landschaft schonend,
- **Sozialverträglichkeit:** Interessen, Sitten und Moralvorstellungen der Einheimischen werden respektiert, Arbeitsbedingungen entsprechen definierten Standards.

Freizeit-Programm: Festlegung von Regeln, die die Belastungen für Natur und Umwelt minimieren und Nutzung umweltschonender Verkehrsmittel bei Ausflügen vor Ort.

Transportmittel und Verkehrsformen: möglichst umweltschonende An- und Abreise mit Bus, Bahn, oder ÖPNV, Zubringerflüge vermeiden (»*rail & fly*-Option«), Fluggesellschaften wählen, die Flugzeugtypen mit geringem Treibstoffverbrauch verwenden, Hinweis auf freiwillige Kompensation von z. B. Flugemissionen.

Nachhaltige Produktentwicklung

Im Mittelpunkt der nachhaltigen Produktentwicklung steht die optimale **Gestaltung alternativer Reiseangebote** unter Berücksichtigung der Kundenwünsche und Zielgruppen-spezifischen Bedürfnisse – ohne den Reisenden ihr Reiseverhalten vorzuschreiben. **Umweltfreundlichkeit** und **Nachhaltigkeit** bilden jedoch oft den **entscheidenden Mehrwert,** dessen persönlicher Nutzen sich z. B. durch einen sauberen Strand und klares Wasser darstellt.

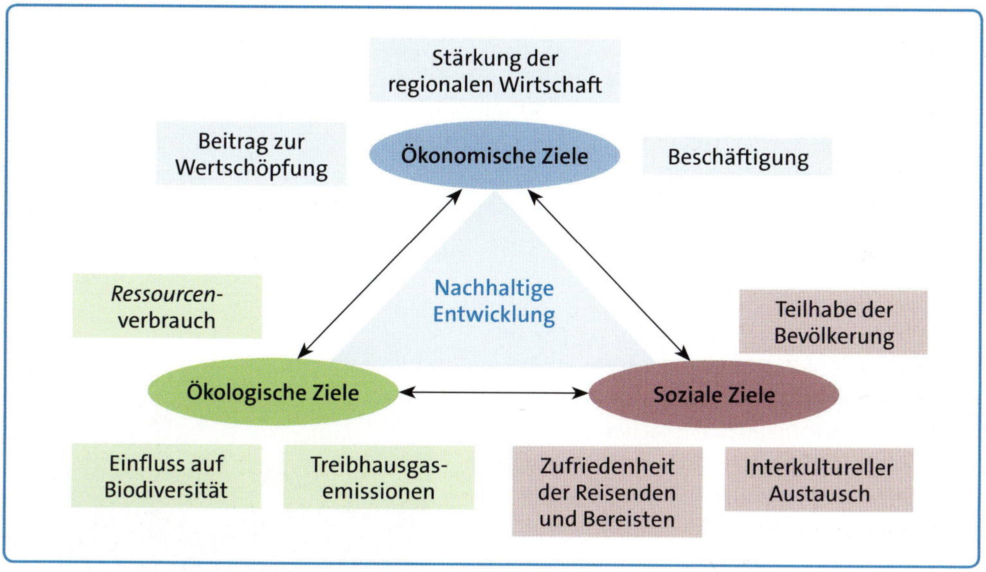

Abb. Kriterien für nachhaltigen Tourismus

Öko-Institut/Uni Lüneburg/ISOE, Martin Schmied:,Innovative Vermarktungskonzepte nachhaltiger Tourismusangebote, 7. November 2005

Verkehrsmittel	CO_2-Emission pro Person	CO_2-»Bilanz« gegenüber dem Pkw
Flugzeug	380 g/km	+ 153 Prozent
moderner Mittelklasse-Pkw	150 g/km	± 0 Prozent
Bahn	40 g/km	– 73 Prozent
Reisebus	20 g/km	– 87 Prozent
Mittelklasse-Elektro-Pkw (16 kwh/100 km)	100 g/km (7 g/km mit Ökostrom)	– 33 (95) Prozent
Leichtbau-Elektro-Pkw (8 kwh/100 km)	50 g/km (3,5 g/km mit Ökostrom)	– 66 (97) Prozent

Tab. Vergleich des CO_2-Ausstoßes pro km von Flugzeug, Pkw, Bahn und Bus

www.co2-emissionen-vergleichen.de/verkehr/CO2-PKW-Bus-Bahn.html

Eine nachhaltigere Produktplanung und -entwicklung impliziert auch eine **Erhöhung der Attraktivität von Nahzielen,** mit dem Ziel der Reduzierung von Treibhausgas-Emissionen. Hier sollten Unternehmen z.B. Bus- und Bahnangebote berücksichtigen.

Angebotsfenster und Produkte, die zu einer Veränderung der Saisonalität und somit zur Auslastung auch außerhalb der »Spitzenzeiten« führen sind weitere einsetzbare Instrumente, ein Beispiel: **Klimaneutrale Hotels.**

BEISPIEL

Klima-Hotels

Die Klima-Hotels sind eine Initiative der Viabono GmbH für umweltfreundliche Hotels. Sie optimieren ihre CO_2-Emissionen, erstellen einen CO_2-Fußabdrucks (Messung der CO_2-Emissionen pro Gast) und kompensieren der entstandenen CO_2-Emission durch effiziente Klimaschutzprojekte. Somit bieten Klima-Hotels ihren Gästen einen klimaneutralen Aufenthalt. Sehen Sie nach unter ▸ www.klima-hotels.de.

Kompensationsprojekte

© chris 74 – Fotolia.com

CO_2OL *Native Tree Species Reforestation*, Panama – Hochwertige CO_2-Zertifikate aus Aufforstungen

Im CO_2OL-Projekt *Native Tree Species Reforestation* wurden ehemalige Brachflächen oder extensiv genutzte Rinderweiden in Panama durch Pflanzung überwiegend einheimischer Baumarten plus Teak (40 %) wieder aufgeforstet. Das Projekt verbindet nachhaltige und ökologische Holzgewinnung mit Schutz der Biodiversität und Wiederherstellung eines Ökosystems Wald. Mehr Information gibt es unter ▸ www.co2ol.de

***Landfill Gas to Energy Conversion*, China – Energiegewinnung aus Methan-Gas**

Die Anlage fängt stark klimaschädliche Deponiegase (Methan) noch vor dem Entweichen in die Atmosphäre auf und wandelt sie durch Verbrennung in einem Heizkraftwerk in Elektrizität um, die in das lokale Stromnetz der Stadt *Suzhou* eingespeist wird. Der erzeugte Strom gelangt über ein Verteilungs- und Kontrollsystem in das kommunale Energienetz, das Teil der bis heute stark Kohle-abhängigen Ost-China-Energieversorgung ist.

Casas Bioclimáticas«

Auf Teneriffa in der Nähe von Granadilla befindet sich die erste CO_2-emissionsfreie Ferienhaus-Siedlung der Welt. Diese Architektenhäuser aus ökologischen Materialien und nur Fahrräder und Elektrowagen sowie von Öko-Strom genutzt werden, laden Gäste aus aller Welt zum CO_2-freien Urlaub ein.
Mehr Information bietet ▸ www.just2guide.com; Travel Green: Öko-Urlaub auf Teneriffa

NH-Hotels

Gäste und Kunden der spanischen NH-Hotelgruppe können ihre persönliche CO_2-Bilanz ausrechnen. Mit dem Online-Emissions-Rechner lässt sich exakt berechnen, welchen Einfluss ein Aufenthalt in einem der 394 NH-Hotels weltweit auf die Umwelt hat. Außerdem wird für die Berechnung auch in Betracht gezogen, wie lang der An- und Abreiseweg ist und welche Verkehrsmittel genutzt wurden (Flug, Bahn, Auto, Taxi, Bus, Fahrrad). NH-Hotels bietet an, diese CO_2-Bilanz mit entsprechend zertifizierten Umweltaktionen – beispielsweise im sudanesischen *Darfur* oder in Brasilien – von *Carbon Clear* zu kompensieren. Informationen gibt es unter: www.nh-hotels.de/nh/de/presseraum oder www.carbon-clear.com/apps/nh/eicalculator.php.

Atmosfair Airline Index

Der *atmosfair Airline Index* (AAI) vergleicht die 100 größten Fluggesellschaften der Welt aus Klimaschutzsicht. Ziel des Index ist es, Passagieren eine Orientierung bei der Wahl einer klimaeffizienten Airline für einen Flug zu bieten. Der Index basiert auf dem CO_2-

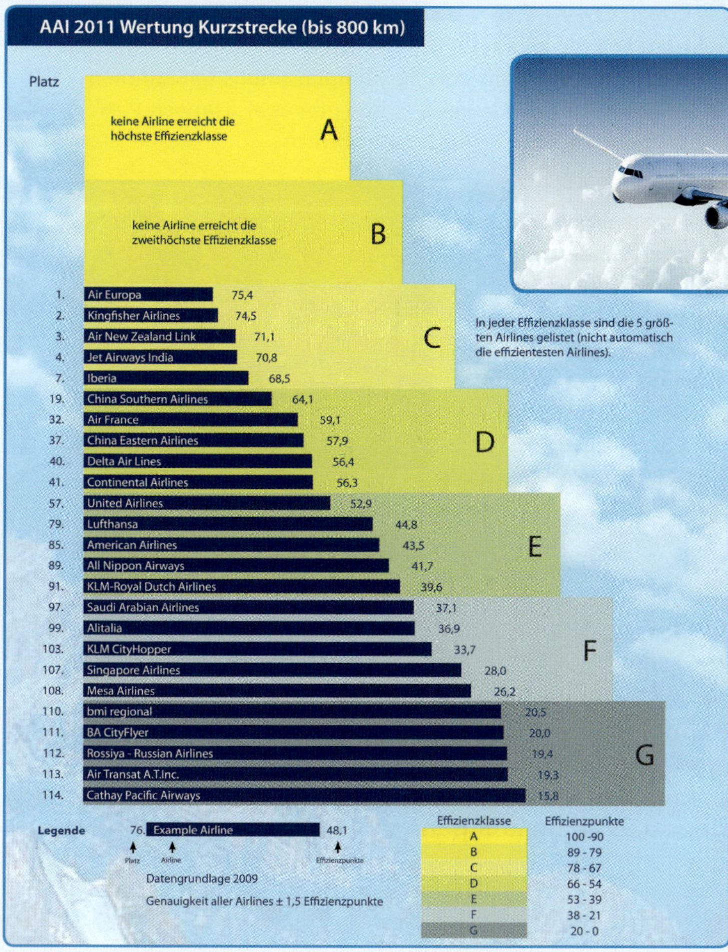

© vicelord6 – Fotolia.com

Abb. © atmosfair, Berlin

aus: atmosfair Airline-Index 2011, Wertung Kurzstrecke (bis 800 km)

Ausstoß einer Fluggesellschaft pro Kilometer und Passagier auf einer geflogenen Strecke. Den CO_2-Ausstoß berechnet der Index für alle beflogenen Strecken über den Flugzeugtyp, die Triebwerke, die Verwendung von *Winglets* (aerodynamische Flügelspitzen), die Sitz- und Frachtkapazität sowie deren Auslastung. Der Airline Index ordnet sich dabei in das klassische Vorgehen zum Umweltschutz ein, nach dem Vermeidung vor Reduktion vor Kompensation steht. Voraussetzung für eine sinnvolle Nutzung ist also, dass der Fluggast bereits geprüft hat, ob sich der Flug nicht vermeiden lässt und bereits die direkteste Flugverbindung gewählt ist. Der Airline Index hilft dann beim zweiten Schritt »Reduktion« und steht damit noch vor dem möglichen letzten Schritt, der Kompensation von Treibhausgasen.

Ökoprogramme

DB-Umweltprogramme

Die Bahn ist neben dem Reisebus das klimafreundlichste Reisemittel.
Im Rahmen der Umweltoffensive *DB Eco Program* bietet die Deutsche Bahn für bahn.corporate-Kunden jetzt auch komplett CO_2-freie Reisen an. Dafür kauft die DB die benötigten Mengen an regenerativem Strom anhand konkreter Buchungen und Prognosen vorab ein und speist diese in das Bahnstromnetz ein. Anders als bei Kompensationsmaßnahmen entstehen so erst gar keine CO_2-Emissionen. CO_2-freies Reisen gibt es als Umwelt Plus und Eco Plus unter ▸ www-cda4.deutschebahn.com/de/start.html

Vor-Ort-Programm

Bei der Planung von Vor-Ort-Programmen sollten Leerfahrten auf ein absolutes Mindestmaß reduziert und nur Busunternehmen ausgewählt werden, die ihre produzierte CO_2-Menge durch zertifizierte Klimaschutzprojekte ausgleichen. Ökologisch empfindliche Gebiete sollten nur mit »*nature guides*« aufgesucht werden. Die Existenzgrundlage der einheimischen Bevölkerung sollte durch die Nutzung lokaler bzw. regionaler Dienstleistungen und Produkte gestärkt werden. Vernetzte Angebote vor Ort sollten sozial gerecht, kulturell angepasst, ökologisch tragfähig und insbesondere für die ortsansässige Bevölkerung wirtschaftlich sinnvoll und ergiebig sind.

Vom Prinzip her haben solche touristischen Leistungsträger ihre CO_2-Emissionen **ökologisch und ökonomisch optimiert** und sich zu weiteren Klima-Schutzmaßnahmen verpflichtet. Die unvermeidliche Restmenge an Kohlenstoff, die innerhalb eines Jahres entsteht, wird u. a. durch einen **CO_2-Fußabdruck** ermittelt und durch kontrollierte Projekte kompensiert (▸ LF 10, Kapitel 1.4).

CO_2-Ausstoß von Kreuzfahrt-Schiffen berechnen

21.September 2010
von FRANZ NEUMEIER

Hapag-Lloyd Kreuzfahrten und *Atmosfair* haben einen Klimarechner entwickelt, mit dem Kreuzfahrtpassagiere mit wenigen Mausklicks berechnen können, wie viel CO_2-Ausstoß ihre Kreuzfahrt verursacht. Der Klimarechner berücksichtigt Kabinengröße, Bettenzahl in der Kabine, Kreuzfahrtdauer und Anzahl der Seetage und ermittelt daraus die anteilige Menge an CO_2-Ausstoß einschließlich der sich daraus ergebenden Kompensationszahlung. Bei einer 7tägigen Kreuzfahrt mit zwei Seetagen in einer Außenkabine ergibt diese Rechnung beispielsweise einen CO_2-Ausstoß von 3.300 kg, was 76,00 Euro entspricht. Die freiwilligen Klimaschutz-Spenden von Passagieren in dieser Höhe investiert *Atmosfair* laut der aktuellen Pressemitteilung in Klimaschutzprojekte. [...]

Insgesamt ist die Vergleichbarkeit solcher Werte nicht immer gegeben, da häufig – aber eben nicht immer – auch andere Schadstoffe in sogenannte CO_2-Äquivalente umgerechnet und mit einbezogen werden. Der Kreuzfahrtschiff-Klimarechner berücksichtigt derzeit ausschließlich den CO_2-Ausstoß.

Entscheidet sich ein *Hapag-Lloyd-Passagier* dazu, die aus den CO_2-Emmissionen seiner Kreuzfahrt entstehenden Umweltkosten an *Atmosfair* zu spenden, beteiligt sich Hapag-Lloyd Kreuzfahrten für Reisen ab 2011 mit 25 Prozent des Betrags an der Spende. Per Spendenbescheinigung von *Atmosfair* ist das dann sogar steuerlich absetzbar. [...]

www.cruisetricks.de/klimarechner

AUFGABEN

1. Warum wird die Produktpolitik als »Herz« des Marketings bezeichnet?
2. Überprüfen Sie zwei Reiseangebote aus einem Veranstalterkatalog im Hinblick auf die Produktgestaltung und unter dem Aspekt der Kundenfokussierung.
3. Formulieren Sie drei Beispiele dafür, wann eine Produktgestaltung neben einer Basisleistung den Kunden weiteren technischen, ästhetischen oder symbolischen Zusatznutzen bietet.
4. Grenzen Sie die Begriffe Produktprogramm, Programmtiefe und Programmbreite voneinander ab.
5. Geben Sie – bezogen auf einen Reiseveranstalter und einen Reisevermittler – jeweils ein Beispiel für Produktprogramm, Programmtiefe und Programmbreite.

6. Beschreiben Sie den Produktlebenszyklus unter Berücksichtigung der in der Tabelle aufgeführten Parameter.

Parameter	Einführung – Wachstum – Reife – Sättigung – Degeneration
Art der Entwicklung	
Hauptprobleme	
Kapitalbedarf	
Preis	
Konsumenten	
Sortiment	
Markt	
Absatz	
Gewinn/Umsatz	
Kosten	
Werbung	
Mitbewerber	

7. Was versteht man unter *Relaunch* eines Produktes?

8. Formulieren Sie drei Beispiele, wie ein touristisches Produkt wieder »belebt« werden kann.

9. Welchen Grundsatz müssen Sie bei der Produkterstellung beachten?

10. Begründen Sie die folgende Aussage: »Nachhaltige Produktentwicklung bietet vielen Kunden den entscheidenden Mehrwert.«

11. Entwickeln Sie jeweils für die genannten Zielgruppen ein Produkt unter Berücksichtigung der Arbeitshilfen für die Produktplanung (▸ Kapitel 2.3) sowie ökologischer und sozialer Aspekte mit entsprechendem Hinweis auf ein Kompensationsprojekt ihrer Wahl.

1. Bildung

2. Gesundheit

3. Individualisierung

4. Neue Frauen

5. Silberne Revolution

Abb. Die wichtigsten Zukunftstrends (laut *Marketinggesellschaft Meran MGM*)

3 Preispolitik

Die Preispolitik dient der Umsetzung und Ausgestaltung der strategischen Unternehmensziele. Im engeren Sinne dient sie der Bestimmung und Gestaltung des Entgelts für die Leistungen, die ein Unternehmen auf einem Markt anbietet (taktische Preispolitik bzw. ***operative Pricing***). Die **taktische Preispolitik** legt somit konkrete Preise, Preisstrukturen und ein Konditionsmodell fest. Sie ist stark abhängig von der jeweiligen Marktsituation. Daher wird in den ersten Kapiteln auf die für die Tourismusbranche wichtigen typischen Marktstrukturen eingegangen.

Im weiteren Sinne, als **strategische Preispolitik**, dient sie der Umsetzung der übergeordneten Marketingziele, indem sie die Preisfindung Zielgruppen-spezifisch unter Berücksichtigung des Kaufverhaltens, der Bedarfsentwicklung, der Nutzung, der Wettbewerbssituation, der Positionierung am Markt und die finanziellen Situation des Unternehmens berücksichtigt, um langfristig das Buchungsverhalten der B2B- und B2C-Kunden zu beeinflussen. Mit Hilfe der strategischen Preispolitik wird eine **langfristige Preisbestimmung** angestrebt.

Folgende **generelle Strategien** finden in der Praxis Anwendung:

	Niedrigpreisstrategien	Hochpreisstrategien
Einfache Leistung	**Promotionspreispolitik** Der Preis ist das wichtigste Werbeargument. Er liegt unter dem Preis vergleichbarer Produkte bzw. erscheint in der Käuferwahrnehmung als niedrig. Das *Image* eines Niedrigpreisgeschäftes soll erzeugt werden.	***Skimming*-Strategie** In der Einführungsphase eines neuen Produktes wird ein hoher Einführungspreis verlangt. Mit zunehmender Markterschließung oder mit aufkommendem Wettbewerbsdruck wird der Produktpreis gesenkt, um neue Käuferschichten zu gewinnen. Die *Skimming*-Strategie (Abschöpfungspreispolitik) ist nicht auf Dauer angelegt.
Hochwertige Leistung	**Penetrationsstrategie** Relativ niedrige Preise für neue Produkte sollen Massenmärkte schnell erschließen. Der Einsatz ist sinnvoll, wenn Nachfrager sehr preissensibel reagieren und niedrige Preise höhere Marktanteile erbringen. Nachdem das Produkt auf dem Markt etabliert ist, wird der Preis nach und nach erhöht.	**Prämienpreispolitik** Hoher Preis verbunden mit hoher Produktqualität. Exklusivität bzw. Produkt*image* wird betont (*Image*- bzw. *Snob*-Effekt). Die Prämienpreispolitik ist eine langfristige Strategie.

Abb. Preispolitische Strategien

Preispolitische Strategien, speziell in der Tourismusbranche angewendet, werden genauer ab ▸ Kapitel 5 dargestellt.

3.1 Marktstrukturen bestimmen den Preis

Der Markt ist der Ort an dem Anbieter und Nachfrager zusammenkommen.

Märkte lassen sich nach unterschiedlichen Kriterien beschreiben. Nach dem Marktobjekt unterscheidet man z. B. den Gütern und Dienstleistungsmarkt, Immobilienmarkt, Kapitalmarkt und Aktienmarkt. Für Sie wird nach ihrer Ausbildung der Arbeitsmarkt von besonderem Interesse sein.

Während die Anbieter ihre Produkte zu möglichst hohen Preisen auf dem Markt verkaufen möchten, möchten die Nachfrager ihren Bedarf möglichst kostengünstig decken. So kommt es zur Bildung eines **Marktpreises**, der die unterschiedlichen Interessen von Anbietern und Nachfragern ausgleicht. Man spricht daher von der **Ausgleichsfunktion des Marktpreises**.

> **Der Preis für ein Produkt** — MERKE
> Der Preis ist ein Wertmaßstab für Güter und Dienstleistungen.
> Die Messgrößen sind der Bedarf (Nachfrage) und die verfügbare Menge (Angebot).

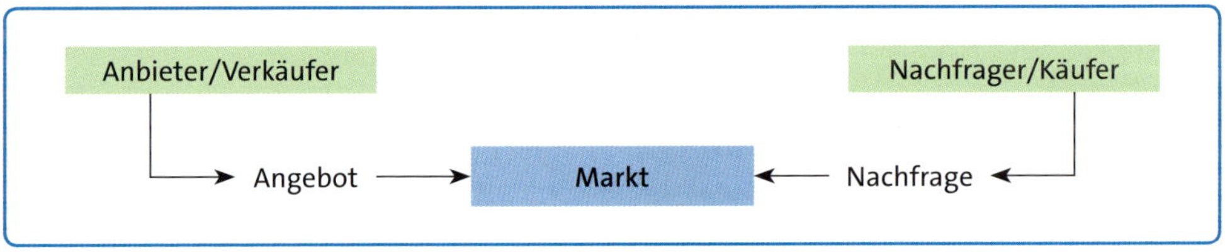

Abb. Angebot und Nachfrage bestimmen den Preis

Die Preisbildung auf den verschiedenen Märkten wird mit Hilfe von Modellen beschrieben, die ein vereinfachtes Abbild der Wirklichkeit darstellen. Eine der Modellprämissen ist dabei der vollkommene Markt.

Vollkommener Markt

Für einen vollkommenen Markt gelten folgende Voraussetzungen:

- 1. **Sachliche Gleichartigkeit** (Homogenität) der Güter (z. B. hinsichtlich der Qualität, Ausstattung, Farbe),
- 2. **vollkommene Markttransparenz,** d. h. jeder Marktteilnehmer hat alle erforderlichen Marktinformationen (z.B. über Preise /Qualitäten),
- 3. es gibt **keine** sachlichen, persönlichen, räumlichen und zeitlichen Präferenzen,
- 4. **zeitliche Übereinstimmung** von Angebot und Nachfrage.

Fehlt eine der oben genannten Prämissen, handelt es sich um einen **unvollkommenen Markt.**

Der **vollkommene Markt** bietet keine Möglichkeit, dass sich die Marktteilnehmer strategisch absprechen. Auf dem vollkommenen Markt handeln alle Marktteilnehmer nach dem **erwerbswirtschaftlichen Prinzip**. Die Produzenten erstreben das Gewinnmaximum, die Konsumenten das Nutzenmaximum, d.h. sie versuchen, den höchsten Ertrag ihres Einkommens durch optimale Bedürfnisbefriedigung zu erzielen. Dieses Verhalten wird durch zwei Gesetze beschrieben, es gilt:

© Karl Holzhauser – MEV Verlag

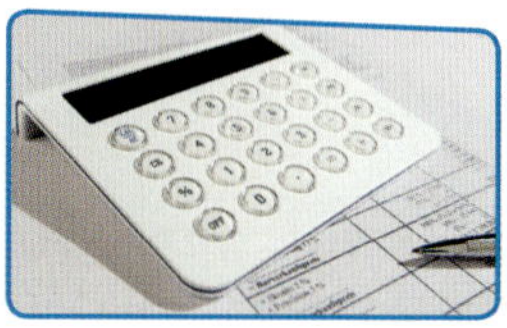

© Independent Light – MEV Verlag

© Karl Holzhauser – MEV Verlag

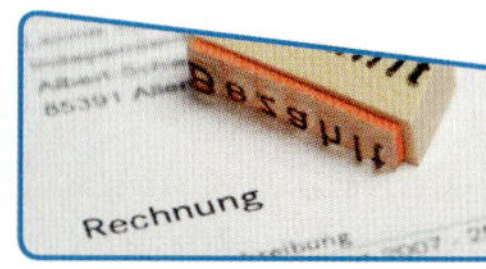

© Independent Light – MEV Verlag

- **Nachfragegesetz:** »Die nachgefragte Menge eines Gutes wächst mit fallenden Preisen und sinkt mit steigenden Preisen.«
- **Angebotsgesetz:** »Mit steigendem Preis steigt die angebotene Menge des Gutes auf einem Markt.«

Für die Preisbildung auf dem vollkommenen Markt lassen sich daraus folgende Konsequenzen ableiten:

MERKE

Gleichgewichtsmenge
Eine Marktsituation, in der sich gleichzeitig das Optimierungsverhalten (Nutzenmaximierung) der Nachfrager und das Optimierungsverhalten (Gewinnmaximum) der Anbieter realisieren lassen, liegt dann vor, wenn die Nachfrager gerade soviel kaufen wollen, wie die Anbieter zu diesem Preis verkaufen wollen.

3.2 Preisbildung und Gleichgewichtspreis

Der Markt bildet den **Interessenausgleich** zwischen den wechselseitigen Vorstellungen von Anbieter und Nachfrager über den Preis, dabei wird der Markt geräumt **(Markträumungsfunktion)**. Er sorgt für einen effiziente Verwendung der Produktionsmittel und kostengünstige Produktionsverfahren; da kostenungünstig arbeitende Unternehmen vom Markt verdrängt werden. Durch den dadurch gegebenen Wettbewerb werden Konsummöglichkeiten der Verbraucher erhöht, Innovationen und technischem Fortschritt gefördert. Dies sorgt für eine hohe Verfügbarkeit an Gütern, die von den Nachfragern erworben werden, weil sie ihnen den höchsten Wert beimessen.

Der Marktmechanismus sorgt somit für eine **Verteilung der Einkommen und Gewinne** nach individueller Leistung für die Nachfrager.

Der Marktmechanismus löst die drei grundlegenden Fragen einer Wirtschaftsordnung:

- **Welche Güterarten** sollen in welchen Mengen produziert werden?
- **Welche Produktionsfaktoren** sollen in der Produktion in welchen Mengen eingesetzt werden?
- **Wer erhält was und wie viel** vom Produktionsergebnis?

Käufermarkt und Verkäufermarkt

Beim **Käufermarkt** liegt **Angebotsüberschuss** vor, wenn das Angebot größer als die Nachfrage ist. Die Käufer haben hier die größere Marktmacht. Um den Überschuss abzubauen, werden sich die Anbieter solange gegenseitig im Preis unterbieten, bis das Gleichgewicht erreicht ist. Die Lager werden größer. Um sie abzubauen, werden die Anbieter sich im Preis solange gegenseitig unterbieten, bis das Gleichgewicht erreicht ist.

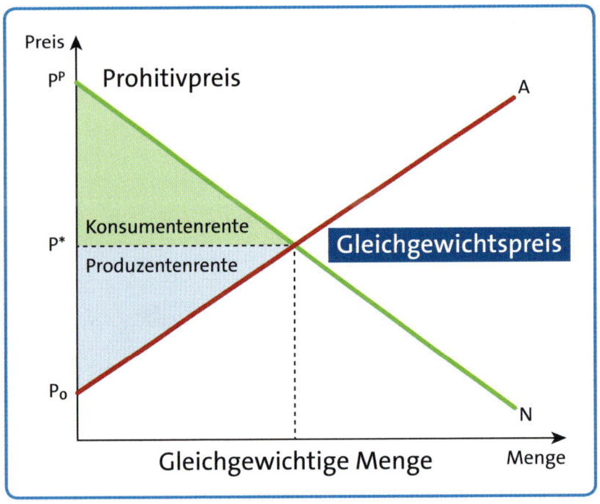

Abb. Gleichgewichtspreis

Ein **Nachfrageüberschuss** liegt vor, wenn die Nachfrage größer als das Angebot ist. Die Verkäufer haben hier die größere Marktmacht. Es werden nicht alle Bedürfnisse befriedigt. Um den Mangel abzubauen, werden sich die Nachfrager solange gegenseitig im Preis überbieten, bis das Gleichgewicht erreicht ist.

Konsumenten- und Produzentenrente

Für einen einzelnen Verbraucher ist die **Konsumentenrente** die Differenz zwischen dem geringeren Marktpreis und der höheren individuellen Zahlungsbereitschaft für ein Gut.

Für einen einzelnen Produzenten ist die **Produzentenrente** die Differenz zwischen der individuellen Erlösforderung und Marktpreis.

Die Nachfragekurve

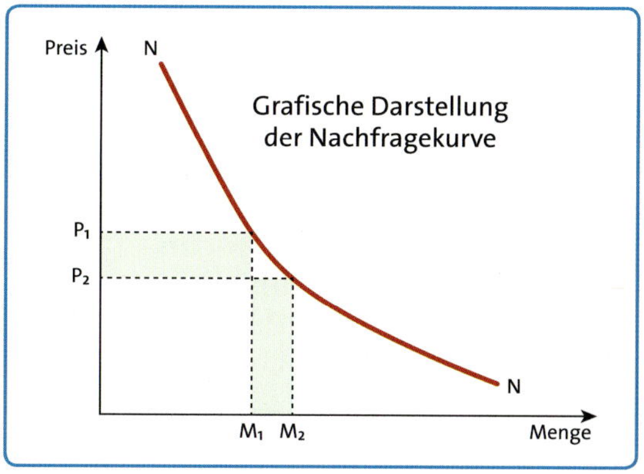

Abb. Nachfragekurve

Aus den optimalen Konsumplänen **(Nutzenmaximum)** einzelner Menschen ergibt sich die **individuelle Nachfragekurve** nach einem Gut (Reise). Die **individuelle Nachfrage (N)** des Konsumenten gibt an, welche Menge eines Gutes er zu einem bestimmten Preis kaufen würde. Dabei wird unterstellt, dass die Konsumenten mehr von dem Gut kaufen wollen, je niedriger der Preis ist. Durch die Addition der individuellen Nachfragen ergibt sich die **aggregierte (zusammengefasste) Nachfragekurve** aller potenziellen Nachfrager für den gesamten Markt.

Die Nachfragekurve stellt die funktionale Beziehung zwischen Nachfragemenge in Abhängigkeit vom Preis dar.

Nachfragegesetz: »Die nachgefragte Menge eines Gutes wächst mit fallenden Preisen und sinkt mit steigenden Preisen.«

Für stetige Funktionen lässt sich die Nachfragekurve eindeutig mit dem **Pp = Prohibitivpreis** (oberer Grenzpreis eines Gutes) und der **Ms = Sättigungsmenge** (höchste absetzbare Menge eines Gutes) beschreiben.

Die Angebotskurve

Aus den kostenminimalen Plänen für ein einzelnes Unternehmen ergibt sich die deren Angebotsfunktion auf einem Markt. Durch Addition der einzelnen Angebotsfunktionen erhält man die gesamte Angebotsfunktion für den Markt. **Angebotsgesetz:** »Mit steigendem Preis steigt die angebotene Menge des Gutes auf einem Markt.«

Angebotskurven geben die **Angebotsmenge in Abhängigkeit vom Preis** an. Sie haben einen steigenden Verlauf. Die Angebotskurve verschiebt sich u. a., wenn sich die Preise der zur Herstellung benötigen Güter ändern (Beispiel: Kerosinpreis, Flughafengebühr) oder sich die Zahl der Anbieter ändert.

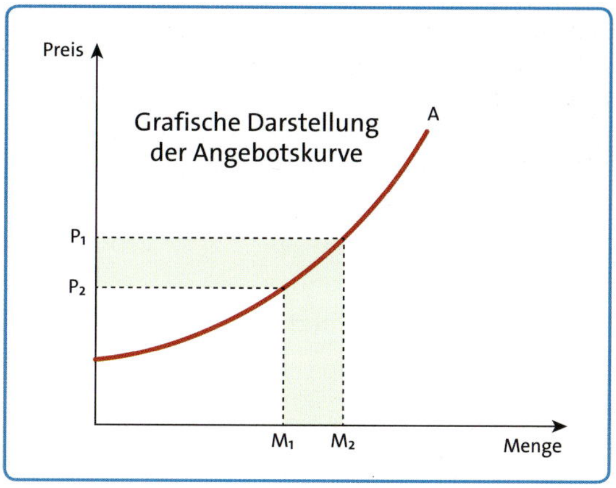

Abb. Angebotskurve

Die Preisbildung

Eine Situation im Marktmodell, in der Angebot und Nachfrage gleich sind, nennt man Gleichgewicht. Der Preis, der Angebot und Nachfrage in Übereinstimmung bringt, heißt **Gleichgewichtspreis (GG-Preis).** Quantitativ entsprechen das Angebot und die Nachfrage beim Gleichgewichtspreis der **Gleichgewichtsmenge (GG-Menge).** Es bilden sich der GG-Preis (P_0) und die GG-Menge (M_0).

Anbieter und Nachfrager reagieren hier als »**Mengenanpasser**« **(MA)** an einen sich verändernden Marktpreis (MA; $N = f_{(P)}$)

Gleichgewichtspreis: Angebot = Nachfrage

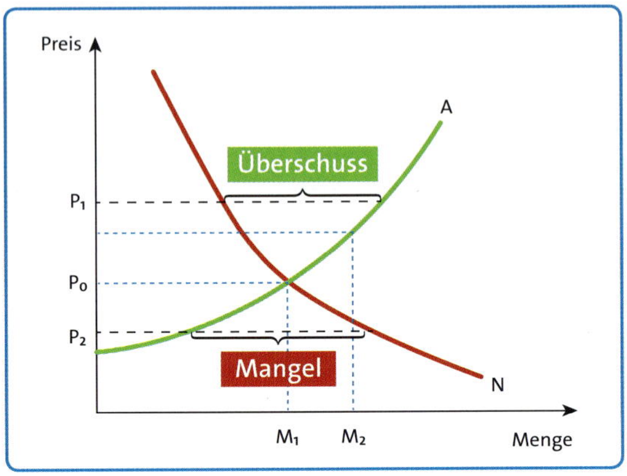

Abb. Preisbildungskurve

BEISPIEL

Gleichgewichtspreis

bei linearer Nachfragefunktion $p(x) = a - bp$
und Angebotsfunktion $p(x) = c + dp$

$$p = \frac{(a - c)}{(d + b)}$$

Nachfragefunktion = 4.000 – (100 · *P*), Angebotsfunktion = 1.000 + (200 · *P*)
Gleichgewicht = 4.000 – (100 · *P*) = 1.000 + (200 · *P*)
300 · *P* = 3.000
P = 10
Gleichgewichtsmenge = 4.000 – (100 · 10) = 3.000

Nachfrageüberschuss

Nachfragefunktion = 3000 – (80 · *P*), Angebotsfunktion = 1.000 + (20 · *P*)
Gleichgewicht = 3.000 – (80 · *P*) = 1.000 + (20 · *P*)
Gleichgewichtsmenge = 3.000 – (80 · 20) = 1.400 bei *P* = 10
Nachfrage: 3.000 – (80 · 10) = 2.200
Angebot: 1.000 + (20 · 10) = 1.200
2.200 > 1.200 also: Nachfrageüberschuss

Angebotsüberschuss

Nachfragefunktion = 3.000 – (80 · *P*), Angebotsfunktion = 1.000 + (20 · *P*)
bei *P* = 30
Nachfrage: 3.000 – (80 · 30) = 600
Angebot: 1.000 + (20 · 30) = 1.600
1.600 > 600 also: Angebotsüberschuss

3.2.1 Preiselastizitäten

Elastizitäten messen die Stärke von Ursache-Wirkungs-Zusammenhängen. Sie beantworten generell die Frage, um wie viel Prozentpunkte sich eine Wirkungsgröße verändert, wenn sich die Ursachenvariable um einen Prozentpunkt verändert.

Preiselastizität des Angebots

Die Preiselastizität des Angebots misst die relative Veränderung der Angebotsmenge, die durch eine relative Preisänderung bewirkt wird.

$$\text{Preiselastizität} = \frac{\text{Veränderung der Angebotsmenge (\%)}}{\text{Veränderung des Preises (\%)}}$$

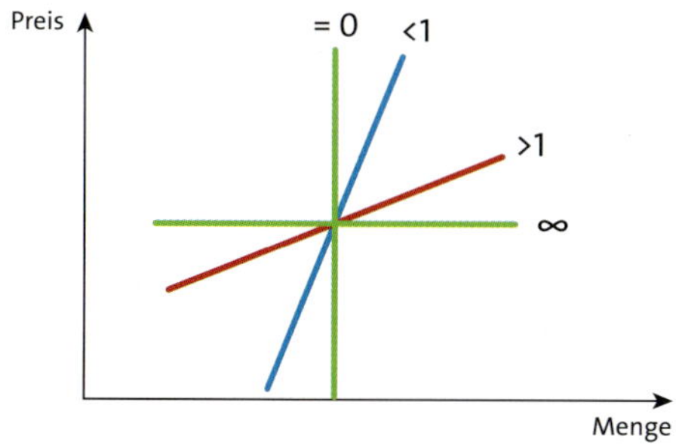

Grundsätzlich gilt, dass das ein höherer Preis zu einer größeren Angebotsmenge führt.

Die Preiselastizität der Nachfrage

Der Anbieter muss damit rechnen, dass bei steigenden Preisen die Nachfrage nach seinem Gut abnimmt. Die Preiselastizität der Nachfrage misst die prozentuale Änderung der Nachfragemenge bei einer Preisänderung von einem Prozent.

$$\text{Preiselastizität der Nachfrage} = \frac{\text{Nachfrageänderung in \%}}{\text{Preisänderung in \%}}$$

Kernfrage: Wie stark reagiert die nachgefragte Menge auf eine Preisänderung?

Wenn die nachgefragte Menge stark auf Preisänderungen reagiert, ist die Nachfrage elastisch. Die Preiselastizität ist dem Betrag nach größer als eins.

Elastische Nachfrage

BEISPIEL

Preissteigerung von 12,00 Euro auf 15,00 Euro, dies entspricht 25 %.
Nachfragerückgang von 80 Stück auf 10 Stück, dies entspricht 87,5 %.

$$E = \frac{-87{,}5}{25} = -3{,}5$$

Die Nachfrage ändert sich bei einer Preisänderung von 1 % um 3,5 % und somit bei einer Preisänderung von 25 % um 87,5 % (3,5 · 25). Die entspricht einem Nachfragerückgang von 70 Stück (auf das Vorzeichen wird häufig verzichtet und nur der Absolutwert genannt).

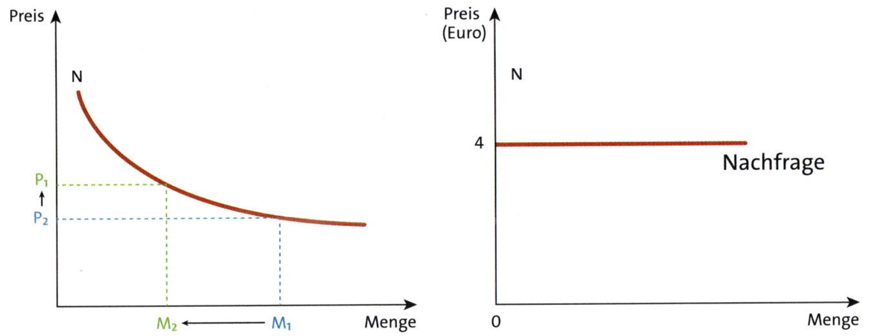

Abb. Vollkommene preiselastische Nachfrage

Die Nachfragekurve hat einen flachen Verlauf. Dies ist z. B. typisch für die Nachfrage von Luxusartikeln, exotischen Früchten, Reisen und Schmuck.

Eine **Preissenkung bei elastischer Nachfrage** (E > 1, d. h. die Mengenänderung ist prozentuell größer als die Preissenkung), führt zur **Erhöhung des Umsatzes**.

Wenn die nachgefragte Menge schwach auf Preisänderungen reagiert, ist die **Nachfrage unelastisch**. Die Preiselastizität ist dem Betrag nach kleiner als eins.

Unelastische Nachfrage

BEISPIEL

Preissteigerung von 12,00 Euro auf 15,00 Euro, dies entspricht 25 %.
Nachfrageänderung von 80 auf 72 Stück, dies entspricht 10 %.

$$E = 10 = \frac{0{,}4}{25}$$

Die Nachfrage ändert sich bei einer Preisänderung von 1 % um 0,4 % und somit bei einer Preisänderung von 25 % um 10 % (0,4 · 8). Die entspricht einem Nachfragerückgang von 8 Stück.

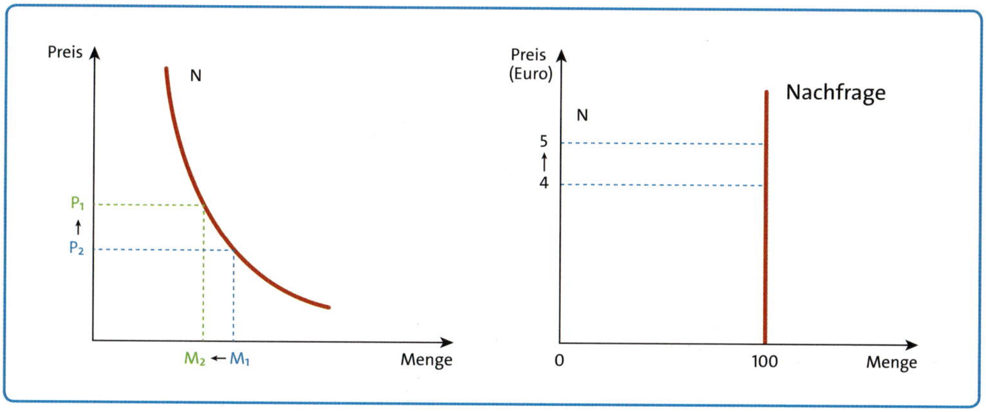

Abb. Vollkommene, Preis unelastische Nachfrage

Die Nachfragekurve hat einen steilen Verlauf. Dies ist z. B. typisch für die Nachfrage nach Medikamenten, Grundnahrungsmitteln, Wohnraum und Strom.

Bei einer **Preissenkung bei unelastischer Nachfrage** (E <1) **nimmt der Umsatz ab**. Voraussetzung ist, dass sich auch das Angebot entsprechend anpasst, d. h. sich die Angebotskurve zum neuen Gleichgewicht verlagert.

Preiselastizität der Nachfrage MERKE

Die Preiselastizität der Nachfrage hängt z. B. von der Erhältlichkeit substitutiver Güter, von der Notwendigkeit des Gutes und von der Größe des Marktes ab.

Wenn eine **Preiselastizität genau 1 beträgt**, spricht man von einer Einheitselastizität. Eine Preisänderung hätte somit genau dieselbe relative Mengenänderung zur Folge. Die Folge einer Preiselastizität von 1 ist, dass der **Umsatz (Menge · Preis)** vor und nach der Preisänderung **derselbe** ist.

Preiselastizität < 1	Preiselastizität = 1	Preiselastizität > 1
Bei einer **unelastischen** Nachfragekurve bewirkt eine Preiserhöhung einen Umsatzanstieg: die nachgefragte Menge sinkt weniger als der Preisanstieg.	Preisveränderungen bewirken keine Umsatzänderungen.	Bei einer **elastischen** Nachfrage bewirkt ein Preisanstieg ein Sinken des Umsatzes. Der prozentuale Rückgang der Nachfragemenge übersteigt den prozentualen Anstieg des Preises.

Tab. Zusammenfassung Preiselastizität und Umsatz entlang einer linearen Nachfragekurve

Elastizitätswerte sind von praktischer Bedeutung für die **Preisspielräume** von Unternehmen.

3.2.2 Kreuzpreis- und Einkommenselastizitäten

Neben der Elastizität des Angebots und der Nachfrage sind für die Markttheorie insbesondere die Kreuzpreis- und Einkommenselastizität von Bedeutung.

Die **Kreuzpreiselastizität der Nachfrage** beantwortet die Frage, welche Nachfrageänderung durch die Preisveränderung eines anderen Gutes prozentual ausgelöst wird.

Kernfrage: Führt eine Änderung der Preise anderer Güter zu Veränderungen der nachgefragten Menge des betrachteten Gutes?

$$\text{Kreuzpreiselastizität} = \frac{\text{Nachfrageänderung Gut 1 (\%)}}{\text{Preisänderung Gut 2 (\%)}}$$

Die Kreuzpreiselastizität gibt Auskunft über der Güterverbundenheit.

© Karl Holzhauser – MEV Verlag

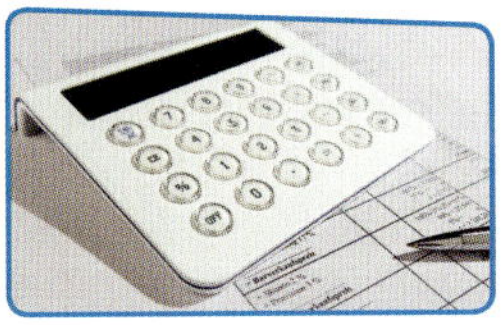
© Independent Light – MEV Verlag

© Karl Holzhauser – MEV Verlag

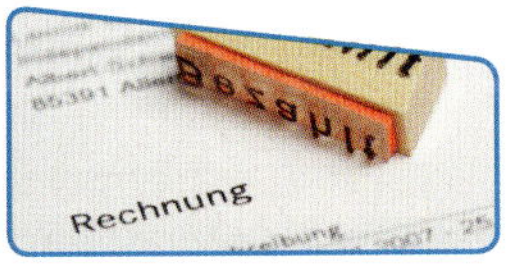

© Independent Light – MEV Verlag

- Ist die Kreuzpreiselastizität positiv ($\varepsilon > 0$) sind die Güter substitutiv, d. h. ein Gut ist ein Ersatz für das andere (z. B. Kinobesuch und *Blueray-Player*).
- Ist die Kreuzpreiselastizität negativ ($\varepsilon < 0$) sind die Güter komplementär, d. h. die Nachfrage nach einem Gut erhöht auch die Nachfrage nach dem anderen Gut (z. B. Skier und Skibindungen).
- Ist die Kreuzpreiselastizität genau gleich Null ($\varepsilon = 0$) sind die Mengenentscheidungen voneinander unabhängig (indifferente bzw. unverbundene Güter).

Die **Einkommenselastizität der Nachfrage** gibt das Verhältnis der relativen Änderung der nachgefragten Menge zur relativen Einkommensveränderung an.

Kernfrage: Führen Einkommensänderungen zu Veränderungen der nachgefragten Menge des betrachteten Gutes?

$$\text{Einkommenselastizität} = \frac{\text{Nachfrageänderung (\%)}}{\text{Einkommensänderung (\%)}}$$

Die meisten Güter haben eine **positive Einkommenselastizität** ($\varepsilon > 1$), d.h. sie sind *superiore* (normale) Güter. Bei wenigen Gütern sinkt die Nachfrage, sie haben eine **negative Einkommenselastizität** ($\varepsilon < 0$) mit dem Einkommen. Dies sind *inferiore* Güter.

Grundsätzlich steigt mit dem Einkommen die Nachfrage nach *superioren* Gütern und *inferiore* Güter werden weniger nachgefragt, sofern sie durch ein *superiores* Gut zu ersetzen sind (z.B. die Pauschalreise durch die Individualreise). Auf bestimmte Güter – bestimmte Grundnahrungsmittel (z.B. Milch) – hat die Höhe des Einkommens jedoch keinen Einfluss, sie werden als **einkommenselastizitätsneutral** ($\varepsilon = 0$) bezeichnet.

3.3 Preisbildung in verschiedenen Marktformen

Die Anzahl der Marktteilnehmer bestimmt die Marktform, für die sich jeweils typische Verhaltensweisen der Unternehmen identifizieren lassen. In quantitativer Hinsicht unterscheidet man üblicherweise folgende Marktformen:

			Angebot		
			Zahl der Marktteilnehmer		
			Einer	Wenige	Viele
Nachfrage	Zahl der Marktteilnehmer	Einer	**Bilaterales Monopol** z.B. Gewerkschaften und Arbeitgeberverbände	**Beschränktes Nachfragemonopol** z.B. Hersteller von Rüstungsgütern und Staat	**Nachfragemonopol** z.B. Bauunternehmen für Autobahnbrücken und Bund
		Wenige	**Beschränktes Angebotsmonopol** z.B. Spezialmedikament eines Arzneimittelherstellers und Patienten	**Bilaterales Oligopol** z.B. Flugzeugmarkt und *Airlines*	**Nachfrageoligopol** z.B. Landwirte und Molkereien
		Viele	**Angebotsmonopol** z.B. Wasserwerk und Haushalte	**Angebotsoligopol** z.B. Tankstellen und Autofahrer	**Polypol** z.B. Devisen- und Wertpapierbörsen

Tab. Marktformen

Der **Monopolist** kann den Preis oder Absatzmenge, ohne Rücksicht auf andere Unternehmen nehmen zu müssen, setzen. Bei zu hohem Preis läuft er Gefahr, dass die Nachfrager sich in Anhängigkeit von der Art des Gutes einschränken oder auf Substitutionsgüter ausweichen. Der sinnvolle Preis eines Monopolisten ergibt sich aus der maximalen Differenz zwischen Umsatz und Kosten.

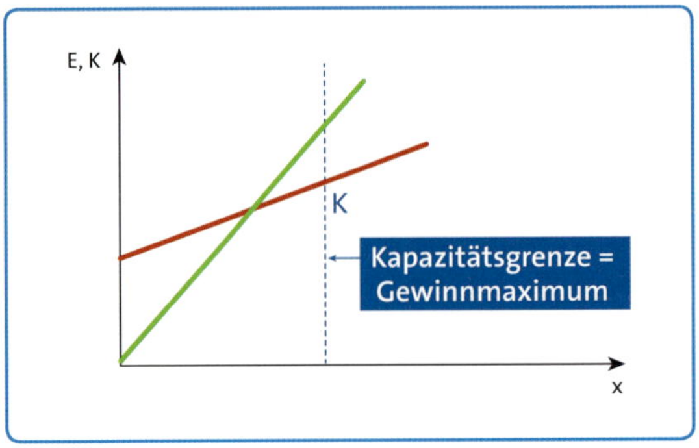

Abb. Gewinnmaximierung eines Monopolisten

Monopole sind i. d. R. wettbewerbspolitisch unerwünscht, weil sie dazu neigen zu hohe Preise zu fordern und die Marktversorgung daher problematisch und ihre Innovationsbereitschaft gering ist.

Die Idealvorstellung der Preisbildung in der Marktwirtschaft unterstellt, dass sich der Preis auf einem vollkommenen Markt bei vollständiger Konkurrenz (atomistischer Konkurrenz) bildet. Man spricht dann von einem **Polypol auf dem vollkommenen Markt**.

In dieser Konstellation möchte der Anbieter für seine Güter einen möglichst hohen Preis erzielen, der Nachfrager einen möglichst niedrigen Preis bezahlen. Der Interessensausgleich kommt durch den Gleichgewichtspreis zustande, der Angebot und Nachfrage zum Ausgleich bringt. Unter diesen Prämissen hat der einzelne Anbieter keinen oder fast keinen Einfluss auf den Preis. Er muss den Einheitspreis akzeptieren. Der Preis stellt für ihn ein Datum dar.

Da es für die einzelne Unternehmung unmöglich ist **autonome Preispolitik** zu betreiben, können sie keinen höheren Preis als den Gleichgewichtspreis fordern, ansonsten verlieren sie ihre Abnehmer. Andererseits gehen Nachfrager, die einen geringeren Preis als den Gleichgewichtspreis bezahlen wollen, leer aus.

Im **Polypol** können weder Anbieter noch Nachfrager unter den Bedingungen der vollständigen Konkurrenz auf den Gleichgewichtspreis Einfluss nehmen, deshalb sind sie Preisnehmer und können nur als »**Mengenanpasser**« **(MA)** die Menge der Güter, die sie nachfragen oder anbieten, an den Preis anpassen.

MERKE

Polypolisten sind Preisnehmer
Bei vollständiger Konkurrenz ergibt sich für jeden einzelnen Anbieter eine vollkommen elastische Nachfrage beim Gleichgewichtspreis, so dass er Preisnehmer ist.

Da der **Polypolist** nur seine Angebotsmenge steuern kann erzielt er sein einzelbetriebliches Gewinnmaximum bei fixem Preis (Gleichgewichtspreis) an der Kapazitätsgrenze.

Anbieter die zu einem niedrigeren Preis als den Gleichgewichtspreis anbieten wollten erzielen durch den höheren Preis eine **Anbieterrente.** Konsumenten die bereit waren einen höheren Preis zu bezahlen erzielen eine **Nachfragerrente.**

In der Realität liegen dagegen unvollkommene Polypole vor, da es vor allem niemals einheitliche Angebotspreise geben wird.

Polypolistische Angebotsstruktur (Polypol auf unvollkommenem Markt)

Die Anbieter (z. B. im Einzelhandel) haben häufig ähnliche, aber nicht völlig identische Güter; sie sind deshalb **leicht substituierbar.**

Sie verfügen über bestimmte **Preisspielräume (kleines Angebotsmonopol)** innerhalb dessen sie Preisänderungen vornehmen können, ohne dass Käufer zu den Mitbewerbern abwandern. Das Unternehmen kann sich in diesem Bereich wie ein Monopolist verhalten. Außerhalb des monopolistischen Spielraums herrscht jedoch **Substitutionskonkurrenz.** Für den einzelnen Anbieter ergibt sich die hier typische Doppelt-Geknickte-Preis-Absatz-Funktion (PAF).

Im monopolistischen Abschnitt (Strecke BC) können die Preise erhöht oder gesenkt werden, ohne dass Käufer zur Konkurrenz abwandern. Durch die Schaffung von **Präferenzen,** z. B. zeitliche, persönliche, örtliche und/oder sachliche Vorlieben, kann der Anbieter diesen Bereich ausweiten.

Bei **Überschreitung der Substitutionsschwelle** (atomistische Abschnitte AB und CD) kommt es zu Abwanderungen bzw. Zuwanderungen von Käufern. Einen solchen monopolistischen Bereich gibt es nur bei unvollkommenen Märkten.

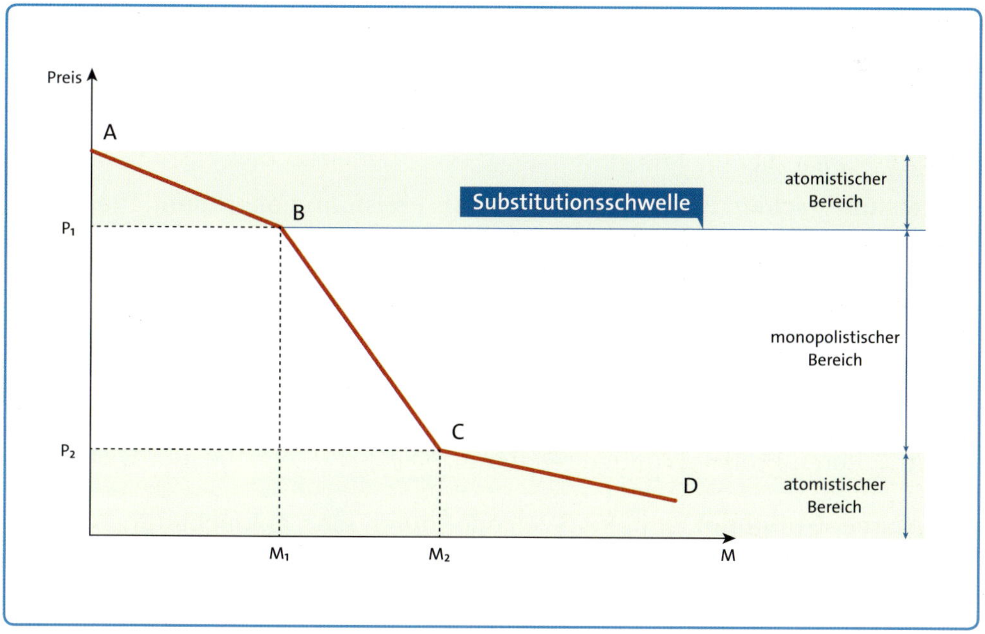

Abb. Angebotskurve eines Polypolisten

3.3.1 Preisbildung im Oligopol

Die Untergrenze der Zahl der Anbieter im Oligopol sind **zwei Anbieter**. Die Obergrenze sind wenige in dem Sinn, dass Aktionen eines Unternehmens die Marktsituation der anderen spürbar beeinflussen (z. B. Fluggesellschaften, Mineralölfirmen oder Automobilhersteller). Wenn wenige Anbieter und viele Nachfrager auf einem vollkommenen Markt agieren, kommt es zu einer **Aktions-Reaktions-Verbundenheit (oligopolistische Interdependenz)** der Unternehmen untereinander, weil die Preisänderung eines Anbieters spürbare Auswirkungen auf Umsatz und Gewinn der Mitwerber hat. Deshalb haben Oligopolisten oft einen **starken Wunsch nach Preisstabilität**. Die Anbieter zögern mit der Anpassung an steigende Kosten oder befürchten eine sinkende Nachfrage, denn ihre Preisänderung könnte von den Konkurrenten falsch interpretiert werden und einen Preiskrieg auslösen.

© MEV Verlag

Es gibt mehrere denkbare Verhaltensweisen der Oligopolisten und daher auch verschiedene Oligopolmodelle.

Kooperatives Verhalten (friedliche Strategie)	Nicht kooperatives Verhalten (aggressive Strategie)
▸ Preisstarrheit ▸ Preisführerschaft ▸ Preisabsprachen	▸ Verdrängungswettbewerb
Wettbewerbsmittel: Werbung, Qualität, Service	Wettbewerbsmittel: Preis

Tab. Mögliche Verhaltensweisen der Anbieter im Oligopol

- **Preisstarrheit:** Bei mehreren gleich starken Mitbewerbern wagt es keiner, seinen Preis zu ändern, weil er fürchtet, dass die Konkurrenz seine Strategie durchkreuzt.
- **Preisführerschaft:** Ein Oligopolist wird als Preisführer anerkannt. Preisänderungen werden vorgenommen, wenn er seinen Preis ändert.
- **Preisabsprachen:** Unter wenigen Oligopolen lassen sich Preis- und Mengenabsprachen leicht organisieren. Diese Verhaltensweise ist dann für die Anbieter besonders attraktiv, wenn andere Formen des Wettbewerbs (Qualität, Service) ausscheiden.
- **Verdrängungswettbewerb:** Ein Anbieter versucht Mitwerber durch ein besonders aggressives Preisverhalten aus dem Markt zu drängen, worauf diese mit weiteren Preissenkungen reagieren.

Das **Angebotsoligopol** ist gekennzeichnet durch eine geknickte Preisabsatzkurve. Aufgrund der hohen Preiselastizität führen Preiserhöhungen zu Umsatzeinbußen, Preissenkungen bringen kaum Wettbewerbsvorteile (geringe Preiselastizität). Es gibt somit eine Tendenz zu Preisstarrheit in einem Oligopol nicht kooperativer Unternehmen.

3.3.2 Das Modell der geknickten Nachfragekurve

Dieses Modell beruht auf zwei Teilhypothesen:

- **Senkt ein Oligopolist seinen eigenen Preis,** rechnet er damit, dass seine Konkurrenten unmittelbar nachziehen, um keine Kunden zu verlieren.
- **Erhöht ein Oligopolist seinen eigenen Preis,** rechnet er damit, dass die Konkurrenten nicht reagieren, da sie auf Umsatz- und Gewinnvorteile hoffen. Im Gegenzug würde der Oligopolist, der seine Preise erhöhte, Umsatzanteile verlieren.

Aus diesen spezifischen Aktions-Reaktions-Hypothesen resultiert eine **einfach geknickte Preis-Absatz-Funktion (PAF)**.

Eine **Preis-Absatz-Funktion** besteht aus einem flacheren und einem steileren Teilstück. Dabei erscheint das steilere Stück der Preis-Absatz-Funktion (rechts von Punkt A) umso ausgeprägter, je stärker die Präferenzen der Nachfrager gegenüber anderen Anbietern sind. Der Knick erklärt sich aus dem Zusammentreffen des elastischen mit dem unelastischen Bereich der PAF.

Infolge des Knicks in Punkt A hat die **Grenzerlösfunktion (GE)** eine Sprungstelle und die Grenzerlöse sind in diesem Bereich unbestimmt.

Der Oligopolist bietet die **Menge x_A** zum **Preis P_A** an, da davon auszugehen ist, dass sich die Unternehmen der Gewinnmaximierungsregel bedienen. Daher gilt:

P = GE = GK

Ferner wird unterstellt, dass die **Grenzkostenfunktion (GK)** durch die Unstetigkeitsstelle verläuft. Somit kann der Oligopolist solange den Preis pA fordern, bis es keinen Schnittpunkt mehr zwischen der GK und der GE in dem Unstetigkeitsintervall gibt.

Es ist davon auszugehen, dass das **Gewinnmaximum** im Punkt A liegt, da die Erhöhung der Menge x nur um eine geringe Einheit dazu führt, dass die Differenz zwischen Grenzkosten und Grenzerlösen positiv wird. Bei einer kleinen Verringerung der Menge x wird die Differenz negativ. Es wäre also Gewinn steigernd, die Menge weiter auszuweiten, da jetzt die Grenzerlöse über den Grenzkosten liegen.

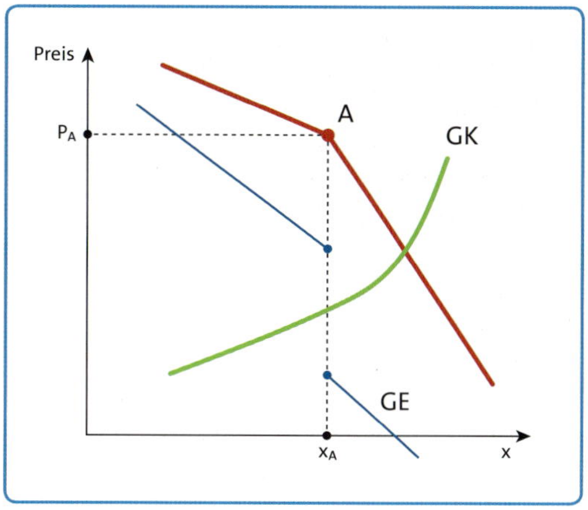

Abb. Geknickte PAF des einzelnen Oligopolisten

Die PAF des Anbieters verläuft oberhalb von Punkt A relativ elastisch. In dieser Preiszone ist die **Preiselastizität der Nachfrage** so hoch (E > 1), dass bereits relativ geringe Preiserhöhungen zu starken Umsatzeinbußen führen, weil die Konkurrenten im Oligopol ihre alten Preise beibehalten.

Unterhalb von A verläuft die PAF relativ unelastisch. In richtiger Einschätzung der Folgen **verzichten die Anbieter auf Preisänderungen,** da im Gefolge eigener Preisreduzierung mit nur geringem Absatzzugewinn zu rechnen ist, weil die Mitbewerber ebenfalls die Preise entsprechend senken würden, um keine Anteile zu verlieren.

Preisruhe MERKE

Der Oligopolist strebt Preisruhe an, da er die Preise stark senken muss, damit er eine etwas größere Menge absetzen kann (steiler Verlauf). Erhöht er die Preise, wandern die Nachfrager sehr schnell ab (flacher Verlauf). Bei passiven Verhalten haben die Konkurrenten oft etwa gleich große Marktanteile.

3.4 Klassische Preisfindungsstrategien

Wesentlichen Einfluss auf die Preisbestimmung haben die aktuelle Produktlebenszyklusphase (► Kapitel 2.1), die aktuelle Marktsituation und die Produktqualität. Für die Preisfindung bieten sich dann verschiedene Optionen an.

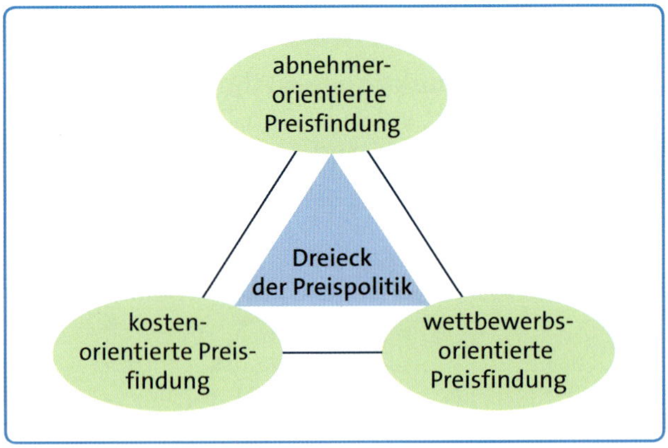

Abb. Preisfindungsoptionen

Kostenorientierung

Eine kostenorientierte Preisfindung basiert auf der Teilkostenrechnung oder der Vollkostenrechnung (► Fachwissen Tourismus Band 3, LF 6) und geht von den für das einzelne Produkt oder die Dienstleistung **tatsächlich anfallenden Kosten** aus. Diese bilden die **Preisuntergrenze.** Zu diesem Betrag wird ein angemessener **Gewinnzuschlag** addiert.

Kostenorientierte Preisfindung ist besonders geeignet für Märkte mit geringer Preiselastizität der Nachfrage (▸ Kapitel 3.2). Diese Form der Preisbildung wird als **aktive Preispolitik** bezeichnet.

Wettbewerbsorientierung

Als Bezugsgröße dient hier der **Durchschnittspreis der Branche** oder der **Preis des jeweiligen Marktführers** für vergleichbare Produkte und Dienstleistungen.

Branchenpreise existieren überwiegend bei den Marktformen Oligopol und Polypol. Die Orientierung am Preisführer kann erfolgen, weil ein Preiskampf nicht zu gewinnen wäre oder es wird sich einem barometrischen Preisführer freiwillig anpasst (z. B. Tankstellenbranche). Bei dieser Methode muss auf die **Kostendeckung** und einen **angemessenen Gewinn** (▸ Fachwissen Tourismus Band 3, LF 6, Kapitel 2.4.1) geachtet werden, da der Preis quasi »fremd« bestimmt wird. Deshalb wird diese Form der Preisbildung auch **passive Preispolitik** genannt.

Kundenorientierung (Abnehmerorientierung)

Auf einem Käufermarkt entscheiden die Kunden über die **Angemessenheit eines Preises**. Um die Bereitschaft des Kunden für ein Produkt bzw. eine Dienstleistung Geld auszugeben optimal auszunutzen, sind folgende Determinanten zu beachten:

© Karl Thomas – MEV Verlag

- Vor einer Kauf- bzw. Buchungsentscheidung wird der potentielle Käufer den Preis und den Grund- und Zusatznutzen für ähnliche Produkte zueinander in Bezug setzen und das Produkt wählen, von dem er sich einen höheren Nutzen verspricht. Die Bereitschaft eines Kunden einen bestimmten Preis zu zahlen, hängt von seiner eigenen Preisvorstellung, Kaufkraft und der Dringlichkeit seiner Bedürfnisbefriedigung ab.
- Ein hoher Preis wird nicht automatisch mit hoher Qualität gleichgesetzt; hohe Qualität und günstiger Preis stehen per se in keinem Widerspruch. Sparen stellt für viele Konsumenten eine clevere Einkaufsstrategie dar.
- Das Verhalten der Konsumenten ist nicht einseitig auf Qualitäts- oder Preisorientierung ausgerichtet. Der Bekanntheitsgrad einer Marke und das Image eines Produktes sind für Kunden häufig Qualitätsdeterminanten.

Grund- und Zusatznutzen versus Preisnutzen

Bei preispolitischen Maßnahmen müssen auch die psychologischen Auswirkungen berücksichtigt werden. Es muss der Preis bestimmt werden, den die Kunden als **angemessen und fair** für die Leistung, also als **gutes Preis-Leis-**

tungs-Verhältnis, empfinden und mit dem noch ein angemessener Gewinn erzielt wird. Es geht daher nicht nur um die objektive Preisinformation, sondern auch um das individuell wahrgenommene Angebot.

Daher sind **bei der Preisbestimmung folgende zwei Schaukeln** zu beachten:

- 1. Der **positive Grund- und Zusatznutzen des Angebotes** muss für den Kunden größer sein als der **negative Preisnutzen.**

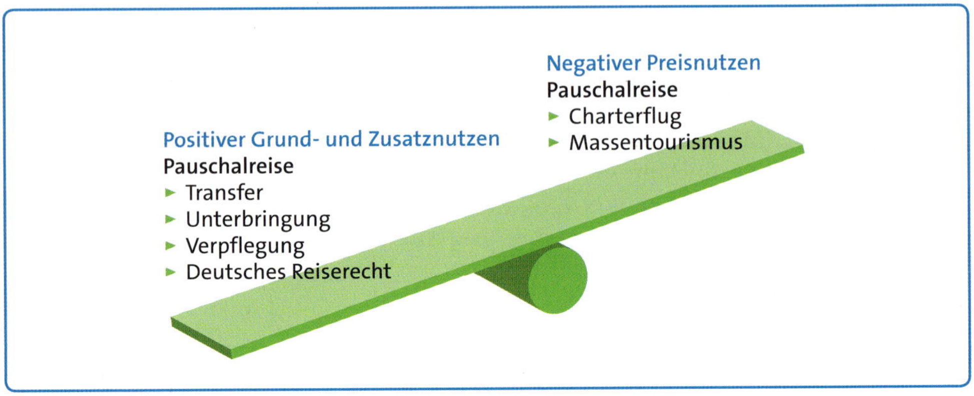

Abb. Grund- und Zusatznutzen dominieren den negativen Preisnutzen

- 2. Der vom Kunden wahrgenommene **Grund- und Zusatznutzen** des Angebotes muss **größer sein** als der des Mitbewerbers.

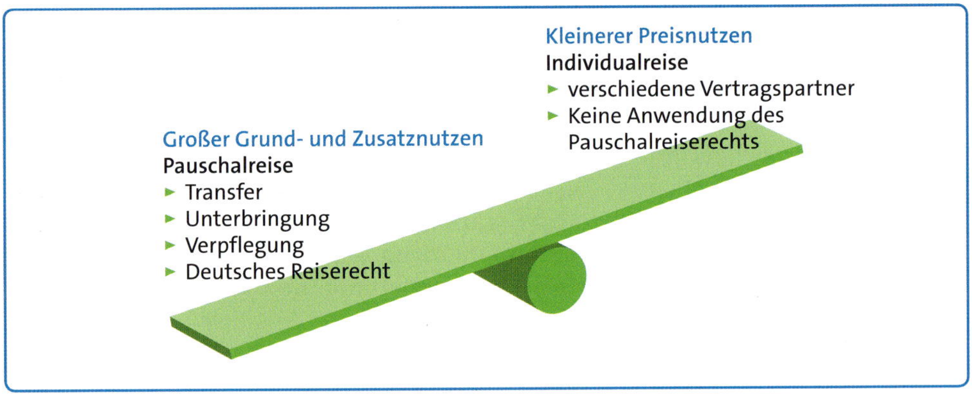

Abb. Grund- und Zusatznutzen sind dominant gegenüber anderen Angeboten

Konditionenpolitik

Die klassischen Instrumente der Preisfindung werden ergänzt um die **Konditionenpolitik**. Hierunter versteht man die **Festlegung von Zahlungsbedingungen** für einen Preis (z. B. Höhe der Reiseanzahlung bei Buchung, Fälligkeit der Restzahlung), den **Umgang mit Direktinkasso** (Reiseveranstalter), **Agenturinkasso, Stornobedingungen** (z. B. Höhe der prozentualen Staffelung), **Rabattstaffeln** und **Zahlungsmitteln** (z. B. Mehrkosten bei Kartenzahlung).

Letztlich sollte bei der Preisfindung nicht nur die kurzfristige Gewinnmaximierung im Vordergrund stehen, sondern sie sollte auch als ein **Instrument zur Kundenbindung** (► LF 10, Kapitel 4.3) angesehen werden. Sie kann somit das ***Relationship-Marketing*** positiv beeinflussen, das auf eine langfristige, vertrauensvolle und für beide Seiten rentable Verkäufer-Kundenbeziehung abzielt.

Preis-Mix

Die Anwendung des **Preis-Mix** muss mit anderen Marketinginstrumenten abgestimmt werden.

Neben den **Kosten für die Produktkomponenten** Beförderung, Unterkunft und weiteren Zielgebietsleistungen (Vorkalkulation) sind bei der Festlegung des Reisepreises *(Pricing)* noch weitere Faktoren zu berücksichtigen:

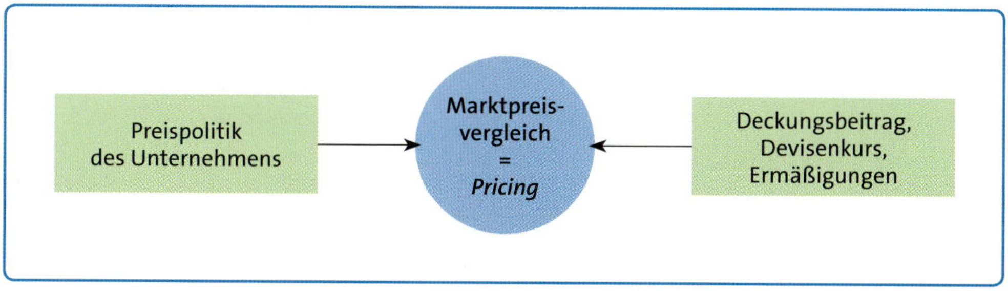

Abb. Komponenten der Preisbildung

Je nach Marktstellung kann der monopolistische Bereich des Unternehmens auf dem Oligopol ausgeschöpft werden, sofern z. B. optimale Markenbildung oder Alleinstellungsmerkmale gegeben sind.

Die aktive Preispolitik wird zur **adaptiven Preispolitik**, wenn klare Vorteile fehlen und keine Marktleaderschaft besteht. In diesem Fall sind gegebene Preiskonstellationen aufgrund von Angebot und Nachfrage, der Konkurrenz, des Kundenverhaltens (Elastizität der Nachfrage), des Unternehmensimages, dem Lebenszyklus der Leistung und der Kostenstruktur zu berücksichtigen.

AUFGABEN

1. Erklären Sie das »erwerbswirtschaftliche Prinzip«.
2. Was verstehen sie unter einem vollkommenen Markt bzw. unter einem unvollkommenen Markt?
3. Welche ökonomische Bedeutung haben »Prohibitivpreis« (Pp) und »Sättigungsmenge« (Ms)?
4. Warum gilt das Nachfragegesetz nur unter einschränkenden Bedingungen?

5. Warum tendiert der Markt zu einem Gleichgewicht?

6. Was verstehen Sie unter dem »Angebotsgesetz«?

7. Was versteht man unter »Produzenten- und Konsumentenrente«?

8. Unterscheiden Sie die generellen Strategien zur Preisfindung.
   a) Promotionspreispolitik
   b) *Skimming*-Strategie
   c) Penetrationsstrategie
   d) Prämienpreispolitik
   e) Erläutern Sie den Zusammenhang zwischen den beiden hier gezeigten Abbildungen.

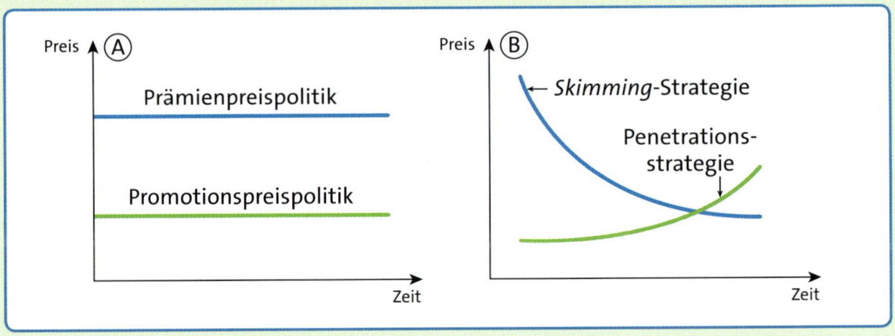

9. Ordnen Sie die folgenden Aussagen den folgenden Abbildungen zu:
   a) »Ein gleich bleibendes Angebot bei steigender Nachfrage ergibt einen höheren neuen Gleichgewichtspreis.«
   b) »Eine gleich bleibende Nachfrage bei gesteigertem Angebot ergibt einen niedrigeren neuen Gleichgewichtspreis.«
   c) »Eine gleich bleibende Nachfrage bei abnehmendem Angebot ergibt einen höheren neuen Gleichgewichtspreis.«
   d) »Ein gleich bleibendes Angebot bei abnehmender Nachfrage ergibt einen niedrigeren Gleichgewichtspreis.«

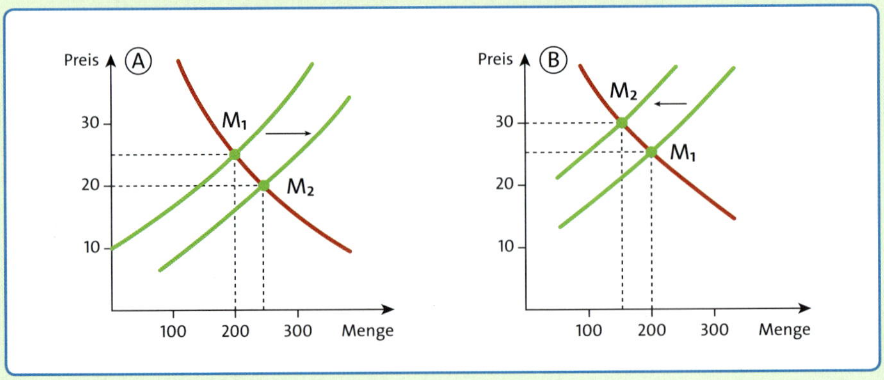

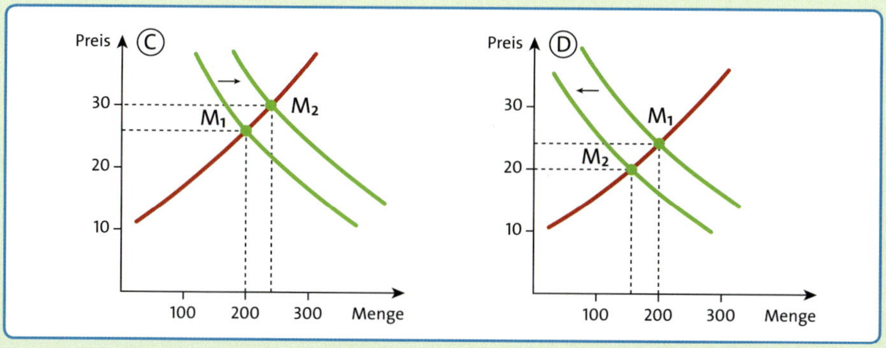

10. Eine wichtige Kenngröße für preispolitische Entscheidungen ist die »Preiselastizität der Nachfrage«.

a) Was verstehen Sie unter der »Preiselastizität der Nachfrage« und wie wird sie gemessen?
b) Was bedeutet eine Preiselastizität der Nachfrage von < 1?
c) Was bedeutet eine Preiselastizität der Nachfrage von > 1?

11. Berechnungen
a) Berechnen Sie den Gleichgewichtspreis:
Nachfragefunktion = 5.000 – (400 · P)
Angebotsfunktion = 1.400 + (200 · P)
b) Berechnen Sie den Nachfrage- bzw. den Angebotsüberschuss für folgende Funktionen:
Nachfragefunktion = 6.000 – (80 · P)
Angebotsfunktion = 2.000 + (20 · P)
P = 60

12. Welcher Sachverhalt wird mit der »direkten Preiselastizität der Nachfrage« umschrieben?

13. Die Preise anderer Güter sind ebenfalls von Relevanz für die Nachfrage des ersten Gutes. Zu unterscheiden sind:
- Substitutionsgüter,
- Komplementärgüter,
- unabhängige Güter.

a) Welche Wirkung hat der Preisanstieg von Substitutionsgütern?
b) Welche Wirkung hat der Preisanstieg für Komplementärgüter?

14. Wie beeinflussen Einkommenssteigerungen im Normalfall die Lage der Nachfragekurve?

15. Die Nachfrage im Tourismus hängt von der subjektiven Wertschätzung (= Nutzen) ab, die der Nachfrager mit dem Produkt im Vergleich zu anderen Produkten verbindet. Welche Auswirkungen hat diese Tatsache auf das Nachfragegesetz?

16. Die Marktforschungsabteilung einer *Airline* hat vor einem Jahr für Geschäftsreisende und Urlaubsreisende folgende Nachfragewerte für Flüge von Frankfurt nach Berlin ermittelt:

Preis (€)	Nachfragemenge für Geschäftsreisen	Nachfragemenge für Urlaubsreisen
150,00	2.100	1.000
200,00	2.000	750
250,00	1.900	500

a) Ermitteln Sie die Preiselastizität der Nachfrage für Geschäftsreisen und für Urlaubsreisen bei einem Preisanstieg von 200,00 Euro auf 250,00 Euro.

b) Warum wird für Urlausbreisende vermutlich eine andere Preiselastizität gelten als für Geschäftsreisende?

17. Was versteht man unter »Kreuzpreiselastizität«?

18. Was glauben Sie: Wie entwickelt sich die Nachfrage nach *HTC-Smartphones,* wenn der Marktführer die Preise für *Smartphones* senkt?

19. Wie entwickelt sich die Nachfrage nach Mittelklassewagen mit Benzinmotoren, wenn sich die Benzinpreise (weiter) erhöhen?

20. Bitte erklären Sie: Was besagt eine Preiselastizität von 2,6 für Goldbarren und eine von 0,1 für Backmehl?

21. Wie wird sich der »Wert der Einkommenselastizität« im Laufe des Produktlebenszyklus entwickeln?

22. Was passiert mit der Nachfragekurve, wenn …

a) … ein Gut intensiver begehrt wird?

b) … die Preise für Substitutionsgüter sinken?

c) … die Preise für Komplementärgüter steigen?

d) … das Einkommen der Haushalte steigt?

23. Worauf zielt die »Preiselastizität des Angebotes« ab?

24. Warum kann ein Monopolist nicht jeden beliebigen Preis setzen?

25. Begründen Sie, warum das Oligopol gegenüber dem Monopol gesamtwirtschaftlich vorteilhaft sein kann.

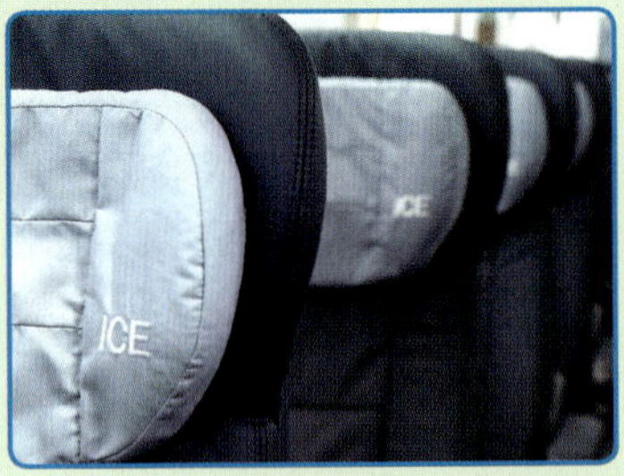

26. Die Verhaltensweisen der Anbieter im Oligopol können kooperativ und nicht kooperativ sein. Welche Vor- und Nachteile sehen Sie darin für ein Unternehmen und für den Verbraucher?

27. Die doppelt geknickte Preis-Absatz-Funktion (PAF) ist das Markenzeichen eines Polypolisten.

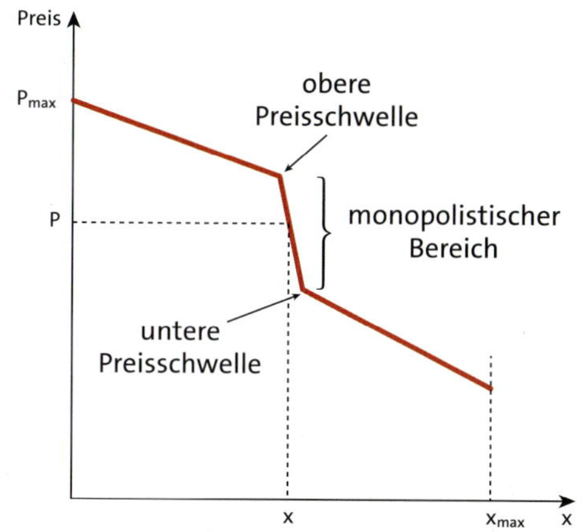

doppelt geknickte PAF

a) Interpretieren Sie die Dreiteilung der doppelt geknickte PAF im Hinblick auf die »Elastizität der Nachfrage«.
b) Welche Bedeutung haben die »Preisschwellen« für die Nachfrage?
c) Warum ist die doppelt geknickte PAF auch ein Ausdruck für die Markenbindung von Kunden?

28. Warum ist der Polypolist sowohl ein »Preisnehmer«, als auch ein »Mengenanpasser«?

29. Die klassischen Preisfindungsstrategien sind Kostenorientierung, Wettbewerbsorientierung und Kundenorientierung. Welcher Strategie sind folgende Aussagen zuzuordnen?
a) »Grund- und Zusatznutzen dominieren den negativen Preisnutzen.«
b) »Grund- und Zusatznutzen sind dominant gegenüber anderen Angeboten.«

30. Welche »Elemente der Konditionenpolitik« sind häufig Bestandteile der AGB von Reiseveranstaltern?

31. Inwiefern können Markenbildung, Alleinstellungsmerkmale und saisonale Gegebenheiten den monopolistischen Bereich der PAF beeinflussen?

4 Analyse der Marktposition eines Unternehmens

Jede Entscheidung innerhalb eines Unternehmens setzt voraus, dass die Marktposition des Unternehmens bestimmt wird. Im Rahmen des Tourismus-Marketings dient die Marktforschung u. a. zur **systematischen Informationsgewinnung** über Marktgegebenheiten.

Im **Rahmen von Unternehmensanalysen** werden sowohl die Faktoren erfasst und analysiert, die die Stellung des Unternehmens unter den aktuellen Markt- und Wettbewerbsbedingungen bestimmen (***inside-out*-Orientierung = Stärken-Schwächen-Analyse**) als auch die Marktentwicklung, die das künftige Leistungsangebot beeinflussen werden (***outside-in*-Orientierung = Chancen-Risiken-Analyse**). **Chancen und Risiken** sind externe Faktoren, die sich z. B. aus dem wirtschaftlichen Umfeld oder der demographischen Veränderungen ergeben oder sich von Markttrends ableiten lassen.

MERKE

Marktforschungsdaten und Marktanalysedaten
Marktforschungsdaten und Marktanalysedaten sind die Grundlage für die Entwicklung absatzmarktorientierter Unternehmensziele. Sie sind außerdem eine wichtige Grundlage für Marketingentscheidungen und für die Festlegung der Marketingstrategie.

4.1 Marktforschung

© Ilka Burckhardt – Fotolia.com

Im Rahmen der Marktforschung werden Daten systematisch zu demografischen, kulturellen, sozialen und wirtschaftlichen Veränderungen erfasst. Sie liefert des Weiteren für spezielle Branchen (z. B. den Tourismus) bzw. für ein Unternehmen aktuelle Daten, z. B. über internationale Trends, Marktpotenziale, Nachfrageentwicklung, Nachfragestrukturen, Marktsegmente, Bekanntheit und Kundenzufriedenheit.

MERKE

Marktforschung
Unter Marktforschung wird das systematische, zukunftsorientierte, vernetzte Analysieren bestehender Märkte durch quantitative und qualitative Befragungen, Beobachtungen, Tests und die Aufarbeitung und Interpretation der gewonnenen Daten verstanden mit dem Ziel einen Markt transparent zu machen und somit eine der Reduktion der Marktunsicherheit zu erreichen.

Marktforschung muss dieselben Kriterien erfüllen wie die **wissenschaftliche (empirische) Forschung**.

Verlässliche **Marktforschungsdaten** beruhen auf empirischer Forschung und werden im Rahmen der Marktforschungsformen Ökoskopie und Demoskopie erhoben. Sie sind eine wichtige **Basis für die Erstellung von Marketingstrategien**.

Durch ihre Analyse werden z. B. das **Reiseverhalten,** die **Bedürfnisse,** das **Werteprofil,** die **Wünsche,** die **Konsumpräferenzen,** die Einstellungen und Sympathiewerte von Zielgruppen (z. B. von Deutschen zu ihren bevorzugten Urlaubsländern), zum Markenimage und zu Werbemaßnahmen transparent und Trends sichtbar.

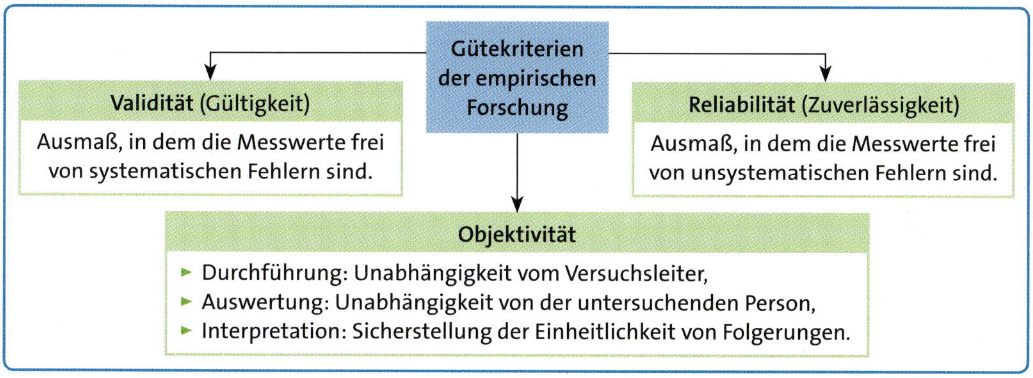

Abb. Gütekriterien der wissenschaftlichen (empirischen) Forschung

Nur wer über die nötigen Informationen (Daten) verfügt, kann **Marketingkonzepte** und **Eigenveranstaltungen** entwickeln, die es ihm ermöglichen sich auch zukünftig auf dem Tourismusmarkt erfolgreich zu platzieren.

Zentrale Aufgabe der Marktforschung

MERKE

Die zentrale Aufgabe der Marktforschung im Tourismus ist die Identifikation von Kundenpräferenzen.

Zielgruppenspezifisch wird dabei im Tourismus zwischen **B2B-Marktforschung** und **B2C-Marktforschung** (die auch die **Motivforschung** mit einbezieht) unterschieden. **Motivforschung zeigt dabei die Gründe auf, die das** Verhalten und die Entscheidungen von Kunden beeinflussen, erklärt das »Warum« oder »Warum nicht« und gibt Hinweise auf z. B. Produktentwicklung, Marktsegmentierung, Werbung, **Werteprofile, Konsumpräferenzen, Mediennutzung** und Markenimage.

quantitativ	Kundenstruktur	Zielgruppen	Marktpotential	Marktvolumen
qualitativ	Einstellungen	Zufriedenheit	Imagefaktoren	Motive

Tab. Beispiel einer Marktforschung für den Tourismus

4.1.1 Marktforschungsformen

Die benötigten Daten werden durch **verschiedene Erhebungsmethoden und Marktforschungsformen** gewonnen.

Ziel	Marktforschung im engeren Sinne auf den Markt bezogen, z. B. Marktpotenzial, -anteil	Marktforschung im weiteren Sinne (Eignung von Marketinginstrumenten)
zeitlicher Bezug	Marktanalyse (gegenwärtig)	Marktprognose (zukünftig)
Datenquellen	externe	Interne
Informationsträger	Vollerhebung (Grundgesamtheit)	Teilerhebung (Teilmenge mit gleichen Merkmalen wie die Grundgesamtheit)
Häufigkeit	Einmalig/mehrmalig	Fortlaufend *(Panel)*
Erhebungsform	*Field Research*	*Desk Research*, Laborexperiment
Methode	quantitative Forschung, standardisierte Befragungs- und Beobachtungsform	qualitative Forschung, Beschreibung individueller Meinungen und Eindrücke

Tab. Abgrenzungskriterien von Marktforschungsformen

Auf der Grundlage der gewonnenen Daten werden vergangene oder gegenwärtige Entwicklungen beschrieben **(deskriptive Marktforschung)**, Erklärungen für diese Entwicklungen (warum) in bestimmte Richtungen und die dafür verantwortlichen Einflussfaktoren **(explikative und kausale Marktforschung)** und Tendenzen vorausgesagt **(prognostische Marktforschung)**.

Im Rahmen der Marktforschung werden entsprechend der Zielsetzung originäre Marktdaten z. B. bei Reisenden und Mitbewerbern erhoben oder Datensammlungen entnommen. Repräsentative Erhebungen als Vollerhebung oder als Teilerhebung erfassen dabei

- **qualitative Merkmale** (qualitative Daten), wie z. B. die Attraktivität, das Image, die Sympathie für ein Land/eine Destination sowie
- **quantitative Merkmale** (quantitative Daten), wie z. B. zukünftige Buchungsabsichten, Auswahlkriterien und -faktoren für eine Destination.

Solche Erhebungen und Analysen sind nicht nur für Destinationen von hohem Interesse, die aufgrund dessen z. B. eine gezielte Kommunikation betreiben können, sondern für alle Unternehmen (Reiseveranstalter, *Airlines*, *Incoming-Agenturen*) die in den adäquaten Destinationen aktiv sind bzw. sein wollen.

Die **quantitativen Marktforschungsanalysen** in Form von standardisierten Befragungen in schriftlicher, telefonischer, persönlicher Form und per Internet sind die meist genutzten Erhebungsmethoden der primären Marktforschung. Eine Kundenbefragung liefert nicht nur Daten, sondern lenkt auch die Aufmerksamkeit der Kunden auf die Themen, die in den Fokus der Befragung gestellt werden und weckt Erwartungen, die nicht enttäusch werden dürfen.

Sekundäre Marktforschung bedient sich zahlreicher Sekundärquellen zu jedem gewünschten Thema. Diese **Marktbeobachtungen** dienen dazu Trends oder Entwicklungstendenzen im Tourismus zu prognostizieren. Mit Hilfe von »Laborexperimenten« können z. B. verschiedene Varianten von Pauschalreiseangeboten oder das Angebot an Bausteinen einer Reise im Hinblick auf die Akzeptanz durch verschiedene Zielgruppen überprüft werden.

BEISPIEL

Quellen der Sekundärforschung

- Reiseanalyse der F.U.R. (Forschungsgemeinschaft Urlaub und Reisen e.V.)
- Deutscher Reisemonitor
- *World Travel Monitor*
- Deutscher Kundenmonitor
- Deutsche Tourismus Analyse des B.A.T. Freizeit-Forschungsinstituts

Der folgende Überblick zeigt die entscheidenden Merkmale der beiden wichtigsten Marktforschungsformen.

Primärforschung	Sekundärforschung
Field Research Erhebung originärer, neuer Daten durch unmittelbare »Feldarbeit am Markt« mit Marktteilnehmern. ***Online Research*** Das Internet wird als Instrument mit multimedialen Fragebögen (Bild-, Ton-, Video-Interaktion) eingesetzt. **Beispiele:** Befragung (persönlich, telefonisch, E-Mail), Fragebogen/HTML-Fragebögen, (*Online*-) *Panel*-Erhebung	***Desk Research*** Auf vorhandenes Datenmaterial wird zurückgegriffen, entsprechend zusammengestellt und analysiert. **Beispiele:** Informationsgewinn aus Amtlichen Statistiken, Fachzeitschriften, Kundenstatistiken, Außendienstberichten, *Controlling*-systemen, Daten des Rechnungswesens (► Fachwissen Tourismus Band 3)
► **spezifische Fragestellung**	► **keine spezifische Fragestellung**

Tab. Vergleich zwischen primärer und sekundärer Marktforschung

4.1.2 Methoden der Datenerhebung

Befragungen

Die **persönliche Befragung (Fragebogen/Interview)** und die Computerbefragung sind die am häufigsten durchgeführten Verfahren zur **Datenerhebung** in der touristischen Marktforschung.

Der **Umfang eines Fragebogens** hängt primär von der Bedeutung der Thematik für die Zielgruppe ab und sollte möglichst individuell für die entsprechende Kundengruppe zusammengestellt sein. Die Bearbeitungsdauer sollte für eine schriftliche Befragung maximal 15 Minuten betragen, häufig reichen zur Beantwortung bereits zwei Minuten aus.

Praxistipp: Hinweise zu einer Kundenbefragung per Fragebogen

- Ziel der Kundenbefragung festlegen und fixieren
- Zentrales Thema der Kundenbefragung abklären
- Zeitraster erstellen
- Kundenkreis für die Befragung bestimmen
- Methode für Befragung festlegen
- Bearbeitungsdauer für die Befragten quantifizieren
- Frageformulierung entwerfen
- Plausibilitätskontrolle der Antworten
- Antwortstufen festlegen (Skalierungsmethoden)
- Antwortbezeichnungen benennen
- Gestaltung (*Layout*) des Fragebogens bestimmen
- Überprüfung/*Pretest* des Fragebogens durch Testpersonen, die der Zielgruppe ähnlich sind
- ggf. Korrekturmaßnahmen am Fragebogen vornehmen
- Durchführung der Umfrage
- Daten auswerten
- Ergebnisse für die Adressaten (z. B. Geschäftsführung, Marketingabteilung) aufbereiten
- Ergebnisse präsentieren

Damit die Kunden »bei der Stange« bleiben, sollte für das ***Layout*** ein angemessener Schrifttyp gewählt werden, die Frageformulierungen so einfach und verständlich wie möglich sein (Fehlinterpretationen oder Missverständnisse ausschließen) sowie der Aufbau des Fragebogens für den Befragten schlüssig und plausibel sein.

Die Einleitungsfragen sollten als »Eisbrecher« fungieren. Darauf sollten Sachfragen, ggf. Kontrollfragen und Fragen zur Person (**Datenschutz** beachten ► Fachwissen Tourismus Band 3, LF 5 Kapitel 2.2) folgen.

Um **Antwortroutinen zu vermeiden** sollten zustimmenden Antworten bzw. nicht zustimmenden Antworten nicht alle auf derselben Seite der Antwortskala liegen. Die **äußeren Enden einer Antwortskala** stellen Extreme dar und werden entsprechend selten genutzt. Für die Praxis bedeutet dies, dass bei einer dreistufigen Antwortskala der mittlere Skalenwert am häufigsten angekreuzt wird, bei einer fünfstufigen Skala die Werte 2, 3 und 4. Aus dieser Erfahrung heraus, sollte man immer zwei Antwortstufen mehr, als für die Auswertung notwendig sind anbieten. In diesem Zusammenhang sollte auch auf die Beibehaltung der **Polung der Antwortskala**, d.h. auf die Beibehaltung z.B. negativ links, positiv rechts geachtet werden.

Antwortskala BEISPIEL

Eine Antwortskala kann verschiedene Möglichkeiten aufzeigen: »Trifft voll zu«/ »trifft weitgehend zu«/»trifft eher nicht zu« etc. Besteht sie hingegen nur aus mit »Ja« oder »Nein« zu beantwortenden Fragen, sollte sie um die die Alternative »Weiß nicht« ergänzt werden, damit sich der Befragte auch der Stimme enthalten kann.

Bei der Wahl der **Frageform** – offene und geschlossene Fragen (▸ Fachwissen Tourismus Band 1, LF 4, Kapitel 2.1) – gilt die Faustregel: Je größter die Zahl der Befragten, desto mehr geschlossene Fragen sind zu verwenden, damit eine Auswertung möglich ist.

Exkurs: Auswertung einer empirischen Befragung

Eine Möglichkeit für die Auswertung der Fragebogen ist die **deskriptive Statistik**. Bei diesem Verfahren werden die gesammelten Daten im Hinblick auf einzelne Merkmale untersucht. Für die Auswertung einer empirischen Befragung sind der Mittelwert und die Standardabweichung von besonderer Bedeutung.

Der Mittelwert (das arithmetische Mittel; $\bar{x}$) gibt den Durchschnittswert der Ergebnisse an und errechnet sich aus der Summe aller Ergebnisse geteilt durch die Anzahl der Ergebnisse.

$$\bar{x} = \frac{x_1 + x_2 + x_3 + \ldots + x_n}{n} = \frac{\text{Summe aller Werte}}{\text{Anzahl aller Werte}}$$

Er eignet sich besonders gut für die Beschreibung der Niveaus und der Verteilungen von Merkmalen und deren Häufigkeiten. An ihm lässt sich eine Tendenz für »typische Antworten« auf die gestellte Frage ablesen. Er entspricht bei einer Normalverteilung dem Scheitelpunkt der »Antwortenkurve«.

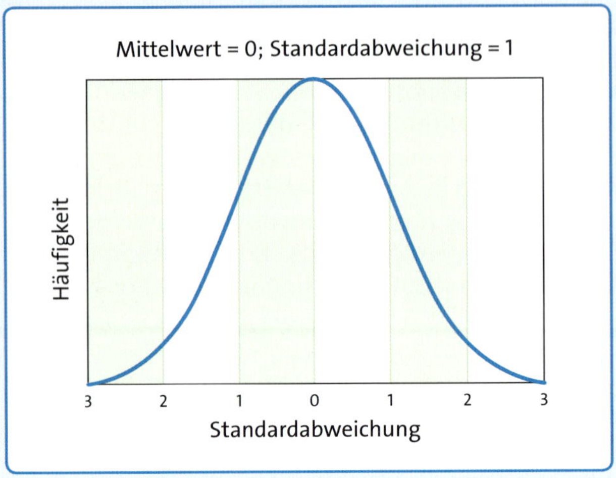

Abb. Normalverteilungskurve (Gauß'sche Glockenkurve)

Die **Normalverteilungskurve oder Gauß'sche Glockenkurve** ist eine Dichtefunktion und zeigt die Wahrscheinlichkeit des Eintretens eines Ereignisses an. Da die Kurve glockenförmig verläuft, ist das Eintreten von Ereignissen am Scheitelpunkt der Kurve am wahrscheinlichsten. Je weiter man sich vom Scheitelpunkt entfernt, desto unwahrscheinlicher wird das Eintreten der Ereignisse (hier: der gegebenen Antworten).

Die **Standardabweichung (*s*)** ist ein Maß für die Streuung von Werten einer Verteilung um das arithmetische Mittel. Sie gibt die durchschnittlichen Abweichungen der Ergebnisse vom Mittelwert an und zeigt, ob ein Mittelwert repräsentativ für die befragte Gruppe ist. Ist ihr Wert groß, streuen die Antworten im Durchschnitt weit um den Mittelwert und es ist schwieriger die Wahrscheinlichkeit für das Eintreten eines bestimmten Ereignisses (hier: einer gegebenen Antwort) vorauszusagen.

$$s = \sqrt{\frac{\sum (x - \bar{x})^2}{n - 1}}$$

Generell gilt: Bei Standardabweichung von einem Wert > 1 um den Mittelwert sind die entsprechenden Antworten nicht mehr repräsentativ und lassen keinen Rückschluss auf eine Zielgruppe zu.

BEISPIEL

Standardabweichung

Angenommen 10 Gäste haben einen Fragebogen mit einer sechsteiligen Intervallskala ausgefüllt. Wenn die Hälfte die Note 3 gegeben hätte und die andere Hälfte die Note 4, ergibt sich eine durchschnittliche Note von 3,5 und eine Standardabweichung von 0,5. Gibt jedoch die Hälfte der Gäste eine Note 1 und die andere Hälfte eine Note 6, ergibt sich zwar wiederum eine Durchschnittsnote von 3,5, die Standardabweichung beträgt nunmehr jedoch 2,5. Die Gäste sind sich uneins gewesen, wie sie diese Frage beantworten sollen. In diesem Fall erlaubt die Standardabweichung keine Angabe über den Mittelwert der betreffenden Grundgesamtheit (Zielgruppe).

© Creativstudio – MEV Verlag

© Karl Holzhauser – MEV Verlag

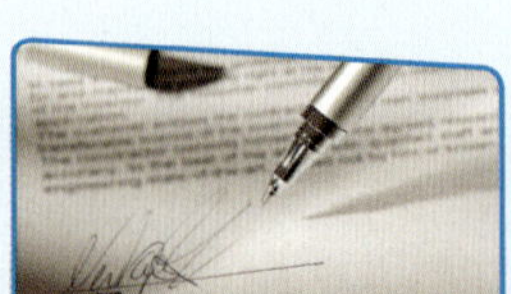
© Karl Holzhauser – MEV Verlag

© MEV Verlag

Marktforschungsdaten werden im Tourismus überwiegend als Domizil- und Gästebefragungen durchgeführt.

Domizilbefragung

Domizilbefragung ist eine **Repräsentativerhebung unter der Wohnbevölkerung eines Landes** um Auskunft über Reiseerfahrungen, Reiseabsichten und Buchungsentscheidungen zu erhalten.

Umfang	Inhalt
Abbildung des gesamten Reisemarktes ► Die Daten dienen der Ableitung von strategischen Zielen und Marketing-Maßnahmen.	**Merkmale:** z. B. Urlaubsart, Zielland, Motive, Absichten, Wünsche ► Die Daten sind »verknüpfbar«: Zielgruppen und ihre Motive, Absichten und anderes werden identifizierbar.

Tab. Domizilbefragung

Aus der Domizilbefragung werden auch **Eckdaten über den Reisemarkt eines Landes** wie Reiseintensität, Reisehäufigkeit und Reiseziele (► Fachwissen Tourismus Band 2, LF 3) gewonnen.

- Die **Nettoreiseintensität *(NRI)*** z. B. sagt aus, welcher Bevölkerungsteil eines Landes am Reiseverkehr teilnimmt.
- Die **Bruttoreiseintensität *(BRI)*** dagegen gibt die Zahl der Reisen (*rP* = reisende Personen) in Relation zur Grundgesamtheit (*G*) an.

Nettoreiseintensität: $NRI = \frac{rP}{G \cdot 100}$

Anteil der Bevölkerung (Deutsche Bevölkerung ab 14 Jahre in Privathaushalten) = Grundgesamtheit (G) die eine oder mehr Urlaubsreisen von mindestens fünf Tagen Dauer im Berichtszeitraum (= 1 Jahr) unternommen haben.

Bruttoreiseintensität: $BRI = \frac{R}{G \cdot 100}$

Zahl der Reisen im Verhältnis zur Grundgesamtheit; Reisehäufigkeit (*R*) = Zahl der Reisen die jeder Reisende (im Durchschnitt ⌀) im Berichtzeitraum (= 1 Jahr) unternommen hat.

Nettoreiseintensität · Reisehäufigkeit = Bruttoreiseintensität

- Die **Reisehäufigkeit *(R)*** ist das Verbindungselement zwischen Nettoreiseintensität und Bruttoreiseintensität und ein Maß für die Frequenz des Reisekonsums.

Gästebefragung

Jede Destination steht im Wettbewerb mit anderen. Für die Erlangung der Gunst des Gastes sind besonders Servicequalität, Freundlichkeit und Gästebetreuung sowie die Beachtung von Wünschen und Anregungen der Gäste von Bedeutung. Daher werden **Gästebefragungen** von den verschiedensten touristischen Leistungsträgern (z. B. Hotels, *Incoming*-Agenturen) vor Ort oder auch von Reisevermittlern oder Reiseveranstaltern nach der Reise in einer unterschiedlichen Intensität durchgeführt.

Vorteil	Nachteil
Direkte und kostengünstige Informationsgewinnung von bestehendem Gästepotenzial: ► Nutzung von Angeboten (Gästeverhalten) ► Gästeurteile über Angebote ► Wünsche (Produktänderung/Verbesserung) ► Interessen (z. B. an Mitbewerberprodukten) ► Absichten (z. B. Wiederkommen)	► Keine Informationen über potentiellen Gesamtmarkt ► Grundgesamtheit sind die Gäste und nicht der Gesamtmarkt

Tab. Gästebefragung

Mit Hilfe der Gästebefragung in Tourismusbetrieben oder am Urlaubsziel sollte und kann regelmäßig die Veränderungen in der Erwartungshaltung der Gäste überprüft werden. Die Gästebefragung ist somit ein **Instrument der Qualitätssicherung**.

Panel

Eine Sonderform der Befragung ist die **fortlaufende Erhebung** oder ***Panel*erhebung**. Hierzu wird ein identischer Personenkreis (Stichprobe/*Panel*) zum selben Untersuchungsgegenstand (Thema) in regelmäßigen Abständen befragt. Durch die fortlaufende Erhebung der Daten können Sympathieveränderungen (z. B. der Deutschen gegenüber einer Destination) gemessen- und Verhaltenstrends aufgezeigt werden.

MERKE

Panel
Mit Hilfe des *Panels* können sowohl Veränderungen im Verhalten als auch in der Meinungsbildung der Kundengruppe identifiziert werden.

Beobachtung

Kennzeichnet für die Datenerhebung mittels Beobachtung ist, dass der durch die Beobachtung festzustellende Sachverhalt nicht aufgrund einer ausdrücklichen Erklärung des Untersuchungsobjektes ermittelt wird. Eine **aktive Kontaktaufnahme** des Beobachters mit dem zu Untersuchenden ist **nicht erforderlich**.

Beobachtet werden kann alles, was visuell punktuell oder visuell zeitraumbezogen erfassbar ist. In den meisten Fällen handelt es sich um die **Registrierung von quantitativen Merkmalen** innerhalb der Marktforschung.

Mystery Shopping

In Tourismusunternehmen zeigt sich vermehrt eine besondere Art der Beobachtung: Das ***Mystery Shopping*** (auch ***Mystery Check***, ***Silent Shopping***) ist die verdeckte, teilnehmende und strukturierte Beobachtung eines Mitarbeiters durch einen Dritten (Herr *Mystery* lässt sich beraten) zur objektiven Überprüfung der Servicequalität und Leistungsmessung im Kundenkontakt. Dazu werden das Szenario, die zu bewertenden Standards und der Gesprächsleitfaden im Vorfeld festgelegt, so dass die **Testsituation standardisiert** ist, um eine Vergleichbarkeit der einzelnen Kundenkontakte einer Testperson oder verschiedener Testperson zu ermöglichen.

Der Test selbst findet **ohne das Wissen des Mitarbeiters** statt. Im Anschluss an den Test werden die Ergebnisse i. d. R. auf einem standardisierten Fragebogen festgehalten. Diese quasi-experimentellen »Testberatungen« werden überwiegend im Bereich Hotel, Kreuzfahrt, Flugverkehr, bei Reisevermittlern und zunehmend in Tourismusinformationen (Tourist Information) durchgeführt. Qualifizierte Mystery-Forschung überprüft die Servicequalität und zeigt Optimierungspotenziale auf.

Preisausschreiben und Verlosung

Kundenbefragungen in Form von **Preisausschreiben und Verlosungen** dienen dem Sammeln von Kundendaten und der Informationsgewinnung. Die Gewinner sind entsprechend zu benachrichtigen bzw. es sind Dankschreiben an die Teilnehmer zu verschicken. Der Kunde fühlt sich wahrgenommen und gut betreut.

4.2 Marktanalysen

Im Rahmen von Marktanalysen werden der jetzige und der zukünftige Zustand des Unternehmens, der Rahmenbedingungen im Markt und die Situation der Konkurrenten untersucht und eingeschätzt. Ihre Ergebnisse sind die **Grundlage für strategische Marketing-Entscheidungen**. Zur Marktanalyse werden verschiedene Instrumente eingesetzt. Einige werden im Folgenden vorgestellt.

© Sergey Nivens – Fotolia.com

4.2.1 Situationsanalyse und Umfeldanalyse

Bei einer **Situationsanalyse** werden z.B. das Produktangebot des Unternehmens und die es beeinflussenden Rahmenbedingungen im näheren und weiteren Umfeld untersucht. Externe Betrachtungen werden in **Markt (Mikro-Umwelt)** und **Umfeld (Makro-Umwelt)** unterschieden, interne Betrachtungen betreffen das Unternehmen selbst. Zunächst wird die externe Ausgangslage analysiert.

Die **Umfeldanalyse** beschäftigt sich mit den externen Faktoren der Makro- und Mikroumwelt eines Unternehmens. Das Ergebnis dieser Analyse ist das Chancen-Risiken-Profil, so, wie das Resultat der Unternehmensanalysen (▸ Kapitel 4.3) das Stärken/Schwächen-Profil ist.

Im Rahmen der Umfeldanalyse **wird die zeitliche Entwicklung** bestimmter Umweltfaktoren betrachtet, in denen sich das jeweilige touristische Unternehmen bewegt. Aus dem *Status quo* und den Entwicklungstendenzen lassen sich Aussagen zu Chancen und Risiken des jeweiligen Betriebes in Bezug auf die Umfeldbedingungen machen und -trends ableiten. Es ist für ein Unternehmen wichtig (Markt-) Entwicklungen frühzeitig zu erkennen, um agieren bzw. reagieren zu können. Die Umfeldanalyse ist ein Teil der **Chancen-Risiken-Analyse**.

»Die Grossen werden nicht die Kleinen fressen, sondern die Schnellen die Langsamen.« *(Zitat von Holger Münzer, Komponist und Schauspieler, aus dem »Handbuch der Rhetorik«)* www.rhetorik-netz.de

Die **touristische Makroumfeldanalyse** betrachtet vor allem die zeitliche Entwicklung (5-10 Jahre) von Umfeldfaktoren. In der Regel werden die lokalen Gegebenheiten (wie z.B. Lage, Klima einer Destination), die technologische Entwicklung (z.B. neue Vertriebswege durch *App-Stores* und *Apps*), die gesamtwirtschaftliche Entwicklung (z.B. die konjunkturelle Situation), die politischen und juristischen Umfeldbedingungen (z.B. veränderte Gesetze und politische Strukturen), die Ressourcenentwicklung (z.B. veränderte ökologische Gegebenheiten) und allgemeine Reisetrends (z.B. das veränderte Verhalten von Kunden in Bezug auf Urlaub, Freizeit und Reisen) analysiert.

Makroumfeldanalyse

MERKE

Makroumfeldanalyse ist ein Instrument, um aus der allgemeinen Umwelt des Unternehmens Chancen und Gefahren (Risiken) zu ermitteln. Diese ergeben sich aus der Entwicklung der Technologie, aus den Veränderungen in der ökologischen Umwelt, durch die Entwicklung der Wirtschaft sowie aus politischen und rechtlichen Veränderungen.

Die **Mikroumfeldanalyse** befasst sich mit dem unmittelbaren Unternehmensumfeld. Besonders untersucht werden die Beziehungen zu Lieferanten und Kunden, selbstständigen Absatzmittlern (Handelsvertretern) und Konkurrenten sowie der Branche als solche. Analysiert werden die Rahmenbedingungen, die einen **direkten Einfluss auf das Unternehmen** haben.

4.2.2 Branchenanalyse

Eine **Branchenanalyse** im Tourismus umfasst den für das Unternehmen relevanten Wirtschaftszweig (Branche) als Ganzes und die Marktentwicklungen in diesem. Sie untersucht und bewertet die Struktur und Wettbewerbssituation einer Branche.

Aus dieser Analyse lassen sich Schlüsse ziehen, inwieweit diese Branche für das Unternehmen **attraktiv, also langfristig profitabel** ist.

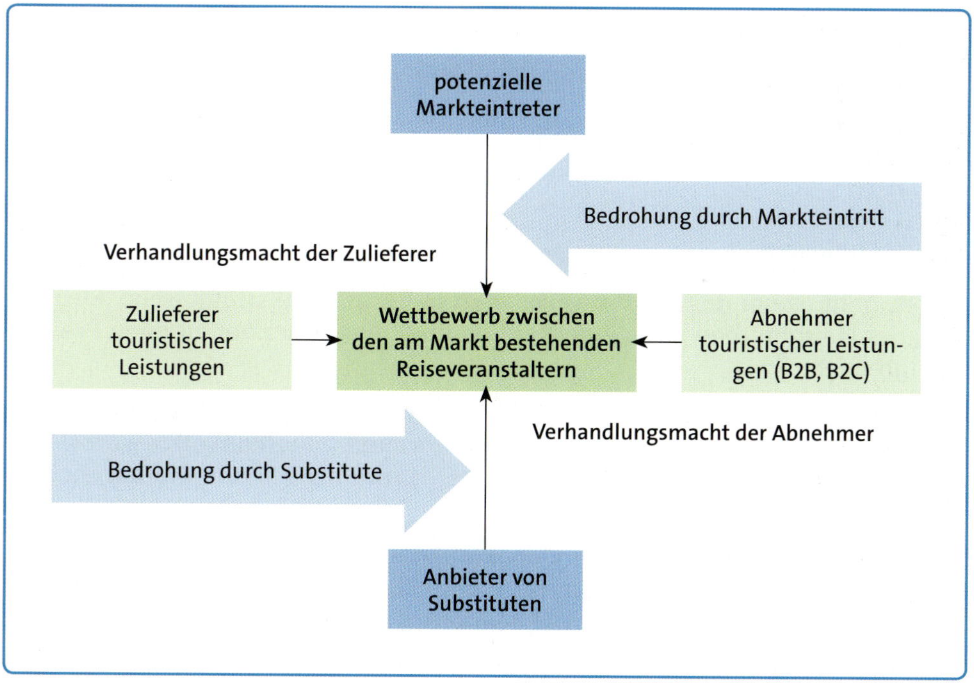

Abb. Markt aus Sicht eines Reiseveranstalters

© Lichtsprung-Fotodesign – MEV Verlag

Im Wesentlichen wirken **diese fünf Wettbewerbskräfte** innerhalb einer Branche:

- **Bedrohung durch neue Reiseveranstalter** – Sie schaffen zusätzliche Reisekapazitäten und ziehen ein Teil der Nachfrage auf sich. Aufgrund der neuen Wettbewerbssituation sinken die Preise und somit auch die Rentabilität in der Branche.
- **Marktmacht der Abnehmer** – Potentielle Kunden und Reisende haben gestiegene Leistungs- und Qualitätsansprüche und möchten dafür i. d. R. keine höheren Preise bezahlen. Auch dies wirkt sich negativ auf die Rentabilität in der Branche aus.
- **Macht der touristischen Leistungsträger** innerhalb der Prozesskette – Auch die touristischen Dienstleistungszulieferer sind bestrebt Einfluss auf Preise und Qualität zu nehmen. Auch dies beeinflusst die Rentabilität der gesamten Branche.
- **Bedrohung durch Substitutionsprodukte** – Die Tourismusbranche soll hier definiert werden als eine Gruppe von Unternehmen, die Produkte anbieten sich gegenseitig zu substituieren bzw. neue Reiseangebote generieren, die Elemente anderer Reiseformen zum Teil oder ganz einschließen (z. B. »All-inklusive«).
- **Rivalität unter den Reiseveranstaltern** – Der deutsche Reisemarkt ist ein Angebotsoligopol. Auf diesem Markt finden zum einen Präferenzwettbewerb, und zum anderen Preiswettbewerb statt. Letzterer hat insbesondere einen negativen Einfluss auf die Rentabilität der gesamten Branche.

Damit wird die Attraktivität einer Branche für ein Unternehmen im Wesentlichen durch die Wettbewerbskräfte bestimmt.

4.2.3 Wettbewerbsanalyse

Primär geht es bei der **Wettbewerbsanalyse** darum, die strategische Ausrichtung der Hauptmitbewerber zu erkennen und gegenüber der eigenen Position abzugrenzen.

Die Wettbewerbsanalyse ist ein Mittel, um sich ein **umfassendes Bild von den Mitbewerbern am Markt** zu machen. Sie informiert über die Wettbewerbslandschaft hinsichtlich Struktur, Verteilung von Marktanteilen und Marktvolumen.

Aus den gewonnenen internen und externen Informationen kann die eigene **Marketingstrategie** abgeleitet und festgelegt werden, und damit die Strategie, wie ein Unternehmen sich gegenüber einem anderen durchsetzt. Im Fokus stehen dabei die Mitbewerber, die am Markt mit den gleichen Dienstleistungen/Produkten tätig sind.

Ziel der Wettbewerbsanalyse

MERKE

Das Ziel einer Wettbewerbsanalyse ist die Verbesserung der Wettbewerbsposition des eigenen Unternehmens.

Im Rahmen der Wettbewerbsanalyse kommen verschiedene Methoden zum Einsatz. So können z. B. mittels **Beobachtung** Mitbewerberprodukte analysiert werden, **Messebesuche** informieren über Marktsegmente und Sortimente der Konkurrenz und ein ***Mystery Shopping*** über die Geschäftsausstattung und die Kompetenzen der Mitarbeiter.

Die verschiedensten **Publikationen** (z. B. Geschäftsberichte, Stellenanzeigen, Werbung und PR) sowie **Pressenotizen** sind weitere Informationsquellen. Auch die **Befragung** von ehemaligen Mitarbeitern, touristischen Leistungsträgern und Absatzmittlern der Mitwerber helfen die relevanten Informationen zu erhalten.

Die Wettbewerbsanalyse ist äußerst komplex und muss viele Fragen beantworten.

Fragebeispiele	Beispielindikatoren
Wer sind die Mitbewerber?	Rechtsform, Eigentümer, Standorte
Welche Ziele verfolgen sie?	Gewinnung neuer Zielgruppen, Umsatzmaximierung, Imagekorrektur
In welchen Geschäftsfeldern sind sie tätig?	Marktsegmente, Sortimentsbreite und -tiefe
Welche neuen Geschäftsfelder werden angestrebt?	Geplante Produkteinführungen und Sortimentserweiterungen
Wo liegen ihre Stärken und Schwächen?	Produktportfolio
Wie agieren die Mitbewerber auf dem Markt?	Expansiv, aggressiv, kooperativ (Mitgliedschaft in Kooperationen oder ähnliches)
Was sind ihre Alleinstellungsmerkmale?	Bekanntheitsgrad, Image
Welche Vertriebskanäle benutzen sie?	Direkter bzw. indirekter Vertrieb
Wo liegen ihre Absatzmärkte?	Inland, Ausland
Welche Marketingmaßnahmen setzen sie ein?	Online, TV, Radio, Prospekte
Verfügen sie über besondere Serviceeinrichtungen?	Servicehotline, Servicecenter, E-Mail-Erreichbarkeit, angebotene Sprachen
Welche Entlohnungssysteme werden genutzt?	Gehalt, Fixum zuzüglich Prämien, *Incentive*-Reisen

Tab. Beispiele klassischer Fragen für eine Wettbewerbsanalyse im Tourismus

Auch über Internetrecherchen (Firmenwebseiten, Branchenverbände, Seiten des Statistischen Bundesamtes) können Informationen abgerufen werden. Des Weiteren sind **Feldrecherchen, (Kunden-)Befragungen, Marktanalysen** oder ***Usabilitytests*** Möglichkeiten, Einblicke in die Strategie der Mitbewerber zu gewinnen. Letztlich geht es darum, die strategische Ausrichtung der Hauptmitbewerber zu erkennen und gegenüber der eigenen Position abzugrenzen.

Benchmarking

Das Wort »*benchmark*« stammt aus der Landvermessung und steht dort für Fixpunkte bei Höhen- und Richtungsvergleichen.

Benchmarking gleichbedeutend mit Maßstäbe setzen ist ein eigen initiierter, systematischer und fortlaufender Prozess bei dem Methoden, Verfahren, Prozesse, Produkte und Dienstleistungen des eigenen Unternehmens mit denen des stärksten Mitbewerbers der Branche gemessen und miteinander verglichen werden. Ziel ist es Maßnahmen zur Verbesserung der eigenen Strukturen zu entwickeln, um die Leistung des Unternehmens zu steigern und die Wettbewerbsfähigkeit auszubauen.

Das **Erfolgsrezept von *Benchmarking*** – ein Drei-Punkte-Programm:

- Der **erste Schritt** ist die Übernahme der Philosophie »Lernen von den Besten« um zum »Besten der Besten« zu avancieren.
- In einem **zweiten Schritt** erfolgt die »eigene Standortbestimmung« im Vergleich zu anderen Unternehmen. Mit Hilfe von Kennzahlenvergleichen wird die Frage beantwortet: »Wie gut ist mein Unternehmen im Vergleich zu den Besten?« ***(Best-In-Class/Clustering)***
- Im **dritten Schritt** werden die besten Praktiken des *Benchmarking*objektes bewertet und diese für das eigene Unternehmen übernommen: »Was tun die Besten, um so erfolgreich zu sein?« ***(Best-Practice).***

Benchmarking-Prozess

BEISPIEL

Eine mögliche Vorgehensweise für ein erfolgreiches *Benchmarking* beschreiben folgende Prozesse:

1. **Stärken-Schwächen-Analyse** des eigenen Unternehmens: Wo steht mein Unternehmen heute im Vergleich zum Wettbewerb?
2. Analyse des dringendsten Handlungsbedarfs: Bestimmung der ***Benchmarking*ziele**.
3. Analyse des ***Benchmarking*objektes**: Warum ist dieses Unternehmen so erfolgreich? Was kann das eigene Unternehmen daraus lernen? Was kann man kopieren?
4. **Zielabstimmung und Umsetzung**: Wie gestalte ich meine Ziel- und Strategienplanung in Zukunft? Welche Maßnahmen muss ich ergreifen, um meine Vorteile auszubauen?
5. **Anpassungen vornehmen**: Erfolgsmessung und Soll-Ist-Vergleich (ggf. Prozesswiederholung).

Um von den Besten zu lernen, bedient man sich einerseits der **Fragen der Wettbewerbsanalyse** – gezielt abgestimmt auf den Besten – und erweitert diesen Katalog z.B. bei einem **Reiseveranstalter** um die **Auslastungsquote** der Kapazitäten (Flugsitze, Hotelbetten), um die **Anzahl gebuchter Reisen** pro angegebenen Katalog oder um **ökologische Kennziffern** (z.B. Energieverbrauch pro Gast und Übernachtung).

Für **Reisevermittler** könnten u.a. die **Anzahl der Veranstalter**, die **Anzahl der *Counter***, die Multimediaausstattung, spezielle **Serviceleistungen**, IATA- oder DB-Angebote und **Geschäftsfelder** (B2B-, B2C-Kunden ▸ LF 8) von Interesse sein.

Weitere Kennziffern und Kennzahlensysteme, wie z.B. den ***Cash-flow*** eines Unternehmens lernen Sie in ▸ Fachwissen Tourismus Band 3, LF 11, Kapitel 5.2 kennen.

Dertour ist »Top Arbeitgeber 2010«

Reiseveranstalter Dertour ist »Top Arbeitgeber Deutschland 2010«. Gleich bei der ersten Teilnahme an dem Benchmark sicherte sich Dertour einen Platz unter Deutschlands besten Arbeitgebern.

www.der.net

Das Erfolgsrezept von *Benchmarking* gilt sowohl für das **externe** als auch für ein **internes *Benchmarking***. So können unternehmensintern z.B. die Abläufe der verschiedenen Sparten eines Unternehmens miteinander verglichen und die beste Variante (»*Best Practice*«) von den anderen Abteilungen übernommen werden.

4.3 Unternehmensanalysen

Eine **Unternehmensanalyse** ist die systematische Sammlung und Auswertung von Informationen über ein Unternehmen, um zu beurteilen, inwieweit das Unternehmen in der Lage war bzw. in der Lage sein wird, seine Ziele zu erreichen. Im Ergebnis sollte das Unternehmen beurteilen können, ob und wie es mit den **gegebenen Ressourcen** in der Lage ist, auf gegenwärtige und künftige Veränderungen zu reagieren.

Hierzu wird in der Praxis für kleine und mittelständige Unternehmen häufig die **SWOT-Analyse** angewandt.

4.3.1 SWOT-Analyse

Die **SWOT-Analyse** ist eine Kombination aus **Unternehmensanalyse** und **Umfeldanalyse**. Aus unternehmensinterner Sicht ist sie eine Analyse der internen Fähigkeiten und Ressourcen und zeigt ungenutzte Potenziale zum Erzielen von Wettbewerbsvorteilen auf.

© GEWA FotoStudio – MEV Verlag

© Creativstudio – MEV Verlag

© Mike Witschel – MEV Verlag

© bluedesign – Fotolia.com

Im Rahmen der Ergebnisermittlung können aus der **Stärken- und Schwächen-Analyse** (auch **Geschäftsfeldstärke** oder **Potenzialanalyse** genannt) können innerhalb der vier Analysefelder die Stärken und Schwächen (S = *Strength*, W = *Weakness*) sowie die Chancen und Risiken (O = *Opportunities*, T = *Threats*) eines Unternehmens, eines strategischen Geschäftsfeldes oder eines Produktes untersucht werden.

MERKE

Profile
Das Stärken-Schwächen-Profil spiegelt die unternehmensinterne Situation wider, während das Chancen-Risiken-Profil wesentliche externe Einflussfaktoren auf das Unternehmen erfasst, auf die es selbst keinen direkten Einfluss hat.

Die **Umfeldanalyse** deckt Chancen und Risiken auf, die sich für das Unternehmen aus Trends und Veränderungen in seiner Umgebung ergeben. Als externe Faktoren im Sinne der SWOT-Analyse gelten Faktoren, auf die das Unternehmen **keinen direkten Einfluss** hat.

Die **Basis einer SWOT-Analyse** sind **Fragen**, die darauf abzielen einen möglichst präzisen **Ist-Zustand** des Unternehmens mit seinen Entwicklungsmöglichkeiten und Schwachpunkten abzubilden. Dazu werden alle relevanten internen und externen Fragen vier Analysebereichen zugeordnet.

S *Strengths*	O *Opportunities*
► Über welche Kernkompetenzen verfügen wir? ► Wie werden wir von den Kunden wahrgenommen? ► Welche Verhaltensweisen honoriert der Kunde? ► Wodurch heben wir uns von Mitbewerber ab? ► Worauf sind unsere Erfolge zurückzuführen?	► Welche Reisetrends entwickeln sich? ► Welche Chancen ergeben sich daraus? ► Welche gesellschaftlichen Veränderungen können wir nutzen? ► Welche Geschäftsfelder können wir ausbauen? ► Welche Marktsegmente können wir ausbauen? ► Welche Möglichkeiten haben wir, um uns konkret zu verbessern?

W *Weaknesses*	T *Threats*
► Wo liegen unsere Schwachstellen? ► Welche Performance fehlt uns? ► Welche Angebote sind besonders umsatzschwach? ► Was können andere Wettbewerber besser als wir? ► Was machen andere Wettbewerber besser als wir?	► Welche gesamtwirtschaftlich negativen Veränderungen zeichnen sich ab? ► Welchen Auswirkungen haben sie auf unsere Geschäftsfelder und Marktsegmente? ► Welche kritischen Faktoren betreffen uns insbesondere? ► Welche Risiken ergeben sich daraus? ► Wie entwickeln sich die Mitbewerber unter den veränderten Bedingungen? ► Wettbewerbsdruck? ► Mit welchen Änderungen im Rahmen von ökologischen Gesetzen ist zu rechnen?

Tab. Fragen zu den Analysebereichen der SWOT-Analyse

Mit Hilfe der internen Analyse (so genannte **Inweltanalyse**) definiert das Unternehmen in einem ersten Schritt seine Stärken und Schwächen in Relation zu seinen Konkurrenten.

Eine **Veranschaulichung der Wettbewerbsvorteile (Stärken) und Wettbewerbsnachteile (Schwächen)** wird häufig dadurch erreicht, dass man **den wichtigsten Mitbewerber** auf einer Skala mit Null beurteilt und das eigene Unternehmen bis zu fünf Punkte schlechter (–5) oder fünf Punkte besser (+5) bewertet.

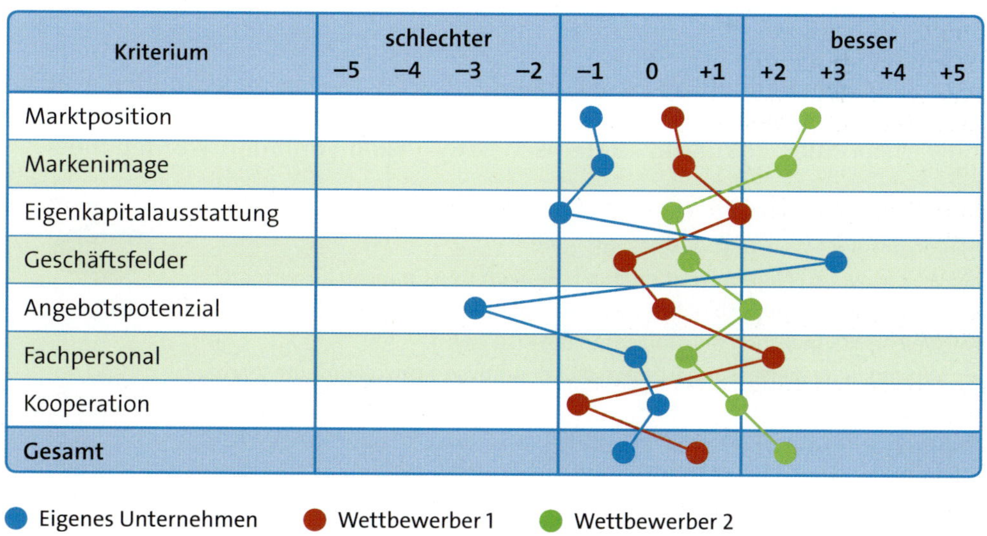

Abb. Beispiel der Erarbeitung eines Stärken-Schwächen-Profils

Stärken und Schwächen sind das Ergebnis von internen Entscheidungen des Unternehmens, also »hausgemacht«. Es handelt sich hierbei um vom Unternehmen beeinflussbare Parameter.

Die im Rahmen der Umfeldanalyse ermittelten Chancen und Gefahren sind dagegen nicht beeinflussbar. Deshalb wird versucht, die **Stärken und Chancen zu maximieren**, um die Einbußen aus Schwächen und Risiken so gut wie möglich einzugrenzen.

Hierzu wird gezielt nach bestimmten Kombinationen (*Strengths-Opportunities*-Kombination, *Strengths-Threats*-Kombination usw.) der vier Einzelfaktoren gesucht, aus denen sich weitere Maßnahmen ergeben. Durch die Kombination von Stärken und Schwächen mit Chancen und Risiken ergibt sich die sogenannte **SWOT-Matrix**.

SWOT-Analyse	*Strengths*	*Weaknesses*
Opportunities	SO-Strategie: Ausnutzung der Stärken zur Wahrnehmung der Chancen	WO-Strategie: Abbau der Schwächen, um die Chancen wahrnehmen zu können
Threats	ST-Strategie: Einsatz der Stärken zur Reduktion oder Bewältigung der Risiken	WT-Strategie: Vermeiden von Bedrohung durch Reduktion der eigenen Schwächen

Tab. Beispiel einer SWOT-Matrix

Von zentraler Bedeutung ist es, aus der SWOT-Matrix zu erkennen welche **Wettbewerbsposition** ein Unternehmen bereits erreicht hat und wie diese Wettbewerbsposition zukünftig strategisch bzw. gezielt verändert werden muss.

BEISPIEL

Fragen aus der SWOT-Matrix-Analyse

- Welche Möglichkeiten werden durch Stärken und Chancen aufgezeigt?
- Welche dieser Möglichkeiten werden durch die Schwächen und Risiken verhindert?
- Welche Maßnahmen neutralisieren die Risiken?
- Welche neue Zielsetzung ist nach dieser Analyse sinnvoll und umsetzbar?

Es erfolgt nun die **Festlegung der Marketingziele** für das Unternehmen (► Kapitel 1.2). Danach müssen im Rahmen der fixierten Ziele realistische Strategien für das jeweilige Produkt, die Programmgruppe (► Kapitel 2.3) oder die jeweilige Geschäftseinheit abgeleitet werden.

Die **Entwicklung passender Strategien** stellen den anspruchsvollsten Teil der SWOT-Analyse dar. Dazu werden Maßnahmen erarbeitet, die Entwicklungspotenziale insbesondere durch die **Nutzung und den Ausbau der Stärken (Kernkompetenzen)** ermöglichen und Risiken minimieren. Umgekehrt sollen Schwächen ausgeglichen und Chancen genutzt oder Risiken minimiert werden.

Die in der folgenden Abbildung genannten Strategieoptionen für ein Unternehmen werden im Verlauf der **Entwicklung einer Marketing-Strategie** (▸ Kapitel 5 sowie in ▸ LF 10) genauer beschrieben.

Umweltfaktoren (extern) / Unternehmensfaktoren (intern)	Chancen *(Opportunities)* ▸ Alternativen zum klassischen Wintertourismus aufgrund der Klimaveränderung	Risiken *(Threats)* ▸ neue Kooperationen
Stärken *(Strengths)* ▸ motivierte Mitarbeiter ▸ zentrale Lage der Geschäftsräume ▸ breites und tiefes Sortiment für B2B-Kunden	SO-Strategien ▸ Leistungsangebot ausweiten	ST-Strategien ▸ Aufbau eigener Netzwerke
Schwächen *(Weaknesses)* ▸ Reklamationsmanagement ▸ kein Firmendienst	WO-Strategien ▸ Gezieltes Nutzen von Verbundwerbung	WT-Strategien ▸ Installieren eines Qualitätskreises

Tab. Unternehmensbezogenen SWOT-Analyse

4.3.2 Portfolioanalyse

Im Rahmen der **Portfolioanalyse** können Produktsortimente (Programmgruppen) oder strategische Geschäftsfelder untersucht werden.

Sie ermöglicht sowohl die **Diagnose der Ist-Situation** (strategischer Wettbewerbspositionen) als auch die **Ableitung von Strategien** zur Erreichung zukünftiger Marktpositionen.

BEISPIEL

Ist-Position bei »Standarddestinationen«
Reiseveranstalter müssen gewisse »Standarddestinationen« wie z. B. Städtereisen nach *New York* oder *Moskau*, im Programm haben. Sie erwirtschaften damit keine großen Gewinne bzw. sogar Verluste, das Destinationsangebot kann aber aus Imagegründen nicht eliminiert werden.

Für die Analyse werden die Produktprogramme oder die Geschäftsfelder eines Unternehmens in ein zweidimensionales Raster, die **Marktwachstums-Marktanteil-Matrix** eingeordnet.

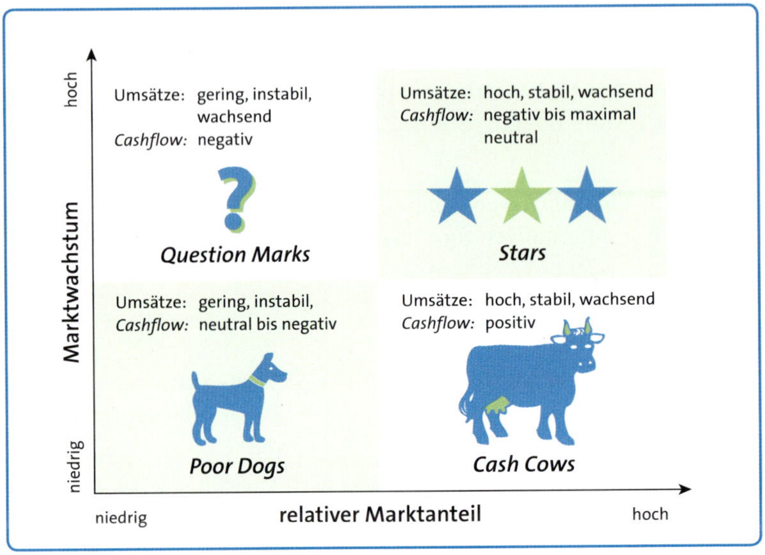

Abb. Marktwachstums-Marktanteil-Matrix

Die Portfolioanalyse **analysiert das Programm** anhand des **erzielten relativen Marktanteils** sowie des dazugehörigen **Marktwachstums**.

- ***Stars:*** In diesen Geschäftsfeldern (Programmgruppen) hat das Unternehmen hohe Marktanteile in stark wachsenden Märkten zu verbuchen (Beispiele: Kreuzfahrtmarkt, Türkische Riviera).
- ***Cash Cows:*** Dies sind Geschäftsfelder (Programmgruppen), in denen das Unternehmen in wachsenden Märkten eine starke Wettbewerbsposition bzw. einen hohen Marktanteil hat (Beispiel: Gran Canaria im Marktsegment der Insel-Reisen, Positionierung von Sölden als Wintersportort). Sie erwirtschaften dem Unternehmen das Geld.
- ***Question Marks:*** Diese Geschäftsfelder (Programmgruppen) benötigen viele Investitionen, Gelder denn sie haben ein Marktwachstumspotential. Letztlich weiß man jedoch noch nicht, was aus ihnen wird: Sterne oder arme Hunde? (Beispiele: Geschäftsfelder, die im Trend liegen wie *Wellness*- und Gesundheits-Tourismus, neue Zielgebiete wie Marokko bzw. neue Produktvarianten, wie z. B. Kneipp- oder Vitalurlaub.)
- ***Poor Dogs:*** In diesen Geschäftsfeldern (mit diesen Programmgruppen) verliert das Unternehmen Geld. Es hat hier nur einen kleinen Marktanteil in kaum wachsenden Märkten.

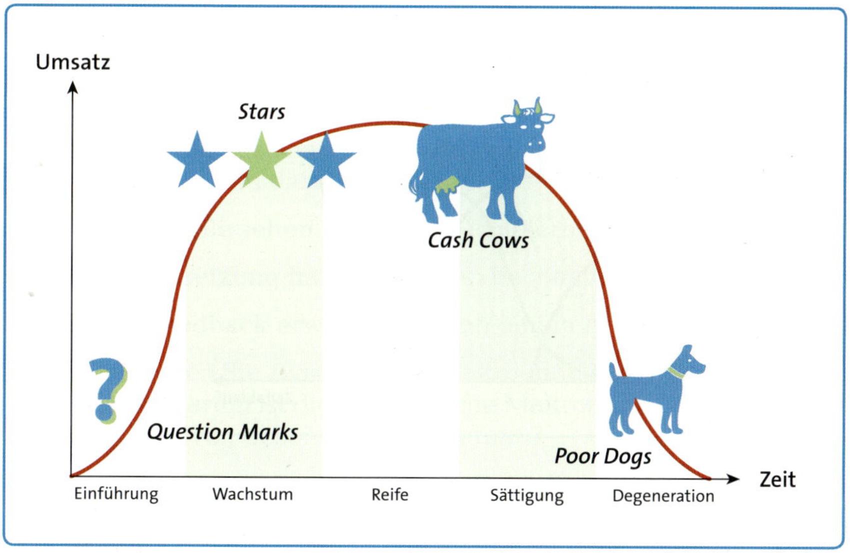

Abb. Platzierung der Programmgruppen im Produktlebenszyklus

Aufgrund der Informationen bieten sich **vier Strategieoptionen** an:

Bei den *Question Marks* selektiv vorgehen = **Offensivstrategie oder Aufgabe**	*Stars* fördern und investieren = **Wachstumsstrategie**
Poor Dogs desinvestieren bzw. liquidieren = **Desinvestitionsstrategie**	Position der *Cash Cows* halten und »ernten« = **Abschöpfungsstrategie**

Tab. Programm- oder Geschäftsfeldstrategien nach Portfolioanalyse

Ein gutes Portfolio sollte ausgeglichen sein und laufend gepflegt werden. Die Portfolioanalyse ist daher für die **Planung von Programmen** und **Geschäftsfeldstrategien** (▸ Kapitel 5.1) von hoher Bedeutung.

4.3.3 Produktlebenszyklus-Analyse

Die **Produktlebenszyklus-Analyse** untersucht die Buchungs- bzw. Umsatzzahlen touristischer Produkte oder Programmgruppen über die Zeit. Ihr Ergebnis liefert den **Nachfragelebenszyklus** des Programms.

Auf der **Basis der identifizierten Lebenszyklen** ist es möglich strategische Maßnahmen abzuleiten. So muss die Entwicklung neuer Reiseangebote durch z. B. die Aufnahme neuer Destinationen bereits während des aktuellen Reiseangebotes geschehen, um den Anschluss an den Markt nicht zu verlieren.

5 Entwicklung einer Marketingstrategie

Im Rahmen des strategischen Marketings erfolgt die Festlegung der lang- und mittelfristigen **Marketingziele** (▸ Kapitel 1.3, **Phase 2** des Entwicklungsprozesses einer Marketingstrategie = **Festlegung der Marketingziele**).

BEISPIEL

Strategisches Marketing im TUI Konzern

Schwerpunkt der strategischen Fortentwicklung des Konzerns ist das Kerngeschäftsfeld Touristik. Für die Touristik ergeben sich folgende strategische Schwerpunkte:

- Erhöhung des Anteils an differenzierten Urlaubsprodukten
- Ausbau des eigenen kontrollierten Vertriebs, dabei insbesondere Stärkung des Internetvertriebs
- Umsetzung von Effizienzsteigerungsmaßnahmen mit Blick auf eine Optimierung der Produktionsprozesse und -systeme
- Umsetzung der Restrukturierungsprogramme in Frankreich in Hinblick auf die Zusammenlegung des Veranstaltergeschäfts und die Effizienzsteigerung bei Corsair
- Fortsetzung des ertragsorientierten Kapazitätsmanagements im Mainstream-Geschäft von TUI Travel durch eine marktadäquate Kontrahierung von fixen Flugund Hotelkontingenten
- Ausbau der Marktposition im Spezialveranstaltergeschäft durch organisches Wachstum und selektive Akquisitionen
- Ausbau und Internationalisierung des Veranstaltergeschäfts in Wachstumsmärkten wie z. B. Russland, China und Indien
- Konzentration auf ein renditestarkes und differenziertes Hotelportfolio im Bereich TUI Hotels & Resorts
- Ausbau der Marktanteile im deutschsprachigen Premiumund Volumenmarkt für Kreuzfahrten
- Restriktives Cash- und Working Capital Management

www.tui-group.com/de/unternehmen/profil

Die **zentrale Frage des strategischen Marketings** lautet deshalb:

- Wo möchten wir hin?

Die Antwort darauf können **ökonomische Ziele** wie Umsatzsteigerung um X Prozent sein, die Vergrößerung des Marktanteils um Y Prozent in einem vorgegebenen Zeitfenster und/oder **psychografische Ziele** wie Bekanntheitsgrad oder Image sein. Zur konkreten Umsetzung findet eine Verknüpfung sowie Verdichtung der **Vision des Unternehmens** (▸ Fachwissen Tourismus Band 1, LF 1, Kapitel 1.3) mit den Strategieoptionen und daraus resultierend eine Ableitung der »strategischen Stoßrichtung« statt.

Phase 3 des Entwicklungsprozesses = **Strategiephase**

- **Kernfrage:** Welche Wege nehmen wir zur Zielerreichung?

Dazu werden Maßnahmen erarbeitet, die Entwicklungspotenziale insbesondere durch die **Nutzung und den Ausbau der Stärken (Kernkompetenzen)** ermöglichen und Risiken minimieren. Umgekehrt sollen Schwächen ausgeglichen und Chancen genutzt oder Risiken minimiert werden.

Erst in einem weiteren Schritt erfolgt die **Festlegung der Instrumentalstrategie**, in deren Rahmen die Beförderungsmittel (▸ LF 10, Kapitel 3) bestimmt werden.

Phase 4 des Entwicklungsprozesses = **Gestaltungsphase**

- **Kernfrage:** Welche Beförderungsmittel werden eingesetzt?

5.1 Kunden- und wettbewerbsbezogene Strategien

Im Hinblick auf die Mitbewerber am Markt müssen die Unternehmen zum einen entscheiden, ob ihre Stärken (Wettbewerbsvorteile, *Unique Selling Proposition*, USP) eher in einer **Strategie der Qualitäts-, Kosten- oder Innovationsführerschaft** besteht und zum anderen, wie diese Stärken gegenüber der Konkurrenz aufgebaut und dauerhaft abgesichert werden können (z. B. Qualitätsmanagement).

Konkurrenzstrategien im Tourismus zielen häufig darauf ab Wettbewerbsvorteile dadurch zu schaffen, dass ein Unternehmen einen höheren **qualitativen bzw. quantitativen Kundenutzen** gegenüber Mitbewerbern bietet und sich so eine unverwechselbare Marktposition verschafft.

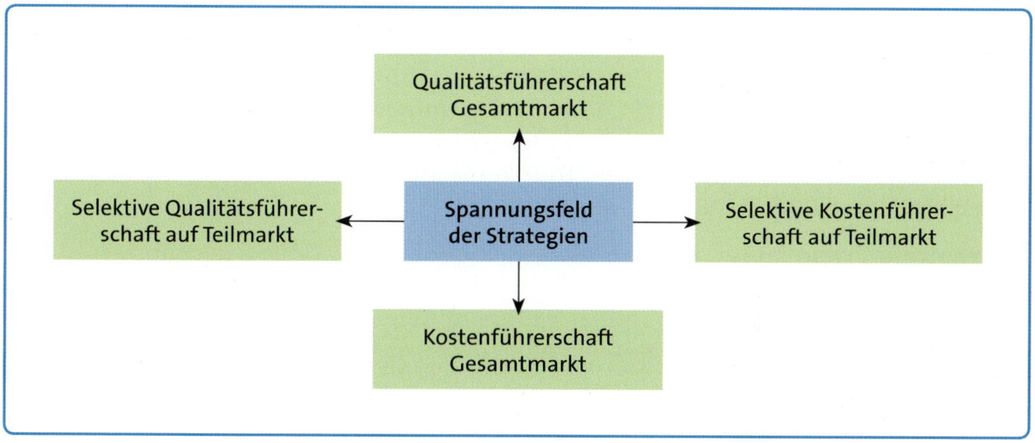

Abb. Spannungsfeld der Strategien

Im **Verhalten gegenüber den Kunden** ist vom Unternehmen dahin gehend eine Entscheidung zu treffen, ob der entsprechende Produkt-Markt **differenziert**, also individuell nach spezifischen Kundensegmenten oder **undifferenziert**, d. h. ohne Unterscheidung nach spezifischen Kundengruppen, bearbeitet werden soll.

Auf Grundlage von Strategieoptionen werden konkrete Marketingstrategien zur Sicherung, zum Ausbau oder zur Desinvestition in den entsprechenden Geschäftsfeldern entwickelt und umgesetzt. Dies wird als **Geschäftsfeldstrategie** bezeichnet.

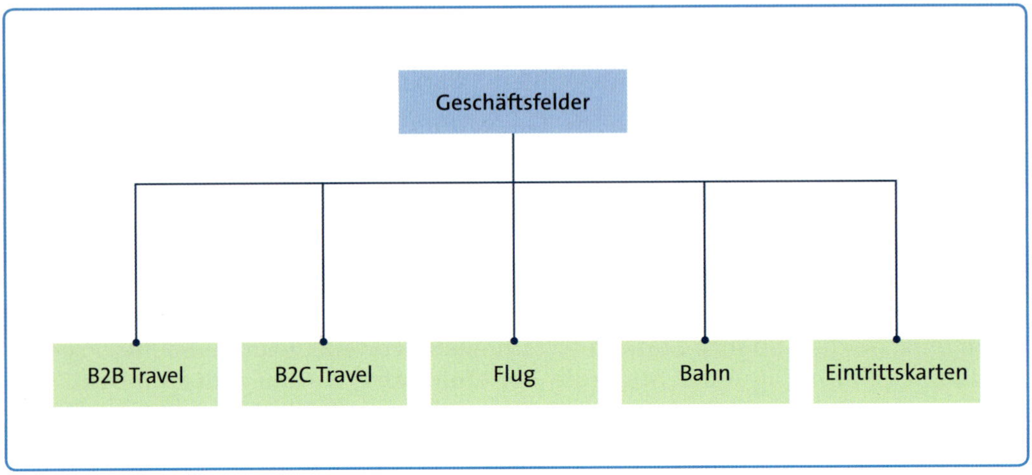

Abb. Beispiel für Strategische Geschäftsfelder

Geschäftsfelder BEISPIEL

Die TUI AG ist Europas führender Touristikkonzern. Die drei Geschäftsbereiche TUI Travel (Veranstalter-, Vertriebs-, Flug- und Zielgebietsaktivitäten), TUI Hotels & Resorts und TUI Kreuzfahrten bilden die World of TUI.

Strategische Geschäftsfelder (SGF) sind die angestrebten markt- bzw. kundenbezogenen, relativ autonomen Marktsegmente (Teilmärkte), vergleichbar einem *Profit Center* (▸ Fachwissen Tourismus Band 1, LF 1, Kapitel 3.4) auf denen ein Unternehmen tätig sein will.

Die **zentrale Frage** lautet daher: Welches Angebot für welche Zielgruppe?

«*Marketing for everybody is marketing for nobody.*«
(Aus dem Artikel »Karrierestart Young Professionals Technik« des Instituts für wissenschaftliche Veröffentlichungen (IWV), Autor n. b.)
www.institut-wv.de

Die Umsetzung der Geschäftsfeldstrategie erfordert das Verhalten gegenüber den Kunden und den Mitbewerbern festzulegen. Dies ist durch **Segmentierung des Gesamtmarktes** in Teilmärkte zu erreichen.

5.1.1 Marktsegmentierung

Marktsegmentierung ist die Aufteilung des heterogenen Tourismusmarktes in homogene Marktsegmente nach buchungsrelevanten Merkmalen, so dass die Unterschiede zwischen allen Mitgliedern eines Segmentes (Zielmarktes) bzw. Kundengruppen möglichst gering sind.

Dadurch kann jedes **Marktsegment mit maßgeschneiderten Angeboten** bedient und gezielt mit einem **speziellen Marketing-Mix** (Kombination von marketingpolitischen Instrumenten ▸ Kapitel 1.1) angesprochen und bearbeitet werden.

> **Marktsegmentierung** MERKE
> Marktsegmentierung vermittelt Leistungsindividualität bei den Zielgruppen und schafft Transparenz über die kundenorientierten Leistungen. Sie ist die Grundlage für Kundenorientierung und Differenzierung.

Erfolgreiche Marktsegmentierung spricht die »strategisch relevanten Kundengruppen« des Unternehmens **emotional und rational** an. **Strategisch relevante Kundengruppen** sind Zielgruppen mit deren Umsatz ein positiver Deckungsbeitrag für das Unternehmen erwirtschaftet werden kann (▸ Fachwissen Tourismus Band 3, LF 6, Kapitel 3.2).

© GEWA FotoStudio – MEV Verlag

© Creativstudio – MEV Verlag

© Mike Witschel – MEV Verlag

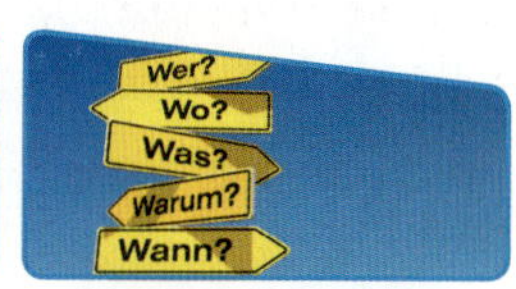

© bluedesign – Fotolia.com

- Zunächst setzt Marktsegmentierung voraus, dass eine **hinreichende Größe (quantitativ und qualitativ)** zur Bildung eines Segmentes gegeben ist und dieses einen längeren Zeitraum **Konstanz und Wachstumspotenzial** aufweist.
- Des Weiteren sind die **Homogenität innerhalb des Segments** und die **Heterogenität zwischen den Segmenten** sicher zu stellen. Der Zielmarkt muss für das Unternehmen zugänglich sein und eine gezielten Ansprache der (potentiellen) Kunden erlauben.
- Schließlich müssen Marktsegmente durch adäquate Marktforschungsmethoden **eindeutig messbar (operational)** und **wirtschaftlich vertretbar** sein.

Ziele der Marktsegmentierung sind die effektive und effiziente Marktbearbeitung. Kriterien, nach denen eine Marktsegmentierung vorgenommen wird, können unterschiedlich sein, die folgende Übersicht nennt die häufigsten.

Marktsegmentierung zur Identifikation von Zielgruppen

geografische Kriterien	soziodemographische Kriterien	Verhaltenskriterien	psychografische Kriterien
Beispiele: (Bundes-)Land, Regionen, Stadt, Stadtteil, Wohngebiet, Straße	Beispiele: Alter, Geschlecht, Schulbildung, Einkommen	Beispiele: Freizeitgestaltung, Urlaubsgestaltung, Urlaubsmotive, Markenbindung, Hobby, Präferenzen	Beispiele: Einstellungen, Werte, Interessen, Arbeitsverhältnis, Nutzenorientierung, Lifestyle

Abb. Marktsegmentierung zur Identifikation von Zielgruppen

Nachdem der heterogene Tourismusmarkt in homogene Marktsegmente aufgeteilt wurde, erfolgt im nächsten Schritt die **Festlegung von adäquaten Zielgruppen.**

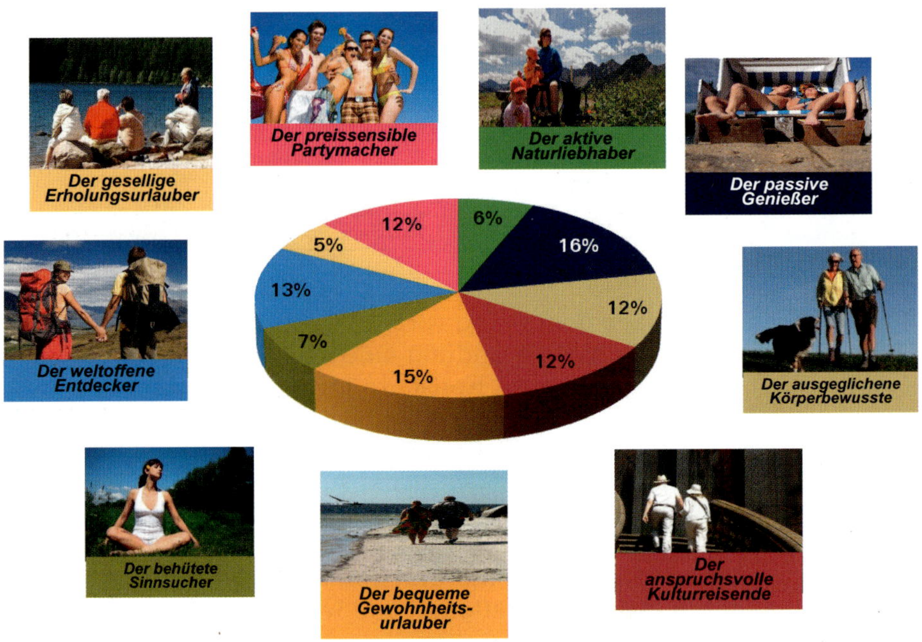

Abb. Beispiel für die neun Kundensegmente und ihre prozentuale Verteilung
verändert nach © 2009 forsa/phaydon|research+consulting

Im Wesentlichen werden dann **Marktsegmente** unterschieden, die durch ein **passgenaues Angebot** Kunden bedienen und gezielt mit einem auf sie abgestimmten Marketing-Mix ansprechen.

> **Passgenaues Angebot** MERKE
> Ein passgenaues Angebot beinhaltet die direkte Ansprache des Kundentyps, der erreicht werden soll, enthält Aussagen über seine Bedürfnisse, hebt sich durch Grund- und Zusatznutzen vorteilhaft von Mitbewerbern ab und weist das eigene Angebot als das am besten geeignete zur Befriedigung der Kundenwünsche aus.

Loyalitätsleiter-Konzept

Ein anderer Ansatz der Marktsegmentierung ist das **Loyalitätsleiter-Konzept:**

Auf den unterschiedlichen Stufen wird die Nähe und Bindung/Loyalität des Kunden zum Unternehmen dargestellt. Die einzelnen Sprossen symbolisieren die **Segmentierungsvariablen.** Sie stehen für die Nähe und Bindung des Kunden zum Unternehmen, also für die Kaufwahrscheinlichkeiten der gegenwärtigen Kunden und der potenziellen Neukunden.

Abb. Loyalitätsleiter-Konzept

Ziel des Loyalitätsleiter-Konzeptes ist es, einen potentiellen Kunden als Stammkunden zu gewinnen. Hierzu werden für jede Stufe der Kaufwahrscheinlichkeit individuelle Handlungsempfehlungen im Hinblick auf die Kundenansprache festgesetzt. Hierzu kommen z. B. Clubkarten, A-, B- und C-*Clusterung* und Gratis-Testangebote für Neu- und Stammkunden zum Einsatz.

Eine solche Segmentierung impliziert ebenfalls **maßgeschneiderte Angebote** und **gezieltes Marketing-Mix.** Dies erfordert u. U., dass das Unternehmen seine aktuellen Produkte um neue Angebote ergänzen muss und somit weitere Märkte zu erschließen sucht. Dazu bedient es sich der Marktfeldstrategien.

Die jeweilige **Programmtiefe (Leistungsdifferenzierung)** bestimmt sich aus den Auswahlmöglichkeiten an Reisen pro Programmgruppe z. B. nach Zielgebieten, Zielorten und Hotels.

BEISPIEL

Programmgruppen TUI Travel

TUI Travel bietet ihren Kunden eine Vielzahl von Produkten an, die von Pauschalreisen bis hin zu einer breiten Palette von Spezialangeboten reichen. Dabei werden die Bereiche Mainstream, Accommodation & Destinations, Specialist & Activity sowie Emerging Markets unterschieden. [...]

Geschäftsmodell, www.tui-group.com/de

Die **Programmvertiefung** ist bei deutschen Reiseveranstaltern ein wesentliches Element der Produktpolitik und eine wesentliche Voraussetzung für das Schnüren von ***Packages.*** Die Leistungsdifferenzierung dient dazu, die Leistung dem **Bedarfskomplex bestimmter Zielgruppen** besser anzupassen, wobei die bisherigen Programme neben dem veränderten/neuen Produkt auf dem Markt verbleiben.

BEISPIEL

Leistungsdifferenzierung

- TUI Cruises bietet seinen Gästen ein neues Alles Inklusive-Konzept seit 27. Oktober 2010 an.
- Die Kanaren sind mit »Mein Schiff« auf zwei siebentägigen unterschiedlichen Routen erlebbar (von November 2010 bis April 2011).

Durch die Leistungsdifferenzierung soll auch der **Austauschbarkeit von Angeboten entgegengewirkt werden**. Außerdem soll den Kunden eine weitreichende Flexibilität und attraktive Auswahlmöglichkeiten bei der Suche nach »Ihrer Reise« geboten werden. Operational kann dies kurzfristig zu einer Nachfragesteigerung führen, **strategisch gesehen** werden neue Käuferschichten jedoch dominant durch eine **Leistungsdiversifikation** (durch ein breites Angebot) erschlossen.

Eine **Differenzierungsstrategie** erfolgt auf Grundlage der erwirtschafteten Deckungsbeiträge (► Fachwissen Tourismus Band 3, LF 6, Kapitel 3.2) der verschiedenen Geschäftsfelder oder der touristischen Produkte. Die Absatzmengen (z. B. die Anzahl der Buchungen) sind nicht entscheidend.

5.2.2 Präferenzstrategie und Simultanstrategie

Die **Präferenzstrategie ersetzt** den Preiswettbewerb (Preis-Mengen-Strategie ▸ Kapitel 5.3) durch einen Leistungs- und Qualitätswettbewerb, bei dem **Aufbau eines Markenimages** eine wesentliche Rolle spielt.

Die **Produkte** (Leistungen eines Veranstalters) verfügen über einen weit über die Basisfunktionalität einer Reise hinausgehenden **mehrdimensionalen Zusatznutzen** und richten sich an zahlungskräftige Lifestyle- und erlebnisorientierte Konsumenten im oberen Marktsegment. Durch die besondere Qualitätshervorhebung, den mehrdimensionalen Nutzen und die hohen Preise erwecken die (Marken-) Produkte bei vielen Konsumenten den **Eindruck von Exklusivität** und bieten dadurch einen Kaufanreiz.

Der Aufbau von Präferenzen umfasst:
- herausgehobene Leistungsqualität,
- mehrdimensionaler Kundennutzen (funktional, emotional),
- überzeugende Qualität der Basisleistung,
- Möglichkeiten der Leistungserweiterung über die gesamte Leistungskette,
- differenzierte Urlaubsinhalte,
- Individualisierung der Leistung,
- Kundenintegration.

Der zentrale Aspekt der Präferenzstrategie (auch: **Leistungsvorteil-Marketing**) ist die **Entwicklung von Qualitätsangeboten** mit Mehrwert.

Dieser qualitative und emotionale Zusatznutzen verbunden mit der Schaffung einer besonderen Erlebnisqualität durch den **Aufbau eines Markenimages** unterscheidet den Veranstalter von seinen Wettbewerbern und ermöglicht ihm einen preispolitischen Spielraum.

Präferenzstrategie = besser sein als der Wettbewerb.

Simultanstrategie

Viele Veranstalter haben sich in der Vergangenheit absatzpolitisch grundsätzlich zwischen einem **Qualitätswettbewerb**, also zwischen nicht-preislichen produktspezifischen Aktionsparametern, **oder einer Preis-Mengen-Strategie** entschieden.

Mittlerweile wählen Unternehmen auch eine Simultanstrategie. Hierbei wird der Qualitätsstandard hoch- und die Kosten so gering wie möglich gehalten. Das Erfolgsrezept ist die **Schaffung von relativer Qualität eines Produktes**, mit der ein Qualitätsvorsprung gegenüber den Mitbewerbern erzielt werden kann und die Kundenwünsche bestmöglich befriedigt werden.

Produkt RUF Next

Das Produkt entspricht den Wünschen junger Erwachsener nach Freiheit, *Nightlife*, neuen Bekanntschaften oder Sport und bietet Preise, die auch für Azubis und Studenten erschwinglich sind. Mehr Infos gibt es unter *www.ruf-next.de*

© Ruf Reisen GmbH, Bielefeld

BEISPIEL

5.3 Preispolitische Strategien

Die **preispolitischen Strategien eines Unternehmens** sind ein Marketinginstrument, das alle preispolitischen Maßnahmen für einen längerfristigen Zielraum umfasst, die für ein Produkt oder eine Programmgruppe im Rahmen ihres Produktlebenszyklus geplant und entwickelt werden.

5.3.1 Preis-Mengen-Strategie, Preisbündelung, Target Pricing

Bei der **Preis-Mengen-Strategie** steht die **Niedrigpreispolitik (*Discount*-Konzept)** im Vordergrund, so dass die notwendigen Deckungsbeiträge bei dieser undifferenzierten »Massenmarktstrategie« über die Menge ausgeglichen werden müssen.

Der **Preis und Grundnutzen** einer Reise sind für die so genannten **Preiskäufer** die entscheidenden Kriterien für die Wahl der Reiseform bzw. der Destination.

Low Cost Carrier

BEISPIEL

Low Cost Carrier (LCC) wie z. B. *Ryanair* und *EasyJet* führen im Gegensatz zu »*High Quality Carriern*« einen aggressiven Preiskampf um hohen Passagierzahlen.

Das **Ziel dieser Strategie** ist es, einen umfassenden Kostenvorsprung in seiner Branche zu erzielen. Dies setzt die Nutzung von Kostenvorteilen auf allen Leistungsstufen sowie eine strenge Kontrolle der variablen Kosten und Gemeinkosten voraus.

© Karl Holzhauser – MEV Verlag

© Independent Light – MEV Verlag

© Karl Holzhauser – MEV Verlag

© Independent Light – MEV Verlag

Preisbündelung

Durch die Zusammenfassung mehrerer Produkte bzw. Dienstleistungen (i. d. R. Komplementärleistungen) und deren gemeinsamer Vermarktung (z. B. komplettes Reiseversicherungspaket zu einem Gesamtpreis) wird das ***Cross-Selling*-Potenzial** ausgeschöpft. Unter Umständen buchen Kunden eine Gesamtleistung, obwohl sie nur Teile davon möchten oder bräuchten.

Preisbündelung kann somit zur Erhöhung von Umsatz und Gewinn beitragen, obwohl Bündelpreise häufig unter der Summe der Einzelpreise liegen.

Reisepreisbündelungsangebote BEISPIEL

Reiseangebote inklusive Bonus-Nächten, Reiseatlas, Rail & Fly, Mietwagen, Ausflügen, Sportpaket, *Candlelight-Dinner*, Eintrittsgeldern, Reiserücktrittskostenversicherung usw.

Target Pricing

Beim ***Target Pricing (Target Costing)*** bestimmt der Preis die Kosten und nicht die Kosten den Preis.

Ausgangspunkt ist die Höhe des Preises, den ein Kunde für ein bestimmtes Produkt zu bezahlen bereit ist. Er wird als wettbewerbsfähiger Marktpreis *(Target Price)* bezeichent. Von diesem Preis wird der gewünschte Gewinnaufschlag abgezogen. Der verbleibende Betrag muss die Kosten für das Produkt bzw. die Dienstleistung decken.

Diese Form der Preisgestaltung berücksichtigt den persönlichen Kundennutzen. *Target Pricing* ist damit eine **Sonderform der retrograden Kalkulation (Rückwärtskalkulation)** und geht von den maximal vom Markt erlaubten Zielkosten aus (▸ Fachwissen Tourismus Band 3, LF 6, Kapitel 2.3 Teilkostenrechnung).

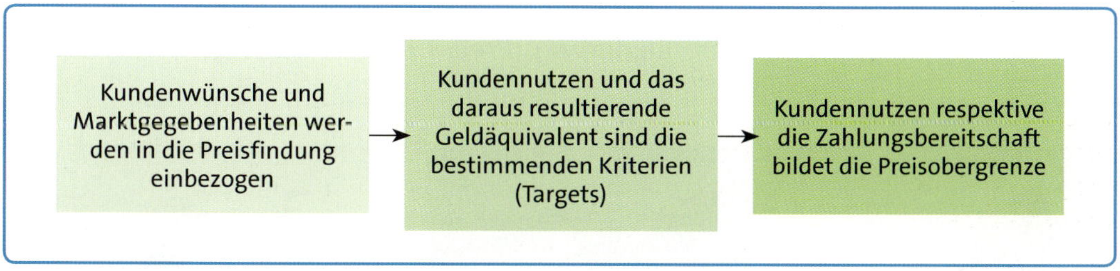

Abb. Prinzip des *Target Pricing*

5.3.2 Preisdifferenzierung

Wird ein Produkt oder eine Dienstleistung vom selben Anbieter zu unterschiedlichen Konditionen auf dem Markt angeboten, spricht man von **Preisdifferenzierung**.

Durch die verschiedenen Arten der Preisdifferenzierung versuchen Unternehmen Nachfrageschwankungen aufzufangen und ihre Auslastung zu optimieren, um so den Markt best möglich abzuschöpfen. Yield Management

Abb. Preisdifferenzierungen (PD) im Tourismusbereich

Folgende Arten von **Preisdifferenzierungen (PD)** werden u. a. im Tourismus angewandt:

- Regionale/räumliche/geografische Preisdifferenzierung (Stadt und Land, z. B. Alpenregion, Andalusien)
- Abnehmerabhängige Preisdifferenzierung (Junioren- und Seniorentarife)
- Zeitliche Preisdifferenzierung (Saisongegebenheit; Haupt-, Nebensaison ▸ Kapitel 5.3.3)
- Leistungsabhängige/produktabhängige Preisdifferenzierung (z. B. Standardkabine, Balkonkabine)
- Verweildauerdauerabhängige Preisdifferenzierung (z. B. fünf Übernachtungen = 10 % Nachlass)
- Distributionswegeabhängige Preisdifferenzierung (telefonische Buchung, Internetbuchung, Reisebürobuchung)
- Verwendungszweckabhängige Preisdifferenzierung (B2B- oder B2C-Kunde)
- Mengenabhängige Preisdifferenzierung (Preis-Mengen-Strategie ▸ Kapitel 5.3.2)

© A-ROSA Flussschiff GmbH 2012

© DB AG 2012

© Fotolia.com

BEISPIEL

Neue Varianten der Preisdifferenzierung

Orbitz (▸ www.orbitz.com), ein Hotelportal in den USA, experimentiert damit *Mac-Usern* andere Hoteltarife anzubieten als *Windows*-Anwendern.

BEISPIEL

Die Deutsche Bahn AG schöpft die Möglichkeiten der Preisdifferenzierung in vielfältiger Weise aus. Die *BahnCard* (► LF 8, Kapitel 2.2.4) beinhaltet dabei sogar mehrere Formen.
© DB AG 2012

Mengenbezogene Preisdifferenzierung	*BahnCard* Funktion: Je mehr km desto geringer der Kilometerpreis.
Leistungsbezogene Preisdifferenzierung	»Klassenkonzept« als Leistungsmerkmale Verschiedene Preise für Reisen der 1. und 2. Klasse (auch für die *BahnCard*)
Personengruppenbezogene Preisdifferenzierung	► Unterschiedliche Preise für die *BahnCard* nach Personengruppen (Erwachsene, Familien, Jugendliche und Senioren) ► »Gruppe&Spar-Angebote« ► »DB Familienkarte«
Zeitliche Preisdifferenzierung	Schönes-Wochenende-Ticket
Räumliche Preisdifferenzierung	► »Länder-Ticket« der Bahn ► Das »Quer-durchs-Land-Ticket« ► »Ostsee-Ticket«
Multi-Channel-Pricing	► »DB Lidl-Ticket«, d. h. spezielle Preise für ein Kontingent eines Vertriebspartners ► Buchung im Internet ist mit einem Preisabschlag gegenüber stationärem Vertrieb im DB Reisezentrum verbunden (»Sparen beim *Online* Buchen«)

© Deutsche Bahn AG

Tab. Preisdifferenzierung Deutsche Bahn AG

Die A-ROSA Flussschiff GmbH fährt Preisdifferenzierungen nach Wahlfreiheit und Leistungsumfang. Die Tarife A-ROSA SMART und A-ROSA SPONTAN sind tagesaktuelle Preisangebote, die nur für ausgewählte Routen und Termine je nach aktueller Verfügbarkeit gelten. Die Preise werden also dynamisch der jeweiligen Nachfragesituation bzw. -prognose aktuell angepasst. *© A-ROSA Flussschiff GmbH 2012*

A-ROSA SELECT	Dieser Tarif sichert dem Gast die Möglichkeit u. a. über Termin, Route, Schiff, Kabinenkategorie und Kabinennummer frühzeitig und frei zu entscheiden incl. eines umfassenden Leistungspakets.
A-ROSA SMART	Dieser Tarif gilt nur für ausgewählte Termine nach jeweiliger Verfügbarkeit. Auf die umfangreichen A-ROSA SELECT-Leistungen verzichten der preisbewusste Gast.
A-ROSA SPONTAN	Bei diesem Tarif wählt der Reisende Fahrgebiet aus und überlässt der Reederei die Auswahl des Schiffes, der Route und ggf. sogar des genauen Reisetermines sowie der Kabinenkategorie.

Tab. Preisdifferenzierung A-ROSA-Flussschiff GmbH

Voraussetzungen für eine Preisdifferenzierung sind ein **unvollkommener Markt** und eine **niedrige Preiselastizität der Nachfrage** (► Kapitel 3.1 und 3.2.1). Unter diesen Gegebenheiten kann auf die unterschiedlichen Preisvorstellungen der Kunden eingegangen und ein großer Teil der Nachfrage zum höchstmöglichen Preis abgeschöpft werden.

5.3.3 Yield-Management

Eine **Sonderform der zeitlichen Preisdifferenzierung** stellt das *Yield-Management* (Ertragsmanagement) dar.

Touristische Dienstleistungen zeichnen sich häufig durch fixe Kapazitäten (z. B. Airlines, Hotels) mit entsprechend hohen Fixkosten aus. Dem gegenüber steht eine zeitlich unterschiedlich starke Nachfrage. Um einen Ausgleich zwischen Angebot und Nachfrage zu erreichen, teilt man die Gesamtkapazität in Teilkapazitäten auf. Verschiedenen Kunden und Zeitsegmenten werden spezielle Preisklassen zugeordnet.

Dies ermöglicht eine **Steuerung der vorhandenen Nachfrage** und eine Kapazitätsauslastung sowie einen Preis zu realisieren, der zu einer **Ertrags- oder Umsatzmaximierung** führt.

MERKE

Leerkosten werden Nutzkosten
Entscheidend hierbei ist, dass durch die Abschöpfung der Konsumentenrente Leerkosten in Nutzkosten umgewandelt werden.

Voraussetzungen für ein effektives ***Yield-Management***:

- Kapazitätspotenziale verfallen bei Nicht-Inanspruchnahme,
- Verträge über die Nutzung können vor der Inanspruchnahme der Leistung geschlossen werden,
- die Nachfrage unterliegt hohen Schwankungen,
- die Nachfrage kann durch Preisvariationen beeinflusst werden,
- der Anbieter hat durch die Bereitstellung von Kapazitätspotenzialen hohe Fixkostenblöcke,
- der Anbieter verfügt über eine entsprechend hohe Kapazität und heterogene Nachfrage.

Optimaler Ticketpreis

BEISPIEL

Eine Maschine der *Sun Airline* mit 260 Plätzen fliegt von Frankfurt am Main nach *Madrid.* Aufgrund von Erfahrungswerten wird geschätzt, dass bei einem Ticketpreis von 800,00 Euro 60 Passagiere fliegen würden. Bei jeder Reduktion des Ticketpreises um 100,00 Euro erhöht sich die Nachfrage um 30 Passagiere. Die variablen Kosten belaufen sich auf 100,00 Euro pro Pax. Welcher Ticketpreis ist optimal?

Ticketpreis	Pax	Variable Kosten	Deckungs-beitrag/Pax	Gesamtdeckungs-beitrag
200,00 Euro	240	100,00 Euro	100,00 Euro	24.000,00 Euro
300,00 Euro	210	100,00 Euro	200,00 Euro	42.000,00 Euro
400,00 Euro	180	100,00 Euro	300,00 Euro	54.000,00 Euro
500,00 Euro	150	100,00 Euro	400,00 Euro	60.000,00 Euro
600,00 Euro	120	100,00 Euro	500,00 Euro	60.000,00 Euro
700,00 Euro	90	100,00 Euro	600,00 Euro	54.000,00 Euro
800,00 Euro	60	100,00 Euro	700,00 Euro	42.000,00 Euro

Der Ticketpreis von 500,00 Euro und 600,00 Euro führt jeweils zum selben Gesamtdeckungsbeitrag von 60.000,00 Euro. Ist ein Gesamtdeckungsbeitrag für zwei aufeinander folgende Preisstufen identisch, so wird der optimale Preis als arithmetisches Mittel aus den Preisen gebildet, hier also 550,00 Euro.

Das *Yield-Management* berücksichtigt, dass eine touristische Leistung für die verschiedenen Kundensegmente (preisunsensible- bzw. preissensible Kundengruppe) einen unterschiedlichen Wert hat. Das optimale *Yield-Management* wird über **Softwareprogramme** sichergestellt, die bei wechselnden Kapazitäten den Preis dynamisch anpassen. Hier kommt die Preiselastizitätskurvenfunktion (▸ Kapitel 3.2) zum Tragen.

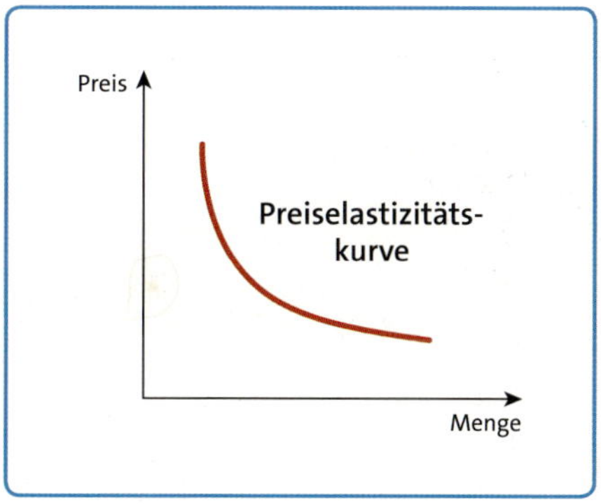

Abb. Preiselastizität der Nachfrage

AUFGABEN

1. Erläutern Sie die wettbewerbsbezogenen Strategien im Rahmen des strategischen Marketings.
2. Was ist eine »Geschäftsfeldstrategie«?
3. Was verstehen Sie unter »Marktsegmentierung«?
4. Welche Voraussetzungen sind für eine Marktsegmentierung unabdingbar?
5. Beschreiben Sie mögliche Vorgehensweisen zur Marktsegmentierung.
6. Welche Kundengruppen sind strategisch relevant für eine Marktsegmentierung?
7. Welchen Zielen dient die Marktsegmentierung?
8. Zeigen Sie mit Hilfe eines Produktprogramms eines Reiseveranstalters auf, welche Segmente er fokussiert.
9. Nennen Sie jeweils drei Vor- und drei Nachteile, die für eine »Bedienung des Massenmarktes« bzw. für eine »Marktsegmentierung« sprechen.
10. Wie können Sie in Ihrem Unternehmen das »Loyalitätsleiter-Konzept« umsetzen?
11. Welche Bedeutung hat die »Marktfeldstrategie« für ein Unternehmen?
12. Welche Bedeutung kommt der »Produkt-Markt-Kombination« in einer Marktfeldstrategie zu?
13. Die »Marktwachstums-Marktanteil-Matrix« (▸ Kapitel 4.3.2) erfordert unterschiedliche Strategien in den einzelnen Quadranten. Nennen und begründen Sie die jeweilige Strategie.
14. Unterscheiden Sie die Begriffe »Marktlücke« und »Marktnische«.
15. Worin könnte bei der »Marktlücke bzw. Marktnische« Ihre strategische Produktpolitik bestehen?
16. Zeigen Sie den Zusammenhang zwischen den Größen »Marktvolumen«, »Absatzvolumen«, »Marktpotenzial« und »Absatzpotenzial« anhand der folgenden Grafik auf.

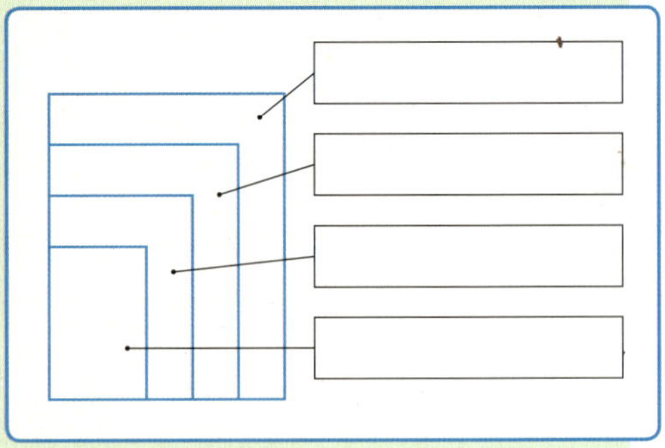

Abb. Statische Betrachtung der Marktgrößen

17. Welche Elemente erfasst die strategische Produktpolitik?
18. Vergleichen Sie zwei von Ihnen selbst gewählte Reiseveranstalter im Hinblick auf ihre strategische Produktpolitik.

▸▸▸

19. Welche Maßnahmen treffen Sie in Ihrem Unternehmen, um Präferenzen zu schaffen?

20. Vergleichen Sie zwei von Ihnen gewählte Reiseveranstalter im Hinblick auf die Präferenzpolitik.

21. Worin kommt die »Leistungsdiversifikation und -differenzierung« bei einem Reisevermittler zum Ausdruck?

22. Wie wird beim *Target Pricing* kalkuliert?

23. Nennen Sie zwei Voraussetzungen für eine Preisdifferenzierung.

24. Welche Vorteile sehen Sie für das Unternehmen und den Verbraucher durch eine Preisdifferenzierung?

25. Je nach Differenzierungskriterium werden verschiedene Arten der Preisdifferenzierung unterschieden. Nennen Sie jeweils zwei Beispiele aus dem Tourismus für eine räumliche Preisdifferenzierung, zeitliche Preisdifferenzierung und personelle Preisdifferenzierung.

26. Welcher Zusammenhang besteht zwischen preispolitischen Strategien und dem Produktlebenszyklus?

27. Woran orientieren sich Preisdifferenzierungsstrategien?

28. Begründen Sie die Preisdifferenzierung im Tourismus.

29. Die Kombination verschiedener Formen der Preisdifferenzierung im Rahmen einer kurzfristigen Preis-Mengen-Optimierung bezeichnet man als *Yield-Management*. Warum findet sich diese Form insbesondere bei Fluglinien- und Hotelangeboten?

30. Vergleichen Sie die Merkmale der »Präferenz-Strategie« und »Preis-Mengen-Strategie« anhand folgender Kriterien:

Merkmal	Präferenz-Strategie	Preis-Mengen-Strategie
Budget		
Zeitschiene		
Preisbedeutung		
Markenführung		
Wettbewerbsvorteil		
Kommunikationsfokus		
Image		

Ordnen Sie folgende Merkmalsausprägungen zu (Mehrfachnennungen sind möglich): hoch, lang, gering, kurz, unbedeutend, preisbezogen, Preis, bedeutend, nutzenbezogen, *Image*, Profilierung

6 Eigene Leistungen bündeln und kalkulieren

Wie in der Einleitung zu diesem Lernfeld bereits beschrieben gibt es nicht den »*homo touristicus globalis*«. Deshalb müssen neue Reiseleistungen für die individuelle Zielgruppe entwickelt bzw. gebündelt werden. Dies je nach Veranstalter oder Touristikkonzern unter Ausnutzung der Zielrichtung **horizontaler oder vertikaler Integration**.

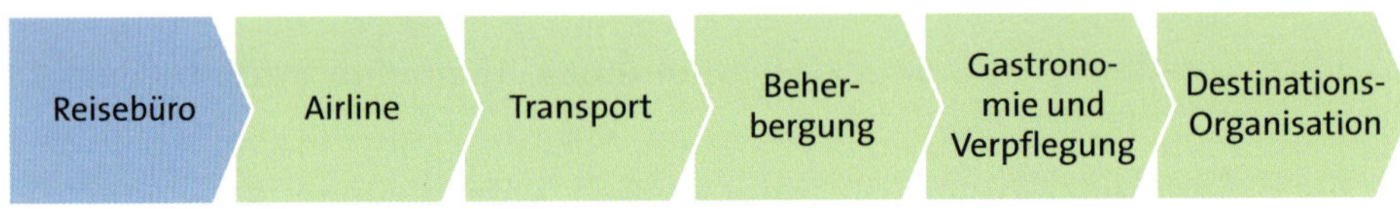

Abb. Wertschöpfungskette des Tourismus (verkürzte Darstellung)

6.1 Absicherung der Veranstalterrisiken

Ist es nötig sich fremder Leistungsträger zum Bündeln von Reiseleistungen zu bedienen, müssen adäquate Verträge die vertraglichen und gesetzlichen Pflichten im Rahmen einer Veranstaltertätigkeit absichern. Dazu stehen u.a. die in den folgenden Kapiteln beschriebenen Möglichkeiten zur Verfügung.

6.1.1 Verträge mit Beherbergungsbetrieben

Häufig werden zwischen Hotel und Reiseveranstalter (RV) ein »Hotelaufnahmevertrag« geschlossen, in dem der RV das Recht erwirbt, über die Hotelplätze zu verfügen. Hierbei wird grundsätzlich zwischen folgenden Vertragstypen unterschieden:

Kontingentvertrag (Allotmentvertrag)

Im Rahmen eines Kontingentvertrages zwischen einem RV und einem Hotelier hat der RV das Recht, bis zu einem fixierten Termin frei über eine im Vorhinein definierte Anzahl von Betten des Hotels verfügen zu können und diese nach eigenen Vorstellungen zu belegen. Nach Ablauf dieser First kann der Hotelier die restlichen Betten in eigenem Namen anbieten. Abgerechnet werden nur Betten, die tatsächlich in Anspruch genommen wurden. Das Belegungsrisiko trägt somit allein der Hotelier.

Free Sale
Der *Free Sale* (oder Pro Rata-Vertrag) ist eine Sonderform eines verbindlichen Reservierungsvertrages, der ein kostenloses Rückgaberecht von nicht gebuchten Kontingenten innerhalb der Rückgabefrist zulässt. Er räumt dem Hotelier aber ein schon vor Eintritt der Rückfallfrist Eigenbelegungen vorzunehmen.

Garantiebelegung mit Verfall (Optionsvertrag)
Bei dieser Vertragsform sichert der RV dem Hotelier eine Mindestauslastung eines vereinbarten Kontingentes zu, die er auch bei Nichtbelegung *(NO-SHOW)* zu bezahlen hat. Die Vollauslastung durch den RV ist möglich, aber nicht geschuldet. Der Veranstalter trägt nur das Risiko, dass die Mindestauslastungsquote erreicht wird.

Termin-Garantievertrag (Optionsvertrag)
Der RV verpflichtet sich, ein vereinbartes Bettenkontingent bis zu einem bestimmten Termin zu belegen, bei *NO-SHOW* muss er sie trotzdem bezahlen.

Kumulativer Garantievertrag (Optionsvertrag)
Hier geht der RV die Verpflichtung ein, im Laufe einer Saison eine fixierte Anzahl von Betten abzunehmen. Die Abrechnung erfolgt zu Saisonende.

Festanmietung
Der RV mietet eine bestimmte Anzahl von Betten und vermietet sie in eigenem Namen weiter. Er muss auch für nicht ausgelastet Betten den entsprechenden Preis an den Hote-

Tab. Verträge zwischen Reiseveranstalter und Hotelier

Die einzelnen Verträge können neben der originär zu erbringenden Leistung »Hotelzimmer« auch Verpflegungsarrangements und andere Leistungen beinhalten.

© Fotolia.com

Die Kunden des Reiseveranstalters, für die Hotelleistungen gebucht werden, können sowohl »Einzelreisende« als auch »Reisegruppen« (i. d. R. mindestens 15 Personen) sein.

Kontingentvertrag (Auszug)

BEISPIEL

Die Vertragspartner stimmen dahingehend überein, dass unter einem Kontingentvertrag die Bereitstellung einer bestimmten Anzahl von Zimmern für einen bestimmten Zeitraum verstanden wird, die nach Bedarf vom Reiseunternehmen abgerufen werden können.

Dauer des Vertrages von .... bis .... [...]

1. **Abgeschlossen zwischen Beherbergungsbetrieb ....**
   und dem Reiseunternehmen ....

2. **Kontingent/Saisonzeiten/Preise BRUTTO/NETTO pro Tag/Person**
   Die Preisangaben auf Bruttobasis sind auf keinen Fall höher als die in den Zimmern ausgehängten Preise.
   Die Bruttopreise enthalten die ... % Provision (inkl. MwSt.), welche dem Reiseunternehmen zu bezahlen ist.

K	Z	WW	D	W	WC	BT	SB	ZB	KB	Saison A von .... bis			Saison B von .... bis			Saison C von .... bis			Saison D von .... bis		
										ÜF	HP	VP	ÜF	HP	VP	ÜF	HP	VP	ÜF	HP	VP
										netto/ brutto			netto/ brutto			netto/ brutto			netto/ brutto		

K – Kontingent
Z – Zimmerart
WW – Warmwasser
D – Dusche
W – Wanne
WC – WC [...]
ÜB – Übernachtung/Frühstück
HP – Halbpension
VP – Vollpension

Die in der Tabelle angegebenen Preise beinhalten:
Unterkunft und Verpflegung wie angegeben, Mehrwertsteuer, sonstige Steuern, Abgaben, Bedienung.
Die Ortstaxe von .... Euro ist in obigen Preisen enthalten und wird netto berechnet
☐ ja ☐ nein
sowie
☐ Hallenbad ☐ Schwimmbad ☐ Strandeintritt
☐ Umkleidekabine ☐ Liegestuhl ☐ Sonnenschirm
☐ Sauna ☐ Solarium ☐ Sonstiges [...]

[...]

7. **Bezahlung**
   Die Bezahlung an den Beherbergungsbetriebe muss innerhalb von .... Tagen nach Rechnungslegung auf das Konto Nr. .... spesenfrei erfolgen.
   Es wird eine Vorauszahlung in der Höhe von .... Prozent der zu erwartenden Rechnungssumme .... Tage vor Ankunft vereinbart.

8. Rücktritt vom Beherbergungsvertrag
Die Mitteilung über den Rücktritt vom Beherbergungsvertrag hat seitens des Reiseunternehmens, falls nicht eine Verfallfrist vereinbart wurde, schriftlich zu erfolgen (Brief, Telegramm, Fernschreiben, Telefax, Computer usw.).
Ein Rücktritt des Beherbergungsbetriebes vom Vertrag ist, von den Fällen laut Kooperationsabkommen abgesehen, nicht möglich.
Nicht vermietete Zimmer verfallen zum vereinbarten Termin für den Kontingentverfall, ohne dass eine Stornogebühr zu verrechnen ist. Ab diesem Zeitpunkt gelten die Stornoregelungen des Kooperationsabkommens.
Das Reiseunternehmen verpflichtet sich, die Stornogebühren treuhändisch vom stornierenden Gast für den Beherbergungsbetrieb einzubehalten und nach Rechnungslegung durch den Beherbergungsbetrieb diesem den Stornobetrag zu überweisen. [...]

[...]

10. In obigen Preisen sind folgende Leistungen beinhaltet

a) Menüwahl	☐ ja ☐ nein		
b) Halbpension	☐ mittags	☐ abends	☐ mittags oder abends
c) Frühstück	☐ kontinental	☐ erweitert	☐ Büffet

Informationen zum Betrieb/Ort:
a) Kategorie: ....
b) Parkplätze: ....
c) Garagengebühr: ....
d) Gepäckservice: ....
e) Essenszeiten: ....
f) Ortszentrum (Entfernung in m): ....
g) Strand/Lift (Entfernung in m): .... [...]

....
Ort, Datum, Unterschrift der Vertragsparteien

www.hotelverband.a oder www.portal.wko.at > Kooperationsvertrag

Grundsätzlich besteht **Formfreiheit** bei Abschluss eines Beherbergungsvertrages. Der vorliegende Auszug soll als Beispiel für einen üblichen Hotel-Beherbergungsvertrag im Rahmen des Massentourismus gelten. Weitere Beherbergungsbetriebe (Pensionen, Jugendherbergen, Campingplätze) verwenden meist eigens erarbeitete Vertragsdokumente.

© Brian Jackson – Fotolia.com

Des Weiteren werden Transportkapazitäten benötigt. Auch hier gibt es Variationsmöglichkeiten.

6.1.2 Verträge mit Transportunternehmen

Reiseveranstalter bedienen sich beim »Transportmittel Flugzeug« häufig des **Charterflugverkehrs (Nicht-Linienverkehrs)** im Bedarfsflugs-, Gelegenheits- oder Ferienflugverkehr. Dabei legen sie bei Verträgen mit Fluggesellschaften zum einen besonderen Wert auf die **Streckenführung,** da sie letztlich bestimmen, wie viel Betten in der Destination mit den entsprechenden An- bzw. Abreisetag eingekauft werden können und zum anderen auf die möglichen **Vertragsvarianten** zwischen RV und *Airline*.

Rahmenvertrag
In diesem Fall werden für die Anspruchnahme von Flugsitze durch den Reiseveranstalter feste Preise für eine Saison vereinbart ohne eine Abnahmegarantie.

Vollcharter mit Sub-Charter Berechtigung
Der Reiseveranstalter kauft die gesamte Sitzplatzkapazität eines Flugzeuges für einen bestimmten Flug (einfach bzw. Hin -u. Rückflug) von z. B. Frankfurt am Main nach *Mallorca*. Mit dem recht, nicht verkaufte Kapazitäten an andere Reiseveranstalter weiter zu veräu-

Flugstundenvertrag
Dabei nimmt der Reiseveranstalter eine Anzahl von Sitzplätzen war, ohne einen konkreten Preis dafür zu vereinbaren. Dieser ergibt durch die effektive Auslastung der Maschine, in dem alle Kosten für einen speziellen Flug mit seiner tatsächlichen Flugzeit auf die Reisenden adäquat umgerechnet werden.

Kumulativer Garantievertrag (Optionsvertrag)
In diesem Fall werden zwischen dem Reiseveranstalter und der Fluggesellschaft Einkaufspreise für eine Anzahl von Sitzplätzen verteilt über eine Saison vereinbart. Wird das vereinbarte Kontingent nicht erreicht, kann die *Airline* rückwirkend die vereinbarten Einkaufspreise erhöhen.

Tab. Verträge zwischen Reiseveranstalter und Fluggesellschaft

Bei seiner Produktpolitik muss der Reiseveranstalter bedenken, dass die **Inanspruchnahme des *Low Cost-Sektor*** durch den Reisenden stark zugenommen hat, so dass er auch für diese Kunden »Baukastenreisen« (▸ Fachkunde Tourismus Band 1, LF 4.1, Kapitel A) ohne Flüge anbieten kann.

Weitere **Vertragsarten mit anderen Transportunternehmen,** wenn andere Transportmittel zur Destination oder vor Ort genutzt werden, wie z. B. Mietwagen, Reisebus, Bahn oder Schiff, sind in ▸ LF 8, Kapitel 2 beschrieben.

© Rapp Joachim – MEV Verlag © Photodesign Müller – MEV Verlag © Ruff – Fotolia.com

Sollte der Reiseveranstalter vor Ort nicht über eine entsprechende Organisation verfügen um selbst Ausflugsprogramme, Animation oder sonstige Leistungen anbieten zu können, bedarf es weiterer Verträge z. B. mit *Incoming*-Agenturen. Diese werden meist in Form eines Dienstvertrages geschlossen.

6.1.3 Dienstverträge im Tourismus

Der **Dienstvertrag** ist ein Vertrag, in dem der Dienstleister die Vornahme einer Tätigkeit verspricht. Diese ist nicht ergebnisorientiert, sondern beschränkt sich auf die Ausführung von Tätigkeiten.

BGB

Vertragstypische Pflichten beim Dienstvertrag (§ 611 BGB)

(1) Durch den Dienstvertrag wird derjenige, welcher Dienste zusagt, zur Leistung der versprochenen Dienste, der andere Teil zur Gewährung der vereinbarten Vergütung verpflichtet.

(2) Gegenstand des Dienstvertrags können Dienste jeder Art sein.

Grundsätzlich gilt, dass **Dienstleistungen als Bestandteil des Reisevertrages** immer dem Reiserecht unterliegen (▸ Fachwissen Tourismus Band 1, LF 4.1). Liegen diese Dienstleistungen außerhalb des Verantwortungsbereiches des Reiseveranstalters, gilt auch für diese Verträge Paragraf § 611 BGB, und damit das **Dienstrecht**.

BEISPIEL

Dienstrecht

Ein Tauchlehrer schuldet die Durchführung des Tauchunterrichtes und Hinweis auf entsprechende Gefahren des Tauchens sowie Fehler des Tauchschülers. Er garantiert nicht, dass sein Schüler am Ende des Tauchlehrganges tauchen kann (nicht ergebnisorientiert).

Da ein Dienstvertrag ergebnisoffen ist, sind die möglichen **Pflichtverletzungen des Dienstleisters** auf fünf beschränkt:

Hauptpflichtverletzung	Die Dienstleistung wird nicht oder nur mangelhaft erbracht. Beispiel: Der Tauchlehrer gibt eine Tennisstunde anstatt des Tauchunterrichtes.
Nebenpflichtverletzung	Die Leistung wird erbracht, aber durch das fahrlässige Verhalten des Dienstleisters kommt der Vertragspartner Schaden. Beispiel: Der Tauchlehrer versäumt es auf die Gefahren beim Tauchen ohne vorherige ärztliche Untersuchung aufmerksam zu machen.
Vorvertragliche Pflichtverletzung	Bereits vor Vertragsabschluss verletzt der Dienstleiter seine Pflicht. Beispiel: Der Tauchschüler trifft sich mit dem Tauchlehrer auf der Tauchbasis um den Dienstleistungsvertrag zu unterschreiben und verletzt sich an den Füßen, weil der Boden mit Glassplittern übersät ist.
Verzug	Die Dienstleistung wird nicht zum vereinbarten Zeitpunkt (im Zeitraum) erbracht, sondern verspätet. Beispiel: Der Tauchlehrer erscheint verspätet zum Lehrgang, deshalb kann der Tauchschüler einen gebuchten Ausflug nicht wahrnehmen.
Unmöglichkeit	Die Dienstleistung kann nicht mehr erbracht werden. Beispiel: Der Tauchlehrer erscheint verspätet zum Lehrgang, der Tauchschüler ist bereits abgereist.

Tab. Mögliche Pflichtverletzungen des Dienstleisters

In den genannten Fällen tritt eine **Haftung des Dienstleisters** ein, sofern er nicht nachweisen kann, dass ihn kein Verschulden trifft.

BGB

Schadensersatz wegen Pflichtverletzung (§ 280 BGB)

(1) Verletzt der Schuldner eine Pflicht aus dem Schuldverhältnis, so kann der Gläubiger Ersatz des hierdurch entstehenden Schadens verlangen. Dies gilt nicht, wenn der Schuldner die Pflichtverletzung nicht zu vertreten hat.

(2) Schadensersatz wegen Verzögerung der Leistung kann der Gläubiger nur unter der zusätzlichen Voraussetzung des § 286 verlangen.

(3) Schadensersatz statt der Leistung kann der Gläubiger nur unter den zusätzlichen Voraussetzungen des § 281, des § 282 oder des § 283 verlangen.

Entsprechend des Paragrafen § 280 BGB kann der Gläubiger nach Setzung einer Frist bei einer Hauptpflichtverletzung und bei Verzug vom Vertrag zurücktreten und die **Kosten einer gleichwertigen Ersatzleistung** verlangen (► Fachwissen Tourismus Band 1, LF 4.1, Kapitel B).

– Der Reiseveranstalter muss nicht nur in einem vorgeschrieben Rechtsrahmen Reiseleistungen einkaufen sondern diese auch verkaufen.

6.1.4 Formulierung Allgemeiner Geschäftsbedingungen (AGB)

Jeder Reiseveranstalter legt seine eigenen **Allgemeinen Geschäftsbedingungen (AGB) fest**, mit denen der seinen Geschäftsbetrieb führen möchte. AGB sind vorformulierte Vertragsbedingungen, die nicht zum Nachteil von Reisenden von den **Verbraucherschutzvorschriften der Paragrafen §§ 651 a bis 651 k des BGB** abweichen dürfen bzw. gegen das AGB-Gesetz verstoßen dürfen (▸ Fachwissen Tourismus Band 1, LF 2, Exkurs Kapitel 3.1.4). AGB sind Bestandteil des (Reise)Vertrages. Sie werden auch als **Allgemeine Reisebedingungen (ARB)** bezeichnet (▸ Fachwissen Tourismus Band 1, LF 4.1, Exkurs Kapitel A.6.3). Diese stellen eine **unverbindliche Empfehlungsliste** des Deutschen Reisebüro- und Reiseveranstalter-Verbandes (DRV) dar.

Jeder Reiseveranstalter kann entweder die **ARB** bzw. **AGB nutzen oder** seine **eigenen Allgemeinen Geschäftsbedingungen festlegen**, mit denen der seinen Geschäftsbetrieb führen möchte. Sind **einzelne** AGB unwirksam, bleibt der (Reise)Vertrag als solches dennoch bestehen.

MERKE

AGB und ARB
Sowohl die AGB als auch die ARB regeln die (Reise)Leistungen, Bezahlung, Leistungs- und Preisänderungen, Rücktrittsrechte, Informationspflichten, Haftungen und Haftungsausschlüsse.

Nach geltender **BGB-Informationspflichten-Verordnung (BGB-InfoV** ▸ Fachwissen Tourismus Band 1, LF 4.1, Kapitel A.6.1) ist der Reisemittler verpflichtet diese AGB bzw. ARB dem Reisenden auszuhändigen bzw. besonders darauf hinzuweisen. Bei Zustandekommen des (Reise)Vertrages werden diese zum gültigen Vertragsbestandteil.

Allgemeine Geschäftsbedingungen – Inhaltskontrolle

AGB unterliegen strengen Anforderungen. Die Klauseln sind nur dann wirksam, wenn Sie einen Katalog von Anforderungen erfüllen. Dies dient vor allem dem Schutz des Vertragspartners und dem allgemeinen Wettbewerb.

- A. **Spezialvorschriften** bzw. Inhaltskontrolle nach den Spezialvorschriften der Paragrafen §§ 308 und 309 BGB,
- B. **Generalklausel** bzw. Inhaltskontrolle nach der Generalklausel des Paragrafen § 307 BGB,
- C. **Rechtsfolgen des Verstoßes** bzw. Rechtsfolgen der Unwirksamkeit – die Rechtsfolge einer unwirksamen Klausel ist keineswegs die Nichtigkeit des Vertrages, sondern das Eingreifen der gesetzlichen Regelungen an Stelle dieser Klausel.

BEISPIEL

Gliederung der AGB/ARB

Für die Formulierung von eigenen AGB/ARB hat sich diese Gliederung bewährt:

1. Abschluss des Reisevertrages / Anmeldung und Bestätigung
2. Bezahlung
3. Leistungen
4. Leistungs- und Preisänderungen
5. Rücktritt vor Reisebeginn durch den Kunden
6. Änderungen, Umbuchungen, Ersatzpersonen
7. Nicht in Anspruch genommene Leistung
8. Höhere Gewalt
9. Rücktritt durch den Veranstalter / Rücktritt wegen Nichterreichens der Mindestteilnehmerzahl
10. Kündigung aus verhaltensbedingten Gründen
11. Obliegenheiten des Kunden / Gewährleistung
12. Beschränkung der Haftung
13. Ausschluss von Ansprüchen
14. Verjährung
15. Informationspflichten über die Identität des ausführenden Luftfahrtunternehmens
16. Pass-, Visa- und Gesundheitsvorschriften
17. Reiseschutz (u. a. Reiserücktrittsversicherung)
18. Rechtswahl
19. Datenschutz
20. Gerichtsstand

© Creativstudio – MEV Verlag

© Karl Holzhauser – MEV Verlag

© Karl Holzhauser – MEV Verlag

© MEV Verlag

Allgemeine Geschäftsbedingungen werden im Vertrag als **individuell ausgehandelte Vertragsklauseln** bezeichnet. Grundsätzlich gilt bei diesen der Prüfungsmaßstab der Paragrafen § 307 ff BGB nicht. Durch die einfache Vereinbarung, dass alle AGB-Klauseln individuell ausgehandelt sind, sollen diese Vorschriften jedoch umgangen werden. Deshalb ist eine solche Klausel unwirksam.

Individuelle Unterschiede bei AGB-Inhalten der Reiseveranstalter für die Umbuchung und die Fälligkeit des Reisepreises zeigt das ▸ Beispiel ab Seite 244.

Einbeziehung der AGB in den Vertrag

Allgemeine Geschäftsbedingungen (AGB) werden Vertragsbestandteil, wenn bei Vertragsschluss auf die Geltung hingewiesen wird. Der Hinweis muss ausdrücklich d.h. mündlich oder schriftlich erfolgen. Bei einem Hinweis im schriftlichen Vertrag muss dieser so gestaltet sein, dass auch bei einem flüchtigen Überfliegen des Vertragstextes die Einbeziehung in den Vertrag ersichtlich ist. Wegen erhöhter Schwierigkeiten des Hinweises bei Massenabfertigungen reicht hier ein gut sichtbarer Aushang, der auf die Geltung der AGB hinweist. (Kaufhäuser, Kinos, Konzertkartenverkauf)

Wichtig ist, dass der Hinweis schon bei Vertragsabschluss gegeben wird. Andernfalls werden die AGB nicht zum Vertragsbestandteil. So wurde entschieden, dass der Abdruck eines entsprechenden Hinweises auf einem Fahrschein, Flugticket oder einer Rechnung nicht ausreicht, da diese erst nach Vertragsschluss ausgehändigt werden.

Auch muss es der anderen Vertragspartei in zumutbarer Weise ermöglicht werden von den Geschäftsbedingungen Kenntnis zu nehmen. Die AGB müssen ausliegen oder auf Anfrage erhältlich sein (Achtung: schwierig bei telefonischen Vertragsabschlüssen – hier muss die Kenntnisnahme vor dem Vertragsabschluss möglich sein, z.B. durch vorheriges Zusenden der AGB; oder der Kunde verzichtet auf die Möglichkeit der vorherigen Kenntnisnahme bzw. es wird vereinbart, dass die AGB gelten sollen, wenn der Kunde nach Zusendung nicht rechtzeitig widerspricht).

Die AGB müssen halbwegs verständlich formuliert und für einen Durchschnittskunden lesbar sein.

Beispiel: Die Verwendung einer zu kleinen Schrift würde die Möglichkeit der Kenntnisnahme beseitigen.

Eine Formulierung wie: »In Fällen des § 474 BGB gelten die nach § 475 BGB zulässigen Vereinbarungen als getroffen« wäre unverständlich und damit unzulässig.

Der Vertragspartner muss außerdem sein Einverständnis mit der Geltung der AGB erklären. Genaue Kenntnis der Inhalte der AGB ist unnötig. Die Erklärung kann auch durch konkludente Erklärung erfolgen.

Es reicht auch aus, wenn pauschal die Geltung von AGB für ein Geschäftsverhältnis im Voraus vereinbart wird. (z.B. bei Banken …)

AGB die gegenüber Unternehmern verwendet werden, gelten schon dann, wenn diese hätten wissen können, dass der Vertragspartner den Vertrag nur unter Einbeziehung der AGB hätte abschließen wollen. Ein ausdrücklicher Hinweis oder die Möglichkeit der Kenntnisnahme ist hier nicht zwingend erforderlich.

Vereinbaren die Parteien die Einbeziehung jeweils Ihrer eigenen AGB so gelten diese nur, soweit sie übereinstimmen. Ansonsten gelten im Zweifel die gesetzlichen Regelungen.

Abweichungen AGB-Inhalte – Auszüge aus den AGB der Veranstalter Ameropa und DERTOUR im Vergleich

BEISPIEL

AGB	Ameropa	DERTOUR
Abschluss des Reisevertrages bzw. Anmeldung und Bestätigung	1.3 […] Bei **elektronischen Buchungen** bestätigt Ameropa-Reisen den Eingang der Buchung auch auf elektronischem Weg.	1. Die Buchung kann auf elektronischem Weg (E-Mail, Internet) sowie schriftlich, mündlich, telefonisch oder per Telefax vorgenommen werden. […] Der Vertrag kommt mit dem Zugang unserer Annahmeerklärung zustande. Diese **bedarf keiner bestimmten Form.** […]
	1.7 **Gruppenbuchungen ab 10 Personen** können bei Ferienwohnungen und -hotels nur nach Rücksprache mit Ameropa-Reisen getätigt werden.	–
Bezahlung	–	2. […] Dauert eine Reise nicht länger als 24 Stunden, schließt sie keine Übernachtung ein und übersteigt der Reisepreis EUR 75 nicht, so darf der volle Reisepreis auch **ohne Aushändigung eines Sicherungsscheins** verlangt werden.
	2.1 […] Je nach Zahlungsart wird die Anzahlung in Höhe von **20 % des Reisepreises** Ihrem Bankkonto oder Kreditkartenkonto belastet. Bitte beachten Sie, dass der Zahlungsvorgang für die Restzahlung ca. 28 Tage vor Reisebeginn eingeleitet wird.	Bei Vertragsabschluss ist nach Erhalt des Sicherungsscheines grundsätzlich eine Anzahlung in Höhe von **25 % des Reisepreises** fällig. Die Anzahlung wird auf den Reisepreis angerechnet. Den Restreisepreis zahlen Sie bitte etwa 28 Tage vor Reisebeginn. […] **a. Kreditkarte:** Der Anzahlungsbetrag von 25 % des Reisepreises wird sofort nach Vertragsabschluss von Ihrer Kreditkarte abgebucht. Etwa 4 Wochen vor Reiseantritt erfolgt die Abbuchung des Restbetrages von Ihrer Kreditkarte. **b. Überweisung:** Die Anzahlung muss in jedem Fall so rechtzeitiger unter Angabe der Rechnungsnummer auf das angegebene Bankkonto überwiesen werden, dass sie innerhalb von 10 Tagen nach Rechnungsdatum, die Restzahlung 28 Tage vor den Reisetermin bei uns eingeht. […]

AGB	Ameropa	DERTOUR
Leistungen	3.3 Bei Buchung mit Halbpension, Vollpension oder *All inclusive* beginnt die Verpflegungsleistung mit dem Abendessen am Anreisetag und endet mit dem Frühstück am Abreisetag.	–
Leistungs- und Preisänderungen	9.4 Bei Schiffsreisen entscheidet allein der für das Schiff verantwortliche Kapitän über notwendig werdende Änderungen der Fahrtzeit und/oder der Routen, etwa aus Sicherheits- oder Witterungsgründen. [...]	–
Rücktritt und Stornokosten	10.3.1 Standard-Gebühren: A. Hotels, Pensionen etc.: bis 30 Tage vor Reiseantritt 20 %; ab 29. Tag bis 22. Tag 25 %; ab 21. Tag bis 15. Tag 35 %; ab 14. Tag bis 7. Tag 50 %; ab 6. Tag bis 2. Tag 65 %; ab einem Tag vor Reiseantritt und bei Nichtantritt der Reise 80 % des Reisepreises. B. Ferienwohnungen und -häuser: bis 45 Tage vor Mietbeginn 20 %; ab 44. Tag bis 35. Tag 50 %; ab 34. Tag bis 3. Tag 80 %; ab 2. Tag und bei Nichtanreise 90 % des Mietpreises.	4.1 [...] Treten Sie vom Reisevertrag zurück oder treten Sie die Reise nicht an, so verlieren wir den Anspruch auf den Reisepreis. Stattdessen können wir eine angemessene Entschädigung für die bis zum Rücktritt getroffenen Reisevorkehrungen und unsere Aufwendungen in Abhängigkeit von dem jeweiligen Reisepreis verlangen. [...] Die Höhe des Ersatzanspruches entnehmen Sie bitte Ziffer 18 dieser Reisebedingungen. [...] 18. Rücktrittspauschale Die Höhe der Rücktrittspauschale ist von der gewählten Leistung abhängig. Weitere Angaben zur Höhe [...] können Sie daher unseren Bedingungen beim jeweiligen Angebot entnehmen. Beachten Sie bitte unbedingt etwaige abweichende Angabe in den Buchungsbedingungen der einzelnen Angebote! Bitte beachten Sie außerdem: Haben Sie mehrere Leistungen mit Einzelpreisen zusammengestellt (z. B. Flug und Rundreise), so sind die Stornogebühren dafür einzeln zu ermitteln und anschließend zu addieren.

AGB	Ameropa	DERTOUR
Änderungen und Umbuchungen	11.1 Werden von Ihnen nach Buchung der Reise zusätzliche Leistungen (z. B. Mitnahme eines Haustieres) oder Änderungen (z. B. Streckenverlauf bei der Bahnreise) gewünscht, so wird von uns eine Gebühr von 15 Euro pro Buchung berechnet.	4.2 [...] Bei anderweitigen, geringfügigen Änderungen berechnen wir jedoch nur eine Bearbeitungsgebühr von Euro 25.

aus: www.ameropa.de und www.dertour.de (Stand 2012)

Des Weiteren muss der Veranstalter für die zusammengestellte Reise eine **Insolvenzversichung** abgeschlossen haben (Ausnahmen ▸ Fachwissen Tourismus Band 1, LF 4.1, Kapitel A.6.5).

Weitere Einzelheiten zu den Pflichten eines Reiseveranstalters, die bei der Vermarktung von eigenen Reisen zu beachten sind finden Sie in ▸ Fachwissen Tourismus Band 1, LF 4.1, Kapitel A.6.5).

6.2 Einholen von Angeboten und Preisen

Der **Angebotsvergleich** ist ein komplexes Problem und muss entsprechend systematisch strukturiert werden. Er erfordert einerseits die Auswahl gemeinsamer Kriterien, um verschiedene Offerten vergleichbar zu machen, und muss andererseits operative Marketingziele sowie kostenrechnerische Gesichtspunkte berücksichtigen.

6.2.1 Angebotsvergleich

Wesentliche Prüfkriterien für einen Reiseveranstalter beim Angebotsvergleich für Verträge sind insbesondere entstehende Stornierungskosten, zu leistende Anzahlungen, eventuelle Vertragsstrafen, die genaue Beschreibung des Beschwerdemanagement-Prozess und der Gerichtsstand.

Abb. »Angebotsvergleich«

Preisvergleich

Ein **wesentliches Element** des Angebotsvergleichs ist der **Preisvergleich**. Hierzu wird der Angebotspreis für eine Leistung unter den Aspekten Rabatte, Boni und Zahlungsbedingungen verglichen (▸ Fachwissen Tourismus Band 2, LF 7, Kapitel 1.4). – Dies gilt jedoch nur bedingt für den Einkauf von touristischen Leistungen. Wesentlicher ist z. B., ob der »Angebotspreis« überhaupt entrichtet werden muss.

BEISPIEL

Ausfallrisiko

Der Hoteleinkauf in Form von Kontingenten ist ein zentrales Element des Beschaffungsmarketing eines Reiseveranstalters. Der Reiseveranstalter hat i. d. R. die Möglichkeit durch vertragliche Gestaltung und vereinbarte Einkaufskonditionen bei ausbleibender Nachfrage nicht benötigten Kapazitäten unter Einhaltung bestimmter Fristen kostenlos an den Hotelier zurückzugeben. Somit fallen für die Hotelkapazitäten nicht unbedingt Fixkosten sondern variable Kosten entsprechend der Auslastung an (z. B. bei *On-Request*-Vertrag bzw. Reservierungsvertrag mit geregelten Optionsfristen). Nimmt also der Reiseveranstalter Hotelkapazitäten nicht in Anspruch trägt der Hotelier das Ausfallrisiko.

Unter diesem Aspekt ist der reine Preisvergleich als eine Entscheidungsdeterminante nur beim festen Beherbergungsvertrag (▸ Kapitel 6.1.1) sinnvoll.

Auch folgende Möglichkeit relativiert die Bedeutung eines reinen Preisvergleiches: Der Reiseveranstalter kann sich beim Kontingenteinkauf im Rahmen der Konditionengestaltung, z. B. zu Vorauszahlungen verpflichten. Durch diese erwirkt er eine **Konkurrenzausschlussklausel oder Belegungsgarantien**. Mitbewerber bleiben also vor der Tür. – Hier überwiegt in gefragter Lage der Vorteil dieses strategischen Schachzuges einen ggf. höheren Kontingentpreis.

Anders stellt sich die Situation beim ***Dynamic Packaging*** dar: In diesem Fall werden – statt vor Saisonbeginn Hotel und Flugkontingente einzukaufen und zu Pauschalreiseangeboten für die gesamte Saison zu bündeln und vorzuhalten – **täglich** (das so genannte ***Dynamic Pre-Packaging***) bzw. erst **unmittelbar bei Anfrage** eines Kunden (das echte *Dynamic Packaging*) aus dem Markt zu Tagespreisen verfügbare Flug- und Hotelangebote zu Pauschalreiseangeboten neu generiert, und erst bei der Buchung verbindlich eingekauft. In diesem Fall ist der **Preis ein entscheidender Faktor**.

Harte und weiche Kriterien

Egal, ob der Preis eine dominante oder untergeordnete Rolle spielt, weitere Auswahlkriterien, z. B. beim Hoteleinkauf sind die so genannten harten und weichen Auswahlkriterien.

Harte Auswahlkriterien werden i. d. R. vom Reiseveranstalter bereits bei seiner Programm- bzw. Programmgruppenplanung fixiert und sind damit **ein Muss**.

BEISPIEL

Harte Auswahlkriterien *(hard facts)*

- Zielgebiet (persönliche Präferenz)
- Reisezeitraum und Reisedauer (berufliche/private Päferenz)
- Hotelkategorie und Preisspanne (Budget-Präferenz)
- Hotelart/-größe/Bettenzahl/Baujahr/Renovierung (Betreuungs-/Stilpräferenz)

►►

Weiche Auswahlkriterien *(soft facts)*
- Bewertungen der Servicequalität (Service-Präferenzen)
- Animations-/Ausflugs-/Sportprogramm (Aktivitäts-/Unterhaltungspräferenz)
- Geist/Körper/Seele (Lifestyle-/Wellness-Präferenz)
- Gästestruktur/Zielgruppe (Sozial-/Komunikationspräferenz)
- Umwelt-/Biobewusstsein (ökologische Präferenz)

Fakultät für Tourismus, Hochschule München – www.tourismus.hm.edu; Goecke/Eberhard/Roth 2010: Neue Wege zur Navigation durch die Datenflut der Reiseangebote

Weiche Auswahlkriterien sind schwer durch eindeutige Standards objektiv zu beschreiben. Sie sind zum Teil Zielgruppen abhängig bzw. sollen »Multi Kriterien-Labels« (z.B. einer Familie) gerecht werden und sind ggf. nach Wunschmerkmalen, z.B. mit Hilfe des ***Scoring-Modells*** zu gewichten: Bei diesem Modell werden Entscheidungskriterien nach ihrer Wichtigkeit mit Punkten versehen. Die Punkte werden von 0-5 je nach Erfüllung des Kriteriums verteilt. Die Gewichtung der Kriterien ist individuell bestimmbar.

Der rein rechnerische Angebotspreisvergleich wird als **quantitativer und** die harten und weichen Auswahlkriterien als **qualitativer Angebotsvergleich** bezeichnet.

6.2.2 Kommunikation mit Leistungsanbietern in der Destination

Tourismuskaufleute (Kaufleute für Privat- und Geschäftsreisen) kommunizieren als Mitarbeiter/in in Reisebüros, bei Reiseveranstaltern oder im Geschäftsreise-Management mit Leistungsanbietern in den (sprach-) unterschiedlichsten Destinationen.

Die ersten »Gehversuche« einer Auszubildenden mit dem Wahlpflichtfach Spanisch an einer Berufsbildenden Schule in Süddeutschland zeigt das nachfolgende Beispiel. Auch wenn es für einen kompletten Angebotsvergleich noch zu wenig Informationen bietet, soll verdeutlicht werden, dass für die selbständigen kaufmännischen und administrativen Tätigkeiten im internationalen Tourismusgeschäft die Fachkommunikation einen hohen Stellwert besitzt.

Anfrage eines Angebotes bei einem spanischen Dienstleister

BEISPIEL

Anfrage

Estimados señores:

nosotros somos una clase de 18 alumnos de un colegio de formación en el sur de Alemania. Como viaje escolar estamos planeando un curso de iniciación de golf en Sevilla y los alrededores al final de marzo 20XX.

Agradeceríamos si pudiera enviarnos información más detallada en cuanto a siete habita-

►►

ciones dobles y cuatro habitaciones indiviudales.
Para comparar los gastos requeremos los precios de la estancia
– desayuno y también con
– media pension
¿Sería possible ofrecernos un programa sobre las clases de prueba de golf inculuyendo el transfer al campo de golf?
Adicional estamos interesados en excursiones y actividades incluyendo transfer y precios.
Si requiere información adicional no dude en contactarnos.
Esperamos que nos sometan una oferta interesante y, entretanto, les saludamos muy atentamente.
Isabell Wilke

(Übersetzung)
Sehr geehrte Damen und Herren,
wir sind eine Klasse von 18 Schülern einer Berufsschule in Süddeutschland.
Als Klassenfahrt planen wir einen Golf Schnupperkurs in *Sevilla* und Umgebung ab Ende März 20XX.
Wir wären Ihnen dankbar / verbunden, wenn Sie uns detaillierte Informationen über sieben Doppelzimmer und vier Einzelzimmer schicken könnten.
Um die Ausgaben vergleichen zu können benötigen wir die Preise für einen Aufenthalt mit Frühstück und auch Halbpension (HP).
Wäre es möglich, uns ein Programm für Probe-Golfstunden inklusive Transport zum Golfplatz zu erstellen/anzubieten?
Des Weiteren sind wir noch an Ausflügen und Aktivitäten, inkl. Transfer und Preisen interessiert.
Wenn Sie weitere Informationen benötigen zögern Sie nicht, uns zu kontaktieren.
Wir hoffen, dass Sie uns ein Interessantes Angebot vorlegen und verbleiben bis dahin mit freundlichen Grüßen
Isabell Wilke

Antwort
Buenas tardes Isabel;
Nuestro complejo hotelero tiene hoteles de 3, 4 y 5 estrellas por lo que nos podemos ajustar al precio que más interesante le parezca.
Los precios también van a depender de la temporada en la que decidan hacer su visita a Antequera. Nuestro campo de golf tiene precios muy competitivos y nuestra situación geográfica, en el centro de Andalucía, es el lugar ideal para que desde Antequeras visiten las zonas más importantes de la comunidad andaluza (Mezquita de Córdoba, Alhambra de Granada, Museo Picasso de Málaga, etc.)
Si no le importa ¿podría mandarnos un teléfono para ponernos en contacto con usted lo antes posible? De esta forma le asesoraremos hoy mismo de todo aquello que necesite.
En este enlace podrá visitar y conocer todos los servicios que tenemos a su entera disposición: www.antequeragolf.com.
A la espera de sus noticias, reciba un cordial saludo
Rocío

(Übersetzung)
Guten Tag Isabell;
Unsere Hotelgruppe besitzt Hotels mit drei, vier und fünf Sternen somit können wir uns auf einen Preis einigen, der Ihnen am interessantesten erscheint.
Die Preise werden auch von dem Zeitraum abhängen, in dem Sie z. B. *Antequera* besuchen möchten.
Unser Golfplatz hat sehr konkurrenzfähige Preise und unsere geografische Lage im Zentrum von Andalusien ist der perfekte Ort um von *Antequera* aus die wichtigsten Orte der andalusischen Region (z. B. die *Mezquita*-Kathedrale von *Córdoba*, die *Alhambra* in *Granada*, das *Picasso*-Museum in *Malaga*, etc.) zu besuchen.
Wenn es Ihnen nichts ausmacht, würden Sie uns bitte Ihre Telefonnummer zuschicken? Damit wir uns so schnell wie möglich mit Ihnen in Verbindung setzen können. Auf diesem Weg beraten wir Sie noch heute über alles Wichtige.
Über diesen Link können Sie alle unsere Serviceleistungen die Ihnen zur Verfügung stehen besuchen und kennen lernen: www.antequeragolf.com.
Auf Ihre Antwort wartend sende ich Ihnen einen herzlichen Gruß
Rocío

Anschlussanfrage
Bunos dias Rocío;
¿seria posible de enviarme los precios de los hoteles con 3 y 4 estrallas? Porque somos alumnos no podemos gastar tanto.
Hable con mi maestro y ya tengo 4 fechas posibles (todas por 3 noches)
– fin de marzo: 23.03.–26.03.20XX
– marzo/abril: 30.03.–02.04.20XX
– al principio de abril: 06.04.–09.04.20XX
– fin de junio: 22.06.–25.06.20XX
Si requiere más información no dude en contactarme.
Atentamente,
Isabell

(Übersetzung)
Guten Tag *Rocio*;
Wäre es möglich mir die Preise der Hotels mit drei und vier Sternen zuzuschicken? Da wir Schüler sind können wir nicht so viel ausgeben.
Ich habe mit meinem Lehrer gesprochen und vier mögliche Termine vereinbart (alle mit drei Übernachtungen)
Ende März: ...
März/April: ...
Anfang April: ...
Ende Juni: ...
Falls Sie weitere Informationen benötigen zögern Sie nicht mich zu kontaktieren.
Mit freundlichen Grüßen,
Isabell

Tipp: Es würde den Rahmen dieses Lernfeldes sprengen, Ihnen entsprechende umfassende Trainingseinheiten anzubieten. Sie sollten sich aber bewusst sein, dass Fremdsprachkenntnisse, auch im Hinblick auf Ihren beruflichen Aufstieg, unabdingbar sind.

6.2.3 Preiskalkulation und Muss-Faktoren im Angebotsvergleich

Im Hinblick auf die Preiskalkulation verschiedener Reiseformen sind die benötigten Informationen für die Zusammensetzung eines Preises in ▸ Fachwissen Tourismus Band 2, LF 7, Kapitel 1.5 zu finden. In diesem Zusammenhang bitte beachten:

- bei Produkten mit fremden Leistungsträgern ist innerhalb der Europäischen Union (EU) für B2C-Kunden die Margenbesteuerung zu berücksichtigen,
- bei dem Einkauf von Fremdleistungen außerhalb des EU-Währungsraumes muss für die Reisepreiskalkulation das Wechselkursrisiko berücksichtigt werden.

Margenbesteuerung und **Wechselkursrisiko** werden im Rahmen des Rechnungswesens in ▸ Fachwissen Tourismus Band 2, LF 5, Kapitel 7.5 bzw. 11.4 detailliert behandelt und können dort eingesehen werden.

Das touristische Angebot wird vom Reisenden **primär jedoch nicht über den Preis wahrgenommen**, sondern aufgrund der Leistungs- und Qualitätsmerkmale des Zusatznutzens. Harte Auswahlkriterien (▸ Kapitel 6.2.1) werden als Muss-Faktoren in den verschiedenen internationalen Destinationen von den Reisenden als Grund- und Zusatznutzen, als standardisierte bzw. kompatible Dienstleistungen erwartet. Im Hinblick auf den **Grundnutzen einer Reise** dienen sie dem Kunden als Vergleichaspekte der wahrgenommenen Dienstleistungsqualität für eine **erste Nutzwertanalyse**.

> **MERKE**
>
> **Preiskalkulation und Preispolitik**
> Für Reiseveranstalter sind die richtige Preiskalkulation für ein Produkt und die strategische Preispolitik immer operative Instrumente, wenn sie einer Risikoreduzierung aufgrund der fehlenden Lagerhaltungsmöglichkeit ihrer Leistungen begegnen wollen.

In so genannten ***Pre-Tests*** werden durchkalkulierte neue touristische Produkte bzw. einzelne Leistungsträger vor Einführung der neuen touristischen Gesamtleistung bereits getestet. Nach der Einführung folgen weitere Tests. Der **Praxistest**, der sich u. a. in der Anzahl der Reklamationen, auf den Bewertungsportalen im Internet und in der Intensität der Kundenbindung ausdrückt, ist wohl die umfassendste Testform.

a) Welchen Vorteil hat ein »Rahmenvertrag« für den Veranstalter?
b) Welchen Vorteil hat ein »Vollcharter mit *Sub-Charter*-Berechtigung« für den Veranstalter?
c) Welches Risiko geht ein Veranstalter bei einem »Flugstundenvertrag» ein?
d) Welchen Vorteil hat eine *Airline*, die mit einem Veranstalter einem »kumulativen Garantievertrag« eingeht?

4. Welchem Recht unterliegen grundsätzlich Dienstleistungen als Bestandteil des Reisevertrages, die ein Reisender bei einem deutschen Veranstalter bucht?

5. Welche Pflichten hat eine *Incoming*-Agentur, die mit einem deutschen Reiseveranstalter einen »Dienstvertrag« auf Grundlage des BGB schließt?

6. Erklären Sie die Tatsache, dass ein Dienstvertrag »ergebnisoffen« ist.

7. Formulieren Sie AGB für die von Ihnen konzipierten Reisen.

8. Erklären Sie die unterschiedliche Bedeutung des Einkaufpreises für den »Kontingenteinkauf« und für das »*Dynamic Packaging*«.

9. »Harte und weiche Auswahlkriterien« beim Angebotsvergleich sind häufig wichtiger als der reine Preisvergleich.
a) Erklären Sie dies im Hinblick auf den Käufermarkt.
b) Bei welcher Preisfindungsstrategie (▸ Kapitel 3) gilt dies nicht?

10. Bitte prüfen Sie: Welche konkreten Informationen fehlen für einen Angebotsvergleich im Beispiel »Anfrage eines Angebotes bei einem spanischen Dienstleister« (▸ Kapitel 6.2.2)?

11. Unter welchen Voraussetzungen muss ein Reiseveranstalter die »Margenbesteuerung« berücksichtigen?

12. *Megatrends* beeinflussen die Zielgruppen im Tourismus für etwa die kommenden 50 Jahre. Welche konkreten Konsequenzen ziehen Sie daraus?

13. Entwickeln Sie jeweils für die in dem Exkurs »*Megatrends* erfordern Strategieanpassungen« genannten Zielgruppen (*Creative Class, Milleniums,* LOHAS) ein Produkt unter Berücksichtigung der Arbeitshilfen für die Produktplanung (▸ Kapitel 2.3) sowie ökologischer und sozialer Aspekte mit entsprechendem Hinweis auf ein Kompensationsprojekt Ihrer Wahl.
- Zielgruppe
- Saisonzeit
- Aufenthaltsdauer
- Thema und Inhalte
- Einmaligkeiten
- Zusätzliche Leistungen
- Kalkulation und Endpreis
- Verlängerungsnacht
- Name der Pauschalreise
- Stimmiger Text des Angebotes

Lernfeld 10

Eigenveranstaltungen vermarkten und auswerten

In diesem Lernfeld werden die Kommunikationspolitik – als integriertes strategisches Kommunikationskonzept – sowie die entsprechenden *Corporate Identity*-Instrumente für das *Offline*- und *Online*-Marketing unter Berücksichtigung der *Social Media*-Plattformen dargestellt. Außerdem wird die Wirksamkeit der unterschiedlichen Instrumente im Hinblick auf das klassische Wettbewerbsrecht als »Gesetz gegen den unlauteren Wettbewerb« (UWG) in ihren Ausprägungen beurteilt.

Die Darstellung der Distributionspolitik erfolgt praxisgerecht als abgestimmte *Multi-Channel*-Distribution unter Berücksichtigung der dienstleistungsspezifischen Instrumente *Participants, Physical Evidence* und *Process*.

Die notwendigen Instrumente des *Marketing-Controlling* berücksichtigen sowohl die kurzfristig quantitativ orientierten-, als auch die Planungsinstrumente des strategischen *Controlling*. Das Reklamationsmanagement wird als ein Teilbereich des Qualitätsmanagement dargestellt und die *Kano-Analyse* als ein Instrument in diesem Zusammenhang, um die Kundenzufriedenheit zu erhöhen.

1 Kommunikationspolitik

Aus funktionaler Sicht umfasst Marketing traditionell die Marketing-Instrumente **Produktpolitik** (***Product*** ▸ LF 9, Kapitel 2), **Preispolitik** (***Price*** ▸ LF 9, Kapitel 3), **Distributionspolitik** (***Place***) und **Kommunikationspolitik *(Promotion)*,** auch genannt die *»**Four P's**"*.

Im angewandten ***Marketing-Mix,*** z. B. in der Tourismusbranche, wurde dienstleistungsspezifisch um die Instrumente ***Participants, Physical Evidence*** und ***Process*** erweitert (▸ LF 9, Kapitel 1.1).

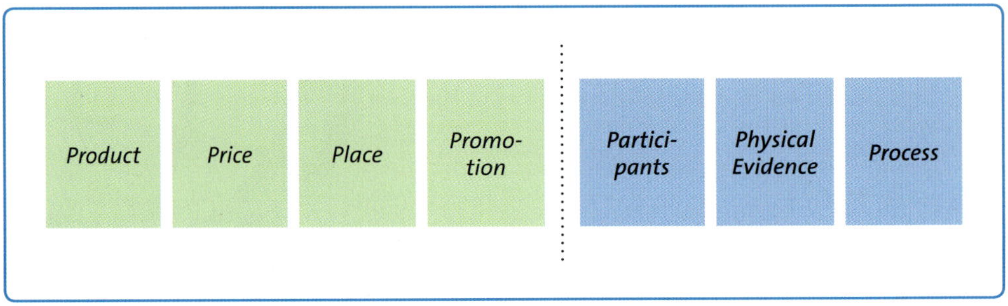

Abb. Dienstleistungsspezifische Erweiterung des Marketing-Mix

Die Kommunikationspolitik bezeichnet das **Promotionsinstrument** des Marketings.

1.1 Kommunikationsinstrumente

Der **Begriff Kommunikation** leitet sich vom lateinischen Wort *communicare* ab, was soviel bedeutet wie teilen, mitteilen, teilnehmen lassen, gemeinsam machen und vereinigen. Eine allgemein anerkannte Definition des Begriffs Kommunikation gibt es nicht. Für die weiteren Ausführungen wird eine Arbeitsdefinition unterstellt.

Arbeitsdefinition Kommunikation MERKE

Kommunikation ist die Übermittlung (der Austausch) verbaler und/oder nonverbaler Botschaften über spezifische Kommunikationskanäle (Einrichtung zur Verbindung von Kommunikationspartnern) zwischen zwei oder mehreren Personen.

Kommunikationsinstrumente sind alle möglichen Medien, die zu der Übermittlung einer Kommunikationsbotschaft dienen können, z. B. eine Anzeige oder ein Plakat.

Sie werden zu **Kommunikationskanälen**, indem sie gezielt als Träger von Kommunikationsbotschaften an eine bestimmte Zielgruppe eingesetzt werden. Somit sind Kommunikationskanäle, die sowohl persönliche, als auch nicht-persönliche Kanäle (Massenkommunikation) bedienen, die Vehikel mit Hilfe derer ein Sender seine **Botschaft zum Empfänger** transportiert. Kommunikationsinstrument und Kommunikationskanal können u. U. auch identisch sein, wie z. B. bei einem Werbebrief oder einer Kundenzeitschrift.

Die **Kommunikationsaussage** ist die Botschaft, das »Was« (z. B. »Buche mich!« = Nutzen und »Hab mich lieb!« = Image), dass der Sender kommuniziert.

Im Rahmen der Marketingkommunikation wird grundsätzlich zwischen der **klassischen Werbung** (so genanntes *Above the line Advertising*) und der **nicht klassischen Werbung** (so genanntes *Below the line Advertising*) unterschieden.

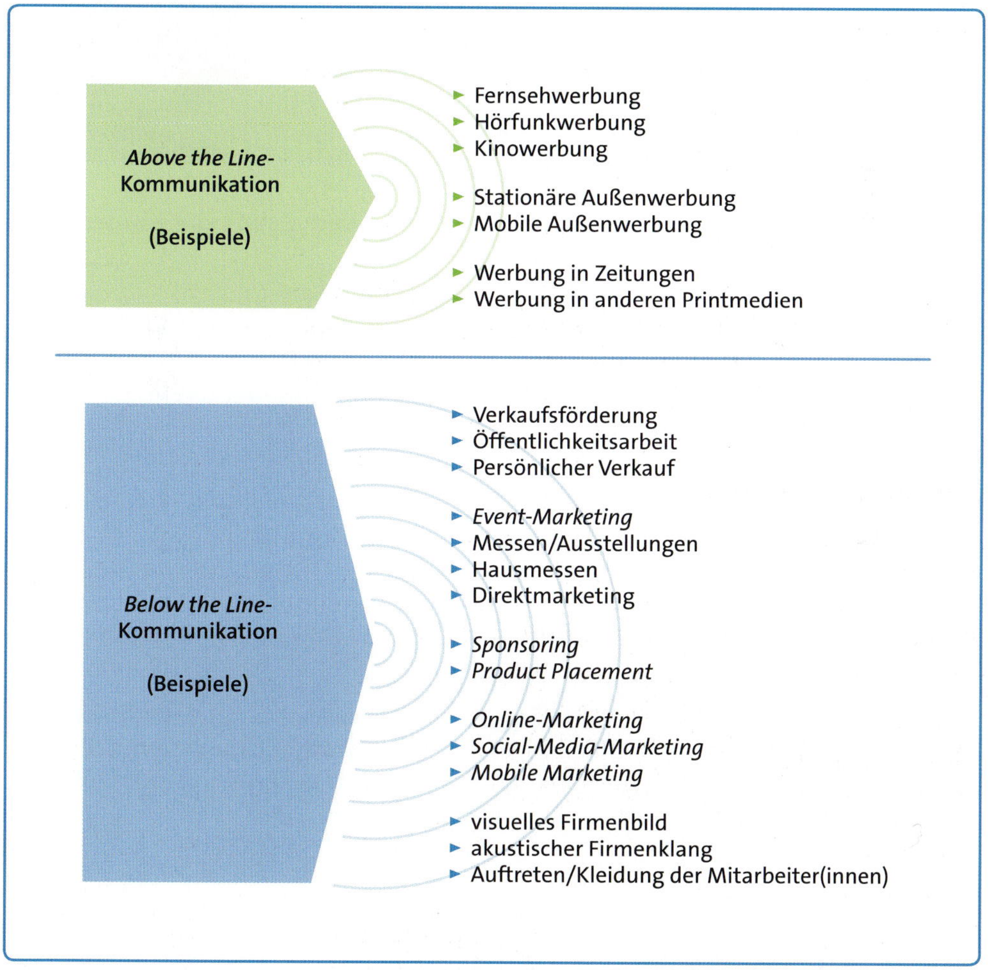

Abb. Beispiele klassischer und nicht klassischer Werbemaßnahmen

Kommunikations-Mix

Der **Kommunikations-Mix** umfasst die Verwaltung und strategische Abstimmung aller Kommunikationskanäle zu Kunden, Interessenten und der Öffentlichkeit. Er ist quasi ein ***Multi-Channel-Management*** zum Austausch von Botschaften und Informationen.

Die **Ziele des Kommunikations-Mix** sind u. a.:

- (potentielle) Kunden in ihrem Buchungsverhalten zu beeinflussen,
- über Produkte bzw. Dienstleistungen zu informieren,
- Einstellungen der Kunden zu Produkten im Sinne des Unternehmens anzupassen bzw. zu korrigieren und ggf. neu aufzubauen,
- bestimmte Zielgruppen zielgerichtet zu beeinflussen sowie
- die Informationsbasis der Adressaten zu vertiefen.

Die Kombinationen der verschiedenen Kommunikationskanäle können auch als **Vertriebswege** dienen.

Unabhängig davon, welchen Kommunikations-Mix ein Unternehmen verwendet, er muss im **Einklang mit der Unternehmensidentität** als ganzheitliches Strategiekonzept stehen. Nur so kann der Kommunikations-Mix sein Ziel erreichen und das Unternehmen als authentisch wahrgenommen werden.

1.2 Corporate Identity

Die **Identität des einzelnen Menschen** ergibt sich zum einen aus einer individuellen Kombination von persönlichen Daten wie Name, Alter, Geschlecht, und zum anderen aus den die Persönlichkeit prägenden Charakteristika wie Einstellung, Eigenschaften, Verhalten, Auftreten, Stimme, Bedürfnissen und dem Aussehen.

Die ***Corporate Identity*** **(CI)** soll adäquat – auf Basis der Unternehmenskultur, die im Unternehmensleitbild formuliert ist – eine Unternehmenspersönlichkeit schaffen, die sich eindeutig, unverwechselbar und dauerhaft von allen anderen Unternehmen unterscheidet.

MERKE

Begriff »Corporate Identity«
Corporate = Gruppe, Unternehmen
Identity = Gleichheit, Übereinstimmung
Corporate Identity beschreibt das strategische und operative Konzept zur Umsetzung der Unternehmenspersönlichkeit durch entsprechende Selbstdarstellung und Verhaltensweisen nach innen und außen.

CI definiert die Identitätsmerkmale (Charakteristika) eines Unternehmens und schafft den notwendigen strategischen und konzeptionellen Rahmen, in dem die unverwechselbaren Persönlichkeitsmerkmale formal und inhaltlich miteinander abgestimmt werden können. Die Charakteristika sind **als Gesamtheit** in ein einheitliches und widerspruchsfreies kongruentes Handlungskonzept und in den Kommunikationsprozess zu integrieren, um ein einheitliches Bild der Unternehmenspersönlichkeit zu erhalten und zu vermitteln.

Ziel ist es, dass Unternehmen mit einem positivem und eindeutigem Bild im Kopf von Kunden, Lieferanten, und anderen Geschäftspartnern (unternehmensextern) sowie bei den Mitarbeitern bzw. den Gesellschaftern (unternehmensintern) zu platzieren, um ein positives ***Corporate Image*** zu schaffen.

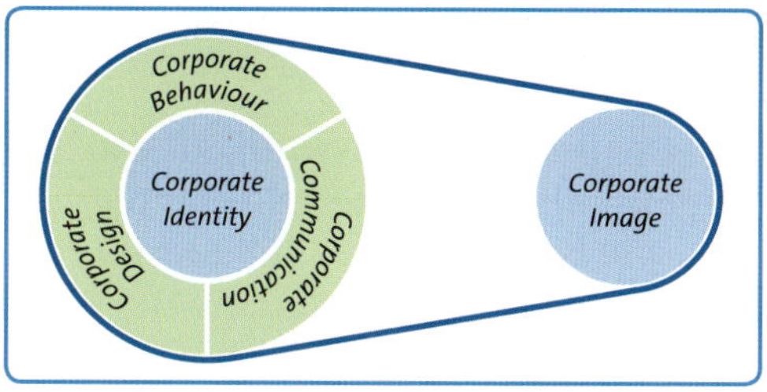

Abb. *Corporate Identity* und *Corporate Image*

Dieses **subjektive Vorstellungsbild von einem Unternehmen** dient zur Orientierung und Profilierung des Unternehmens bei der Zielgruppe bzw. in der Öffentlichkeit. Es schafft das notwendige Vertrauen, das letztlich die Grundvoraussetzung für anhaltenden wirtschaftlichen Erfolg und die nachhaltige Unternehmensentwicklung darstellt.

MERKE

Selbstbild = Fremdbild
Im Idealfall ist die Identität als das Selbstbild eines Unternehmens identisch mit dem Fremdbild.

Das Imagemanagement kann entscheidende Wettbewerbsvorteile schaffen. Hierbei kommt der CI eine Schlüsselrolle zu, steuert sie doch als **zentrale Kommunikationsstrategie** das Image des Unternehmens. Damit dies gelingt, muss die Unternehmensidentität schlüssig und glaubwürdig als **Identitätsmix** transportiert und von den *Stakeholdern* wahrgenommen werden.

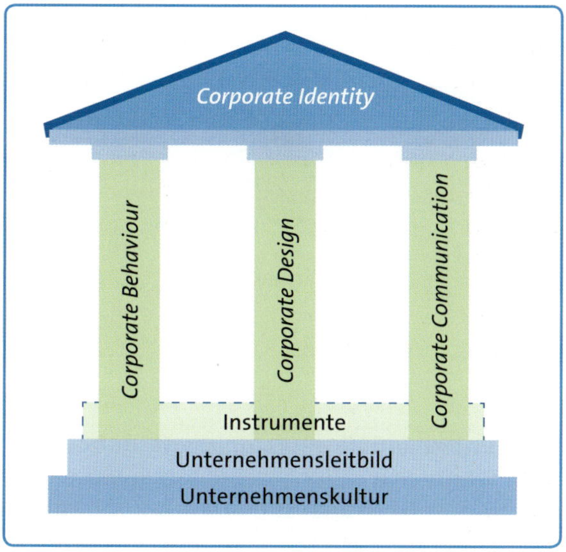

Abb. Säulen des *Corporate Identity*

Die drei Instrumente ***Corporate Design* (Erscheinungsbild), *Corporate Communication* (Kommunikation)** und ***Corporate Behaviour* (Unter-**

nehmensverhalten) müssen entsprechend dem strategiegerechten Ziel-Image des Unternehmens ausgerichtet, ausgewogen sowie harmonisch miteinander verzahnt werden, um ein firmenspezifisches unverwechselbares ***Corporate Image*** zu schaffen. Das Selbstverständnis muss immer wieder im Hinblick auf sich verändernde interne und externe Erwartungen und Anforderungen kritisch geprüft und weiterentwickelt, entfaltet, kultiviert und gepflegt werden.

1.2.1 Corporate Behaviour

Wichtiger Bestandteil des CI ist ein konsequent an der Identität eines Unternehmens ausgerichtetes – sichtbar nach innen wie nach außen – gelebtes Wertesystem. ***Corporate Behaviour*** **(CB)** ist quasi ein Codex, der alle strategisch geplanten und operativ eingesetzten Verhaltens- und Handlungsweisen der Mitarbeiter und der Führung umfasst und widerspiegelt.

Als Bestandteil der *Corporate Identity* ist das ***Corporate Behaviour*** die **gelebte Unternehmensidentität** im täglichen Umgang aller Personen des Unternehmens untereinander und gegenüber Dritten, wie Kunden oder Lieferanten.

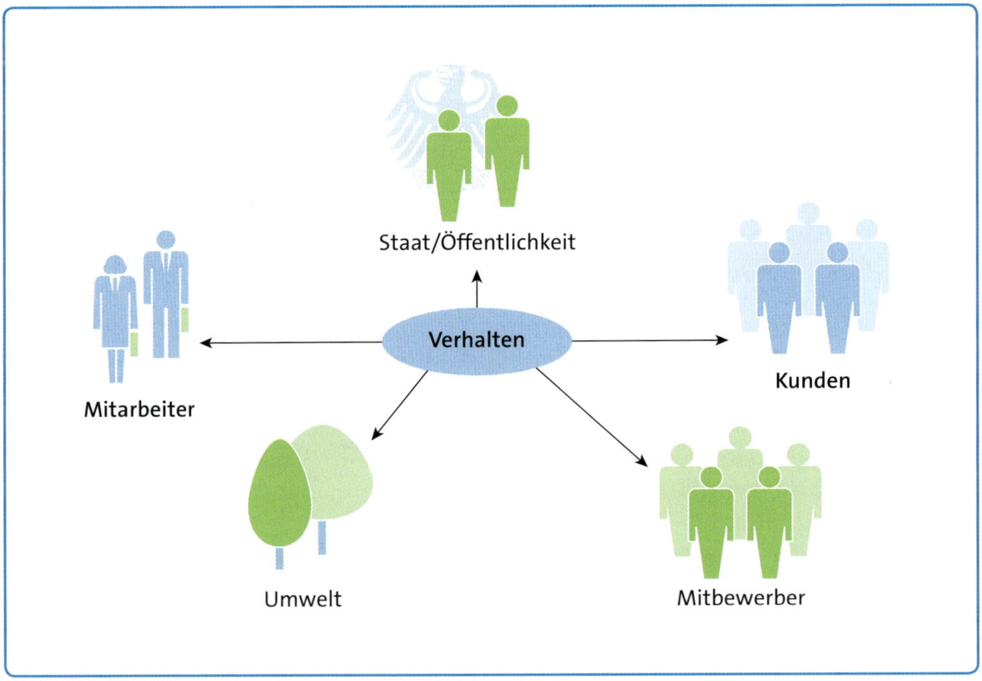

Abb. Dimensionen des Unternehmensverhaltens

Im **Identitätsmix** kann *Corporate Behaviour* nur erfolgreich und glaubwürdig sein, wenn es in allen Bereichen schlüssig, stimmig und gegenüber den anderen eingesetzten Instrumenten konsistent und widerspruchsfrei zur Unternehmensreputation ist. Der Grundsatz gilt insbesondere auch für die interne Kommunikation (z. B. Höflichkeit).

BEISPIEL

Ausdruck des Unternehmensverhaltens gegenüber...
- Mitarbeitern (z. B. Führungsstil, Lohn- und Gehaltspolitik, Mitarbeiterförderung)
- Kunden (z. B. Reaktion auf Reklamationen, Verkaufspraktiken, Garantie- und Serviceleistungen)
- Lieferanten (z. B. bei Anrufern, Beschwerden, Zahlungsmoral)
- der Öffentlichkeit (z. B. im Umgang mit der Öffentlichkeit)

Das **Ziel des *Corporate Behaviour*** ist es, das Unternehmensimage in der Öffentlichkeit zu verbessern und den **Aufbau eines hohen Identifikationsniveaus der Mitarbeiter mit dem Unternehmen** zu fördern. Das schafft eine positive Arbeitsatmosphäre und führt zu einer höheren Motivation der Mitarbeiter.

Es gilt: Das Unternehmen wird gemessen an dem, wie es handelt.

1.2.2 Corporate Design

Unter ***Corporate Design* (CD)** wird die Summe aller visuellen Informationen und Kommunikationen eines Unternehmens verstanden. CD vermittelt die Firmenidentität, visualisiert Kultur, Wertvorstellungen, Unternehmensziele und Marktkompetenz, durch ein einheitliches »äußeres und inneres Erscheinungsbild«.

BEISPIEL

Grundelemente eines Corporate Design
- Signet bzw. Wortbildmarke *(Branding)*
- Kommunikationsdesign
- Werbe-, Gebrauchs- und Lesetypografie
- Bild (bewegt und unbewegt)
- Farben
- Außen- und Innenarchitektur

© Nikolai Sorokin - Fotolia.com

Neues Branding Malediven

Der Inselstaat im indischen Ozean hat eine neue visuelle Identität erhalten. Aus »*the Sunny Side of Life*« wurde der neue *Claim* »*always natural*« – mehr Natur, weniger Tourismus

Das **visuelle Firmenbild** macht das Unternehmen in der Öffentlichkeit optisch unverwechselbar und identifizierbar, es ist Erkennungs- und Unterscheidungsmerkmal, dient zur Profilierung der Mitarbeiter in der Öffentlichkeit und trägt aufgrund seines Wiedererkennungswertes zu einem gewinnbringenden Image bei.

Corporate Design ist letztlich aber nur **eine Form ohne Inhalt**, d. h. sie transportiert zwar die *Corporate Identity*, erschafft sie aber nicht.

Erst mit dem **Kommunikationsdesign** kann sich ein Unternehmen in der Öffentlichkeit am deutlichsten von anderen unterscheiden.

© dpa - Report

Die Markenwelt »Bord + Boden« spiegelt sich z. B. auch im Messeauftritt wider

© picture alliance / Horst Galuschka

Einheitliche Farbgebung rot-weiß bei airberlin

Das akustische Logo ist die prominenteste Anwendung und das zentrale Element des akustischen Markenauftritts der Lufthansa

Der AIDA-»Kussmund«

Abb. Beispiele des Kommunikationsdesigns

Marketing bei Lufthansa, Dirk Schwarze, www.marketingclub-dresden.de, www.airberlin.com und www.aida.de

Corporate Sound wird in der Fachliteratur häufig noch dem visuellen *Corporate Design* nachgeordnet, obwohl es in vielen Unternehmen bereits ein eigenes Instrument des *Corporate Identity* ist. *Corporate Sound* (oder *Brand Sound*) ergänzt die visuellen Identitäten des Unternehmens im Marketingmix und definiert das akustische Erscheinungsbild. Insbesondere das ***Soundlogo*, die Hörmarke**, erinnert den Hörer an das Unternehmen oder die Marke. So »bucht das Ohr mit«, denn Fliegen und Urlaub kann man hören.

Auch hier gilt: das auditive Erscheinungsbild (z. B. Klangfarbe, Harmonie, Lautstärke) muss widerspruchsfrei zu den übrigen Instrumenten passen.

Nach *Paul Watzlawick* (Psychoanalytiker *25. Juli 1921 – † 21. März 2007) »[...] kann [man] nicht **nicht** kommunizieren« – dies gilt für den Menschen, als auch für ein Unternehmen. Es steht z. B. durch sein Verhalten, seine Handlungen und sein Erscheinen mit der Öffentlichkeit in einem ständigen Interaktionsprozess.

1.2.3 Corporate Communication

***Corporate Communication* (CC)** hat die Aufgabe alle vom Unternehmen eingesetzten Kommunikationskanäle widerspruchsfrei aufeinander abzustimmen und die spezifische Unternehmensidentität durch strategisch gezielte und geplante Kommunikation nach innen und außen den relevanten Zielgruppen zu vermitteln (▸ Kapitel 2).

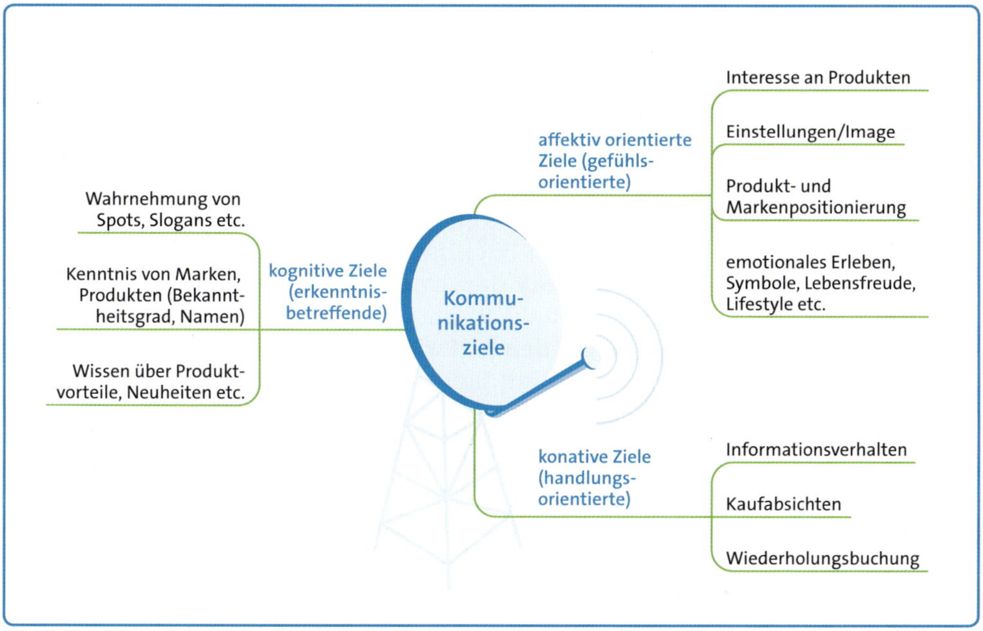

Abb. Kommunikationsziele im Überblick

MERKE

Unternehmenskommunikation
Sie umfasst alle unternehmensexterne- und interne Maßnahmen, die auf die affektiven (gefühlsorientiert, z. B. Motive), kognitiven (Erkenntnis betreffend, z. B. Interesse, Einstellungen) und konativen (handlungsorientiert, z. B. Kaufentscheidung) Reaktionen von aktuellen und potentiellen Käufern einwirken.

Corporate Communication übernimmt bei der häufig **verbal-visuellen Botschaftsübermittlung** folgende Aufgaben:

- **Beschreibung des Unternehmensleitbildes** (Unternehmensphilosophie) nach innen und außen.
- **Aufbau und Steuerung eines zielorientierten Informationsflusses** zur Imagebildung durch interne Kommunikation, Öffentlichkeitsarbeit und Marketingkommunikation.
- **Formulierung eines *Slogans* (Motto)**, der die zentrale Kompetenz des Unternehmens kurz, individuell und einprägsam beschreibt.

1.3 Elemente der Unternehmenskommunikation

Der ***Corporate Communication*** kommen in einem Unternehmen gewichtige und vielfältige Aufgaben zu, denn die Unternehmenskommunikation bezieht sich auf die interne Kommunikation, die Öffentlichkeitskommunikation und die Marketingkommunikation.

Kommunikationskanäle sind dabei alle Medien, die zu einer persönlichen oder unpersönlichen Übermittlung der Kommunikationsbotschaft an die Zielgruppe eingesetzt werden.

1.3.1 Interne Kommunikation

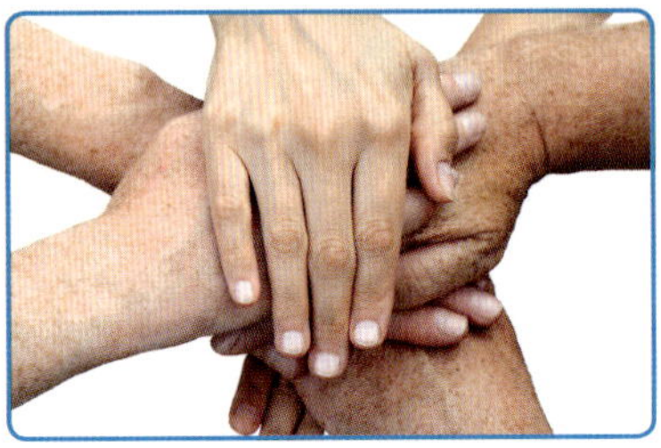

Die **interne Kommunikation** wird insbesondere durch die im Unternehmen vorherrschende Sprache (z. B. Höflichkeit, Abkürzungen und Amerikanismen) beeinflusst. Sie muss mit der anvisierten Identität des Unternehmens (*Corporate Identity* ▸ Kapitel 1.2) übereinstimmen und ein **Wir-Gefühl unter den Mitarbeitern** erzeugen, dass Vertrauen und damit Sicherheit schafft.

Die **aufeinander abgestimmten Sprachregelungen** (engl. ***Corporate Wording***) und die interne Öffentlichkeitsarbeit in Form von z. B. Mitarbeiterzeitungen, Mitarbeiterversammlungen, Veranstaltungen zu Weihnachtsfeiern, bei Jubiläen oder für Pensionäre, sind weitere Elemente der *Corporate Communication*, die den **entscheidenden Mehrwert** für die Mitarbeiter/innerhalb des Unternehmens schaffen.
Der internen Kommunikation kommt vor dem Hintergrund eines zunehmenden Facharbeitermangels eine weitere Rolle zu, nämlich die der **Mitarbeiterbindung**.

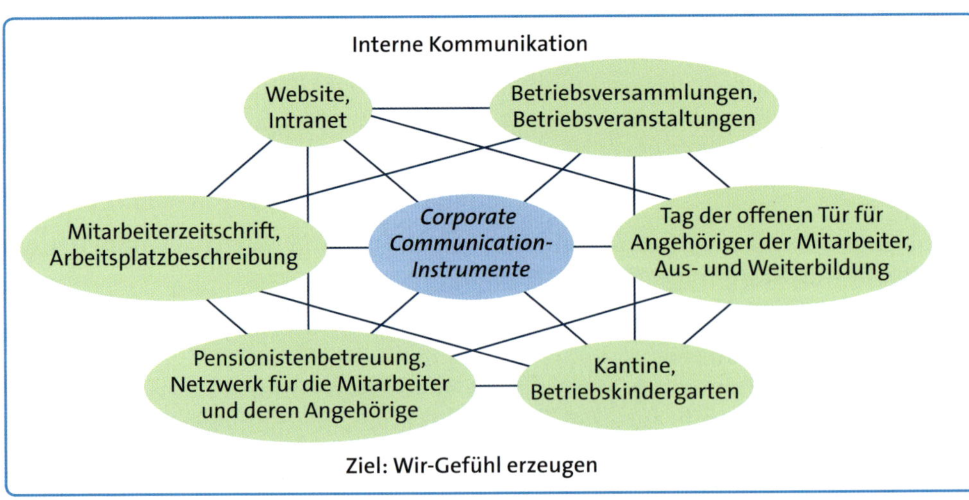

Abb. Dimensionen der internen Unternehmenskommunikation

1.3.2 Öffentlichkeitskommunikation/Public Relations

© tui.interactive GmbH

***Public Relations* (PR)** ist ein systematisch-konzeptuell geplanter und dauerhaft angelegter Dialog zwischen Unternehmen und dem sozialpolitischen Umfeld. **Öffentlichkeitsarbeit** zeichnet sich durch eine aufrichtige, vertrauenswürdige und verständnisvolle Kommunikation mit den relevanten Dialoggruppen aus. Ziel ist die Anpassung und Integration des Unternehmensinteresses in das Gesamtinteresse des Umfeldes.

Die PR-Akteure pflegen hierzu eine **Öffentlichkeitskommunikation** mit interessierten Zielgruppen, z. B. *Stakeholdern*, Behörden, Medien oder der allgemeinen Öffentlichkeit sowie mit Multiplikatoren, über jegliche unternehmensrelevanten Themen.

Public Relations muss medienrelevante Themen »sehen« und diese unter Berücksichtigung des **richtigen *Timings*** und der entsprechenden Zielgruppe mediengerecht aufbereiten. Dabei kann es laut und schrill zugehen, wie auf Filmfestivals, wenn »Sternchen und *Stars*« die Möglichkeit zur eigenen Inszenierung nutzen. Ebenso gilt es aber auch »*piano*« zu spielen, z. B. bei einem thematisierten Hintergrundgespräch vor einem ausgewählten Personenkreis.

Public Relations soll zum einen eine **günstige *Publicity*** bei allen internen und externen Interessengruppen schaffen, und zum anderen maximale Glaubwürdigkeit durch ein gutes Unternehmensimage, Vertrauen sowie eine gute Reputation erzeugen.

PR = *f* (Information + *Feedback* – Abgleich + Interessensausgleich)

In ihrer Vermittlerrolle sollen die PR-Akteure auf kommunikative Reaktionen der Adressaten mit Anpassungs- und Integrationsstrategien reagieren, die zu einem Abgleich zwischen dem Unternehmensinteressen und den Interessen der Zielgruppen führen, um den Dialog im Sinne des Unternehmens steuern zu können.

Management der Kommunikation

MERKE

PR ist quasi das Management der Kommunikation mit den zahlreichen »Teilöffentlichkeiten«, wie Verbänden, Staat, Medien und Mitarbeitern, zur Erlangung von öffentlichem Vertrauen.

Reisende wollen **multimedial informiert** werden. Öffentlichkeitsarbeit muss deshalb mit geeigneten Instrumenten, wie Printmedien, Radio, Fernsehen und *Online*-Medien, eine stimmigste Botschaft komponieren.

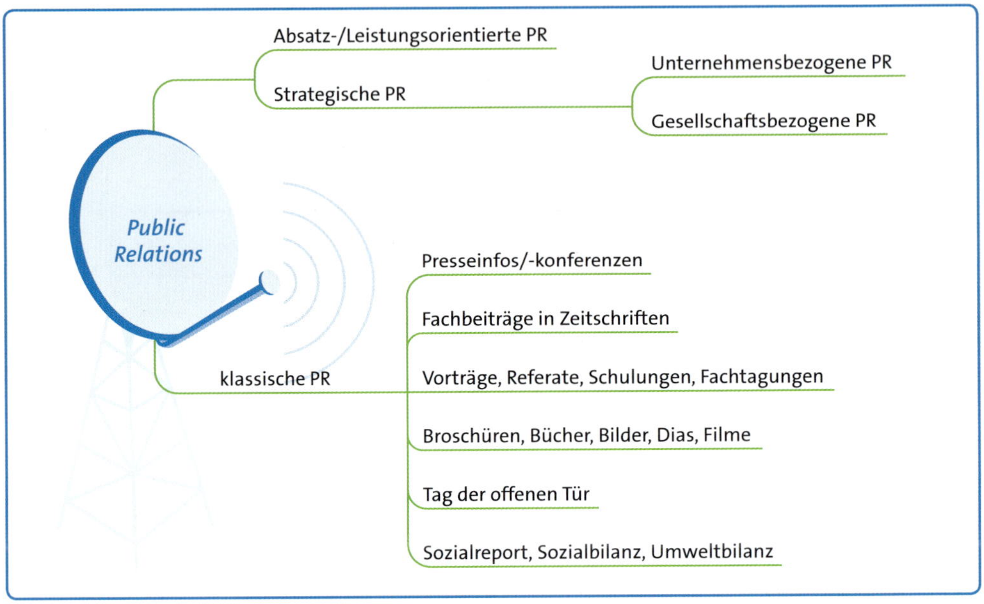

Abb. PR-Instrumente

Mit Hilfe von **Absatz orientierter PR** möchte man nicht nur die Bekanntheit des Unternehmens steigern, sondern auch die Vertriebsaktivitäten unterstützen und Neukunden gewinnen. Bei **Leistungsorientierter PR** stehen die Produkte, Preise und Konditionen, die Serviceleistungen und der Nutzen für die Kunden im Vordergrund.

Zur PR-Arbeit gehört auch die **Krisen-PR,** die zwar nur selten benötigt wird, aber man sollte darauf vorbereitet sein.

Strategische PR setzt auf öffentlichkeitswirksame, längerfristige PR-Projekte und Kampagnen, denen das Unternehmensleitbild ganzheitlich und *Stakeholder* orientiert zugrunde liegt. Die Hauptmaßnahme von **klassischer PR** ist die Pressearbeit mit dem Ziel, das Image des Unternehmens in der Öffentlichkeit zu verbessern.

»Enten legen ihre Eier in Stille. Hühner gackern dabei wie verrückt. Was ist die Folge? Alle Welt isst Hühnereier.« (Henry Ford, Gründer des Automobilherstellers *Ford Motor Company*, 1863–1947)
www.zitate-online.de

Um als Reiseveranstalter in der Öffentlichkeit auf Interesse zu stoßen, muss man von dieser erst einmal wahrgenommen werden. Nur wer am Markt bekannt ist, hat auch die Chance Kunden zu generieren und erfolgreich zu sein.

1.4 Nachhaltige Kommunikationspolitik

Nachhaltigkeitskommunikation ist ein interner und externer Verständigungsprozess in dessen Fokus die **zukunftsgesicherte** gesellschaftliche und natürliche **Umweltentwicklung** steht.

Im Mittelpunkt der Kommunikation stehen Informationen, die den Adressaten zu nachhaltigem Handeln bewegen sollen sowie Produkte und Tipps zu einem nachhaltigen Konsum.

In **Bezug auf den Tourismus** bedeutet dies, dass der Reisende nicht in einer passiven Rezipientenrolle verharrt, sondern strategischer Verbraucher und aktiver Mit-Denker sein soll, der Reisen zu unterscheiden weiß und nachhaltige Reisen von Veranstaltern einfordert. So entscheidet sich ein strategisch Reisender bei gleichem Nutzen für die umwelt- und sozialverträglichere Alternative auch bei einem höheren Reisepreis. Voraussetzung hierfür ist allerdings, dass der Reiseveranstalter eine ökologische, ökonomische und soziale Glaubwürdigkeit verfügt, also selbst nachhaltig handelt.

Abb. UNESCO-Biosphärenreservat Rhön

Nachhaltiges unternehmerisches Handeln

BEISPIEL

Auszug Studiosus Nachhaltigkeitsbericht 2010

8. Umwelt und Nachhaltigkeit –
8.1 Engagement für einen sozial verantwortlichen und umweltschonenden Tourismus

»Wahrnehmung unserer gesellschaftlichen Verantwortung« – so lautet eines der fünf übergeordneten Unternehmensziele von Studiosus. Darunter verstehen wir, unseren Kunden das Kennenlernen fremder Länder und Kulturen in einer nachhaltigen, zukunftsfähigen Form zu ermöglichen. Wir bieten daher sozial verantwortlich und umweltschonend konzipierte Reisen an. Der sorgsame Umgang mit Ressourcen, mit der Natur und Umwelt steht dabei im Vordergrund. Zusätzlich unterstützt Studiosus soziale, kulturelle und ökologische Projekte in zahlreichen Ländern der Welt. Unsere Studienreisen sind in unseren Augen Reisen für die Bedürfnisse der Menschen von heute und morgen. [...]

www.studiosus.com/Presse/Publikationen > Nachhaltigkeitsbericht 2010

Auszug Umwelt und Nachhaltigkeit REWE Touristik GmbH

Ökonomische, ökologische, soziale und kulturelle Aspekte in Einklang bringen
Natürliche Ressourcen erhalten

Umwelt und Nachhaltigkeit werden beim wirtschaftlichen Handeln immer bedeutender. Ökonomische, ökologische, soziale und kulturelle Aspekte sind Bestandteile der Unternehmensphilosophie und gelten für das Unternehmen als Qualitätsmerkmale und Erfolgsfaktoren. Im Rahmen einer nachhaltigen Unternehmenspolitik sieht es die Touristiksparte der REWE Group als ihre Pflicht an, Umweltschutz und Förderung der Nachhaltigkeit mitzugestalten – von der Förderung sozialer Projekte bis zum Erhalt des kulturellen Erbes, vom Schutz der Korallenriffe bis zum Tierschutz. Das Ziel ist, die natürlichen Ressourcen zu erhalten – sowohl für die Gäste wie für die Menschen, die in den Urlaubsregionen leben. Nur auf diesem Weg der Vorsorge wird es möglich sein, den Tourismus zukunftsfähig weiterzuentwickeln. [...]

www.rewe-touristik.com

Eine entsprechende **Berücksichtigung der Nachhaltigkeitskommunikation** kann z. B. in den Veranstalterkatalogen erfolgen, indem auf die Unternehmensleitlinien und die **Aktivitäten des Unternehmens im Bereich Nachhaltigkeit** verwiesen wird (► Fachwissen Tourismus Band 1, LF 1, Kapitel 1.3.2).

Außerdem können dort Produkte gekennzeichnet und empfohlen werden, die besonders nachhaltig sind (vgl. **Touristischer Klima Fußabdruck** und ***Corporate Social Responsibility* = CSR** im Tourismus ► Fachwissen Tourismus Band 1, LF 1, Kapitel 1.4) sowie Nachhaltigkeitsinformationen über Zielgebiete, Unterkünfte, Transport/Verkehr, Freizeit und Verhalten am Urlaubsort gegeben werden.

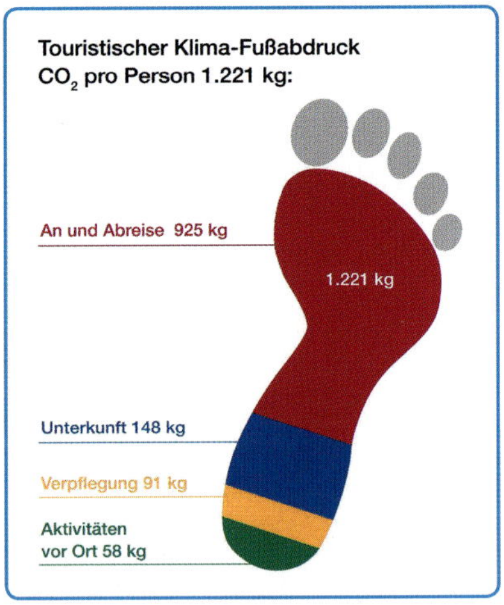

Die **nachhaltige Kommunikation** wird ergänzt durch offensive Werbung, Öffentlichkeitsarbeit und Informationen für Gäste eigener nachhaltiger Reisen und Leistungen.

- Reisekataloge werden nach der Bedarfsermittlung zielgerichtet an den interessierten Kunden weitergegeben.
- Kataloge werden bedarfsgerecht nachbestellt, intakte Kataloge werden wieder zurückgenommen.
- »Papierberge« werden vermieden.
- Die eingesetzten Papiermedien sind selbstverständlich aus recyceltem Papier.

AUFGABEN

1. Erläutern Sie den Unterschied zwischen Kommunikationsinstrument und Kommunikationskanal.
2. Die Marketingkommunikation umfasst *Above the line-advertising* und *Below the line-advertising*. Nennen Sie jeweils drei konkrete Beispiele in denen ein Reiseveranstalter diese Kommunikationsinstrumente einsetzt.
3. Der Kommunikations-Mix wird auch als *Multi-Channel-Management* bezeichnet. Beschreiben Sie das *Multi-Channel-Management* ihres Ausbildungsbetriebes.
4. Formulieren Sie vier konkrete Ziele, die mit Hilfe des Kommunikations-Mix eines Reiseveranstalters erreicht werden sollen.
5. Vergleichen Sie drei Reiseveranstalter im Hinblick auf das jeweilige *Corporate Identity* anhand von fünf Kriterien, die Sie für wesentlich halten.
6. Im Idealfall ist das Selbstbild eines Unternehmens identisch mit dem Fremdbild. Begründen Sie, warum es sich hierbei um einen Idealfall handelt.
7. Formulieren Sie ein acht Punkte umfassendes *Corporate Behaviour* für Ihre Klasse.
8. Nennen Sie vier Elemente des visuellen Firmenbildes Ihres Ausbildungsbetriebes.
9. Der *Corporate Sound* touristischer Leistungsträger steht Ihnen häufig im Netz kostenlos als Klingelton bzw. *App* zur Verfügung. Nennen Sie vier Beispiele und begründen Sie, warum Ihnen diese kostenlos zur Verfügung gestellt werden.
10. Grenzen Sie die Begriffe kognitive-, affektive- und konative Kommunikationsziele ab.
11. Interpretieren sie die Gleichung PR = f (Information + *feedback* – Abgleich + Interessensausgleich) im Hinblick auf die Zielsetzung von *Public Relations*.
12. Warum wird die Umweltbilanz eines Unternehmens zunehmend als PR-Instrument eingesetzt?
13. Eine nachhaltige Kommunikationspolitik umfasst u. a. eine ausgewählte und verantwortungsbewusste Information und Beratung der Kunden. Nennen Sie in diesem Zusammenhang fünf konkrete Beispiele für eine nachhaltige Kommunikationspolitik.

2 Distributionswege

Die **Distributionspolitik** umfasst alle Entscheidungen, die geeignet sind, Dienste eines Reiseveranstalters bzw. touristischen Leistungsträgers dem (potentiellen) Kunden zuzuführen.

Um einen möglichst hohen **Distributionsgrad** (Umfang der Erhältlichkeit des Produkts für den Endverbraucher) zu erreichen, muss die touristische Leistung den spezifischen Zielgruppen in adäquater Menge durch verschiedene Vertriebskanäle (Vertriebs- oder Absatzwege) unter Beachtung der Vertriebskosten offeriert werden.

Bei den **klassischen Absatzwegen** unterscheidet man zwischen direktem und indirektem Absatz. Beim **direkten Absatz** verkauft der Reiseveranstalter direkt an den Endverbraucher, beim **indirekten Absatz** durch Absatzmittler.

Single- und Multi-Channel-Distribution MERKE
Diese Distributionspraxis, die sogenannte *Single-Channel Distribution*, ist aufgrund der zunehmenden Akzeptanz des stationären Internet als Absatzweg von den Unternehmen zu einer *Multi-Channel Distribution* weiterentwickelt worden.

Die **multiplen Distributionsstrategien** umfassen die zeitgleiche Nutzung mehrerer Absatzkanäle, wie z. B. Reisemittler, Internetauftritt und ***Customer Interaction Center*** (CIC) (▸ Fachwissen Tourismus Band 1, LF 4, Kapitel 3.3.2).

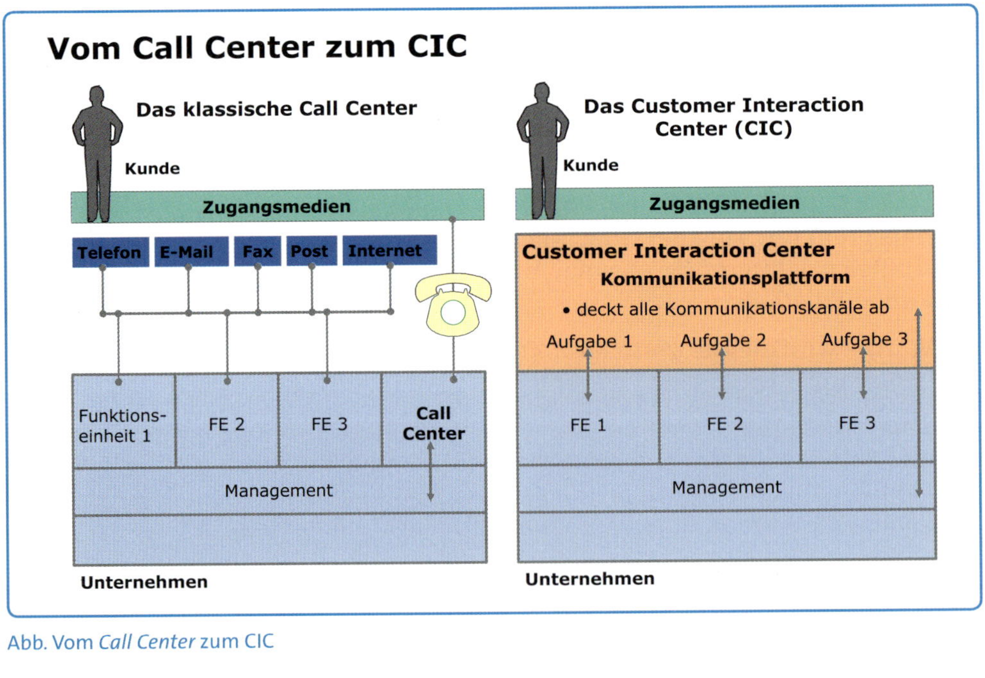

Abb. Vom *Call Center* zum CIC

Insbesondere im Tourismusmarkt präferieren unterschiedliche Zielgruppen verschiedenartige Absatzwege. Dies ist mit ihrer jeweiligen differenten Nutzenbeiträge für die Kunden durch ihre zielgruppenspezifische Ausrichtung zu erklären. Mit Hilfe von **Mehrkanal-Absatzsystemen** wird eine Erhöhung der Marktabdeckung erreicht.

Darüber hinaus führt eine in sich abgestimmte und schlüssige *Multi-Channel-Distribution* zur **Erhöhung der Effizienz des Absatzes** durch einen **gezielten Ressourceneinsatz**.

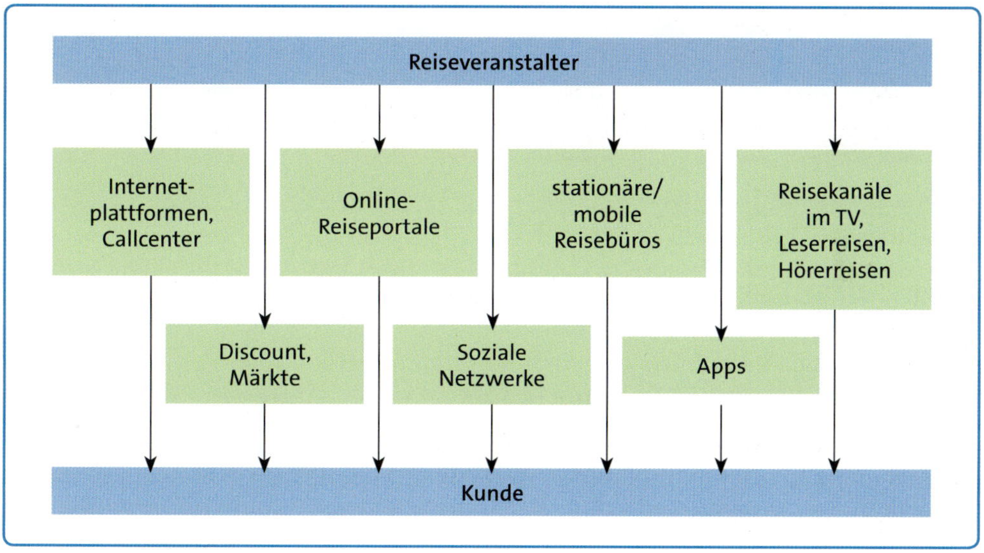

Abb. Beispiel eines Mehrkanal-Absatzsystems

Durch den Einsatz multipler Distributionsstrategien wird schließlich ein Risikoausgleich erreicht, da einzelne Absatzwege von starken **intermediären Abhängigkeiten,** z. B. des Reiseveranstalters gegenüber einzelner Reisebürokooperationen (▸ Kapitel 2.1.2) oder Kundengruppen, geprägt sein kann.

Wesentlich für ein Mehrkanal-Absatzsystem ist, dass Aufgaben und Leistungen der einzelnen Absatzkanäle koordiniert werden, so dass sie sich ergänzen und keine Konkurrenzsituation zwischen den Vertriebskanälen entsteht. Nur so kann vermieden werden, dass Konflikte entstehen, die zur Verwirrung der Kunden und somit u. U. zu Verlust von Marktanteilen führen.

MERKE

Das touristische Produkt
Das touristische Produkt besteht zum Zeitpunkt des Reisevertragabschlusses nur aus Rechten, deshalb eignet es sich gut für verschiedene Vertriebsformen.

2.1 Traditionelle Vertriebswege

Der traditionelle Vertriebsweg ist: **der Reiseveranstalter nutzt das Reisebüro** um seine Angebote dem Kunden zu offerieren.

Es gibt unterschiedliche Kriterien, nach denen Reisebüros eingeteilt werden können. Eine Einteilung richtet sich nach den **Produkten**, die ein Reisebüro anbietet.

Der DRV z. B. unterscheidet **drei Reisebüroarten**:

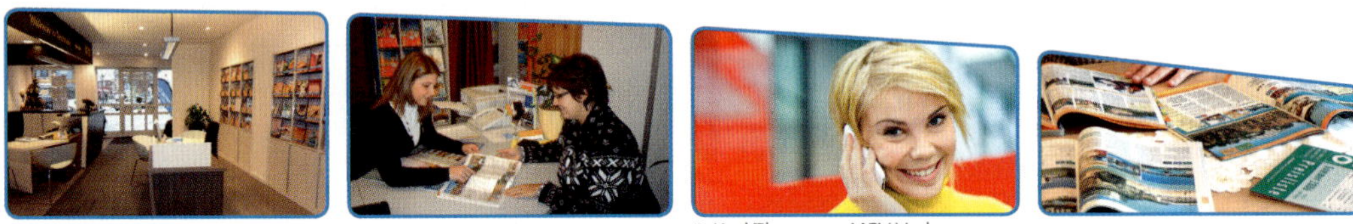

© Karl Thomas – MEV Verlag

- **Klassisches Reisebüro** – Reisebüro mit mindestens einer Veranstalter- und mindestens einer Verkehrsträgerlizenz (DB- oder IATA-Lizenz)
- ***Business Travel*** – Reisebüro, Dienstleister oder Betriebsstelle eines Firmenreisedienstes, die überwiegend Dienstreise- und Geschäftsreisekunden bedienen (B2B-Kunden)
- **Touristisches Reisebüro** – Reisebüro mit mindestens zwei Veranstalterlizenzen, ohne DB- oder IATA-Lizenz

Neben diesen **stationären Formen** gewinnen auch vermehrt **mobile Reisebüros**, also »Reisebüros ohne Ladenlokal«, die z. B. unter »Persönlicher Berater« ihre Dienste anpreisen und i. d. R. Leistungen adäquat dem Touristischen Reisebüro anbieten, an Bedeutung.

Der **persönliche Verkauf** ist durch eine Interaktion zwischen Expedienten und potenziellem Reisenden, für den die Buchung vorbereitet bzw. herbeigeführt wird, gekennzeichnet. Er ist individuell nach den Bedürfnissen des Kunden ausgerichtet (▸ Fachwissen Tourismus Band 1 LF 4 und Band 2 LF 3).

Diese **unmittelbare Kommunikation** erfolgt vor allem bei komplexen, erklärungsbedürftigen touristischen Leistungsbündeln, wie z. B. Themenreisen (Kreuzfahrten, Rundreisen, Studienreisen, Tauchurlaub, Golfurlaub ▸ Fachwissen Tourismus Band 2, LF 7) und *Dynamic Packages* (X-Produkte).

Hierbei erfüllt der Expedient nicht nur beratende Aufgaben und Verkaufstätigkeiten, sondern hat auch **Leistung erstellende Funktionen** und kann durch sein Auftreten und seine fachliche und soziale Kompetenz Positives zum Qualitätsimage der angebotenen touristischen Leistung beitragen.

> **MERKE**
>
> **Persönlicher Verkauf**
>
> Der persönliche Verkauf ist durch seine Individualität langfristig und beziehungsorientiert ausgerichtet. Er dient der Markterkundung, Imagebildung, Kundenpflege und Neukundengewinnung.

Der Intermediär ist auch häufig **erste Anlaufstelle des Kunden bei Reisereklamationen** und somit bei der **Herstellung der Kundenzufriedenheit** trotz eines (empfundenen) Reisemangels aktiv beteiligt.

Der persönliche Verkauf ist somit ein Kommunikations- und Distributionsinstrument.

2.1.1 Handelsvertreter Reisebüro

Aus rechtlicher Sicht ist der Reisebüroinhaber Handelsvertreter, der als Erfüllungsgehilfe **auf Grundlage eines Agenturvertrages** ständig damit betraut und bevollmächtigt ist, für einen Reiseveranstalter Geschäfte abzuschließen. In seiner Eigenschaft als Handelsvertreter ist es dem Reisebüroinhaber grundsätzlich auch möglich, für mehrere Reiseveranstalter tätig zu sein.

Handelsvertreter (§ 84 HGB)

BGB

(1) Handelsvertreter ist, wer als selbständiger Gewerbetreibender ständig damit betraut ist, für einen anderen Unternehmer (Unternehmer) Geschäfte zu vermitteln oder in dessen Namen abzuschließen. Selbständig ist, wer im Wesentlichen frei seine Tätigkeit gestalten und seine Arbeitszeit bestimmen kann.
(2) Wer, ohne selbständig im Sinne des Absatzes 1 zu sein, ständig damit betraut ist, für einen Unternehmer Geschäfte zu vermitteln oder in dessen Namen abzuschließen, gilt als Angestellter.
(3) Der Unternehmer kann auch ein Handelsvertreter sein.
(4) Die Vorschriften dieses Abschnittes finden auch Anwendung, wenn das Unternehmen des Handelsvertreters nach Art oder Umfang einen in kaufmännischer Weise eingerichteten Geschäftsbetrieb nicht erfordert.

Dem »Handelsvertreter Reisebüro« und dem »Unternehmer Reisebüro« obliegen daher u. a. die in folgender Tabelle dargestellten Pflichten:

Pflichten als Handelsvertreter	Pflichten als Unternehmer
▸ Bemühen um den Abschluss/die Vermittlung von Geschäften gemäß Paragraf § 86 Absatz 1 HGB, ▸ Interessenwahrnehmung für den Unternehmer gemäß Paragraf § 86 Absatz 1 HGB, ▸ Information des Unternehmers, insbesondere über jede Geschäftsvermittlung/jeden Geschäftsabschluss gemäß Paragraf § 86 Absatz 2 HGB, ▸ Geschäftsausführung mit der Sorgfalt eines ordentlichen Kaufmanns gemäß Paragraf § 86 Absatz 3 HGB, ▸ Wahrung der Geschäfts- und Betriebsgeheimnisse gemäß Paragraf § 90 HGB, ▸ keine Tätigkeit für ein Konkurrenzunternehmen (auch wenn dies vertraglich nicht ausdrücklich ausgeschlossen ist).	▸ Überlassung der zur Tätigkeit erforderlichen Unterlagen gemäß Paragraf § 86a Absatz 1 HGB, ▸ gemäß Paragraf § 86a Absatz 2 HGB unverzügliche Information über die mit der Geschäftstätigkeit zusammenhängenden Änderungen, ▸ Provisionszahlung – grundsätzlicher Provisionsanspruch des Vermittlers gemäß Agenturvertrag, fällig wenn der Unternehmer das Geschäft ausgeführt hat (vgl. §§ 87 ff. HGB).

Tab. Pflichten des Handelsvertreters und des Unternehmers (Reisebüro)

Für den **Reisevermittler** bestehen nach Artikel 246 des Einführungsgesetzes zum Bürgerlichen Gesetzbuch (EGBGB ▸ Fachwissen Tourismus Band 1, LF 4.1 Kapitel A.6.3) **besondere, weitere Pflichten**. **Vor dem Vertragsabschluss** mit dem Reisenden sind die folgenden Angaben zu machen:

- Name, Firma und Rechtsform (des Reisevermittlers)
- Pflichtangaben zur Kontaktaufnahme
- Angabe von Registereintragungen
- Angaben zur Genehmigungsbehörde bei erlaubnispflichtiger Tätigkeit
- Angabe der Umsatzsteuer-Identifikationsnummer
- Angabe zu Allgemeinen Geschäftsbedingungen
- Angaben zum anwendbaren Recht und Gerichtsstand
- Angaben zu den Dienstleistungen
- Angaben zum Serviceentgelt

Die **Dienstleistungs-Informationspflichten-Verordnung** (**DL-InfoV**, kurz: »**Informationsverordnung**« genannt) regelt den Inhalt, den Umfang und die Art der Informationen, die ein Dienstleister seinen Kunden zur Verfügung zu stellen hat. Die DL-InfoV ergänzt zahlreiche verbraucherrechtliche Vorschriften des deutschen BGB.

Neben der DL-InfoV ist für den Reisevermittler und im Speziellen für den **Reiseveranstalter** die **BGB-Informationspflichten-Verordnung (BGB-InfoV** ▸ Fachwissen Tourismus Band 1, LF 4.1, Kapitel A.6.1) von besonderer Bedeutung.

Ein **Reisebüro kann auch ohne Agenturvertrag als Handelsmakler** nach den Paragrafen §§ 93 ff HGB auftreten. In diesem Fall ist es jedoch nur berechtigt Vertragsangebote der Reiseinteressierten für den zu vermittelnden Reiseveranstalter entgegenzunehmen und weiterzuleiten.

2.1.2 Reisebüroketten und -kooperationen

Im Reisevertrieb dominieren neben den eigenen Vertriebsorganisationen der großen Reiseveranstalter **Reisebüro-Ketten, Kooperationen und Franchise-Systeme** den Markt. Dies hat zu einer stark abnehmenden Zahl an ungebundenen Reisebüros geführt.

BEISPIEL

Zu den Marktführern im Privatkundengeschäft zählen:

- die Vertriebsmarken der REWE-Touristik, circa 600 Reisebüros der Marken DER Reisebüro, DERPART und ATLASREISEN zuzüglich ca. 1200 Kooperationsreisebüros
- TUI Leisure Travel mit Reisebüros der Marken Hapag Lloyd, FIRST, TUI Reisecenter und deren Franchise- und Kooperationspartner
- Thomas Cook/Neckermann sowie deren Franchise- und Kooperationspartner

Eine **Reisebüro-Kette** ist ein Reisebüro-Filialunternehmen, das regional oder überregional i.d.R. als Vollreisebüro tätig ist und an jedem Standort dieselben Angebote offeriert. Die Kette bucht bei den einzelnen Veranstaltern entsprechend mehr Kapazitäten als ein einzelnes Reisebüro und erhält daher günstigere Konditionen (z.B. Preise, Provisionen).

© Thomas Cook AG, Oberursel

Eine **Kooperation** liegt vor, wenn sich rechtlich und wirtschaftlich selbstständige Unternehmen durch Verträge zur zeitlichen Zusammenarbeit verpflichten, um gemeinsam definierte Ziele zu erreichen. Grundsätzlich können Kooperationspartner derselben als auch anderen Wirtschaftsstufen (z.B. Biolandwirtschaft = Urerzeugung und Hotel = Dienstleister) angehören. Bei Reisebürokooperationen gibt es entweder die Möglichkeiten der **horizontalen Kooperation,** d.h. Partner der gleichen Wirtschaftsstufe arbeiten zusammen (vorwiegend auf regionaler oder lokaler Ebene) oder der **vertikalen Kooperation,** die das Reisebüro mit einem touristischen Leistungsträger verbindet.

BEISPIEL

Reisebüros und Kooperationen

Alle namhaften deutschen Reisbüroketten und Kooperationen:

FLUGBÖRSE

© ullstein bild – Müller-Stauffenberg

alltours

© dpa

FTI TOURISTIK

© ullstein bild – Keith

AER Reisebüro Kooperation

TSS Group

FIRST REISEBÜRO

Hapag-Lloyd Reisebüro

Schmetterling

freimuth teamentwicklung & prozessoptimierung

TUI ReiseCenter

http://www.giata.de/de/partner/reisebueros-und-kooperationen.html

Im Wesentlichen verfolgen Reisebürokooperationen drei Ziele:

Preis	Kooperationen erhalten i. d. R. günstigere Einkaufspreise und Konditionsvorteile. Dies wird erreicht, indem die Nachfrage der Mitgliedsbüros zu größeren Auftragsvolumina zusammengefasst wird und dadurch günstigere Einkaufspreise sowie höhere Provisionen erzielt werden.
Professionelles Marketing	Für die Konzeption von operativen und strategischen Marketingkonzepten inklusiv *Key-Account-Management* und Qualitätsmangement stehen Profis bereit, die sich ein einzelnes Reisebüro aus Kostengründen nicht leisten könnte. Reisebürokooperation verleihen ihren Vertragspartner häufig auch spezielle Gütesiegel.
Verwaltung	Kooperationen verfügen i. d. R. über zentrale Dienste u. a. für die Bereiche Finanz- und Rechnungswesen, Betriebsberatung und Mitarbeiterfortbildung.

Tab. Wesentliche Ziele von Reisebürokooperationen

2.1.3 Mischform Franchising

Entsprechend dem **Deutschen Franchiseverband e.V. (DFV)** in Berlin ist ***Franchising*** »[...] ein vertikal-kooperativ organisiertes Absatzsystem rechtlich selbstständiger Unternehmer auf der Basis eines vertraglichen Dauerschuldverhältnisses. Dieses System tritt auf dem Markt einheitlich auf und wird geprägt durch das arbeitsteilige Leistungsprogramm der Systempartner sowie durch ein Weisungs- und Kontrollsystem zur Sicherung eines systemkonformen Verhaltens. Das Leistungsprogramm des Franchise-Gebers besteht aus einem Beschaffungs-, Absatz-, und Organisationskonzept, dem Nutzungsrecht an Schutzrechten, der Ausbildung des Franchise-Nehmers und der Verpflichtung des Franchise-Gebers, den Franchise-Nehmer laufend und aktiv zu unterstützen und das Konzept ständig weiterzuentwickeln. Der Franchise-Nehmer ist im eigenen Namen und auf eigene Rechnung tätig; er hat das Recht und die Pflicht, das Franchise-Paket gegen Entgelt zu nutzen. Als Leistungsbeitrag liefert er Arbeit, Kapital und Information.«

Aus der Broschüre »Existenzgründung mit System« DFV und :peckert public relations, Bonn 1999; www.franchiseverband.com

Der ***Franchise*vertrag** regelt die gegenseitigen Hauptleistungsverpflichtungen von *Franchise*geber und *Franchise*nehmer im Rahmen eines **Dauerschuldverhältnisses gegen Entgelt**. Er wird ergänzt durch das Franchise-Handbuch, indem die Nebenleistungsverpflichtungen (z. B. Serviceleistungen, wie laufende Beratung, Betreuung, *Meetings, Trainings*) und der *Know-how-Transfer* dargestellt werden.

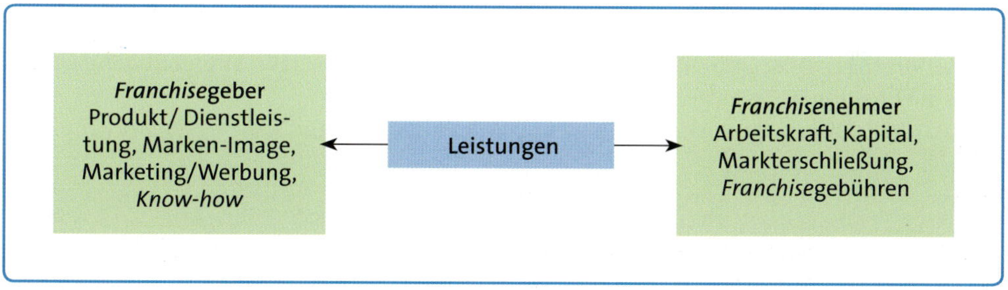

Abb. Gegenseitige Leistungen von *Franchise*geber und -nehmer

Voraussetzungen für eine »Konzession« sind bei vielen Veranstaltern ein **Mindestumsatz** (z. B. 500.000 Euro/Jahr ohne Eigenveranstaltungen), ein einheitlicher Außenauftritt (z. B. Werbemaßnahme Schaufensterdekoration, Öffentlichkeitskommunikation ▸ Kapitel 1.3.2) und *Corporate Design.*

Reiseveranstalter als *Franchise*geber verlangen von neuen *Franchise*nehmern i. d. R. eine **Aufnahmegebühr**, die u. a. zur Finanzierung der Erstausstattung mit Schaufensterdekoration und Büromaterial dient. Die regelmäßig zu leistende ***Franchise*gebühr** unterteilt sich häufig in eine umsatzabhängige Basisgebühr (z. B. monatlich 100,00–300,00 Euro) zuzüglich einer prozentualen Beteiligung

(z.B. 0,08 Prozent) vom Sortimentsumsatz. Ab einem bestimmten Umsatz für den *Franchise*geber erstattet dieser dem *Franchise*nehmer die *Franchise*gebühr. Neben der *Franchise*gebühr sind i.d.R. auch noch monatliche Marketinggebühren an den *Franchise*geber zu entrichten (z.B. in Höhe von 50,00 Euro).

Abb. TUI ReiseCenter

Vorteile für den *Franchise*nehmer	Nachteile für den *Franchise*nehmer
Die entscheidenden Vorteile für den *Franchisenehmer* sind, dass er ein erfolgreiches Unternehmenskonzept und das *Know-How* des *Franchise*gebers nutzen kann sowie von Synergieeffekten, z.B. fachliche Beratungen, Schulungen, erhöhte Provisionen, Marktforschung und Service- und Dienstleistungen rund um das Internet, profitiert.	Als Nachteile sind u.a. der begrenzte unternehmerische Gestaltungsspielraum trotz vollem unternehmerischen Risikos, die Fixkostenbelastung durch *Franchise*gebühren und weitere Kosten zu berücksichtigen.

Tab. Vorteile und Nachteile des *Franchise*-Systems für den *Franchise*nehmer

Dem *Franchise*geber sichert das System Expansionsmöglichkeiten sowie hohe Markt-, Kunden- und Partnernähe.

Zu den Franchise-Marktführern im Privatkundengeschäft zählen:

BEISPIEL

- Die *Franchise*marke *Lufthansa City Center* (LCC) ist die größte veranstalterunabhängige Reisebürokette in Deutschland
- FIRST REISEBÜRO, *sonnenklar.TV Reisebüro,* DER Reisebüro, *Atlas Reisen, Derpart Reisebüro*

Aufgrund eines zentralen Einkaufs und der Nutzung gemeinsamer Marketing- und Vertriebsinstrumente entstehen für die Franchisepartner **Synergieeffekte**, so können z.T. deutliche Kostenvorteile generiert werden.

Der *Franchise*nehmer profitiert einerseits insbesondere von der Marke, Image, Namen und Firmenzeichen und dem hohem Bekanntheitsgrad des *Franchise*gebers, wird andererseits aber **häufig nicht als selbstständiges Unternehmen** vom Kunden gesehen.

Gerät das **Image des *Franchise*gebers** z.B. durch negative Schlagzeilen ins Wanken, so hat dies Auswirkungen auf alle *Franchise*nehmer. Für Reisebüros liegt ein möglicher weiterer Nachteil darin, dass sie ausschließlich das Produktprogramm des *Franchise*gebers vermarkten dürfen und somit keine Eigenveranstaltungen mehr durchführen können. Das generiert **Abhängigkeiten**.

2.2 Elektronischer Marktplatz

Im Rahmen der ***Multi-Channel-Distribution*** eignet sich vor allem das Internet für touristische Produkte mit einem hohen Standardisierungsgrad. Darunter fallen z. B. Last-Minute-Reisen, Flugtickets, Bahnfahrkarten, Mietwagen und Übernachtungen. Der **elektronische Marktplatz** kommt auf vielen Wegen zu seinen Kunden. – Die Flaschenpost hat ausgedient!

© Gina Sanders – Fotolia.com

Online-Buchung über Veranstalterseiten	Reiseveranstalter haben i. d. R. ein Buchungssystem in die eigene Website integriert, so dass der potentielle Reisende beim Besuch des Internetportals die Möglichkeit hat, sofort *online* zu buchen.
Online-Reiseveranstalter	Immer mehr traditionelle Reiseveranstalter agieren als *Online*-Reiseveranstalter und somit als direkter Anbieter von Reisen für B2B- und B2C-Kunden im Internet. Sie profitieren dabei von der vertikalen Integration entlang der gesamten touristischen Wertschöpfungskette (▸ LF 9, Kapitel 6).
Online-Reiseportale in Deutschland	Zu den Mitgliedern des **Verband Internet Reisevertrieb e. V. (VIR)** gehören mit *ebookers.de, Expedia.de, HolidayCheck.com,* JT *Touristik, lastminute.de, opodo.de* und *weg.de* sieben der größten *Online*-Reiseunternehmen in Deutschland. Sie bieten ein umfassendes und neutrales Sortiment an.

Tab. Überblick elektronischer Marktplatz

Verband Internet Reisevertrieb e.V. (VIR); nähere Informationen unter www.v-i-r.de

© aey - Fotolia.com

Buchungs-Apps

Mittlerweile geht man nicht mehr nur über den heimischen PC ins Internet, sondern es sind zusätzlich *Tablets* und *Smart Phones*, mit denen in den »Weiten des *Web*« gesurft wird. Nützliche *Apps* von der Checkliste beim Kofferpacken, über Reiseführer, bis hin zu Währungsrechnern helfen beim Planen und Erleben der Urlaubsreise.

»Für iPhone und Android: hilfreiche Reise-Apps«, www.rp-online.de/digitales

BEISPIEL

Buchungs-Apps

Der Berliner Content-Lieferant für die Touristik GIATA bietet mit GIATA CatPad 1000 Kataloge (Stand 01/2013) originalgetreu und lupenscharf (Stand 01/2013) an. Die *iPad App* kann optional mit dem Reiseveranstalter, Reisebüro, bzw. dem Portal verlinkt werden. Der Kunde kann direkt aus der *iPad App* buchen.

Online-Auktionshäuser	*Online*-Auktionshäuser wie *eBay* haben spezielle Vertriebskanäle für Dienstleister entwickelt und bieten Urlaubs- oder *Event*-Restkapazitäten bei niedrigen Vertriebskosten und globaler Reichweite an.
Internet-Empfehlungsdienste *(recommender systems)*	Hierzu sind insbesondere die sozialen Netzwerke (▸ Kapitel 2.5) zu rechnen. So findet man z. B. u. a. auch auf *facebook* und der Reiseinformationsquelle *Trip Advisor* individuelle Reiseberichte und Informationen, die den Reisenden bei der Urlaubsplanung hilfreich sein können. »Wir sind vom Reisen begeistert und möchten, dass Ihr einen ›perfekten Urlaub‹ verbringt. Auf *TripAdvisor* findet Ihr Informationen zu Hotels, Restaurants und *Insider*tipps – allesamt von anderen Reisenden beigesteuert.« tripadvisor® *www.tripadvisor.de*

Tab. Fortsetzung elektronischer Marktplatz

AUFGABEN

1. Warum kann die *Multi Channel*-Distribution den Distributionsgrad erhöhen?
2. Nennen sie drei Beispiele für Gefahren, die u. U. mit einem Mehrkanal-Absatzsystem verbunden sind.
3. Unterscheiden Sie die klassischen drei Reisebüroarten.
4. Warum ist für den *Dynamic Packages*-Vertrieb das stationäre bzw. mobile Reisebüro die »erste Adresse«?
5. Worin sehen Sie den grundsätzlichen Unterschied zwischen einem Handelsvertreter und einem Handelsmakler als Distributionsorgan?
6. Wozu dient die DL-InfoV?
7. Nennen Sie zwei entscheidende Unterschiede zwischen einer Reisebüro-Kette und einer Reisebürokooperation.
8. Bilden Sie jeweils ein Beispiel für eine horizontale und eine vertikale Reisebürokooperation.
9. Erläutern Sie drei wesentliche Ziele von Reisebürokooperationen.
10. Erklären Sie den Begriff *Franchising*.
    a) Welche Vorteile bietet *Franchising* für Unternehmensgründer?
    b) Worin liegen **Synergieeffekte** beim *Franchising*?
    c) Welche Einschränkungen sind mit dem *Franchising* für den Reisebüroinhaber verbunden?
    d) Was regeln einerseits der *Franchising*vertrag und andererseits das *Franchise*-Handbuch?
11. Der elektronische Marktplatz gewinnt vor der Reise, während der Reise und nach der Reise zunehmend an Bedeutung im Rahmen der *Multi-Channel*-Distribution. Belegen Sie diese Tatsache anhand von drei Beispielen.
12. Ein Reiseveranstalter überlegt, ob er weitere Agenturverträge mit Reisevermittlern (HV) abschließt oder ob er eigene mobile Reiseberater (R) einsetzen soll. Ein Element in seinem Entscheidungsfindungsprozess sind die Kosten. Dazu benötigt er einen Kostenvergleich bei einem angestrebten Umsatz von 200.000,00 Euro. Unterstellt sei, dass der Reisevermittler eine Provision von 10 % vom Umsatz erhält, der mobile Reiseberater bekommt ein *Fixum* von 1.500,00 Euro zuzüglich 5 % Provision.
    a) Welche Lösung ist unter reinen Kostengesichtspunkten die günstigere?
    b) Bei welchem Umsatz entsprechen sich die Kosten?
    c) Nennen Sie jeweils zwei weitere Überlegungen, die Sie für eine solche Entscheidung anstellen würden.
    Kleine Hilfe: Kritischer Umsatz = $1.500,00 + 0,05\,x = 0,1\,x$

3 Wettbewerbsrecht

Das **Wettbewerbsrecht** als Oberbegriff umfasst i. e. S. das **Recht zur Bekämpfung unlauterer Wettbewerbshandlungen** (klassisches Wettbewerbsrecht) und i. w. S. das **Recht gegen Wettbewerbsbeschränkungen** (Kartellrecht).

Das klassische Wettbewerbsrecht als **»Gesetz gegen den unlauteren Wettbewerb« (UWG)** beurteilt die Zulässigkeit eines Auftrittes eines Unternehmens am Markt, also die erlaubte und unerlaubte Werbung.

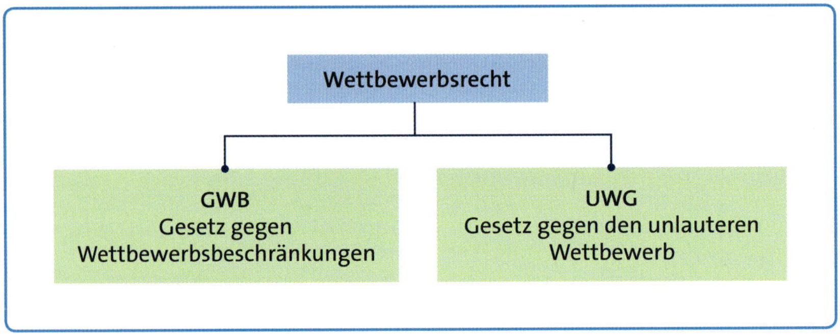

Abb. Komponenten des Wettbewerbsrechts

Aus § 1 UWG ergibt sich die **Zweckbestimmung des Gesetzes**.

BGB

Zweck des Gesetzes
(§ 1 UWG)
Dieses Gesetz dient dem Schutz der Mitbewerber, der Verbraucherinnen und Verbraucher sowie der sonstigen Marktteilnehmer (Schutzzwecktrias) vor unlauteren geschäftlichen Handlungen. Es schützt zugleich das Interesse der Allgemeinheit an einem unverfälschten Wettbewerb.

Abb. *Internet-Buttons* von *twitter, facebook* und der *online*-Bibliothek *Wikipedia*

Dabei darf sich der ***E-Commerce*-Anbieter** ebenso wenig unlauter verhalten wie ein *Offline*-Anbieter. Das heißt: Bei eigenen Beiträgen in *Social Media, Web Blogs* oder *Social Media Communities* (► Kapitel 4.4) gelten die wettbewerbsrechtlichen Vorschriften!

In Paragraf § 2 UWG werden die entsprechenden Begriffe näher erläutert.

Definitionen (§ 2 UWG) BGB

(1) Im Sinne dieses Gesetzes [...]
»Mitbewerber« gemäß Absatz 1 Nr. 3, Absatz 2 UWG i. V. m. Paragraf § 14 BGB [...] ist jeder Unternehmer, der mit einem oder mehreren Unternehmern als Anbieter oder Nachfrager von Waren oder Dienstleistungen in einem konkreten Wettbewerbsverhältnis steht; [...]
»Unternehmer« gemäß Absatz 1 Nr. 6, [...] ist jede natürliche oder juristische Person, die geschäftliche Handlungen im Rahmen ihrer gewerblichen, handwerklichen oder beruflichen Tätigkeit vornimmt, und jede Person, die im Namen oder Auftrag einer solchen Person handelt.

Ein **Wettbewerbsverhältnis** ist gegeben, wenn der Vorteil des einen Mitbewerbers spiegelbildlich einen Nachteil bei den anderen Mitbewerbern auslöst. Ein konkretes Wettbewerbsverhältnis ist gegeben, wenn der Mitbewerber auf demselben sachlich, räumlich und zeitlich relevanten Markt tätig ist.

Verbraucher ist jede natürliche Person, die ein Rechtsgeschäft zu einem Zwecke abschließt, der weder ihrer gewerblichen noch ihrer selbständigen beruflichen Tätigkeit zugerechnet werden kann (vgl. § 13 BGB). Bei der Frage, ob eine geschäftliche Handlung gegenüber einem Verbraucher unlauter ist, wird grundsätzlich auf das zu erwartende wirtschaftliche Verhalten eines Durchschnittsverbrauchers (gilt auch für §§ 4, 5, 6, 7 UWG) abgestellt. Dies ist u. a. von besonderer Bedeutung, da das **Zielgruppen-Marketing** eine immer größere Rolle spielt.

Zielgruppen-Marketing BEISPIEL

- Kinder und Jugendliche
- *Gender*-Marketing = gezielte Werbung für Frauen oder gezielte Werbung für Männer,
- *Best-Ager*-Marketing = Werbung, die sich an die »Generation 50+« richtet

Eine **geschäftliche Handlung** ist jedes Verhalten einer Person zugunsten des eigenen oder eines fremden Unternehmens vor, während oder nach einem Geschäftsabschluss, das mit der Förderung des Absatzes oder des Bezugs von Waren oder Dienstleistungen oder mit dem Abschluss oder der Durchführung eines Vertrages über Waren oder Dienstleistungen objektiv zusammenhängt.

3.1 Unlautere Wettbewerbshandlungen

Die **Generalklausel in Paragraf § 3 UWG** bestimmt, was »unlautere Wettbewerbshandlungen« sind.

BGB

Verbot unlauterer geschäftlicher Handlungen (§ 3 UWG)

(1) Unlautere geschäftliche Handlungen sind unzulässig, wenn sie geeignet sind, die Interessen von Mitbewerbern, Verbrauchern oder sonstigen Marktteilnehmern spürbar zu beeinträchtigen.

© Creativstudio – MEV Verlag

© Karl Holzhauser – MEV Verlag

© Karl Holzhauser – MEV Verlag

© MEV Verlag

Das UWG enthält keine Definition des Begriffs »unlauter«. Die Paragrafen §§ 4 bis 7 UWG enthalten **Regelbeispiele (»Schwarze Listen«) unlauteren Handelns**, die die Generalklausel des Paragrafen § 3 UWG konkretisieren, jedoch nicht abschließend sind.

BEISPIEL

Unlautere geschäftliche Handlungen (§ 4 UWG)

§ 4 Nr. 1: Beeinträchtigung der Entscheidungsfreiheit der Verbraucher und sonstigen Marktteilnehmer durch Druck oder Angst.

§ 4 Nr. 2: Ausnutzung von geschäftlicher Unerfahrenheit von Verbrauchern, z. B. Kinder oder Jugendliche.

§ 4 Nr. 3: Verschleierung des Werbecharakters von geschäftlichen Handlungen (Schleichwerbung).

§ 4 Nr. 4: Nicht-Berücksichtigung des speziellen Informationsbedarfs der Abnehmer bei Verkaufsförderungsmaßnahmen wie Preisnachlässen, Zugaben oder Geschenken.

§ 4 Nr. 5: Mangelnde Transparenz bei Preisausschreiben oder Gewinnspielen mit Werbecharakter.

§ 4 Nr. 6: Kopplung des Warenabsatzes mit der Teilnahme an Preisausschreiben.

§ 4 Nr. 7: Herabsetzung oder Verunglimpfung eines Mitbewerbers.

Sachliche Kritik am Wettbewerber ist jederzeit möglich. Wahre Tatsachenbehauptungen sind – auch wenn sie sich geschäftsschädigend auswirken können – grundsätzlich zulässig.

§ 4 Nr. 8: Verbreitung unwahrer Tatsachenbehauptungen über einen Mitbewerber.

§ 4 Nr. 9: Unlauterkeit der Nachahmung von Waren oder Dienstleistungen eines Mitbewerbers.

§ 4 Nr. 10: Gezielte Störung und Behinderung des Mitbewerbers.

§ 4 Nr. 11: Verstoß gegen gesetzliche Vorschriften.

3.2 Unlautere Werbung

© jStock – Fotolia.com

Unter **Werbung** versteht man jede Äußerung oder Darbietung von Botschaften bei der Ausübung eines Handels, Gewerbes, Handwerks oder freien Berufs, mit dem Ziel Einstellungen und Handlungen der Adressaten zum Vorteil des Werbetreibenden zu steuern.

Das UWG enthält zwar keine Definition für Werbung, sie fällt jedoch i. S. des Gesetzes unter die **Geschäftliche Handlung.**

> **Irreführende Geschäftliche Handlungen (§ 5 UWG)** — BGB
>
> (1) Unlauter handelt, wer eine irreführende geschäftliche Handlung vornimmt. Eine geschäftliche Handlung ist irreführend, wenn sie unwahre Angaben enthält oder sonstige zur Täuschung geeignete Angaben [...] enthält. [...]
> In Satz Nr. 4 sind unwahre Angaben, Aussagen oder Symbole (z. B. Behauptung »ohne Kinderarbeit«, »kein Regenwald-Holz« mit Nachhaltigkeitssiegel) anzusehen, die im Zusammenhang mit direktem oder indirektem Sponsoring (▸ Kapitel 4.3) stehen oder sich auf eine Zulassung des Unternehmers oder der Waren oder Dienstleistungen beziehen.
> Beispiel: Ein Reiseveranstalter gewährt einen Preisvorteil (z. B. Frühbucherrabatt) auch nach Ablauf der zunächst mitgeteilten Frist weiterhin.

Nicht als irreführende Werbung gelten hingegen:

- **Gefühlsbetonte Werbung**, also der Einsatz von Emotionen (z. B. soziale Verantwortung, Trauer, Mildtätigkeit, Spendenfreudigkeit) um zusätzliche Kaufanreize zu schaffen.
- Auch völlig **produktfremde Ziele** dürfen verfolgt werden (z. B. Kiste Bier – Spende für den Regenwald).
- **Imagewerbung** unter dem Aspekt der bürgerschaftlichen/gesellschaftlichen Verantwortung (z. B. CSR).

Wettbewerbswidrig wird die Werbung erst dann, wenn Irreführung vorliegt, also wenn die versprochene gute Tat nicht umgesetzt wird. Irreführende Werbung bewirkt bei den Adressaten eine Vorstellung, die nicht in Einklang mit den wirklichen Verhältnissen steht.

> **Vergleichende Werbung (§ 6 UWG)** — BGB
>
> Unter vergleichender Werbung versteht man jede Werbung, die unmittelbar oder mittelbar einen Mitbewerber oder die von einem Mitbewerber angebotenen Waren oder Dienstleistungen erkennbar macht (vgl. § 6 Abs.1 UWG). Dies ist der Fall, wenn in der Werbung mindestens zwei Unternehmen oder deren Produkte gegenübergestellt werden.
> Beispiel: »Bei REWE kostet die 200g Milka-Weiß Schokoladentafel 1,09 Euro – bei uns im Kaufland aber nur 0,99 Euro!«

Vergleichender Werbung ist unlauter, wenn sie den Mitbewerber herabsetzt, Waren verglichen werden, die nicht dieselbe Zweckbestimmung haben und der Vergleich sich nicht auf wesentliche, nachprüfbare Eigenschaften der Produkte bezieht (vgl. § 6 Abs. 2 UWG).

Der vergleichend Werbende muss grundsätzlich den **Beginn seines Angebots als auch das Angebotsende** angeben. (Ausnahmeformulierung: »Gilt so lange, wie die Waren und Dienstleistungen verfügbar sind.«, »So lange Vorrat reicht.«)

BGB

Unzumutbare Belästigungen (§ 7 UWG)

Werbung ist nicht in jeder Form zulässig. Untersagt sind Werbemethoden (Herantretensweise), die einen Marktteilnehmer in unzumutbarer Weise belästigen (vgl. § 7 Abs. 1 UWG).

Eine **Belästigung** liegt vor, wenn erkennbar ist, dass der Marktteilnehmer die Werbung oder sonst an ihn gerichtete geschäftliche Handlung nicht wünscht. Dies gilt grundsätzlich für jede Art von Werbung.

BEISPIEL

Unzumutbare Belästigung

Sie ist stets bei folgenden Werbungsformen anzunehmen:

- unerwünschte Werbung (vgl. § 7 Abs. 2 Nr. 1 UWG)
- unerwünschte Telefonanrufe (vgl. § 7 Abs. 2 Nr. 2 UWG)
- automatische Anrufmaschinen, Faxe, E-Mail-Werbung (vgl. § 7 Abs. 2 Nr. 3 UWG)
- E-Mail (vgl. § 7 Abs. 2 Nr. 3 i. V. m. § 7 Abs. 3 UWG)
- verheimlichte Absenderidentität (vgl. § 7 Abs. 2 Nr. 4 UWG).

Im **Rahmen des Direktmarketing** (▸ Kapitel 2.3) mittels Telemedien bestimmt sich somit die Belästigung im wesentlich nach der **Kommunikationsform**, in der das Direktmarketing betrieben wird.

Um unzumutbare Belästigungen zu vermeiden, sollte Sie folgendes beachten:

- Bei **Telefax- und E-Mail-Werbung** muss ausdrücklich eine Einwilligung des Adressaten für diese Art der Werbung vorliegen.
  Ausnahme: Hat der Unternehmer die E-Mail-Adresse durch eine Buchung/Bestellung erhalten, so kann er dem Kunden eine Werbemail für ähnliche Produkte zu schicken. Allerdings muss bei jeder Werbe-Mail darauf hinwiesen werden, dass der E-Mail Empfänger dieser Werbeart widersprechen kann.
- **Telefon-Werbung** ist gegenüber Verbrauchern nur bei Vorliegen derer Einwilligung erlaubt. Bei Gewerbetreibenden reicht auch die »mutmaßliche Einwilligung« (z. B. ständige Geschäftsbeziehung) aus.

- Die **Zusendung von Werbung mit der Hauspost** ist zulässig, wenn sich der Empfänger nicht ausdrücklich dagegen verwahrt hat und dann z. B. auf einer Black-List geführt wird. Diese »Robinsonlisten« sind schwarze Listen mit Kontaktdaten von Personen, die keine unerwünschte Werbung in Form von Briefpost, E-Mails, SMS, Telefon und Telefax erhalten möchten. In diesem Fall darf nur persönlich adressierte Werbung eingeworfen werden.

MERKE

Nicht ausdrückliche Willenserklärung
Grundsätzlich muss der Marktteilnehmer seinen Willen nicht vom Unternehmer kontaktiert zu werden, nicht ausdrücklich formulieren. Das heißt, der Gesetzgeber schützt den Verbraucher vor ungewollter Werbung.

3.3 Pflicht zur Preisangabe

Die von einem Reiseveranstalter zur Verfügung gestellten Prospekte müssen deutlich lesbare, klare und genaue Angaben über den Reisepreis enthalten (vgl. ► Fachwissen Tourismus Band 1, LF 4.1, Kapitel A.5). Diese für das Reiserecht geltende Sonderregelung wird für das Wettbewerbsrecht durch die Bestimmungen der **Preisangabenverordnung (PAngV)** ergänzt.

BGB

Grundvorschriften
(§ 1 PAngV)
(1) Wer Letztverbrauchern gewerbs- oder geschäftsmäßig oder regelmäßig in sonstiger Weise Waren oder Leistungen anbietet oder als Anbieter von Waren oder Leistungen gegenüber Letztverbrauchern unter Angabe von Preisen wirbt, hat die Preise anzugeben, die einschließlich der Umsatzsteuer und sonstiger Preisbestandteile zu zahlen sind (Endpreise).
[...]
(5) Die Angabe von Preisen mit einem Änderungsvorbehalt ist abweichend von Absatz 1 Satz 1 nur zulässig
[...]
3. in Prospekten eines Reiseveranstalters über die von ihm veranstalteten Reisen, soweit der Reiseveranstalter gemäß § 4 Absatz 2 der BGB-Informationspflichten-Verordnung in der Fassung der Bekanntmachung vom 5. August 2002 (BGBl. I S. 3002), die zuletzt durch die Verordnung vom 23. Oktober 2008 (BGBl. I S. 2069) geändert worden ist, den Vorbehalt einer Preisanpassung in den Prospekt aufnehmen darf und er sich eine entsprechende Anpassung im Prospekt vorbehalten hat.

Die Preisangaben müssen klar und wahrheitsgemäß erfolgen und dem Angebot oder der Werbung eindeutig vom Verbraucher zugeordnet werden können. Bei der Aufgliederung in Preiskomponenten für das Produkt ist der Endpreis hervorzuheben.

Für Reiseveranstalter oder die Angabe von Flugpreisen gelten besondere Bestimmungen. Hier eröffnet die **BGB-Informationspflichtenverordnung (BGB-InfoV)** die Möglichkeit der nachträglichen Preisanpassung, die von den Anbietern auch ausgeschöpft wird. Daher kommt es häufig zu gerichtlichen Streitigkeiten.

omsels.info – Der Online-Kommentar zum UWG

Preisanpassungsvorbehalt
BGH, Urteil vom 29.04.2010, I ZR 23/08, Tz. 20 – Costa del Sol

§ 4 Abs. 2 Satz 2 und 3 **BGB-InfoV** n.F. enthält die Befugnis zur späteren Preisanpassung. Danach ist der Vorbehalt insbesondere aufgrund einer – nach Veröffentlichung des Prospekts eingetretenen – Erhöhung der Beförderungskosten oder der Abgaben für bestimmte Leistungen wie Hafen- oder Flughafengebühren oder aufgrund einer Änderung der für die betreffende Reise geltenden Wechselkurse nach Veröffentlichung des Prospektes zulässig (Nr. 1). Ebenfalls zulässig ist eine solche Änderung, wenn die betreffende Pauschalreise nur durch den Einkauf zusätzlicher Kontingente nach Veröffentlichung des Prospekts verfügbar ist (Nr. 2). In dieser Bestimmung sind, wie die Verwendung des Wortes »insbesondere« zeigt, die Gründe, aus denen Reiseveranstalter sich in ihren Prospekten Preisanpassungen – nach oben wie auch nach unten – vorbehalten können, nicht abschließend aufgezählt. Ebenso wenig verpflichtet § 4 Abs. 2 Satz 3 BGB-InfoV 2008 die Reiseveranstalter dazu, in ihren Prospekten näher auszuweisen, inwiefern und nach welchen Grundsätzen sie für sich selbst ergebende Kostenänderungen gemäß ihrem Preisanpassungsvorbehalt an die Reisenden weitergeben. Damit hat der Verordnungsgeber einen Schritt in die Richtung der Zulässigkeit flexibler Preise getan und damit die in dieser Hinsicht bestehenden Nachteile des katalogbasierten gegenüber dem Internetvertrieb teilweise ausgeglichen.

www.omsels.info

Unlauter handelt derjenige, der für sein beworbenes Produkt **keinen Endpreis angibt**. Die Pflicht zu dessen Angabe entfällt auch nicht für Reiseveranstalter oder für Flugreisen, die je nach Ort, Zeit und Route mit unterschiedlich hohen Steuern und Gebühren belastet werden.

3.4 Rechtsfolgen unlauterer Handlungen

Der **Betroffene von unlauteren Handlungen** nach den Paragrafen § 3 oder § 7 kann den unzulässig geschäftlich Handelnden auf Beseitigung bzw. bei Wiederholungsgefahr auf Unterlassung in Anspruch nehmen (vgl. § 8 UWG).

Die **Durchsetzung auf Unterlassung** kann auf zwei Wegen erfolgen:

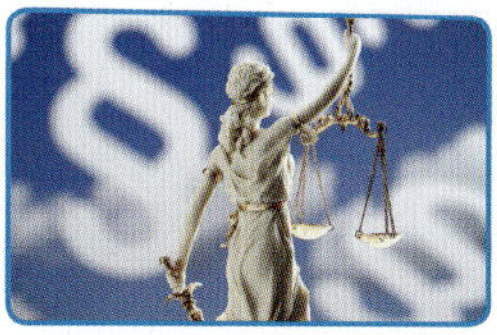

© Creativstudio – MEV Verlag

© Karl Holzhauser – MEV Verlag

© Karl Holzhauser – MEV Verlag

© MEV Verlag

- Zum einen kann eine außergerichtliche Einigung versucht werden, indem dem unlauteren Wettbewerber eine Abmahnung zugestellt wird. In dieser wird das Verhalten gerügt und der Abgemahnte verpflichtet sich in einer Unterlassungserklärung, im Falle der Wiederholung oder Nichtbeseitigung eine Vertragsstrafe an den Abmahnenden zu zahlen.
- Zum anderen kann ein **Beseitigungs- oder Unterlassungsklage** vor dem zuständigen Gericht geltend gemacht werden. Das Gericht stellt dann durch eine einstweilige Verfügung oder in einem Urteil fest, ob das Verhalten unlauter war und in Zukunft zu unterlassen ist oder nicht. Bei einer berechtigten Beseitigungs- oder Unterlassungsklage legt das Gericht fest, in welcher Höhe für den Fall einer Wiederholung ein Ordnungsgeld an die Staatskasse zu leisten ist.

MERKE

Vorsätzlich und fahrlässig
Wer vorsätzlich oder fahrlässig eine nach den Paragrafen § 3 oder § 7 unzulässige geschäftliche Handlung vornimmt, ist den Mitbewerbern (Firmen dieser Sparte) zum Ersatz des daraus entstehenden Schadens verpflichtet (vgl. § 9 UWG).

Anspruchsberechtigte sind:

- jeder Mitbewerber,
- rechtsfähige Verbände,
- qualifizierte Einrichtungen (z. B. Verbraucherschutzverbände),
- IHK und Handwerkskammern.

Verbände, qualifizierte Einrichtungen und Kammern haben bei einem **vorsätzlichen Verstoß gegen Paragraf § 3 UWG** die Möglichkeit, vom Zuwiderhandelnden die Herausgabe des durch die Verletzung entstandenen Gewinnes (Gewinnabschöpfung nach Paragraf § 10 UWG) zu verlangen. Diese Summe wird dann an den Bundeshaushalt abgeführt.

BGB

Verjährung (§ 11 UWG)

(1) Die Ansprüche aus den §§ 8 und 9 verjähren in sechs Monaten.

(2) Die Verjährungsfrist beginnt, wenn

1. der Anspruch entstanden ist und
2. der Gläubiger von den Anspruch begründenden Umständen und der Person des Schuldners Kenntnis erlangt oder ohne grobe Fahrlässigkeit erlangen müsste.

(3) Schadensersatzansprüche verjähren ohne Rücksicht auf die Kenntnis oder grob fahrlässige Unkenntnis in zehn Jahren von ihrer Entstehung, spätestens in 30 Jahren von der den Schaden auslösenden Handlung an.

(4) Andere Ansprüche verjähren ohne Rücksicht auf die Kenntnis oder grob fahrlässige Unkenntnis in drei Jahren von der Entstehung an.

Weitere Themenbereiche der Verjährung (Verjährungsfristen im Schuldrecht und Reisevertragsrecht) werden in ▸ Fachwissen Tourismus Band 1 (in den LF 2, Kapitel 3.4 bzw. LF 4.1, Kapitel B.4) beschrieben.

AUFGABEN

1. Unterscheiden Sie die Begriffe »Mitbewerber«, »Unternehmer«, »geschäftliche Handlung« und »Verbraucher«.
2. Unter welchen Voraussetzungen ist ein »Wettbewerbsverhältnis« gegeben?
3. Worauf ist insbesondere im Rahmen des *Zielgruppen-Marketings* im Zusammenhang mit dem UWG zu achten?
4. Überprüfen Sie, ob Wettbewerbsverstöße vorliegen:
   Der Reiseveranstalter *Big Schwerenöter* …
   a) … sendet grundsätzlich Brautpaaren an die Tagesadresse ihrer Hochzeitsfeier einen persönlichen Werbebrief mit Reiseangeboten.
   b) … behält sich in seinen AGB Preiserhöhungen bis zur Abreise vor.
   c) … wählt für seine Angebotsbroschüre Angebotsfotos aus, die im Widerspruch zum Angebotstext stehen.
   d) … verunglimpft seine Mitbewerber mit Schimpfwörtern.
   e) … wertet die Beherbergungsbetriebe seiner Mitbewerber als »griechische D-Klassifizierung«.
   f) … verspricht jedem Kunden, der eine Reise auf die *Kanaren* bucht, die Teilnahme an der Verlosung eines Surfbrettes.
   g) … verpflichtet seine Azubis vor seinem Reisebüro, das an einer öffentlichen Straße liegt, einzelne Passanten anzusprechen, um Sie zu veranlassen sein Büro zu besuchen.
   h) … hat 2011 sein jetziges Reisebüro vom damaligen Inhaber, der es 1980 gegründet hatte, übernommen und inserierte im Juli 2012 in

▸▸▸

der regionalen Zeitung mit »25 Jahre *Reisebüro Big Schwerenöter* – Ihr Reiseprofi«.

i) ... führt neben der Veranstalterpreisliste eine eigene Preisliste mit höheren Preisen, die er bei Beratungsgesprächen einsetzt und verkauft die Reisen dann zum Veranstalterpreis als reduzierte Hauspreise.

j) ... wirbt in einer Zeitungsanzeige mit einer achttägigen Pauschalreise an die Ostsee für 400,00 Euro. Als die ersten Interessenten kommen hat er kein entsprechendes Reiseangebot.

k) ... überklebt die Werbeplakate der Wettbewerber mit seinen eigenen.

l) ... überredet Kunden eines Mitbewerbers die gebuchte Reise bei seinem Mitbewerber zu stornieren und bei ihm zu buchen.

m) ... wirbt mit einem selbstkreierten »Nachhaltigkeitsgütesiegel«.

5. Was verstehen Sie unter folgenden Begriffen: »Lockvogelwerbung«, »Mondpreiswerbung«, »Alleinstellungswerbung«, »vergleichende Werbung«, »redaktionelle Werbung«, »gefühlsbetonte Werbung«, »irreführende Werbung«, »Schockwerbung«, »Blickfangwerbung«, »Schleichwerbung«?

6. Überprüfen Sie für diese Aussagen, ob Wettbewerbsverstöße vorliegen:

a) »Was andere in die Werbung stecken investieren wir in die Qualität unserer Reisen.«

b) »Unsere preiswerteste Reise ist qualitativ besser als bei vielen die exklusiven Angebote.«

c) »Für jede Buchung in der Zeit von 1. bis 24. Oktober spenden wir 15,00 Euro an ein Hilfswerk.«

d) »Jede Buchung nimmt an der Verlosung teil.«

7. Beurteilen Sie folgende Fälle im Hinblick auf das Wettbewerbsrecht:

a) Ein Hotelier wirbt mit einem Fünf-Sterne-Hinweisschild für sein Hotel, obwohl die Sterne eine »Eigenkreierung« sind.

b) Ein *Online*-Reiseveranstalter weist im Rahmen des Buchungsvorgangs zusätzlich zum Flugpreis eine so genannte »Servicegebühr« aus. Weiterhin ist eine Reiseversicherung als gewünschte Nebenleistung voreingestellt, die der Kunde erst im Wege des *Opt-out* ausdrücklich abwählen muss.

c) Ein Busreiseveranstalter kennzeichnet und wirbt auf seinen Reisebussen mit Klassifizierungs-Sternen, obwohl die Klassifizierung vor vier Jahren das letzte Mal durchgeführt wurde.

© majeczka – Fotolia.com

4 Marketingkommunikation und Vermarktung

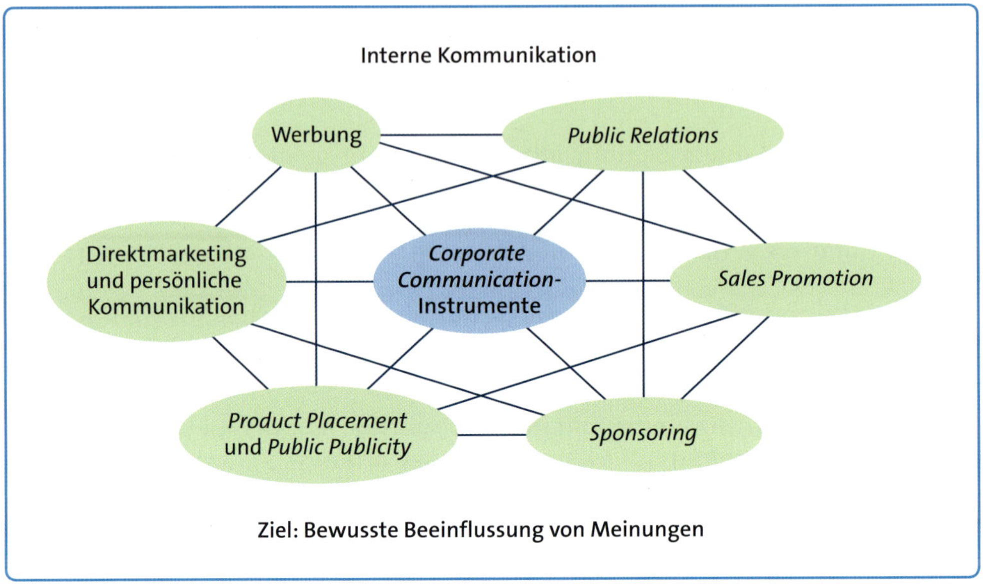

Abb. Instrumente der *Corporate Communication*

Marketingkommunikation ist die **bewusste Beeinflussung von Meinungen**, vor allem der Meinungen von aktuellen und potentiellen B2B- und B2C-Kunden. Das Ziel ist die Kunden differenziert und zielgruppenspezifisch anzusprechen und von der eigenen Marktkompetenz sowie den unternehmerischen Zielvorstellungen zu überzeugen.

Die **AIDA-Formel (AIDA = *Attention, Interest, Desire, Action*)** beschreibt vereinfacht den positiven Verarbeitungsprozess der Marketingkommunikation eines Reisemittlers/Reiseveranstalters von der Information (Stimuli) bis zur positiven Kaufentscheidung eines Endkunden.

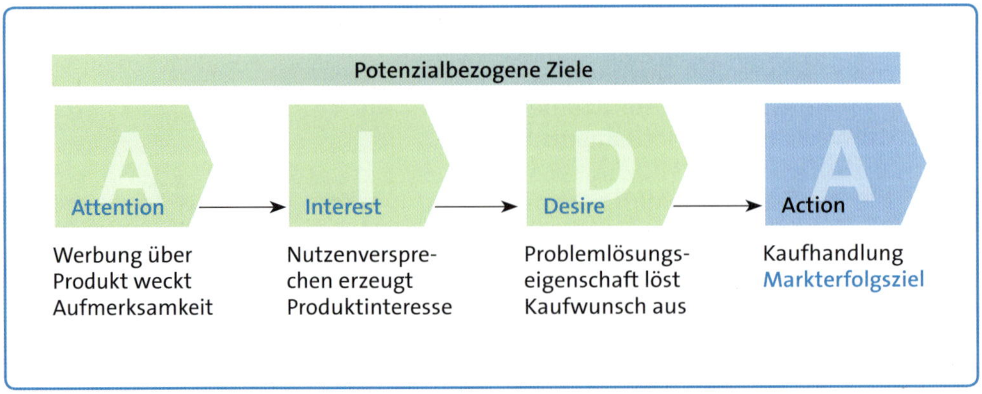

Abb. Der AIDA-Prozess

Aufgrund der steigenden Anzahl von Mitbewerben auf dem Reisemarkt und ihres häufig austauschbaren Leistungsangebotes kommt der **Marketingkommunikation** zur **Vermarktung von Eigenveranstaltungen** eine besondere Bedeutung zu.

© Markus Bormann – Fotolia.com

Die **Kommunikationspolitik als »Profilleistung«** umfasst eine Vielzahl von unterschiedlichen Instrumenten, um den Bekanntheitsgrad und das Image eines Unternehmens zu fördern sowie zur Übermittlung der Unternehmensleistung an die Zielgruppe. Um sich von Mitbewerbern zu unterscheiden müssen Nutzenkomponenten wie z. B. Grundnutzen, formale Leistungen, kombinatorische Leistung und inszenierte Leistung zu einem Bündel geschnürt werden.

In **Phase 3** des Entwicklungsprozesses einer Marketingstrategie (Strategiephase ▸ LF 9) wurde die »Stoßrichtung« bestimmt und Maßnahmen erarbeitet, die Entwicklungspotenziale insbesondere durch die **Nutzung und den Ausbau der Stärken (Kernkompetenzen)** eines Unternehmens ermöglichen und Marktrisiken minimieren.

Jetzt erfolgt die **Festlegung der Instrumentalstrategie**, in deren Rahmen die Beförderungsmittel bestimmt werden. Sie stellt **Phase 4** des Entwicklungsprozesses einer Marketingstrategie, die **Gestaltungsphase**, dar.

Die Kernfrage lautet nun: Welche Beförderungsmittel werden zur Erreichung des Zielortes eingesetzt?

4.1 Vom Werbebudget zum Werbeplan

Werbung beinhaltet alle an aktuelle und/oder potentielle Kunden gerichteten marken- oder produktbezogenen Maßnahmen der **Massenkommunikation, zur Förderung des Absatzes** von Gütern und Dienstleistungen. Sie ist unpersönlich, indirekt und bedient sich als Botschaftsträger verschiedener Medien in Form einer Ein-Wege-Kommunikation.

Für die Werbedurchführung gelten die **Grundsätze der Wahrheit** (wahrheitsgemäße Aussagen), **der Wirksamkeit** (Vorgehensweise nach AIDA-Formel), **der Unterscheidbarkeit** zu Mitbewerbern, **der Klarheit** (klare, deutliche und schnelle Übermittlung) und **der Wirtschaftlichkeit** (mit wenig Kosten den Umsatz steigern).

© MEV Verlag

Werbebudget

Das **Werbebudget** dient der Finanzierung der Analyse-, Planungs-, Durchführungs-, und Kontrollkosten für Werbung sowie sämtlicher Werbemaßnahmen einer Planungsperiode. Für die Bestimmung eines Werbebudgets werden in der Praxis unterschiedlich Verfahren gewählt. Die Höhe des Etats wird z. B. als Prozentsatz vom Umsatz bzw. Gewinn bestimmt, andere Etathöhen richten sich nach den zur Verfügung stehenden finanziellen Mitteln, dritte richten sich nach den Etatvolumina von Mitbewerbern und weitere sehen zunächst die zu ereichenden Ziele und statten dann das Werbebudget entsprechend aus.

> **Werbeetat** MERKE
> Grundsätzlich muss der Etat in sachlicher Hinsicht z. B. auf Produkte, Werbeträger und Werbemittel aufgeteilt werden und zeitlich auf die komplette Planungsperiode.

Werbeplan

Die **W-Fragen der Klassischen (traditionellen) Werbung** sind:

- **Wer?** (Das Unternehmen) sagt
- **Was?** (Botschaft)
- **Wie?** (Werbestil/*Tonality*)
- **Wem?** (Zielgruppe)
- **Wann und wie oft?** (*Timing*)
- **Womit?** (Wahl der Kommunikationsinstrumente)
- **Wo?** (Geografischer Raum)
- mit **welchen Budgetvorgaben?** (Finanzierungsrahmen) und
- mit **welcher Wirkung?** (Kommunikationserfolg)

Ein **Werbeplan** beinhaltet alle Maßnahmen die zur Vorbereitung, Durchführung und Kontrolle einer Werbemaßnahme notwendig sind.

Schritt 1: Umfeld analysieren

Zunächst wird durch eine **Situations-Analyse** das Umfeld geprüft, in dem geworben werden soll. Hierzu zählen die Analyse der gesetzlichen sozialen und ökologischen Umweltbedingungen sowie die Analyse der Werbemaßnahmen (Werbemittel) von den verschiedenen Mitbewerbern als auch eine Bewertung der eigenen bisherigen Werbestrategie und Maßnahmen und das Einbeziehen von Informationen über bestehende und potentielle Kunden.

Schritt 2: Zielgruppe und Werbeziele definieren

Zielgruppen können definiert werden unter Berücksichtigung der Marktsegmentierung, soziodemografische und psychologische Merkmale, medienbezogenen Kriterien- oder von den Mitbewerbern bereits gebildete **Kundengruppen** werden übernommen.

Grundsätzlich **beziehen sich Werbeziele** auf Bekanntheit, Wissen, *Image* (= Einstellung, Empfinden) und Verhalten der Zielgruppe. Je nach Werbeausprägung werden diese spezifiziert z. B. Umsatzsteigerung, Umsatzerhalt, Neukundengewinnung, Änderung von Einstellungen und Gewohnheiten, Reaktivierung ehemaliger Kunden.

Schritt 3: Werbebotschaft formulieren

Die **vollständige Werbebotschaft** stellt den Hauptnutzen (*Basic Consumer Benefit*) des Produktes für die Zielgruppe in Verbindung mit dem einzigartigen Produktvorteil (*Unique Selling Proposition*, USP) bzw. dem einzigartigen Werbeversprechen (*Unique Advertising Proposition*) sowie den Zusatznutzen eines Produktes (*Supporting Evidence*) in den Vordergrund.

Kaufbegründung MERKE

Die Werbebotschaft liefert somit die Kaufbegründung (Reason Why). Sie kann bis auf ein Hauptversprechen (Slogan) verkürzt werden.

Aufgrund der Werbeinhalte und der damit verbundenen Zielsetzung können grundsätzlich **vier Werbetextarten** unterschieden werden:

Sachlich-informativ ► Wichtigkeit von Kontaktinformationen (*eye catcher*) ► Reduktion der Werbebotschaft auf den Slogan, die USP bzw. die Kernaussage.	Werbeinhalt sind Informationen über Produkteigenschaften, die der Zielgruppe den speziellen Nutzen dieser Leistung zur Befriedigung ihrer Bedürfnisse verdeutlichen. Werbliche Umsetzung: ► Nutzung von sprachlichen Gestaltungsformen (Text und Zahlen) ► Sprachinformationen werden sequentiell aufgenommen

Emotional-erlebnis-orientiert Auslösen emotionaler Reize	Werbeinhalt zielt primär auf den Aufbau bzw. die Festigung eines emotionalen Erlebnisprofils bei der Zielgruppe ab. Werbliche Umsetzung: ▸ Konsistente Einbeziehung der Erlebnisvermittlung ▸ visuelle Umsetzung ist entscheidend ▸ konsistente und langfristige Nutzung von Schlüsselbildern *(brand-signals)* zur Verankerung im Gedächtnis
Emotional-informativ Auslösen emotionaler Reize	Werbeinhalt nimmt die Bedürfnisse der Zielgruppe auf und informiert über adäquate Produkte, die zur Befriedigung dieses Bedürfnisses geeignet sind. Werbliche Umsetzung: ▸ Kindchenschema, Humor sollen Aufmerksamkeit auslösen
Aktuell-plakativ Produkt/Marke soll in der Zielgruppe »im Gespräch« sein	Werbeinhalt ist das Angebot der aktuellen Markleistungen. Werbliche Umsetzung: ▸ Werbung muss stark auffallen ▸ Marke steht im Mittelpunkt ▸ Werbung ist einprägsam und leicht zu erinnern

Tab. Grundsätzliche Werbetextarten

In dieser Phase des Werbeplans wird über die textliche, auditive und visuelle Gestaltung – prestigeorientiert, zukunftsorientiert oder nostalgisch –, über Bilder- und Farbensprache, Typografie und über den **Werbestil (Tonalität)** entschieden. Werbestil, Werbebotschaft und Werbeziele bilden zusammen die ***Copy-Strategie***, den »Roten Faden« des Werbetextes.

Schritt 4: Werbeträgereinsatz bestimmen

Die Entscheidung für einzelne Werbemittel/Medien erfolgt unter Berücksichtigung der Werbezielsetzungen und der Kosten. In diesem Zusammenhang fallen auch die Entscheidungen darüber, wie viele potentielle Zielpersonen kontaktiert werden **(Streukreis)**, über die Kontakthäufigkeit, den Wirkungszeitraum **(Streuzeit)** und den geografischen Einsatzplan **(Streugebiet)**.

BEISPIEL

Streugebiet – Nielsengebiete

Die Nielsengebiete werden u. a. als Hilfsmittel für die Werbeplanung verwendet, weil sich innerhalb eines Nielsen-Gebietes viele gemeinsame Marktgegebenheiten (wie Kaufkraft, Konsumverhalten und Verbraucherverhalten) ähnlich sind.

www.nielsen.com/de

© The Nielsen Company GmbH, Frankfurt am Main

Abb. Nielsen-Gebiete

Streuzeit – Fernsehwerbung in der ARD

Werbeform	Tag	Uhrzeit	Umfeld	Werbecode	Ø Preis
...					
Klassische Werbung 30	Mo	18.27 Uhr	Verbotene Liebe/ Großstadtrevier	01 25 18 **30**	10.800,00
Klassische Werbung 30	Di–Do	18.27 Uhr	Verbotene Liebe/ Heiter bis tödlich (div.)	01 17 18 **30**	7.800,00
Klassische Werbung 30	Fr	18.27 Uhr	Verbotene Liebe/ Drei bei Kai	01 15 18 **30**	7.200,00
Klassische Werbung 40	Mo	18.56 Uhr	Großstadtrevier	01 36 18 **40**	16.200,00
...					
Klassische Werbung 50	Mo–Do	19.48 Uhr	Gottschalk Live/ Das Wetter im Ersten	01 24 19 **50**	10.400,00
Klassische Werbung 50	Fr	19.48 Uhr	Wissen vor 8/ Das Wetter im Ersten	01 19 19 **50**	8.800,00
Klassische Werbung 55	Mo-Do	19.53 Uhr	Gottschalk Live/ Börse im Ersten	01 27 19 **55**	12.000,00
Klassische Werbung 55	Fr	19.53 Uhr	Das Wetter im Ersten/ Börse im Ersten	01 25 19 **55**	10.800,00

Basis: Preisliste 2012, 20 Sekunden, brutto in Euro. Änderungen vorbehalten.
www.ard-werbung.de

Um die **Streuverluste** (Kontakte mit Nicht-Ziel-Personen) möglichst gering zu halten, werden in der Regel **verschiedene Werbeträger** eingesetzt. Bei der Auswahl der Kommunikationsinstrumente sollten die Medien berücksichtigt werden, die am häufigsten zur Reiseinformation genutzt werden.

BEISPIEL

Werbeträger – häufig genutzte Medien

- Reisesendungen in TV und Radio
- Zeitschriften und Zeitungen
- Beratung in Reisebüros
- Freunde, Bekannte, Kollegen, Familie
- Reiseführer, Reisebücher
- Kataloge, Prospekte
- Internet

Schritt 5: Zeitplan erstellen

Richtige bzw. günstige **Zeitpunkte für Werbeaktionen** stellen z. B. besondere Anlässe wie das **Erscheinen neuer Sommer- und Winterkataloge** oder die **Markteinführung** eines neuen Kreuzfahrtschiffes dar. Letztlich hängen die ausgewählten Werbeaktionen und ihr Zeitpunkt von der Zielgruppe ab. Sie muss mit den Werbemedien erreichbar sein. Neben diesen Gelegenheitszeitpunkten wäre somit auch (Saison-) **Dauerwerbung** denkbar.

Schritt 6: Ablauf organisieren

Nun erfolgt die organisatorische Planung, Erstellung und Durchführung der Aktion (vgl. Ablauforganisation ► Fachwissen Tourismus Band 1, LF 1, Kapitel 3.5 und ► LF 13 Projektmanagement).

Schritt 7: Controlling

Das ***Controlling*** umfasst eine Wirtschaftlichkeitsrechnung vor und nach einer Werbekampagne, das Auswertungen von Reaktionen auf die Werbekampagne und Befragungen der Zielgruppe aus denen hervorgeht, in wie weit durch die Werbekampagne die **Werbeziele Bekanntheit, Wissen, *Image* und Verhalten** erreicht wurden (► Kapitel 5.2.1).

> MERKE
>
> **Werbung oder Direktmarketing?**
> Während Werbung – unabhängig vom zugrunde liegenden Werbestil – immer nicht personalisiert ist, wird der Kunde im Rahmen des Direktmarketing ndividuell angesprochen.

4.2 Direktmarketing

Direktmarketing (engl. *Direct Marketing*) zeichnet sich durch eine direkte Ansprache einzelner Personen einer Zielgruppe aus. Ziel ist es, mittels Einzelansprache einen **unmittelbaren Kontakt zum Adressaten** herzustellen und einen **direkten Dialog** zu initiieren, um die Kommunikations- und Absatzziele des Unternehmens zu optimieren.

Als Kommunikationsmaßnahmen kommen dafür u. a. das Telefonmarketing (► Fachwissen Tourismus Band 1, LF 4, Exkurs Kapitel 2.2), personalisierte *Mailings* (Anschreiben) und auch Kunden*events* in Betracht. Ansprache und Inhalt sind jeweils zu personalisieren.

Personalisiertes Anschreiben

BEISPIEL

Reisebüro Sunshine – Urlaubstraße 5 – 12345 Strandstadt

Frau
Erika Mustermann
Musterstraße 10
55555 Musterstadt

Unser Angebot: Südamerika mit der AIDACara

Sehr geehrte Frau Mustermann,

war es schon immer Ihr Traum, Tango in Buenos Aires zu tanzen, auf den Spuren großer Seefahrer Kap Hoorn zu umfahren oder die europäischste der südamerikanischen Städte zu besuchen? Dann nutzen Sie Ihre einmalige Chance und brechen Sie auf, um mit einer Begleitperson zum exklusiven Angebotspreis die faszinierenden Landschaften, pulsierenden Städte und atemberaubende Natur Südamerikas kennen zu lernen.
Sind Sie mit dabei, wenn die AIDACara vom 02. Januar bis zum 16. März Kurs auf die schönsten Ziele Südamerikas nimmt. Puerto Madryn, am Rande der patagonischen Wüste gelegen, erwartet Sie mit Natur pur. Nicht selten kann man hier Orcas und Buckelwale in freier Wildbahn erleben. Die Kap-Hoorn-Passage bietet ein einzigartiges Schauspiel, wenn die Wasser von Pazifik und Atlantik auf einander prallen. Genauso verzaubert die faszinierende Tierwelt der Falkland-Inseln mit ihren zahlreichen Pinguinkolonien, Vogel- und Robbenarten. Die kolonialen Schönheiten Montevideos und die prachtvollen Bauten von Buenos Aires laden Sie ein, sich dem leidenschaftlichen und zugleich melancholischen Tango hinzugeben und in eleganten Kaffeehäusern die Eindrücke der Reise an sich vorüber ziehen zu lassen.
Füllen Sie noch heute die beiliegende Anmeldung zur Reise aus und sichern Sie sich bei Buchung bis zum 28. Februar 2012 einen ausführlichen Reiseführer passend zur Reise.

Wir freuen uns, bald von Ihnen zu hören und stehen für Ihre Fragen und weitere Informationen gerne zu Ihrer Verfügung.

Bis dahin verbleiben wir mit freundlichen Grüßen,
Ihr Team vom Reisebüro Sunshine
i. A. ...

Anlagen
Angebot Südamerika mit der AIDACara
Anmeldung zur Reise

Kundenevent

Ein Kunden*event* ist ein einmaliges, besonders inszeniertes (einzigartiges, spektakuläres) kommerzielle Ereignis mit Erlebnischarakter im Rahmen der Unternehmenskommunikation, bei dem der Kunde (die fokussierte Zielgruppe) im Mittelpunkt steht. Ziele einer solchen Veranstaltung können z.B. Kundenbindung, das Generieren von Nachfrage oder die Vorstellung neuer Kataloge/Zielgebiete sein.

© project1photography – Fotolia.com

Abb. Kundenevent »Balinesischer Abend«

(**Achtung:** Zu unterscheiden hiervon ist der *Eventtourismus*. Zu ihm zählen zum einen die natürlichen *Events*, z.B. jährliches Reiseangebot zur Mandelblüte (»Mallorca-Schnee«) auf der Insel *Mallorca* und inszenierte *Events* wie die *Olympischen Spiele* 2016 in Brasilien. Der *Eventtourismus* stellt den Erlebnischarakter in den Mittelpunkt einer Reise und wird nach Anlass, Dauer und Größe unterschieden.)

Im Vordergrund von *Direct Marketing* stehen Kundennähe und die langfristige Ausrichtung auf eine funktionierende Kundenbeziehung statt eines reinen Abverkaufs. Deshalb sollten dynamische und kreative Leistungsangebote *(Packages)* und Individualität statt Masse im Mittelpunkt der Leistungsofferten des Veranstalters stehen.

4.3 Verkaufsförderungsmaßnahmen

Unter **Verkaufsförderung *(Sales Promotion)*** versteht man eine Kombination von produktpolitischen, preislichen, vertrieblichen und kommunikativen-, meist zeitlich befristeten Maßnahmen mit Aktionscharakter, die sich an »nach gelagerte« Vertriebsstufen und/oder an Endverbraucher richten.

- **Händlerpromotionen** – Die Händlerpromotion verfolgt primär das Ziel die Effektivität der Verkaufsbemühungen »nach gelagerter« Vertriebsstufen (z.B. Reisevermittlern) bezüglich der eigenen Produkte zu erhöhen. Hierzu können z.B. Verkaufs- und Destinationsschulungen für das Personal eines Absatzmittlers oder Einladungen zu der kostenlosen Inanspruchnahme der Dienstleistung (Expedientenreisen), Sonderpreise und Provisionen, oder auch das ***Eventmarketing*** eingesetzt werden.

Eventmarketing

BEISPIEL

Ein Beispiel für das Eventmarketing sind die speziell für Expedienten inszenierten *Roadshows*. Im Rahmen dieser Schulungen für Touristik-Profis erhalten die Teilnehmer erlebbar verpackte Neuigkeiten, Insidertipps, Produktwissen und Länderkompetenz von Reiseveranstaltern bzw. Vertretern von Destinationen.

- **Verbraucherpromotionen** – Grundsätzlich sollen durch die Verbraucherpromotion kurzfristige Kaufanreize geschaffen und ein unmittelbares Kaufverhalten bei der Zielgruppe ausgelöst werden, die den Absatz am ***Point-of-Sale (Point-of-Purchase)*** fördern. Preisausschreiben, Leistungsproben, Werbegeschenke, Displaymaterial, Preisaktionen, *Gadgets* (Beigaben) usw. im Rahmen einer Reise-Messe sind entsprechende Beispiele.

Reise-Messe BEISPIEL
Eine der wichtigsten Formen der Verbraucherpromotion sind Reise-Messen, wie ITB in Berlin, CMT in Stuttgart oder Internationale Kölner Reisemesse. Diese Kombinationsveranstaltungen von verschiedenen touristischen Leistungsträgern und tourismusnahen Unternehmen offerieren häufig attraktive Angebote zu günstigen Messepreisen.

© Andriy Petrenko – Fotolia.com

Daneben wird die **marktgerichtete Verkaufsförderung** zur Erhöhung des Bekanntheitsgrades einer Dienstleistung, zur Stimulierung von Probekäufen einer neuen Dienstleistung und zur Unterstützung werblicher Maßnahmen für die Dienstleistung eingesetzt.

Bei der **Planung** einer Verkaufsförderungsmaßnahme sind Entscheidungen über die zu fördernden Produkte, die anzusprechende Zielgruppe und über den Zeitpunkt, die Dauer und die Häufigkeit der Promotion zu treffen.

www.amadeus-magazin.de – Newsletter April 2010

***Push*-Konzept** MERKE
Verkaufsförderung steht für eine so genannte *Push*-Konzeption (Transaktionsmarketing) im Vertrieb, also für Marketing-Aktivitäten, die die Kundenakquisition fokussieren.

Im Verkauf fördernden Tourismusmarketing kommt jedoch dem ***Relationship*-Marketing** (Beziehungsmarketing ▸ Kapitel 4.4 und *Customer Relationship Management*, CRM ▸ Fachwissen Tourismus Band 1, LF 4, Kapitel 3.3.2) – und damit dem ***Pull*-Konzept** – eine immer höhere Bedeutung zu.

Beim **Beziehungsmarketing** stehen nicht der reine Buchungserfolg im Mittelpunkt, sondern der Aufbau und die Pflege der Kundenbeziehung, mit dem Ziel den Kunden langfristig an das Unternehmen zu binden.

Die **langfristige profitable Kundenbeziehung** (Kunden-Lebenswertbetrachtung) soll durch eine gesteigerte Kundenzufriedenheit aufgrund von z. B. Kundenbindungssystemen, Loyalitätsmaßnahmen und individuellen Ansprachen erreicht werden.

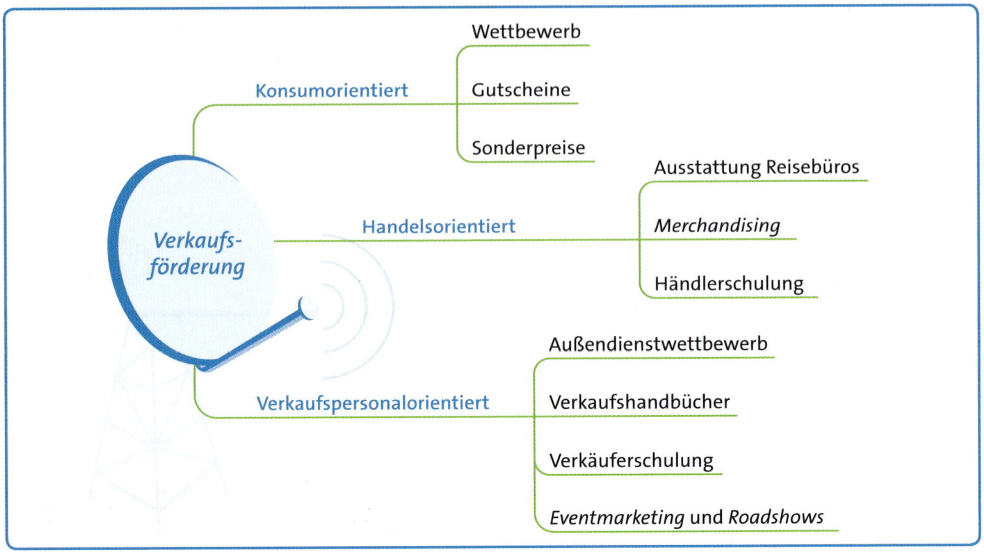

Abb. Dimensionen der Verkaufsförderung

4.3.1 Sponsoring

Beim ***Sponsoring*** unterstützt ein Unternehmen durch geldwerte Leistungen soziale, sportliche, kulturelle, ökologische oder sonstige Aktionen bzw. Personen und Organisationen. Das Unternehmen wird i. d. R. im Gegenzug exklusive als ***Sponsor*** genannt (Gegenteil: Mäzenatentum).

Die **Glaubwürdigkeit der Beziehung** zwischen *Sponsor* (und seinem Leistungsangebot) und Gesponsorten stellt eine entscheidende Voraussetzung für ein erfolgreiches *Sponsoring* dar (z. B. Reifenhersteller als Sponsor einer *Oldtimer-Rallye*) und führt erst dann zu einer »*Win-Win*-Situation« für beide Partner.

BEISPIEL

Programmsponsoring-Möglichkeiten

- Ausgenommen vom *Sponsoring* sind Nachrichtensendungen, Sendungen zum politischen Zeitgeschehen und Kindersendungen.
- Beim *Programmsponsoring* wird zu Beginn und am Ende einer Sendung ein *Sponsortrailer* von bis zu sieben Sekunden Länge eingeblendet.
- Die *Sponsor*fähigkeit konkreter Sendungen wird im Einzelfall abgeklärt.
- Eine feste Kostenstruktur für *Sponsoring* gibt es in der ARD nicht. Bei Interesse erstellen wir Ihnen gerne ein maßgeschneidertes Angebot. Natürlich hängen die Preiskalkulationen sehr entscheidend von den zu erwartenden Reichweiten und Zielgruppen ab, ebenso wie von den Programmplätzen und der Qualität der Programme selbst.

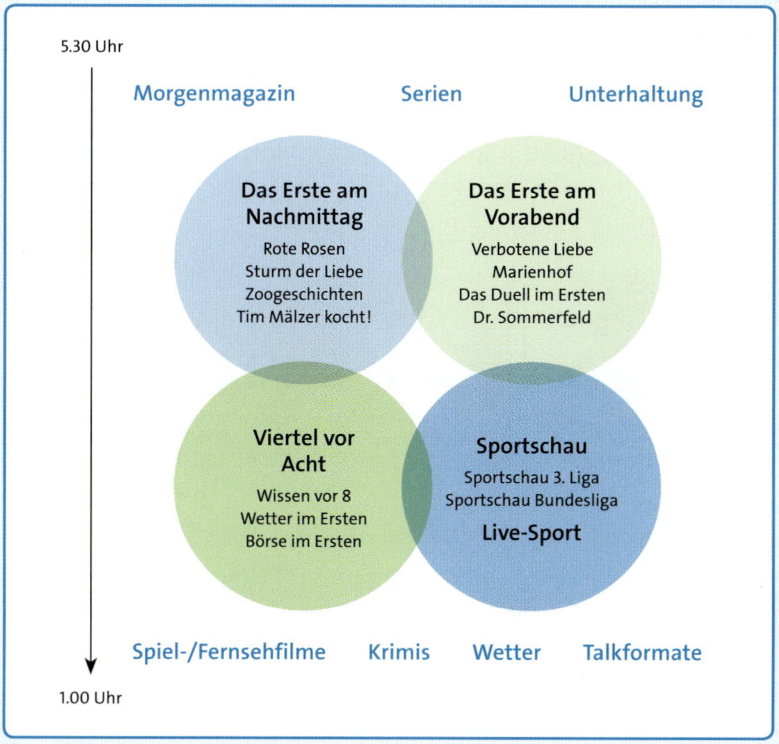

www.ard-werbung.de

4.3.2 Product Placement

Beim ***Product Placement*** werden Produkte bzw. Marken als selbstverständliche, reale Gegebenheit in einer Situation (***Lifestyle***) genutzt, die als werbefrei angesehen wird.

Product Placement-Ausprägungen BEISPIEL

- *Location Placement*: platziert Orte und bewirbt diesen zu touristischen Zwecken
- *Image Placement*: Ein Film wird thematisch auf ein Land abgestimmt
- *Corporate Placement*: Platzierung eines Firmennamens und/oder Logos eines Unternehmens, z. B. als Werbebanner in Stadien oder in Filmen

Ziel dieser Verkaufsförderungsmaßnahme ist es, das **Reaktanz-Verhalten** (Werbeabneigung) der Nachfrager im Vergleich zur klassischen Werbung zu umgehen.

4.4 Online-Marketing

Neben den klassischen Varianten des *Offline*-Marketing (z. B. der Verteilung von Broschüren, Prospekten, personalisierten Postwurfsendungen) ist das *Online*-Marketing fester **Bestandteil des *Marketing-Mix.*** Der primäre Unterschied zwischen den beiden Formen ergibt sich insbesondere in der **Auswahl der Medien**, mit Hilfe derer Marketingmaßnahmen vorrangig betrieben werden.

Das ***Online-Marketing*** wird im Wesentlichen in folgende Bereiche unterteilt:

© GEWA FotoStudio – MEV Verlag

© Creativstudio – MEV Verlag

© Mike Witschel – MEV Verlag

© bluedesign – Fotolia.com

- Bannerwerbung
- Suchmaschinenmarketing
- E-Mail-Marketing
- Affiliate-Marketing
- *Social Media*-Marketing

Bannerwerbung

Unter **Bannerwerbung** wird die Platzierung von Werbelogos bzw. Anzeigen auf anderen, zielgruppenrelevanten Webseiten verstanden, die häufig mit einem Hyperlink versehen sind. Mit Hilfe dessen gelangt man zum entsprechenden Angebot des Veranstalters.

Suchmaschinenmarketing

Suchmaschinenoptimierung (engl. *Search Engine Optimization*, SEO) umfasst alle Maßnahmen, die die Position einer Internetseite für bestimmte Suchbegriffe (engl. *Keywords*) beim ***Ranking-Check*** verbessern.

Der Internetauftritt des Werbers soll so optimiert werden, dass die Algorithmen der Internet-Suchmaschinen (z. B. *Google, Yahoo*) ihn für bestimmte ***Keywords*** als ein sehr gutes Ergebnis bewerten und ihn auf die vorderen Plätze ihrer Seite zu einer Suchanfrage sortieren (ein gutes *Ranking* unter den ersten 10 Plätzen erhalten). Es handelt sich jedoch nicht um bezahlte Anzeigen wie z. B. beim *Google Adwords System.*

4.4.1 E-Mail-Marketing

Das E-Mail-Marketing ist das **Pendant zum Direktmarketing des *Offline*-Bereiches** (▸ Kapitel 4.2). Es umfasst alle Marketing-Maßnahmen, die *online* über **E-Mails oder *Newsletter*** erfolgen.

Professionell gestaltete *Newsletter* sind ein Element einer erfolgreichen Werbestrategie und ein effizientes Kundenbindungsinstrument.

Tipps zum Optimieren von *E-Mail-Newslettern:*

- *Corporate Identity* in allen *Newslettern* beibehalten
- Personalisierte Ansprache
- klare Strukturierung, das Wichtigste immer »im Blick«
- Navigationspunkte zum Erklärvideo und Audioseite hervorheben
- passende Bildeinbindung als *Links*
- Professionelle *Newsletter*infrastruktur
- Inhalt: Reisetipps, aktuelle Infos und brandaktuelle Angebote

Aktuelle Infos

BEISPIEL

Neue Hotelkette *smartline* geht an den Start
Die erste *Budget*-Marke im *Sun and Beach*-Segment bietet bunten Urlaub für preisbewusste Urlauber. Die qualitätsgeprüften Hotels liegen nah am Meer und in coolen Ferienregionen. Sie bieten neben dem unverwechselbaren *Design »colourMe«*, jeden Nachmittag frisches Eis und Obst im *smartline*-Eiswagen. Die ersten Gäste können ab Sommer 2013 in der Türkei, auf *Mallorca* und in Griechenland urlauben.

Preisbeispiele:
Türkei: *smartline Club Tayyarbey✶✶✶✶*, Side – Sieben Übernachtungen mit *All inclusive*-Verpflegung und Flug ab 458,00 Euro pro Person, zum Beispiel am 25. April 2013 ab Hamburg.
Mallorca: smartline Bellavista & Spa✶✶✶, Cala Ratjada – Sieben Übernachtungen mit Halbpension und Flug ab 396,00 Euro pro Person, zum Beispiel am 7. Juni 2013 ab Berlin.

Es wird auch als ***Permission Marketing*** bezeichnet, wenn es mit der ausdrücklichen Erlaubnis (engl. *permission*) des Kunden erfolgt.

4.4.2 Affiliate-Marketing

Im ***Affiliate-Marketing*** stellt ein Websitebetreiber im Internet (engl. *affiliate*) einem Verkäufer (engl. *merchant*) Werbemöglichkeiten in Form von z. B. Bannern oder Textlinks zur Verfügung, um die Zielgruppe direkt auf der Partnersite anzusprechen und zu seiner Webseite oder seinem *Online-Shop* zu führen.

Die **drei wichtigsten Modelle** des *Affiliate-Marketings*:
- ***Pay per Lead***: Generieren eines Kundenkontaktes
- ***Pay per Click***: Generieren eines Klicks, z. B. auf eine andere Webseite
- ***Pay per Sale***: Generieren eines Verkaufs, z. B. in einem Online-Shop

Bei der Vermittlung eines *Leads, Clicks* oder *Sales* über diese Werbemittel erhält der Websitebetreiber als *Publisher* (engl. *to publish* = veröffentlichen) eine vorab festgelegte Provision vom *Merchant*.

4.4.3 Social Media-Marketing

Das strategische und taktische Ziel des ***Social Media-Marketings*** ist es Kommunikations- und *Branding*-Ziele, wie z.B. Verkaufsförderung, *Public Relations*, Direktmarketing, *Customer Relations* und klassische Werbung im Marketing-Gesamtkonzept zu fördern und zu realisieren.

© ullstein bild – Keith

Abb. Tourismus im Web 2.0

Die *Social Media*-Plattformen (z.B. *twitter, facebook, X-ing, mySpace,You Tube, StudiVZ*) sollten in Verbindung mit einem ***Blog*** genutzt werden. Ein *Blog* ist eine Webseite, die Beträge in umgekehrter chronologischer Reihenfolge enthält und die Möglichkeit bietet, mit anderen *Webblog* zu verlinken und Kommentare von Nutzern einzuholen. Hierdurch können Post sowie Kommentare veröffentlicht und mit viralen Containern verbunden werden, um Produkte bzw. Markenbotschaften, z.B. mit Hilfe von Videoclips oder *Online-Games*, zu transportieren. Das Ziel ist eine gute Mund zu Mund-Propaganda.

Die Effektivität von *Social Media*-Kampagnen bzw. *Social Media*-Kanälen lässt sich mit dem **effektiven Tausender-Kontakt-Preis (eTKP)** messen, in dem Kennzahlen wie Fans, *Follower* oder *Feed*-Abonnenten in das Verhältnis zum aufgewendeten Budget gestellt werden (▸ Kapitel 6.1.1).

Online-Marketing im *Social Media Web 2.0* hat sich zu einem interaktiven, kontinuierlichen Dialog mit dem Kunden entwickelt. Auch es stellt – im Gegensatz zum klassischen Marketing – den ***Pull*-Charakter des *Relationship-Marketings*** statt den *Push*-Charakter des Transaktionsmarketings (▸ Kapitel 4.3) in den Vordergrund. Es ist durch eine ***One-to-One*-Situation** gekennzeichnet, die eine individuelle und persönliche Ansprache des einzelnen Kunden erlaubt und nutzbringende Information für den Kunden bedeutet. Beziehungsmarketing schafft einen Mehrwert für Veranstalter und Kunde.

Mit einem **nachhaltigen Auftritt in den sozialen Netzwerken** bietet sich für Werbende zum einen die Möglichkeit, potentielle Kunden anzusprechen und mit ihnen in einen persönlichen Dialog einzutreten. Zum anderen können soziale Medien -idealer weise in Verbindung mit *Smart Phones* und *Tablets* – zur ersten Urlaubsinspiration-, über eine gewünschte Betreuung bzw. Unterstützung während des Urlaubs bis hin zur Rückkehr von der Reise genutzt werden.

Reiseveranstalter und Reisebüro müssen ihren Kunden die Möglichkeit bieten, diese Informationen bequem und unkompliziert z.B. via *App* an Bekannte und Freunde zu transportieren. Dieser »Hier bin ich-Effekt« bzw. »Da war ich gerade-Effekt«, verbunden mit einem liebevoll gestalteten Hinweis auf den Reiseveranstalter bzw. das Reisebüro ist ideal für virale Verbreitungseffekte.

10 Tipps für ein erfolgreiches Unternehmensmarketing auf Facebook:

1. Kostenfreie Nutzung von *Facebook* für Unternehmen. Eine ansprechende Startseite mit Profilbildern zeugt von Professionalität und bringt einen Wiedererkennungswert mit sich.
2. Die Fanpage muss online und offline eingebunden werden, zum Beispiel mittels einer Integration in die eigene Webseite, Aufnahme der URL in die eigene E-Mail-Signatur oder auch mithilfe der Presse. Ab 25 Fans können Sie zudem eine *Vanity* URL vergeben. Nutzen Sie dies, um auch in Printanzeigen auf Ihre Fanpage hinzuweisen.
3. Personalisierung der Fanpage: Binden Sie Kollegen und Freunde ein und aktivieren Sie die Geschäftspartner und Leistungsträger.
4. Virale Aktionen bringen in kurzer Zeit viele neue Fans und erhöhen den Bekanntheitsgrad.
5. Nutzen Sie Schulungen und Seminare zum touristischen Marketing im Social Web, die von spezialisierten Unternehmen angeboten werden.
6. Facebook ermöglicht eine genaue Zielgruppenansprache. Die Statistiken der Seite zeigen, ob Sie mit Ihrer Vorgehensweise erfolgreich sind.
7. Aktualisieren Sie die Fanpage regelmäßig und starten Sie gezielte Sommer- und Winterkampagnen!
8. Facebook entwickelt permanent neue Funktionen für Unternehmen. Gibt es Community Pages zu ihrem Unternehmen oder zu Themen, die für Sie relevant sind? Eine »Place-Seite« können Sie z. B. für sich beanspruchen und bei Facebook die Administration beantragen.
9. Auf Facebook wird offen und ungeschönt diskutiert. Binden Sie Ihre Fans auch bei der Produktentwicklung ein und fragen Sie nach Meinungen.
10. Der richtige Umgang mit negativen Kommentaren auf einer Fanpage ist wichtig. Gehen Sie auf die Kritik ein und versuchen Sie eine Lösung zu finden.

Broschüre Daten und Fakten zum Online-Reisemarkt 2011; Verband Internet Reisevertrieb e.V. (VIR), www.v-i-r.de

Facebook, Twitter, Google & Co. bieten dem Reisenden einen idealen Raum, während und nach der Reise Kommentare abzugeben, Fotos oder Videos zu *posten*, – kurz für die **Selbstdarstellung**.

Tipp: Binden Sie Ihren **Kunden als »Reiselandreporter«** ein und lassen Sie ihn *posten*.

Im Übrigen lassen sich freiwillig preisgegebene Daten im Reisebüro für eine spätere, individuellere Beratung nutzen.

Exkurs: Code of Conduct – Ehrenkodex für den Bereich Online-Marketing

Der **Verband Internet Reisevertrieb (VIR)** und der **Deutsche ReiseVerband (DRV)** haben gemeinsam den ***Code of Conduct*** entwickelt. Die Unternehmen, die diese freiwillige Selbstverpflichtung mit tragen, verpflichten sich zur Einhaltung von Mindeststandards im *Online-Marketing* und insbesondere im Suchmaschinen-Marketing (engl. *search engine marketing*).

Die teilnehmenden Reiseveranstalter und Reisevermittler erhalten nach Unterzeichnung des *Code* ein Logo, das als **Gütesiegel** dient.

Für den Kunden bedeutet das konkret, dass die *Online*-Anbieter, die das Siegel des *Code of Conduct* auf ihrer Internetseite tragen, hohe Qualitäts- und Sicherheitsstandards garantieren und seriöse Unternehmen sind.

Abb. Gütesiegel des *Code of Conduct*

Branchenverbände DRV und VIR schaffen mit dem *Code of Conduct* einen Ehrenkodex für den Bereich Online-Marketing in der Touristik

[…] Der drei Schriftseiten umfassende »Code of Conduct« ist unterteilt in eine erläuternde Einleitung (Präambel), Allgemeine Verpflichtungen, Regelungen in Bezug auf fremde Markenrechte und Unternehmenskennzeichen in der Online-Werbung sowie in Verpflichtungen in Bezug auf den fairen Wettbewerb im Bereich Online-Marketing. Beim Search Engine Marketing verpflichten sich die unterzeichnenden Reiseveranstalter und Reisemittler dazu, keine Marken, Unternehmenskennzeichen oder Firmen eines fremden Unternehmens in täuschender Absicht als Keyword beispielsweise im Rahmen des Google-Werbeangebotes »Adwords« zu verwenden. […]

[…] Auch bei der Produktwerbung durch einen Reisevermittler stellen die Verhaltensgrundsätze klare Regeln auf: Die beworbenen Produkte müssen im Sortiment des Mittlers tatsächlich enthalten sein, und bei Aktivierung eines Links darf nicht auf andere Angebote umgeleitet werden. Auch versprochene Preisreduzierungen müssen eingehalten werden: Hier dürfen dem »Code of Conduct« zufolge nur noch Leistungen zugesagt werden, die der Kunde auch tatsächlich erhält. […]

www.presseanzeiger.de

Abrufbar ist der *Code of Conduct* auf den Internet-Seiten beider Verbände:

- www.v-i-r.de/vir-code-of-conduct.htm
- www.drv.de/engagement/verhaltenskodex-im-online-marketing.html

AUFGABEN

1. Erläutern Sie die Zielsetzung(en) der Marketingkommunikation.
2. Welche »Profilleistung« kommt in der Kommunikationspolitik zum Ausdruck?
3. Warum ist Werbung eine »Ein-Wege-Kommunikation«?
4. Beschreiben Sie die gewünschte Werbewirksamkeit anhand des *AIDA-Prozesses.*
5. Formulieren Sie jeweils eine vollständige Werbebotschaft für Ihre in ▸ LF 9, Kapitel 2 (Aufgabe 11) konzipierten Produkte.

© GW20 Foto – MEV Verlag

6. Entwerfen Sie jeweils eine *Copy*-Strategie für Ihre konzipierten Produkte.
7. Verfassen Sie jeweils »personalisierte Anschreiben« für Ihre in ▸ LF 9 konzipierten Produkte.
8. Belegen Sie mit einem Beispiel, dass Reiseveranstalter *Basic Consumer Benefit*, *Unique Selling Proposition*, *Unique Advertising Proposition* und *Supporting Evidence* in ihren Werbebotschaften nutzen.
9. Unterscheiden Sie »Streuzeit«, »Streukreis« und »Streugebiet«.
10. Nennen Sie vier entscheidende Vorteile des *Direktmarketings.*
11. Eine langfristig profitable Kundenbeziehung kann nicht mit dem *Push*-Konzept, sondern nur mit Hilfe des *Pull*-Konzeptes realisiert werden. Nehmen Sie Stellung zu der Aussage.
12. Worin liegt die »*Win-Win*-Situation« beim *Sponsoring?*
13. Nennen Sie jeweils ein konkretes Beispiel aus dem Bereich Tourismus für *Location Placement*, *Image Placement* und *Corporate Placement.*
14. Erläutern Sie die strategischen und taktischen Ziele des *Social Media-Marketings.*
15. Warum kommt der *Pull*-Charakter des *Relationship-Marketings* im *Online-Marketing par excellence* in der *One-to-One*-Situation zum Ausdruck?
16. *Online-Marketing:* Welche Vorteile sehen Sie (mindestens drei) für Reiseveranstalter und Reisevermittler, die sich zur Einhaltung des *Code of Conduct* verpflichten?

5 Überwachung von Zahlungseingängen

Der Kunde erwartet von Ihnen die perfekte Reise und Sie vom Kunden die pünktliche Zahlung. Im Gegensatz zu einer Reise hat die Bezahlung einer Reise keinen Prozesscharakter, sondern ist i.d.R. auf die **Anzahlung** und die **Restzahlung** des Reisepreises beschränkt. Da die Anzahlung überwiegend bar oder per Kreditkarte geleistet wird, kommt der Überwachung der Restzahlung eine besondere Bedeutung zu.

Forderungen binden Kapital und beinhalten Ausfallrisiken. Dies erfordert einen effizienten Umgang mit noch ausstehenden Forderungen. Deshalb werden im **Rahmen der Debitorenbuchhaltung** u. a. die Zahlungseingänge und die Zahlungsfristen überwacht.

Die **Debitorenbuchhaltung** (Debitor = Schuldner) ist ein Teilbereich der Finanzbuchhaltung. Das Tätigkeitsfeld beinhaltet z.B. die Buchung von Ausgangsrechnungen, Reklamationen und Gutschriften. Ein weiterer Aufgabenbereich ist das Debitorenmanagement, d.h. die konsequente Überwachung der Zahlungstermine und Zahlungsbeträge, um zeitnah einen Zahlungsverzug feststellen und entsprechende Maßnahmen einleiten zu können (▸ Fachwissen Tourismus Band 1, LF 2, Kapitel 4.3).

Um **Zahlungsverzug** und **Zahlungsausfälle** zu vermeiden sind die meisten Reiseveranstalter dazu übergegangen, Anzahlungen – wie oben bereits beschrieben – in bar oder per Kreditkarte-, und Restzahlungen im Lastschriftverfahren einzuziehen (Zahlungsarten ▸ Fachwissen Tourismus Band 1, LF 2, Kapitel 6.3).

Nicht-Rechtzeitig-Zahlung

Durch den Reisevertrag wird der Reiseveranstalter verpflichtet dem Reisenden eine **Gesamtheit von Reiseleistungen (Reise)** zu erbringen. Der Reisende ist verpflichtet, dem Reiseveranstalter den **vereinbarten Reisepreis** zu zahlen (vgl. Paragraf § 651a (1) BGB und ▸ Fachwissen Tourismus Band 1, LF 4.1, Kapitel A).

Der Reisende kommt in **Zahlungsverzug**, wenn er

- auf eine **Mahnung** des Reiseveranstalters, die nach dem Eintritt der Fälligkeit erfolgt, die Anzahlung und/oder Restzahlung nicht leistet
- den **Termin** (Kalender bestimmbar) für eine Anzahlung und/oder Restzahlung überschreitet

Auch im Falle einer **Rückbelastung zum Zahlungstermin** (d.h., wenn das Kreditinstitut oder Kreditkartenunternehmen des Reisenden den eingezogenen Betrag ganz oder teilweise rückbelastet oder in sonstiger Weise geltend macht) liegt ein Zahlungsverzug vor.

Der **Verzug beginnt** mit dem **Zugang der Mahnung** (vgl. § 286 Abs. 1 BGB n. F.) und bei kalendermäßiger festgelegter oder berechenbarer Leistungszeit gemäß Paragraf § 286 Absatz 2 Nr. 1–2 BGB n. F. mit **Ablauf des Tages**, an dem die Leistung (spätestens) zu erbringen war.

Das Thema »Zahlungsverzug« und die rechtlichen Folgen werden in ► Fachwissen Tourismus Band 1, LF 2, Kapitel 4.3 dieser Lehrwerkreihe ausführlich behandelt.

Rechte des Reiseveranstalters

Leistet der Kunde die Anzahlung und/oder Restzahlung nicht entsprechend den vereinbarten Zahlungsfälligkeiten, so kann der Reiseveranstalter nach Mahnung mit Fristsetzung vom Reisevertrag zurückzutreten oder Schadenersatz wegen Nichterfüllung verlangen.

Auszug aus den AGB eines Reiseveranstalters

BEISPIEL

»... Bei fehlender oder nicht rechtzeitiger Zahlung (Zahlungsverzug) ist der Reiseveranstalter berechtigt, den Vertrag aufzulösen, wenn der vereinbarte Anzahlungsbetrag auch nach Inverzugsetzung oder der Reisepreis bis zum Reiseantritt nicht vollständig bezahlt ist. Der Reiseveranstalter kann als Entschädigung die entsprechenden Rücktrittsgebühren (Stornogebühren) verlangen. ...«

Der Rücktritt wandelt das Reisevertragsverhältnis in ein **Abwicklungsschuldverhältnis** um. Die Höhe der Entschädigung richtet sich nach der Höhe des Reisepreises, unter Abzug des Wertes der vom Veranstalter ersparten Aufwendungen, und abzüglich der Erträge aus einer anderweitigen Verwendung der Reiseleistung.

Berechnung der Entschädigungshöhe

	Reisepreis
–	Wert der vom Veranstalter ersparten Aufwendungen
–	Erlös des Veranstalter durch anderweitige Verwertung der Reise
=	Entschädigung

Der Reiseveranstalter kann in seinen AGB gemäß Paragraf § 651i Absatz 3 des BGB auch einen Prozentsatz des Reisepreises als **pauschalisierte Entschädigung** (als auf den Reispreis umgelegten Prozentsatz ► LF 9, Kapitel 6.1.4) festsetzen und die Entschädigung in Abhängigkeit vom Zeitpunkt des Rücktritts und der Art der Reise regeln. Dies wird als »**Stornoklausel**« bezeichnet.

BEISPIEL

Rücktrittsgebühren

- Standard-Gebühren: bis zum 31. Tag vor Reiseantritt 20 %
- ab dem 30. Tag vor Reiseantritt 25 %
- ab dem 22. Tag vor Reiseantritt 35 %
- ab dem 15. Tag vor Reiseantritt 50 %
- ab dem 8. Tag vor Reiseantritt 65 %
- ab dem 2. Tag vor Reiseantritt bis zum Tag des Reiseantritts oder bei Nichtantritt der Reise 80 % des Reisepreises

Der Reisende muss die »Stornoklausel« nicht akzeptieren, sofern er nachweisen kann, dass die Pauschalisierung in seinem konkreten Falle die ersparten Aufwendungen und die Vorteile anderweitiger Verwertung der Reise nicht angemessen berücksichtigt.

Der Zahlungsverzug ist mit seinen Besonderheiten nur für Reiseveranstalter dargestellt, da er aus didaktischen Erwägungen bereits ausführlich in ► Fachwissen Tourismus Band 1, LF 2, Kapitel 4.3 abgehandelt wurde.

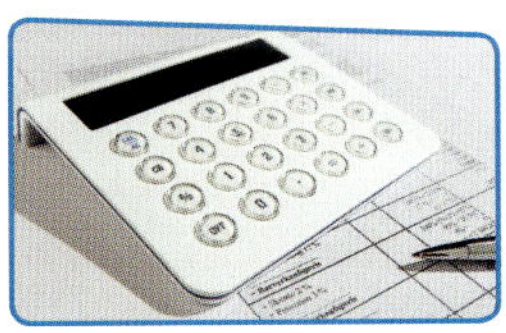

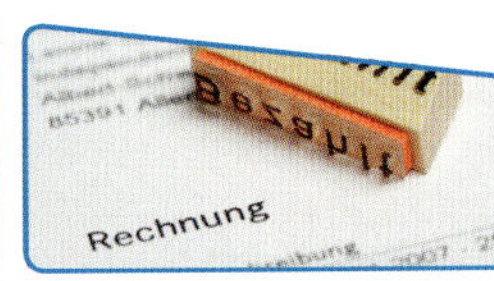

AUFGABEN

1. Warum stellt das Lastschriftverfahren für den Reiseveranstalter keine absolute Sicherheit dar, den Reisepreis wirklich zu erhalten?
2. Welcher Vorteil ist mit einem kalendermäßig bestimmbaren Zahlungstermin für den Reiseveranstalter in Bezug auf den Zahlungsverzug verbunden?
3. In welchem Fall muss der Reisende eine pauschalisierte Entschädigung bei Zahlungsverzug nicht akzeptieren?

6 Marketing-Controlling

Das ***Controlling*** ist ein umfassendes Steuerungskonzept zur Koordinierung sämtlicher Planungs-, Kontroll- und Informationsaktivitäten in einem Unternehmen.

Das ***Marketing-Controlling*** ist ein Teil des gesamtbetrieblichen **Controlling-Systems**. Es dient zur Unterstützung der Geschäftsleitung und der führungsverantwortlichen Stellen, indem es Konsequenzen von Marketing-Management-Entscheidungen **aufwands- und ertragsmäßig** durch eine entscheidungsgerechte Aufbereitung von Information verdeutlicht.

Die **Aufgaben des *Marketing-Controlling*** sind somit

© GEWA FotoStudio – MEV Verlag

© Creativstudio – MEV Verlag

© Mike Witschel – MEV Verlag

© bluedesign – Fotolia.com

- die **Beschaffung, Zusammenstellung und Bereitstellung** der erforderlichen internen und externen Information für die jeweilige Entscheidungssituation,
- die **Aufdeckung von Verbesserungspotenzialen** und
- die **Identifikation möglicher Fehlentwicklungen** innerhalb der Planungs- und Realisierungsprozesse.

Alles mit dem Ziel, die vom ***Marketing-Management*** ausgehenden Steuerungs- und Regelprozesse zu unterstützen. Diese Unterstützung bezieht sich sowohl auf die **Effektivität (Wirksamkeit)** als auch auf die **Effizienz (Wirtschaftlichkeit)** operativer und strategischer Maßnahmen. Die Bezugsobjekte des *Marketing-Controlling* können u. a. Produktgruppen, Destinationen und Kunden sein.

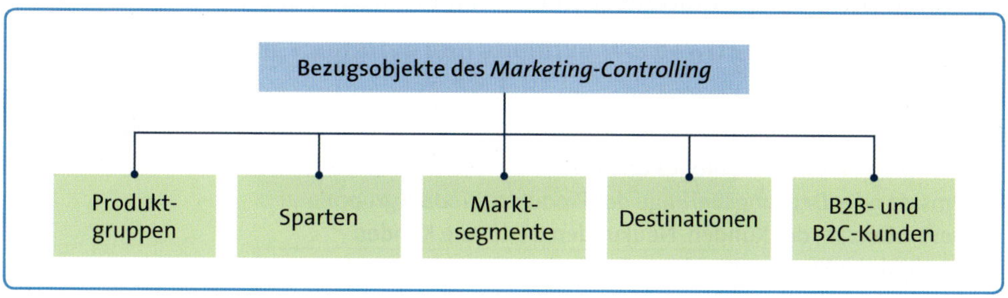

Abb. Bezugsobjekte des *Marketing-Controlling*

»Die Hälfte meiner Werbegelder schmeiße ich zum Fenster hinaus, ich weiß nur nicht welche.« (Zitat von Henry Ford, 1863–1947, Gründer des Automobilherstellers Ford Motor Company,

www.unternehmerweb.at

In der Praxis bedient man sich z. B. folgender **Methoden zur außerökonomischen Werbewirksamkeitsmessung**:

	Beobachtung	Befragung
Kognitive Werbewirkung	Blickregistrierung	*Recall*
Affektive Werbewirkung	Physiologische Aktivierungsmessungen	*Recognition*
Konative Werbewirkung (► Kapitel 1.2.3)	Testmarkt	*Panel* (► LF 9, Kapitel 4.1.2)

Tab. Beispiele zur Messung des außerökonomischen Werbeerfolges

Konative Ziele sind auf das Auslösen konkreter Verhaltensabsichten bzw. Handlungen der Reisenden ausgerichtet. Sie finden z. B. ihren Ausdruck im Buchungsinteresse, der Buchung, im *Cross-Selling* und in der Weiterempfehlung.

Die **Entscheidung über die Buchung einer Reise** wird letztlich durch die gemeinsame Wirkung aller drei Kategorien beeinflusst, da diese aufeinander aufbauen und sich in ihrer Wirkung gegenseitig unterstützen.

Blickregistrierung

Mit Hilfe der Blickregistrierung ist es möglich festzustellen, wie sich Nutzer auf einer Seite orientieren, was ihr Interesse weckt, welche Informationen in welcher Reihenfolge aufgenommen und wie oft und wie lange sie betrachtet werden.

Die Blickregistrierung kann u. a. angewendet werden, um Blickverläufe bei Printmedien, Plakaten, Websites oder während TV- und Kinospots oder TV-Werbung zu messen.

Kernfrage: Woran bleibt das Auge hängen – was ist keines Blickes würdig?

Aus den Ergebnissen können unmittelbare Handlungsempfehlungen abgeleitet werden. Dies sind z. B. welche Bereiche einer Anzeige, die die Aufmerksamkeit von der Werbebotschaft ablenken **(Vampir-Effekt)** oder welche Responseelemente übersehen werden, für die Platzierung und Gestaltung von Websites oder Werbemaßnahmen. Ein Verfahren hierzu ist das ***Attention Tracking.***

Die Messung beginnt mit einem kurzen Computertraining, bei dem zunächst eine ausreichende Maus-Kompetenz und Schnelligkeit sichergestellt werden und dann der Proband gebeten wird, auf interessante Punkte in verschiedenen Anzeigen zu klicken. Es werden so quasi Hand- und Augenbewegungen synchronisiert.

Das antrainierte Klickverhalten wird dann auf dem zu testenden Bildmaterial fortgesetzt. So wird z. B. eine Werbeanzeige in die Messregionen Bild, Slogan, Text und Logo aufgeteilt und es wird gemessen, welche Elemente des Werbemittels die Aufmerksamkeit des Betrachters, über den Mauszeiger – in Echtzeit und Wahrnehmungs-simultan, unter **Zeitdruck** am intensivsten binden kann.

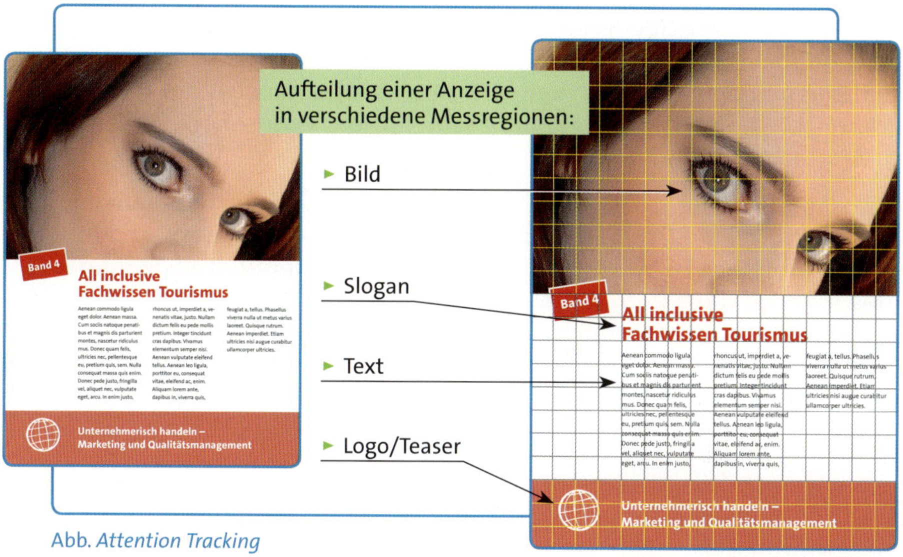

Abb. *Attention Tracking*

Physiologische Aktivierungsmessung

In der Werbeforschung werden u. a. **Psychogalvanometer** zur Überprüfung der Werbewirksamkeit von Werbemitteln eingesetzt. Ihrem Einsatz liegt die Hypothese zugrunde, dass interessante Werbemittel hohe **psychogalvanische Reaktionen**, langweilige Werbemittel hingegen niedrige Reaktionen auslösen.

Das Ausmaß der durch einen *Stimulus* (Werbemittel) ausgelösten physiologischen Aktivierung, wie z. B. die Erhöhung von Puls, Atemfrequenz und Blutdruck, kann mit geeigneten Messgeräten (Psychogalvanometer) quantifiziert werden.

Recall

Ziel dieses Tests ist es die **spontane Erinnerung** zu messen, z. B. einen Tag nach dem ein Zielgruppenmitglied verschiedene Anzeigen gesehen hat, wird die Frage gestellt: »An welche Anzeige, an welches Produkt erinnern Sie sich noch?«

Recognition

Die Werbewirksamkeitsmessung des außerökonomischen Werbeerfolgs wird mit Hilfe einer **gestützten Erinnerung** durchgeführt, z. B. in dem ein Zielgruppenmitglied eine Zeitung mit Werbeanzeigen zur Betrachtung vorgelegt bekommt. Danach wird eine Anzeige abgedeckt und mit der Frage verbunden, für welches Unternehmen in der Anzeige geworben wurde.

Weiterführend: Imageanalysen

Die ***Imageanalyse*** ist ein Instrument, um die psychografischen Marketingziele zu messen. Die wichtigsten **psychografischen Marketingziele** sind der Bekanntheitsgrad des Unternehmens oder eines Produkts, die Präferenzen für ein Produkt und die Einstellungen zu einem Unternehmen bzw. zu einem Produkt. Mit Hilfe der Imageanalyse könnte man z. B. auch testen, ob sich die Empfindungen verändert haben. Hier könnte die Frage lauten: »Wo sehen Sie dieses Produkt im Vergleich zur Konkurrenz?«

Im diesem Zusammenhang kommt der **Reputation eines Unternehmens** zunehmende Bedeutung zu. Reisende nutzen Bewertungsportale im Internet um Leistungen von Anbietern zu bewerten. Dies erfordert ein **Reputationsmanagement**, um das Internet nach veröffentlichten Meinungen über das eigene Unternehmen zu durchsuchen und bei Bedarf auf sie zu reagieren.

6.3 Überprüfung der Kundenzufriedenheit

Es gibt eine Vielzahl von Indikatoren, mit deren Hilfe sich die **Kundenzufriedenheit bestimmen** lässt. Die Maßstäbe anhand derer Zufriedenheit kontrolliert wird, müssten ständig angepasst werden, um valide (dt. verlässliche, gültige) Indikatoren für Kundenzufriedenheit darstellen zu können bzw. zu erhalten.

Generell unterscheidet man zwischen objektiven und subjektiven Verfahren.

Objektive Verfahren	Subjektive Verfahren
▸ Umsatz ▸ Marktanteil ▸ Wiederbuchungsrate ▸ Mystery Shopping	▸ Beschwerdeanalysen ▸ Kundenproblemanalysen ▸ Messung des Erfüllungsgrades von Erwartungen

Tab. Generelle Verfahren der Messung von Kundenzufriedenheit

Die **objektiven Verfahren** beobachten Größen die keiner subjektiv verzerrten Wahrnehmung von Personen unterliegen. **Subjektive Verfahren** hingegen berücksichtigen die individuell unterschiedlich ausgeprägten Verhaltensweisen und Einschätzungen der Kunden.

6.3.1 Confirmation-/Disconfirmation-Paradigma

Kundenzufriedenheit ist eine essentielle Voraussetzung für den langfristigen Unternehmenserfolg. Sie ergibt sich als Resultat eines psychischen Vergleichs des Kunden zwischen der vom ihm erwarteten Leistung **(Soll-Leistung)** und der tatsächlichen Leistung **(Ist-Leistung)** nach dem Kauf, also aus dem Abgleich zwischen Erwartungen und wahrgenommenen Leistungen.

Das ***Confirmation/Disconfirmation-Paradigma*** **(C/D-*Paradigma*)** bildet das Grundmodell zur Entstehung von Kundenzufriedenheit ab.

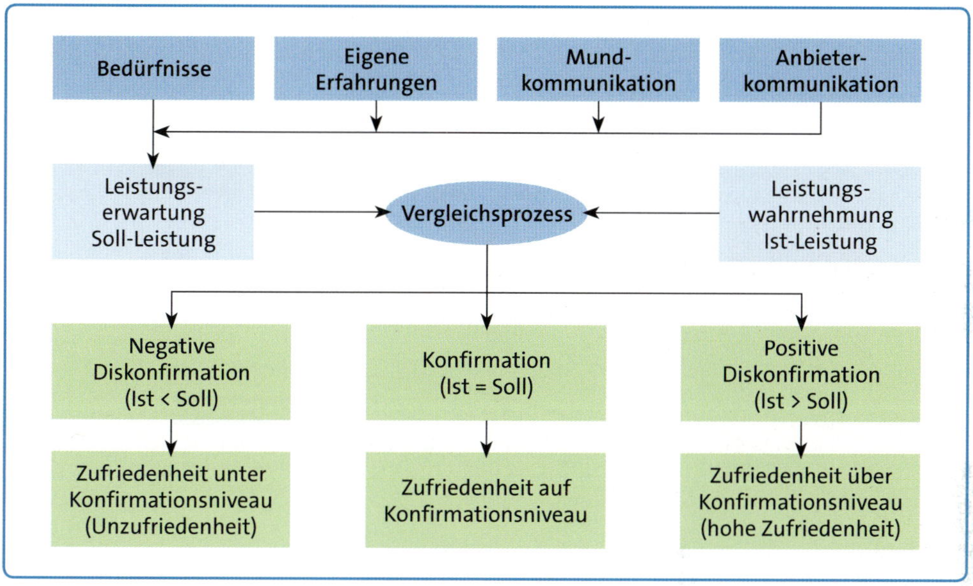

Abb. *Confirmation/Disconfirmation-Paradigma*

Der Vergleichprozess erfolgt nicht ausschließlich mit Hilfe rationaler Kriterien (Wahrnehmungs- und Beurteilungsprozesse), sondern wesentliche Anteile haben auch **affektive Einflüsse** (z. B. Begeisterung, Enttäuschung) und **emotionale Einflüsse** (z. B. sich wohl fühlen).

Kundenzufriedenheit MERKE

Kundenzufriedenheit ist eine der wichtigsten Determinanten für die Kundenbindung. Kundenzufriedenheit ist das Ergebnis des Leistungsprozesses Reise und beinhaltet affektive Elemente und kognitive Komponenten und letztlich das Ergebnis eines psychischen Vergleichsprozesses.

Um **gezielt auf die Kundenzufriedenheit einwirken zu können** müssen die Erwartungen der Kunden bekannt sein. Das *Kano-Modell* ist ein mögliches Werkzeug, um Kundenanforderungen zu strukturieren und ihren Einfluss auf die Zufriedenheit der Kunden (vor) zu bestimmen.

6.3.2 Kano-Modell und Kano-Analyse

Das ***Kano-Modell*** unterscheidet **drei Arten von Kundenanforderungen**, deren Erfüllung oder Nichterfüllung einen unterschiedlichen Einfluss auf die Kundenzufriedenheit haben:

- **MUSS-Faktoren** – Basisanforderungen, welche unabdingbar sind,
- **SOLL-Faktoren** – Leistungsanforderungen, die dem aktuellen Bedürfnis entsprechen,
- **PLUS-Faktoren** – die für den Nutzer unerwartet und so positiv überraschend sind, dass sie ihn begeistern.

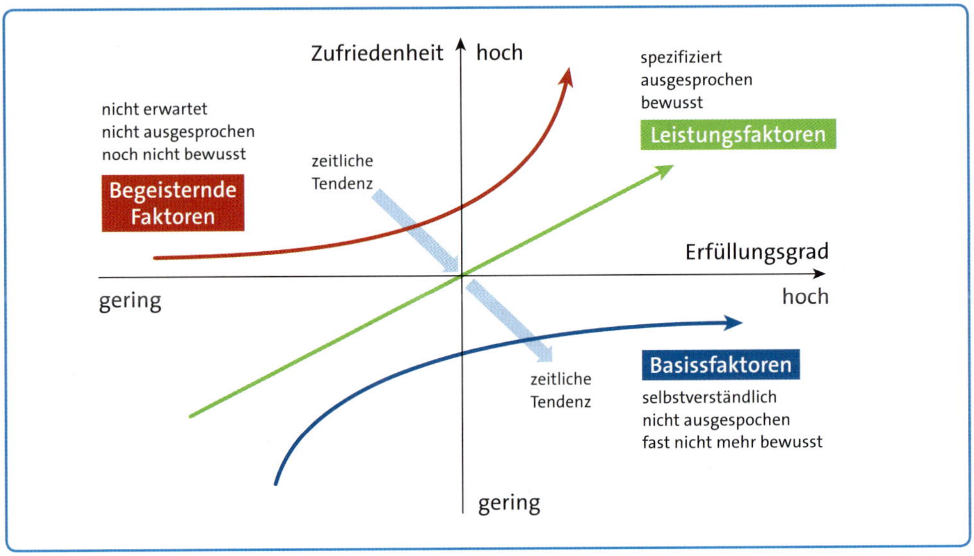

Abb. Zusammenhang der Zufriedenheitsfaktoren und deren unterschiedliche Auswirkungen auf die Kundenzufriedenheit

Kano-Modell, aus dem Artikel »Erfolgsfaktor Kundenbegeisterung«, www.goldwynreports.com

Basisanforderungen (MUSS-Faktoren)

Diese Gruppe umfasst all jene Leistungskomponenten, die der Kunde voraussetzt, als selbstverständlich annimmt und nicht ausdrücklich verlangt. Werden diese Basisanforderungen (engl. *expected requirements*) nicht im erwarteten Ausmaß erfüllt, so entsteht Unzufriedenheit. Werden die Erwartungen übertroffen, wird dies in der Regel nicht vom Kunden honoriert.

BEISPIEL

Es ist selbstverständlich, dass in einem Fünf-Sterne-Hotel das Essen nicht mittels Plastik-Geschirr serviert wird und ein Kellner den Kaffee unverschüttet an den Tisch bringt.

Die Erfüllung von Basisanforderungen erhöht nicht die Kundenzufriedenheit, aber aus der Nicht-Erfüllung resultiert extreme Unzufriedenheit.

Leistungsanforderungen (SOLL-Faktoren)

Hierbei handelt es sich um Produkt- oder Dienstleistungseigenschaften, die vom Anbieter offeriert und vom Kunden auch so wahrgenommen bzw. vom Kunden ausdrücklich verlangt werden (engl. normal requirements). Die Faktoren dienen dem Kunden dazu, sich für oder gegen ein Produkt oder eine Dienstleistung zu entscheiden. Werden die Erwartungen nicht entsprechend erfüllt, entsteht massive Unzufriedenheit beim Kunden. Werden sie übertroffen, so steigt die Zufriedenheit des Kunden. Ein bloßes Erfüllen führt aber nur zur moderaten Zufriedenheit des Kunden, die Leistung des Unternehmens wird als austauschbar wahrgenommen.

BEISPIEL

Die Zufriedenheit nach dem Kauf des Produkts oder der Inanspruchnahme der Dienstleistung hängt anschließend davon ab, ob die Faktoren auch wirklich vorhanden waren und reibungslos funktioniert haben.

Leistungsanforderungen entsprechen dem linearen Zusammenhangsmuster. Die Zufriedenheit verhält sich hier proportional zur Erfüllung der Anforderung und die Unzufriedenheit proportional zur Nicht-Erfüllung

Begeisterungsanforderungen (PLUS-Faktoren)

Dies sind jene Produkteigenschaften bzw. Dienstleistungseigenschaften (engl. delightful requirements), die der Kunde nicht erwartet, die ihn aber aufgrund des unerwarteten Eintritts begeistern. Ihre Bereitstellung erhöht den Wert eines Produktes und hebt es von Mitbewerbern ab. Eine Nicht-Berücksichtigung von Begeisterungsanforderungen verursacht keine Unzufriedenheit, sondern lediglich keine erhöhte Zufriedenheit.

BEISPIEL

Auf einem Billigflug werden keine Getränke und kleine Snacks gratis serviert. Wenn eine Billig-Airline aber genau dies den Mitfliegenden anbietet, so steigt die Zufriedenheit sehr schnell an.

Die PLUS-Faktoren werden auch als WOW-Faktoren im Sinne eines staunenden Ausrufes bezeichnet.

Tab. Drei Arten von Kundenanforderungen

Kano-Analyse

Die ***Kano-Analyse*** ist eine effektive Methode, um Kundenanforderungen und Erwartungen an ein Produkt bzw. an eine Dienstleistung zu strukturieren und ihren Einfluss auf die Kundenzufriedenheit zu bestimmen. Die Durchführung der Kano-Analyse erfolgt im Wesentlichen in vier Schritten.

1. Schritt: Identifikation der Kundenanforderungen

Zunächst sind die Kundenanforderungen zu ermitteln. Hierzu eignet sich z. B. der ***Lead-User*-Ansatz**. Ziel der Methode ist es, Trend führende Nutzer *(Lead User)* in den Entwicklungsprozess einzubinden, um gemeinsam mit ihnen Ideen und Konzepte für neue Produkte bzw. – Innovationen zu generieren. Aufgrund der Kritik an bestehenden Produkten, Erfahrungswissen, innovativen Ideen und adäquater Bedarfsermittlung können aussichtsreiche Konzepte und individuelle Reiseprodukte entwickelt werden. Die *Lead User* sind häufig Kunden, die sich z. B. durch konstruktive Beschwerden für ein solches Verfahren empfehlen. Kundenanforderungen können u. a. auch durch Befragung oder Ideenwettbewerbe identifiziert werden.

Eine weitere Möglichkeit ist die **Fokusgruppenbefragung**. Ziel einer solchen freien Diskussion am Runden Tisch mit sechs bis zwölf Verbrauchern ist es, das kreative Potential kompetenter Kundengruppen zu nutzen und Einsicht in die Art und den Inhalt der Verbrauchererwartungen zu erhalten. Geleitet wird die Diskussion von einem erfahrenen Moderator, der dafür sorgt, dass die Teilnehmer beim Thema bleiben. Die Auswertung der Gruppendiskussion erfolgt anhand vollständiger Tonband- oder (bei Zustimmung der Teilnehmer) Videoprotokolle.

2. Schritt: Konstruktion des Fragebogens

Daraufhin werden mithilfe eines Fragebogens oder eines anderen Erhebungsinstrumentes pro Produktanforderung zwei Fragen gestellt. Eine Frage zielt auf die Reaktion des Kunden, sofern die Anforderung erfüllt ist **(funktionale Frage)**, die andere auf die Reaktion, wenn sie nicht erfüllt ist **(dysfunktionale Frage)**.

- Wenn die Leistungseigenschaft gut ist, was denken Sie?
- Wenn die Leistungseigenschaft schlecht ist, was denken Sie?

Durch die Kombination der zwei Antworten entsteht ein funktional-dysfunktionales Antwortpaar, das eine Zuordnung der Eigenschaft zu einer der drei Anforderungsarten Basis-, Leistungs- und Begeisterungsforderung erlaubt.

3. Schritt: Durchführung der Kundeninterviews

Am besten eigenen sich standardisierte mündliche Interviews. Durch die Vorgabe der Fragen und Antwortmöglichkeiten ist eine Einflussnahme durch den Interviewer stark reduziert.

4. Schritt: Auswertung und Interpretation

In einer **Antworten-Matrix,** die die **funktionalen (positiven) Antworten** und die **dysfunktionalen (negativen) Antworten** auflistet, werden die Ergebnisse der fünf Antwortmöglichkeiten abgetragen. Antwortet der Kunde auf die funktionale Frage zum Beispiel mit der ersten Antwortmöglichkeit: »Würde mich sehr freuen« wird dies in der Auswertungstabelle in der ersten Zeile abgetragen. Damit ergibt sich für dieses Produktmerkmal ein »L«, also eine Leistungsanforderung.

Kano-Analyse – Fragen

BEISPIEL

»Wie empfinden Sie, wenn im Hotelrestaurant das Essen in Buffet-Form und *à la carte* angeboten wird/nicht in Buffet-Form und *à la carte* angeboten wird?«
Der befragte Kunde hat fünf abgestufte Antwortmöglichkeiten:

1. Würde mich sehr freuen
2. Setze ich voraus
3. Ist mir egal
4. Kann damit leben
5. Würde mich sehr stören

Das Ausmaß der effektiven, individuellen Zufriedenheit **(Zufriedenheitsstiftung)** zeigt an, wie stark die durchschnittliche Zufriedenheit zunimmt, wenn diese als Begeisterungs- bzw. Leistungsanforderung angesehene Eigenschaft erfüllt ist. Umgekehrt zeigt das Ausmaß der **Unzufriedenheitsstiftung** an, wie stark die durchschnittliche Unzufriedenheit zunimmt, wenn die als Leistungs- bzw. Basisanforderung angesehene Eigenschaft nicht erfüllt ist.

Eine Gesamtauswertung ergibt sich für jede Leistungseigenschaft nach der Häufigkeit der Nennungen in den verschiedenen Kategorien. Dadurch ist die **Typologie jeder Leistungseigenschaft** eindeutig bestimmt.

Produktanforderung		Dysfunktionale (negative) Frage				
		1. Würde mich sehr freuen	2. Setze ich voraus	3. Das ist mir egal	4. Kann damit leben	5. Würde mich sehr freuen
Funktionale (positive) Frage	1. Würde mich sehr freuen	Q	A	A	A	O
	2. Setze ich voraus	R	I	I	I	M
	3. Das ist mir egal	R	I	I	I	M
	4. Kann damit leben	R	I	I	I	M
	5. Würde mich sehr freuen	R	R	R	R	Q

M = Basismerkmal
I = Unerhebliches Merkmal
O = Lineares Leistungsmerkmal
R = Rückweisungsmerkmal
A = Begeisterungsmerkmal
Q = unlogisch

Tab. Antworten-Kategorie-Matrix des *Kano-Modells*

verändert nach: Tabelle in dem Artikel »Online Datenquellen aufbereiten, Kano-Modell« von DI Wolfgang Peter; www.arbeitszimmer.statistik-peter.at

Um die Kundenzufriedenheit als strategisches Ziel durchsetzen zu können, muss der Grad der Kundenzufriedenheit ständig gemessen werden.

BEISPIEL

Zufriedenheitsbeurteilung
Dunas Hotels & Resorts ist bestrebt seine Führungsposition im Kundenmanagement zu festigen. Wir nehmen die Kommentare im Netz und das Zufriedenheitsniveau unserer Kunden sehr ernst. Dafür verwendet die Kette zahlreiche Instrumente zur Messung der Zufriedenheitsindizes.
www.hotelesdunas.com

Die gebräuchlichste Methode zur Messung der Kundenzufriedenheit findet **ex *post*** (nach der Reise) statt, da dadurch eine direkte Zufriedenheitsbeurteilung nach der Leistungsinanspruchnahme erfolgt.
Sollte der Kunde mit den Leistungen **während der Reise** nicht einverstanden sein, heißt es angemessen zu reagieren.

6.4 Aktives Reklamationsmanagement

Ein Teilbereich des **Qualitätsmanagement (QM)** ist das **Reklamationsmanagement (RM)**, das sich mit der Kundenbetreuung bei Reklamationen befasst.

Das Buchungsverhalten von Kunden sowohl im B2C-, als auch im B2B-Bereich ist zunehmend nicht mehr nur von Produkt- oder Markeneigenschaften abhängig, sondern auch von der Vorhersehbarkeit bzw. Berechenbarkeit im Reklamationsfall. Daher ist es wichtig dem Kunden bereits **vor der Buchungsentscheidung die Rahmenbedingungen im Reklamationsfall** mitzuteilen. Der Kunde weiß dann, dass sich das Unternehmen aktiv mit diesem Bereich beschäftigt, und erhält Einblick in den zu erwartenden Reklamationsprozess. Damit ist die Reaktion des Unternehmens nicht mehr ungewiss, sondern für den Kunden kalkulierbar.

Für einen **funktionierenden Reklamationsprozess während der Reise** sollten generell folgende Fragen beantwortet werden können:
- Wie werden Reklamationen entgegengenommen?
- Wie sichern Sie die Rückverfolgbarkeit einer Reklamation?
- Wie bestätigen Sie die Reklamation?
- Wie bewerten Sie Reklamation?
- Wie ermitteln Sie den genauen Sachverhalt?
- Wie und wer nimmt Stellung zur Reklamation?

Die Beschwerdephilosophie von z. B. TUI lautet: »Die Reklamation ist ein Geschenk«! Beschwerden dienen als **wichtigste Informationsquelle zur Qualitätssicherung**. Daher wird ein **aktives Beschwerdemanagement** betrieben.

Was bedeutet ZAK?

ZAK steht für: **Z**ügige **A**bhilfe und **K**ulanz.
ZAK bedeutet Zügige Abhilfe und Kulanz im Reklamationsfall.
Sollten unsere Gäste eine Beanstandung haben, können sich unsere Gäste sofort direkt an unsere TUI Schöne Ferien Betreuung wenden. Nur so haben wir die Chance, schnell für Abhilfe zu sorgen. Ist dies nicht möglich, bieten wir ihnen in Gebieten mit TUI Schöne Ferien Betreuung direkt einen Ausgleich an. Schnell und unbürokratisch. Die gesetzlichen Rechte unserer Gäste bleiben selbstverständlich unberührt.

Welche Ziele verfolgen wir mit ZAK?

TUI möchte zufriedene Gäste. Der Möglichkeit, einen Mangel so früh wie möglich, also direkt vor Ort zu beheben oder einen Ausgleich zu schaffen, kommt eine entscheidende Bedeutung zu. Wir möchten unseren Kunden den Aufwand einer schriftlichen Beschwerde ersparen. TUI möchte mit unmittelbarer Optimierung des Produktes in direkter Zusammenarbeit mit dem Leistungsträger (z.B. dem Hotelier) zukünftige Reklamationen vermeiden.

ZAK ist seit der Wintersaison 96/97 in circa 90 Urlaubsgebieten, vor allem im Mittelstreckenbereich, eingeführt und sukzessive auf alle Gebiete mit der Reisebetreuung der World of TUI ausgeweitet worden. Heute stellt TUI knapp 80% der reklamierenden Gäste in den Urlaubsgebieten mit ZAK noch während ihrer Reise wieder zufrieden.

Wie sieht der Ablauf aus?

Die Reiseleitung im Zielgebiet nimmt die Beschwerde eines Gastes entgegen. Sie ist mit allen Kompetenzen ausgestattet und versucht, den Reklamationsgrund zu beseitigen oder, wenn dies nicht möglich ist, einen Ausgleich anzubieten. Möglichkeiten eines Ausgleichs können z.B. sein: Kostenübernahme für Ausflüge, Mietwagen, ein Reisegutschein oder auch ein Geldbetrag.

Die Reiseleitung dokumentiert jede Reklamation in dem sogenannten »ZAK-Bogen«. Dieser wird an den Kundenservice in Hannover gesandt und dort statistisch erfasst. Durch Analysen der Reisemängel und das gezielte Abstellen der Mängel erreicht TUI auch hier eine kontinuierliche Verbesserung ihrer Produkte.

In Ausnahmefällen kommt es auch vor, dass der Reklamationsgrund nicht beseitigt werden kann bzw. keine Einigung über einen Ausgleich erzielt wird. Selbstverständlich kann sich in diesem Fall der Kunde nach der Reise nochmals an den Kundenservice in Hannover wenden.

Bei Abhilfe und Ausgleich wird der Leistungsträger unmittelbar eingebunden und bei eigenem Verschulden in Regress genommen.

www.tui-deutschland.de – Qualitätsmanagement

Das **aktive Beschwerdemanagement** hat zum Ziel, auftretende Kundenprobleme umgehend zu lösen und die Kundenzufriedenheit sofort wiederherzustellen.

Die Gäste von z. B. TUI haben somit die Möglichkeit sich direkt vor Ort an den Reiseveranstalter **(Zugänglichkeit)** zu wenden. Die Betreuung vor Ort ist mit allen Kompetenzen **(Interaktionsqualität)** ausgestattet um den Reklamationsgrund zu beseitigen, oder, wenn dies nicht möglich ist, direkt einen Ausgleich anzubieten **(Reaktionsschnelligkeit)**. Möglichkeiten eines Ausgleichs können z. B. Kostenübernahmen für Ausflüge, Mietwagen, ein Reisegutschein oder auch ein Geldbetrag sein. Die gesetzlichen Rechte der Gäste bleiben dabei unberührt **(Angemessenheit/Fairness)**.

Soll-Leistung: Erwartete Beschwerdeantwort ← **Zufriedenheitsdeterminanten:** → **Ist-Leistung:** Wahrgenommene Beschwerdeantwort

- Zugänglichkeit
- Interaktionsqualität
- Reaktionsschnelligkeit
- Angemessenheit/Fairness

Abb. Zufriedenheitsdeterminanten

Die **Bearbeitung einer Reklamation** lässt sich in den seltensten Fällen in einem Schritt erledigen. Daher sollte ein Unternehmen das Beschwerdemanagement in seine Arbeitsprozesse integriert haben (► Fachwissen Tourismus Band 1, LF 4, Kapitel 3). Dies gilt neben dem aktiven- auch für das ex *post*-Reklamationsmanagement nach der Reise.

BEISPIEL

Reklamations-*Workflow* nach der Reise

Er könnte betriebsintern so aussehen:

Zunächst werden die Kundendaten und die Problembeschreibung über z. B. das Internetportal oder das *Mail-in* einfach und schnell erfasst. Darauf erfolgt eine Analyse und Klassifizierung der Reklamation z. B. nach *incident, near incident* und unberechtigte Beanstandung. Hierauf erfolgt eine entsprechende Rückmeldung an den Kunden.

Bei einer berechtigten Reklamation oder aus Kulanz erfolgt parallel die kaufmännische Bearbeitung, z. B. die Festlegung des Erstattungsfaktors und die Dokumentation der Gutschrift (wann, wie viel, wohin) und der Ergebnisbericht. Alle diese Maßnahmen werden in einer Übersicht zum Zweck der Reklamationsverfolgung und Terminüberwachung erfasst.

Im Rahmen eines Aktionsplanes werden sofort-, mittel- und langfristige Maßnahmen zur Fehlerbeseitigung eingeleitet. Die Auswertung der Reklamation wird statistisch aufbereitet und z. B. an die Abteilung Qualitätskontrolle oder an die Geschäftsführung weitergeleitet.

Beschwerdemanagement als solches bezeichnet den professionellen Umgang von Unternehmen mit den Beschwerden von Kunden und führt bei angemessener Reaktion letztlich zu einer ***Win-Win-Situation***.

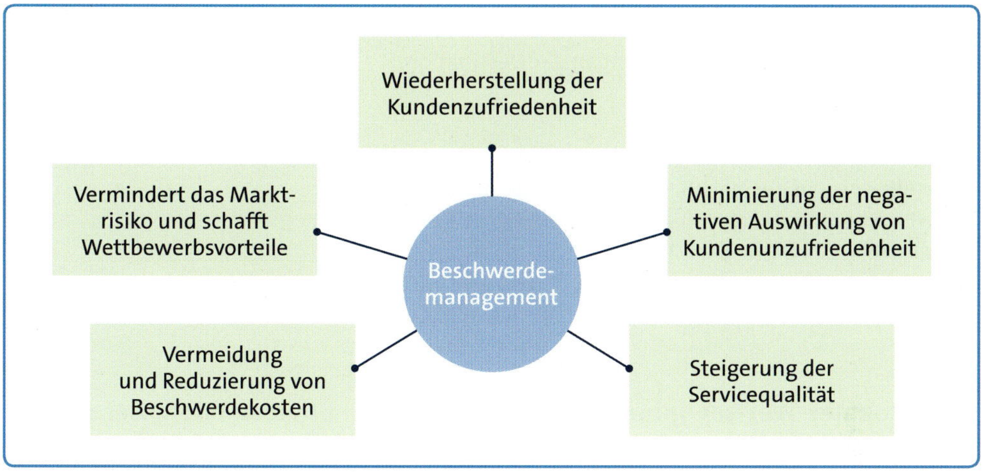

Abb. Vorteile eines adäquaten Beschwerdemanagements

Erfolgskontrollen, die sich auf **globalere Aspekte** beziehen stellt das nächste Kapitel vor.

6.5 Erfolg unter den Kriterien der Nachhaltigkeit

kate Umwelt & Entwicklung

Eine Möglichkeit Reiseveranstaltungen unter den Kriterien der Nachhaltigkeit zu bewerten, stellt der **Nachhaltigkeits-Check in der Dienstleistungskette** nach den Erhebungskriterien des **KATE-Leitfadens** (KATE e.V. – Kontaktstelle für Umwelt & Entwicklung) dar. Es werden sowohl Checks bei der Produktgestaltung, als auch bei den Leistungsträgern definiert.

Die Nachhaltigkeits-Checks bestehen aus Fragen zur ökologischen, sozialen und ökonomischen Nachhaltigkeitsdimension. Die Checks beinhalten eine Bewertungsskala, mit der der Erfüllungsgrad der Kriterien gemessen werden kann und die zu einem aufsummierten Nachhaltigkeitsindex verdichtet werden. Die Bewertung gilt als qualitative Ergänzung zu den Kennzahlen. Die Nachhaltigkeits-Checks gelten sowohl als Orientierungshilfe bei der Auswahl der Leistungsträger in der Destination, als auch als nachträgliche Überprüfung der Leistungsträger.

www.kate-stuttgart.org, Leitfaden CSR-Reporting im Tourismus 2008, Seite 23

Konkret könnten zu einer Bewertung zwischen Reiseveranstaltern die **Schlüsselindikatoren für ein *Benchmarking*** herangezogen werden.

BEISPIEL

Benchmark-Indikatoren (Auszug)

- Anteil der lokalen Wertschöpfung in der Destination
- Katalog-Gramm pro Reisenden

[...]

- Erfüllungsgrad der Nachhaltigkeitsaspekte der Partneragenturen
- Erfüllungsgrad der Nachhaltigkeitsaspekte der Unterkünfte
- Erfüllungsgrad der Nachhaltigkeitsaspekte der Reiseleitung
- CO_2-Emissionen pro Gast/Tag

(Bei Gruppenreisen in Europa (unter 2.000 km) und weltweit (über 2.000 km))

www.kate-stuttgart.org, Leitfaden CSR-Reporting im Tourismus 2008, Seite 12

Unter **lokaler Wertschöpfung** wird der Umsatzanteil verstanden, der im Reiseland an lokale Dienstleister wie Unterkünfte, Reiseleiter und Transporte gezahlt wird.

Der **Indikator Katalog-Gramm pro Reisenden** besagt, wie viel Gramm Papier für Kataloge durchschnittlich verbraucht werden, bis ein Kunde bucht. Zur Herstellung eines DIN A4 Blattes Papier werden durchschnittlich fünf Liter Wasser verbraucht, bei Recyclingpapier ein Liter.

Die drei Indikatoren »**Erfüllungsgrad der Nachhaltigkeitsaspekte**« versuchen zu beschreiben, wie es um die Nachhaltigkeit der Leistungsträger vor Ort bestellt ist.

Die Benchmark »**CO_2-Emissionen pro Gast/Tag**« beziffert die Kohlendioxidfreisetzung aufgrund des Transportes eines Reisenden (i. d. R. Hin- und Rückreise), umgelegt auf die Anzahl der Reisetage.

Ökologische Dimension

Ökonomische Dimension

Soziale Dimension

Der KATE-Leitfaden bietet vielfältige Hinweise nachhaltige Reisen zu konzipieren und eine Erfolgskontrolle »auf Nachhaltigkeit« anhand der ökologischen, ökonomischen und sozialen **Nachhaltigkeitsdimensionen** nach der Reise durchzuführen.

Die folgende Tabelle für einen Partneragentur-Check befindet sich nicht im »Leitfaden CSR-Reporting im Tourismus 2008«, kann aber bei KATE e.V. angefordert werden.

CSR-Reporting Initiative for Tourism

Partneragentur-Check

Name Partneragentur

Land/Region

Bei der Auswahl der Partneragenturen in der Destination werden folgende Kriterien berücksichtigt:

	Kriterien	Bewertung					
			☺☺	☺	😐	☹	☹☹
		NA	100 %	75 %	50 %	25 %	0 %
1.	**Allgemeine Nachhaltigkeitskriterien**						
1.1	Teil der allgemeinen Vertragsbedingungen mit den Leistungsträgern in den Zielgebieten sind: Einhaltung der Sozialstandards, Kernarbeitsnormen der ILO und der nationalen Umweltgesetze, Ablehnung von ausbeuterischer Kinderarbeit, Nichtdiskriminierung, Art. 169 (indigene Völker), ECPAT, etc.						
1.2	Der Partneragentur sind die Kriterien und Grundsätze der far bekannt.						
1.3	Die Partneragentur schult ihre Provider (Unterkünfte, Verpflegungsanbieter, Transportunternehmen, etc.) zum Thema Nachhaltigkeit bzw. stellt ihnen Material/Handbücher dazu zur Verfügung.						
1.4	Die Partneragentur handelt nach den Kriterien das far und kommuniziert dies.						
2.	**Ökologische Dimension**						
2.1	Die Partneragentur handelt und wirtschaftet in ihrem eigenen Bereich ökologisch.						
2.2	Die Partneragentur ist sensibel für umweltfreundliches Verhalten und berücksichtigt dies bei der Vergabe von Unteraufträgen (Unterkünfte, Transport, Reiseleitung, etc.)						
2.3	Die Partneragentur bevorzugt umweltschonende Transportmittel (Bahn, Bus) im Reiseziel und nutzt diese soweit möglich.						
2.4	Die Partneragentur informiert die gewählten Transportunternehmen über umweltfreundliches Fahrverhalten (u. a. bei längeren Wartezeiten Motor ausschalten, hoher Luftdruck der Reifen, niedere Gänge, langsame Beschleunigung).						
2.5	Die lokalen Reiseleiter/-innen sind besonders sensibel und verantwortungsbewusst gegenüber ökologischen Themen vor Ort.						
2.6	Die gewählten Unterkünfte gehen umweltschonend mit Ressourcen um.						
2.7	Bei den Verpflegungsleistungen werden lokale und ökologische Produkte bevorzugt.						
3.	**Soziale/kulturelle Dimension**						
3.1	Die Partneragentur ist offen für soziale Themen, sozio-kulturell sensibel in ihrem Verhalten und berücksichtigt dies nachvollziehbar bei der Vergabe von Unteraufträgen (Unterkünfte, Verpflegung, Transport, Reiseleitung, etc.).						
3.2	Bei den eigenen Beschäftigten sichert die Partneragentur eine angemessene Bezahlung, geregelte Arbeitszeiten und die Einhaltung der arbeitsrechtlichen Mindestnormen.						
3.3	Bei der Vergabe von Unteraufträgen achtet die Partneragentur auf angemessene Bezahlung, geregelte Arbeitszeiten und die Einhaltung der arbeitsrechtlichen Mindestnormen.						
3.4	Reiseleiterschulungen werden durchgeführt.						
3.5	Die gewählten Reiseleiter/-innen sind besonders engagiert und verantwortungsbewusst gegenüber ökologischen und sozio-kulturellen Themen im Reiseland.						
3.6	Ausbeuterische Kinderarbeit wird aktiv unterbunden.						
3.7	Die Partneragentur agiert präventiv und unterbindet eindeutig die sexuelle Ausbeutung von Kindern.						
3.8	Bei der Vergabe von Unteraufträgen macht die Partneragentur auf den vorherigen Punkt aufmerksam.						
4.	**Ökonomische Dimension**						
4.1	Beherbergungsbetriebe, die inhaber- und familiengeführt sind, werden bevorzugt.						
4.2	Bei der Vergabe von Unterverträgen werden lokale Unternehmer (Transport, Reiseleitungen, etc.) bevorzugt.						
4.3	Die Partneragentur sichert die Kundenzufriedenheit.						

www.kate-stuttgart.org

6.6 Ökonomische Erfolgskontrollen

Im Rahmen der **Vorkalkulation** (► Fachwissen Tourismus Band 3, LF 6, Kapitel Vollkostenrechnung) werden die Angebotspreise (Katalogpreise) für eine Reise berechnet.

Nach vollständiger Abwicklung des »Leistungsprozesses Reise« erfolgt die Kontrolle der Kosten mit Hilfe der **Nachkalkulation**. Sie wird i. d. R. als Differenzkalkulation durchgeführt.

© Karl Holzhauser – MEV Verlag

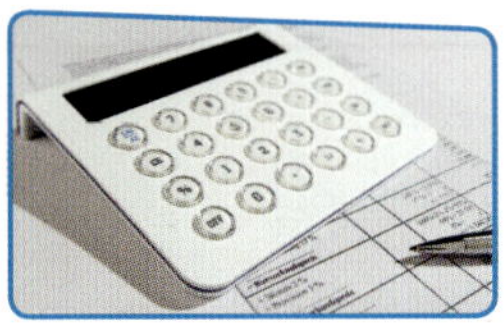

© Independent Light – MEV Verlag

© Karl Holzhauser – MEV Verlag

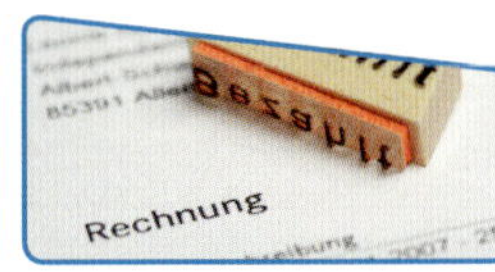

© Independent Light – MEV Verlag

Die **Differenzkalkulation** zeigt auf, ob die in der Vorkalkulation unterstellten Werte für die Angebotsberechnung bzw. Preisfindung für eine touristische Leistung mit den realisierten Werten nach Abschluss der Reise übereinstimmen und ob sich ein **kalkulierter Gewinn** realisiert hat.

Dazu werden folgende Kalkulationsschritte durchgeführt:

Gewinn = Differenz aus Nettopreis – Selbstkosten

- Ermittlung der **Selbstkosten**.
- Ermittlung des **Nettoreisepreises**.
- Ermittlung der **Differenz** zwischen Nettoreisepreis und Selbstkosten.

Ist die Differenz zwischen dem Nettoreisepreis und den Selbstkosten > 0 so wurde ein Gewinn erzielt, ist die Differenz < 0 ein Verlust. Entspricht der Nettoreisepreis den Selbstkosten, so sind alle durch die Reise verursachten Kosten gedeckt.

Die Nachkalkulation wird nach Abschluss der Reise durchgeführt. Sie stellt die **ökonomische Erfolgskontrolle** der Veranstaltung dar.

BEISPIEL

Differenzkalkulation

Für eine 5-tägige Busreise an die Ostsee wird mit folgenden Daten kalkuliert: Teilnehmerzahl 45, Hotel pro Pax pro Nacht/HP 60,00 Euro, Buskosten 3.200,00 Euro, direkte Werbekosten 250,00 Euro, eigene Reiseleitung 350,00 Euro, Gemeinkostenzuschlag 12 %, Gewinnzuschlag 10 %.

Vorkalkulation (alle Beträge in Euro):

	Buskosten	3.200,00	
+	Hotel (4 · 60 · 45,00)	10.800,00	
=	fremde Reisevorleistungen	14.000,00	
+	eigene Reiseleitung	350,00	
+	Werbekosten	250,00	
=	Summe der Einzelkosten	14.600,00	
+	Gemeinkostenzuschlag	1.752,00	(12 % v. H.)
=	Selbstkosten	16.352,00	

Gewinn = Nettoreisepreis 17.987,00 – Selbstkosten 16.352,00 = 1.635,00 Euro

=	Nettoreisepreis	17.987,00	
+	USt (19 %)	3.417,57	(19 % a. H.)
=	Bruttoreisepreis	21.404,68	

Reisepreis pro Pax: 21.404,68 : 45 = 475,66 abgerundet 475,00 Euro.

Für die **Nachkalkulation** sind nun die folgenden Änderungen zu berücksichtigen: Aufgrund einer Erkrankung der eigenen Reiseleitung musste eine fremde Reiseleitung engagiert werden, Kosten 600,00 Euro, die Werbekosten betrugen statt 250,00 letztlich 400,00 Euro und der Reisepreis pro Pax 450,00 Euro.

Nachkalkulation (alle Beträge in Euro):

	Buskosten	3.200,00	
+	Hotel (4 · 60 · 45,00)	10.800,00	
+	fremde Reiseleitung	600,00	
=	fremde Reisevorleistungen	14.600,00	
+	Werbekosten	400,00	
=	Summe der Einzelkosten	15.000,00	
+	Gemeinkostenzuschlag	1.800,00	(12 % v. H.)
=	Selbstkosten	16.800,00	

Gewinn = Nettoreisepreis 17.001,81 – Selbstkosten 16.800,00 = 201,81 Euro

=	Nettoreisepreis	17.001,81	
+	USt (19 %)	3.233,19	(19 % a. H.)
=	Bruttoreisepreis	20.250,00	

Der kalkulierte Gewinn von 1.624,00 Euro wurde nicht realisiert, es verbleiben als Gewinn nur 201,81 Euro.

6.7 Einflussfaktoren auf zukünftige marktpolitische Entscheidungen

Die **beschreibende Ethik** (griech. *ethiké*) als Teilgebiet der Philosophie setzt sich insbesondere im Tourismus mit den Regeln, Normen, Wertmaßstäben und Maximen – also mit der **Moral** – auseinander. Es geht um die Position, die alle Beteiligten innerhalb der touristischen Wertschöpfungskette und die Reisenden den Bereisten und den Destinationen gegenüber, einnehmen.

Beschreibende Ethik erfordert transparente und nachvollziehbare Kriterien für gutes und schlechtes Handeln, die nicht nur aus eurozentrischer Sicht bestimmt werden dürfen. Moralische Normen sind in verschiedenen Kulturen geschichtlich unterschiedlich gewachsen.

Nur eine Begegnung in Augenhöhe ist ein ethisch einwandfreies Geschäft, es schafft die *Win-Win*-Situation für alle am Tourismus Beteiligten.

Management by Aristoteles[1]

Die **praktische Philosophie** umfasst entsprechend der aristotelischen Tradition u. a. die Ethik und die Ökonomie. Sie beschäftigt sich in diesem Sinne mit verantwortungsvollem und nachhaltigem unternehmerischem Handeln.

»Wenn wir es schaffen, Moral und Ethik in unser wirtschaftliches Handeln mit einzubeziehen, werden wir noch größeren Erfolg haben. Zu deutsch: mehr Geld verdienen.« (Zitat von Daniel Goeudevert *1942, dt. Topmanager belgischer Herkunft, seit 1994 Vizepräsident Internationales Grünes Kreuz, Genf)

www.zitate.de

Die Umsetzung dieser Maxime ist verpflichtend in dem eigenen Unternehmen sowie in der Zusammenarbeit mit allen Geschäftspartnern und deren Zulieferern, – auf der An- und Abreise ebenso wie in den Destinationen selbst.

Unternehmensethik sorgt in diesem Zusammenhang dafür, dass

© GEWA FotoStudio – MEV Verlag

© Creativstudio – MEV Verlag

© Mike Witschel – MEV Verlag

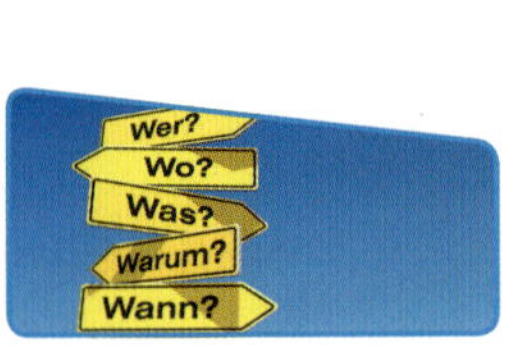

© bluedesign – Fotolia.com

- die Menschenrechte eingehalten werden,
- Demokratie, Gleichberechtigung, Partizipation, Selbstbestimmung und Meinungsfreiheit gelebt und
- Ziele einer umfassend nachhaltigen Entwicklung gefördert werden.

---

[1] Aristoteles, griechischer Philosoph (384–322 v. Chr.)

Abb. Die (Tourismus-)Welt ruht auf vielen Händen

Zentrale Frage bleibt: Wie stimmen *Stakeholder* (Anteilseigner, Mitarbeiter, Kunden, Lieferanten, Kapitalmärkte, Staat, Natur und Öffentlichkeit) ihre Interessen mit den Interessen der Gastgeber ab?

MERKE

Erfolg

Erfolg kann nur dort substanziell und nachhaltig gedeihen, wo ökonomische Effizienz mit ethisch und moralisch ausgerichtetem Handeln einhergeht. Angesichts Klimawandels, Verkehrskollaps, Terrorismus oder Kindesprostitution sind Antworten von allen Beteiligten auf die Grenzen eines vertretbaren Handels gefragt.

Kritik wird insbesondere an **Massentourismus** (▸ Fachwissen Tourismus Band 2, LF 3, Exkurs Kapitel 2.3) und dem fehlenden fairen Interessenausgleich zwischen Touristen und Bereisten geübt. Den Reisenden wird vorgehalten, dass ihnen die Probleme der Einheimischen egal sind oder dass sie die Probleme gar nicht erkennen wollen, um sie nicht lösen zu müssen.

Immer mehr Menschen sind bereit sich für den **Erhalt der Umwelt**, für **soziale Gerechtigkeit, Frieden** und die **Achtung der Menschenwürde** einzusetzen und eine fremde Kultur als »Mitbewohner« zu erleben. Ein Beispiel dafür sind die LOHAS (*Lifestyle of Health and Sustainability*-Reisetyp). LOHAS-*Consumer* übernehmen Verantwortung für ihr (touristisches) Handeln, stellen Gesundheit, Umwelt, Gerechtigkeit, Persönlichkeitsentwicklung und nachhaltige Lebensstile gegen das »Immer Mehr haben Wollen« und die »Schnäppchenjagd«.

Für Tourismusunternehmen macht Ethik aufgrund dieses Trends nachhaltig Sinn, denn Ethik ist eng mit dem **ökonomischen Erfolg** eines Unternehmens verbunden. **Tourismusethik** darf daher nicht zum »Marketing-Gag« verkommen, der *Code of Ethics* muss gelebt werden.

1 Konjunkturseismograf Reisebranche

Die florierende Wirtschaft bringt auch der Reiselust der Deutschen neuen Schub. Egal, in welchen Winkel der Welt man reist- ein paar Deutsche sind immer schon dort. – Das Reiseverhalten ist ein **Seismograf der allgemeinen wirtschaftlichen Entwicklung**. Die Nadel dieses Seismografen reagiert sehr fein auf die wirtschaftliche Binnenlage eines Landes als auch auf die Weltkonjunktur.

Der **traditionelle Konjunkturseismograf für die Weltkonjunktur** ist der **Luftverkehr**. Bei Geschäftsreisen – einem der größten Kostenblöcke für ein Unternehmen (▸ LF 8 Kapitel 1) – wird stärker denn je hinterfragt, ob sie nötig sind. Der **Geschäftsreiseverkehr** leidet als erster, wenn sich die Stimmung eintrübt und die Unternehmen Ausgaben verringern-, er reagiert aber genauso schnell auf alle Anzeichen einer Besserung.

Ebenso gelten **Verbraucher als Seismografen für die Konjunkturentwicklung**. Die touristische Nachfrage spiegelt die allgemeine wirtschaftliche Entwicklung in der Regel mit einer zeitlichen Verzögerung wider.

- **Steigende Einkommen** und sinkende bzw. niedrige Arbeitslosigkeit und zunehmende Investitionen, d. h., Sicherung des eigenen Arbeitsplatzes, wirken sich positiv auf den Reisemarkt aus.
- **Gute Konjunktur** beflügelt die Reiselust. Hingegen lassen stagnierende bzw. sinkende Reallöhne und schlechte Wirtschaftsprognosen bei den Verbrauchern eine »Ja aber-Stimmung« aufkommen.
- **Anzeichen einer *Rezession*** und die Schuldenprobleme im Euroraum könnten die Verbraucher verunsichern und die Reiselust dämpfen. Mit zunehmender Unsicherheit planen die Deutschen ihren Urlaub kostenbewusst oder »sitzen« mit abwartendem Optimismus »auf ihren Reisekoffern«.

Verändertes Reiseverhalten

BEISPIEL

Gedämpfte Reiselust drückt sich in einem veränderten Reiseverhalten aus.
So wird die durchschnittliche Reisedauer kürzer und der Urlaub mit dem eigenen Pkw als Transportmittel nimmt zu.
Die Anzahl der Frühbucher sind u. a. für die Tourismusunternehmen sowohl ein guter Seismograf für die Einschätzung der Verbraucher der wirtschaftlichen Lage als auch für die Veranstalter, welche Urlaubsziele gut und welche schlechter nachgefragt sind.

Naturkatastrophen und politische Unruhen beeinflussen die Reiseströme nur vorübergehend und regional. Den weltweiten Tourismus prägten sie auf das Jahr gesehen nicht.

Hingegen zählt die **Internationale Tourismusbörse (ITB)** in Berlin als einer der wichtigsten Seismografen der globalen Reisebranche.

Tourismus und Konjunktur MERKE

Die Tourismusnachfrage der Inländer hängt primär von der wirtschaftlichen Lage und prognostizierten Entwicklung eines Landes ab, nämlich von seiner Konjunktur (lat. *coniungere* = verbinden).

Das Wissen um entsprechend qualifizierte Informationen über die gesellschaftlichen und wirtschaftlichen Zusammenhänge versetzt Entscheidungsträger in die Lage, Strategien vorzubereiten und Entscheidungen herbeizuführen, um adäquat auf neue wirtschaftliche Rahmenbedingungen zu reagieren.

1.1 Konjunktur

Konjunktur (engl. *business cycle*) ist die allgemeine Bezeichnung für die wirtschaftliche Lage eines Landes. Sie spiegelt das »Auf und Ab« der Wirtschaft und ihre Gesamtlage wieder und somit das Phänomen von zyklisch zu- bzw. abnehmenden Zuwachsraten des **realen Bruttoinlandsproduktes (BIP)**.

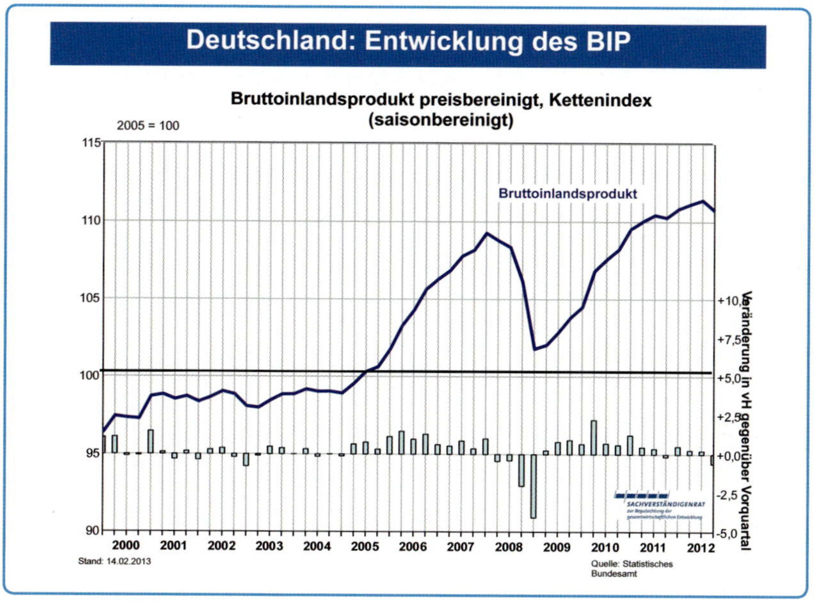

Abb. Entwicklung des Bruttoinlandsproduktes, Kettenindex (2005 = 100)
www.sachverstaendigenrat-wirtschaft.de

Das BIP ist ein **Maß für die wirtschaftliche Leistung einer Volkswirtschaft** in einem bestimmten Zeitraum. Es misst den Wert der im Inland hergestellten Waren (Endprodukte) und Dienstleistungen (Wertschöpfung), soweit diese nicht als Vorleistungen für die Produktion anderer Waren und Dienstleistungen verwendet werden.

Das BIP wird entsprechend den **aktuellen Marktpreisen als nominales BIP** errechnet. Auf Vorjahrespreisbasis wird die »reale« Wirtschaftsentwicklung im Zeitablauf frei von Preisveränderungen (Inflation) dargestellt. **Inflation (aufgeblasen)** bezeichnet einen Prozess allgemeiner Preissteigerungen bzw. anhaltender Geldentwertung. Der **Verbraucherpreisindex**[1)] **(VPI)** veranschaulicht die Preisentwicklung aller Waren und Dienstleistungen, die von privaten Haushalten für Konsumzwecke gekauft werden. Die Veränderung des VPI gegenüber dem Vorjahresmonat wird auch als **Inflationsrate** bezeichnet.

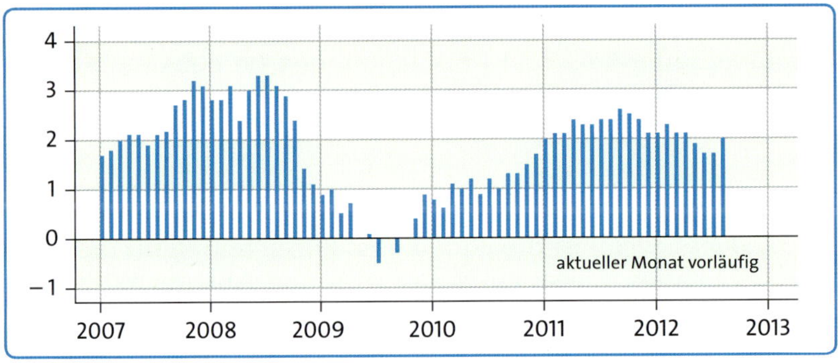

Abb. Index der Verbraucherpreise, Veränderung gegenüber dem Vorjahresmonat in %
www.destatis.de

Das BIP wird entsprechend den aktuellen Marktpreisen preisbereinigt errechnet. Die Preisbereinigung wird durchgeführt, um eine »reale« Entwicklung ohne die Berücksichtigung von Preisänderungen zu erhalten, da sonst die objektive Vergleichbarkeit der Bruttoinlandsprodukte verschiedener Jahre verloren ginge. Die Veränderungsrate des **preisbereinigten Bruttoinlandsproduktes (reales BIP)** dient als Messgröße für das Wirtschaftswachstum der Volkswirtschaften.

Das BIP kann auf folgende Arten ermittelt werden:

- **Entstehungsrechnung** – Beitrag der einzelnen Wirtschaftszweige (Sektoren) zum BIP (»dort erarbeitet«)
- **Verwendungsrechnung** – Verwendungszwecke des BIPs (»dafür verwendet«)
- **Verteilungsrechnung** – Anteil des Einkommens aus unselbständiger Arbeit und Anteil des Einkommens aus Unternehmertätigkeit und Vermögen (»so verteilt«)

---

1) Grundlage hierzu ist der »Warenkorb«, der 700 Waren und Dienstleistungen enthält, die für die Konsumwelt in Deutschland relevant sind.

Entstehung = **Verwendung** = **Verteilung**

Entstehung

- Bruttowertschöpfung:
  - Land- und Forstwirtschaft, Fischerei
  - Produzierendes Gewerbe ohne Baugewerbe
  - Baugewerbe
  - Handel, Verkehr, Gastgewerbe
  - Information und Kommunikation
  - Finanz- und Versicherungsdienstleister
  - Grundstücks- und Wohnungswesen
  - Unternehmensdienstleister
  - Öffentliche Dienstleister, Erziehung, Gesundheit
  - Sonstige Dienstleister
- \+ Gütersteuern abzüglich Gütersubventionen

Verwendung

- Konsumausgaben:
  - Private Konsumausgaben
  - Konsumausgaben des Staates
- \+ Bruttoinvestitionen:
  - Bruttoanlageinvestitionen
  - Vorratsveränderungen
- \+ Außenbeitrag:
  - Exporte
  - – Importe

Verteilung

- Volkseinkommen:
  - Arbeitnehmerentgelt (= Lohnquote = Anteil der Bruttoeinkommen aus unselbständiger Arbeit)
  - Unternehmens- und Vermögenseinkommen (= Gewinnquote = Anteil der Einkommen aus Unternehmertätigkeit und Vermögen)
- \+ Produktions- und Importabgaben an den Staat abzgl. Subventionen vom Staat
- \+ Abschreibungen
- – Saldo der Primäreinkommen aus der übrigen Welt

= **Bruttoinlandsprodukt**

Abb. Arten der Berechnung des BIP

MERKE

Konjunkturelle Lage einer Volkswirtschaft

Die konjunkturelle Lage einer Volkswirtschaft wird üblicherweise anhand von Einzelindikatoren analysiert. Der wichtigste Einzelindikator ist das Bruttoinlandsprodukt (BIP). Es ist die zentrale Maßzahl für die wirtschaftliche Aktivität in einer Zeitperiode. Das BIP sagt nichts über die Lebensqualität und den Grad der Nachhaltigkeit aus.

1.2 Konjunkturphasen

Jede Konjunktur einer Volkswirtschaft lässt sich in Konjunkturzyklen einteilen. Ein **Konjunkturzyklus** ist dabei der Zeitraum, der einen konjunkturellen Auf- und Abschwung umfasst.

Ungeachtet der Frage nach der Regelmäßigkeit und der Verursachung eines Konjunkturzyklus, lassen sich in der **Gesamtheit eines Zyklus fünf bzw. vier Phasen** im Konjunkturablauf unterscheiden: Aufschwungphase (*Expansion*), Hochkonjunktur (Vollbeschäftigung), *Boom* (Wendepunkt des Konjunkturzyklus), Konjunkturabschwung (*Rezession*) und Tiefphase (*Depression*).

Die einzelnen Phasen unterscheiden sich in der Länge und Amplitude der zyklischen Bewegung. So wird von ***Rezession*** gesprochen, wenn in zwei aufeinander folgenden Quartalsvergleichen das BIP negative Zuwachsraten ausweist. Als ***Depression*** gilt eine besonders schwere (oder lange) *Rezession*. Jeder Konjunkturzyklus hat seine Besonderheiten.

In der **Dauer variieren** Konjunkturzyklen zwischen mehr als einem Jahr und zehn bis zwölf Jahren. Die konjunkturellen Wirtschaftsschwankungen sind in Differenzen zwischen Angebot und Nachfrage begründet.

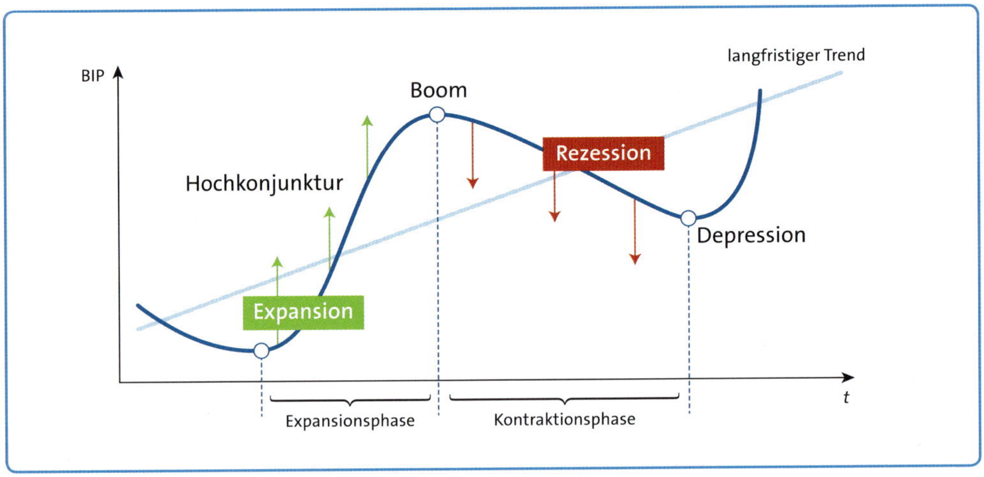

Abb. Klassischer Konjunkturzyklus

- Der **Aufschwung (Erholung, Expansion)** ist gekennzeichnet durch die Überwindung der *Depression* und einer mäßigen Zunahme der wirtschaftlichen Aktivitäten. Die allgemeinen Charakteristika eines Aufschwungs bestehen in einem Anstieg der Produktion, der Verstärkung der Umsatztätigkeit und in einem Abbau von Angebotsüberhängen. Als Symptome für einen Aufschwung gelten ein Rückgang der Arbeitslosigkeit, das Ansteigen der Güterproduktion bei noch relativ stabilen Preisen, hohe Produktivitätszuwächse, ein allmähliches Ansteigen der Preise und Löhne, eine Steigerung der Konsumnachfrage, die Verstärkung der Investitionen, die Zunahme der Gewinne und die Erhöhung der Staatsausgaben.

- Die **Hochkonjunktur (Vollbeschäftigung)** ist allgemein gekennzeichnet durch eine Aufwärtsbewegung und steigende Nachfrage. Als Symptome für eine Hochkonjunktur gelten die Nutzung aller verwendbaren Produktionsfaktoren, ein starker Anstieg der Nachfrage, hohe Löhne und ein relativ stabiles Preisniveau.
- Der ***Boom*** ist allgemein gekennzeichnet durch einen Nachfrageüberhang und dem Überschreiten der Vollbeschäftigung. Als Symptome für einen *Boom* gelten ein genereller Preisanstieg, sinkende Reallöhne, die Zunahme der Kluft zwischen offenen Stellen und Arbeitslosen, steigende Lohnforderungen der Gewerkschaften, Gewährung von übertariflichen Lohnzuschlägen, Erzielung von hohen Gewinnen und die Auslastung der volkswirtschaftlichen Kapazitäten bis zur Kapazitätsgrenze. (Anmerkung: einige Autoren fassen auch Hochkonjunktur und *Boom* zu einer Phase zusammen)
- Der **Abschwung (*Rezession*)** ist allgemein gekennzeichnet durch einem Abbau der Nachfrageüberhänge und einen Umsatzrückgang. Als Symptome für einen Abschwung gelten zunehmende Unterbeschäftigung, keine Einkommenssteigerung, Preisverfall, Gewinnminderung, Rückgang der Investitionen, Zunahme der Zahlen der offenen Stellen, (noch relativ) stabiles Konsumverhalten und Zunahme an Insolvenzen.
- Die **Tiefphase (*Depression*)** ist allgemein gekennzeichnet durch einen starken Produktionsrückgang und hohe Arbeitslosigkeit. Als Symptome für eine Tiefphase gelten sinkende Preise und Löhne, geringe Gewinne, oftmals auch Verluste, niedrige Zinsen, schwache Investitionstätigkeit, stagnierende bzw. abnehmende Nachfrage der Verbraucher und ein starker Anstieg der Insolvenzen.

Der **Trend (T)** stellt die langfristige Entwicklungsrichtung (Wachstumsrate) des realen BIP dar. Das Wachstum ist somit der trendmäßige Zuwachs des realen BIP. Die mittelfristigen Abweichungen vom Trend werden als **Konjunkturschwankungen** bezeichnet.

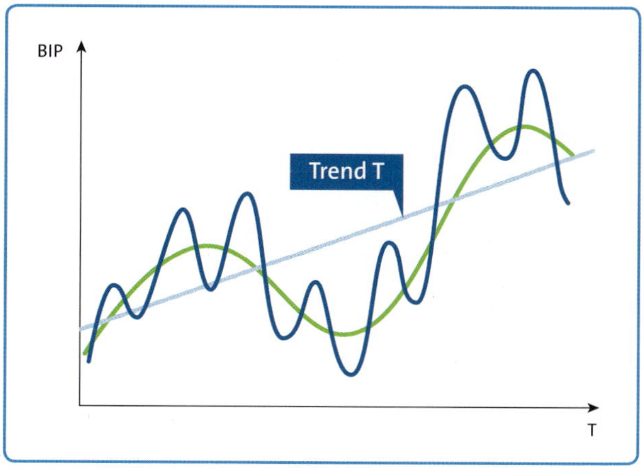

Neben den konjunkturellen Schwankungen gibt es jahreszeitlich wiederkehrende **saisonale Schwankungen**, die nur kurzfristig und nur in einigen Branchen auftreten. **Für den Tourismus** sind hier insbesondere von Interesse z. B. Feiertage und Brückentage. **Irreguläre Schwankungen** sind kurzfristige Störungen wie eine »Aschewolke« oder der Streik von Bodenpersonal auf einem Flughafen.

Die Interpretation des Konjunkturgeschehens geschieht unter dem Ausschluss von saisonalen Einflüssen.

1.3 Konjunkturindikatoren

Neben dem realen BIP lässt sich das wirtschaftliche »Auf und Ab« auch an anderen Größen ablesen. Deshalb sollten Einschätzungen der aktuellen Wirtschaftslage und Prognosen auf Grundlage mehrerer Indikatoren erfolgen.

MERKE

Konjunkturindikatoren
Konjunkturindikatoren sind Größen, die die mit gewisser Regelmäßigkeit wiederkehrenden Schwankungen der wirtschaftlichen Aktivitäten einer Volkswirtschaft erfahrungsgemäß gut widerspiegeln.

Entsprechend ihrem **zeitlichen Verhalten im Konjunkturablauf** wird zwischen voraus-, gleich- und nachlaufenden Indikatoren (Früh-, Präsens- und Spätindikatoren) unterschieden. Außerdem wird entsprechend der **Grundlage ihrer Daten** in »harte« und »weiche« Konjunkturindikatoren unterschieden.

© GEWA FotoStudio – MEV Verlag

© Creativstudio – MEV Verlag

© Mike Witschel – MEV Verlag

© bluedesign – Fotolia.com

Einteilung der Konjunkturindikatoren:

- Frühindikatoren (*leading indicators*)
- Gleichlaufende Indikatoren (*coinciding indicators*)
- Nachlaufende Indikatoren (*lagging indicators*)
- »harte« Indikatoren (z. B. Einzelhandelsumsätze)
- »weiche« (Stimmungs-)Indikatoren (z. B. Konsumklima)

Neben »harten« Kennziffern gelten Umfragen zum »Geschäftsklima« und »Konsumklima« als **wichtige Frühindikatoren**. Sie machen deutlich, dass der konjunkturelle Verlauf ganz erheblich von den optimistischen oder pessimistischen Erwartungen abhängig ist.

Von den Frühindikatoren darf **keine zuverlässige Prognose** der künftigen Entwicklung erwartet werden. Selbst die Diagnose der aktuellen Konjunkturlage ist oft problematisch, weil die Entwicklungen in verschiedenen Wirtschaftsbereichen teilweise erheblich voneinander abweichen, sowohl hinsichtlich der Stärke der Schwankungen, als auch der zeitlichen Abfolge. Hinzu kommt, dass die Konjunktur **keinen symmetrischen und auch keinen stetigen**, sondern gleich einer Fieberkurve einen »gezackten« Verlauf mit »Zwischenhochs« und »Zwischentiefs« zeigt. Bei aller Regelmäßigkeit hat jeder Konjunkturzyklus seine spezifischen Besonderheiten.

Konjunkturindikatoren BEISPIEL

Frühindikatoren	Präsensindikatoren	Spätindikatoren
▸ Auftragseingänge ▸ Investitionsbereitschaft ▸ Baugenehmigungen ▸ Börsenkurse ▸ GFK-Konsumklima-index ▸ ifo-Geschäftsklima-index	▸ Industrieproduktion ▸ Kapazitätsauslastung ▸ BIP ▸ verfügbare Einkommen	▸ offene Stellen ▸ Arbeitslosenquote ▸ Gewinn- und Lohn-einkommen ▸ Steuereinnahmen des Staates
▸ zeigen die künftige Entwicklung	▸ zeigen die gegenwärtige Entwicklung an	▸ sind das Ergebnis der Wirtschaftsentwicklung

Ein in der Praxis vielbeachteter Frühindikator ist der **ifo-Geschäftsklimaindex**. Dieser Vertrauensindex basiert auf einer monatlichen Befragung des ifo-Instituts von etwa 7.000 Unternehmen zu ihrer Einschätzung der aktuellen Geschäftslage und den Erwartungen für die kommenden sechs Monate.

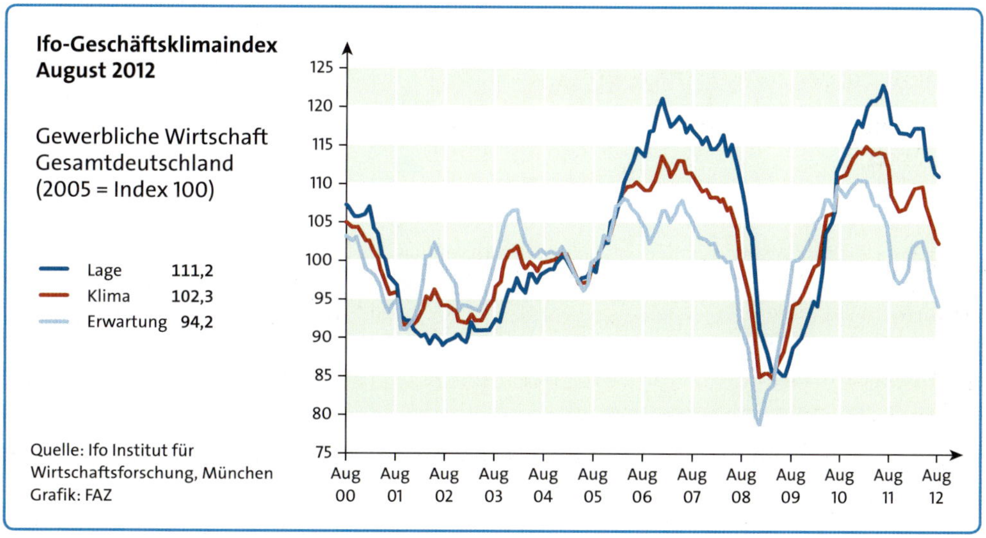

Abb. Ifo-Geschäftsklimaindex August 2012
www.faz.net/aktuell/wirtschaft

Die Gegenwart müssen die Unternehmen mit »gut«, »befriedigend« oder »schlecht« beurteilen. Bei dem Blick in die nahe Zukunft darf es gemäß Fragebogen »besser«, »gleich« oder »schlechter« laufen. Das Ifo-Institut saldiert die Prozentanteile der positiven und negativen Antworten, gewichtet diese nach Branchen (Verarbeitendes Gewerbe, Bauhauptgewerbe, Groß- und Einzelhandel) und bildet dann den Mittelwert. Das Ergebnis wird ins Verhältnis zum **Basisjahr 2005** (Index-Wert von 100) gesetzt. Steigt der Index, hellt sich die Konjunkturlage in Deutschland auf. Sinkt er, trüben sich die Aussichten ein.

Als besonders aussagekräftig gilt die Tendenz über mehrere Monate. Steigt der Ifo-Index drei Mal in Folge, lässt dies einen Konjunkturaufschwung erwarten. Der ifo-Geschäftsklimaindex dient der Ergänzung von amtlich erhobenen Statistiken.

Der **GfK-Konsumklimaindex (KKI)** gilt als wichtiger Indikator für das Konsumverhalten deutscher Verbraucher und somit als Wegweiser für die konjunkturelle Entwicklung Deutschlands. Zur Klärung der Entwicklung des privaten Verbrauchs werden allmonatlich rund 2.000 Verbraucherinterviews mit Personen ab 14 Jahren geführt, die im Auftrag der EU-Kommission durchgeführt werden.

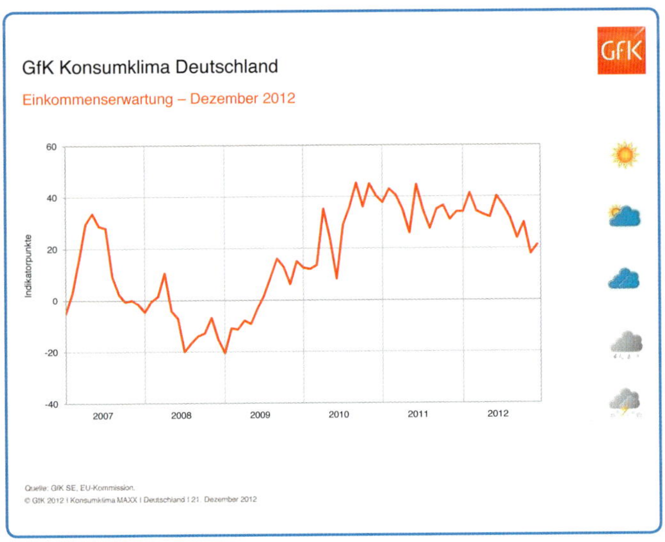

Abb. Einkommenserwartung Deutschland 2007–2012

www.gfk.com

Zu den wesentlichen und einflussreichsten Indikatoren gehören im Einzelnen die **Konjunktur- und Einkommenserwartung** sowie die **Anschaffungsneigung**. Aus der Berücksichtigung dieser Bereiche resultiert der **Gesamtindikator des Konsumklimaindex**. Darüber hinaus finden sich darin auch Einzelinformationen über die Ausgabevorhaben der Verbraucher für 20 Bereiche der Gebrauchsgüter-, Verbrauchsgüter- und Dienstleistungsmärkte.

Der **Vorteil des GfK-Konsumklimaindex** liegt in der allmonatlichen Erhebung der Daten. Somit sind die resultierenden Werte zumeist schneller verfügbar als quartalsweise veröffentlichte Statistiken.

Der **Verlauf des KKI verdeutlicht**, dass im Aufschwung üblicherweise die Konsumausgaben der privaten Haushalte stark ansteigen, weil die Haushalte ein höheres Einkommen zur Verfügung haben. Ebenfalls steigt die Anzahl der Beschäftigten, weil im Aufschwung die Unternehmen mehr Arbeitskräfte einstellen. Allgemein nennt man solche Größen, die sich mit der allgemeinen konjunkturellen Entwicklung bewegen, **prozyklisch**.

Allerdings verändern sich auch die prozyklischen Variablen nicht immer gleichzeitig, sondern man stellt oft bestimmte zeitliche Abfolgen fest. Wenn z. B. die Zahl der Baugenehmigungen ansteigt, dann führt dies erst in der Zukunft zu einer höheren Bauaktivität und zu einem Anstieg des BIP. Somit laufen die **Baugenehmigungen** der allgemeinen wirtschaftlichen Entwicklung voraus. Eine solche Größe nennt man einen **Frühindikator**.

Dagegen ist die **Arbeitslosenquote ein Spätindikator**. Die Unternehmen stellen oft zu Beginn der *Expansion* keine zusätzlichen Arbeitskräfte ein, weil sie noch kein großes Vertrauen in den Aufschwung haben. Stattdessen wird die höhere Produktion mit Überstunden erzielt. Erst in einer späteren Phase des Konjunkturzyklus reagieren die Unternehmen mit Neueinstellungen. Daraus ergibt sich, dass die Entwicklung der Arbeitslosigkeit in aller Regel der allgemeinen wirtschaftlichen Entwicklung hinterläuft.

Größen, die sich genau mit dem Konjunkturzyklus bewegen, heißen **Parallelindikatoren**.

Indikator für den Geschäftsreiseverkehr ist u. a. der Auftragseingang aus dem Inland und Ausland während **für Privatreisen** u. a. das verfügbare Einkommen und die Sicherheit des Arbeitsplatzes (Arbeitslosenquote) eine entscheidende Rolle spielen.

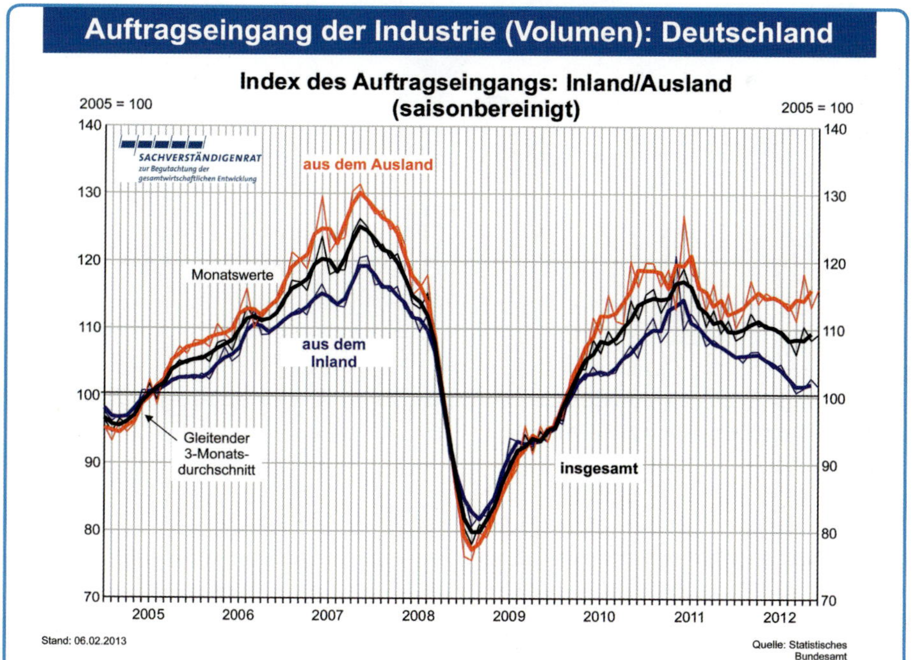

Abb. Auftragseingang in der Industrie (Deutschland 2006–2012)
www.sachverstaendigenrat-wirtschaft.de

Kurzer Rock bedeutet boomende Wirtschaft

Im Westen schielen Wirtschaftsforscher Damen eher auf den Rocksaum, wenn sie neben dem ZEW-Index weitere, weichere Anzeichen dafür suchen, wie es um die Wirtschaft bestellt ist. Denn es gilt schon seit den Zwanzigern, dass die Wirtschaft boomt, wenn kurze Röcke in Mode sind. Im deutschen Wirtschaftswunder der fünfziger Jahre trug Frau gerne kniefrei, in der *Rezession* 1993 dagegen wadenlang. Die seltsame Kopplung zwischen Rocksaum und Wirtschaftswachstum bestätigt sogar das altehrwürdige Institut für Demoskopie in Allensbach. »Wir beobachten seit vielen Jahren einen verblüffenden Zusammenhang zwischen Entwicklungen in der Wirtschaft und den schwer zu entschlüsselnden Signalen, die uns die Mode gibt«, schreiben die Forscher in einer von mehreren Minirock-Studien.

Lippenstift bei schlechter Konjunktur

Zusammenhänge sehen Ökonomen auch zwischen Konjunktur und dem Konsum von Kosmetika. »*On a bad day there is always a lipstick*« – so geht schon ein uralter Werbe*slogan* der Firma *Revlon*. Dass das zu stimmen scheint, lässt sich sogar in Zahlen belegen: Kurz nach den Anschlägen vom 11. September schnellte beim Kosmetikhersteller *Estée Lauder* der Lippenstift-Absatz steil nach oben. Die Marke *Origins* verkaufte laut Zeitungsberichten gar doppelt so viele Lippenstifte wie sonst. Den seltsamen Zusammenhang erklärt Martin Ruppmann, der Chef des deutschen Kosmetikverbands, *Spiegel Online* so: »Der Lippenstift ist ein persönliches Wohlfühl-Utensil. Es ist ein Stück Luxus, das man sich immer leisten kann. Daher ist es in Krisenzeiten, in denen man sonst nicht viel zur Schau zu stellen hat, besonders beliebt.«

www.wirtschaft.t-online.de/konsumforschung (Quelle: Spiegel Online 2008)

Die **touristische Nachfrage** hängt neben individuellen Gegebenheiten, gesellschaftlichen und ökologischen Einflüssen insbesondere von ökonomischen Parametern ab. Die »Reiselust« wird, durch die relativen Angebotspreise, die konjunkturelle Lage in den Herkunftsmärkten der Reisenden, die Präferenzen der Gäste und die Qualität des Angebotes bestimmt.

Daneben ist für **Fernreisen** der Wechselkurs zum Euro eine entscheidende Größe. So bedeutet z. B. eine Aufwertung des Euro im Vergleich zum Dollar, dass für einen Dollar weniger Euro gezahlt werden müssen, der Urlaub für Deutsche in den USA wird preiswerter. Wenn eine Währung aufgewertet wird, ergibt sich für die Vergleichswährung eine entsprechende Abwertung.

Wechselkurs und Reisepreis BEISPIEL

Angenommen, eine Reise in die Vereinigten Staaten schlägt mit 3.000,00 Dollar zu Buche. Wer diese Reise zum aktuellen Euro-Dollar-Kurs im August 2012 (Kurs: 1,25) gebucht hat zahlte dafür 2.400,00 Euro, im August 2011 (Kurs: 1,41) zahlte er dafür 2.127,00 Euro und im August 2010 (Kurs: 1,31) 2.290,00 Euro (Währungsrechnen ► Fachwissen Tourismus Band 3, LF 5, Kapitel 11.4).

Ein starker Euro freut die Euro-Touristen im »US-Dollar-Land«, ein schwacher Euro die USA-Touristen im »Euro-Land«.

Konjunktureinbrüche wirken sich negativ auf die gesamte Reisebranche aus. Bei längeren Krisen entstehenden *Budget*knappheiten in Unternehmen, die den Geschäftsreiseverkehr negativ beeinflussen.

Privatreisende konzentrieren ihre Ausgaben auf eher notwendige Konsumgüter wie z. B. Nahrungsmittel, Heizung, Beleuchtung, Wohnungsmiete, während der Konsum von nicht notwendigen Konsumgütern wie z. B. Freizeit, Reisen und Luxusgütern eingeschränkt wird bzw. entfällt. Ein **beginnender konjunktureller Abschwung** wirkt sich bei Privatreisenden mit zeitlicher Verzögerung aus.

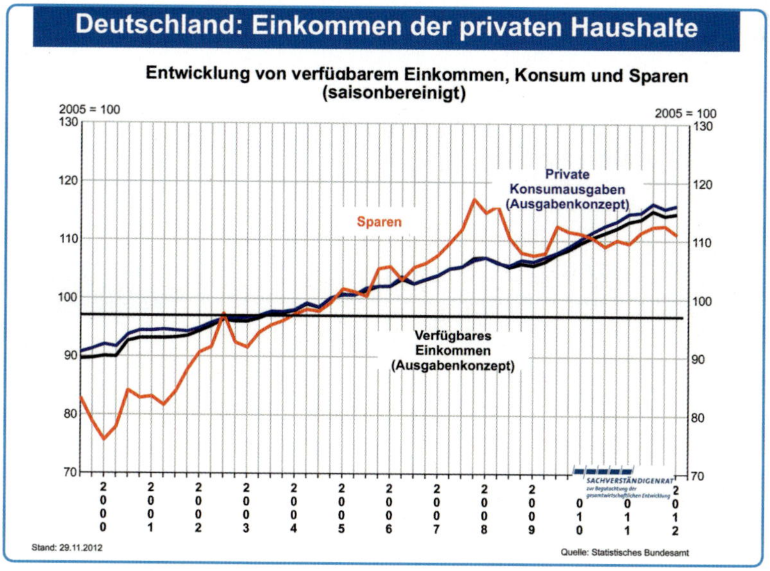

Abb. Einkommen der privaten Haushalte (Deutschland 2000–2012)
www.sachverstaendigenrat-wirtschaft.de

Der Happy Planet Index (HPI)

Der ***Happy Planet Index* (HPI)** ist ein Index, der ein Maß für die ökologische Effizienz der Erzeugung von Zufriedenheit zu bilden versucht. Dazu werden Werte für Lebenszufriedenheit, Lebenserwartung und Ökologischen Fußabdruck kombiniert. Der *Happy Planet Index* wurde im Juli 2006 von der *New Economics Foundation* in Zusammenarbeit mit *Friends of the Earth* Großbritannien publiziert. Im Gegensatz zu etablierten volkswirtschaftlichen Indizes wie Bruttoinlandsprodukt (BIP) oder *Human Development Index* (HDI) bezieht der *Happy Planet Index* (HPI) das Kriterium der Nachhaltigkeit mit ein.

Vereinfacht gesagt wird die Anzahl der erwarteten »glücklichen Lebensjahre« (auf Englisch »*Happy Life Expectancy*«), also die durchschnittliche Lebenserwartung multipliziert mit der Lebenszufriedenheit, die wiederum eine Kombination von subjektiv eingeschätzten Werten und objektiv erhobenen Fakten ist, durch den Ökologischen Fußabdruck dividiert. Wenn also ein Land wie die USA auf Rang 150 des HPI 2006 steht, weit hinter Ländern wie zum Beispiel Kirgisistan (HPI-2006 Rang 19) oder Bangladesch (HPI-2006 Rang 41) bedeutet dies nicht, dass die US-Amerikaner unglücklicher als Kirgisen oder Bangladescher wären oder gar eine kürzere Lebenswartung als diese hätten. Die USA steht im Gegenteil auf dem *Happy Life Expectancy-Index* auf Rang 10 (weit vor den genannten Ländern), verbraucht aber zur Erzeugung dieses hohen Lebensglücks *pro rata* überdurchschnittlich viele Ressourcen.

www.laenderdaten.de/indizes/happy_planet_index.aspxland 2012

Fazit: Urlaub hat einen besonderen Stellenwert. Dabei haben Touristen ihr *Budget* genau im Blick. Bevor sie ganz auf den Urlaub verzichten, verkürzen sie den Aufenthalt oder meiden zu teure Reiseziele.

AUFGABEN

1. Erläutern Sie, was man unter einem »konjunkturellen Frühindikator« zu verstehen hat und nennen Sie drei Beispiele.
2. Erklären Sie anhand der drei in ▸ Aufgabe 1 genannten Frühindikatoren deren besondere Bedeutung.
3. Warum ist die Arbeitslosenquote ein Spätindikator?
4. Warum wird die Reisebranche auch als »Konjunkturseismograf« bezeichnet?

5. Wie unterscheiden sich das nominale und das reale Bruttoinlandsprodukt?

6. Berechnen Sie das Bruttoinlandsprodukt (BIP) in Mrd. Euro (Deutschland 2012)

Private Konsumausgaben	1.306,98
Konsumausgaben des Staates	417,30
Bruttoinvestitionen inkl. Vorratsveränderungen	384,13
Exporte	919,07
Importe	803,08

Erläutern Sie wie und mit welchen Maßen die Wirtschaftsleistung jeweils mit der Entstehungsrechnung, Verteilungsrechnung oder Verwendungsrechnung der Volkswirtschaftlichen Gesamtrechnung ermittelt werden kann.

7. Unterscheiden Sie die Phasen eines (idealtypischen) Konjunkturablaufes und geben Sie wichtige Kennzeichen zur Bestimmung der jeweiligen Phase an.

8. Erläutern Sie, welche Faktoren verantwortlich für das Ende eines Aufschwunges sein können und die Wirtschaft in einen Abschwung führen.

9. Wie beurteilen Sie Lohn- und Gewinnquote für verteilungspolitische Fragen?

10. Warum wird »Preisniveaustabilität« als ein wichtiges wirtschaftspolitisches Ziel angesehen?

11. Warum kann »Preisniveaustabilität« in einer Marktwirtschaft nicht bedeuten, dass einzelne Preise stabil bleiben?

12. Wie ermittelt man die »Inflationsrate«? Gehen Sie bei Ihrer Erklärung auf die Rolle des »Warenkorbs« und der »Basisjahre« ein.

13. Welche Größe würden Sie verwenden, um die Entwicklung des Wohlstands für die Bevölkerung eines Landes darzustellen?

14. Worin besteht der Unterschied zwischen »harten« und »weichen« Konjunkturindikatoren? Welcher der beiden ist für den Tourismus von besonderem Interesse?

15. Erläutern Sie die Aussage »Die Tourismusnachfrage der Inländer hängt primär von der Konjunktur eines Landes ab.«

16. Erläutern Sie mit Hilfe der abgedruckten Grafik die Entwicklung der gesamtwirtschaftlichen Lage für Deutschland von 2000 bis 2011.

Gesamtwirtschaftliche Konjunkturdaten für Deutschland
in %

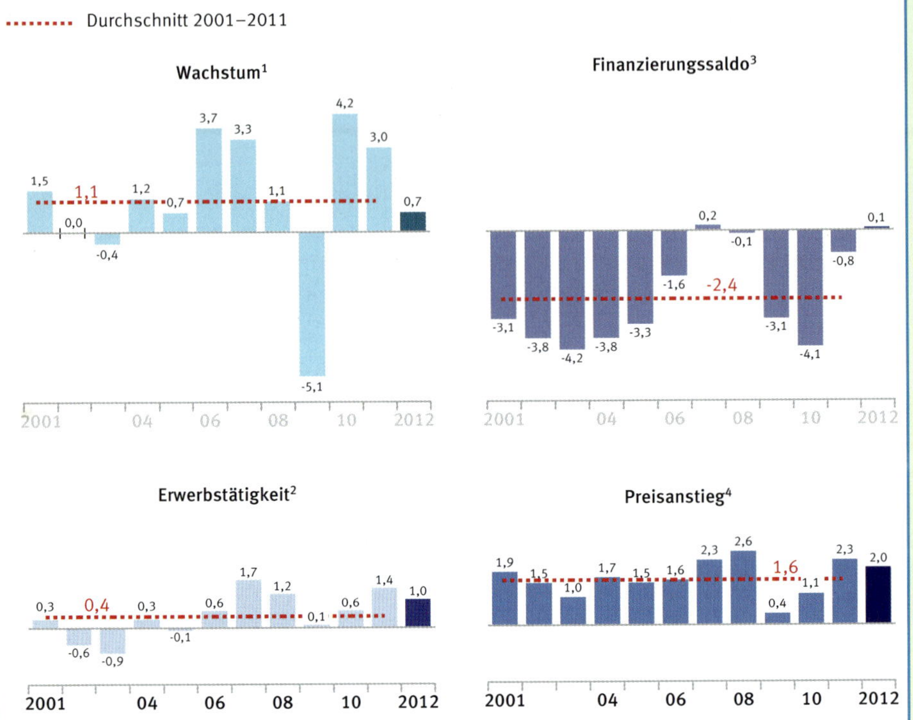

1 Veränderung des preisbereinigten Bruttoinlandsprodukts (BIP). 2 Veränderung der Erwerbstätigen im Inland.
3 Finanzierungssaldo des Staates in % des BIP. 4 Veränderung des Verbraucherpreisindex.

2013 - 15 - 0003

www.destatis.de

17. Kaufkraftparitäten (KKP) vergleichen zwei verschiedene Länder oder Währungsgebiete hinsichtlich ihres Preisniveaus und Kaufkraft (Wert der Währung). Eine Parität, also Gleichheit, liegt dann vor, wenn bei den verglichenen Regionen Waren und Dienstleistungen eines zugrunde gelegten Warenkorbes (Gütermenge) zu gleich hohen bzw. vielen Geldbeträgen (Geldeinheiten) erworben werden können. Für die Berechnung des »Tourismusrelevanten Preisniveaus« wurde eine spezielle Gewichtung der einzelnen Ausgabenkategorien vorgenommen, die sich an der Konsumstruktur von Urlaubern bei Auslandsaufenthalten orientiert: (Preisniveauindex (PNI) = KKP / Wechselkurs · 100; Euro-Gegenwert (zu 100,00 Euro) = 10.000 / PNI).

Es gilt: Je niedriger der Preisindex ausfällt, desto höher ist die Kaufkraft der Währung in der untersuchten Stadt oder dem betrachteten Land.

Beispiel: In der Türkei erhält man für 100,00 Euro umgerechnet Waren und Dienstleistungen im Wert von 143,00 Euro. Eine Kaufkraftparität in Höhe von 1,17 in den USA würde bedeuten, dass man dort für 1,17 USD z. B. die gleiche Menge an Butter erwerben kann, die man in Deutschland für 1,00 Euro erhält.

Land	Touristische KKP (AT = 1)	Preisniveauindex (AT = 100)	Euro-Gegenwert (AT = 100,00 Euro)
Deutschland	**1,00**	**100,0**	**100**
Schweiz	1,71	133,1	75
Spanien	0,91	89,4	112
Türkei	1,69	70,2	143
USA	1,17	79,2	126

Interpretieren Sie die Touristische KKP für die Schweiz und für Spanien im Vergleich zu Deutschland.

18. Zeitungsmeldung:

Euro-Dollar-Parität erst nach weiterer Abwertung des Euros

Die Euro-Krise geht ins dritte Jahr – trotzdem ist die Gemeinschaftswährung gegenüber dem Dollar noch überbewertet. Das legt zumindest der *Big-Mac-Index* nahe: Der Burger kostet im Euroraum derzeit im Schnitt umgerechnet 4,93 Dollar, 21 Prozent mehr als in den USA. Das heißt: Kaufkraftparität zwischen den beiden Währungen wäre erst dann erreicht, wenn der Euro von seinem derzeitigen Wechselkurs von 1,29 Dollar noch einmal kräftig abwerten würde.

www.wirtschaft.t-online.de

Was bedeutet in diesem Zusammenhang »Abwertung«?

19. Bitte beantworten Sie:

a) Worin bestehen die Unterschiede zwischen dem GfK-Konsumklimaindex und dem ifo-Geschäftsklimaindex?

b) Welcher der genannten Indizes ist für den Geschäfts- bzw. Privatreiseverkehr von Interesse?

20. Erläutern und begründen Sie die Grafik »Reisezeiten nach Urlaubsdestinationen 2012«.

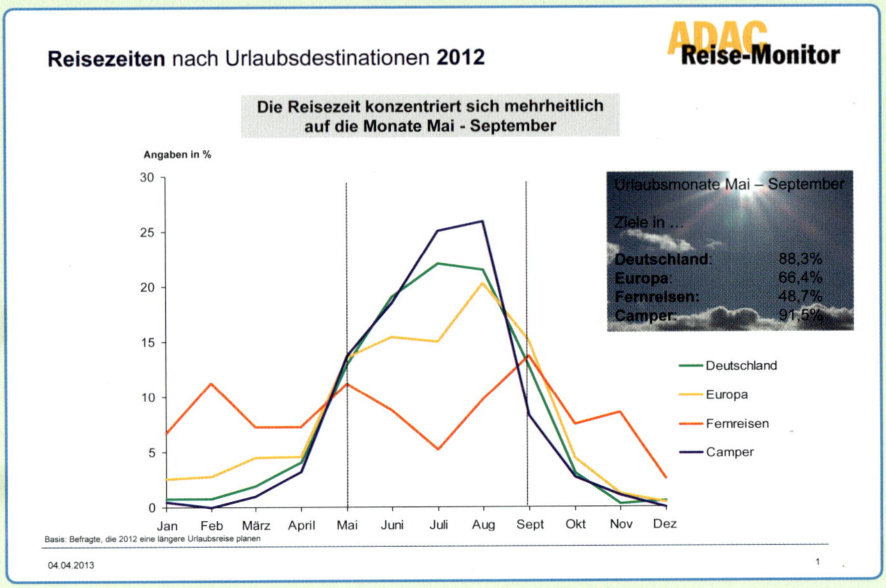

Trendforschung im Reisemarkt 1995 – 2012, ADAC Verlag-Studie, www.media.adac.de > Studien

21. Der Wohlstand und die Lebensqualität der Menschen sind nicht nur vom Einkommen abhängig, das ihnen zur Verfügung steht, sondern auch von vielen anderen Aspekten des Lebens. Welche Philosophie steckt in diesem Zusammenhang hinter dem »*Happy Planet Index*«?

22. Vergleichen Sie prozentual die Verteilung von Kurzurlaubsreisen und Urlaubsreisen für die unterschiedlichen Monate.

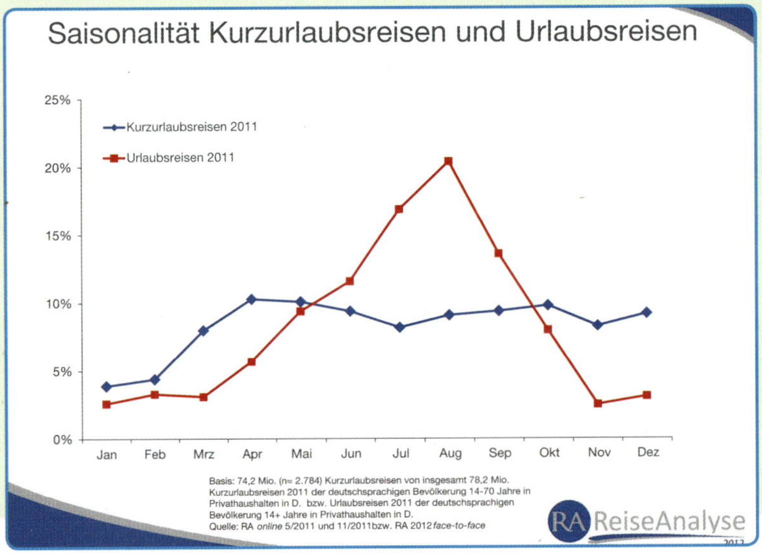

www.fur.de

2 Kundenbindung – Kundenbeziehung – Kundenwert

»Der Kunde ist der wichtigste Besucher in unserem Hause. Er ist nicht von uns abhängig. Wir sind von ihm abhängig. Er unterbricht unsere Arbeit nicht, sondern er ist Ziel und Zweck unserer Arbeit. Für unsere Aufgabe ist er kein Außenstehender. *Er ist Teil unserer Aufgabe. Wir tun ihm keinen Gefallen, wenn wir ihm eine Dienstleistung erweisen. Er tut uns einen Gefallen, indem er uns die Möglichkeit dazu bietet«. Mahatma Gandhi* (Rechtsanwalt, politischer und geistiger Führer der indischen Unabhängigkeitsbewegung, 1869–1948)

So sehen die meisten Reisebüros die **Verbesserung von Service und persönlicher Beratung** als wichtigste eigene Handlungsmöglichkeit zur Sicherung ihrer Existenz. Damit sich die Verbesserung von Service und persönlicher Beratung wirklich »auszahlt«, muss sie allerdings gezielt eingesetzt und kundenindividuell gestaltet werden. Bei der Herausforderung, dem richtigen Kunden zum richtigen Zeitpunkt die richtigen Service- und Beratungsleistungen anzubieten, bietet ***Customer Relationship Management*** **(CRM)** den Reisebüros eine Reihe von nützlichen Werkzeugen.

2.1 CRM: Der Kunde im Visier

CRM (dt. »Kundenbeziehungsmanagement«) ist eine **kundenorientierte Unternehmensphilosophie**, die mit Hilfe von innovativen (Leistungs-) Angeboten und durch ganzheitliche, kundenadäquate und individuelle Marketing-, Vertriebs- und *Service*konzepte unter Einbeziehung von Informations- und Kommunikationssystem (IuK-Technologien) versucht, eine langfristig anhaltende, stabile und profitable Kundenbeziehungen aufzubauen sowie diese nachhaltig zu pflegen.

IuK-Technologien liefern die technische Voraussetzung und Unterstützung, um Informationen über Kunden zu sammeln und zu analysieren. Die Informationen über Kunden bilden die Grundlage dafür CRM-Instrumente und CRM-Maßnahmen im Rahmen der Bearbeitung der Kundenbeziehungen effizient und effektiv zu nutzen.

MERKE

CRM-System

Ein CRM-System kann eine kundenorientierte Unternehmensphilosophie nur technisch unterstützen. CRM ist keine Softwarelösung, sondern muss als Unternehmensphilosophie »gelebt« werden.

Zentrale Zielgröße des CRM ist es, die Kundenzufriedenheit herzustellen und zu erhöhen, um so die Kundenbindung zu festigen. **Kundenzufriedenheit**, ist der entscheidende Indikator für die langfristige **Kundenbindung** von Bestandskunden und die Gewinnung von Neukunden. Sie entscheiden letztlich über einen langfristigen Unternehmenserfolg und somit über den Unternehmenswert.

Ziele des CRM	Weitere Ziele des CRM
► Aufbau und Gestaltung profitabler Kundenbeziehungen ► Kundenbindung ► Kundenzufriedenheit steigern ► Kundendifferenzierung ► Kundenbewertung ► Kundenkontakte verbessern ► Servicequalität verbessern ► Geschäftsprozesse optimieren	► Erhöhung des Unternehmenswertes ► Individualisierung statt Streuprinzip ► Aktion statt Reaktion ► Web-Angebote auf- oder ausbauen, ► Kontaktnetzwerke aufbauen

Tab. Ziele des CRM

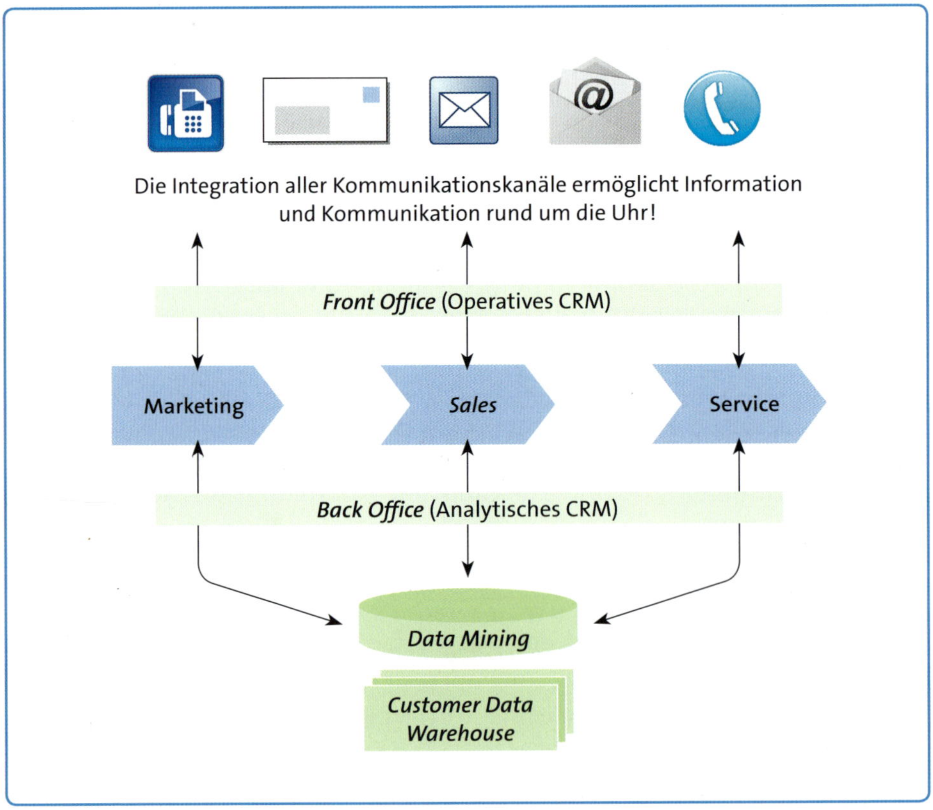

Abb. Kundenbeziehungsmanagement unter Einbeziehung der IuK-Technologien

Aufgabenbereiche der **CRM-Systeme** sind das kollaborative CRM, das operative CRM und das analytische CRM.

Das kollaborative CRM

Das **kollaborative CRM (kommunikatives CRM)** unterstützt, koordiniert und steuert die Kommunikationskanäle (Telefon, Internet, E-Mail, *Mailings* etc.) zwischen Kunden und Unternehmen.

© bluedesign – Fotolia.com

Das ***»Multi-Channel-Management«*** ist eine wesentliche Aufgabe des kollaborativen CRM. Dabei sollen die Kundenkontakte zeitlich aufeinander abgestimmt werden, so dass keine Kontaktaufnahme zu Kunden über **mehrere Kanäle gleichzeitig** erfolgt. Des Weiteren soll die mehrfache Aussendung von Information oder gar die Übermittlung von widersprüchlichen Inhalten vermieden werden. Im Fokus des kollaborativen CRM stehen die Kommunikation in der Prä- und Postphase der Leistung, sowie der gezielte Einsatz der Reisendendaten im Marketing.

Das kollaborative CRM beschreibt weiterhin die Kommunikation zwischen den Reisebüromitarbeitern (intern) und die **Kommunikation mit Reiseveranstaltern** sowie weiteren touristischen Leistungsträgern. Die Beziehungspflege zu anderen Reisebüros, zu Leistungsanbietern und Reiseveranstaltern stellt die zweitwichtigste Handlungsmöglichkeit eines Reisebüros zur Sicherung seiner Existenz dar. Zielsetzung ist die Optimierung der Kundenorientierung **entlang der Wertschöpfungskette**.

BEISPIEL

Kommunikatives CRM =
Optimierung der Kundenorientierung

Zielgruppen orientierte Direktwerbung (▸ LF 10, Kapitel 4.3)
Personalisierte Internetpräsenz (Foto-Produkte zum Selbstgestalten z. B. Fotogrußkarten, Fotokalender)
Individualisiertes, persönliches Informationswesen
Virales Marketing (Mund-zu-Mund-Marketing), Dialogmarketing
Permission Marketing (Erlaubnis-Vermarktung ▸ LF 10, Kapitel 4.4)
Kundenclub-/Kundenkartenverwaltung

Permission Marketing ist eine auf dem Einverständnis des Empfängers basierende Direktmarketingstrategie. Mit interaktiven Kommunikationstechnologien – vorwiegend E-Mails – werden personalisiert Werbebotschaften versandt, die inhaltlich für den Empfänger relevant und ausdrücklich erwünscht sind.

Das kommunikative CRM hat einen fließenden Übergang zum operativen CRM.

Das operative CRM

Das operative CRM im Reisebüro umfasst alle **Maßnahmen des *Front Office*, die den Expedienten im direkten Dialog mit dem Kunden** sowie mit den dazu erforderlichen Geschäftsprozessen unterstützen. Ziele sind die Optimierung des Dialogs und der Abwicklung des Geschäftsprozesses.

MERKE

Operatives CRM = Vertriebsautomatisierung
Der Dialog zwischen Kunde und Unternehmen wird durch Automatisierung erleichtert und optimiert. Die Service-Automatisierung erfolgt in mehreren Stufen.

Dies setzt voraus, dass jeder Reisebüromitarbeiter nach der Identifikation des Kunden auf eine **Datenbank** mit allen aktuellen und relevanten Informationen (Kundenkontakte, -reaktionen und -beziehungen in allen Phasen des Produktlebenszyklus) über den Kunden zurückgreifen kann. So können Service und Leistungen entsprechend individuell angepasst werden und der Expedient kann personalisiert reagieren.

Im Rahmen des operativen CRM erfahren Kunden eine **individuelle Betreuung von der Anfrage bis hin zur Reklamation**, wobei der Expedient im zeitlichen Ablauf verschiedene Rollen einnimmt und unterschiedliche Kommunikations- und Vertriebskanäle nutzt. Unerlässlich ist dabei die **Anbindung an den *Back Office*-Bereich**, der für die Datenbereitstellung zuständig ist.

MERKE

Operatives CRM = Kampagnenmanagement
Ziel des Kampagnenmanagements ist:

- den richtigen Kunden
- zur richtigen Zeit
- mit den richtigen Informationen
- im richtigen Kommunikationsstil

über den richtigen Kommunikationskanal anzusprechen.

Das operative CRM bedient sich der Ergebnisse des analytischen CRM.

Analytisches CRM

Aufgabe des analytischen CRM ist es Kundendaten systematisch in einem ***Data Warehouse* (DWH)** aufzuzeichnen, zusammenzuführen und auszuwerten.

Ein (*Customer*-) DWH kann z. B. folgende Daten über den Kunden verwalten:

- Grunddaten (Kontaktdaten, Kaufverhaltensmerkmale etc.)
- Potenzialdaten (Kundenklassifizierung etc.)
- Aktionsdaten (Informationen über Intensität, Umfang, Häufigkeit etc.)
- Reaktionsdaten (Beschwerden, Dauer der Kundenbeziehung, Umsatzhöhe).

Zur Analyse der Kundendaten wird das Verfahren des ***»Data Mining«*** angewandt. Es liefert die Daten (Entscheidungsgrundlagen) für die Steuerung und kontinuierliche Optimierung von kundengerichteten operativen und kommunikativen CRM-Prozessen.

Data Mining (dt. »Daten schürfen«) dient als Methode zur Regel- und Mustererkennung. Die dauerhafte Analyse des Kundenverhaltens ist Grundlage für einen geldwerten Datenbestand.

Data Mining

BEISPIEL

- Analyse des Buchungsverhaltens
- Simulation des Buchungsverhaltens unter Berücksichtigung saisonaler Komponenten
- Identifikation und Klassifizierung von Käuferschichten mit Branchen spezifischen Systemen
- Kunden*profiling* (Ziel: Herausfiltern eines bestimmten Kundentypus aus einem heterogenen Kunden*pool*, um übereinstimmende Merkmale und homogene Kundenmikrosegmente zu schaffen.)
- Kundenbedürfnisanalyse (Ziel: Identifizierung der Buchungswahrscheinlichkeit/Kundenaffinität von Kundenmikrosegmenten für gezielt angebotene Reisen.)
- Kundenwertanalyse (Ziel: Berechnung des Wertes einer einzelnen Kundenbeziehung langfristig für ein Unternehmen ► Kapitel 2.3.)
- *Cross-Selling*-Analyse (Ziel: Bestimmung des nächst besten Reiseangebots und der gezielten Kundenansprache auf potenziell attraktive Reisen beim nächsten Kundenkontakt.)
- Stornoanalyse (Ziel: Berechnung von Kündigungs- oder Abwanderungswahrscheinlichkeiten als Grundlage für Kündigungspräventionsmaßnahmen.)
- Messung und Steuerung der Kundenzufriedenheit
- Beschwerde-*Monitoring*
- Kundenabwanderungsanalyse

Im Reisebüro kommt dem **Kunden*profiling*** eine besondere Bedeutung zu. Zur »Filterung« können zum Beispiel folgende Kriterien dienen:

- Kundentyp (z. B. Golfer, Taucher, Kreuzfahrer)
- Anzahl der Reiseteilnehmer (z. B. Single, Paar, Familie)
- Mietwagennutzer
- Reiseschutz
- Sprache
- Umsatz
- Reklamationen
- Zahlungsbezogene Daten
- Bevorzugtes Transportmedium (z. B. Bahn, Selbstanreise)
- Präferierte Reiseziele
- Präferierte Veranstalter
- Urlaubsbudget im Jahr
- Anzahl der Reisen im Jahr
- Hobbys
- Beruf
- persönliche Präferenzen
- bisher gebuchte bzw. angefragte Reiseleistungen
- Erste/letzte Reise

Neben den bedarfs- und verhaltensorientierte Kriterien werden die **Kontaktdaten** für Anrufe (Telefonnummer), Fax, E-Mail, Postzustellung (Adresse) und SMS (Mobilnummer) mit aufgenommen. Durch die Erfassung der **Kundenmerkmale** können Angebote und Dialoge angepasst und so mit größeren Erfolgsaussichten gestaltet werden.

Exkurs: Gesprächsleitfaden

Gesprächsleitfäden, auch **Skripts** genannt, fungieren u. a. als Vorbereitung für Bewerbungs- oder Mitarbeitergespräche und als Unterstützung im Rahmen von Kundengesprächen. Sie bilden den idealen Ablauf eines Gesprächs ab und sind strukturell stark an ein Drehbuch angelehnt.

Diese **Form der Gesprächsoptimierung** wird vorzugsweise in *Call Centern* für Verkaufs-, Service- oder Reklamationsgespräche eingesetzt. Die Durchführung solcher Gespräche ist gut standardisierbar und ein Gesprächsleitfaden kann aufgrund der fehlenden *face to face*-Situation beim Telefonieren simultan zum Gespräch genutzt werden.

In der (Reisebüro-)Praxis dient ein Gesprächsleitfaden – je nach Unternehmensphilosophie – als ein Hilfsmittel (oder als Richtlinie) zur Unterstützung eines Expedienten bei der vollständigen und zielgerichteten Durchführung seines Beratungs/Verkaufsgespräches oder ist eine normative Vorgabe, deren Einhaltung kontrolliert wird.

MERKE

Zweck eines Gesprächsleitfadens
Ein Gesprächsleitfaden dient der Vorbereitung auf Telefonate, unterstützt die Führung eines professionellen, zielorientierten Beratungs-/Verkaufsgespräches, verleiht Sicherheit und wahrt durch seine Gesprächsstandardisierung die *Corporate Identity*.

Es gibt nicht **den** Gesprächsleitfaden. Skripts müssen jeweils auf die Situation, das Gesprächsziel, die Strategie des Vertriebs und die Kundengruppe abgestimmt werden. Im Folgenden wird der Gesprächsleitfaden unter besonderer Berücksichtigung von **Telefongesprächen im *Inbound* und *Outbound*** dargestellt.

1. Planungsfunktion	Der Gesprächsverlauf mit potenziellen Kunden wird vorab vorbereitet und die zielgerichtete Durchführung optimiert. Als schwierig erachtete Gesprächsphasen sind zu reflektieren und alle Eventualitäten zu planen.
2. Kognitive Funktion	Im Rahmen des Gesprächs fungiert das Skript von der Begrüßung bis zur Verabschiedung als »roter Faden« und hilft Ihnen selbst beim Smalltalk das Ziel des Telefonats stets im Auge zu behalten. Bei komplexeren Gespächsanlässen und problematischen Gesprächsphasen dient ein Gesprächsleitfaden auch als Gedächtnisstütze für den Expedienten.
3. Didaktische Funktion	Skripts dienen auch der Erweiterung der kommunikativen Kompetenzen der Expedienten. Durch ihre wiederholte Verwendung werden Elemente einer »optimalen« Gesprächsführung schrittweise erlernt und verinnerlicht.
4. Analytische Funktion	Anhand von aufgezeichneten Gesprächen können Gesprächsverläufe analysiert und bewertet werden und bilden so eine Basis zur Weiterentwicklung und Verbesserung verwendeter Skripts.

Tab. Vier wesentliche Funktionen eines Gesprächsleitfadens

Gesprächsleitfäden für den Tourismussektor müssen aufgrund des Käufermarktes generell die Beratungs- und Dienstleistungsfunktion zum Ausdruck bringen und betonen.

Aufbau und Inhalte von Gesprächsleitfäden

Ein **Gesprächsleitfaden** ist streng chronologisch aufgebaut und weist als normatives Instrument meist vollständig ausformulierte Gesprächsbeiträge für den Mitarbeiter aus. Die möglichen Reaktionen des Gesprächspartners sind mit einbezogen und entsprechend den erwarteten Antwortalternativen des Kommunikationspartners verzweigt (Wenn-Dann-Beziehung).

Ein **Skript** als Hilfsmittel (oder Richtlinie) ist sprachlich und argumentativ offener geplant, so dass der Bezug zum Gesprächspartner, die Spontaneität, die Ausrichtung auf die jeweilige Situation und die Emotionalität unter Berücksichtigung von nonverbalen Signalen (z. B. Telefonlauten) erhalten bleiben und die Kommunikation völlig authentisch wirkt, d. h. die zugrunde liegende Schrift sprachliche Grundlage als solche nicht mehr erkennbar ist.

Gestaltung eines Gesprächsleitfadens

Folgende Aspekte sind förderlich für die Hilfsfunktion eines Leitfadens:

- kurz gestaltete Satzkonstruktionen, die Raum für Erweiterungen und Ergänzungen seitens des Expedienten lassen,
- sparsam eingesetzte Textverknüpfungsmittel (z. B. und, oder, des weiteren), so dass die vorformulierten Gesprächsbeiträge auch im Falle ungeplanter Gesprächsentwicklungen verwendbar sind,
- die Effektivität des Gespräches ist durch Grund- und Zusatznutzenargumentation und Formen der Einwandbehandlung unterstützen,
- klare und übersichtliche Konzeption als Voraussetzung, dass der Expedient in der Lage ist, die gerade benötigte Formulierung oder Gesprächssequenz in kürzester Zeit aufzufinden.

Ein guter Leitfaden ist flexibel und berücksichtigt ausreichend Raum für die **kommunikative Eigenleistung** des Mitarbeiters. Er sollte als Orientierungshilfe verstanden werden.

Bei der Erstellung von Gesprächsleitfäden ist eine Vielzahl von Aspekten zu berücksichtigen. Die folgende **Vorlage eines Telefonskripts** zeigt die Basis eines Gesprächsleitfadens und dient für die telefonische Gesprächsführung im *Outbound*-Bereich. Eine individuelle Anpassung ist zwingend notwendig.

Chronologisch Gesprächsverlauf	Offener Musterdialog	Bemerkungen Expedient
► Vorstellung ► Begrüßung ► Namen des Angerufenen nennen ► Eigene Vorstellung (Firma/Anrufer) ► Abklären, ob mit richtigem Gesprächspartner verbunden ► ggf. Vordringen zum »Entscheider«		
► Gesprächseinstieg ► Gesprächsaufhänger ► Gesprächsanlass erläutern ► Interesse des Gesprächspartners wecken ► Produktvorstellung/Nutzenargumentation ► vorzeitigen Gesprächsabbruch verhindern (kritische Phase)		
► Gesprächskern ► Bedarfsermittlung ► Verkaufsargumentation ► Einwandbehandlung ► Preisargumentation ► Gespräch auf *Cross Selling* lenken		
► Gesprächsabschluss ► Verkaufsabschluss herbeiführen ► Zusammenfassung der Buchungsinhalte ► bei Absage: zukunftsgerichtete Frage stellen, z. B. »Wann wird das Thema Urlaub für Sie wieder aktuell?« ► konkrete Vorschläge für nächsten Kontaktschritt (z. B. neuer Anruftermin)		
► Verabschiedung ► Dank für Zeit und Gespräch ► Namen nennen		
► Tipps (z. B. für die frühzeitige Beendigung des Gesprächs, sobald Sie merken, dass Ihr Gesprächspartner kein echtes Interesse an Ihrem Angebot hat oder *Handy*kontakt)		

Argumentation	Bemerkungen
Kundennutzen und Produktvorteile auflisten	

Einwände	Gegenargumente
mögliche Einwände auflisten	passende Gegenargumente auflisten

FAQ	Antworten
häufig gestellte Fragen zum Produkt auflisten	entsprechende Antworten gegenüberstellen

Zahlreiche Anregungen und Hinweise zur Erstellung ihres Gesprächsleitfadens für den *Inbound* (z. B. Reklamationen) und *Outbound*-Bereich finden Sie in ▸ Fachwissen Tourismus Band 1, LF 4, Exkurs Kapitel 2.2.

BEISPIEL

FAQ

Das Thema Sicherheit auf Kreuzfahrtschiffen ist nach dem Unglück der *Costa Concordia* vor der toskanischen Insel *Giglio* in den Vordergrund gerückt. Der Deutsche Reiseverband (DRV) hat nun einen Fragen und Antworten-Katalog veröffentlicht, der zum einen potenzielle Kreuzfahrer zum anderen auch Reisebüros entsprechend über die Sicherheit an Bord informieren soll. Der Katalog ist im Internet unter ▸ www.drv.de unter den Rubriken »Fachthemen > Schiff > Hintergrundinformationen: Sicherheit auf Schiffen« abrufbar.

Attraktive Angebote und angepasste Kontaktpflege verbessern die **Loyalität** der Kunden. **Kundentreue** intensiviert die Kauffrequenz und steigert die Kaufwerte.

Kundenbindung und Eisbergphänomen

Abb. Die Herstellung der Kundenzufriedenheit bestimmt die Kundenbindungsinstrumente
Quelle: Swoboda, Bernhard: Arbeitsbuch zum Marketing-Management (Schäffer-Poeschel), Stuttgart 2002, S. 161

Das analytische CRM umfasst sämtliche Aktivitäten und diverse Parameter um Kundenbeziehungen zu analysieren. Ein **Ziel der Analyse** ist es »wertvolle« Kunden zu identifizieren.

Das Wissen um den Kunden und der damit verbundene Aufwand sind weit mehr als bloßer Bestandteil des operativen Geschäfts – **Wissen ist ein Vermögensgegenstand**, auch wenn er in der Bilanz nicht explizit auftaucht.

Im Folgenden wird nur auf die Kundenbindung unter dem Aspekt des Kundenwertes näher eingegangen.

Für diese weitere Arbeit sind Grundkenntnisse der Prozesskostenrechnung (▸ Kapitel 3) notwendig. **Ziel ist: Der langfristig profitable Kunde.**

2.2 Kundenbeziehungs-Lebenszyklus

Der Verkauf einer Reise ist nicht der Abschluss eines Geschäftes, sondern der **Beginn einer Beziehung**. Diese Geschäftsbeziehung ist durch den **Kundenbeziehungs-Lebenszyklus** geprägt.

Jede Phase dieses Lebenszyklus ist für Unternehmen gleichermaßen wichtig. Denn die Aktivitäten in jeder Phase liefern weitere Bausteine, die zu langfristigen Kundenbeziehungen beitragen. Hierzu werden *Software*lösungen eingesetzt, mit denen alle kundenorientierten Aktivitäten über verschiedene Kommunikationskanäle kontinuierlich überwacht und Kundeninformationen detailliert ausgewertet werden können. So kann die Beziehung zum Kunden optimiert und Informationen über Kunden und Interessenten effektiver genutzt werden.

Als **Kundenbeziehungs-Lebenszyklus** bezeichnet man grundsätzlich den zeitlichen Verlauf einer Geschäftsbeziehung zwischen B2B- bzw. B2C-Kunde und Unternehmen – beginnend mit dem ersten Kundenkontakt bis zur Beendigung des Geschäftsverhältnisses.

MERKE

Kundenbeziehungs-Lebenszyklus
Der Kundenbeziehungs-Lebenszyklus beschreibt in Anlehnung an den Produktlebenszyklus die idealtypischen Entwicklungsphasen der Geschäftsbeziehung zwischen Kunde und Unternehmen. Er bildet die Basis für die Kundenwertanalyse (► Kapitel 2.3) aus Anbietersicht.

Der Zyklus lässt sich in die drei Kernphasen Kundenakquisitionsphase, Kundenbindungsphase und Kundenrückgewinnungsphase unterteilen, die ihrerseits wieder in einzelne Phasen untergliedert sind.

Kundenakquisitionsphase

- Die Geschäftsbeziehung beginnt mit der Akquisition des Kunden und mit der **Anbahnungsphase** im Kundenbeziehungs-Lebenszyklus. Ziel von CRM in dieser Phase ist es, profitable Interessenten zu gewinnen und in Neukunden umzuwandeln (Kundenwertidentifizierung).

Hierzu wird u. a. Aufmerksamkeit erregt, um Bekanntheit zu erzeugen, *Image*aufbau betrieben, um Kauf- und Weiterempfehlungen zu unterstützen. In dieser Phase ist es notwendig Investitionen zu tätigen, um die Beziehung zum Kunden überhaupt erst aufzubauen. Daher ist diese Phase in ökonomischer Hinsicht negativ für das Unternehmen.

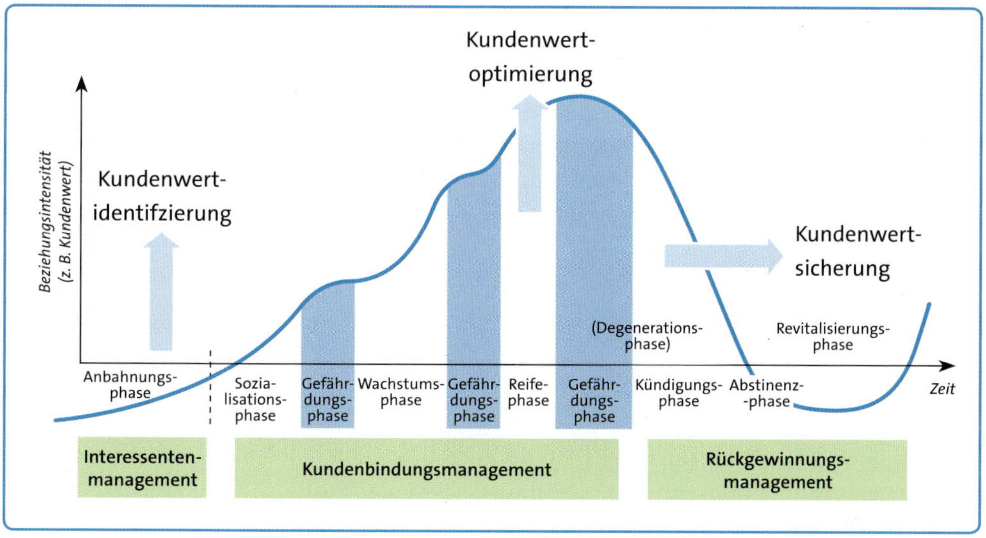

Abb. Kundenbeziehungs-Lebenszyklus

verändert nach Stauss, B. (2000): Perspektivenwandel: Vom Produkt-Lebenszyklus zum Kundenbeziehungs-Lebenszyklus.

Kundenbindungsphase

Die in der ersten Phase getätigten Investitionen machen sich erst im Laufe der Beziehung durch wiederholte Produktkäufe, also *Cross-* oder *Up Selling*-Käufe des Kunden bezahlt. Die Kundenbindungsphase kann in vier Unterphasen gegliedert werden – in die Sozialisations-, Wachstums-, Reife- und beginnende Degenerationsphase.

- In der **Sozialisationsphase** beginnen sich Anbieter und Kunde aneinander zu gewöhnen. Der Kunde macht seine ersten Erfahrungen mit dem Unternehmen und dessen Leistungsangebot und das Unternehmen gewinnt seine ersten Informationen über den Kunden, die es später für eine individuelle Leistungsbereitstellung nutzen kann.

MERKE

Kundenbindungsphase
In der Kundenbindungsphase wird die Beziehung verstärkt und ausgeweitet, indem die Beziehung anfangs wächst und die Loyalität des Kunden zum Unternehmen gestärkt wird. In dieser Phase ist es besonders wichtig eine feste Beziehung zum Kunden aufzubauen um *Up Selling-* und *Cross Selling*-Leistungen auszuschöpfen (Kundenwertoptimierung).

- Der Verkauf von *Up Selling*- und *Cross Selling*-Leistungen kann durch geringen Aufwand des Marketings unterstützt werden und die jetzt anschließende **Wachstumsphase** nachhaltig fördern. Wird dies durch die geplanten Kommunikationsmaßnahmen nicht geschafft, können sich Kunden schnell gegen das jeweilige Unternehmen entscheiden und zur Konkurrenz abwandern.
- In der **Reifephase** ist das Potential des Kunden weitgehend ausgeschöpft, das Unternehmen muss versuchen die Erlöse, die es mit dem Kunden gemacht hat, auf dem bereits erreichten Niveau zu halten. Unternehmen schaffen in dieser Zeit Wechselbarrieren, damit der Kunde mehr an das Unternehmen gebunden ist.
- Mit Beginn der **Degenerationsphase** werden keine Gewinne mehr mit dem Kunden gemacht. Die Erträge stagnieren oder sinken sogar und deshalb kann diese Phase auch »Gefährdungsphase« genannt werden, weil der Kunde zu einem Mitbewerber wechseln könnte.
- Jetzt beginnt die Phase der Kundenrückgewinnung.

Kundenrückgewinnungsphase

- Die **Kundenrückgewinnungsphase** besteht aus der Kündigungsphase, Abstinenzphase und Revitalisierungsphase.
- Der Kunde stellt die Geschäftsbeziehung ein (**Kündigungsphase**), der Kundenbeziehungs-Lebenszyklus endet hier für den Kunden. Für das Unternehmen ist dies nicht endgültig.
- In der **Abstinenzphase**, in der der Kunde keine Dienstleistungen des Unternehmens (mehr) in Anspruch nimmt, kann er jedoch durch gut geplante Marketingmaßnahmen, zur Fortführung der Geschäftsbeziehungen überzeugt werden (Kundenwertsicherung). So kann der Anbieter es schaffen einen bereits »verlorenen« Kunden zurück zu gewinnen und zur Wiederaufnahme der Beziehung zu bewegen.
- Anschließend kommt es zur ersten **Revitalisierung** und ein neuer Zyklus kann möglicherweise beginnen.

Für Reiseveranstalter bzw. Reisevermittler ist die **Kundenbeziehung von existenzieller Bedeutung**. Sie können ihre wirtschaftliche Grundlage nur sichern und ausbauen, indem sie Bestandskunden an sich binden und neue Kunden gewinnen. Dazu müssen sie in jeder Phase eines Kundenbeziehungs-Lebenszyklus die Wünsche und Bedürfnisse ihrer Kunden erkennen, verstehen und befriedigen sowie über den gesamten Zyklus die Kundenbeziehungen pflegen und erfolgreich steuern.

Der Kundenbeziehungs-Lebenszyklus bildet die Basis für die Kundenwertanalyse.

2.3 Ermittlung des Kundenwertes

Mit Hilfe der **Kundenwertanalyse** gilt es folgende Fragen zu beantworten:

© GEWA FotoStudio – MEV Verlag

© Creativstudio – MEV Verlag

© Mike Witschel – MEV Verlag

© bluedesign – Fotolia.com

- Wer sind die profitabelsten Kunden?
- Wie können potenzielle profitable Kunden gewonnen werden?
- Welche Anforderungen haben die bestehenden und potenziellen Kunden, um sie langfristig an ein Unternehmen zu binden?

Die Beantwortung dieser Fragen ist notwendig, um die **Profitabilität der Kundenbeziehung** zu erhöhen und damit zu einer Optimierung des Kundenportfolios beizutragen.

Die Ermittelung des Kundenwertes erfolgt mit Hilfe quantitativer und qualitativer Bestimmungsgrößen. **Quantitative Bestimmungsgrößen** sind direkt messbar und lassen sich in Geldeinheiten bewerten (Ein- und Auszahlungen). Sie sind vergangenheitsbezogen. **Qualitative Größen** sind zunächst nicht-monetäre Größen und können nur prognostiziert werden.

Teilweise können qualitative, vom Ursprung her nicht-monetäre Bausteine in monetäre Größen überführt werden. Dafür sollte die Kostenrechnung sowohl **prozess- als auch kundenorientiert aufgebaut sein** (► Kapitel 3) und quantitative und qualitative Informationen über den Kunden verknüpft werden.

Quantitative Bestimmungsgrößen
► Umsatz ► Buchungsaufkommen, Buchungshäufigkeit, Preis ► Kundenspezifischer Deckungsbeitrag pro Kauf (► unten) ► Dauer und erwartete Dauer der Kundenbeziehung ► Kundenspezifische Preisakzeptanz und Bereitschaft zum Firmen- oder Markenwechsel ► Aufwand für Akquisition und Aufrechterhaltung der Kundenbeziehung ► Zahlungs- und Reklamationsverhalten ► Kundenbindungskosten (*Mailing*-Aktionen, Kundenbesuche, Werbegeschenke)

Qualitative Bestimmungsgrößen
► Cross- und Up Selling-Potenzial ► Soziales Netz, Meinungsführerschaft, Weiterempfehlungsverhalten ► Referenzqualität (Ein Referenzwert erfasst, welchen Wert ein Kunde durch Kommunikation zu Dritten über den Anbieter generiert.)

Tab. Quantitative und qualitative Kundeninformationen

Zur Ermittelung des Kundenwertes werden verschiedene Verfahren verwendet.

ABC-Analyse

Die in Unternehmen **am häufigsten verwendete Kundenbewertungsmethode** ist die ABC-Analyse. Sie ist eine einfache, retrospektive (vergangenheitsbezogene) Methode der Wertbestimmung oder Prioritätensetzung, auch ▸ Fachwissen Tourismus Band 1, LF 2, Kapitel 1.3.2). Dabei werden z. B. die Kunden nach dem Umsatz oder nach dem Deckungsbeitrag in eine Rangordnung eingeteilt.

Im Rahmen der ABC-Analyse nach Umsatz werden die Kunden aufgrund ihres **in der Vergangenheit getätigten Umsatzes im Verhältnis zum Gesamtumsatz des Unternehmens** in A, B und C – Kunden eingeteilt. Dieses Instrument verdeutlicht, von welchen Kunden ein Unternehmen wirtschaftlich stark abhängig ist (hoher Umsatzanteil) bzw. welche Kunden nur wenig Umsatz generieren. Eine Möglichkeit der Einteilung folgt der 80/20-Regel des Pareto-Prinzips (auch ▸ LF 2, Kapitel 1.3.1). A-Kunden sind die Kunden, die 80 Prozent Umsatzanteil haben, B-Kunden die weiteren 15 Prozent und C-Kunden die letzten fünf Prozent.

Aus dieser Analyse resultieren operativ und strategisch folgende Ziele:

A-Kunden müssen unbedingt gebunden werden, **B-Kunden** sollten gehalten und entwickelt werden, bei **C-Kunden** ist eine Abwanderung tolerierbar.

Grundsätzlich sollte eine ABC-Analyse potenzialorientiert durchgeführt werden, d. h. aus einem C-Kunden einen A- oder B-Kunden machen zu wollen. Die Beschaffung der Daten für die ABC-Analyse ist nicht aufwendig, sie können dem Rechnungswesen (Umsatzbetrachtung) entnommen werden.

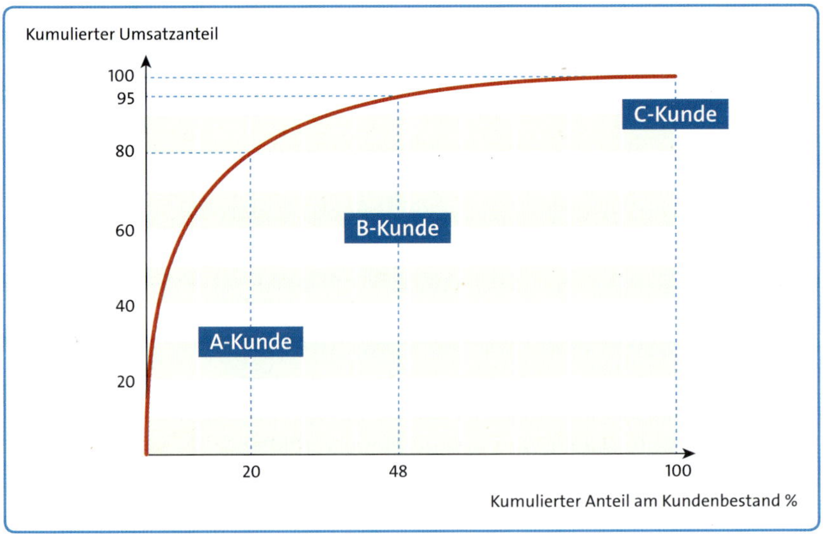

Abb. Umsatzbezogene ABC-Analyse

Kundendeckungsbeitragsrechnung

Die **Kundendeckungsbeitragsrechnung** (ABC-Analyse nach Deckungsbeitrag) ist ein Instrument, um den Beitrag eines einzelnen Kunden zum Unternehmensergebnis zu messen.

Durch die **verursachergerechte kundenspezifische Zuordnung** aller Kosten und Erlöse wird festgestellt, welcher Kundentyp welchen Deckungsbeitrag in einer Abrechnungsperiode erwirtschaftet hat und somit profitabel für ein Unternehmen ist. Die so entstehende **Kundenerfolgsrechnung** ist eine sinnvolle Ergänzung zur Umsatzanalyse des Unternehmens (► Fachwissen Tourismus Band 3, LF 11 Kapitel 5.1). Sie wird als mehrstufige Deckungsbeitragsrechnung durchgeführt.

Kundenspezifische Deckungsbeitragsrechnung

BEISPIEL

	Kunden-Bruttoerlöse pro Periode
–	Erlösschmälerungen
=	Kunden-Nettoerlöse pro Periode
–	Kosten der von Kunden bezogenen Leistungen
=	Kundendeckungsbeitrag I
–	Eindeutig kundenbedingte Auftragskosten
=	Kundendeckungsbeitrag II
–	Eindeutig kundenbedingte Besuchskosten
–	Sonstige kundenbezogene Prozesskosten
=	Kundendeckungsbeitrag III

Erlösschmälerungen: Minderung der erzielten Kunden-Bruttoerlöse pro Periode aufgrund von *Boni*, Rabatten, *Skonti* (z. B. Sonderkonditionen für B2C-Kunden, Firmentarife, -rabatte)
Kosten der von Kunden bezogenen Leistungen: Variable Kosten (z. B. Übernachtungspreis multipliziert mit der Anzahl der Nächte)
Eindeutig kundenbedingte Auftragskosten: Kosten pro Auftrag aus der Prozesskostenrechnung (z. B. Übersetzungskosten, Stornokosten, Versandkosten, Kosten für Entgegennahme des Auftrags, Erfassung und Bestätigung, Dolmetscherkosten für Übersetzungen)
Eindeutig kundenbedingte Besuchskosten: z. B. Kosten der Anreise zum Kunden
Sonstige kundenbezogene Prozesskosten: Kundenbetreuung, Reisekosten, Vertreter, Service-Prozesse

Die **prozessorientierte Kundendeckungsbeitragsrechnung** wiederum stellt den von einem Kunden erzielten Umsätzen die tatsächlich durch diesen Kunden angefallenen Kosten gegenüber.

2.4 Kundenportfolio

In einem Kundenportfolio werden Kunden i.d.R. durch zwei Beurteilungskriterien (z.B. Deckungsbeitrag und Kundenbindung) bewertet und relativ zueinander eingeordnet. Es werden dann beispielsweise vier »Norm-Kundengruppen« unterschieden:

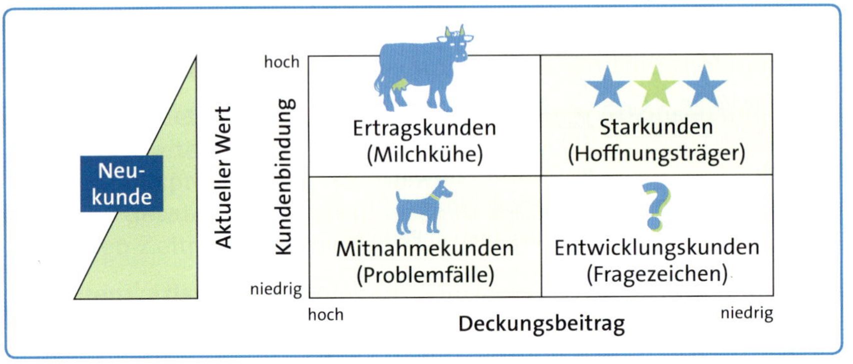

Abb. Portfolioanalyse mit den Determinanten Deckungsbeitrag und Kundenbindung

Anhand der Positionierung der Kunden im Portfolio lassen sich unterschiedliche Ansätze für die Kundenbearbeitung über den Einsatz finanzieller Mittel und die Steuerung der kundenspezifischen Marketing- und Vertriebsaktivitäten treffen.

Stars	»Starkunden« sind die attraktivsten Kunden für ein Unternehmen. Sie liefern hohe Deckungsbeiträge bei gleichzeitig starker Kundenbindung (vgl. Loyalitätsleiter ► LF 9, Kapitel 5.1.1) und erhalten als Hoffnungsträger die größte Aufmerksamkeit.
Poor Dogs	Die »Mitnahmekunden« stellen Problemfälle dar, denn sie erwirtschaften einen niedrigen Deckungsbeitrag bei loser Kundenbindung. Umsätze mit diesen Kunden sind willkommen, rechtfertigen aber keine intensive Kundenbetreuung.
Question Marks	»Entwicklungskunden« (Fragezeichenkunden) haben das Potential »Starkunden« zu werden. Sie liefern hohe Deckungsbeiträge und dienen der Sicherung eines gewissen Basisgeschäfts. Dieser Kundentyp hat allerdings eine geringe Bindung zum Unternehmen. Die Kundenbindung sollte nachhaltig durch gezielte und individuelle Marketingaktivitäten verbessert werden.
Cash Cows	Diese Kundengruppe (»Ertragskunden«) zeichnet sich durch meist niedrige Deckungsbeiträge bei gleichzeitig sehr starker Bindung zum Unternehmen aus. Sie generieren heute den notwendigen *Cash Flow*, um Gehälter, Produktentwicklungen u.ä. zu finanzieren. Ein Unternehmen verdient an dieser Kundengruppe. Sie erhält eine auf ihre Bedürfnisse zugeschnittene Kundenbindungsmaßnahme.

Tab. Portfolioanalyse Kundentypen mit den Determinanten Deckungsbeitrag und Kundenbindung

Erfolgsfaktor der **Portfolioanalyse** ist **die »explizite Ungleichbehandlung von Kunden«** im Hinblick auf die eingesetzten Maßnahmen zur Kundenbindung.

Wird sie im Hinblick auf die Faktoren Kundenzufriedenheit und Kundenwert angewandt, entsteht ein anderes »Abbild« bezüglich der zur Kundenbindung einzusetzenden Maßnahmen. Diese beziehen sich sowohl auf die Produkteigenschaften als auch auf Kostengesichtspunkte und die Preis- und Konditionspolitik.

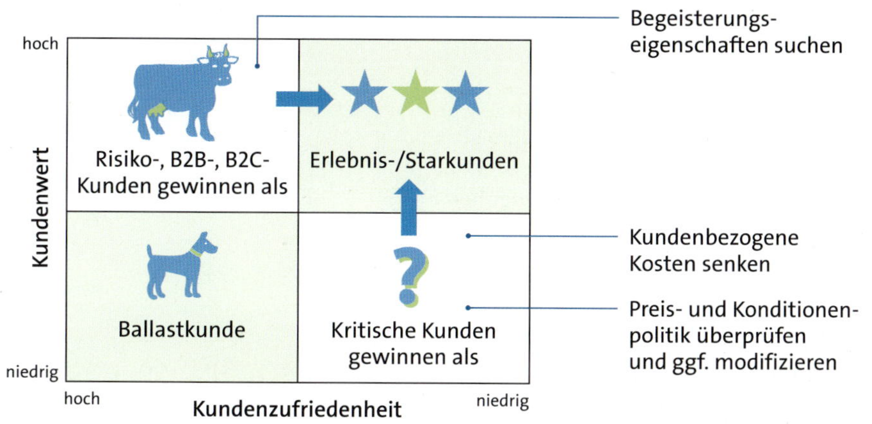

Abb. Portfolioanalyse mit den Determinanten Kundenzufriedenheit und Kundenwert

Der **Kundenwert ist gezielt steuerbar**; er ist kein Datum, das nicht beeinflusst bzw. verändert werden könnte. Er ist eng mit der Stärkung einer Kundenbindung verbunden.

2.5 Messung der Kundenzufriedenheit

Kundenzufriedenheit ist die Meinung von Kunden zur Qualität Reiseleistungen und der dazugehörigen geschäftlichen Abwicklung.

BEISPIEL

Merkmalsorientierte Zufriedenheitsmessung im Reisebüro

- Freundlichkeit, Hilfsbereitschaft
- Erreichbarkeit, Öffnungszeiten
- fachliche Beratung, telefonische Beratung
- ausgebildete Reisebüromitarbeiter
- tagesaktuell Angebote
- individuelle Reiseangebote
- Image des Unternehmens
- Transparenz und Sicherheit im Buchungsverlauf
- Anfahrtsskizze
- Ausstattungsperformance

Die Zufriedenheitsmessung sollte neben dem Merkmal selbst auch eine individuelle Gewichtung des Merkmales zulassen.

Zufriedenheit ☺😐☹	Wichtigkeit ⇩⇨⇧
□ 1 □ 2 □ 3 □ 4	□ 1 □ 2 □ 3 □ 4
□ 1 □ 2 □ 3 □ 4	□ 1 □ 2 □ 3 □ 4
□ 1 □ 2 □ 3 □ 4	□ 1 □ 2 □ 3 □ 4

Instrumente zur Ermittelung von Kundenzufriedenheit

- Kundenbefragungen
- Beschwerderate, Beschwerdezufriedenheit
- Beobachtungen (Silent Shopper)
- Dialogformen (u. a. Fokusgruppen)
- Internet-Feedbacksysteme
- Vorschlagssysteme

Aufbau eines Kundenbefragungskonzeptes

Das Reisebüro erreicht statistisch eine Kundenbindung von annährend 50 Prozent. Aufgrund dessen eignet sich zur Kundenbefragung ein Konzept, dass die **individuelle leistungsspezifische Wahrnehmung des Kunden** in den Mittelpunkt stellt und die Einzelzufriedenheiten mit den einzelnen Aspekten einer Dienstleistung misst.

© Sven Lüders – MEV Verlag

Hierzu eignet sich ein **Fragebogen**.

- **Zielsetzung:** Was soll mit der Befragung erreicht werden?
- **Informationsbedarf:** Welche Informationen soll die Befragung liefern?
- **Zielgruppe:** Wer soll befragt werden?
- **Befragungsmethode:** Wie sollen die Kunden befragt werden?
- Konkrete Befragungsinhalte: Was wollen wir wissen?

Weitere Hinweise und eine **Checkliste Kundenbefragung** finden Sie in ► LF 9, Kapitel 4.1.2, Methoden der Datenerhebung.

BEISPIEL

Kundenfragebogen

Der folgende Fragebogen zur Messung der Kundenzufriedenheit wurde von Auszubildenden für den B2B-Bereich eines Reisebüros entwickelt.

1. Wie würden Sie die Freundlichkeit unserer Servicemitarbeiter beurteilen?
   ☐ Sehr Freundlich ☐ Freundlich ☐ Neutral
   ☐ Unfreundlich ☐ Sehr unfreundlich ☐ Nicht bewertbar
2. Wie lange sind Sie schon Kunde bei diesem Reisebüro? ____________________
3. Wie zufrieden sind Sie mit dem Reiseangebot dieses Reisebüros?
   ☐ Sehr zufrieden ☐ Zufrieden ☐ Neutral
   ☐ Unzufrieden ☐ Sehr unzufrieden
4. Würden Sie die Reise erneut beim selben Veranstalter buchen?
   ☐ Definitiv ja ☐ Wahrscheinlich ja ☐ Eventuell
   ☐ Wahrscheinlich nicht ☐ Definitiv nicht
5. Im Vergleich zu unseren Mitbewerbern würden Sie sagen, unser Reiseangebot ist:
   ☐ Viel besser ☐ Etwas besser ☐ In etwa gleich
   ☐ Etwas schlechter ☐ Viel schlechter ☐ Nicht bewertbar
6. Haben Sie unser Reiseangebot schon einmal weiterempfohlen?
   ☐ Ja ☐ Nein
7. Würden Sie unser Reiseangebot in Zukunft weiterempfehlen?
   ☐ Definitiv ja ☐ Wahrscheinlich ja ☐ Eventuell
   ☐ Wahrscheinlich nicht ☐ Definitiv nicht
8. Wie zufrieden sind Sie mit unserem Unternehmen bezogen auf die Punkte:
   (Sehr zufrieden, zufrieden, neutral, unzufrieden, sehr unzufrieden, nicht bewertbar)
   Qualität ☐ ☐ ☐ ☐ ☐ ☐
   Preis-Leistungs-Verhältnis ☐ ☐ ☐ ☐ ☐ ☐
   Auftragsabwicklung ☐ ☐ ☐ ☐ ☐ ☐
   Kundenservice ☐ ☐ ☐ ☐ ☐ ☐
9. Wie wichtig sind die folgenden Punkte für Sie?
   (Sehr wichtig, wichtig, neutral, unwichtig, sehr unwichtig, nicht bewertbar)
   Qualität ☐ ☐ ☐ ☐ ☐ ☐
   Preis-Leistungs-Verhältnis ☐ ☐ ☐ ☐ ☐ ☐
   Auftragsabwicklung ☐ ☐ ☐ ☐ ☐ ☐
   Kundenservice ☐ ☐ ☐ ☐ ☐ ☐
10. Im Vergleich zu unseren Mitbewerbern würden Sie sagen, unser Service ist:
    ☐ Viel besser ☐ Etwas besser ☐ In etwa gleich
    ☐ Etwas schlechter ☐ Viel schlechter ☐ Nicht bewertbar
11. Wie zufrieden sind Sie mit unseren Mitarbeiterservice?
    ☐ Sehr zufrieden ☐ Zufrieden ☐ Neutral
    ☐ Unzufrieden ☐ Sehr unzufrieden ☐ Nicht bewertbar
12. Wurden Probleme in der Vergangenheit zu Ihrer vollsten Zufriedenheit behoben?
    ☐ Ja ☐ Ja, aber es dauerte seine Zeit
    ☐ Nein ☐ Nicht bewertbar
13. Haben Sie weitere Anmerkungen bezüglich unserer Reiseangebote oder unserer Serviceleistungen?

    ____

Die Kundenzufriedenheit ist ein wesentliches Element zur Beeinflussung der Kundenbindung.

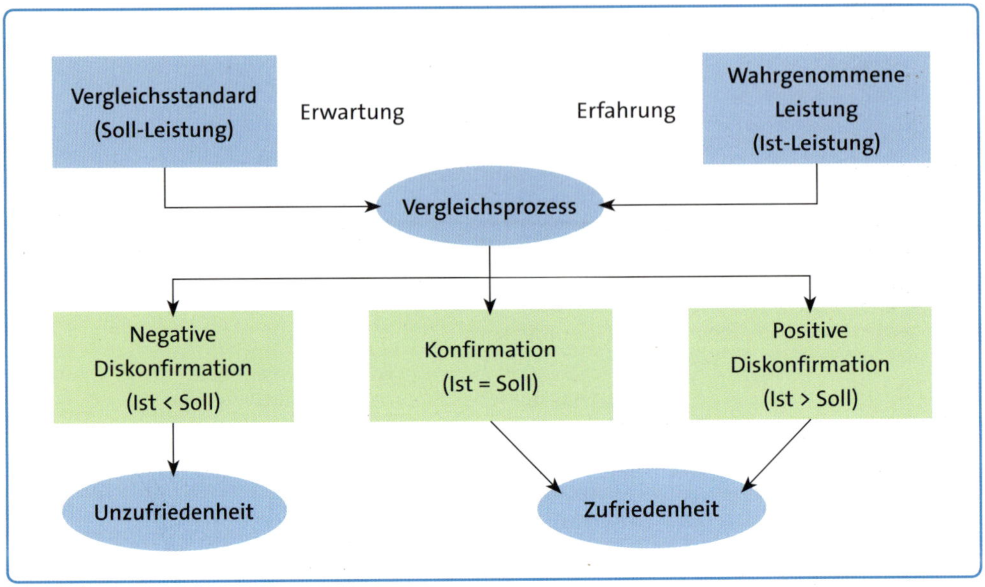

Abb. Kundenzufriedenheit nach den *Confirmation-/Disconfirmation-Paradigma*

Kundenzufriedenheit wird als das **positive Ergebnis eines psychischen Vergleichsprozesses** zwischen den Erwartungen eines Kunden sowie dem von ihm tatsächlich wahrgenommenen Leistungsniveau verstanden (vgl. *Kano-Modell* der Kundenzufriedenheit ▸ LF 10, Kapitel 6.3.2).

Aber: Selbst wenn Kundenforderungen mit dem Kunden vereinbart und erfüllt wurden, bedeutet dies nicht notwendigerweise, dass damit eine höhere Kundenzufriedenheit oder eine festere Kundenbindung sichergestellt sind.

MERKE

Abhängigkeiten
Kundenzufriedenheit hängt von dem individuellen Anspruchsniveau des Kunden, dem Image des Unternehmens (bzw. der Marke), dem Leistungsversprechen des Unternehmens, dem Wissen um Alternativen und Bestleistungen einerseits- und dem tatsächlicher Nutzen, der subjektiven Wahrnehmung der Leistung andererseits-, der Zuverlässigkeit der Leistung und der individuellen Problemlösung ab.

Maßnahmen, um eine Kundenzufriedenheit herbeizuführen, amortisieren sich nicht bei allen Kundentypen und somit ist eine **Bewertung des Kundenwertes notwendig**.

2.6 Nachhaltige Kundenbindung

Kundenloyalität beruht auf der positiven Bewertung einer in Anspruch genommenen bestimmten Leistung (z. B. einer Reise). Sie ist durch ein Vertrauensverhältnis, eine positive Einstellung und die Akzeptanz des Kunden bezüglich der Leistungsfähigkeit des Anbieters charakterisiert. (Hierzu zählt auch die Behandlung von Beschwerden oder Reklamationen.) Zu diesem Zeitpunkt zeigt der Kunde eine **verringerte Wechselbereitschaft** und beabsichtigt, die nächste Reise wieder im selben Reisebüro bzw. Reiseveranstalter zu buchen.

Eine solche Kundenbindung schlägt sich in einem konstanten Wiederbuchungs- oder *Cross-Buying*-Verhalten nieder oder auch in Weiterempfehlungen des Kunden an andere potentielle Kunden. Kundenbindung führt so zu einer **Steigerung des ökonomischen Erfolges**.

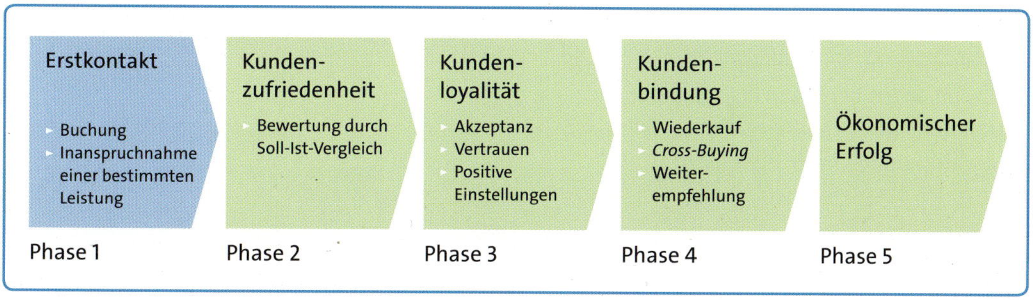

Abb. Wirkungskette der Kundenbindung

MERKE

Kundenbindung und Kundenloyalität
Kundenbindung bestimmt maßgeblich Kundenloyalität und ist damit die Basis eines langfristigen Unternehmenserfolges.
Kundenloyalität geht – im Gegensatz zur Kundenbindung – vom Kunden aus. Sie wird international mit Hilfe der Determinanten »Wiederkaufswahrscheinlichkeit« und »Preiselastizität« gemessen.

Für Reiseveranstalter wie auch Reisebüros sind **Maßnahmen zur Kundenbindung** bzw. zur Erreichung von Kundenloyalität von zentraler Bedeutung. Hierzu zählen u. a. Loyalitätsprogramme, Markenbildung (▸ Kapitel 4), ein »*Superiorservice*« vor, während und nach dem Reiseprozess sowie der »*Better Service for best Customers*«.

Für ein Reisebüro heißt dies zunächst einmal konkret, dass **alle Mitarbeiter bereit sein müssen,** sich auf die Kunden einzulassen. Neben dem kundenorientierten Beratungsgespräch (Verkaufsgespräch ▸ Fachwissen Tourismus Band 1, LF 4, Kapitel 2) erfordert die Kundenbindung weitere Kommunikationsanlässe.

BEISPIEL

Kundenbindung im stationären Reisebüro

- Individuelle abgestimmte Kommunikation mit jedem einzelnen Kunden (B2B, B2C)
- Kunden erhalten kontinuierlich dieselben Ansprechpartner
- Kundenkarten (z. B. mit Identifikationsfunktion, Servicefunktion, Treuefunktion)
- Bonuskarten ohne Identifikationsfunktion
- *Workshops* und Seminare
- Individualisierte Angebote (Reisekonfigurator)
- Kundenevents für spezielle Kundengruppen
- Vorträge von Zielgebietsexperten
- Kundenzeitschriften und *Newsletter*
- Kundenzufriedenheitsbefragungen
- Willkommensgruß nach der Reise
- Direktmarketingpaket
- Einladung zur Vorstellung neuer Kataloge
- Expedienten begleiten eigene Veranstaltung
- Kundenclub
- 24-Stunden-Hotlinie (*Call-Center*)

Im Hinblick auf den **Internetauftritt des Reisebüros** sollten zur Kundenbindung folgende Überlegungen bedacht werden:

© Rapp Joachim – MEV Verlag

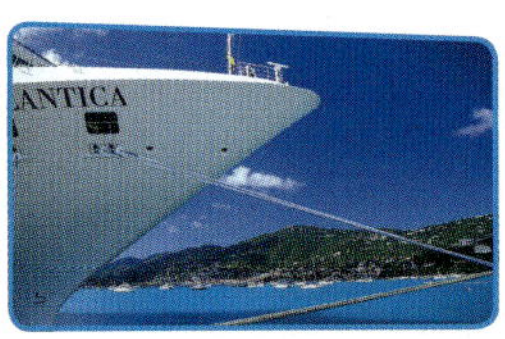

© Photodesign Müller – MEV Verlag

© Ruff – Fotolia.com

- **Produktinformation –** Reise- und Destinationspräsentation, Reiseberatung, Impfempfehlungen, Einreisebestimmungen, *Frequently Asked Questions* (FAQ), *Guided Tour*, *Call-Me-Button*, *Call Center Support*
- **Produktbewertung –** Bewertung, Möglichkeit zur Weiterempfehlung, *Prosuming* (das *Feedback* des Kunden beeinflusst via *Social Media*-Kanäle die Produktentwicklung).
- ***Online Shopping* –** Buchungs- und Zahlungsabwicklung
- **Personalisierung –** Individualisierte Angebote, *Online Konto*

Auf diese Weise hat das Reisebüro gute Chancen, dass eine **tatsächliche Bindung, die aus rationalen und emotionalen Aspekten** besteht, geschaffen wird und der Kunde in den Aktivitäten einen Mehrwert für sich sieht.

Die **emotionale Kundenbindung** ist die stärkste Bindung, die ein Kunde an ein Reisebüro bzw. Reiseveranstalter haben kann. Der Kunde ist stolz darauf Kunde des Unternehmens zu sein (»Wir-Gefühl«) und Leistungen zu beanspruchen.

Emotionale Bindung	Kundenzufriedenheit generiert Verbundenheit
Ökonomische Bindung	Wechselkosten generieren Gebundenheit
Vertragliche Bindung	rechtliche Zusage generiert Gebundenheit
Technisch-funktionale Bindung	technisch-funktionale Zusammenhänge generieren Gebundenheit

Tab. Arten der Kundenbindung

Der **Nutzen aus einer langfristigen emotionalen Kundenbeziehung** sind u. a. sinkende Preissensibilität, Weiterempfehlungen, *Cross-Selling*, Umsatzsteigerung, Kosteneinsparung und geringere Akquisitionskosten.

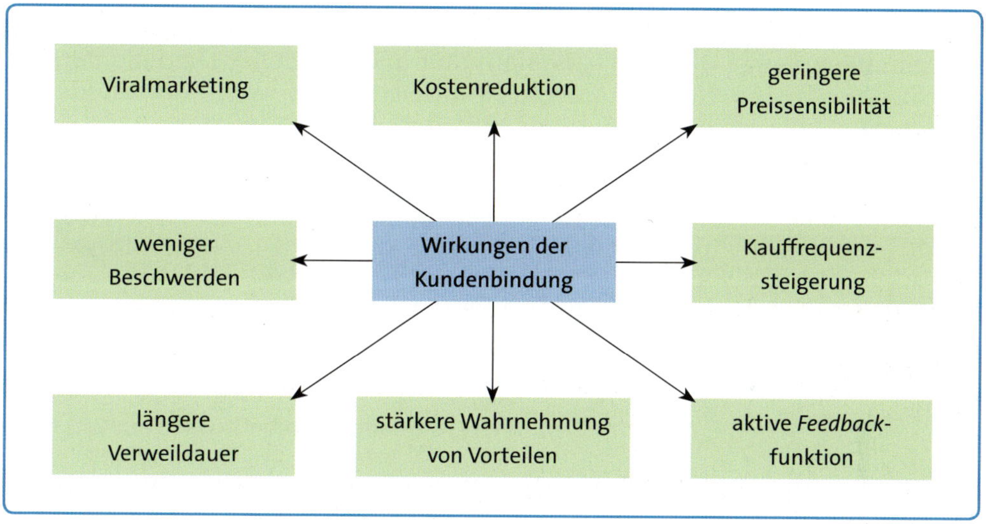

Abb. Wirkungen der nachhaltigen Kundenbindung

Je mehr sich das Unternehmen um den Kunden kümmert und am Kunden orientiert, desto zufriedener ist der Kunde und desto **Mehr – Wert** ist er für das Unternehmen.

Der richtige Umgang mit den **Vier K's des Kundenmanagements** sichert letztlich den Unternehmenserfolg.

MERKE

Die 4 K's des Kundenmanagements
- Kundenorientierung
- Kundenwert
- Kundenzufriedenheit
- Kundenbindung

2.7 Aktives Beschwerdemanagement

Kundenzufriedenheit weist ein hohes Gefährdungspotential schon während des Leistungsprozesses auf, dem durch ein aktives Beschwerdemanagement zu begegnen ist.

Reklamationen sind ein Indikator für Kundenunzufriedenheit. Die Beschwerdequote im Reisevertrieb lag im Jahr 2011 bei fünf Prozent. Dieser relativ niedrige Wert bedeutet nicht automatisch eine hohe Kundenzufriedenheit.

Die **Definition einer Reklamation** entsprechend der Norm DIN ISO 10002:2005 kann als »Ausdruck der Unzufriedenheit, die gegenüber einer Organisation in Bezug auf deren Produkte zum Ausdruck gebracht wird, [...]« verstanden werden, welche sachlich (Beanstandung in Bezug auf einen Mangel oder Fehler) begründet ist.

Das **Beschwerdemanagement eines Unternehmens (eines Reisebüros)** befasst sich vor allem damit, dass ein systematischer und planvoller Umgang mit den Beschwerdeeingängen der Kunden gewährleistet wird. Wenn der Kunde zufrieden ist kann auch ein zukünftiger Markterfolg erzielt werden.

MERKE

Beschwerdemanagement
Beschwerdemanagement ist ein aktiver Ablauf zur Erhaltung und zum Aufbau von Kundenbeziehungen, der zur Zufriedenheit der Kunden beiträgt.

Das Beschwerdemanagement kann in **drei Phasen** unterteilt werden:

- Die **Beschwerdestimulierung** (► Fachwissen Tourismus Band 1, LF 4, Kapitel 3.2.1) bringt den Kunden dazu sich über seine Unzufriedenheit zu äußern. Damit soll einer Abwanderung oder negativen Nachrede über das Unternehmen vermieden werden.
- In der **Beschwerdeannahme** wird die Beschwerde selbst aufgenommen und ausgewertet. Eine CRM-Lösung kann bei der Erhebung helfen und somit erheblich Zeit einsparen.

- In der letzen Phase, der **Beschwerdebearbeitung und -reaktion** wird die Beschwerde an den richtigen Kompetenzbereich weitergeleitet. Am Ende wird kontrolliert, wie weit die Unzufriedenheit des Kunden beseitigt werden konnte. Mit der letztendlichen Reaktion des Kunden schließt der Beschwerdemanagement-Prozess ab.

Intern wird der Prozess jedoch um die Analyse, Auswertung und um Interventionsmaßnahmen zur konsequenten **Vorbeugung und Behebung von Fehlerquellen** ergänzt.

Vorgehensweise Beschwerdemanagement (Überblick)

BEISPIEL

1. Beschwerdeannahme – Kundendaten, Beschwerde, aufnehmende Person, Sofortmaßnahmen
2. Beschwerdebearbeitung – standardisiert nach innen, individuell nach außen
3. Abschluss – Kommunikation der Lösung an den Kunden, sachlich, keine Rechtfertigung
4. Systematische Auswertung – Bewertung der Reklamation, Entwickeln von Lösungen zur Reduktion der Reklamationen, Lernen aus den Reklamationen
5. Systematische Behebung der Reklamationsquellen – Interventionsmaßnahmen, Veränderungen an den Leistungsprozessen, Verbesserungen beim Verhalten und in der Kommunikation zum Kunden, Optimierung der Dienstleistungen

Konkrete Handlungsanweisungen zum Umgang mit Beschwerden finden Sie ausführlich in ▸ Fachwissen Tourismus Band 1, LF 4, Kapitel 3.2 beschrieben.

Fazit:

- Ein **aktives Beschwerdemanagement** verbessert die Zufriedenheit und die Einstellung des Kunden gegenüber dem Unternehmen und führt zur **intensivierten Kundenbindung** durch die Stabilisierung gefährdeter Kundenbeziehungen.
- Es verhindert andere (meist kostenintensivere) Kundenreaktionen und reduziert negative. Es initiiert **positive Mundkommunikation** und schafft so zusätzliche akquisitorische Effekte.
- Ein aktives Beschwerdemanagement ist bestens dazu geeignet, dem Kunden gegenüber ein **unternehmensseitiges *Commitment*** (dt. Verpflichtung) zu demonstrieren, also die Umsetzung und Verdeutlichung einer **kundenorientierten Unternehmensstrategie.**
- Eine Beschwerde bieten die Chance die Kundenbeziehung zu erhalten oder sogar zu vertiefen **Schwachstellen** innerhalb des Unternehmens aufzudecken und **Qualitätsverbesserungen** zu erreichen. Sie reduziert interne und externe Fehlerkosten.

Unternehmen sollten schon aus ökonomischen Erwägungen heraus, nicht allen Kunden einen Platz auf dem »Kundenthron« anbieten. Um Marketingmaßnahmen zielgerichtet und kostengünstig einsetzen zu können, ist nur **der Kunde König, der heute und in Zukunft für den größtmöglichen Wertbeitrag sorgt.**

AUFGABEN

1. Erläutern Sie das »Kundenbeziehungsmanagement« unter den Aspekten Angebote, Konzepte, Zielsetzung und IuK-Technologie.
2. Warum wird das «kollaborative CRM« auch als »kommunikatives CRM« bezeichnet?
   a) Auf welche Bereiche bezieht sich das kollaborative CRM?
   b) Welche Zielsetzung verfolgt es?
   c) Welche Kanäle setzt ihr Ausbildungsbetrieb im Rahmen des kommunikativen CRM ein?
3. Warum muss das *Front Office* zur Optimierung des Dialogs mit dem Kunden eine Anbindung an den *Back Office*-Bereich haben?
4. Welche Aufgabe hat das »analytische CRM«?
5. In wie fern unterstützt *Data Mining* die operativen und kommunikativen CRM-Prozesse?
6. Warum ist ein Gesprächsleitfaden für *Outbound*-Aktionen in der Regel um die so genannte »Einwandbehandlung« ergänzt?
7. Unter welchen Voraussetzungen kann ein Gesprächsleitfaden an den jeweiligen Gesprächspartner und an die Beziehungskonstellation angepasst werden?
8. Welche Vorteile sehen Sie in der strukturellen Unabhängigkeit der einzelnen Textbausteine eines Gesprächsleitfadens?
9. Warum sollte ein Gesprächsleitfaden nicht wörtlich abgelesen werden, sondern nur als Erinnerungsstütze dienen?
10. Ein Gesprächsleitfaden bildet den möglichen Verlauf eines Verkaufsgesprächs ab. Erstellen Sie eine grafische Abfolge der einzelnen Gesprächsabschnitte.
11. Sie erreichen Ihren Kunden am *Handy* – welchen Tipp würden Sie sich für diesen Fall in den Gesprächsleitfaden eintragen?
12. Welche Merkmale eines Expedienten in einem *Call Center* sehen Sie als die vier wichtigsten an? Begründen sie Ihre Entscheidung.
    - Kenntnisse über die bewährten Methoden der Gesprächsführung
    - umfassende Kenntnisse über Produkte und Dienstleistungen
    - positive Grundeinstellung

- zügige Arbeitsweise
- kundenorientiertes Denken und Handeln
- freundlicher Umgangston
- gute Telefonstimme
- beraterisches und/oder verkäuferisches *Flair*
- sprachliche Gewandtheit

13. Fertigen Sie einen Gesprächsleitfaden für eine junge Familie und eine Zielgruppe nach Ihrer Wahl an.
14. Erstellen Sie für einen Ihrer Mitschüler/-innen ein Kundenprofil.
15. Warum ist das Wissen über den Kunden ein »Vermögensgegenstand«, auch wenn er in der Bilanz nicht ausgewiesen wird?
16. Welches Ziel wird mit CRM in der Kundenakquisitionsphase verfolgt?
17. Worin besteht der Unterschied zwischen *Up Selling*- und *Cross Selling*-Leistungen?
18. Entwickeln Sie einen Kundenbeziehungs-Lebenszyklus für einen Privatkunden, der vom *Single*-Dasein über verschiedene Lebensabschnitte und Lebensabschnittsgefährten bis zum *Best Ager*-Alter recht.
19. Welche Instrumente setzen Sie in Ihrem Ausbildungsbetrieb zur Kundenwertoptimierung ein?
20. Bilden Sie drei eigene Beispiele, die die Kundenwertoptimierung unterstützen.
21. Bilden Sie drei eigene Beispiele für »Wechselbarrieren«.
22. Welche Instrumente setzen Sie in ihrem Ausbildungsbetrieb zur Kundenwertsicherung ein?
23. Warum wird der Kundenwert aufgrund von quantitativen und qualitativen Informationen bestimmt?
24. Was versteht man unter dem »*Pareto*-Prinzip« im Hinblick auf die Kundenwertbestimmung?
25. Im Rahmen der »ABC-Analyse nach Umsatz« werden die Kunden aufgrund ihres in der Vergangenheit getätigten Umsatzes im Verhältnis zum Gesamtumsatz des Unternehmens in A, B und C-Kunden eingeteilt. Welche Gefahren Sie für ein Reisebüro, dass sich ausschließlich einer solchen Vorgehensweise bedient?
26. Welche Schlüsse ziehen Sie daraus, dass die »ABC-Analyse nach der Kundendeckungsbeitragsrechnung« konträr zur »ABC-Analyse nach dem Gesamtumsatz« des Unternehmens ist, also ein A-Kunde zu einem C-Kunden wird?

27. Warum sollten zur Ermittelung des Kundenwerts bei der ABC-Analyse sowohl Umsatz, als auch Deckungsbeitrag Berücksichtigung finden?

28. Warum ist die altbekannte Maxime »Der Kunde ist König und sollte auch als solcher behandelt werden« längst überholt?

29. Berechnen Sie die Deckungsbeiträge für die Kunden A und B.

Daten für Kunde A:
- Bruttoerlös der Periode 180.000,00 Euro
- Erlösschmälerungen 6.000,00 Euro
- Kosten der von Kunden bezogenen Leistungen 40.000,00 Euro
- eindeutig Kunden bedingte Auftragskosten 2.000,00 Euro
- eindeutig Kunden bedingte Besuchskosten 3.000,00 Euro
- sonstige Kunden bezogene Prozesskosten 1.000,00 Euro

Daten für Kunde B:
- Bruttoerlös der Periode 300.000,00 Euro
- Erlösschmälerungen 5.000,00 Euro
- Kosten der von Kunden bezogenen Leistungen 80.000,00 Euro
- eindeutig Kunden bedingte Auftragskosten 2.500,00 Euro
- eindeutig Kunden bedingte Besuchskosten 3.000,00 Euro
- sonstige Kunden bezogene Prozesskosten 1.500,00 Euro

30. Was versteht man im Rahmen des *Customer-Lifetime-Value* (CLV) unter »aktuellem Kundenwert« und »potenziellem Kundenwert«?

31. Erläutern sie folgende Formel zur Bestimmung des CLV.

$$\text{Kundenwert} = \text{Investitionen} + \text{Abgezinste Summen aus} \left(\text{Absatz} \cdot \text{Deckungsbeitrag} \cdot \text{Kundenbindungswahrscheinlichkeit} \right)$$

32. Unterscheiden Sie die vier Kundengruppen eines Kundenportfolio (▸ Kapitel 2.4) im Hinblick auf die Deckungsbeiträge und notwendigen Marketingaktivitäten.

33. Worin unterscheiden sich »Kundenloyalität« und »Kundenbindung«?

34. Erläutern Sie die »Vier Arten der Kundenbindung« jeweils an einem konkreten Beispiel.

35. Entwerfen Sie ein »Kundenbindungskonzept« mit sechs Maßnahmen für Ihr Reisebüro.

36. Nennen und begründen Sie qualitative und quantitative Größen, die als »Treiber des Kundenwertes« angesehen werden.

37. Entwickeln Sie einen »Regelkreis für das Beschwerdemanagement«.

3 Prozesskostenrechnung

Ein **Geschäftsprozess** (*business process*) ist eine funktions- und stellenübergreifende **Folge von Schritten** zur Erreichung eines geplanten Arbeitsergebnisses in einem Unternehmen. Diese Schritte heißen **Geschäftsprozessaktivitäten** (*business process activities*), kurz Aktivitäten.

- Geschäftsprozesse beschreiben die **Innensicht** eines Systems.
- Geschäftsservices beschreiben die **Außensicht** eines Systems.

BEISPIEL

Geschäftsprozess DB-Fahrschein
Vor der Buchung – Begrüßung → Bedarfsermittlung → Fahrplan aufrufen
Buchung – Tarif auswählen → Daten für Fahrschein eingeben → Platzkarte/Reservierung vornehmen → Buchungsbestätigung → Ausgabe des Fahrscheines
Nach der Buchung – Zahlung → Verabschiedung → Vorgang nachbearbeiten → Vorgang ablegen

Mit Hilfe der Prozesskostenrechnung können die anfallenden **Ablaufkosten in den inneren Unternehmensbereichen (Gemeinkosten, GK)** für einen Geschäftsprozess berechnet werden.

Die **Prozesskostenrechnung (PKR)** ergänzt die traditionellen Systeme der Kostenrechnung (Vollkosten- und Teilkostenrechnung ▸ Fachwissen Tourismus Band 3) und ist ein **kostenrechnerisches Verfahren**, mit dem die Kosten der Gemeinkostenstellen (z. B. des Einkaufs) nach Inanspruchnahme direkt – also nicht über Zuschläge oder Umlagen – auf die Kostenträger (z. B. »Reisen«) verrechnet werden.

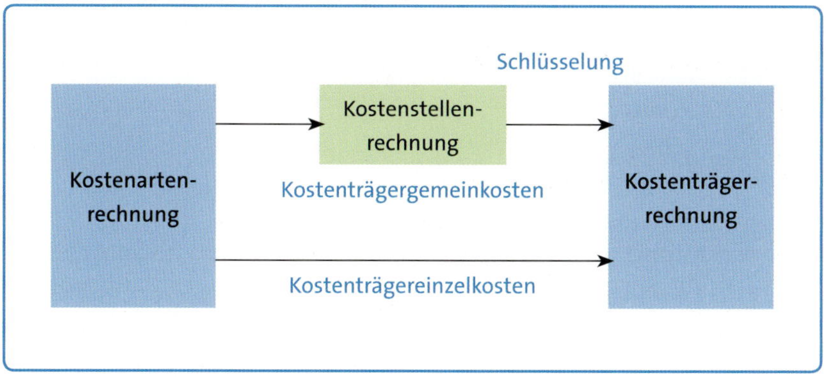

Abb. Kostenverrechnung in der klassischen Kostenrechnung

Somit werden Produkte (Reisen), interne und externe Dienstleistungen und Kunden nur mit denjenigen Kosten belastet, die sie auch **tatsächlich verursachen**.

MERKE

Ziele und Aufgaben der Prozesskostenrechnung

Ziele und Aufgaben der Prozesskostenrechnung sind, die Gemeinkosten besser zu planen, zu steuern und zu kontrollieren sowie die Gemeinkosten im Rahmen der Kalkulation verursachungsgerecht zuzurechnen, d. h. den Kostenträgern sämtliche Kosten zuzurechnen, die sie verursachen.

Hauptziele der Prozesskostenrechnung:

© GEWA FotoStudio – MEV Verlag

© Creativstudio – MEV Verlag

© Mike Witschel – MEV Verlag

© bluedesign – Fotolia.com

- **Gemeinkostentransparenz**
- Schlüsselfrage: Was kostet ein Prozess?
- **Kapazitätsplanung**
- Schlüsselfrage: Welche *Ressourcen* benötigt ein Prozess?
- **Prozessorientierte Kalkulation**
- Schlüsselfrage: Was kostet eine Produkt (Dienstleistung/Reise) tatsächlich?
- **Prozessoptimierung**
- Schlüsselfrage: Wo liegen Verbesserungspotentiale?

MERKE

Prozesskostenrechnung

Die Prozesskostenrechnung (PKR) basiert auf der Grundannahme, dass Gemeinkosten (GK) des indirekten Leistungsbereichs nicht durch Produkte, sondern durch Prozesse verursacht werden, deren Verrechnung über die jeweilige Prozessmenge, die vom Produkt beansprucht wird, erfolgt.

Die Prozesskostenrechnung wird auch als **Vorgangskalkulation**, im englischen Sprachraum als *Activity Based Costing* (ABC) bezeichnet. *Activity Based Costing* enthält einen einfachen Grundgedanken: Es misst die Kosten dort, wo sie entstehen, nämlich bei den Tätigkeiten. So werden sämtliche **Kosten den Kostenträgern zugerechnet**.

Prozess

Ein **Prozess** (Ursprung lateinisch, zu deutsch Vorgang) im betriebswirtschaftlichen Sinne ist eine **Kette von Tätigkeiten**, die zur Erbringung eines Wert schöpfenden, kundenorientierten Leistungs*outputs* führt bzw. führen soll.

- Bei der **horizontalen Darstellung steht der Prozessablauf** im Mittelpunkt. Auf jeder Prozessebene werden komplette Abläufe abgebildet und zwar unabhängig davon, wie viele Abteilungen (Sparten) an der Leistungserstellung sich beteiligen.
- Die **vertikale Darstellung ist Kostenstellen orientiert (Abteilungs-/Sparten orientiert)**, d. h., die verschiedenen Teilprozesse werden aus funktionaler Sicht den Prozessebenen zugeordnet.

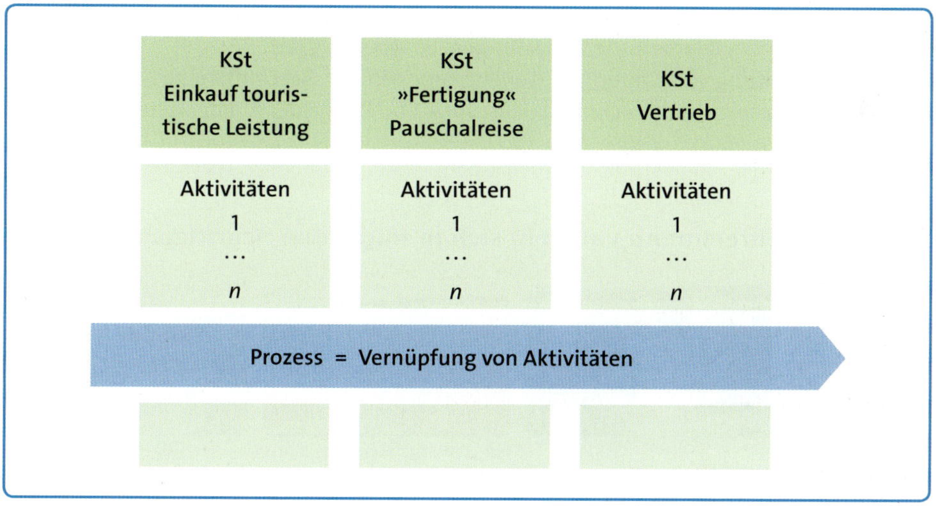

Abb. Beispiel-Aktivitäten und Prozesse bei einem Reiseveranstalter (vereinfacht)

Der Prozess wird immer durch einen **definierten Auslöser** in Gang gesetzt und durch das **gewünschte Ergebnis** beendet. Somit handelt es sich um einen inhaltlich und zeitlich begrenzten Vorgang. Charakteristisch für einen Prozess ist die **sachlogische Abfolge** von Tätigkeiten (Prozessschritte, einzelne Leistungen).

Vorgang (Prozess)

BEISPIEL

- **Prozessauslöser** – Rechnungseingang
- **Prozessschritte** – Bearbeitung der Rechnung (Eingangsstempel, Rechnungsprüfung, Kontierung usw.)
- **Ergebnis** – fristgerechte Zahlung des Rechnungsbetrages

Der **Gesamtprozess der Leistungserstellung** wird zum Zweck der Prozesskostenrechnung in einzelne Tätigkeiten unterteilt.

Tätigkeit

Die Begriffe **Tätigkeit, Transaktion, Aktivität oder Arbeitsgang** werden synonym verwendet und bezeichnen die in den Kostenstellen durchgeführten Tätigkeiten eines Mitarbeiters mit einem messbaren Arbeitsergebnis. Sie sind in der Regel durch ein Verb wie »buchen«, »beraten«, »stornieren« usw. gekennzeichnet.

Die Erfassung und Analyse der Tätigkeiten ist die **grundlegende Voraussetzung der Prozesskostenrechnung**. Jedoch sind nur so genannte gleichartige, und sich wiederholende (lat. *repetitive*) Tätigkeiten für die Prozesskosten von Relevanz.

BEISPIEL

Tätigkeiten
Erstellung von Anfragen, Bearbeitung von Anfragen, Bearbeitung der Rechnungen, Bearbeitung von Zahlungen, Genehmigungen von Geschäftsreisen, Durchführung der Reisekostenabrechnung, Erstellung und Pflege der Kundendatei

Die Prozesskostenrechnung vollzieht sich in folgenden Schritten:

© Karl Thomas – MEV Verlag

- Schritt 1 – **Tätigkeitsanalyse**
- Schritt 2 – **Definition des Hauptprozesses**
- Schritt 3 – **Ermittlung von Kostentreibern**
- Schritt 4 – **Festlegung von Prozessmengen**
- Schritt 5 – **Bestimmung der Prozesskosten**
- Schritt 6 – **Ermittlung der Prozesskostensätze**

Die Inhalte der einzelnen Schritte werden im Verlauf der weiteren Unterkapitel dargestellt.

3.1 Tätigkeitsanalyse

Die Tätigkeitsanalyse bildet das **Fundament der Prozesskostenrechnung** und erfolgt durch Befragungen der Kostenstellenleiter und aller Kostenstellenmitarbeiter, durch Rückgriff auf vorhandene Unternehmensunterlagen, wie Stellenbeschreibungen und Arbeitsanweisungen oder Organisationspläne und Auswertungen von Zeiterfassungsaufzeichnungen.

Durch sie erhält man die notwendigen Informationen, um die **mengenorientierten Tätigkeiten mit Maßgrößen zu quantifizieren** und deren Zeitbedarf zu erfassen.

Die **Tätigkeitsanalyse** zeigt auf welche Aufgaben ein Mitarbeiter an seinem Arbeitsplatz durchführt, und untersucht welche Aktivitäten der Mitarbeiter zu einem Prozess zusammengefasst werden können, und in Hauptprozesse gebündelt der Kostenträgerrechnung zugeführt werden können.

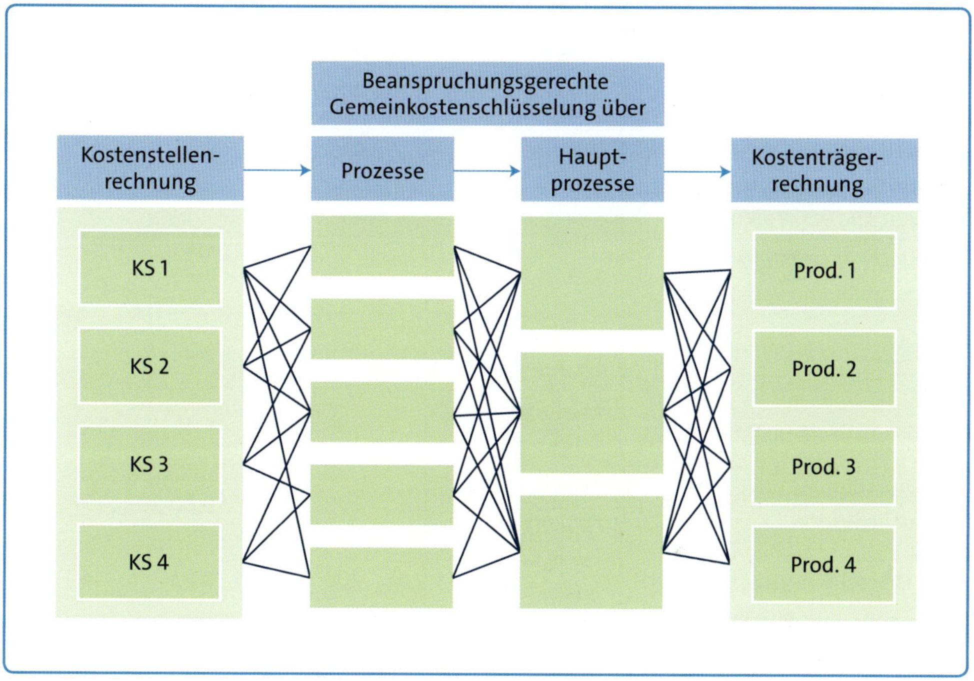

Abb. Prozessbildung

Kernfragen:

- **Was** macht der/die Mitarbeiter/-in im Reisebüro?
- Was hat jede **einzeln erfassbare und abgrenzbare Tätigkeit** eines Mitarbeiters mit der Leistungserstellung (z. B. dem Verkauf von Reisen) zu tun?

Mit der Durchführung einer Tätigkeitsanalyse wird in einer Kostenstelle ermittelt, welche Tätigkeiten innerhalb einer bestimmten Periode (z. B. innerhalb eines Wirtschaftsjahres) durchgeführt werden und wie groß der hierfür notwendige Personal- und Sachmittelbedarf in Prozent der Gesamtkapazität ist. Auf dieser Basis erfolgt für die kommende Periode die **Planung der Maßgrößenmenge**.

Formular zur Tätigkeitserfassung (vereinfacht)

BEISPIEL

Kontierung: 2000	Kostenstellenbezeichnung: Privatreisen		Name: Fr. Müller	
Tätigkeiten	Maßgröße	Maßgrößenmenge pro Jahr	Benötigte Zeit im Jahr	
			In %	In AT
Pauschalreisen aus Katalog verkaufen	Reisen	400	27,27	60
Pauschalreisen als Bausteinreisen aus Katalog zusammenstellen und verkaufen	Reisen	200	18,18	40
Dynamic Packaging zusammenstellen und verkaufen	Reisen	100	11,36	25
Hotelbuchungen vornehmen	Hotelbuchungen	150	2,27	5
Mietwagenverträge schließen	Mietwagenverträge	500	5,45	12
Reiseversicherungen abschließen	Reiseversicherungen	600	6,81	15
DB-Fahrscheine ausstellen	DB-Fahrscheine	200	1,81	4
Flüge buchen	Flugbuchungen	300	5,45	12
Angebote bearbeiten	Angebote	250	9,09	20
Reisen stornieren	Stornierungen	100	5,45	12
Reisen optionieren	Optionen	200	2,72	6
Umbuchungen durchführen	Umbuchungen	40	0,91	2
Katalogwand aktualisieren			0,91	2
Mithilfe bei Inventur			0,45	1
Vertretung Büroleitung			1,81	4
Summe			**100,00**	**220**

AT = Arbeitstage, 5-Tage-Woche, 8 Stunden täglich

Die Ergebnisse einer Tätigkeitsanalyse sind einem **Tätigkeitskatalog** festzuhalten.

3.2 Definition des Hauptprozesses

Logisch zusammengehörige Tätigkeiten im Rahmen einer Kostenstelle werden als **Teilprozesse** bezeichnet. Sie können mehrere Tätigkeiten eines- oder mehrerer Mitarbeiter umfassen. Das Ende eines jeden Teilprozesses ist ein bestimmtes Arbeitsergebnis.

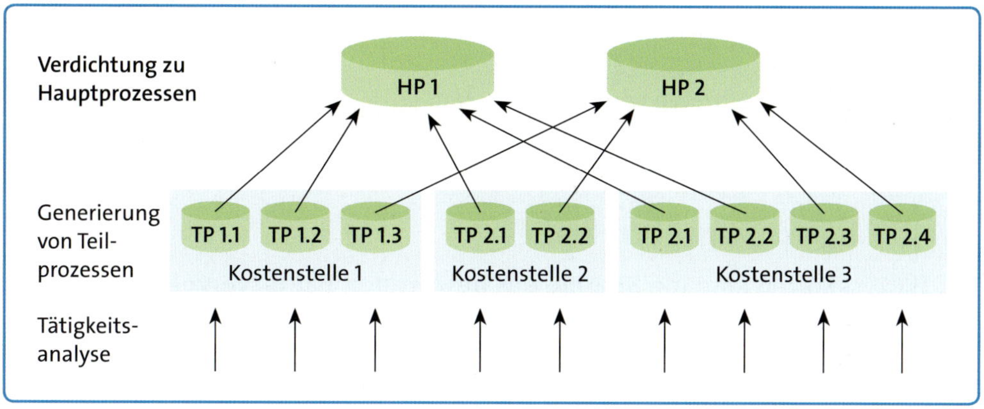

Abb. Hauptprozessverdichtung

Der **Hauptprozess** ist die kostenstellenübergreifende gesamte Verknüpfung sachlich zusammengehöriger Tätigkeiten bzw. Teilprozesse, die den gleichen Kostentreiber (▸ Kapitel 3.3) haben bzw. Kosteneinflussgrößen unterliegen.

Das folgende Beispiel stellt die Verdichtung von Teilprozessen zu dem Hauptprozess *Dynamic Packaging* als vereinfachten Reisebüroprozess dar.

BEISPIEL

Hauptprozess *Dynamic Packaging*

Kostenstelle Privatreisen

Teilprozesse: Kundenwunsch entgegen nehmen → Kundendaten in EDV eingeben → Flug auswählen → Hotel wählen → Verfügbarkeitsprüfung → Transfer wählen → Mietwagen wählen → Tickets wählen → Versicherungen wählen → Weitere Zusatzangebote wählen → Zusammenstellung → Buchung → Buchungsbestätigung und Sicherungsschein ausdrucken → Buchungsbestätigung und Sicherungsschein aushändigen → Anzahlung des Reisepreises entgegen nehmen → Rechnungsunterlagen weiterleiten an Buchhaltung

Kostenstelle Buchhaltung

Teilprozesse: Rechnungserfassung → Rechnungsprüfung → Verbuchung der Rechnung → Restbetrag des Reisepreises über Lastschrift einziehen → Zahlungseingang überwachen → Reisepreis unter Abzug der Provision an Veranstalter überweisen → ggf. Stornierung buchen → ggf. Mahnungen schreiben → ggf. Stornogebühren unter Abzug der Provision an Veranstalter überweisen an

Hauptprozess *Dynamic Packaging* = Kostenstelle Privatreisen (Teilprozesse 1) + Kostenstelle Buchhaltung (Teilprozesse 2)

Hauptprozesse sind die Bestimmungsgrößen, die letztlich für das **Kostenvolumen** der indirekten Bereiche verantwortlich sind. Als **indirekter Bereich des Unternehmens** werden alle Unternehmensbereiche bezeichnet, die unterstützende Leistungen für die Hauptleistung erbringen und in denen überwiegend Gemeinkosten anfallen (z. B. Einkauf, Verwaltung, Vertrieb, Rechnungswesen, Personalabteilung). So werden z. B. die gesamten Kosten, die die Bearbeitung eines Kundenauftrags über das ganze Unternehmen hin verursacht, sichtbar gemacht. Hauptprozesse sind die **Grundlage der prozessorientierten Kalkulation**.

Die **Hauptprozessdefinition** ist wichtig, um eindeutige Kostentreiber zuordnen zu können.

3.3 Ermittlung von Kostentreibern

Die Prozesskosten sind die **Summe des bewerteten Faktorverzehrs** sämtlicher Tätigkeiten eines Prozesses. Für alle Prozesse sind daher adäquate Kostentreiber (Maßgrößen) zu finden, mit deren Hilfe die Prozesse **mengenmäßig erfasst** werden können.

Kostentreiber (engl. *Cost-Driver*; Maßgröße, Bezugsgröße oder Prozessgröße) sind die **Haupteinflussgrößen** bei der Kostenentstehung und Kostenentwicklung.

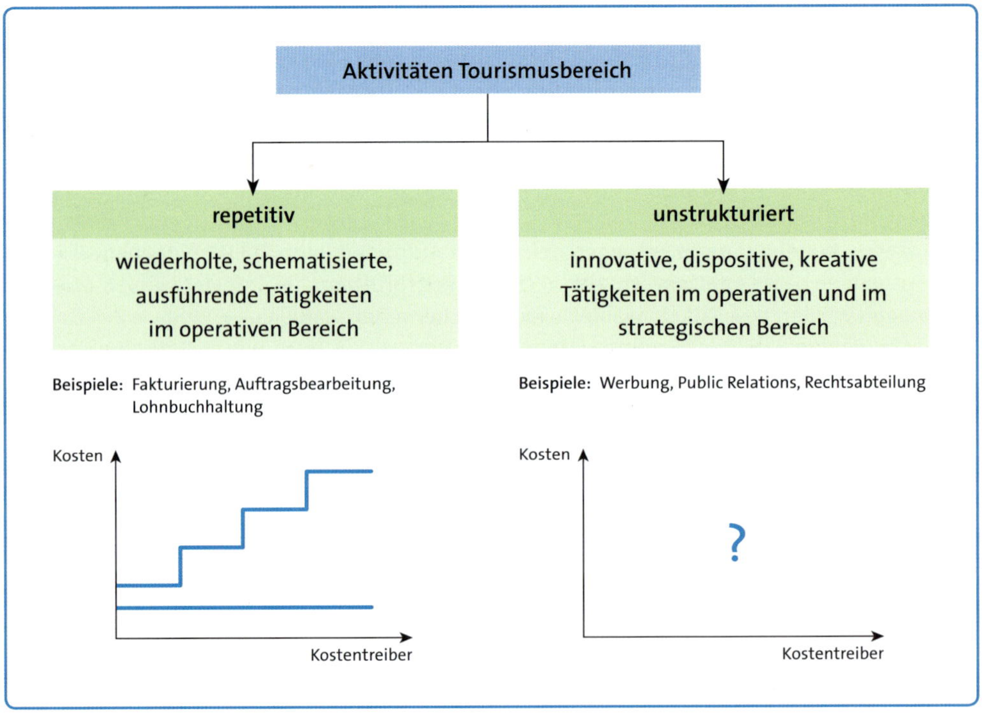

Abb. Kostentreiber bei repetitiven und unstrukturierten (nicht-repetitiven) Prozessen

Im Fall eines *Dynamic Packaging* ist der Kostentreiber die »Anzahl der Buchungen« und nicht die »Anzahl der Reisenden, für die eine Buchung durchgeführt wird«. **Begründung:** die Häufigkeit und somit die Kosten des Prozesses »Buchungsabwicklung« ist unabhängig davon, ob die Buchung für einen oder für fünf Reisende getätigt wird.

Kernfrage ist:

- Von welcher Bezugsgröße hängen leistungsmengenabhängige (leistungsmengeninduzierte) Kosten ab?

Prozess	Prozessbezugsgröße / Kostentreiber
Angebot erstellen	Anzahl der Angebote
Rechnung ausstellen	Anzahl der Rechnungen
Beratungsgespräche führen	Anzahl der Beratungen
Buchung stornieren	Anzahl der Buchung
Direktmarketingpaket erstellen	Anzahl der Direktmarketingpakete
Reklamation bearbeiten	Anzahl der Reklamation

Tab. Prozessleistung und Kostentreiber

MERKE

Kostentreiber

Kostentreiber dienen bei der Prozesskostenrechnung als Maßgröße zur Messung der Inanspruchnahme der Ressourcen für den Leistungsoutput.
Der Kostentreiber gibt die Durchführhäufigkeit des jeweiligen Prozesses an.

Die Kostentreiber sind **Bezugsgrößen** für die **prozessmengenabhängige (verursachungsgerechte) Verrechnung** der angefallenen Gemeinkosten auf die Kostenträger. **Kriterien für Kostentreiber sind daher u. a.:**

© Karl Holzhauser – MEV Verlag

© Independent Light – MEV Verlag

© Karl Holzhauser – MEV Verlag

© Independent Light – MEV Verlag

- **einfache Ableitbarkeit** aus dem verfügbaren Informationsquellen,
- leicht handhabbar (**EDV erfassbar**),
- bilden **Parallelität zwischen Kostenstellenkosten und Prozessgrößen** ab,
- verlaufen **proportional zur Beanspruchung der Ressourcen,**
- **Durchschaubarkeit** und **Verständlichkeit,**
- **direkte oder indirekte Beziehung zum Produkt** ist herstellbar.

BEISPIEL

Ermittlung der Kostentreiber

Teilprozesse	Kostentreiber	Leistungsmengen-
Einkaufsanforderung bearbeiten	Anforderungen	...abhängig
Lieferantenauswahl treffen	Anzahl Lieferanten	...abhängig
Kundenbesuche durchführen	Anzahl der Besuche	...abhängig
Rechnungen bearbeiten	Anzahl der Rechnungen	...abhängig
Abteilung leiten	keiner	...neutral

Kostentreiber als die **Bezugsgröße (Maßgröße) der Kostenverursachung** spiegeln die Inanspruchnahme der Gemeinkosten (GK) durch das Kalkulationsobjekt wieder.

Mit der Bestimmung der Bezugsgröße werden die **Ursachen für die Gemeinkostenentstehung verifiziert und die Kosten für eine einmalige Prozessdurchführung quantifiziert**. Das Ergebnis dient als Basis für die Festlegung der Prozessmenge, eine spätere Nutzung in der (Produkt-) Reisekalkulation und ggf. als Ausweis erreichter Prozessverbesserungen.

3.4 Festlegung von Prozessmengen

Die Anzahl der verrichteten Tätigkeiten eines Prozesses (z. B. die Anzahl der Buchungen in einem Reisebüro pro Jahr) stellen einen Maßstab für die **Kapazität der jeweiligen Kostenstelle** (des Reisebüros) dar.

Als **Prozessmenge** wird die zu einem Kostentreiber gehörende, geplante und messbare Leistung bezeichnet.

Die in einer Periode zu realisierenden Prozessmengen werden z. B. aufgrund von Erfahrungswerten geplant bzw. vorgegeben. Kostentreiber sind diejenigen Größen, mit denen die Inanspruchnahme der Prozessleistungen am besten beschrieben wird.

BEISPIEL

Prozessleistungen

- Beratungsgespräche führen: Kostentreiber = Anzahl der Beratungsgespräche
- Reisestornierung durchführen: Kostentreiber = Anzahl der Stornierungen
- Umbuchung tätigen: Kostentreiber = Anzahl der Umbuchungen
- Reiseoption löschen: Kostentreiber = Anzahl der Optionen
- Produkt buchen: Kostentreiber = Anzahl der Buchungen

Die Kernfrage lautet:

- Wie oft wird jeder leistungsmengenabhängige Prozess (lmi-Prozess ▸ Kapitel 3.5) gebraucht, um das geplante Leistungsvolumen zu erreichen?

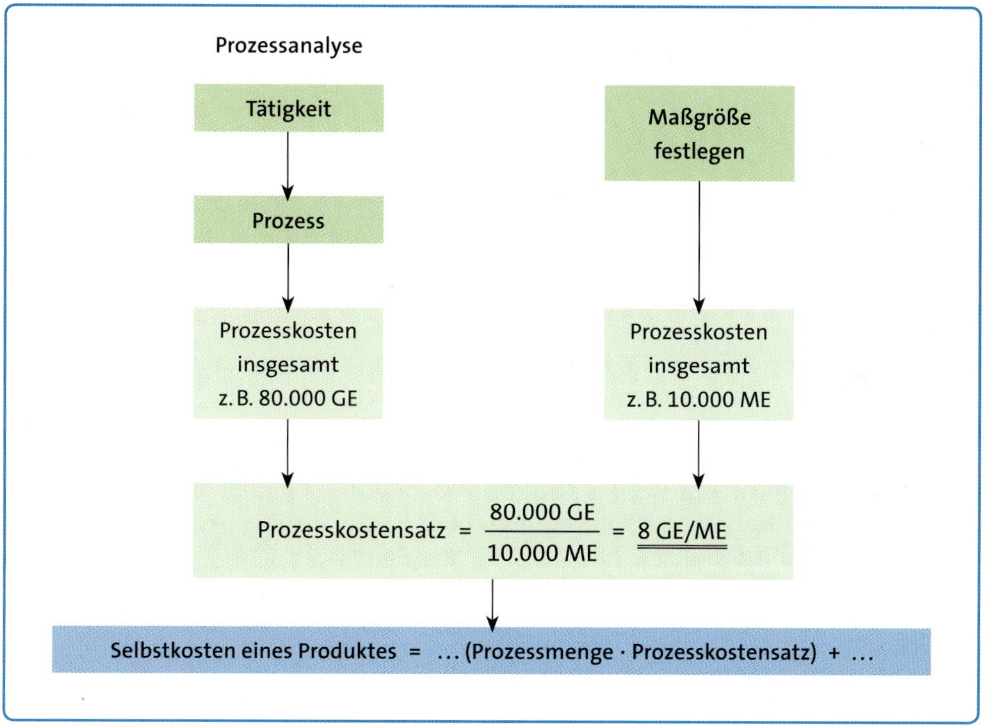

Abb. Praktische Durchführung der Festlegung von Prozessmengen

Mit den ermittelten Prozessmengen ist eine Zuordnung der entstandenen Kosten möglich.

3.5 Bestimmung der Prozesskosten

Prozesskosten sind die zu einer bestimmten Prozessmenge gehörigen Kosten der genutzten bzw. verbrauchten Ressourcen. **Prozesskostensätze** berechnen sich aus dem Verhältnis von Prozesskosten zu Prozessmenge.

> **Prozesskostensatz:**
> Kosten je Prozessgröße = Prozesskosten : Prozessmenge

Nach der Identifizierung aller Teilprozesse einer Kostenstelle sind diese außerdem daraufhin zu untersuchen, ob sie sich in Abhängigkeit von dem in der Kostenstelle zu erbringenden Leistungsvolumen **mengenvariabel** verhalten (leistungsmengeninduzierte Kosten), also unmittelbar durch die Tätigkeiten verursacht werden, oder davon unabhängig **mengenfix** und generell als **leistungsmengenneutrale Kosten** anfallen.

- So ist beispielsweise die Tätigkeit »Abteilung leiten« unabhängig von den Leistungsmengen der Abteilung. Sie wird deshalb als eine leistungsmengenneutrale Tätigkeit bezeichnet. Für **die leistungsmengenneutralen (lmn) Kosten** gelingt es nicht, einen Zusammenhang zu einem Kostentreiber herzustellen. Sie werden daher auch als **indirekte Prozesskosten** bezeichnet.

BEISPIEL

Indirekte Prozesskosten (lmn)
Personalkosten, Buchungskosten, Raumkosten, Werbekosten, Versicherungen, Kfz-Kosten, Akquisitions-Kosten, Verwaltungskosten, Reisekosten

- Die **leistungsmengeninduzierten (lmi) Kosten** stehen in einem (annähernd) proportionalen Zusammenhang zu Leistungsvolumen und Kostenvolumen der Kostenstelle und werden als **direkte Prozesskosten (variable Gemeinkosten)** betrachtet. Für jeden lmi-Prozess braucht man eine Bezugsgröße: Der zeitliche Aufwand der Tätigkeit »Kunden besuchen« (mobiles Reisebüro) in einer Periode ist abhängig von der Bezugsgröße »Anzahl der zu besuchenden Kunden«.

BEISPIEL

Direkte Prozesskosten (lmi)
- Kosten, die durch die Flug- oder Bahnbuchung, Ausstellung eines Bahntickets, Auskunftserteilung, Buchung einer Pauschalreise oder Beschaffung von *Visa* entstehen
- Personalkosten für Expedienten am *Counter* (direktes Kundengeschäft)
- Kosten für *Software*, Lizenzen und *Hardware*
- Versandkosten (z. B. Portokosten)

Kernfrage für die direkten Prozesskosten ist auch:

- Wie oft wird jeder lmi-Prozess gebraucht, um das geplante Leistungsvolumen zu erreichen?

Der größte Teil der **Gemeinkosten (GK)** in einem Reisebüro ist von der Arbeitsleistung und vom Zeitaufwand der Mitarbeiter abhängig. Daher ist die **Aufteilung der Personalkapazität auf die Teilprozesse** das wichtigste Element der Prozesskostenermittlung.

Hierzu ist es notwendig, die gesamte Personalkapazität einer Kostenstelle auf die Teilprozesse aufzuteilen. Generell stehen dazu zwei Verfahren zur Verfügung.

Top Down-Methode

Bei der ***Top Down*-Methode** wird die gesamte Mitarbeiterkapazität einer Kostenstelle (Abteilung/Sparte) in **Mannjahren (MJ)** auf einzelne Teilprozesse verteilt. Das Mannjahr (Mitarbeiterjahr/Personaljahr) ist die **Anzahl der Arbeitstage** (nur Anwesenheitstage) **im Kalenderjahr**.

Es gilt die **Substituierbarkeit des Faktors Zeit** gegen die Personenzahl.

Berechnung von Mannjahren (Zeitanteile)

BEISPIEL

1 Mannjahr = Anzahl der Arbeitstage einer Person in einem Jahr
= ½ Mannjahr von zwei Personen
= 2 Mannjahre einer halben Person (Halbtagskraft)

Dividiert man die Kapazität in Mannjahre je Teilprozess durch die Maßgrößenmengen je Teilprozess, ergeben sich die **Kapazitätsanteile je Durchführung**.

Kapazitätsanteile

BEISPIEL

Zwei vollbeschäftigte Mitarbeiter sind in der Abteilung Finanzbuchhaltung eines Reiseveranstalters tätig. Angenommen, es wird für die Überweisungen von Provisionen die Hälfte der Gesamtarbeitszeit von zwei Mitarbeitern benötigt, wird also 1 Mannjahr (MJ) für die Überweisungen von Provisionen verwendet. In dieser Abteilung gehen jährlich 10.000 Provisionsabrechnungen ein. Die Jahresarbeitszeit pro Mitarbeiter und Mannjahr beträgt 1.900 Stunden. Für unproduktive Anteile der Jahresarbeitszeit (z. B. für Schulungen, Teambesprechungen) wird eine Reduzierung von 236 Stunden angesetzt.

Berechnung des Zeitanteils pro Überweisung:

$$\frac{1.664\ \text{Std./MJ} \cdot 60 \cdot 1\ \text{MJ}}{10.000\ \text{Überweisungen pro Jahr}} = \frac{9.9840}{10.000} = \underline{\underline{9{,}984\ \text{Minuten / Überweisung}}}$$

Der Teilprozess »Überweisung« hat einen Zeitbedarf von 9,984 Minuten.

Bei der *Top Down*-Methode wird die vollständige Mitarbeiterkapazität (Mannjahre) auf die Teilprozesse aufgeteilt.

Bottom Up-Methode

Bei der ***Bottom Up*-Methode** wird die **Menge der in der Abteilung abgearbeiteten Vorgänge** (Maßgrößenmenge) multipliziert mit den Minutenwerten der Teilprozesse. Bei kompletter Erfassung der Teilprozesse einer Kostenstelle muss dies die **Gesamtjahresarbeitsminuten der Mitarbeiter der Kostenstelle** ergeben.

BEISPIEL

Gesamtjahresminuten

In der Abteilung Reklamationsabwicklung sind zwei Vollzeitkräfte beschäftigt.
Anzahl der Reklamationen: 10.000 pro Jahr
Mitarbeiterarbeitstage im Jahr: 208 (AT pro MA), tägliche Arbeitszeit 8 Std.
Jahresarbeitsstunden: 208 · 8 = 1.664

2 MA · 1.664 = 3.328 · 60 = 199.680 Jahresarbeitszeitminuten
(Gesamtkapazität der Kostenstelle Reklamationsabwicklung)

Arbeitsminuten pro Teilprozess: 199.680 : 10.000 = 19,9680

Der Teilprozess »Reklamation« erfordert einen Zeitbedarf von knapp 20 Minuten.

Bei der *Bottom Up*-Methode wird die **Zeitdauer zur Ausführung einzelner Arbeitsvorgänge,** die zu einem Teilprozess zusammengeführt werden, von mehreren Mitarbeitern (unabhängig voneinander) gemessen.

3.6 Ermittlung der Prozesskostensätze

Voraussetzung für die Ermittlung der Prozesskostensätze ist, dass **Prozessmengen (Plan-Prozessmengen)** und Prozesskosten vorliegen.

Grundlage für die Ermittlung von **beschäftigungsabhängigen Prozesskosten** im Reisebüro bildet die **Berechnung der Prozesskosten je Arbeitszeitminute** der Nettoarbeitszeit, die auf eine Leistung entfallen (z. B. auf die Leistung Flug- oder Bahnticket ausstellen).

Der **Minutenkostensatz** gibt den Preis für eine produktive Minute an. Nicht berücksichtigt werden dabei die Fehlzeiten u. a. für Urlaub, Krankheit, Weiterbildung und Informationsreisen.

Entsprechend der Unterscheidung von Tätigkeiten und Prozessen in lmi- und lmn-Prozesse werden in der Prozesskostenrechnung **zwei Prozesskostensätze bzw. Teilprozesskostensätze** gebildet. Die Kostenverrechnung erfolgt, indem den Kostenträgern für jede beanspruchte Einheit einer Bezugsgröße der **zugehörige Prozesskostensatz** zugeordnet wird.

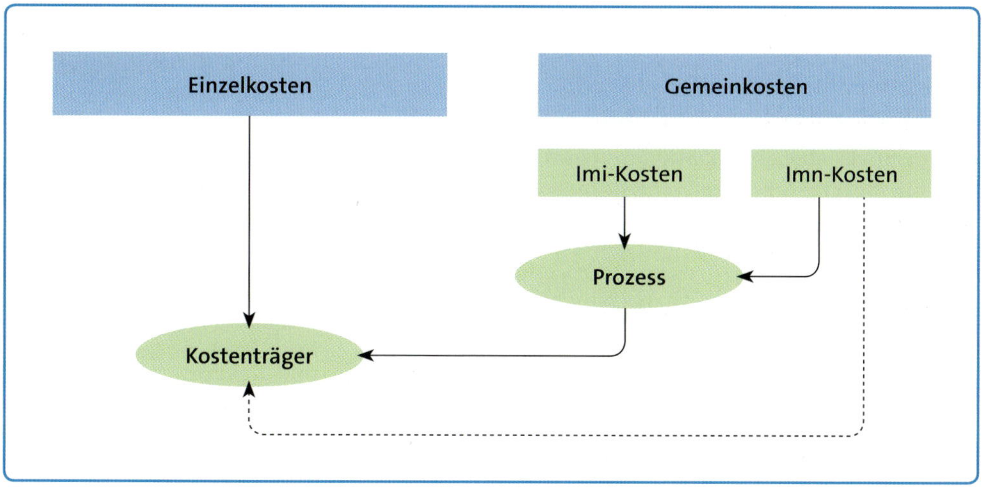

Abb. Verrechnung der Prozesskosten

Für Tätigkeiten bei denen leistungsmengenneutrale (lmn-) Kosten entstehen gibt es **keine direkten produktbezogenen Maßgrößen** der Kostenverursachung. Die Verrechnung dieser Kosten erfolgt entweder,

- indem zunächst die Kosten **kostenstellenübergreifend in einer Sammelposition** zusammengefasst werden, um dann mit prozentualen Zuschlagssätzen auf die Gesamtsumme der bereits produktspezifisch vorliegenden Einzel- und Prozesskosten verrechnet zu werden, oder
- indem die **Umlage der lmn-Prozesskosten** proportional zur Höhe der leistungsmengeninduzierten Prozesskostensätze erfolgt.

Berechnung des Teilprozesskostensatzes

1. Schritt: Berechnung des lmi-Teilprozesskostensatzes

$$\text{LMI-Kostensatz} = \frac{\text{Teilprozesskosten}}{\text{Kostentreibermenge}}$$

2. Schritt: Berechnung des lmn-Teilprozesskostensatzes (Umlagekostensatz)

$$\text{LMN-Prozentsatz} = \frac{\text{Zeitbedarf LMN-Prozesse} \cdot 100}{\text{Zeitbedarf LMI-Prozesse}}$$

Der Teilprozesskostensatz ergibt sich aus:
Teilprozesskostensatz = LMI-Kostensatz + LMN-Kostensatz

Der Teilprozesskostensatz beschreibt die **durchschnittlichen Kosten für die einmalige Durchführung** eines Teilprozesses.

BEISPIEL

Beispiel I: Berechnung der Prozesskosten auf Minutenkostensatz

1. Berechnung des lmi-Prozesskostensatzes

Die Personalkosten eines Reisebüros betragen 80.000,00 Euro, die Arbeitstage sind 220 im Jahr, die tägliche Arbeitszeit ist 8 Stunden, die Dauer eines Verkaufsgespräches inklusive Buchung beträgt 45 Minuten.

Berechnung der Arbeitsminuten: 220 · 8 · 60 = 105.600 Minuten

Kosten der Arbeitsminute: 80.000,00 : 105.600 = 0,76 Euro

Prozesskostensatz für den einzelnen lmi-Prozess (Buchungsprozess)

= Minutenkostensatz · Teilprozesszeit

Buchungskosten (lmi) = 45 · 0,76 = <u>34,20 Euro</u>

2. Berechnung des lmn-Prozesskostensatzes anteilig nach Arbeitstagen

Des Weiteren wird unterstellt, dass im Jahr 40 Arbeitstage für Tätigkeiten aufgewendet werden, die in keinem Zusammenhang zu einem Kostentreiber stehen.

Berechnung des lmn-Prozesskostensatzes:

$$\text{(in Prozent) LMN-Prozentsatz} = \frac{40 \cdot 100}{180} = 22{,}22\,\%$$

(in Euro) LMN-Prozentsatz in Euro = 22,22 % von 34,20 Euro = 7,60

Der Teilprozesskostensatz beträgt somit 34,20 + 7,60 = <u>41,80 Euro.</u>

Beispiel II: Berechnung des Teilprozesskostensatzes im Reisebüro

Ein kleines Reisebüro mit drei Mitarbeitern erfasst die Umsätze nicht nach Sparten, sondern hat nur für die Expedienten die entsprechenden Kostenstellen K1, K2 und K3 gebildet. Frau Müller (K1) vertritt im Rahmen ihrer 220 Arbeitstage pro Jahr an 20 Arbeitstagen die Geschäftsleitung. Ansonsten verteilen sich ihre Jahresarbeitstage auf:

- 20 Tage Flugticketverkauf – Arbeitsminuten pro Teilprozess: 10
- 10 Arbeitstage Bahnfahrkartenverkauf – Arbeitsminuten pro Teilprozess: 15
- 70 Tage Verkauf eigener Reiseveranstaltungen – Arbeitsminuten pro Teilprozess: 60
- 100 Arbeitstage Verkauf von Pauschalreisen und Bausteinreisen – Arbeitsminuten pro Teilprozess: 50

Die Arbeitskosten für die Arbeitsminute sollen 0,80 Euro betragen. Es sind die jeweiligen Teilprozesskostensätze zu ermitteln.

Lösungen:

Berechnung des Teilprozesskostensatzes Flugticketverkauf

lmi: 0,80 · 10 = 8,00 Euro

(in Prozent) LMN-Prozentsatz = 20 · 100 : 200 = 10,00 %

(in Euro) LMN-Prozentsatz in Euro = 0,80

Der Teilprozesskostensatz beträgt somit <u>8,80 Euro.</u>

Berechnung des Teilprozesskostensatzes Bahnfahrkartenverkauf
lmi: 0,80 · 15 = 12,00 Euro
(in Prozent) LMN-Prozentsatz = 10 · 100 : 200 = 5,00 %
(in Euro) LMN-Prozentsatz in Euro = 0,60
Der Teilprozesskostensatz beträgt somit 12,60 Euro.

Berechnung des Teilprozesskostensatzes eigener Reiseveranstaltungen
lmi: 0,80 · 60 = 48,00 Euro
(in Prozent) LMN-Prozentsatz = 70 · 100 : 200 = 35,00 %
(in Euro) LMN-Prozentsatz in Euro = 16,80
Der Teilprozesskostensatz beträgt somit 64,80 Euro.

Berechnung des Teilprozesskostensatzes für Pauschalreisen und Bausteinreisen als Mindestprovision (Selbstkostendeckung)
Ein Großteil der Reisebüroleistungen wird u. a. durch die Reiseveranstalter, Versicherungsunternehmen, Mietwagenunternehmen und Fährbetriebe provisioniert. Für solche Fälle kann mit Hilfe der Prozesskostenrechnung überprüft werden, in wieweit die Selbstkosten durch die Provision abgedeckt werden und wie hoch ggf. ein verbleibender Gewinn ist.
lmi: 0,80 · 50 = 40,00 Euro
(in Prozent) LMN-Prozentsatz = 100 · 100 : 200 = 50,00 %
(in Euro) LMN-Prozentsatz in Euro = 20,00
Der Teilprozesskostensatz beträgt somit 60,00 Euro.

Die Provision des Reiseveranstalters muss somit mindesten 60 Euro betragen, um den Teilprozesskostensatz Beratungsleistung zu decken.

Die Anwendung der Prozesskostenrechnung **unterstützt die strategieorientierte Gestaltung der betrieblichen Wertschöpfung** durch den Allokations-, Komplexitäts- und Degressionseffekt.

Allokationseffekt

In der Zuschlagskalkulation erfolgt eine **wertmäßige Schlüsselung der Gemeinkosten (GK)**. Das heißt, bei der Zuschlagskalkulation ergibt sich aus einer hohen/niedrigen Zuschlagsbasis (Summe der Einzelkosten) der dazu proportionale Gemeinkostenanteil. Dies führt zu einem **Allokationseffekt**.

Bei der Prozesskostenrechnung erfolgt die genaue Zurechnung der Gemeinkosten indirekter Leistungsbereiche **nach Maßgabe der Inanspruchnahme betrieblicher Ressourcen** (z. B. Beschaffung und Bereitstellung fremder und eigener Reisevorleistungen). Der Aufwand, der beispielsweise für den Einkauf von Reisevorleistungen erforderlich ist, wird nicht durch die wertmäßige Höhe der Flug- und Hotelkosten bestimmt, sondern durch die **Kosten der zur Abwicklung erforderlichen Prozesse**.

Beträge in Euro	Einzelkosten	GK-Zuschlag 45 %	Prozesskostensatz	Allokationseffekt
Reise A	80,00	36,00	40,00	+ 4,00
Reise B	120,00	54,00	40,00	– 14,00
Reise C	240,00	108,00	40,00	– 68,00

Tab. Beispiel für den Allokationseffekt – verrechnete GK bei der Zuschlagskalkulation und der prozessorientierten Kalkulation

Die **Differenz stellt das Ausmaß** des Allokationseffektes dar. Dieser Effekt kommt durch die Änderung der Bezugsgröße von »wertbezogen« auf »mengenbezogen« zustande.

MERKE

Allokationseffekt

Der Allokationseffekt (Zuweisungseffekt) ist das Maß der Produktkostenverzerrung infolge nicht verursachungsgerechter Wertschlüsselung durch Zuschlagskalkulation.

Komplexitätseffekt

Die verschiedenen Reiseformen verursachen unterschiedliche Prozesse und damit unterschiedliche Gemeinkosten. **Komplexe Produktvarianten** (z. B. *Dynamic Package*-Reisen) beanspruchen indirekte Leistungsbereiche stärker als einfache Varianten (z. B. Pauschalreisen aus dem Katalog).

In der Zuschlagskalkulation wird dieses Mehr an *Ressourcen*inanspruchnahme vernachlässigt. Dies kann dazu führen, dass »einfache Reisen«, deren Preis mit Hilfe der Zuschlagskalkulation berechnet werden, zu teuer und »komplexere Reiseformen« zu billig angeboten werden, da die Gemeinkosten (GK) proportional umgelegt werden.

BEISPIEL

Einkauf Ausflugsfahrten

Das Rahmenangebot der Reise A umfasst 10 und das des Reiseangebotes B 20 verschiedene Ausflugsfahrten, die einzeln zu reservieren sind.

Reise	A	B
Anzahl Ausflugsfahrten	10	20
Einzelkosten	120,00 Euro	120,00 Euro
Gemeinkostenzuschlagssatz	35 %	35 %
Prozessdurchführungen	10	20
Prozesskostensatz	2,80 Euro	2,80 Euro

Berechnung der Selbstkosten mittels der Zuschlagskalkulation

Reise	A	B
Einzelkosten	120,00 Euro	120,00 Euro
Gemeinkosten	42,00 Euro	42,00 Euro
Selbstkosten	162,00 Euro	162,00 Euro

Berechnung der Selbstkosten mittels der prozessorientierten Kalkulation

Reise	A	B
Einzelkosten	120,00 Euro	120,00 Euro
Gemeinkosten	28,00 Euro	56,00 Euro
Selbstkosten	148,00 Euro	176,00 Euro

Ergebnis: Die komplexere Reisevariante beansprucht indirekte Leistungsbereiche stärker als die einfachere Variante.

Degressionseffekt

Bei der klassischen Zuschlagskalkulation bleibt der Gemeinkostensatz je Stück (Reise) konstant. Somit wird ein **konstanter GK-Prozentsatz pro Stück** (Reise) verrechnet. Die Anzahl der Reisenden und damit die Summe der Einzelkosten im Rahmen der klassischen Zuschlagskalkulation sind für die Kosten des »Prozesses Zuschlagskalkulation« unrelevant, da der betriebliche Ablauf davon unabhängig ist.

Dies hat zur Folge, dass **bei proportionaler Verrechnung der Gemeinkosten** z. B. Gruppenreisen mit niedriger Teilnehmerzahl und entsprechend niedrigen Einzelkosten, zu gering belastet werden, obwohl deren Abwicklung die betrieblichen Ressourcen ebenso belasten wie die Gruppenreisen mit hoher Teilnehmerzahl. Die Prozesskosten pro Reisendem verringern sich somit bei größeren Teilnehmerzahlen, da der Aufwand für die Kalkulation einer Reise immer gleich hoch ist, egal ob es sich um eine größere oder kleinere Teilnehmerzahl handelt.

© Karl Holzhauser – MEV Verlag

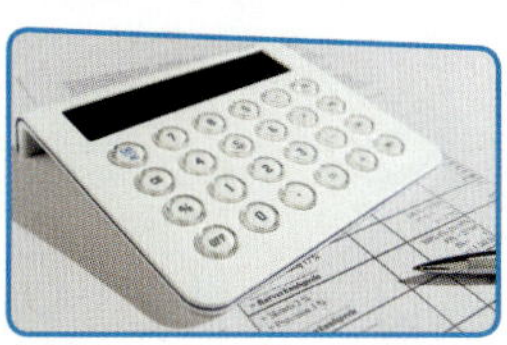
© Independent Light – MEV Verlag

© Karl Holzhauser – MEV Verlag

© Independent Light – MEV Verlag

- **Bei der Zuschlagskalkulation** bleibt der Gemeinkostensatz je Reiseteilnehmer konstant.
- **Bei der Prozesskostenrechnung** verringern sich bei steigender Reiseteilnehmerzahl die Prozesskosten für Prozesse, die von der Anzahl der Reisenden unabhängig sind.

BEISPIEL

Einkauf Ausflugsfahrten

Ausflug	**A**	**B**
Stückzahl	1.000	100
Einzelkosten/Stück	10,00 Euro	10,00 Euro
Gemeinkostenzuschlagssatz	25 %	25 %
Prozessdurchführung	40	40
Prozesskostensatz	20,00 Euro	20,00 Euro

Berechnung der Ausflug-Stückkosten mittels der Zuschlagskalkulation

Einzelkosten	10.000,00 Euro	1.000,00 Euro
Gemeinkosten	2.500,00 Euro	250,00 Euro
Selbstkosten	12.500,00 Euro	1.250,00 Euro
Ausflug-Stückkosten	12,50 Euro	12,50 Euro

Berechnung der Ausflug-Stückkosten mittels der prozessorientierten Kalkulation

Einzelkosten	10.000,00 Euro	1.000,00 Euro
Gemeinkosten	800,00 Euro	800,00 Euro
Selbstkosten	10.800,00 Euro	1.800,00 Euro
Ausflug-Stückkosten	10,80 Euro	18,00 Euro

Ergebnis: Die Prozesskostenrechnung führt dazu, dass Gemeinkosten verursachungsgerecht die Ausflug-Stückkosten belasten und entsprechend niedriger sind als bei der Zuschlagskalkulation.

Für ein Reisebüro lassen sich die Kosten reduzierten, indem die Kostenstruktur optimiert wird. Hierzu müssen die **Prozesskosten je Minute gesenkt** werden. Das heißt für die Mitarbeiterzahl: gleicher *Output* bei weniger Mitarbeitern oder mehr *Output* bei gleicher Anzahl von Mitarbeitern.

Die zweite Stellschraube ist die **Senkung der Prozesskosten für einen Gesamtprozess** (z. B. Buchung, Stornierung). Dies geschieht dominant durch die Optimierung der Prozesse und Arbeitsabläufe. Optimierungspotenziale ergeben sich vor allem durch die **Abkehr vom *Allrounder*-Prinzip** und durch die **Hinwendung zum Spezialisten-Prinzip** auf z. B. Flug-, Bahn-, Touristik-Abteilungen, um Zeit effizienter und effektiver zu nutzen.

Auch im **Hinblick auf den Verkauf von Reiseversicherungen** gibt es noch Optimierungspotenzial. Die Faustregel lautet: Der Zeitaufwand für den Verkauf verhält sich 1 : 3 : 6, je nach Zeitpunkt des Verkaufes (Buchungsabschluss, Abholung der Reiseunterlagen, separater Verkauf).

AUFGABEN

1. Berechnen Sie die Prozessstunden eines Mitarbeiters:

   Kalendertage 365, Samstage/Sonntage 104, Feiertage 10, Urlaubstage 30, bezahlte Arbeitsverhinderungen 2,5 (Tage), Krankheitstage 7,5, 40-Std-Woche/5 Tage, Überstunden 73 (Stunden)

2. Welche Merkmale müssen leistungsmengeninduzierte Kosten aufweisen? Zählen Sie diese bitte auf.

3. Worin unterscheiden sich die lmi- und lmn-Kosten einer Kostenstelle?

4. Was ist ein Kostentreiber?

5. Berechnen Sie die Teilprozesskosten einer Kostenstelle unter Berücksichtigung der Abteilungsleitungskosten (lmn-Kosten) von 30.000,00 Euro.

Teilprozess	lmn/ lmi	Kostentreiber	Teilprozess-menge/Jahr	Kosten der Teil-prozesse/Jahr	Teilprozess-kosten lmi/Jahr
Angebot einholen	lmi	Anzahl der Angebote	3.000	175.000,00 Euro	
Bestellung aufgeben	lmi	Anzahl der Bestellungen	2.000	25.000,00 Euro	
Reklamation bearbeiten	lmi	Anzahl der Reklamation	75	50.000,00 Euro	
Summe				**250.000,00 Euro**	

Teilprozess	Umlage lmn	Teilkostenprozess insgesamt
Angebot einholen		
Bestellung aufgeben		
Reklamation bearbeiten		

6. Die Anwendung der Prozesskostenrechnung unter Zuhilfenahme von Allokations-, Komplexitäts- und Degressionseffekt unterstützt die strategieorientierte Gestaltung der betrieblichen Wertschöpfung. Erläutern Sie diese Aussage.

7. Warum können fixe Kosten leistungsmengeninduzierte oder leistungsmengenneutrale Kosten sein?

8. Für die Kostenstelle »Privatreisen« sind jährlich Kosten in Höhe von 32.000,00 Euro geplant.

Kontierung: 2000	Kostenstellenbezeichnung: Privatreisen		Name: Fr. Müller	
Tätigkeiten	Maßgröße	Maßgrößenmenge pro Jahr	Benötigte Zeit im Jahr	
			In %	In AT
Pauschalreisen aus Katalog verkaufen	Reisen	400	27,27	60
Pauschalreisen als Bausteinreisen aus Katalog zusammenstellen und verkaufen	Reisen	200	18,18	40
Dynamic Packaging zusammenstellen und verkaufen	Reisen	100	11,36	25
Hotelbuchungen vornehmen	Hotelbuchungen	150	2,27	5
Mietwagenverträge schließen	Mietwagenverträge	500	5,45	12
Reiseversicherungen abschließen	Reiseversicherungen	600	6,81	15
DB-Fahrscheine ausstellen	DB-Fahrscheine	200	1,81	4
Flüge buchen	Flugbuchungen	300	5,45	12
Angebote bearbeiten	Angebote	250	9,09	20
Reisen stornieren	Stornierungen	100	5,45	12
Reisen optionieren	Optionen	200	2,72	6
Umbuchungen durchführen	Umbuchungen	40	0,91	2
Katalogwand aktualisieren			0,91	2
Mithilfe bei Inventur			0,45	1
Vertretung Büroleitung			1,81	4
Summe			**100**	**220**

AT = Arbeitstage, 5-Tage-Woche, 8 Stunden täglich

a) Berechnen Sie die Kosten für eine produktive Minute von Frau Müller.

b) Wie hoch muss die Provision für die Vermittlung einer Pauschalreise aus einem Katalog sein, damit die Teilprozesskosten gedeckt sind?

c) Wie viele Euro müsste das Serviceentgelt für die Ausstellung eines DB-Fahrscheins sein, um die Teilprozesskosten zu decken?

9. Beschreiben Sie den Teilprozess Flugticket buchen.

10. Von einem Reisebüroinhaber wird diskutiert, ob für ein Beratungsgespräch (durchschnittliche Dauer 45 Minuten), das nicht zu einer Buchung führt, ein Serviceentgelt erhoben werden müsste.
a) Nehmen Sie zu der Überlegung Stellung.
b) Mit welchem Preis müsste ein Angebot »Beratungsgespräch« von Fr. Müller (► Aufgabe Nr. 8) mindestens kalkuliert werden?

11. Messen Sie Ihren Minutenarbeitsaufwand für folgende Leistung:

Verkauf Privatreisen
- Kundenwunsch entgegen nehmen
- Kundendaten in EDV eingeben
- Flug auswählen
- Hotel wählen
- Verfügbarkeitsprüfung
- Transfer wählen
- Mietwagen wählen
- Tickets wählen
- Versicherungen wählen
- Weitere Zusatzangebote wählen
- Zusammenstellung
- Buchung
- Buchungsbestätigung und Sicherungsschein ausdrucken
- Buchungsbestätigung und Sicherungsschein aushändigen
- Anzahlung des Reisepreises entgegen nehmen
- Rechnungsunterlagen weiterleiten an Buchhaltung

a) Bilden Sie die Summe Ihrer gemessenen produktiven Minuten
b) Unterstellen Sie eine Ausbildungsvergütung von 600,00 Euro monatlich, eine 40 Stunden-Woche (Schulzeit i. S. der Prozesskostenrechnung ist keine produktive Arbeitszeit) und monatliche Aufwendungen des Ausbilders für Sie von zusätzlich 300,00 Euro. Wie viel beträgt der Teilprozesskostenansatz für den Verkauf der Privatreise für den Monat Februar (28 Tage)?

4 Chancen und Risiken einer Marke

»Würden Sie ein Getränk kaufen, das ›Mist‹ heißt? Die Konkurrenzfähigkeit der irischen Whisky-Marke ›Irischer Nebel‹ (›*Irish Mist*‹) auf dem deutschsprachigen Markt ist nicht besonders hoch anzusetzen. Das gleiche gilt für ›Persil‹ in Frankreich. ›*Persil*‹ bedeutet im Französischen nichts anderes als ›Petersilie‹. Und welche französische Hausfrau wäscht schon gern ihre Weißwäsche mit Grünzeug? « [...] Wir müssen dem Markennamen mehr Aufmerksamkeit widmen.« (Unbekannter Verfasser)

www.zitate.de/kategorie/Marke

4.1 Markengesetz – der juristische Hintergrund

BGB

Geschützte Marken und sonstige Kennzeichen (§ 1 MarkenG)
Nach diesem Gesetz werden geschützt: Marken, geschäftliche Bezeichnungen und geographische Herkunftsangaben.

Als Marke schutzfähige Zeichen (§ 3 MarkenG)
(1) Als Marke können alle Zeichen, insbesondere Wörter einschließlich Personennamen, Abbildungen, Buchstaben, Zahlen, Hörzeichen, dreidimensionale Gestaltungen einschließlich der Form einer Ware oder ihrer Verpackung sowie sonstige Aufmachungen einschließlich Farben und Farbzusammenstellungen geschützt werden, die geeignet sind, Waren oder Dienstleistungen eines Unternehmens von denjenigen anderer Unternehmen zu unterscheiden.

Eine Marke anmelden können sowohl natürliche als auch juristische Personen. Der Schutz wird durch eine Eintragung einer Marke im Markenregister beim Deutschen **Patent- und Markenamt** in München erlangt.

Die Eintragung von Marken erfolgt im **Verzeichnis der Waren und Dienstleistungen**, den sogenannten **Warenzeichenklassen**. Für das touristische Gewerbe sind hier vor allem folgende Klassen relevant:

Klasse 36
Inhalte: Versicherungswesen, Finanzwesen, Geldgeschäfte, Immobilienwesen
▸ Dienstleistungen im Zusammenhang mit der Ausgabe von Reiseschecks ▸ Dienstleistungen im Zusammenhang mit Versicherungen (z. B. Reiseversicherungen)

Klasse 39
Inhalte: Transportwesen, Verpackung und Lagerung von Waren, Veranstaltung von Reisen
▸ Dienstleistungen, die im Erteilen von Auskünften durch Reisebüros über Reisen bezüglich der Tarife, Fahrpläne und Beförderungsarten bestehen ▸ Reservierung von Unterkunft für Reisende, die insbesondere durch Reisebüros vermittelt wird

Tab. Warenzeichenklassen für den Tourismus

Die **Schutzdauer einer eingetragenen Marke** beträgt zehn Jahre ab dem Eingangstag der Anmeldung. Der Schutz kann um jeweils zehn Jahre verlängert werden, wenn spätestens am letzten Tag der Schutzdauer eine Verlängerungsgebühr gezahlt wird. Der Markenschutz kann beliebig oft verlängert werden; er kann seinem Inhaber somit ein Ewigkeitsrecht gewähren (vgl. § 47 MarkenG).

Da eine Marke eine Ware oder Dienstleistung kennzeichnet, und sie damit von anderen gleichartigen Produkten unterscheiden soll, sind rein beschreibende Angaben wie etwa »Super« oder »Top« nicht eintragungsfähig. Ein **solches »Freihaltebedürfnis«** besteht auch für die Benutzung des Namens und der Bildnisse historischer Persönlichkeiten.

Markeninhaber haben gegenüber Dritten, die unbefugt die Marke verwenden, **weitgehende Rechte**. Hier ist vor allem das Recht auf Unterlassung und Schadenersatz zu nennen und der Anspruch auf Vernichtung von Gegenständen (»Einstampfen« eines neuen Reisekataloges) sofern z. B. widerrechtlich mit der Marke gekennzeichnet wurde.

4.2 Ökonomische Merkmale einer Marke

Abhängig von der jeweiligen Situation wird in der Betriebswirtschaftslehre eine **Bandbreite von Markendefinitionen** diskutiert. Im Zusammenhang mit der touristischen Leistung scheint folgende Definition zweckmäßig:

MERKE

Definition für »Dienstleistungsmarke«

Unter einer Dienstleistungsmarke soll » [...] ein Zeichen verstanden werden, das der Kennzeichnung von Leistungen dient, deren Erstellung die unmittelbare raumzeitliche Integration des externen Faktors in Form der Personen des Leistungsnehmers oder seines Verfügungsobjektes in den Leistungsprozess erfordert und die daher ausschließlich im Rahmen eines synchronen Kontaktes zwischen Leistungsgeber und Leistungsnehmer bzw. dessen Verfügungsobjektes erfolgen kann.«

Scherhag, K.: Destinationsmarken und ihre Bedeutung im touristischen Wettbewerb, Eul Verlag, 2003

Für die **potenzielle Zielgruppe** ist die Marke ein **Erkennungszeichen** und ein **Qualitätsversprechen** für eine (touristische) Leistung mit spezifischen Merkmalen. Sie erfüllt die Kundenerwartungen aufgrund ihrer dauerhaft werthaltigen, Nutzen stiftenden Wirkung und unterscheidet sich aus Sicht der relevanten Kundengruppe von Mitbewerbern, die den gleichen Grundleistungsnutzen bieten, nachhaltig.

Im Tourismusbereich kommt dem Aufbau eines Vertrauensvorschusses durch eine Marke aufgrund der ***Intangibilität* der touristischen Leistung** und der Tatsache, dass Angebote der Reiseveranstalter häufig als austauschbar empfunden werden, eine besondere Bedeutung zu: Die Entscheidung für eine Tourismusmarke wird **dominant emotional** (nach Erlebnisqualitäten) und nur **sekundär funktional** getroffen.

Eine **touristische Marke hat generell zwei Funktionen**, die unterschiedlich gewichtet sein können. Die Bereitstellung von:

- funktionalen Qualitäten und
- emotionalen Erlebnisqualitäten.

Die **touristische Leistung als Markenartikel** signalisiert dem Konsumenten Kompetenz, Attraktivität und Sicherheit (z. B. Garantie für operative Qualität in der Durchführung der Reise, ein stimmiges Preis-Leistungsverhältnis, Zuverlässigkeit, Pünktlichkeit, Nachhaltigkeit) und reduziert so das **subjektiv empfundene Buchungsrisiko** (funktionale, soziale bzw. psychologische Risiken) für den Konsumenten.

Die Unsicherheit beruht insbesondere bei Erstbuchern einer Marke auf dem Fehlen überprüfbarer (bewertbarer) Informationen zur Einschätzung der Reiseleistung. Das **Signal Marke** kann hier als **Ersatz** für diese Informationen dienen.

Herkunfts- bzw. Unterscheidungsfunktion	Qualitätsfunktion	Werbefunktion	Kommunikationsfunktion
Die Marke ermöglicht es ihrem Inhaber, seine Reiseleistungen von denen anderer Unternehmen abzugrenzen.	Er kommuniziert seinen (potenziellen) Kunden regelmäßig positive Eigenschaften, die seine Reiseleistungen aufweisen.	Sie ermöglicht eine einfache Wiedererkennung des Reiseangebotes des Markeninhabers.	Investitionsfunktion
Der EuGH sieht in der Herkunfts-/Unterscheidungsfunktion die wichtigste Funktion der Marke			

Tab. Funktionen einer Marke aus Sicht des Markeninhabers

Marken mit einem positiven Qualitäts*image* ermöglichen beim Suchvorgang eine effizientere Informationsverarbeitung und damit einen Zeitgewinn, da das Signal Marke als Informationssurrogat für die Schlüsselinformationen einer Leistung steht. Marken stiften durch ihr *Image* bzw. ihre Markenpersönlichkeit einen ideellen Nutzen für den potenziellen Kunden.

Marken lassen eine stets gleich bleibende Qualität bzw. eine sich verbessernde Qualität erwarten. Daher dienen sie auch in der Tourismuswirtschaft in ganz erheblichem Umfang der **Orientierung** der Reiseinteressierten und der **Vertrauensbildung**.

Vor diesen Hintergründen und einem zunehmend fragmentierten Reisemarkt in Europa mit gleichzeitig ansteigender Diversifikation der Reiseangebote sowie der Informationsüberlastung der Nachfrager, wird der Wettbewerb um die Stellung der Marke in den Köpfen und in der Psyche der potenziellen Zielgruppe als **unverwechselbares Vorstellungsbild einer touristischen Leistung** zum zentralen Erfolgsfaktor.

Eine **Marke assoziiert Vorstellungsbilder in den Köpfen** der potenziellen Zielgruppe, aufgrund dessen es im besten Fall zu einer Identifikation mit der Marke und zu einer Diskriminierung der Mitbewerber (Differenzierungsfunktion) kommt.

MERKE

Ziel von Marken

Die Marke bildet eine valide Basis für eine Differenzierung und Abgrenzung gegenüber dem Wettbewerb, erleichtert die Identifikation eines Angebotes bei der Zielgruppe und ermöglicht die Schaffung von Präferenzen.
Marken dienen nicht nur einer klaren Markierung der touristischen Leistung, sondern auch der Identifikation der Zielgruppe.

Die Marke ist das »schärfste Schwert« gegen die Austauschbarkeit von touristischen Leistungen und der wichtigste **Sender zur Kommunikation eines Zusatznutzens**.

Die **Markenidentität** gibt dabei die strategischen Ziele zur Positionierung der Marke vor und bringt zum Ausdruck, wofür eine Marke stehen soll. Sie ist das »Selbstbild einer Marke«. Die Markenidentität sollte die **Markentonalität** involvieren. Die interne Markenidentität (*Brand Identity*) steht in Wechselwirkung mit dem Marken*image*.

Das **Marken*image*** spiegelt die Marke aus Sicht der (potentiellen) Konsumenten wieder und ist das »Fremdbild der Marke«. Das Marken*image* steht für die subjektiv assoziierten Vorstellungen im Kopf der Konsumenten über die Markeneigenschaften. Als besonders positiv ist in diesem Zusammenhang die Verknüpfung mit emotionalen Inhalten an zusehen.

Die **Markenpersönlichkeit** ist ein Teil der Markenidentität. Aufgrund der Wechselwirkung von *Brand Identity* und Marken*image* kann sich beim Konsumenten das Marken*image* zu einer konkreten Persönlichkeit entwickeln, die menschliche Züge aufweist.

Eine Markenpersönlichkeit kann außerdem im Reputationstransfer von Markeneigenschaften auf den Verwender zu dessen Darstellungsbild in der Öffentlichkeit werden oder kann sich durch einen nach innen gerichteten Effekt bei der Selbstverwirklichung des Verwenders ausdrücken: Eine Markenpersönlichkeit kann für den Konsumenten einen **emotionalen Markennutzen** bieten, wenn sie die eigene Persönlichkeit reflektiert und so eine positive Einstellung zur Marke bewirkt bzw. die wünschenswerten Persönlichkeitsstrukturen widerspiegelt, die der Konsument gerne hätte (z. B. besonders sportlich, elegant, luxuriös).

Emotionalen Markennutzen erzeugen:

- Schaffung einer **Markenpersönlichkeit**
- Aufbau von **Beziehungen zu** einer Markenpersönlichkeit
- **Verknüpfung** der Marke **mit Erlebnissen**

Starke und erfolgreiche Marken definieren sich nicht nur über ein Produkt. Stattdessen spiegeln sie ein Lebensgefühl (die »Welt« des Konsumenten) wider, vermitteln Erlebniswerte, Kompetenz, Sympathie, Sehnsüchte und schaffen nicht zuletzt Vertrauen und Sicherheit.

MERKE

Marken

Marken haben durch ständige Marketingmaßnahmen gepflegt einen hohen Wiedererkennungswert und sind durch ein ihnen eigenes, unverwechselbares *Image* subjektiv emotional aufgeladen.

Der Expedient im Reisebüro ist **Markenbotschafter**. Seine Person, sein Wissen, sein Auftreten, seine Empathiefähigkeit **sind seine Marke** und gleichzeitig **Markenwerte seines Veranstalters**. Die Marke ist für den Konsumenten ein Kauf entscheidender oder mit- entscheidender Faktor und muss in den Buchungsprozess integriert werden.

4.3 Markenstrategien der Reiseveranstalter

Im Rahmen der Markenstrategie ist zunächst über die **Markenreichweite**, d. h. die geografische Ausbreitung (regional, national, international, global) einer Marke und über die **Markenpositionierung** (mit ihren Elementen, dem Markenkern als Vertreter der Identität, dem Markennutzen als Versprechen und der Markenpersönlichkeit) zu entscheiden.

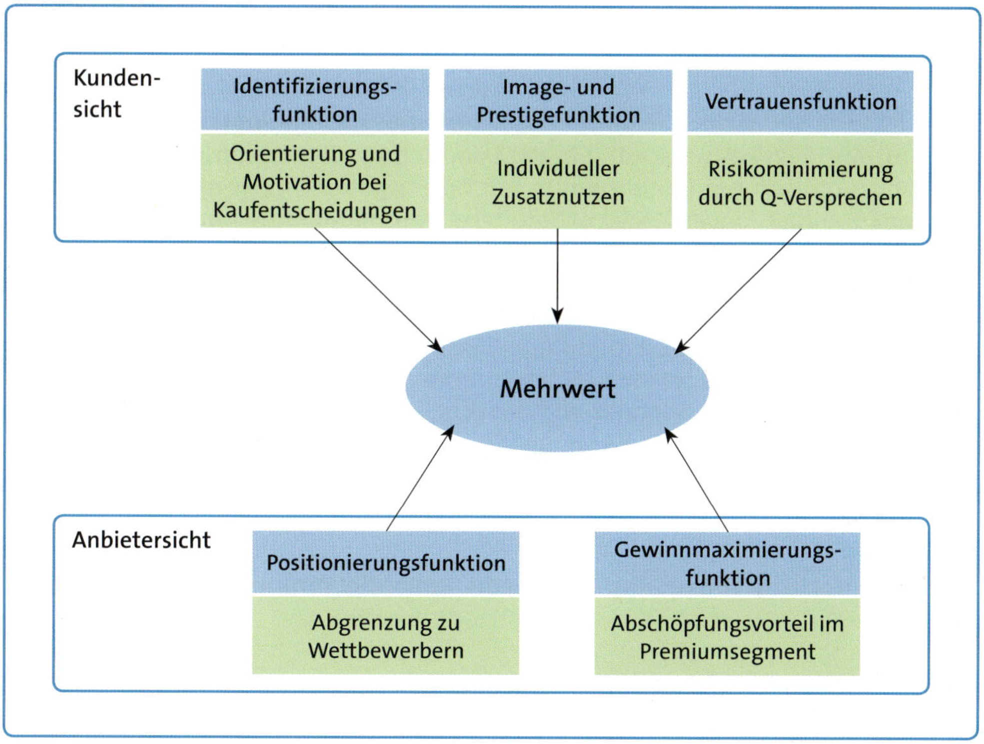

Abb. Funktion von Marken aus Kunden- und Anbietersicht

Quelle: Prof. Dr. Quack, H.-D. »Wandermarken – braucht man sie?« 2010, www.wandermagazin.de

Zur **originären Markenbildung** bieten sich je nach Wettbewerb (horizontal, vertikal, international) verschiedene Strategiealternativen an. Grundsätzlich lassen diese sich durch die **Dimensionen** Breite, Tiefe und Kompetenzhöhe (Architektur) systematisieren.

© GEWA FotoStudio – MEV Verlag

© Creativstudio – MEV Verlag

© Mike Witschel – MEV Verlag

© bluedesign – Fotolia.com

- Die **Breite (Markenanzahl)** entspricht der Anzahl der Marken (Einzel- oder Mehrmarkenstrategie) im Leistungsbereich,
- während die **Tiefe** die Anzahl der Produkte (Markenprodukte) unter einer Marke darstellt.
- Die **Markenarchitektur** (Einzelmarken, Markenfamilien und Dachmarken) bestimmt das Markenspektrum sowie die Anordnung aller Marken in einem Unternehmen und legt die Rollen und Beziehungen der Marken untereinander fest.

Die bekanntesten **Basisstrategien zur Markenbildung** werden hier vorgestellt.

Einzelmarkenstrategie (Monomarke)

Die Einzelmarkenstrategie ist auf die Schaffung und Etablierung einer **klaren, eindeutigen Markenpersönlichkeit** ausgerichtet. Einzelmarken werden vor allem für unterschiedliche Produkte mit **heterogenen Zielgruppen als Marktsegment** gebildet, um eine klar erkennbare, herausragende und deutlich unterscheidbare Marktpositionierung zu erreichen und sich so von den Wettbewerbern zu unterscheiden (Einzigartigkeitsziel). Für jedes einzelne Produkt bzw. für jede Produktgruppe eines Reiseveranstalters besteht eine eigene Marke und der Markenführer (Unternehmensname) bleibt im Hintergrund. Die **»Bearbeitung« der verschiedenen Marktsegmente** erfolgt jeweils mit eigenen, passenden Marketingmaßnahmen und Marketingstrategien.

Reiseveranstalter, die die Einzelmarkenstrategie verfolgen beabsichtigen u. a., dass ein *Imagetransfer* zwischen den Marktsegmenten verhindert wird.

Einzelmarkenstrategie: Jede Leistung des Unternehmens als eigene Marke

Der **Nachteil des Einzelmarkensystems** sind die anfallenden Kosten. Jede Marke muss ihr eigenes Marketingkonzept erhalten.

Mehrmarkenstrategie (Multi Brand Strategy)

Die Charakteristika der Mehrmarkenstrategie sind die **parallele Führung mehrerer, eigenständiger Marken**, die auf denselben Leistungsbereich ausgerichtet sind, sich jedoch im Hinblick auf die Dienstleistung durch zentrale Merkmale unterscheiden. Deren **getrennter Marktauftritt** soll bei den Konsumenten wahrgenommen werden.

Die Marken zielen auf die Befriedigung der Bedürfnisse unterschiedlicher Marktsegmente. Durch die Mehrmarkenstrategie lassen sich eine breite und tiefe Marktabdeckung und z. B. auch die Abdeckung von Marktnischen erreichen, die zur Kundenbindung und Kundengewinnung dient.

Mehrmarkenstrategie: Mehrere Eisen im Feuer!

Ein **Nachteil der Mehrmarkenstrategie** könnte eine **Kannibalisierung** sein, d. h. die eigenen (Mono-) Marken nehmen sich gegenseitig Marktanteile weg (Substituierungseffekt).

Außerdem besteht die Gefahr, dass man mit einer neuen Marke eventuell nur die eigenen Kunden zu »Markenwechslern« macht, aber keine Kunden von Mitbewerberprodukten abziehen kann.

BEISPIEL

REWE Group

Die REWE *Group* hat aufgrund der **Nachteile der Mehrmarkenstrategie** ihre sechs Reiseveranstalter unter der Dachmarke »DER Touristik« zusammengefasst, damit sie als Einheit begriffen werden. Sie hat ihre Vertriebsaktivitäten in Form der »DER Reisebüros« gebündelt und das virtuelle Reisebüro »www.der.com« eröffnet, um die Vertriebswege zu verschmelzen und einen einheitlichen Auftritt zu erreichen.

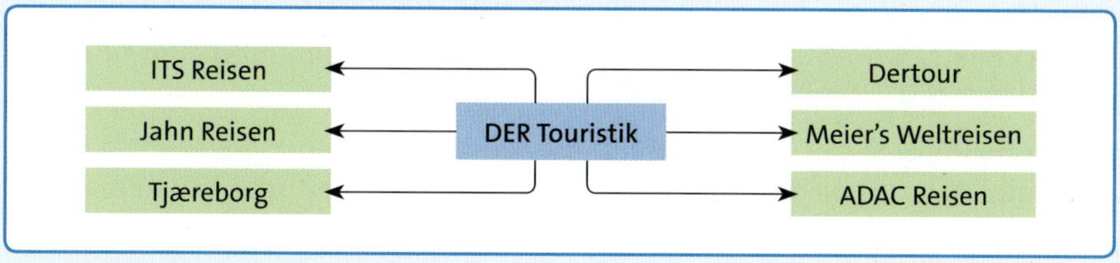

Das Leistungsversprechen von *DER Touristik* ist: Wünsche werden Reise. *DER Touristik* setzt auf die professionelle Beratung seiner Experten, egal, wo und wie der Kunde informiert sein möchte. Zu diesem Konzept gehört auch, dass die klassischen Katalogwände in den Reisebüros der Vergangenheit angehören und erst nach einem ausführlichen Beratungsgespräch der passende Katalog auf den Tisch kommt.

Markenfamilienstrategie (Range-Markenstrategie)

Das **Grundprinzip der Markenfamilienstrategie** ist die Vermarktung mehrerer Leistungen unter einer Marke. Alle Marken einer »Familie« tragen den gleichen Namen, können aber individuell durchaus verschieden sein. Die Marke als solche deckt ein **breites Angebotsspektrum** ab.

In einer Markenfamilie werden Einzelmarken im Sinne der *Corporate Identity* zu einer Familie zusammengefasst. Die Angebotsgruppen innerhalb der Markenfamilie profitieren vom *Image* der Marke und werden durch Gebiets- und Zielgruppenzusätze (z. B. Fernreisen, Rundreisen, Golfreisen) differenziert.

Eine **Sicherung der Produktqualität** und **konsequente *Image*werbung** sind bei der Markenfamilie unerlässlich, da bekanntlich der Negativ-*Imagetransfer* mindestens genauso gut funktioniert wie der *Imagetransfer* im positiven Sinne.

Die Strategie nutzt die Vorteile der Einzelmarke (Profilierungsvorteil) und der Dachmarke (Synergievorteile, Kosteneffizienz).

Markenfamilienstrategie: Markenfamilienname ≠ Unternehmensname

Bei der Mehrfamilienstrategie besteht die Gefahr, dass **negative Ausstrahlungen auf andere Produkte der Markenfamilie übergreifen**, falls es zu Qualitätsverlusten von Produkten kommt. Des Weiteren ist die Abstimmung des Marketingmixes komplexer, da sich z. B. eingesetzte Werbemaßnahmen immer gleich auf die gesamte Produktreihe auswirken.

Dachmarkenstrategie (Corporate Brand)

Die **Dachmarkenstrategie** zeichnet sich dadurch aus, dass sämtliche Unternehmensprodukte unter **einer einheitlichen Marke** (*Umbrella Brand*, Unternehmensmarke oder *Corporate Brand*) geführt werden. Die Profilierung der Unternehmensprodukte auf dem Markt erfolgt über die Firma und ihre Kompetenz, ihre Sympathie und das Vertrauen. Der Unternehmen und die Dachmarke sind daher oft sehr eng miteinander verbunden.

Eine **Dachmarkenstrategie ist sinnvoll,** wenn der Umfang eines Programms für Einzelmarkenstrategien zu groß, die Zielgruppen sehr homogen sind oder das Programm starken Trends unterliegt.

Große Veranstalter mit einem breiten Leistungsspektrum neigen zur Dachmarkenstrategie. Allerdings differenzieren sie ihre Angebote durch Einzelmarken.

Marketingmaßnahmen des Unternehmens beziehen sich sowohl auf die Dachmarke, als auch auf die Einzelmarken. Hierdurch sollen u. a. **Synergieeffekte** (z. B. bei Bekanntheitsgrad, Kompetenz, Vertrauen) generiert werden.

TUI Multimarkenstrategie

BEISPIEL

TUI betreib eine Multimarkenstrategie mit starker Betonung der Dachmarke TUI. Die Marke »TUI« bedient den breiten Massenmarkt und gleichzeitig den hochwertigen Markt (z. B. TUI Premium-Erlebnismarke *Michael Poliza Experiences*).
»[…] Heute gehören zur TUI Deutschland neben dem Reiseveranstalter TUI die deutschen Veranstaltermarken: *1-2-FLY, airtours, Discount Travel, Reiseleicht*, FOX *Tours, Berge & Meer, Gebeco, Dr. Tigges, OFT Reisen, Wolters Reisen* und *L'Tur*. […]«

Abb. TUI macht als »Integrierter Veranstalter« die Marke TUI durchgängig erlebbar
www.tui-deutschland.de

Im Unterschied zur Markenfamilie ist die **Produktpalette bei der Dachmarke** wesentlich größer, da diese nicht nur in einem bestimmten Marktsegment aktiv ist und das Unternehmen nicht so sehr in den Hintergrund tritt.

Dachmarkenstrategie: Dachmarkenname = Unternehmensname

Dachmarken können **weniger klar profiliert werden** und es besteht die Gefahr, dass es zu einer negativen Ausstrahlung bei Produkten mit differenzierter Ausrichtung und Qualität kommt.

Markentransfer

Als weitere **Basisstrategie zur Markenbildung** kann die **Markentransferstrategie** genannt werden. Bei ihr werden Marken*image* und Bekanntheitsgrad bereits eingeführter Marken auf **neue Produkte bzw. andere Produktbereiche ausgedehnt** oder übertragen, um bestehende Synergiepotenziale zu nutzen.

Unternehmen nutzen die »Gesichter« ihrer Marken z. B. auch für Poster, T-Shirts, Kaffeetassen und Sonnenbrillen (engl. Begriff ***Merchandising***).

Markentransferstrategie: Basisstrategie im Rahmen einer Produktlinienerweiterung (vertikale Diversifikation) oder Markenerweiterung (horizontale Diversifikation)

4.4 Markenzeichen

Vertrauen ist die Grundlage für die Kundenbindung bzw. **Markentreue** und entwickelt bzw. festigt sich durch eine **ausgeprägte Markenidentität**.

Durch die **Markenpolitik (Markenführung)** sollen die touristischen Angebote in der Vorstellung der Konsumenten differenziert und eine Dienstleistungsmarkierung (Name und Zeichen) des touristischen Angebotes erreicht werden.

Der **Markenwert** liegt in den Köpfen der Verbraucher und kann auch als »*goodwill*« bezeichnet werden, deshalb kommt der **Marken-Markierung (Markenzeichen)** durch Name und Zeichen (engl. *Branding*) eine besondere Rolle zu. Das Markenzeichen ist das Herzstück für einen **Markenauftritt**.

Abb. Markendreieck

BEISPIEL

*Branding*anforderungen

- Es sollte von ihm eine assoziative und emotionale Wirkung ausgehen.
- Es sollte leicht wiedererkannt bzw. in Erinnerung gerufen werden können.
- Es sollte einprägsam und diskriminationsfähig sein.
- Es sollte vereinbar mit dem *Image* des Unternehmens bzw. der Marke sein.

Unter der **Diskriminationsfähigkeit** versteht man charakteristische Merkmale oder Eigenschaften von Markenelementen, die eine Marke von anderen Marken klar unterscheiden bzw. unterscheidbar machen.

Die **Marke** besteht im Allgemeinen aus **fünf wesentlichen Teilen:**

© Rapp Joachim – MEV Verlag © Photodesign Müller – MEV Verlag © Ruff – Fotolia.com

- **Unternehmensname** (*Company Name*),
- **Unternehmenszeichen** (*Symbol*),
- **Markenbotschaft** (*Corporate Claim*),
- **sprachlicher Ausdruck** der Unternehmensmarke (*Wording* und Schlüsselbegriffe),
- **gestalterischer Ausdruck** der Unternehmenswerte (*Corporate Design*).

Der **Markenauftritt** als solcher wird durch Markenstrategie unterstützt und durch Maßnahmen des Marketing-Mix geregelt.

4.5 Markenkontrolle

Es gibt eine Vielzahl von Ansätzen zum **Marken*controlling***. Sie betreffen u. a. die Messung und Kontrolle des Markenwissens (verhaltenswissenschaftlich, aus Kundensicht) und des Markenwerts (finanzwirtschaftlich, Unternehmenssicht).

MERKE

Marken*funnels*
Sie messen Stärken und Schwächen im *Benchmark* mit dem Wettbewerb auf den verschiedenen Levels (z. B. Bekanntheitsgrad, *Relevant Set*, Nutzungsfrequenz, Zufriedenheit, Weiterempfehlungsrate).

Die **Marken-*Performance*** von Reiseveranstalter wurde 2012 mit Hilfe von **Marken*funnels*** (Kriterien: Markenbekanntheit, *Relevant Set* und *First Choice*) gemessen. Dazu wurden 1.000 Bürgerinnen und Bürger im Alter zwischen 16 und 70 Jahren befragt.

Rang	Markenname
1.	TUI
2.	*Thomas Cook*
3.	Neckermann
4.	*Alltours*
5.	ITS
6.	*Tjaereborg*
7.	*Dertour*
8.	*Öger Tours*

Die absolute Top-Marke war unangefochten TUI. Mit einigem Abstand folgte *Thomas Cook* auf Platz 2. Deren *Slogan* »Wir lieben Urlaub« schneidet von allen Teilnehmern sogar am besten ab, weil er besonders sympathisch und glaubwürdig wirkt.

Zur **Messung der Markenbekanntheit** eignen sich z. B. ***Recall*- und *Recognition*-Tests** (▸ LF 10, Kapitel 6.2). Ziel von *Recall*-Tests ist es, die aktive Markenbekanntheit zu bestimmen. Entsprechend werden **ungestützte Erinnerungsmessungen** eingesetzt: Konsumenten werden aufgefordert, aus dem Gedächtnis die ihnen bekannten Marken einer bestimmten Kategorie anzugeben. *Recognition*-Tests dienen dazu, die **passive Markenbekanntheit zu ermitteln**. Bei derartigen Tests wird den Konsumenten in der Regel eine Liste mit Marken (-namen) einer bestimmten Kategorie vorgelegt und sie werden gebeten, die ihnen bekannten Marken zu markieren.

Die **Erhebung von *Image*profilen** stellt die bekannteste Methode zur Messung des Marken*images* dar. Konsumenten werden gebeten, Marken einer bestimmten Kategorie anhand einer vorgegebenen **Liste von Assoziationen** zu beurteilen. Solche *Image*profile werden häufig zum *Controlling* der Markenpositionierung eingesetzt.

Neben den genannten quantitativen Ansätzen existieren verschiedene qualitative Methoden zur Messung des Markenwissens: Bei der **Methode der freien Assoziation** zum Beispiel, sollen Konsumenten ihren Gedanken freien Lauf lassen und spontan angeben, was ihnen zu bestimmten Marken einfällt. Ergänzend können vertiefende Fragen gestellt werden.

Aus finanzwirtschaftlicher Sicht existieren mehrere Verfahren, um den **Markenwert** zu quantifizieren. So versuchen kapitalmarktbasierte Verfahren zu evaluieren, zu welchem Preis eine Marke verkauft werden könnte oder sehen den Markenwert im **Barwert aller zukünftigen Einzahlungsüberschüsse**, die der Eigentümer aus der Marke erwirtschaften kann.

Die **Umsetzung der Ergebnisse der Markenkontrolle** dient zu Optimierungsmaßnahmen in den Bereichen Marketing, Vertrieb, Service und Produktentwicklung.

Grundsätzlich kann gesagt werden, dass aus Unternehmenssicht die Markenexistenz den preispolitischen Spielraum vergrößert, einen Markentransfer auf neue Produkte ermöglicht, das »*Flop*risiko« von Neueinführungen reduziert und für Umsatzstabilität sorgt.

MERKE

Vorteile der Markenbildung
Die Markenbildung erhöht den Wert eines Produkts wesentlich und bietet dem Markenabsender damit entscheidende Vorteile. Durch den Aufbau eines Markenimages wird der Preiswettbewerb weitgehend durch einen Qualitätswettbewerb ersetzt.

Die zunehmende Qualitätsangleichung, Produktsubstituierbarkeit und internationale Verflechtung betreffen auch touristische Dienstleistungen. Deshalb gewinnt die **Marke als Differenzierungspotential** in diesem Wirtschaftszweig zunehmend an Bedeutung.

Die **Erfolgsfaktoren für die Markenführung** liegen im konsequenten Aufbau, der kontinuierlichen Pflege und einer passenden Strategie.

AUFGABEN

1. Was ist eine Marke im juristischen Sinne?
2. Definieren Sie den Begriff Dienstleistungsmarke.
3. Erklären Sie anhand eines Beispiels folgende Aussage: »Eine Marke ist nicht das sichtbare Gesicht, sondern das sprechende Gesicht.«
4. Erläutern Sie die Aussage: »Die stärkste Marke im Reisebüro ist der Expedient.«

5. Nennen und beschreiben Sie die drei Kernfunktionen einer Marke.
6. Woraus ergibt sich, dass für viele Konsumenten Marken »lebendige und aktive Beziehungspartner« darstellen?
7. Warum kann bei einem Konsument die Markenpersönlichkeit Präferenzen für eine Marke auslösen?
8. Inwiefern offeriert eine touristische Marke einen Erlebniswert?

9. Belegen Sie an einem Beispiel, dass touristische Marken einen Mehrwert schaffen.

10. Die Urlauberorientierung tendiert zu Urlaubsthemen. Wie findet der Kunde den Spezialisten für »seine« Art von Urlaub?

11. Erläutern Sie die dargestellten Vorteile einer Markenführung: Die Markenexistenz …
a) … vergrößert den preispolitischen Spielraum.
b) … ermöglicht einen Markentransfer auf neue Produkte.
c) … reduziert das Floprisiko von Neueinführungen.
d) … sorgt für Umsatzstabilität und Absatzpotenzial.
e) … unterstützt eine effiziente Markenführung.

12. Markenbucher sagen häufig: »Bei einer Marke weiß man, wen oder was man vor sich hat.« – Was ist damit gemeint?

13. Worauf zielen die »horizontalen Kombination« und die »vertikalen Kombination« von Markenstrategien ab?

14. Im Rahmen des Marketing*controlling*s stellen Sie fest, dass Ihre vier Marken entsprechend der Abbildung auf dem Markt positioniert sind.

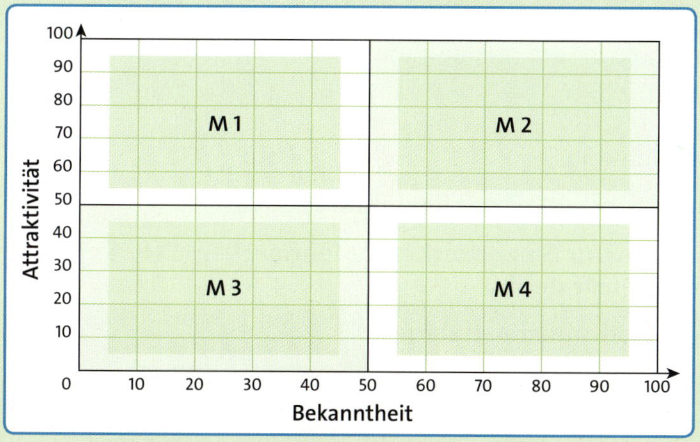

a) Ordnen Sie den Marken M 1 bis M 4 folgende Begriffe zu:
- *In Brand Sector,*
- *Star Brand Sector,*
- *No Brand Sector,*
- *Out Brand Sector.*

b) Welche Konsequenzen leiten Sie aus der Darstellung ab?

15. Unterscheiden Sie im Rahmen des Marketing*controllings* zwischen *Recalltest* und *Recognitiontest.*

16. Eine Marke hat für den Verbraucher u. a. die in der Tabelle dargestellten drei Vorteile.

Informationseffizienz	Risikoreduktion	Ideeller Nutzen
Beispiele:	Beispiele:	Beispiele:

Erläutern sie die Vorzüge jeweils anhand von vier Beispielen.

17. Das ist das Logo der neuen Premium-Marke von TUI Deutschland GmbH (Stand 10/2012). Was soll mit diesem Logo assoziiert werden?

MICHAEL POLIZA
EXPERIENCES

18. Unterscheiden Sie anhand von drei Charakteristika zwischen Mono- und Mehrmarkenstrategien. Worin unterscheiden sich die Strategien in ihren Zielsetzungen?

19. Worin besteht die Gefahr von »Markenkannibalisierung«?

20. Grenzen sie folgende Begriffe voneinander ab und erläutern Sie sie an jeweils einem Beispiel:
a) Markenidentität
b) Marken*image*
c) Markenpersönlichkeit

21. Was versteht man unter »Markenarchitektur«?

22. Bilden Sie ein Beispiel für Einzelmarken-, Mehrmarken-, Markenfamilien- und Dachmarkenstrategie.

23. Wozu dient die Markentransferstrategie?

24. Welche Gefahren gehen von den einzelnen, in den Aufgaben 22 und 23 genannten Strategien aus?

25. Kreieren Sie eine touristische Marke unter Beachtung der *Branding*anforderungen (► Kapitel 4.4).

5 Servicequalität im Reisebüro

Bei der Sicherung von Wettbewerbsvorteilen und langfristiger Kundenbindung spielt bei Reisebüros und Reiseveranstaltern insbesondere die Servicequalität eine entscheidende Rolle. Was zählt sind nicht Kundenkontakte, sondern Kundenbeziehungen.

Der Kunde wurde lange Zeit primär als Abnehmer (auf einem Verkäufermarkt) für eine Dienstleistung im Sinne von *Henry Ford* betrachtet: »Bei mir kann jeder Kunde jede Farbe haben, vorausgesetzt sie ist schwarz.«

Abb. Ford T »*Tin Lizzy*« – das erste Fließband-Automobil der Welt
www.edle-oldtimer.de

Kunden haben heute (auf einem Käufermarkt) eine branchenabhängige **Mindesterwartung an den Service**, deren Erfüllung sich auf die Wiederholungsbuchung, Loyalität und Weiterempfehlung auswirkt (► Kapitel 2.6). Servicequalität ist nicht statisch ein für alle Mal festlegbar. Die Erwartungshaltung der Kunden an den Service befindet sich in einer **ständigen Aufwärtsspirale** (*running target*). Daher muss ein Reisebüro, dessen Serviceleistungen den eigentlichen Unternehmenszweck darstellen, seinen Service kontinuierlich messen und entsprechend den Kundenbedürfnissen und branchenüblichen Standards anpassen.

Servicequalität sollte zumindest in dem Umfang bereitgestellt werden, wie sie gewünscht und aufgrund von Mundpropaganda, individueller Bedürfnissen bzw. persönlicher Erfahrungen erwartet wird (»Sekt oder *Selters*?«). Es geht nicht um die Schaffung einer absoluten Qualität (lat. *qualis*, dt. Wert, Güte, Beschaffenheit), sondern um die **kostenoptimale Bereitstellung relativer Qualität**. Der Kunde fällt kein absolutes, sondern ein relatives Urteil, das einem raschen Wandel unterworfen ist.

MERKE

Kundenkontakt
Jeder Kundenkontakt eröffnet die Chance, den Kunden zufrieden zu stellen und birgt die Gefahr, den Kunden zu enttäuschen.

Der Kunde ist ein Individuum und erwartet eine auf ihn zugeschnittene Qualität. Diese gilt es so zu präsentieren, dass der Kunde sie als solche auch wahrnimmt. Äquivalent zur Servicequalität muss die **relative Qualitätserfüllung** um den **relativen Preis** komplettiert werden. Entscheidend ist dabei der Vergleich zu den Wettbewerbern, und dass der Kunde ihn als seinen **individuellen Nutzen** definiert.

5.1 Qualitätsmanagement

Der **Demingkreis** (auch **Deming-Zyklus**) ist ein wesentlicher Bestandteil des modernen Qualitätsmanagements. Die kontinuierliche Verbesserung der Prozesse durch Erfahrungen fließt zurück in die Planung, so dass ein Regelkreis entsteht.

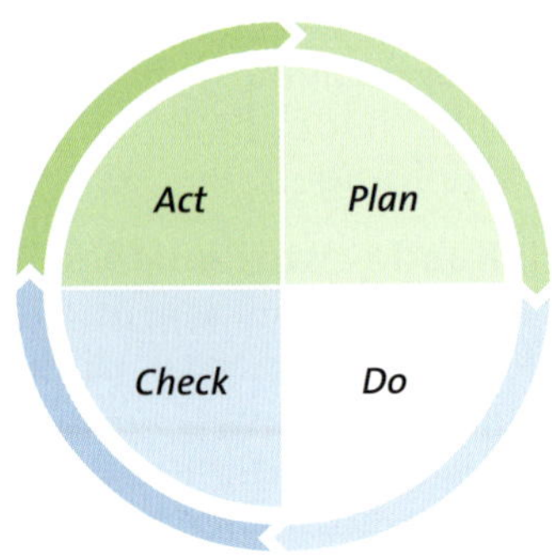

Abb. Deming-Zyklus (engl. *PDCA-Cycle*)

- **Plan (P):** In einer Planungsphase werden Maßnahmen sowie Qualitätsziele festgelegt und ein Qualitätsplan zur Qualitätsverbesserung im Reisebüro entwickelt. Die Planungsphase bedient sich häufig der *Kano-Methode* (▸ LF 10, Kapitel 6.3.2).
- ***Do* (D):** Die geplanten Maßnahmen werden im Reisebüro umgesetzt.
- ***Check* (C):** Die Maßnahmen werden evaluiert.
- ***Act* (A):** Auf Basis der Ergebnisse der *Check*-Phase werden gegebenenfalls wieder korrigierende bzw. Qualität verbessernde Maßnahmen eingeleitet bzw. neue Ziele definiert.

Auf dieser Basis hat sich im Laufe der Zeit das ***Total Quality Management* (TQM)** entwickelt. **Servicequalität** umfasst demnach nicht nur die konkrete Dienstleistung, sondern das gesamte Unternehmen.

MERKE

TQM (Total Quality Management) – Qualität als Unternehmensstrategie

Ziel: Zufriedenstellung der Kunden, um langfristigen Geschäftserfolg zu sichern.
Prinzip: Kontinuierlicher Verbesserungsprozess (KVP)

Total – bedeutet in diesem Zusammenhang die Einbeziehung aller Mitarbeiter, insbesondere jedoch der Kunden und der »touristischen Dienstleistungslieferanten«.
Quality – steht für die Qualität der Arbeit, der Prozesse und für das Unternehmen selbst, aus denen heraus die Qualität der Dienstleistungen wie selbstverständlich erwächst.
Management – es hebt die Führungsaufgabe »Qualität« hervor und »lebt« die Führungsqualität.
TQM ist ein Führungsmodell, ein ganzheitlicher Ansatz für alle Unternehmensbereiche.

Das **Deutsche Institut für Normung (DIN)** definiert TQM wie auf der nächsten Seite beschrieben:

»Auf der Mitwirkung aller ihrer Mitglieder basierende Managementmethode einer Organisation, die Qualität in den Mittelpunkt stellt und durch Zufriedenstellung der Kunden auf langfristigen Geschäftserfolg sowie auf Nutzen für die Mitglieder der Organisation und für die Gesellschaft zielt.«

Quelle: Deutsches Institut für Normung e.V., DIN EN ISO 8402 (1995)

Durch die **Mitarbeiterorientierung** soll ein Arbeitsumfeld geschaffen werden, in dem Mitarbeiter selbständig denken, eigenverantwortlich handeln und zufrieden sein können. Dies setzt eine **ständige Aus- und Weiterbildung aller Mitarbeiter** voraus.

Ein **wirkungsvolles Qualitätssystem** bringt mehr, als es kostet. Es führt zu einer höheren Prozessqualität im Reisebüro, zu einer niedrigeren Fehlerquote und zu besserer Beratungsqualität bei der Leistungserstellung und trägt somit zur nachhaltigen Kundenbindung bzw. zum wirtschaftlichen Erfolg des Reisebüros bei.

Ausgehend davon, dass Qualität im Sinne der Orientierung am Kundenbedürfnis zu sehen ist, baut das TQM auf **absoluter Kundenorientierung** auf, d. h.

- fehlerfreies Arbeiten,
- pro-aktive Beseitigung der Schwächen und Störungen,
- permanente/kontinuierliche Verbesserung der Qualität in allen Bereichen des Unternehmens,
- Fremdkontrolle wird zu Selbstkontrolle.

Der **TQM-Prozess** muss die gesamte Reisebüroorganisation umfassen.

TQM-Elemente

Marktorientierung (Mission, Vision, Ziele)	**Mitarbeiterorientierung**	**Kundenorientierung**
Gesellschafts- und Umweltorientierung	stabile Personalqualifikation	individueller, persönlicher Service
effiziente Marktbeobachtung	engagierter Einsatz des Teams (*Teamwork*)	*Multi channel communication*
ständige Qualitätsverbesserung	Ausbau von Stärken, Abbau von Schwächen	an Qualität orientierte Produktpalette

Abb. Beispiel für den TQM-Prozess einer gesamten Reisebüroorganisation

Studiosus

Dienstleistungsqualität ist die hundertprozentige Erfüllung der Kundenerwartungen. Wenn diese mehr als erfüllt werden, stellt dies einen willkommenen Zusatznutzen dar. Die hohen Erwartungen unserer Kunden können wir nur mit qualifizierten und engagierten MitarbeiterInnen erfüllen.

a) Die Qualität der von uns angebotenen Leistungen ist der maßgebliche Wettbewerbsvorteil, das entscheidende Verkaufsargument. Wenn wir es schaffen, bessere Qualität als unsere Wettbewerber zu liefern und damit einen höheren Preis am Markt durchsetzen können, wird das unser Einkommen und unsere Arbeitsplätze sichern. Die konsequente Verfolgung unserer Qualitätsstrategie im oberen Marktsegment ist daher existenziell wichtig.

b) Unser Streben nach Qualität erfasst alle Unternehmensbereiche, alle Abteilungen, Funktionen und Mitarbeiter. Jede(r) Einzelne trägt Verantwortung jedem einzelnen Kunden gegenüber – auch gegenüber dem »internen Kunden«, d. h. der Kollegin oder dem Kollegen und dem Leistungspartner.

c) Der Maßstab für unseren Qualitätsanspruch ist der zufriedene Kunde. Unsere Kunden erwarten von uns »Null Fehler«. Unser Anspruch muss es sein, diese Erwartung zu erfüllen und trotzdem immer wieder Neues zu erproben. Wir fordern daher eine offene und selbstkritische Einstellung Fehlern gegenüber ein. Fehler dürfen nicht als unvermeidbar toleriert werden. Aufgabe des Managements ist es, Strukturen und Arbeitsabläufe so zu gestalten und abzusichern, dass Fehler vermieden werden und auf diese Weise der Null-Fehler-Erwartung der Kunden entsprochen wird.

d) Solange die Erwartungen an einzelne Leistungen nicht zu 100 % erfüllt sind, geben wir uns mit dem erreichten Qualitätsniveau nicht zufrieden. Hierfür streben wir eine kontinuierliche Verbesserung an, indem wir Abläufe gezielt planen, umsetzen, die Wirksamkeit der Maßnahmen prüfen und ggf. neu ausrichten.

www.nachhaltigkeit.studiosus.com

Kurzum

»Zufriedene Kunden«, »zufriedene Mitarbeiter«, »faire Beziehungen mit unseren Geschäftspartnern«, »Wahrnehmung unserer gesellschaftlichen Verantwortung«, »angemessener wirtschaftlicher Ertrag« – das sind die fünf übergeordneten Unternehmensziele von Studiosus. Um diese Ziele zu erreichen, hat Studiosus ein QualitätsManagementSystem für das gesamte Unternehmen aufgebaut, das 2004 durch einen externen Gutachter nach DIN EN ISO 9001 zertifiziert wurde und jährlich erneut auf den Prüfstand gestellt wird.

www.studiosus.com

5.2 Kundenorientierter Qualitätsbegriff

Die Qualität einer Dienstleistung wird auf verschiedenen Ebenen wahrgenommen:

- **horizontale Servicequalität** (Potenzialphase: Reisebüro offeriert Dienstleistungsbereitschaft; Prozessphase: Prozess der Dienstleistungserstellung; Ergebnisphase: Immaterialität und Materialität des Ergebnisses)
- **vertikale Servicequalität** (von der Basisqualität bis zur Premiumqualität und Überraschungsqualität)

Die **horizontale Servicequalität und die Basisanforderungen** an die Dienstleistung werden von Kunden als selbstverständlich angenommen, deshalb ist die so genannte **Überraschungsqualität** (Begeisterungsanforderungen wie z. B. eine hohe Servicekompetenz des Personals) die **wahrgenommene Qualität**.

MERKE

Kernfragen zur Dienstleistungsqualität
Was wird angeboten? (Umfang des Leistungsprogramms)
Wie wird die Leistung angeboten? (Funktionale Dimension)

Dienstleistungsqualität bei einer Reiseleistung zu erstellen ist die Fähigkeit, die Beschaffenheit einer **primär *intangiblen* Leistung**, die den Kunden als Beteiligten zwingend involviert, so zu erbringen, dass die Kundenerwartungen auf einem bestimmten Anforderungsniveau erfüllt bzw. übertroffen werden. Hierzu zählt insbesondere die Servicequalität des Reisebüros. Kurzum: (Dienstleistungs-) Qualität ist die »Zweckeignung« (oder auf Englisch: »*Quality is fitness for use!*«).

Abb. Qualitätswahrnehmung von Dienstleistungen

Die **Begrifflichkeit der Qualität** (engl. *Quality*) ist ein komplexes Phänomen. Qualität kennt zahlreiche unterschiedliche Definitionen. »*Quality is a never ending story*« stellt letztlich selbst eine Qualitätsdefinition dar. Je nach Perspektive und je nach Betrachtungen des Begriffs ergeben sich unterschiedliche Interpretationen:

- *Theodor Heuss*, der erste Bundespräsident der Bundesrepublik Deutschland (i. d. J. 1949–1959) sagte einmal: »Qualität ist das Anständige!«
- Der Schriftsteller *Alfred Lisson* erweiterte das Zitat des damaligen Bundespräsidenten in: »Qualität ist nicht das Versprochene, sondern das Eingehaltene.«
- Nach der **IEC 2371** ist Qualität heute »[...] die Übereinstimmung zwischen den festgestellten Eigenschaften und den vorher festgelegten Forderungen einer Betrachtungseinheit.«
- Qualität nach **DIN EN ISO 8402** wird als: »[...] die Gesamtheit von Merkmalen einer Einheit bezüglich ihrer Eignung, festgelegte und vorausgesetzte Erfordernisse zu erfüllen [...]«, bezeichnet.

Nach diesen Definitionen müssen alle Merkmale eines Produkts den Anforderungen entsprechen. **Jede Nichterfüllung des »Solls«** eines Merkmals beim Soll-Ist-Vergleich führt zu einem Fehler und somit zu einem fehlerhaften Produkt.

Die **neue Qualitätsnorm DIN EN ISO 9000** geht noch einen Schritt weiter und beschreibt Qualität als: »Vermögen einer Gesamtheit *inhärenter* (lat.; dt. innewohnend) Merkmale eines Produkts, eines Systems oder eines Prozesses zur Erfüllung von Forderungen von Kunden und anderen interessierten Parteien.«

Diese Qualitätsnorm geht im **Betrachtungswinkel nicht vom Dienstleistenden, sondern vom Kunden (Käufermarkt)** aus. In diesem Sinne werden diejenigen Dienstleistungen als qualitativ hochwertig beurteilt, die die Kundenbedürfnisse (subjektive Merkmale) am besten befriedigen. Qualität orientiert sich heute am Kunden und ist damit »*user-based*«.

BEISPIEL

X-Reise

Bei den angebotenen X-Reisen (z. B. XTUI, X*Nec*, XGTI) kann der Kunde z. T. nach seinen Wünschen einzelne Reisebausteine wie Hotelaufenthalt, Transfer oder Flug entsprechend individuell zu tagesaktuellen Preisen kombinieren und so seine ideale Reise zusammenstellen. Ausgefeilte Computersysteme bauen sekundenschnell aus allen verfügbaren Flügen und Hotels Paketreisen zusammen (»*Just for you*«).

5.3 Qualitätsmessungen von Dienstleistungen

Im **Zentrum der Dienstleistungsqualität steht der Kunde**, der durch seine Bewertung der Servicequalität darüber entscheidet, ob er diesen weiterhin nutzt bzw. anderen potenziellen Kunden weiterempfiehlt. Für ein Unternehmen ist es wichtig Wissen darüber zu erlangen, wie ein Kunde seine Entscheidung bezüglich der Qualität eines Services fällt und welche Faktoren ihn dabei beeinflussen. Während bei materiellen Gütern objektiv physische Kriterien ausschlaggebend sind, können immaterielle Güter, z. B. Dienstleistungen, vorwiegend durch subjektive Bewertungskriterien beschrieben werden. Um die **Bewertung durch den Kunden positiv verändern zu können** stehen dem Unternehmern verschiedene Messmethoden zur Verfügung. Eine Möglichkeit für eine unternehmensorientierte Messung ist das *Benchmarking* (► LF 9, Kapitel 4.2.3).

Ein dominierender Ansatz zur **kundenorientierten Messung der Dienstleistungsqualität** ist die SERVQUAL-Methode. Der **Begriff SERVQUAL** lässt sich aus den Worten »Service« und »Quality« ableiten. Die Methode ist ein Instrument, das zur Messung der Dienstleistungsqualität aus Kundensicht durch standardisierte Fragebögen eingesetzt wird.

Die **SERVQUAL-Methode** beruht auf dem ***Confirmation-Disconfirmation-*** **Prinzip** (auch Kundenzufriedenheit nach dem *Confirmation-/Disconfirmation-Paradigma* ► Kapitel 2.5). Das Prinzip besagt, dass sich die wahrgenommene Qualität, die sich auf die Servicequalität bezieht, als das **Ergebnis eines Vergleichs** zwischen erwarteter und tatsächlich wahrgenommener Leistung darstellt. Soll seitens des Kunden eine positive Qualitätswahrnehmung existieren, müssen beide Werte übereinstimmen.

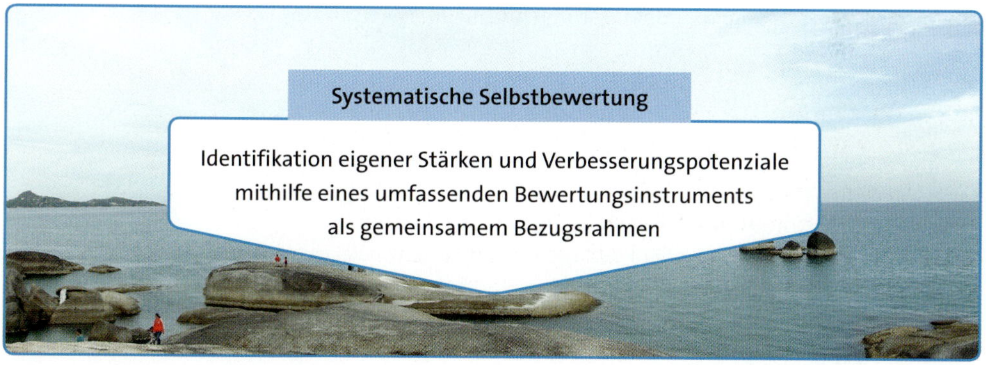

Abb. Prinzip der SERVQUAL-Methode

Bei der SERVQUAL-Methode wird basierend auf empirischen Untersuchungen die **Dienstleistungsqualität** anhand von **fünf Qualitätsdimensionen** gemessen.

5.3.1 Fünf Dimensionen der Dienstleistungsqualität

Die fünf gängigen Dimensionen der Dienstleistungsqualität sind:

© GEWA FotoStudio – MEV Verlag

© Creativstudio – MEV Verlag

© Mike Witschel – MEV Verlag

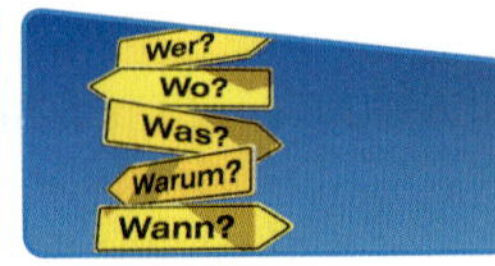

© bluedesign – Fotolia.com

- **Annehmlichkeit** des tangiblen Umfelds (»*tangibles*«),
- **Zuverlässigkeit** (»*reliability*«),
- **Reaktionsfähigkeit** (»*responsiveness*«),
- **Leistungskompetenz** (»*assurance*«),
- **Einfühlungsvermögen** (»*empathy*«).

Dimensionsinhalte und Indikatoren werden nachfolgend in der Tabelle erklärt.

Dimension Annehmlichkeit (*Tangibles*)
Das *tangible* Umfeld (äußere Erscheinungsbild) umfasst die Gesamtheit des erlebbaren physischen (materiellen) Umfeldes eines Reisebüros. Hierzu gehören u. a. Lage, Räumlichkeiten, Ausstattung, Einrichtung, technisches Equipment, Parkplätze sowie das Personen bezogene, äußere Erscheinungsbild der Expedienten (von *leger* bis *business*). **Kernfrage:** Wie präsentiert sich das Reisebüro? Das *tangible* Umfeld umfasst die äußeren Einflussfaktoren auf die Beratungsqualität und informiert den Kunden über das Leistungsniveau eines Reisebüros. Indikatoren der Annehmlichkeit ▸ einladende Atmosphäre (offene Schaufenster) ▸ helle Räume ▸ Sauberkeit (vor, im Büro und auf den Schreibtischen) ▸ aufgeräumter *Counter* ▸ sauberes und ordentliches Erscheinung der Expedienten ▸ Bequemlichkeit der Sitzmöbel, Ablagemöglichkeiten ▸ Kinderecke ist vorhanden ▸ *Multimedia*-Erlebniswelt wird angeboten ▸ Erreichbarkeit (auch in Randstunden) *Tangibles* sind die Äußerlichkeiten, die eine Wohlfühlatmosphäre im Reisebüro aufkommen lassen und so das Beratungsgespräch unterstützen.

Dimension Zuverlässigkeit (*Reliability*)

Reliability bezeichnet die Fähigkeit des Expedienten die vereinbarten Leistungszusagen korrekt, zuverlässig und pünktlich auszuführen.

Kernfrage: Kann der Kunde sich auf Leistungszusagen verlassen?

Indikatoren der Zuverlässigkeit
- Option bis zum zugesagten Termin durchgeführt
- gewünschte Zusatzleistungen erbracht (z. B. Visum beantragt)
- pünktliche Zusendung / Aushändigung / Hinterlegung der Reiseunterlagen
- ordentliche interne Buchungsablage
- Terminvereinbarungen eingehalten
- Aufträge im Sinne des Kunden ausgeführt
- die Belege für den Kunden sind fehlerfrei ausgefüllt/erstellt

Dimension Reaktionsfähigkeit

Die Dimension Reaktionsfähigkeit (*Responsiveness*) umfasst die Reaktionsbereitschaft des Expedienten auf spezielle Kundenwünsche einzugehen und die Schnelligkeit, Kundenprobleme zu lösen.

Kernfrage: Wie schnell und aktiv reagiert der Expedient auf den Kunden?

Indikatoren der Reaktionsfähigkeit
- jeder eintretende Kunde wird begrüßt
- die Wünsche des Kunden werden erfasst, berücksichtigt und umgesetzt
- auf Einwendungen des Kunden wird schnell mit einer Lösung reagiert
- umgehende Rückfragen beim Reiseveranstalter
- inhaltliche Beratung erfolgt nicht anhand von möglichen Umsatzerlösen

Dimension Leistungskompetenz (*Assurance*)

Diese Leistungsdimension bezieht sich auf die Fähigkeiten des Expedienten zur Erbringung der Leistung gegenüber dem Kunden im Hinblick auf Höflichkeit, Kompetenz, Vertrauenswürdigkeit und der Vermittlungsfähigkeit eines Sicherheitsgefühls in die angebotene Dienstleistung.

Kernfrage: Mit welcher Höflichkeit, Fachkompetenz und Fähigkeit, Vertrauen zu erwecken, wird die Dienstleistung erbracht?

Die Mitarbeiter des Reisebüros verfügen über Fachwissen, um Kundenfragen beantworten zu können. Das Verhalten der Expedienten weckt beim Kunden Vertrauen.

Indikatoren der Leistungskompetenz
- individuelles Auftreten
- gleich bleibende Höflichkeit und Freundlichkeit
- Destinationskenntnisse
- persönliche Empfehlungen
- Kenntnis von Ausflugsmöglichkeiten vor Ort
- Kenntnis tagesaktueller Angebote
- *Dynamic package*-Fähigkeit

Dimension Einfühlungsvermögen (*Empathy*)

Einfühlungsvermögen ist die Bereitschaft und Fähigkeit des Expedienten dem Kunden individuell Aufmerksamkeit entgegen zu bringen, die Bedürfnisse und Kundeninteressen zu erkennen, adäquat darauf einzugehen und sich darum persönlich zu kümmern.

Kernfrage: Werden die Gefühle und Kundeninteressen anerkannt und wird darauf eingegangen?

Die Zuteilung des Expedienten zu einem Stammkunden sollte nach Persönlichkeitsprofilen strukturiert erfolgen.

Indikatoren der Empathy
- Kunden adäquate Bedarfsanalyse
- aktives Zuhören
- hoher Zuwendungsgrad, Fürsorge
- kundenfreundliche Öffnungszeiten
- *Win-Win*-Situation für Kunde und Reisebüro berücksichtigen
- Kundenemotionen wahrnehmen und interpretieren
- jedem Kunden wird individuell Aufmerksamkeit gewidmet
- Wünsche / Bedürfnisse des Kunden liegen dem Expedienten »am Herzen«
- Mitarbeiter »verstehen« ihre Kunden

Tab. Dimensionen der Dienstleistungsqualität (SERVQUAL-Methode) und ihre Indikatoren

Zur **Erhebung der speziellen Dienstleistungsqualität im Reisebüro** sollte die SERVQUAL-Methode nach Meinung des Autors um weitere zwei Dimensionen ergänzt werden, nämlich um die Dimensionen Kommunikationsfähigkeit/ Präsentationsfähigkeit und Prozessreife.

5.3.2 Erweiterung der Dimensionen

Kommunikations- und Präsentationsfähigkeit gehören zu den unabdingbaren Eigenschaften eines Expedienten. Diese ***Soft Skills*** umfassen die Fähigkeiten der verbalen und nonverbalen Kommunikation (▸ Fachwissen Tourismus Band 1, LF 4, Kapitel 1.2 und 1.3) nach innen und außen. Der **Einsatz von Körpersprache** kann die Wirkung des Gesagten wesentlich unterstützen, sie aber auch zerstören.

Dimension Kommunikationsfähigkeit/Präsentationsfähigkeit
Diese Dimension beschreibt die Bereitschaft und Fähigkeit, sich in Interaktionen mit Kunden, Veranstaltern und Mitarbeitern verbal, nonverbal und schriftlich nach innen und außen klar auszudrücken und die Präsentationsunterlagen des Reisebüros effektiv und effizient einzusetzen.
Kernfrage: Wie ausgeprägt sind die interne und externe Kommunikations- und Präsentationsfähigkeit?
Indikatoren der Kommunikationsfähigkeit/Präsentationsfähigkeit ► den Kunden zuhören und sie in verständlicher Sprache informieren ► Eingehen auf nonverbale Zeichen ► Preise »herunterbrechen« ► Möglichkeiten zur Einwandbehandlung einsetzen ► Abschlusstechniken nutzen ► Fachsprache nutzen ► Schlagfertigkeit, *Small-Talk* pflegen können ► Kunden individuell anschreiben, ► Kundenorientiert telefonieren ► Kataloge einsetzen, *Apps* einsetzen ► Broschüren für Kunden ansprechend gestalten

Tab. Dimension Kommunikationsfähigkeit/Präsentationsfähigkeit und ihre Indikatoren

Der **Einsatz verschiedener Medien** (z. B. Kataloge, Karten, Bilder) kann als optisch unterstützender Reiz genutzt werden (► Fachwissen Tourismus Band 1, LF 4, Kapitel 2.3). Dies kann im Idealfall das Interesse des Kunden anregen, ihn jedoch auch überfordern und eine gute Basis für die Interaktion mit dem Kunden zerstören.

Kundenorientierung zeigt sich am deutlichsten im direkten Kundenkontakt, also während der Beratung. Kunden erwarten, dass während dessen aktuelle Reiseangebote (Stichwort: *Dynamic packages*) und sonstige, buchungsentscheidungsrelevante Informationen zur Verfügung stehen. Eine **hohe Beratungsqualität** kann ein Reisebüro nur dann gewährleisten, indem es einen guten Beratungsprozess entwickelt.

MERKE

Servicequalität

Die Servicequalität im Reisebüro hängt zunehmend von der Ausgestaltung der Geschäftsprozesse (Beratungs-/Verkaufsprozess) und deren IT-Unterstützung ab.

Die **Prozessreife** bestimmt sich dabei durch die **gleich bleibende Qualität ihrer Ergebnisse**. Für einen Beratungsprozess bedeutet dies, dass eine Beratung unabhängig vom jeweiligen Expedienten, bei ähnlichen Kunden bzw. Kundenpräferenzen auch ähnliche Reisebuchungen hervorbringen sollte.

Dimension Prozessreife
Die Prozessreife drückt aus, in wie weit eine gleich bleibende Beratungsqualität aufgrund struktureller Rahmenbedingungen in Form von Verkaufsprozessen gewährleistet ist. **Kernfrage:** Wird unabhängig vom Expedienten bei ähnlichen Kunden bzw. Kundenpräferenzen auch eine ähnliche Reisebuchung getätigt? Der Begriff der Prozessreife im Reisebüro bezieht sich nur auf den Prozess der Dienstleistungserstellung zwischen Expedient und Kunden. Indikatoren der Prozessreife ▸ Beratungsprozess wird in gleich bleibenden, transparenten Prozessschritten durchgeführt ▸ Verbindliche Aus- und Weiterbildung der Mitarbeiter ist gesichert ▸ erfahrene Mitarbeiter fungieren als *Mentoren* ▸ IT-Unterstützung im Beratungsprozess ▸ ständige Qualitätskontrolle

Tab. Dimension Prozessreife und ihre Indikatoren

- **Die Ergebnisqualität hängt vom Berater ab:** Die Qualität und das Wissen der Expedienten kann ein Reisebüro nur bedingt ausgleichen. Möglichkeiten dazu sind eine entsprechend vorgeschriebene Aus- und Weiterbildung sowie das »Halten« von Expedienten mit langjähriger Berufserfahrung.
- **Die Ergebnisqualität hängt von der Strukturiertheit des Prozessablaufes ab:** Möchte ein Reisebüro über alle seine Expedienten hinweg eine gleich bleibende Qualität sichern, muss es die Beratung standardisieren.

Die **Strukturierung der Beratungsprozesse** hat das Ziel, eine effiziente, einheitliche und für den Kunden transparente Beratungsdienstleistung zu erreichen. **Qualität stellt sich nicht zufällig ein**, sie muss geplant und ständig überprüft werden. Das Reisebüro muss die Erbringung von Services einer bestimmten Qualität durchgängig konzipieren und sorgfältig vorbereiten, damit sie bei jedem einzelnen Service-Abruf eines Kunden wieder von neuem verlässlich ausgeführt werden.

MERKE

Hohe Prozessreife

Neben der Förderung der Mitarbeiter braucht es zur Erreichung gleich bleibender Qualität strukturelle Rahmenbedingungen in Form von standardisierten Prozessen. Diese müssen in der Organisation verankert sein und in festen Kontrollschritten die Qualität sicherstellen.

Die erweiterten Dimensionen der Dienstleistungsqualität im Sinne der SERVQUAL-Methode sind dann:

© GEWA FotoStudio – MEV Verlag

© Creativstudio – MEV Verlag

© Mike Witschel – MEV Verlag

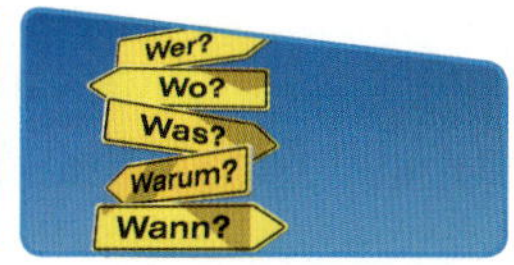

© bluedesign – Fotolia.com

- Annehmlichkeit des *tangiblen* Umfelds (»*tangibles*«),
- Zuverlässigkeit (»*reliability*«),
- Reaktionsfähigkeit (»*responsiveness*«),
- Leistungskompetenz (»*assurance*«),
- Einfühlungsvermögen (»*empathy*«),
- **Kommunikationsfähigkeit/Präsentationsfähigkeit,**
- **Prozessreife.**

Mit den **erweiterten SERVQUAL-Dimensionen** lässt sich die Dienstleistungsqualität eines Reisebüros messen (▸ Kapitel 5.3.4). Alle genannten Indikatoren der sieben Dimensionen können die Basis für Fragen im Sinne der SERVQUAL-Methode bilden.

5.3.3 Abfrage und Bewertung

Die nun sieben Dimensionen können anhand von verschiedenen Elementen (engl. Items) erfasst und deren Beurteilung seitens der Kunden über einen **SERVQUAL-Fragebogen** abgefragt werden.

Dazu werden zu jedem ***Item*** (Element) zwei Aussagen in Form einer siebenstufigen Doppelskala formuliert. Die Befragten können dort ihre Erwartungen und Wahrnehmungen von »**stimme völlig zu**« bis »**stimme überhaupt nicht zu**« angeben. Mit der Aussage »**so sollte es sein**« werden Erwartungen des Kunden hinsichtlich der Dienstleistungsqualität ermittelt. Die Aussage »**so ist es**« fragt nach der erlebten Qualität der Dienstleistung.

Lehne vollkommen ab						Stimme vollkommen zu	Lehne vollkommen ab						Stimme vollkommen zu
1	2	3	4	5	6	7	1	2	3	4	5	6	7

Soll-Zustand:
Die Mitarbeiter des Reisebüros sind stets gleichbleibend höflich zu den Kunden.

Ist-Zustand:
Die Mitarbeiter des Reisebüros sind stets gleichbleibend höflich zu den Kunden.

	Stimmt gar nicht						Stimmt genau
Die Geschäftsräume eines Reisebüros sollten ansprechend gestaltet sein.	1	2	3	4	5	✗	7
Die Geschäftsräume eines Reisebüros sind ansprechend gestaltet.	1	2	3	✗	5	6	7

Qualität = Summe der Differenzwerte
Differenswerte = Leistungswert – erwarteter Wert; hier: 4 – 6 = –2

Abb. Beispiele für einen SERVQUAL-Abfragebogen

Der **SERVQUAL-Wert** und damit die Kundenzufriedenheit mit der Servicequalität werden aus der **Differenz zwischen den angegebenen Werten** zwischen 1 und 7 zu erlebtem und erwartetem Service **als Ist-Soll** ermittelt. Die Mitte des Kontinuums (Bewertung 4) trennt gute und schlechte Servicequalität.

Möglichkeit zur Berechnung

Durch eine **Mittelwertberechnung** aller sieben Dimensionen kann die Gesamtqualität nach Dimensionen errechnet werden.

Berechnet man den **Durchschnitt der Differenzen** der Wahrnehmungs- und Erwartungswerte über die zu einer Dimension gehörenden Indikatoren, erhält man die Ausprägungen der Teilqualitäten.

Qualität = Summe der Differenzwerte von Ist – Soll

Differenzwerte = Leistungswert – erwarteter Wert

Erhält man einen **Wert > 0**, ist die Kundenzufriedenheit über dem Konfirmationsniveau, sind **Soll- und Ist-Werte gleich**, liegt die Kundenzufriedenheit auf dem Konfirmationsniveau, und ist der **Wert < 0**, liegt die tatsächliche Kundenzufriedenheit unter dem Konfirmationsniveau.

Ein **negativer SERVQUAL-Wert zeigt also Handlungsbedarf** im Hinblick auf die Gesamtqualität bzw. Teilqualitäten in dem Sinne, dass der erlebte Service nicht dem erwarteten entspricht und damit die Qualität des Service nicht den Anforderungen genügt.

Das **SERVQUAL-Modell** eignet sich besonders gut, um Wahrnehmungslücken zwischen verschiedenen Gruppen (externen Kunden, interne Kunden) zu identifizieren, indem deren Erwartungen verglichen werden. Überdies können Mängel in der Dienstleistungserbringung identifiziert werden, indem Erwartungen mit den konkreten Erfahrungen verglichen werden.

Anwendungen der SERVQUAL-Methode

BEISPIEL

- Es kann reisebürointernen Akteuren (Expedienten, Büroleitung, Inhaber) bei einer Befragung die Aufgabe gestellt werden, die Fragen aus Kundensicht zu beantworten. Sie beurteilen also, in welchem Maß der Kunde den Aussagen zustimmen würde.
- Der Expedient schätzt ein, wie der Kunde die Aussage: »Ich war mit der Beratung sehr zufrieden« beantworten würde. Dies ermöglichte es, die Einschätzung des Reisebüros mit jener des Kunden zu vergleichen und so Qualitätsmängel und Wahrnehmungsunterschiede zu identifizieren.

Das Anwenden der SERVQUAL-Methode ermöglicht es, die Erfahrungswerte von Kunden ihren Erwartungen gegenüberzustellen und zeigt ein differenziertes Bild des **subjektiven Erlebens aus Kundensicht.**

Es erfasst und misst die Dienstleistungsqualität, bringt Probleme auf den Punkt und ermöglicht so gezielt **Verbesserungen.** Die Ergebnisse einer solchen Befragung geben den Expedienten Orientierungshilfen für seine Beratungsgespräche, sodass Kunden zu **Stammkunden** werden können.

Zudem können zusätzliche Informationen hinsichtlich **situationsspezifischer Erwartungen und Wünsche** des Kunden festgehalten und in die Unternehmensprozesse mit einbezogen werden. Je höher der Rücklauf, je höher der eigene Nutzen.

Findige Reisebüros erfinden Ideen und finden mit FINDA zusätzliche Finanzen

alltours Reisecenter führt Ideen- und Innovationsmanagement ein

[...] »Niemand ist näher am Reisebüroalltag als der Expedient. Sie kennen Kunden, Abläufe und wissen, wo Verbesserungen hilfreich sind und wo Bürokratie abgebaut werden kann«, sagt *Ender Karadag*, Leiter *Franchise* bei ARC. Der erhofft sich insbesondere in den Feldern Qualitätssicherung, Prozessoptimierung, Kundenbegeisterung, Marketing, Kostenersparnisse und neue Geschäftsfelder Anregungen und Ideen aus dem Kreis der Reisebüroagenturen. [...]

Pressemitteilung Nr.: 4/2012 von Stefan Suska, Leiter alltours Flugreisen GmbH; www.lifepr.de/pressemitteilung/alltours-flugreisen-gmbh

Die **Puppe FINDA** ist das Symbol für das neue Ideen- und Innovationsmanagement der *alltours* Reisecenter.

5.4 Qualitätskreislauf eines Reisebüros

In einer **Planungsphase**, der **Qualität der Konzeption**, werden Maßnahmen sowie Qualitätsziele festgelegt und ein Qualitätsplan zur Qualitätsverbesserung im Reisebüro entwickelt. Dieser erste Prozessschritt umfasst auch eine präventive Dienstleistungsqualitätsplanung unter dem Motto: »Wir suchen Fehler, bevor sie auftreten.«

Die **Beratungsqualität** ist der zweite Prozessebene schritt im Qualitätskreis eines Reisebüros und bildet dessen **Kernkompetenz**. Neben den in ▸ Kapitel 5.3.2 genannten Dienstleistungsqualitäten sollte ein Reisebüromitarbeiter im Sinne des Reisebüros noch über ein rentabilitätsbezogenes Leistungsdenken, das die Zeitoptimierung während eines Beratungsgespräches beinhaltet, verfügen.

Die **Servicequalität** berücksichtigt als dritter Prozessschritt insbesondere die Erwartungen der Kunden rund um die Reise. Entsprechend können hier z. B. individuelle Ausflüge, Kurse zur Platzreife für Golfinteressierte, Ferienmietwagen, *Chauffeurs*dienste, Abholservice und spezielle Versicherungen angeboten werden. Das Angebot einer Erfrischung an den Kunden im Reisebüro zählt auch hierzu.

Die **Qualität der Angebotsprodukte** entspricht als vierte Ebene der **Angebotstiefe und -breite** der touristischen Leistungsträger und Reiseveranstalter, mit denen das Reisebüro zusammen arbeitet.

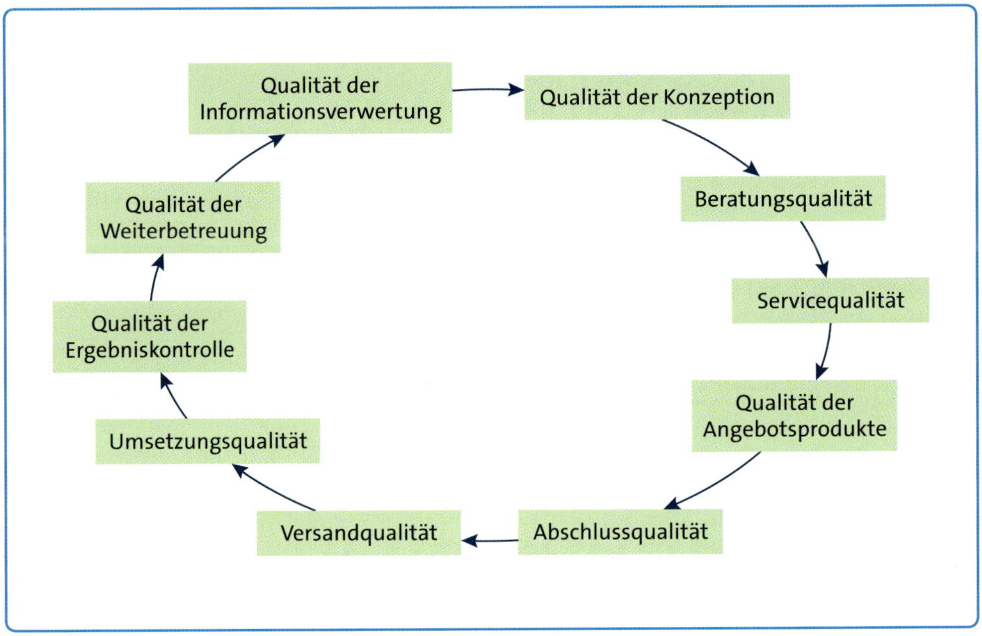

Abb. Qualitätskreislauf eines Reisebüros
verändert nach Zollondz, H. D. : Grundlagen des Qualitätsmanagement, Oldenburg Verlag, München 2002, S. 181

Die **Qualität der internen Kommunikation**, der fünfte Prozessschritt, beschreibt den Umgang der internen Kunden (Mitarbeiter, touristische Leistungsträger) untereinander.

Die **Abschlussqualität (Buchung)**, als sechster Schritt, kann als Erfüllung der Kundenerwartungen und als fakturierter Umsatz aufgrund der Beratungsqualität interpretiert werden.

Die **Versandqualität** umfasst die Übergabe, Hinterlegung bzw. die Versendung der kompletten Reiseunterlagen und der dazu gehörenden Informationen, so dass der Reisende zeitig darüber verfügt und die Reise antreten kann.

Die **Umsetzungsqualität (Reiseverlauf)** als achter Schritt, begleitet das Reisebüro »aus der Ferne«. Hier können Kundenkontakte gehalten werden, z. B. Informationen über Reiseänderungen weitergegeben werden. Vor Ort hat der Reiseveranstalter das Sagen, er ist der Vertragspartner des Reisenden.

Über das **Beschwerdemanagement als Ergebniskontrollinstrument** für die Qualität der vermittelten touristischen Leistung bzw. des Leistungspaketes erhält das Reisebüro Informationen über nicht für eine weitere Zusammenarbeit geeignete touristische Leistungsträger bzw. Reiseveranstalter.

Bei der **Qualität der Weiterbetreuung (*After Sales*-Marketing)** handelt es sich um so genanntes »Nachkaufmarketing« (▸ Fachwissen Tourismus Band 1, LF 4, Kapitel 3.3). Das heißt, es geht um Marketingmaßnahmen, die vom Reisebüro ergriffen werden, wenn der Kunde von seiner Reise zurück ist. Die Weiterbetreuung soll die Gefahr einer »Buchungsreue« nach der Reise vermindern, die Kundenzufriedenheit erhöhen und die Kundenbindung steigern.

Das Modell des Qualitätsregelkreises sieht vor, dass im Rahmen der **Ergebniskontrolle (Informationsverwertung)** Daten und Evaluationsergebnisse ausgewertet, analysiert und interpretiert werden, um sie systematisch zur Verbesserung der Prozessleistung »Qualität der Konzeption« des Reisebüros zu nutzen. Damit ist der Qualitätsregelkreis geschlossen.

Die gewonnenen Informationen (z. B. Bestätigung, Kritik, Verbesserungsvorschläge) fließen fortwährend – bei unterschiedlicher Bedeutung – in alle **Teilprozesse des Qualitätsregelkreises (Qualitätskreislauf)** eines Reisebüros ein. Sie können nicht jeweils nur einer Teilleistung zugeordnet werden.

MERKE

Einzelprozessqualität
Die Qualität der Einzelprozesse des Qualitätsregelkreises entscheidet über den Erfolg beim Kunden und den wirtschaftlichen Erfolg des Reisebüros.

Die **Qualität aller Teilprozesse des Qualitätskreislaufes** sind für den Kunden nicht alle offensichtlich, deshalb ist die Darstellung nach außen in Form eines Qualitätszertifikates von großer Bedeutung.

5.5 Qualitätszertifikate

Qualitätszertifikate sollen »**Qualitätsbotschaften**« an die Kunden sein, doch die Vielzahl von Qualitätssiegeln für Reisebüros ist als Orientierungshilfe für den Verbraucher schwer durchschaubar. Der folgende Überblick, der nicht den Anspruch auf Vollständigkeit erhebt, zeigt **aktuelle Zertifikate und Gütesiegel** (Stand 10/2012) für Reisebüros.

Gesundheits-Reisebüros – qualifiziert für Reiseberatung der Spitzenklasse

Zum »Gesundheitsreisebüro« können sich ausschließlich bestehende Reisebüros qualifizieren, die an einer speziellen Fortbildung teilgenommen und die Abschlussprüfung erfolgreich bestanden haben. Inhalte dieser Fortbildung sind neben aktuellen Aspekten der Reisemedizin auch sozialrechtliche Grundlagen zu den Themen Kuren und Prävention – allesamt wichtige Voraussetzungen für eine professionelle Kundenberatung. Inzwischen gibt es bereits 110 Gesundheitsreisebüros im Bundesgebiet, die in Sachen Kuren & Co. Beratung der Spitzenklasse bieten.

www.freie-pressemitteilungen.de

CSR Tourism certified

»CSR-*Tourism-certified*« ist die Auszeichnung für Nachhaltigkeit und Unternehmensverantwortung im Tourismus. **TourCert** ist eine Zertifizierungsgesellschaft, deren Gesellschafter gemeinnützige Organisationen sind. Hinter dem Siegel steht das Bekenntnis der Unternehmen zum **nachhaltigen Tourismus** und zu einer kontinuierlichen Verbesserung der Nachhaltigkeitsleistung. Mindestkriterien sichern das Basisniveau. **CSR** bedeutet *Corporate Social Responsibility* und beschreibt die Verantwortung der Unternehmen für ihre Auswirkungen auf die Gesellschaft. Dazu müssen die Unternehmen – über die gesetzlichen Vorgaben hinaus – soziale und ökologische Anforderungen in ihrem Kerngeschäft erfüllen. CSR steht dabei nicht für einzelne gute Taten sondern für eine im ganzen Unternehmen verankerte Haltung und strategische Ausrichtung. Details gibt es Im Internet unter ▸ www.tourcert.org und in ▸ Fachwissen Tourismus Band 1, LF 1, Kapitel 1.4.3.

© dpa

TÜV SÜD »Geprüfte Servicequalität«

Hauptkriterien für diese Auszeichnung sind Servicezuverlässigkeit, Beratung, Servicekultur und Kundenzufriedenheit, Qualifikation der Mitarbeiter sowie der professionelle Umgang mit Beschwerden.

TÜV SÜD »ISO 9001:2008«

Voraussetzung für diese Auszeichnung ist die Einführung und Anwendung eines Qualitätsmanagementsystems. Dieses beschreibt die kontinuierliche

Weiterentwicklung der Unternehmensleistungen und sorgt für eine Erhöhung der Kundenzufriedenheit.

Gütesiegel »Ausgezeichnetes Reisebüro«

Das **Europäische Tourismus Institut (ETI)** verleiht das Gütesiegel »Ausgezeichnetes Reisebüro«. Bei unangemeldeten Besuchen der Tester des Instituts werden jedes Jahr insgesamt 100 unterschiedliche Qualitätskriterien überprüft. Bewertet werden die Fach- und Sozialkompetenz der Mitarbeiter sowie das Erscheinungsbild des Geschäfts.

Marke »Top ausgebildetes Reisebüro«

Deutschlands größte Reisebüro-Allianz **QTA (*Quality Travel Alliance*)** entwickelte die Marke »Top ausgebildetes Reisebüro«. Das Gütesiegel wird erarbeitet durch die erfolgreiche Teilnahme an einem Schulungsprogramm der QTA. Die QTA ist ein Zusammenschluss von fünf Kooperationen: *Nec-Partner*, **BEST-RMG, RTK,** *Schmetterling* **und TUI TRAVEL***Star*.

[...] Ausgezeichnete Beratung mit SmileGarantie

[...] Unter dem Begriff *Smile*Garantie hat Reiseland, Deutschlands große veranstalterunabhängige Reisebürokette, eine Qualifizierungsoffensive für die Reiseland-Reisebüros ins Leben gerufen. Unter dem Motto »Ihr Urlaub ist unsere Leidenschaft« arbeitet Reiseland intensiv an dem Thema »Kunden begeistern«. Mit Hilfe der *Smile*Garantie soll die Beratungsqualität in den Reiseland-Reisebüros noch mehr verbessert, die Erwartungen der Kunden übertroffen und dadurch die Kundenbindung deutlich intensiviert werden. Neben hoher fachlicher Qualifikation gehören Bausteine aus Verkaufstrainings, aber auch der optimierte Einsatz der zur Verfügung stehenden Technik zu den wesentlichen Inhalten der *Smile*Garantie. Darüber hinaus wird an einem Bewertungssystem für die Kunden gearbeitet. Damit erhält jeder Kunde die Möglichkeit, die Beratung in seinem Reiseland-Reisebüro zu bewerten. [...]

www.otto-freizeit.de/presse

Q – das Zertifikat für Servicequalität

Das »Q« ist das Siegel für **Servicequalität in Deutschland**. Mit dem Schulungs- und Qualitätssiegelprogramm analysieren die Betriebe ihre Dienstleistung konsequent aus der Kunden-Perspektive, um die internen Prozesse nachhaltig und fortwährend zu optimieren. So erhöhen sie die Kundenbindung und verschaffen sich einen Wettbewerbsvorteil.

ServiceQualität DEUTSCHLAND

Begeisterung durch Qualität

Die DER Deutsches Reisebüro GmbH & Co. oHG hat ein **Qualitätsmanagement-System** für den Geschäftsbereich *Business Travel, FCm Travel Solutions* implementiert. *FCm Travel Solutions* hat sein Qualitätsmanagement-System als erste deutschlandweit vertretene Reisebürokette im Jahr 1995 durch die Deutsche Gesellschaft zur Zertifizierung von Managementsystemen (DQS) zertifizieren lassen.

Umweltmanagement DQS ISO 14001

www.de.fcm.travel

Eine **Vereinheitlichung** der vorgestellten Zertifikate ist nicht in Sicht. Verbraucher scheinen das Q-Emblem im Schaufenster des Reisebüros für »ServiceQualität« zu präferieren. Das ETI-Siegel hat sich noch nicht in diesem Umfang etabliert. Die TÜV-Zertifikate werden vom Verbraucher gewürdigt. Aufgrund der Alterspyramide und eines entsprechenden Marketings wird sich das »Gesundheitsreisebüro« bei der Zielgruppe wohl mittelfristig etablieren.

Kein Zertifikat, aber ein vertrautes Logo (»Vertrauenslogo«) ist die Mitgliedschaft eines Reisebüros im **Deutschen ReiseVerband (DRV)**. Der Kunde assoziiert hiermit touristische Fachkompetenz und Zuverlässigkeit, welche die Aufnahmevoraussetzungen für eine Mitgliedschaft im DRV darstellen.

DRV

Der **asr** vertritt als **Allianz selbständiger Reiseunternehmen – Bundesverband e. V.** die Interessen von Reisebüros und Reiseveranstaltern aus dem Mittelstand. Er und der DRV bemühen sich derzeit um ein **Zertifikat für Reiseverkäufer,** um die Kernkompetenzen und die Beratungsleistungen der Reiseanbieter und des Vertriebs herauszustellen (Stand 10/2012).

Die **Servicequalität der Reisebüros (-mitarbeiter)** wird von vielen Kunden im Hinblick auf die detaillierten Bedürfnisanalyse, die individuelle, kompetente Beratung sowie die freundlich und hilfsbereite Gesprächsatmosphäre als angenehm empfunden. **Kritik** wird häufig dahingehend geäußert, dass die unterbreiteten Reisevorschläge nicht den Kundenvorstellungen angepasst sind und sich häufig alternativlos auf Reisen innerhalb Europas beziehen. Bei der telefonischen Beratung bemängeln die Kunden u.a., dass sie nur selten mit Namen angesprochen und Antworten akustisch sowie fachlich unverständlich geäußert werden. Ferner haben Kunden z.T. den Eindruck, dass E-Mail-Anfragen untergehen und nicht beantwortet werden. – Es gibt in *puncto* Service immer etwas zu verbessern.

Eine chinesische Weisheit besagt: »Wer aufgehört hat besser zu werden, hat aufgehört gut zu sein.«

AUFGABEN

1. Welche Instrumente nutzen Sie in Ihrem Reisebüro, um der ständigen Aufwärtsspirale (*running target*) der Kundenansprüche zu begegnen?
2. Erläutern sie drei branchenübliche Servicestandards im Reisebüro.
3. Worin sehen Sie für Ihr Reisebüro bzw. für die Mitarbeiter Ihres Reisebüros einen Vorteil bzw. eine Chance, dass ein Kunde kein absolutes sondern ein relatives Urteil im Hinblick auf die Servicequalität fällt?
4. Was versteht man unter dem »*Demingkreis*«?
5. TQM (*Total Quality Management*) ist ohne ständige Aus- und Weiterbildung aller Mitarbeiter nicht möglich. Wie wird dieser Anspruch in Ihrem Ausbildungsbetrieb erfüllt?
6. Erarbeiten Sie drei konkrete Vorschläge zur Qualifizierung von Reisebüromitarbeitern.
7. Erläutern Sie die übergeordneten Unternehmensziele von *Studiosus* und wie diese realisiert werden sollen.
8. Warum kommt die Dienstleistungsqualität eines Reisebüros insbesondere durch die »vertikale Servicequalität« zum Ausdruck?
9. Nennen Sie vier Faktoren, in denen Ihre Servicekompetenz zum Ausdruck kommt.
10. Die SERVQUAL-Methode misst die Dienstleistungsqualität anhand von fünf branchenübergreifenden Dimensionen. Erläutern Sie diese anhand von jeweils drei Beispielen im Hinblick auf Ihren Ausbildungsbetrieb und ergänzen Sie die Dimensionen durch zwei eigene Vorschläge.

11. Die SERVQUAL-Methode wurde um die Dimensionen Kommunikationsfähigkeit/Präsentationsfähigkeit und Prozessreife im Hinblick auf das Reisebüro ergänzt. Erläutern Sie die Notwendigkeit am Beispiel X-Produkte.

12. Entwerfen Sie einen erweiterten SERVQUAL-Fragebogen, der jeweils drei Soll- und Ist-Komponenten entsprechend der sieben Dimensionen beinhaltet.

13. Ihre Kundenbefragung zeigt einen Leistungswert, bei dem Soll- und Ist-Werte gleich sind bzw. der Leistungswert < 0 ist. Worin sehen Sie die häufigsten Ursachen für ein solches Ergebnis?

14. Der Leistungswert ihrer Erhebung ist > 0. Was bedeutet dies unter Berücksichtigung von »*running target*«?

15. Führen Sie in Ihrer Klasse ein *Brainstorming* zum Ideen- und Innovationsmanagement in einem Reisebüro durch.

16. Geben Sie für jeden Teilprozess des Qualitätsregelkreises zwei praktische Beispiele aus Ihrem Ausbildungsbetrieb an. Ergänzen Sie jeden Schritt um zwei weitere Vorschläge, die Sie im Rahmen der Evaluationsphase berücksichtigen um die Qualität der Konzeption weiter zu entwickeln.

17. In der Planungsphase Ihres Qualitätsregelkreises möchten Sie das Kundenportfolio berücksichtigen. Welchen Kunden senden Sie neue Kataloge zu, welche informieren Sie über neu eingetroffene Kataloge, wer bekommt einen Geburtstagsgruß bzw. ein Geschenk, eine Einladung zu einem *Event* und wer ein Direktmarketingpaket?

18. Welche möglichen Strategien sehen Sie, die in die Planungsphase Ihres Qualitätsregelkreises aufgenommen werden sollten, um neue profitable Kunden zu gewinnen?

19. Worin sehen Sie die Bedeutung von Qualitätszertifikaten?

20. Wie unterscheiden sich die Zertifizierungen »Geprüfte Servicequalität« und »Q – das Zertifikat für Servicequalität«?

21. Worauf führen Sie zurück, dass Privatkunden insbesondere auf das »Q – das Zertifikat für Servicequalität« achten?

22. Das Logo des Deutschen ReiseVerbandes (DRV) gilt bei Privatkunden als »Vertrauenslogo«. Begründen Sie diese Aussage.

23. Auf welchen Kundenkreis zielt die Zertifizierung durch die Deutsche Gesellschaft zur Zertifizierung von Managementsystemen (DQS) ab?

24. »Jede Zertifizierung ist eine Verpflichtung für ein Reisebüro.« Erläutern Sie die Aussage.

Lernfeld 13

Projekte planen, durchführen und auswerten

Jährlich besuchen Touristenströme die Pyramiden von *Gizeh*, den Eiffelturm am *Champ de Mars* in Paris, übernachten im höchsten Hotel der Welt, dem *JW Marriott Marquis* Dubai, sind fasziniert vom Blick aus dem *London Eye* auf die Stadt, spazieren auf der Chinesischen Mauer, verweilen am Brandenburger Tor oder benutzen die Öresundbrücke auf dem Weg zu ihrem Urlaub nach Skandinavien. – Diesen Bauwerken ist eines gemeinsam: sie sind einzigartig. Beim Bau der Pyramiden spielten der Einsatz der Arbeitskräfte oder die Menge des verwendeten Materials eher eine untergeordnete Rolle. Heute werden Projekte wie das *JW Marriott Marquis* Dubai im Vorfeld unter wirtschaftlichen Aspekten, d. h. im Hinblick auf ihre Einmaligkeit und mit klarer zeitlicher Befristung sowie Begrenzung der materiellen und immateriellen Projektressourcen effizient geplant und durchgeführt. Dazu bedarf es eines speziellen Managements, dem Projektmanagement.

Damit Ihre Projekte nicht wie der »Turmbau zu Babel« aufgrund von Kommunikationsproblemen scheitern, erhalten Sie im folgenden Lernfeld das »Rüstzeug« um Projekte erfolgreich zu managen.

1 Projektarbeit

Der Projektbegriff (lat. projectum = »das nach vorne Geworfene«) ist laut DIN 69901 Projektwirtschaft des Deutschen Instituts für Normung wie folgt definiert:

»[Ein] Vorhaben, das im Wesentlichen durch die Einmaligkeit der Bedingungen in ihrer Gesamtheit gekennzeichnet ist, wie z. B. Zielvorgabe, zeitliche, finanzielle, personelle und andere Begrenzungen; Abgrenzung gegenüber anderen Vorhaben; projektspezifische Organisation.«

Alle Projekte laufen grundsätzlich nach dem gleichen Prinzip ab. Im Allgemeinen werden dabei **vier Phasen** unterschieden.

- **Phase 1:** Projektvorphase
- **Phase 2:** Projektplanung
- **Phase 3:** Projektdurchführung
- **Phase 4:** Projektabschluss

Projekte erfordert Teamarbeit, das Loslösen von Ressort- und Abteilungsdenken und eine eigenständige **Projektorganisation**. Regelmäßige Betriebsabläufe, Routinetätigkeiten und Linienaufgaben sind hingegen keine Projekte.

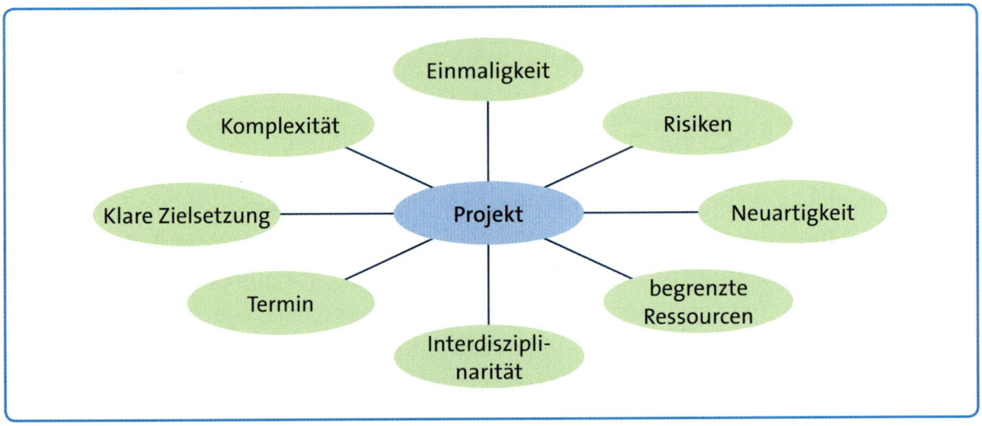

Abb. Merkmale von Projekten

Typische Projekte

BEISPIEL

- neues Serverkonzept für ein Reisebüro entwickeln und einführen
- Durchführung eines Kundenevent
- Entwicklung eines neuen Reisedesigns
- Neuorganisation eines Reisebüros/einer Abteilung (Sparte)
- Einführung eines Qualitätsmanagement-Systems
- Organisation eines Messeauftritts
- Entwicklung eines neuen Kreuzfahrtschiffes

Projekte werden mit Hilfe von **Projektarten** klassifiziert. Eine Möglichkeit dazu besteht darin, sie je nach Zweck zu ordnen:

Entwicklungsprojekte	Forschungsprojekte (Pionierprojekte)	Investitionsprojekte	Organisationsprojekte
Klar definiertes Entwicklungsziel: Neues Produkt / neue Dienstleistung	Das Entwicklungsziel ist nur grob definiert, hoher Unsicherheitsgrad, geringe Erfahrung (»*learning by doing*«)	Bau einer Hotelanlage: *Return on Investment* (ROI, Kennzahl zur Analyse der Rentabilität des Gesamtkapitals) steht im Vordergrund	Häufige Ziele: Rationellere Abwicklung der Geschäftsprozesse, Neugestaltung der Aufbau- und/ oder Ablauforganisation

Tab. Typische Projektarten klassifiziert nach Zweck

1.1 Projektmanagement

Projektmanagement (PM) ist die ergebnisorientierte Steuerung und Gestaltung von Projekten. Die DIN 69901 definiert Projektmanagement als Gesamtheit von Führungsaufgaben, -organisation, -techniken und -mittel für die Abwicklung eines Projekts.

Das *Project Management Institute* (PMI) definiert Project Management allgemeiner als Anwendung von Wissen, Fähigkeiten, Methoden und Techniken auf die Vorgänge innerhalb eines Projekts.

Konkret hat das Projektmanagement folgende Aufgaben:

- **Ziele setzen** und Vorgehensweisen planen
- **Planung und Kontrolle** von Projektleistungen, Terminen, Kosten und Ressourcen
- **Organisation** von Projektteams (▸ Kapitel 1.3) und deren Führung
- Klärung von Projektrollen und Zuständigkeiten
- **Integration** der Projektgruppe in die bestehende Aufbauorganisation einer Organisation
- Festlegen von projektspezifischen Werten, Regeln und Abläufen
- **Risiken frühzeitig identifizieren** und rechtzeitig steuernd eingreifen
- **Informieren** und **Kommunizieren**
- **Delegieren** von Funktionen, Pflichten, Aufgaben, Verantwortung und Rechten
- **Steuern** im Rahmen von *Management by*-Techniken (▸ Fachwissen Tourismus Band 1, LF 1, Kapitel 3.6.3).

MERKE

Zentrale Aufgaben
Die zentralen Aufgaben des Projektmanagements sind – neben der Menschenführung – die systematische Projektplanung, Projektorganisation und -kontrolle sowie das Risikomanagement im Hinblick auf die Ziele des »magischen Dreiecks«.

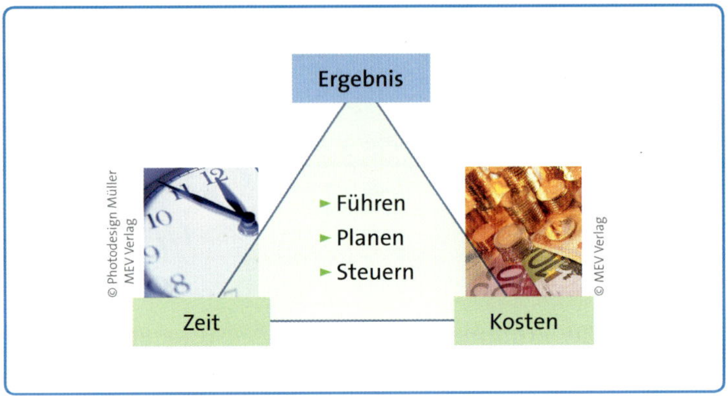

Abb. Das Magische Dreieck des PM (*Triple Constraint*)

Das **Projektmanagement ist verantwortlich** für die Projektabwicklung, das **Erreichen** des Projektziels in der **geforderten Qualität** und in der **geplanten Zeit**. Dazu muss es den Einsatz von Personal- und Kapitalressourcen optimal und effizient gestalten.

Die **drei Kernziele** des Projektmanagements beeinflussen sich gegenseitig.

Modernes Projektmanagement

Das moderne Projektmanagement nach DIN 69901-2:2009 grenzt den Begriff »**Projektmanagementphase**« vom Begriff der »**Projektphase**« ab. Projektmanagementphasen sind demnach durch »logisch zusammenhängende Aktivitäten des Projektmanagements« definiert, nicht aber durch die fachlich bedingten Aktivitäten der Projektdurchführung.

Nach DIN 69901-2:2009-01 lässt sich der gesamte Ablauf eines Projekts in zusammenhängende Abschnitte (Projektphasen) unterteilen. **Projektphasen** gliedern ein Projekt in Einheiten. Sie sind inhaltlich und zeitlich determiniert und haben somit eine eigene Zielsetzung. Sie **spiegeln den Projektverlauf** mit den unterschiedlichen Aktivitäten (z. B. Projektdefinition, Projektplanung, Projektüberwachung) wider und sind **Kontrollpunkte für das Management**.

In Abhängigkeit von den Anforderungen der jeweiligen Branche können diese Aktivitäten unterschiedlich unterteilt werden. Entsprechend ist der **Projektlebenszyklus** eine Unterteilung des gesamten Arbeitsumfangs in aufeinander folgende Projektphasen.

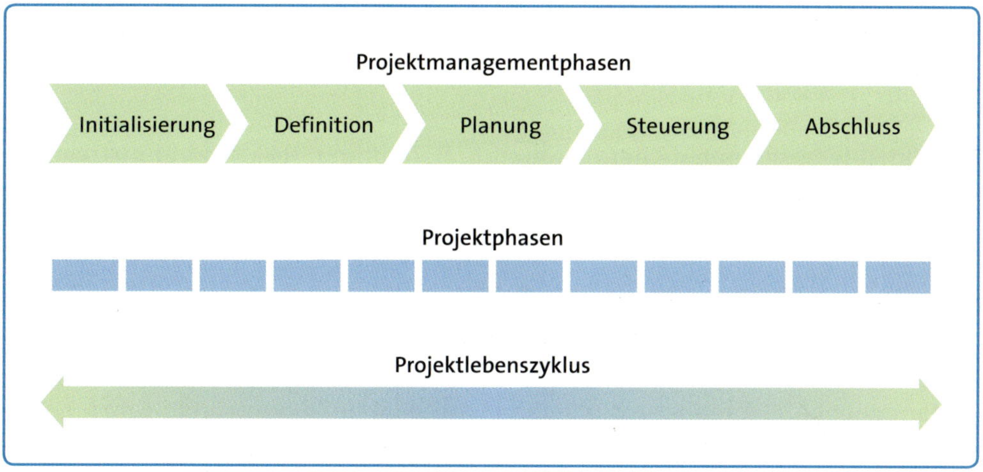

Abb. Projektmanagementphasen, Projektphasen und Projektlebenszyklus nach DIN 69901-5

Projektmanagementphasen sind keine sequentiell ablaufenden Abschnitte während eines Projektes, sondern können wie die in ihnen enthaltenen Prozesse mehrfach durchlaufen werden.

Initialisierungsphase	Gesamtheit der Tätigkeiten und Prozesse, die dazu dienen, dass ein Projekt formal begonnen werden kann (z. B. Skizzierung der Ziele, Benennung von Verantwortlichen).
Definitionsphase	Gesamtheit der Tätigkeiten und Prozesse zur Definition eines Projekts (z. B. Zieldefinition, Aufwandsschätzung, Machbarkeitsbewertung).
Planungsphase	Gesamtheit der Tätigkeiten und Prozesse zur formalen Planung eines Projekts (z. B. Vorgänge und Arbeitspakete planen, Risiken analysieren, Ressourcenplan erstellen).
Steuerungsphase	Gesamtheit der Tätigkeiten und Prozesse zur formalen Steuerung eines Projekts (z. B. Steuern von Terminen, Ressourcen, Kosten und Finanzmitteln, Risiken, Qualität, Ziele).
Abschlussphase	Gesamtheit der Tätigkeiten und Prozesse zur formalen Beendigung eines Projekts (z. B. Erstellung des Projektabschlussberichts, Nachkalkulation, Erfahrungssicherung, Vertragsbeendigung).

Tab. Projektmanagementphasen nach DIN 69901-5

Generell sollte man in diesem Zusammenhang bedenken, dass es **keinen »Königsweg« für das Projektmanagement gibt** und die DIN 69901 ein freiwilliger, nationaler Standard ist.

1.2 Projektziele

»Wer nicht weiß, wo er hin will, darf sich nicht wundern, wenn er nicht ankommt.« *Volksweisheit*

Projektziele besitzen eine herausragende Bedeutung. Ihre Eckpunkte werden durch interne oder externe Auftraggeber (engl. *Stakeholder*) vorgegeben. Ein Projekt muss einen Namen und klare Ziele haben, die allen Beteiligten bekannt sind.

Die Projektziele sind eindeutig zu definieren und umfassen die »Gesamtheit von Einzelzielen, die durch das Projekt erreicht werden.« (DIN 69901-5:2009).

Die Ziele müssen *smart* (engl. für schlau, clever) formuliert werden, d. h. einen Zeithorizont haben, realistisch, machbar, messbar und überprüfbar sein (▸ Fachwissen Tourismus Band 1, LF 2, Kapitel 1.3 Selbst- und Zeitmanagement).

MERKE

Die SMART-Formel

Mit der Formel werden die Projektziele, Kann-Ziele und auch die Nicht-Projektziele definiert, um Missverständnisse zu vermeiden. Ein Ziel ist erst dann »*smart*« formuliert, wenn die folgenden Kernfragen mit »JA« beantwortet werden können:

S	Spezifisch	Kernfrage:	Ist das Ziel konkret und eindeutig?
M	Messbar	Kernfrage:	Ist es möglich, zu überprüfen, ob das Ziel erreicht wurde?
A	Attraktiv	Kernfrage:	Ist das Ziel für alle Beteiligten erstrebenswert?
R	Realistisch	Kernfrage:	Ist das Ziel auch tatsächlich erreichbar?
T	Terminierbar	Kernfrage:	Ist das Ziel zu terminieren?

Bei der Zielformulierung sind die **Zielbeziehung untereinander** und ihre Auswirkung zu berücksichtigen. Die Zielbeziehung können neutral, komplementär (sich ergänzend) und konkurrierend sein. Im letzteren Fall bedeutet dies, dass die Erfüllung des einen Ziels zu Abstrichen beim Erfüllungsgrad des anderen Ziels führt bzw. sich einander ausschließt. Daher sind bei Zielkonflikten ***Priorisierungen*** vorzunehmen (▸ Fachwissen Tourismus Band 1, LF 2, Kapitel 1.3.2).

BEISPIEL

Zielkonflikte und Priorisierung

»Qualität vor Zeit«,

»*Time-to-market*« (TTM) – *Time-to-Market* ist die Zeitspanne von der Idee für ein Produkt bis zu dessen Markteinführung,

»*Design-to-cost*«-Ansatz (DTC) – Der *Design-to-cost*-Ansatz ist eine Vorgehensweise zur Erreichung vorgegebener Kostenziele (z. B. kostengünstigste Lösung beim Einkauf touristischer Leistungen) in der Phase der Produktentstehung/Produktentwicklung unter Berücksichtigung der gegebenen Rahmenbedingungen aus Sicht des Herstellers (Reiseveranstalters).

»Die Projektzielsetzung ist es, die vereinbarten Endresultate, unter besonderer Berücksichtigung der Deliverables (Projektleistungen), im vorgeschriebenen zeitlichen Rahmen, mit dem vereinbarten Budget und innerhalb verträglicher Risikoparameter zu liefern.«

(Projektmanagement Standard der International Project Management Association)

Eindeutige Ziele erhöhen die Entscheidungssicherheit für alle Beteiligten, schaffen Klarheit und vermeiden unnötige Konflikte.

Golfturnier als Praxisprojekt

Die Azubis arbeiten an ihrer Platzreife

Die Berufsschulen werden kreativ. Denn nach dem neuen Lehrplan für Tourismuskaufleute müssen alle Azubis im Laufe ihrer Ausbildung an der Schule selbstständig ein touristisches Projekt gestalten.

In Neustadt an der Weinstraße planen nun 15 Auszubildende der Fachklasse Tourismus ein *Charity*-Golfturnier, das am 20. April 2013 auf dem *Green* des Golfclubs Worms stattfinden soll. Die Einnahmen werden an das Volk der Hohoe Gbi im Osten Ghanas für Infrastrukturmaßnahmen gespendet.

Dafür mussten aber zunächst die Azubis selbst zur Platzreife geführt werden. Unterstützt durch den Golfclub legten sie vor wenigen Tagen die Prüfung ab, mit einem Spiel über neun Löcher und dem Nachweis von Regel- und Etikettenkunde.

Studiendirektor Günter de la Motte, der das Projekt gemeinsam mit den Schülern initiiert hat, ist schon jetzt vom Erfolg überzeugt. Das neue Fachwissen werde den Reiseverkäufern für eine fundierte Beratung sehr hilfreich sein, so der Lehrer. Auch bei den Arbeitgebern findet das Ganze »vollste Unterstützung«, wie Claus Kosmalski, Geschäftsführer der Reisebüro-Kette Blum in Ludwigshafen, sagt. Er freue sich schon auf »die neuen Golfkunden, die wir mit diesem Hintergrundwissen unserer Azubis nun gewinnen werden«. (jb)

Abb. Praxisprojekt »Golfturnier« der BS Neustadt a. d. Weinstraße

Die Projektziele sollten vor dem Projektstart in einen **Zielplanungs*workshop*** zwischen Auftraggebern und dem Projektteam als Auftragnehmer (► Kapitel 1.3) widerspruchsfrei und lösungsneutral konkretisiert werden.

Optimal ist es, wenn für jedes Mitglied des Projektteams ein **individuelles (abgeleitetes) Projektziel** formuliert wird, zu dem er oder sie sich besonders »bekennt«.

Funktionen von Zielen im Projektmanagement

© GEWA FotoStudio – MEV Verlag

© Creativstudio – MEV Verlag

© Mike Witschel – MEV Verlag

© bluedesign – Fotolia.com

- Ziele haben eine **Kontrollfunktion**, anhand dessen der Projekterfolg überprüfbar wird und Ziel-Abweichungen früh erkannt werden können.
- Sie **dienen der Orientierung** (als »*Road Map*«), so dass alle Teammitglieder wissen, wohin die »Reise« geht.
- Sie korrigieren falsche Erwartungen (Nicht-Ziele).
- Sie **stärken das »Wir«-Gefühl**, indem die Mitarbeiter in die Zielformulierung eingebunden werden und laufend Informationen zum Gesamtstatus erhalten.
- Letztlich haben sie eine **Selektionsfunktion**, da mit ihrer Hilfe Entscheidungen im Hinblick auf die Zielerreichung überprüft werden können (»Bringt uns die Entscheidung näher zum Ziel, oder entfernt sie uns vom Ziel«?).

Die Projektziele sind im Projektverlauf zu verfolgen, zu überprüfen und ggf. anzupassen.

1.3 Projektbeteiligte und Projektorgane

Ein Projekt kann nur erfolgreich durchgeführt werden, wenn alle Beteiligten konstruktiv zusammenarbeiten. Durch die Beschreibung von Aufgaben, Kompetenzen, Verantwortungen und Verhaltenserwartungen werden die verschiedenen **Projektrollen** definiert.

Der Auftraggeber

Der Auftraggeber erteilt den Projektauftrag, stimmt die Projektziele und die Projektaufgaben mit dem Projektleiter ab. Er kontrolliert, setzt Prioritäten und teilt die Projektressourcen (insbesondere die finanziellen Ressourcen) zu. Er unterstützt und berät die Projektleitung und sorgt für die notwendige »Rückendeckung«.

Der Steuerkreis

Der Steuerkreis (**Lenkungsausschuss**) ist nach DIN 69901-5 ein »übergeordnetes Gremium, an das der Projektleiter berichtet und das ihm als Entscheidungs- und Eskalationsgremium zur Verfügung steht«.

Das Projektteam

Das Projektteam (oder die **Projektgruppe**) setzt sich aus einer begrenzten Anzahl von leistungsfähigen **Personen mit unterschiedlichen Fähigkeiten** zusammen, die ein gemeinsames Ziel unter gemeinsamer Verantwortung verfolgen. Zum Team gehören der **Projektleiter (PL)**, die **Projektteammitglieder (PTMs, das Kernteam)** und so genannte *Sub*teammitglieder, die nur temporäre Aufgaben im Rahmen des Projektes übernehmen. Das erweiterte Projektteam kann auch *Ad-hoc*-Gruppen umfassen.

Je nach Umfang eines Projektes kann noch ein **Projektkoordinator** die Koordination verschiedener Teilprojekte übernehmen. Ein **Projekt*coach*** kann herangezogen werden, wenn es spezielle Probleme bei der Planung bzw. Durchführung des Projektes gibt.

Um eine **effiziente Teamentwicklung und -arbeit** zu gewährleisten, müssen Arbeitsziele eindeutig definiert und von allen Teammitgliedern verstanden und akzeptiert werden, damit sie sich mit dem Ziel identifizieren können. Des Weiteren sind fachliche und soziale Kompetenz, Engagement, ein sachbezogener Diskussionsstil und eine informelle Arbeitsatmosphäre unabdingbar.

Die projektinterne Aufbauorganisation eines **Projektteams** ist i. d. R. hierarchisch und entspricht einem Einliniensystem (▸ Fachwissen Tourismus Band 1, LF 1, Kapitel 3.3). **Demokratische Teams**, bei denen alle Entscheidungen in der Gruppe getroffen werden und in welchen die Gruppenleitung rotiert, sind weniger verbreitet.

Der Projektleiter

Der **Projektleiter (PL)** ist verantwortlich für die genaue Zielklärung, d. h. er oder sie erstellt den Zielkatalog, zeigt Zielkonflikte auf, schlägt Prioritäten vor und führt die Abstimmung herbei.

Ein PL kommuniziert Informationen von Dritten (z. B. dem Auftraggeber) gegenüber dem Projektteam und fördert die Kommunikation innerhalb des Projektteams. Er konzipiert, steuert, koordiniert, kontrolliert und dokumentiert zusammen mit dem Projektteam das Projekt. Projektarbeit erfordern hohe Sozial- und Führungskompetenzen von der Projektleitung.

Führungseigenschaften (-kompetenz) Teamfähigkeit Delegieren können Kompetenz (fach-/sachlich) Motivationsfähigkeit Kommunikationsfähigkeit Hohe Sozialkompetenz Entscheidungsfreudigkeit (-fähigkeit) Verhandlungsgeschick Planungsund Organisationsgeschick Gutes Konfliktmanagement Analytisches Denken Umfeldsensibilität Problemorientierung, Zielorientierung Selbstsicherheit, Belastbarkeit Unternehmerisches Denken und Handeln	 © OrpheusXL – Fotolia.com **Der ideale Projektleiter:** die »Eier legende Wollmilchsau«.

Tab. Anforderungen an Projektleiter

MERKE

Projektleiter
Der Projektleiter ist ein »Unternehmer auf Zeit«. Er/Sie ist gegenüber dem Auftraggeber für die operative Abwicklung des Projektes verantwortlich.

1.4 Projektorganisation

Die Projektorganisation bedarf einer **formellen Institutionalisierung** innerhalb der Aufbauorganisation eines Unternehmens. Nur so bleibt ihre Anschlussfähig an die Stammorganisation gewährleistet und ermöglicht, dass Kompetenzregelungen getroffen werden können. Sie ist zeitlich auf die Projektdauer limitiert.

In der Praxis werden die im Folgenden vorgestellten **Projekt-Organisationstypen** präferiert.

Stab-Projektorganisation

Die Stab-Projektorganisation (Stab-PO) hat keinen Einfluss auf die Primärorganisation. Die **Projektleitung entspricht einer Stabsstelle** ohne Entscheidungs- und Weisungsbefugnis und koordiniert bzw. kontrolliert die Abwicklung des Projektes in einzelnen Organisationseinheiten der Stammorganisation (z. B. in Abteilungen/Sparten; vgl. ▸ Fachwissen Tourismus Band 1, LF 1, Kapitel 3.3).

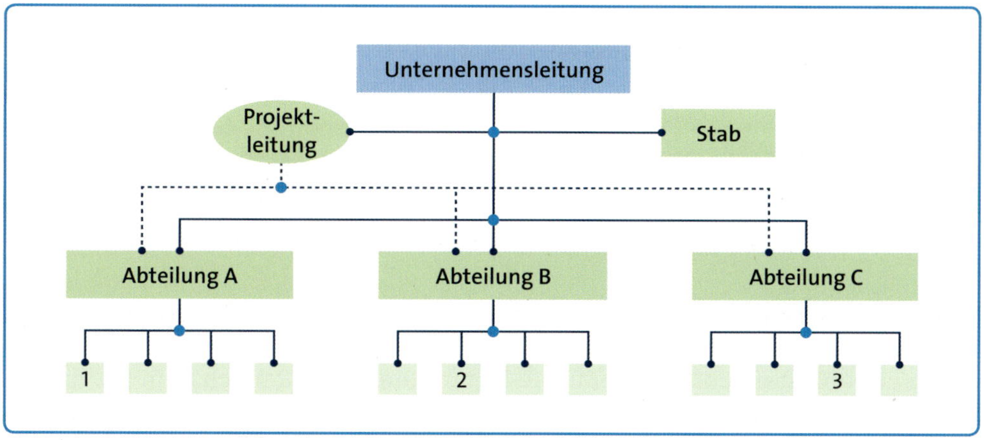

Abb. Stab-Projektorganisation

Dieser Organisationstyp wird gewählt, wenn die Bedeutung des Projektes für das Unternehmen sowie Projektumfang, Zeitdruck, Komplexität und Notwendigkeit einer zentralen Steuerung gering sind und die involvierten Abteilungen in hohem Maße eigenständig arbeiten können.

Reine Projektorganisation

Bei diesem Organisationstyp bilden der Projektleiter und das Projektteam für die Projektdauer eine **eigenständige institutionelle Einheit** im Rahmen der Aufbauorganisation. Die Teammitglieder arbeiten im vollen Umfang ihrer Arbeitszeit organisatorisch aus ihrer alten Position herausgelöst im Projekt und erhalten ihre Anweisungen nur vom PL. Die Mitarbeiter sind ihm oder ihr fachlich und disziplinarisch unterstellt. Der PL besitzt formal alle notwendigen Kompetenzen, um ein Projekt durchzuführen und trägt die volle Verantwortung für Kosten, Termine, Qualität und das Erreichen des Projektzieles.

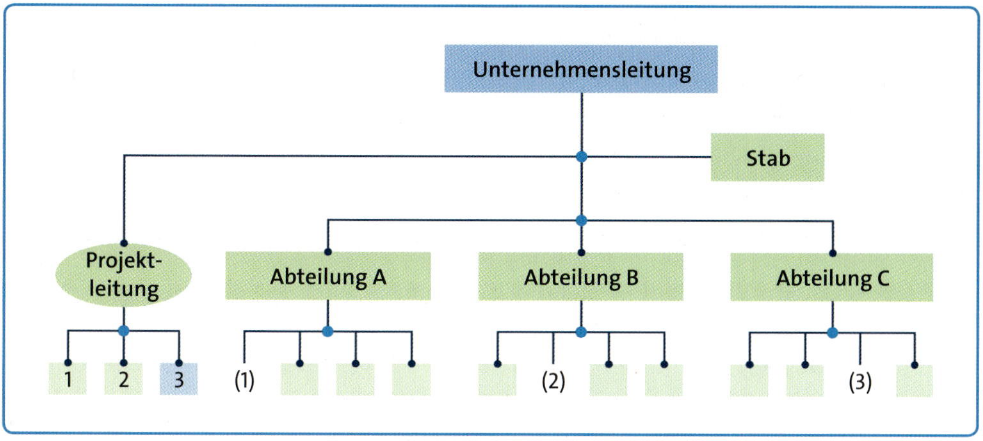

Abb. Reine Projektorganisation

Dieser Organisationstyp wird gewählt, wenn die Bedeutung des Projektes für das Unternehmen sowie Projektumfang, Zeitdruck, Komplexität und Notwendigkeit einer zentralen Steuerung sehr groß sind.

Matrix-Projektorganisation

Dieser Organisationstyp ist **eine Mischung** aus der Stab-Projektorganisation und der reinen Projektorganisation und in der Praxis am häufigsten anzutreffen.

Bei der Matrix-Projektorganisation (Matrix-PO) werden die projektbezogene Verantwortung und Kompetenzen zwischen dem Projektleiter und den beteiligten Linieninstanzen aufgeteilt. Die Mitarbeiter sind fachlich dem PL, disziplinarisch jedoch dem Linienvorgesetzten unterstellt. Sie verbleiben in Linienposition, sind aber ganz oder teilweise dem Projekt zugeordnet.

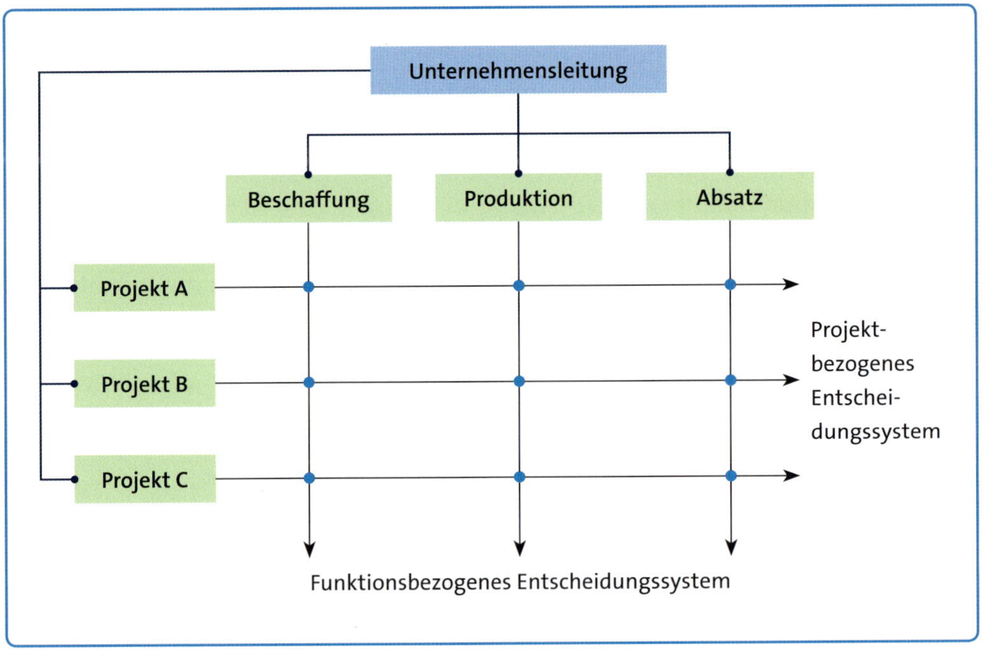

Abb. Matrix-Projektorganisation

Die **Matrix-Projektorganisation wird angewandt,** wenn sowohl Linien- als auch Projektaufgaben zu bewältigen sind. Dies ist häufig der Fall, wenn an mehreren Projekten gleichzeitig gearbeitet wird bzw. diese länger andauern oder in ihrem Umfang komplex sind.

Der Projektleiter entscheidet über das »WAS«, »WANN« und »WIE« bei der Erledigung der Projektaufgaben. Der Linienvorgesetzte trägt die Verantwortung für das »WER« und für das »WOMIT« sämtliche Fachaufgaben erfüllt werden und er kontrolliert die Projektaufgaben seines Fachbereiches.

1.5 Projektdokumentation und -informationssystem

An eine **Projektdokumentation (PDO)** bestehen je nach Personengruppe und Projektphase unterschiedliche Anforderungen »WAS«, »WANN«, »WOFÜR« und für »WEN« dokumentiert werden soll.

© bluedesign – Fotolia.com

Das **Deutsche Institut für Normung** definiert in seiner DIN 69901 den Begriff deshalb allgemein als »[...] Zusammenstellung ausgewählter, wesentlicher Daten über Konfiguration, Organisation, Mitteleinsatz, Lösungswege, Ablauf und erreichte Ziele des Projektes«.

Die **Projektdokumentation** verwaltet entsprechend alle für das Projektmanagement relevanten Planungs-, Organisations- und Berichtsdokumente (z. B. den Projektstrukturplan, Terminpläne, Arbeitsberichte, Besprechungsprotokolle).

Die **primären Aufgaben der PDO** sind adäquat:

- Zusammenstellung und Sicherung aller relevanten Projektdokumente.
- Unterstützung des Projektmanagements und des Informationsflusses innerhalb der Projektgruppe durch schnellen Zugriff auf relevante Informationen.
- Speicherung wichtiger Projektdokumente, um auch nach Abschluss des Projekts einen allgemeinen Zugriff auf die Projekterfahrungen zu ermöglichen.

MERKE

Projektdokumentation

Der Begriff Projektdokumentation umfasst keine »inhaltlichen« Dokumente die das zu entwickelnde Produkt beschreiben, sondern ausschließlich Dokumente, die für die Planung und Organisation der Projektarbeit relevant sind. Ziel ist es den Prozess zum Erreichen des Projektziels zu dokumentieren. Dazu dient in erster Linie die Projektakte (► Projektinformationssystem), in der diese Dokumente abgelegt werden.

Die **allgemeinen Regeln der Dokumentation** sind:

- Festlegung der Art des Dokumentes (z. B. Bericht, Vertrag)
- Festlegung der Dokumentationsanforderungen (z. B. »WAS« soll »WIE« abgelegt werden?)
- Festlegung, »WER« das Dokument frei gibt.
- Festlegung an »WEN« das Dokument verteilt werden soll.
- Festlegung, »WER« für den aktuellen Stand verantwortlich ist.

Projektauftrag	Projektstrukturplan	Status- und Sonderberichte
Projektdefinition	Meilensteinplan	Abschlussbericht
Projektorganisation	Terminplan	Erfahrungsbericht
Vereinbarungen	Ressourcenplan	Telefon-/E-Mailliste
Korrespondenz	Kostenplan	Arbeitsberichte
Projektplan	Sitzungsprotokolle	Besprechungsprotokolle

Tab. Inhalte einer Projektdokumentation (Beispiel)

Es empfiehlt sich parallel zu allen Phasen des Projektes die entsprechende PDO anzulegen und **zu pflegen**. So kann zu jedem späteren Zeitpunkt nachvollzogen werden, welche Probleme zu lösen waren (Ist-Zustand) und welche Lösungswege gewählt wurden (Soll-Konzept).

Die **Auswertung der PDO** liefert meist wertvolle Erkenntnisse für künftige Projekte. Sie ist eine wesentliche Hilfe bei der Erstellung des Projektabschlussberichtes (► Kapitel 5) und der Erfahrungssicherung.

Projektinformationssystem

Teamarbeit bzw. Projektarbeit erfordert ein funktionierendes Informationssystem, um Reibungsverluste bei der Weitergabe und Beschaffung von Information zu vermeiden.

Empfehlenswert ist die Anlegung einer **Projektakte**, welche der gesamten Projektdokumentation dient. Sie ist für das Team und dessen Betreuer

© ekostsov – Fotolia.com

- »öffentlich«, d. h. jederzeit zugänglich,
- enthält übersichtlich alle im Verlauf des Projektes anfallenden Dokumente
- und die anfallenden Informationen oder Verweise darauf.

Eine Projektakte hält das Team arbeitsfähig, auch wenn ein Mitglied (zeitweilig oder ganz) ausfällt. Die Projektakte wird in regelmäßigen Intervallen vom Projektleiter aktualisiert.

Von der Projektakte zu unterscheiden ist das **Projekthandbuch**. Es ist nach DIN 69901-5:2009 /DIN09 die »Zusammenstellung von Informationen, Standards und Regelungen, die für ein bestimmtes Projekt gelten.« Das Handbuch enthält die speziell für ein Projekt geltenden Vereinbarungen. Es wird vom Projektleiter (PL) zu Beginn des Projekts erstellt und an die Projektteammitglieder (PTMs) verteilt. Es beinhaltet die Liste der Projektmitarbeiter, den groben Projektzeitplan, die Verantwortlichkeiten, den ersten Projektstrukturplan und allgemeine Richtlinien.

Des Weiteren sind empfehlenswert:

- Die Entwicklung **standardisierter Formulare und Checklisten** für den Informationsaustausch, E-Mail-Verkehr und für die Statusberichte (Stand der Projektentwicklung ► Kapitel 4.2).
- Die Einrichtung von **Teambesprechungsroutinen** (z. B. Monats*meetings*), um die Mitarbeiter aller Bereiche über Entwicklungen in anderen Teilbereichen zu informieren.
- Regelmäßige ***Reviews,*** also die unabhängige Beurteilung bzw. Überprüfung einer Projektphase (z. B. von Meilensteinen, der Kostenplanung, der Planung von technischen Konzepten), während derer alle Projektteammitglieder über ihre Zwischenergebnisse informieren können.

AUFGABEN

Entsprechend dem Lehrplan für »Tourismuskaufleute für Privat- und Geschäftsreisen« sollen die Schülerinnen und Schüler ein branchenbezogenes Projekt selbstständig und eigenverantwortlich realisieren. Dies funktioniert nur, wenn Sie eine gemeinsame Sprache sprechen. Deshalb steht ein entsprechendes Training bei den folgenden Aufgaben im Vordergrund, da die inhaltlichen Komponenten quasi durch *Learning by doing* umzusetzen sind.

1. Welche Merkmale charakterisieren ein Projekt?
2. Warum ist der Verkauf einer Pauschalreise kein Projekt?
3. Was versteht man unter dem »Magischen Dreieck des Projektmanagements«?
4. Worin unterscheiden sich Projektmanagementphasen, Projektphasen und Projektlebenszyklus?
5. Warum betreiben Reiseveranstalter vorwiegend Entwicklungs- und Investitionsprojekte?
6. Welche zwei Hauptaufgaben hat das Projektmanagement?
7. Warum ist eine klare Festlegung (Definition) der Projektziele besonders wichtig?
8. Warum sind Prioritätensetzungen bei der Projektzieldefinition wichtig?
9. Welche Funktionen haben Ziele im Projektmanagement?
10. Welche Bedeutung hat die SMART-Formel für die Projektzieldefinition?
11. Welche organisatorischen Festlegungen sind zu Projektbeginn zu treffen?
12. Was versteht man unter einer Projektrolle?

13. Wer sind die Projektbeteiligten?

14. Welche Voraussetzungen sind für eine effiziente Teamentwicklung und -arbeit zu gewährleisten?

15. Welche Kriterien sind für die Auswahl einer geeigneten Projektrahmenorganisationsform zu beachten?

16. Warum wird der ideale Projektleiter häufig mit einer »Eier legenden Wollmilchsau« verglichen?

17. Projektdokumentation:
a) Was ist eine Projektdokumentation?
b) Welche Aufgabe hat sie?
c) Benennen Sie fünf typische Beispiele für die Inhalte einer Projektdokumentation.

18. Welcher Zusammenhang besteht zwischen der Projektdokumentation und der Projektakte?

19. Wozu dient ein Projekthandbuch?

20. Inspiriert durch das Golfprojekt der angehenden Expedienten der BBS Neustadt möchten auch Sie ein entsprechendes Projekt realisieren.

a) Formulieren Sie Ihre Ziele nach der SMART-Formel.

S = Spezifisch	Kernfrage:	Ist das Ziel konkret und eindeutig?
M = Messbar	Kernfrage:	Ist es möglich, zu überprüfen, ob das Ziel erreicht wurde?
A = Attraktiv	Kernfrage:	Ist das Ziel für alle Beteiligten erstrebenswert?
R = Realistisch	Kernfrage:	Ist das Ziel auch tatsächlich erreichbar?
T = Terminierbar	Kernfrage:	Ist das Ziel terminiert?

b) Ordnen Sie diese Ziele nach Prioritäten.

c) Welche organisatorischen Festlegungen treffen Sie zu Projektbeginn?

2 Projektvorphase

Als **Projektinitiative** bezeichnet man die Anregung zu einem Projekt – in dieser Phase wird eine **Projektidee** geboren.

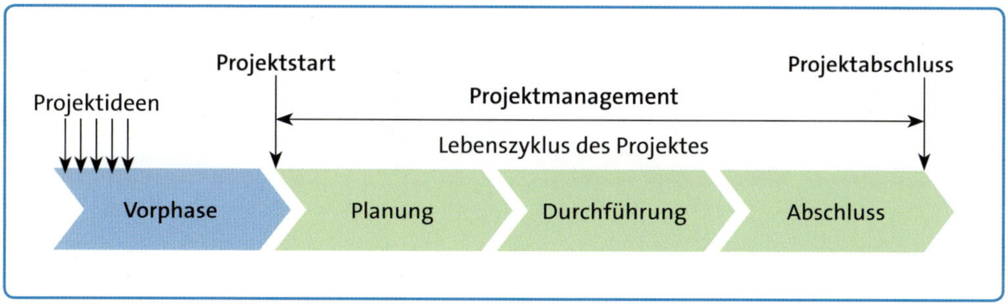

Abb. Phasen eines Projektes

Die Projektinitiative kann **intern** aus einem Unternehmen kommen z. B. als ein Verbesserungsvorschlag aus dem Betrieblichen Vorschlagswesen (BVW) oder kann **extern** z. B. durch einen Kunden an das Unternehmen herangetragen werden.

Die Projektinitiative wird von kompetenten Gesprächspartnern (z. B. künftigen Projektteammitgliedern) offen und wertfrei im Hinblick auf z. B. erste inhaltliche und vorgehenstechnische Überlegungen, Aufgaben, Problemstellung und Potenzial der Projektidee diskutiert. Am Ende dieser Phase steht die **Ideenbewertung**. Aus betriebswirtschaftlicher Sicht können dies z. B. als eine grobe Kosten-/Nutzen-Analyse bezeichnet werden.

Nutzen	Kosten
► Quantifizierbarer Nutzen (in Euro) oder ► Nicht-quantifizierbarer Nutzen	► Reine Projektkosten ► Investitionskosten ► Betriebskosten

Tab. Ideenbewertung als Kosten-/Nutzen-Analyse

Bei umfangreicheren Projektideen werden mit Hilfe einer **Machbarkeitsstudie** mögliche Lösungsansätze für ein Projekt hinsichtlich seiner Durchführbarkeit geprüft. Dabei werden die Lösungsansätze analysiert und bewertet, Chancen und Risiken, Stärken und Schwächen identifiziert und Erfolgsaussichten abgeschätzt.

Als Hilfe zur Entscheidungsfindung wird häufig die **SWOT-Matrix** (► LF 9, Kapitel 4.3.1) eingesetzt.

Es wird eine Empfehlung für eine Entscheidung ausgesprochen.

Stärken	Schwächen
S	W
Möglichkeiten	**Bedrohungen**
O	T

Am Ende dieser Phase wird die Projektinitiative entweder verworfen, z. B. weil sie nicht realisierbar ist, oder es stehen die »ersten Konturen« einer **konkreten Projektidee**. Sie kann nunmehr im Rahmen der Vorphase eines Projektes umgesetzt werden.

BEISPIEL

Projektidee
- Erschließung einer neuen Destination
- Bau eines neuen Ressorts
- Kostensenkungsprogramm eines Reiseveranstalters
- Reaktion auf Marktentwicklung des nachhaltigen Tourismus
- Bau eines neuen Golfhotels
- Einbindung von Fernreisebussen in Pauschalreiseangebote

Ob jedoch eine konkrete Projektidee wirklich umgesetzt wird, entscheiden die verschiedenen Hierarchie-Ebenen eines Unternehmens, bis hin zur Unternehmensleitung.

Im Rahmen der Projektinitiative werden häufig Kreativitätstechniken eingesetzt.

2.1 Kreativitätstechniken/-methoden

Eine **Kreativitätstechnik ist kein Garant für kreative Ideen**. Kreativitätstechniken können jedoch helfen kreativ zu sein, in dem sie eine offene Atmosphäre für divergentes Denken schaffen und Denkblockaden abbauen. Im Folgenden werden einige Kreativitätstechniken vorgestellt.

6 Hüte-Methode

Die **6 Hüte-Methode** von *Edward de Bono* ist eine einfache Kreativitätstechnik, bei der die sechs Teilnehmer unterschiedliche Rollen einnehmen, die durch verschiedenfarbige Hüte symbolisiert werden. Jeder Hut (bzw. Armband, Schal) symbolisiert eine bestimmte charakteristische Denkrichtung, die »Rolle«, in der die Teilnehmer denken und über die Problemstellung/Thematik diskutieren sollen.

Ein *Meeting* beginnt zweckmäßigerweise damit, dass der **Moderator** die Technik vorstellt und für die Öffnung und Einstimmung der Teilnehmer auf das

Thema zuständig ist. Danach setzen alle Beteiligten nacheinander die verschiedenen Hüte auf und jeder äußert dann laut, was er unter dem jeweiligen Hut – in seiner Rolle – zur Problemstellung/Thematik zu sagen hat. Die Äußerungen werden schriftlich, z. B. auf Pinnwänden, gesammelt.

	Der Träger des weißen Hutes sammelt Informationen und Fakten. Er ist objektiv und neutral, denkt analytisch, zielorientiert und schätzt Vorschläge realistisch ein.
	Der Träger des roten Hutes ist ein gefühlsbetonter Mensch. Er lässt seinen positiven und negativen Gefühlen freien Lauf. Emotionales Denken und Empfinden bestimmen seine subjektive Haltung.
	Teilnehmer mit dem schwarzen Hut sind Pessimisten. Ihnen geht es darum, objektiv Negatives (Nachteile) z. B. eines Vorschlages aufzudecken.
	Teilnehmer mit dem gelben Hut sind Optimisten, die nur das Gute sehen. Ihnen geht es darum objektiv Positives (Vorteile) zu entdecken.
	Der grüne Hutträger ist ein echter Praktiker. Ihn zeichnen kreatives und unkonventionelles Denken sowie eine konstruktive Haltung aus. Im Fokus seiner Betrachtung steht weniger das Problem, sondern die Lösung.
	Der blaue Hutträger ist der Dirigent, der Moderator. Er ist für den Anstoß, den ordnungsgemäßen Ablauf des Projektes und die Drosselung der Gespräche zuständig und fasst die Ergebnisse zusammen.

Tab. Rollenverteilung der der 6 Denk-Hüte

Die 6 Hüte-Methode trainiert das flexible Umdenken und trägt so dazu bei, dass jeder Teilnehmer ein umfassendes Problembild aus unterschiedlicher Perspektive erhält.

6-3-5-Methode

Bei dieser Methode von *Bernd Rohrbach* erarbeiten **sechs Teilnehmer** in **fünf Minuten** (Zeit kann je nach Fragestellung variieren) **drei schriftliche Lösungsvorschläge** (Ideen) zu einer konkreten Fragestellung bzw. zu einer Problemlösung.

Die Technik zielt bei der Ideenfindung darauf, dass die Teilnehmer die Ideen gegenseitig aufgreifen und weiterentwickeln. Die Fragestellung sollte zweckmäßigerweise mit »Wie« oder »Was« beginnen und niemals mit »Warum«.

Während der Lösungsfindungsphase gilt:

- kein Kommentar,
- keine Kritik,
- keine Bewertung,

- kein Kontakt untereinander,
- in jedes Feld nur eine Idee (Schlagwort),
- jeder bearbeitet sein Feld.

Die **Lösungsfindungsphase** ist in sechs Schritte unterteilt:

Schritt 1:	Jeder Teilnehmer erhält ein vorbereitetes 635er-Arbeitsblatt. Das Arbeitsblatt besteht aus sechs Zeilen zu je drei Spalten. Das Arbeitsblatt enthält im Kopf die Fragestellung, die Angaben zu den Beteiligten und die Blatt-Nummer sowie die Felder für die Ideen.
Schritt 2:	Das Problem bzw. die Fragestellung wird vom Moderator vorgestellt und präzise von den Teilnehmern in das 635er-Formular notiert.
Schritt 3:	Jeder der sechs Teilnehmer trägt nun – unter Beachtung der vom Moderator festgelegten Zeit, z. B. fünf Minuten – seine drei Ideen zu der Fragestellung in die Felder der ersten Zeile ein.
Schritt 4:	Nach Ablauf der Zeitspanne bzw. auf Ansage des Moderators wird das 635er-Formular im Uhrzeigersinn an den rechten Tischnachbarn weitergegeben.
Schritt 5:	Jeder Teilnehmer hat nun das 635er-Formular seines linken Tischnachbarn vor sich liegen. Er kann nun in die zweite Tabellenzeile wieder drei Ideen eingetragen, die vollständig neu sind bzw. die bereits genannten Ideen aufzugreifen, ergänzen, variieren oder weiter entwickeln. Wenn einem Teilnehmer keine neue Idee bzw. nichts zu der Idee seines Vorgängers einfällt, lässt er seine Zeile frei.
Schritt 6:	Der Weitergabezyklus wiederholt sich in der gleichen Richtung bis die letzte Zeile des 635er-Formulars ausgefüllt ist.

Nach Abschluss der fünf Runden und nach optimalem Verlauf können maximal 108 (= 6 · 3 · 6) Ideen kreiert worden sein.

Fragestellung/Problem:		**Datum:**	**Blatt Nr.:**
Teilnehmer	**Idee 1**	**Idee 2**	**Idee 3**
1. Herr/Frau:			
2. Herr/Frau:			

Tab. Inhalte eines 635er-Formulars (Muster)

Bewertung: Im Anschluss an die Ideenfindung bewertet jetzt jeder Teilnehmer auf seinem 635-Formular die Ideen, indem er jeweils drei verschiedene Ideen ankreuzt, die ihm am besten für die Problemlösung geeignet erscheinen. Alternativ dazu können auch zwei Ideen z. B. mit zwei Kreuzen versehen werden, die Spitze sind, interessante Ideen mit einem Kreuz ausgewählt werden und ungeeignete Ideen erhalten kein Kreuz von den Teilnehmern.

Auf diese Weise werden auf jedem der 635er-Formulare Bewertungen vorgenommen, die für die Fragestellung/Problemlösung geeignet erscheinen. Jedes 635er-Formular enthält 16 Bewertungen. Der Moderator/Leiter stellt diejenigen Vorschläge vor, die vier, fünf oder sechs Bewertungskreuze erhalten haben.

Die als am besten bewerteten Ideen könnten danach mit Hilfe anderer Kreativitätstechniken weiterentwickelt werden.

Brainstorming

Brainstorming, also »*using the brain to storm a problem*« (wörtlich: »Das Gehirn verwenden zum Sturm auf ein Problem.« von *Alex F. Osborn*) kann für vielerlei Problemarten und Fragestellungen mit einfacher Komplexität eingesetzt werden. Mit dieser Methode werden eine **große Anzahl an Ideen** aufgrund spontaner Ideenäußerungen und das Anregen zu gegenseitigen neuen Ideenkombinationen entwickelt und gesammelt.

Die Teilnehmerzahl sollte ca. vier bis sieben Personen umfassen und die *Brainstorming*-Dauer in einer angenehmen, offenen Atmosphäre zwischen ca. acht bis 15 Minuten betragen. Damit die *Brainstorming*-Runde auch zu verwertbaren Ergebnissen führt, sollten sich die Teilnehmer an bestimmte Regeln halten.

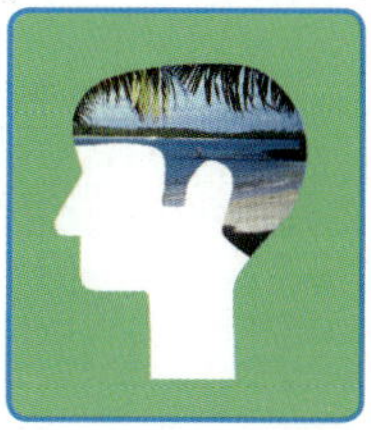

Die *Brainstorming*-Sitzung wird von einer neutralen Person geleitet. Er oder sie fördert und motiviert die »Erarbeitung« der Ideen, löst Blockaden, fasst zusammen und bestimmt die Pausen.

Regeln für das *Brainstorming*:

- Ein **klar definiertes Problem** bzw. Ziel wird für alle sichtbar aufgeschrieben.
- Jeder darf jeweils **nur eine Idee** vorbringen.
- Alle Beiträge der Teilnehmer werden **sichtbar notiert** (z. B. auf *Flipchart*, Pinnwand, Tafel, Moderationswand).
- Jeder Teilnehmer kann seine Meinung frei äußern, ohne unterbrochen zu werden.
- Keine Bewertung bzw. Kritik von/an vorgebrachten Ideen.
- Die Gedanken sind frei – Mut zum Außergewöhnlichen.
- **Quantität** ist beim *Brainstorming* Qualität.
- Jeder darf Ideen der anderen aufgreifen und für eigene Ansätze verwenden.
- **Jeder Teilnehmer** muss sich in das *Brainstorming* einbringen.

Nach dem *Brainstorming* folgt die **Auswertung, Verknüpfung und Bewertung** der *Brainstorming*-Ergebnisse. Auf dieser Grundlage werden die Erfolgsaussichten der Lösungsansätze überprüft und in eine konkrete **Maßnahmen- und Ideenliste** überführt.

Mindmapping

Mindmapping (auch *Mind Mapping* oder *Mindmap* von *Tony Buzan*) ist eine sehr **effiziente Kreativitätstechnik und Visualisierungstechnik,** die sich u. a. besonders für die Ideenfindung eignet.

Bei dieser Technik wird ein beschriftetes **Gedankenbaumdiagramm** mit nach außen ragenden, verschiedenen Hauptästen und mit weiteren Unterästen erstellt. Sie stellen die zu einem zentralen Thema gehörenden Assoziationen (Informationen) mit einem Schlüsselwort ranggerecht dar. Zusätzliche Anmerkungen dienen der Erläuterung von Inhalten bzw. Prozessen, Zusammenhänge werden durch Verknüpfungen dargestellt, so dass ein **Ideen-Netz (Informationsnetz)** entsteht. *Mindmapping* eignet sich sowohl als Gruppenkreativitätstechnik, als auch zur Einzelanwendung.

Grundregeln für das *Mindmapping:*

- Das Arbeitspapier wird im **Querformat** genutzt. Das zu behandelnde Hauptthema (Problem Fragestellung) wird in die Mitte des Blattes durch ein **Schlüsselwort** (oder auch einprägsames Bild, eine Skizze) darstellt.
- Ausgehend von dem zentralen Begriff (*central concept*) wird für jeden assoziierten Gedanken bzw. **Unterpunkt** (*sub-point*) eine Linie gezeichnet.
- **Auf diesen Linien** werden die einzelnen Schüsselworte (*keywords*) deutlich abgehoben zu den Unterpunkten (z. B. in Druckbuchstaben) geschrieben (Ableitung von Neben- und Untergedanken).
- Diese eingezeichneten Linien sind wiederum **Ausgangslinien** (Hauptäste) für weitere Linien (Unteräste), von denen aus die Hauptgedanken verfeinert werden. Auch diese können zu einer weiteren Ausstrahlung der Assoziationen genutzt werden.
- Bei der Erstellung eines *Mindmap* sollten **unterschiedliche Farben** genutzt werden. Dies erhöht die Übersichtlichkeit und zusammen gehörende Gedanken und Ideen können verdeutlicht, das *Mindmap* schneller lesen und überblickt werden. Dies wird der kreativen Arbeitsweise des Gehirns gerecht.
- **Symbole** (z. B. Pfeile, Ausrufe-, Fragezeichen, Figuren) erleichtern ebenfalls, Inhalte und Prozesse leichter zu erfassen und dienen als zusätzliche Anmerkungen und Erläuterungen für Verknüpfungen.

Bei dieser Kreativitätstechnik geht es um **den freien Gedankenfluss**, insofern spielt das »WO« der Ergänzungen am Stamm, an den Hauptästen oder an weiteren Unterästen eine untergeordnete Rolle. Entsprechende Umstellungen können in einer Neugestaltung des *Mindmap* vorgenommen werden.

MERKE

Nutzung des Gehirns
Bei *Mindmapping* wird die Funktion des Gehirns optimal genutzt, da sowohl die linke Hälfte des Gehirns gefordert wird, um Sprache, Logik und Zahlen, geordnete und lineare Strukturen zu verarbeiten (analytisches Denken) und die rechte Gehirnhälfte Formen, Farben, Muster und Rhythmen verarbeitet (bildliches Vorstellungsvermögen).

Eine *Mindmap* nutzt die **Fähigkeiten der rechten Gehirnhälfte** zusätzlich zur **linken Gehirnhälfte**. Dadurch wird die Leistungsfähigkeit des Gehirns bestmöglich ausgeschöpft.

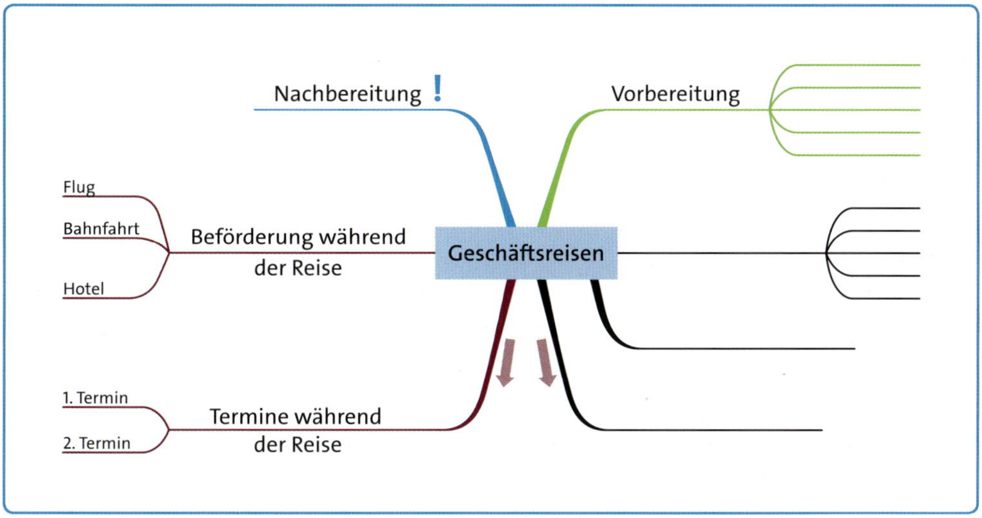

Abb. Aufriss einer *Mindmap*

Ziel des *Mindmappings* ist es, durch **Assoziationen**, bei denen sich die Gedanken frei entfalten können, ein **Ideennetz** zu entwickeln, das ausgehend von einem Schlüsselbegriff dazu gehörende Ideen/Informationen ranggerecht darstellt.

Morphologischer Kasten

Das Wort ***»Morphologie«*** stammt aus dem Griechischen und bedeutet »die Lehre von den Gestalten und Formen«. Im Hinblick auf die Kreativitätstechnik von *Fritz Zwicky* bedeutet dies Ideen und Vorschläge in eine bestimmte Form zu bringen. Dazu bedient man sich des *Morphologischen Kastens.*

Hierzu ist es zunächst notwendig, ein eindeutig definiertes Problem (z. B. das Gestalten einer Pauschalreise, eines Kundenevents) bzw. eine Aufgabenstellung in kleinere Einheiten (Parameter) aufzuteilen und zu analysieren. Es entsteht eine Art Matrix.

Beim Ausfüllen der Zellen werden für die unterschiedlichen Parameter auf diese Weise bestehende oder völlig neuartige Teillösungen entwickelt. Anschließend werden durch Kombinationen und Variationen der gefundenen Teillösungen neue, potenzielle Lösungswege zur Problemstellung entwickelt und Lösungsalternativen analysiert.

Morphologischer Kasten	Fragestellung: ______						
Parameter	**Variablen**						

Abb. *Morphologischer Kasten* (Muster)

Mit Hilfe des *morphologischen Kastens* (Matrix) werden die unterschiedlichen Parameter und deren Ausprägungen dargestellt. Dadurch lassen sich eine Vielfalt von zusammenhängenden Ideen finden.

Man unterteilt diese Methode in fünf Schritte:

- **Schritt 1:** Formulierung des Problems.
- **Schritt 2:** Aufteilung des Problems in eindeutig unabhängige Parameter:
  - Parameter 1
  - Parameter 2
  - Parameter 3 usw.

  Diese Parameter werden in der Matrix links untereinandergeschrieben.
- **Schritt 3:** Nun werden in den einzelnen daneben liegenden Feldern verschiedene Lösungsmöglichkeiten notiert.
- **Schritt 4:** Danach erfolgen eine Analyse der Teillösungen und die Verbindung der Ausprägungen, die die sinnvollsten Kombinationen ergeben.
- **Schritt 5:** Wahl der der optimalen Lösung bzw. Auswahl der Kombination, die vorrangig bearbeitet werden soll. (Sollte Schritt 5 nicht zum Erfolg führen, geht es zurück zu Schritt 2.)

Damit die Matrix überschaubar bleibt, sollten max. 10 voneinander unabhängige Parameter gewählt und 10 Teillösungsmöglichkeiten nicht überschritten werden.

BEISPIEL

Gestalten einer Pauschalreise

Destination	Deutschland	Spanien	Italien		
Reisedauer	4 Tage	2 Wochen	1 Woche		
Beherbergung	Hotel	Club	Hotel		
Verpflegung	HP	All inclusive	Vollpension		
Beförderung	Bus	Flug	Bahn		
Transfer	entfällt	Bus	Bus		
Zusatznutzen	Kulturelle Veranstaltungen	Kinderclub	Naturerlebnis		
Zielgruppe	Paare/*Singles*	Familien	*Best Ager*		

Tab. Ausgefüllter *Morphologischer Kasten*

Die rot unterlegten Teillösungen ergeben in dem Beispiel eine neue Pauschalreise nach Italien.

Walt Disney-Methode

Die Methode von *Robert B. Dilts* ist eine **Art Rollenspiel**, bei dem die Teilnehmer nacheinander für 15 Minuten in **drei verschiedene Charaktere** (Rollen) schlüpfen, nachdem vom Ist-Zustand ausgehend, ein konkretes Ziel formuliert wurde. Somit werden die Möglichkeiten, ein Ziel zu erreichen (Problem/Aufgabe zu lösen), aus drei verschiedenen Perspektiven beleuchtet.

Man verwendet drei Stühle (abgetrennte Räumlichkeiten), die symbolhaft für die drei unterschiedlichen »Rollen« stehen.

- Es gibt den **Träumer (Visionär)**, der seiner Fantasie freien Lauf lässt und keine Einschränkungen kennt bzw. akzeptiert, um ein Ziel zu erreichen. Der Träumer ist ein enthusiastischer Ideenlieferant.
- Der **Realist (Macher)** untersucht und analysiert jede einzelne Idee im Hinblick auf ihre Realisierungsmöglichkeit. Er setzt die Träume in realitäts- und praxisbezogene Vorschläge und Prozessschritte um und unterzieht sie quasi einem »lebensnahen Stressrest«, um Schwachpunkte und Fehler zu erkennen.
- Der **Kritiker *(Controller)*** bewertet auf der Basis der Analyse die Ideen sachlich, hinterfragt die Vorschläge und Prozessschritte und setzt sich konstruktiv mit ihnen auseinander.

Sollte die **Vision (Idee)** in ihrer Grundausrichtung **keine Zielerreichung (Problemlösung)** zulassen, muss der »Träumer« nochmals nachdenken. Wenn einzelne Vorschläge und Prozessschritte **unzureichend durchdacht** erscheinen, ist erneut der »Realist« gefragt.

Der **Kreativitätsprozess** ist abgeschlossen, wenn keine relevanten Fragen mehr unbeantwortet sind und wenn zu erwarten ist, dass ein weiterer Durchlauf keine neuen Ergebnisse (Optimierung) erbringen würde.

Die *Walt Disney*-Methode kann von einer Einzelperson, die die drei Rollen hintereinander alleine übernimmt, aber auch im Team, das alle Rollenphasen gemeinsam durchläuft, angewandt werden.

Es empfiehlt sich bei mehreren Teilnehmern vor dem eigentlichen Rollenspiel ein *Warming up* durchzuführen, ohne dass das Ziel (Problem/Aufgabe) bekannt ist. Dies hilft, sich in die drei verschiedenen Rollen »einzuleben«. Die Träumer denken auf den entsprechenden Stühlen an einen kreativen Moment in ihrem Leben, auf den Realistenstühlen erinnern sie sich an eine Begebenheit, in der sie eine Aufgabe pragmatisch gelöst haben und auf dem Kritikerstühlen besinnen sie sich auf Situationen, die sie kritisch analysiert haben.

2.2 Projektinitialisierung und notwendige Dokumente

Das primäre Ziel dieses Teils der Projektvorphase ist es, ein neues Projekt genehmigt zu erhalten. Entsprechend ist konkret zu klären, »WER« die Verantwortung für die ersten Schritte im Projekt trägt und »WIE« das Projekt organisiert wird.

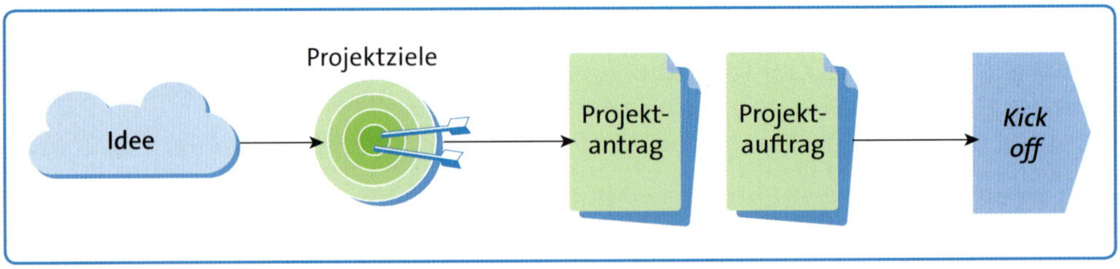

Abb. Von der Idee zum Projekt

Hierzu gehört u. a. die **Aufbereitung aller Unterlagen** (Projektantrag, Projektsteckbrief und bei internen Projekten der Entwurf eines Projektauftrages; bei Projekten für einen fremden Auftraggeber wird der Auftrag von diesen vorgegeben), die für die **Freigabe des Projektes nötig** sind, die Skizzierung der Ziele, die mit dem Projekt verfolgt werden müssen und die Verabredung von Randbedingungen.

2.2.1 Projektantrag und Projektsteckbrief

Der Projektantrag ist nach DIN 69905 der »Antrag auf Projektgründung«, d. h. auf den **Beschluss das benannte Projekt durchzuführen**. Er enthält eine klare und logische Darstellung eines Projekts und die verbindliche Klärung aller wesentlichen Fragen, die zu einer Genehmigung eines Projekts erforderlich sind. Der Projektantrag dient einer schnellen Übersicht über das gesamte beantragte Projekt.

Kernbereiche zur Erarbeitung des Projektantrages sind die **Benennung des Projektziels, der Anlass für das Projekt, die Laufzeit, die Projektkosten und der angestrebte Nutzen.** Die Ausführlichkeit eines Projektantrages hängt von den Forderungen des Entscheidungsgremiums ab.

Der Projektantrag wird häufig ergänzt durch einen **Projektsteckbrief,** der einen kompakten Überblick über die wichtigsten Projektdaten gibt.

Projektsteckbrief

<table>
<tr><td>Projektname:</td><td colspan="2">Projektlogo:</td></tr>
<tr><td colspan="3">Kurzbeschreibung des Projekts:</td></tr>
<tr><td colspan="3">Projektstarttermin:</td></tr>
<tr><td colspan="3">Projektendtermin:</td></tr>
<tr><td colspan="3">Projektziele:</td></tr>
<tr><td rowspan="4">Projektphasen:</td><td colspan="2">Projektressourcen und -kosten:</td></tr>
<tr><td>Ressourcenart</td><td>Kosten (K)</td></tr>
<tr><td></td><td></td></tr>
<tr><td></td><td></td></tr>
<tr><td>Projektauftraggeber:</td><td colspan="2">Projektleiter:</td></tr>
<tr><td colspan="3">Projektteammitglieder:</td></tr>
</table>

Abb. Projektsteckbrief

2.2.2 Projektauftrag

Der Projektauftrag ist **eine schriftliche Vereinbarung zwischen Auftraggeber und Auftragnehmer**, ein Projekt zu bestimmten Bedingungen durchzuführen und enthält die wichtigsten Projektdaten. Er kann, muss aber nicht mit dem Projektantrag übereinstimmen.

Ein **Projektauftrag** kann prinzipiell individuell gestaltet werden, sollte aber **grundsätzlich mindestens folgende Informationen** enthalten:

- Projekttitel
- Ausgangslage und Projektkontext (inklusive Vorarbeiten, Unterlagen, Beschlüsse)
- Projektziele und Beurteilungskriterien für Zielerreichung
- Projektabgrenzung
- Projektorganisation (Gremien, Rollen, Projektleitung, Kompetenzen)
- Vorgehen (Phasen, Meilensteine und Termine)
- Projektstruktur
- Projektinhalte und -hauptaufgaben
- benötigte *Ressourcen* und Projektbudgetplanung
- Kommunikations-/Berichtswesen
- Freigabe Projektauftrag
- Unterschriften des Projektauftraggebers und des Projektleiters.

2.2.3 Lastenheft und Pflichtenheft

Das **Lastenheft** stellt eine **Erweiterung des Projektauftrags** dar. In ihm werden die zu erbringenden Leistungen (= »Lasten«), die der Auftragnehmer erfüllen muss, genau definiert. Es beschreibt die Zielsetzungen, Aufgabenstellungen und Eckdaten des Projektes und bedient sich dabei der Dokumentation des **Ist-Zustands** mit anschließender Erläuterung des **Soll-Zustands**.

Das Lastenheft **wird vom Auftraggeber erstellt** und enthält nach DIN 69905 die »Gesamtheit der Forderungen des Auftraggebers an die Lieferungen und Leistungen eines Auftragnehmers«. Es ist eine Zusammenfassung aller Basisanforderungen an das Projekt aus Sicht des Auftraggebers. Bewusst wird sich hierbei auf die wichtigsten Eigenschaften – das »WAS« konzentriert.

Potenzielle Inhaltsübersicht eines Lastenheftes BEISPIEL

- Projekttitel
- Projektziel(e)
- Muss-Ziele = Priorität 1
- Soll-Ziele = Priorität 2
- Wunsch-Ziele = Priorität 3
- Projektinhaltsbeschreibung
- Einzelziele: Leistungsziele, Qualitätsziele, Ökologische Ziele, Kostenziele, Terminziele
- Projektprioritäten
- Abnahmekriterien
- Ergänzungen

Pflichtenheft

Im **Pflichtenheft** wird das **Projekt aus Sicht des Auftragnehmers** beschrieben. Es enthält nach DIN 69905 die »vom Auftragnehmer erarbeiteten Realisierungsvorgaben aufgrund der Umsetzung des Lastenheftes.«

Das Pflichtenheft beschreibt »WIE« und »WOMIT« die Forderungen verwirklicht werden sollen und stellt somit das **Umsetzungskonzept des Auftragnehmers** dar. Es enthält eine genaue Definition der umzusetzenden Leistungen aus dem Lastenheft.

Das Pflichtenheft steht am Ende der Projektgrobplanung. Es ist die Grundlage für die weitere Arbeit am und im Projekt.

BEISPIEL

Potenzielle Inhaltsübersicht eines Pflichtenheftes

- Zielbestimmungen
- Muss-Kriterien
- Kann-Kriterien
- Wunschkriterien
- Abgrenzungskriterien
- Definition des Leistungsumfanges
- Fachorientierte Leistungsbeschreibung
- Beschreibung der geplanten Prozessabläufe (Soll-Konzept)

Mit der **Unterzeichnung des Projektauftrags** durch den Auftraggeber und den Projektleiter (ggf. durch die Unternehmensführung) ist das formale Startereignis gegeben und wird die Vorprojektphase abgeschlossen.

2.3 Projektstart

Das ***Kick off-Meeting*** stellt den Auftakt des Projekts dar, zu dem der Projektleiter das Projektteam einlädt.

Neben dem gegenseitigen Kennenlernen aller Beteiligter liegt der eigentliche Sinn der Veranstaltung darin, die Projektteammitglieder mit der definierten Projektaufgabe, ihren individuellen Aufgaben und dem Projektziel vertraut zu machen sowie den bewussten **Startpunkt für die Projektarbeit** zu setzen: »Jetzt geht es los!«

Dazu sollten auf einem *Kick off-Meeting*

die inhaltliche Ebene

- Strukturierte Information über die Projektentstehung,
- Vorstellung der Zielsetzung des Projektes und der erwarteten Resultate,
- Darstellung des Projektnutzens,
- Information über relevante Ergebnisse aus der Vorprojektphase sowie über Rahmenbedingungen,
- mögliches Lösungsvorgehen,

die Projektstruktur

- Vorstellung des bisherigen Projektstrukturplanes (▸ Kapitel 3.1),
- Grobgliederung der Projektphasen,
- Aktivitäten, Termine und Meilensteine (▸ Kapitel 3.2),
- Projektstart und -ende hervorgehen,

der Arbeitsprozess im Team

- Team-Zusammensetzung,
- Funktion/Rolle im Projektteam,
- Vertretungsregelungen,
- Aufgaben und Verantwortung,
- Regelungen zum Arbeitsprozess im Team,
- erwartete Kompetenzen,
- Informations- und Kommunikationsregeln,
- Teamentwicklung,
- Projektdokumentation (▸ Kapitel 1.5),
- Projektablage,
- Terminabsprachen,
- Einladungen zu *Meetings*,

und die Beziehungsebene

- gegenseitiges Kennenlernen,
- gegenseitige Wertschätzung,
- es redet immer nur einer,
- aktives Zuhören,
- Mitwirkung am »Wir-Gefühl«,
- Akzeptanz und Einbeziehung interkultureller Unterschiede,

angesprochen werden.

Die Ergebnisse werden während des *Meetings* festgehalten, abgestimmt und protokolliert. Durch das *Kick off-Meeting* soll und muss das Projektteam auf sachlicher und zwischenmenschlicher Ebene »arbeitsfähig« werden.

AUFGABEN

1. Warum sollte die Ideenbewertung im Rahmen der Projektinitiative objektiv sein?
2. Welche Methoden können zur Ideenbewertung dienen?
3. Was versteht man unter »Kreativitätstechniken«?
4. Welche Funktion erfüllen die 6 Hüte in der gleichnamigen Methode?
5. Welche Bedeutung haben die drei Zahlen der 6-3-5-Methode?
6. Worin sehen Sie die Vorteile (mindestens zwei) von *Brainstorming*?
7. Warum ist *Mindmapping* eine effiziente Kreativitäts- und Visualisierungstechnik?
8. Wieso zwingt Sie der »Morphologische Kasten« Ideen und Vorschläge in eine bestimmte Form zu bringen?
9. Welche Rollen werden mit welchem Ziel von den Nutzern der *Walt-Disney*-Methode eingenommen?
10. Welche Kernbereiche umfasst ein Projektantrag?
11. Entwerfen Sie einen Projektsteckbrief für das Projekt »Das Reisebüro der Zukunft«.
12. Ein Reiseveranstalter möchte eine neue Produktlinie einführen.
    a) Nennen Sie sechs mögliche Inhalte seines Lastenheftes.
    b) Versetzen Sie sich in die Rolle des entsprechenden Auftragnehmers und setzen Sie die von Ihnen genannten Punkte für ein Pflichtenheft um.
13. Erläutern Sie, warum das *Kick off-Meeting* das Projektteam »arbeitsfähig« macht.
14. Warum ist die Projektstartphase von besonderer Bedeutung für das Projektmanagement?
15. Erstellen Sie unter Berücksichtigung der aufgelisteten Beispielparameter eine *Mindmap* zur Planung, Durchführung und Nachbereitung einer Geschäftsreise (▸ LF 8, Kapitel 1). Nutzen Sie hierzu den Aufriss von Seite 469.

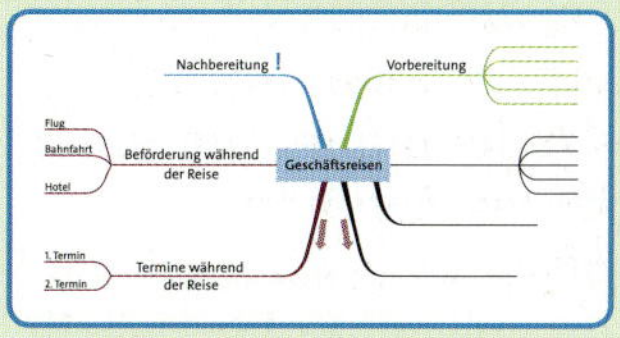

Beispielparameter: Reiserichtlinien, Reisekostencontrolling, mobile Kommunikation, Beherbergung, Einkauf von Reisedienstleistungen, An- und Abreise, Gastronomie/Bewirtung, Genehmigung, *Safety* und *Security*, zusätzliche *Services* vor Ort, nachhaltige Reiseplanung, Mobilität in der Zieldestination, *Business*-Aktivitäten vor Ort, Einreisebestimmungen, Firmenraten, Bonusprogramme, Reisekostenabrechnung.

3 Projektplanung

Planung ist die geistige Vorwegnahme der kommenden Realität. Sie bestimmt auf der Basis der Projektanforderungen die Vorgaben für die Projektdurchführung unter Berücksichtigung künftiger Ereignisse. Sie wird bei Abweichungen von den drei Kernzielen des Projektmanagements (▸ Kapitel 1) korrigiert.

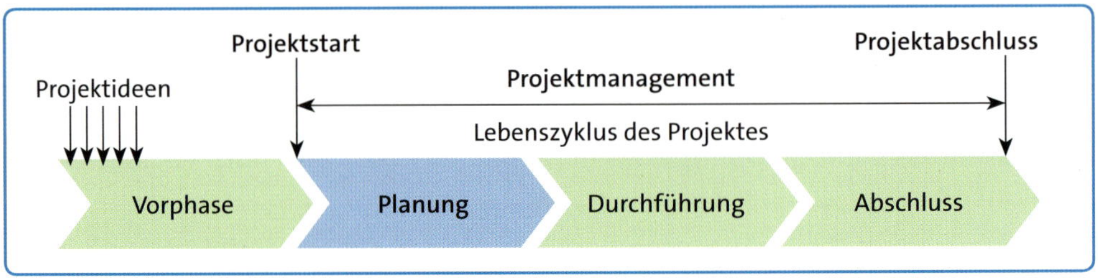

Abb. Phasen eines Projektes

Die Planung orientiert sich grundsätzlich an den **fünf W-Fragen**: »WER«, »WAS«, »WIE«, »WANN« und »WO«.
Ziel der Planung ist es die W-Fragen zu beantworten.

W-Fragen	Zielsetzung	Ergebnis
Was muss zur Zielerreichung getan werden?	Projekt operationalisierbar aufgliedern	Projektstrukturplan und Projektablaufplan (▸ Kapitel 3.2) erstellen
Wann sind die Aufgaben zu erledigen?	Temporären Ablauf festlegen	Terminplanung erstellen (Meilensteine, *Gantt*-Diagramm, Netzplan ▸ Kapitel 3.3)
Wie hoch ist der Aufwand?	Kosten für Ressourcen ermitteln	Ressourcen- und Kostenplan erstellen
Wer erledigt die verschiedenen Projektaufgaben?	Teammitgliedern Ressourcen zuteilen	Verantwortliche für Teilprojekte und Arbeitspakete benennen
Wie wird das Ziel effizient erreicht?	Plan straffen	Planoptimierung
Wo lassen sich Projektrisiken identifizieren?	Risiken einschätzen und Abwehrstrategien entwickeln	Risikoanalyse, Präferenzregelung treffen, Alternativplanung erstellen

Tab. Planungsziele

Die Projektplanung stellt die zweite der vier Haupt-Projektphasen dar und folgt zeitlich auf die Projektvorphase. Sie bereitet die eigentliche Projektdurchführung vor und begleitet sie. Die Projektplanung ist die **Basis für eine wirksame Kontrolle und Steuerung des Projektes** und muss als solche ständig analysiert und bei Planabweichungen angepasst werden.

Die Projektplanung verwendet verschiedene Pläne, um dies bewältigen zu können. Die Wichtigsten werden Ihnen im Verlauf des Kapitels vorgestellt.

3.1 Projektstrukturplan

Der **Projektstrukturplan (PSP)** ist Teil der Projektplanung und enthält alle Tätigkeiten, die für die Durchführung des Projektes erforderlich sind:

- Der PSP untergliedert das Projekt in **beliebig viele Ebenen**.
- Er beschreibt den gesamten **Projektumfang und -inhalt** und ist die Basis für Ablauf- und Terminplanungen.
- Der PSP informiert über die relevanten **Projekt*controlling*daten** (Kosten, Termine und Ergebnisse ▸ Kapitel 4), und ist **Grundlage zur Risikoanalyse**.
- Er ist die **Grundlage für** Programmablaufplan, Terminplan, *Ressourcen*plan und Kostenplan. Er beschreibt die Gesamtheit der wesentlichen Beziehungen zwischen den Elementen eines Projekts (DIN 69901).

MERKE

Projektstrukturplan

Mit Hilfe eines Projektstrukturplanes lassen sich die folgende Fragen zu einem Projekt sinnvoll beantworten:
Für WELCHE Teilaufgaben/Arbeitspakete
macht WER WANN WAS mit WELCHEN Ergebnissen zu WELCHEN Kosten und zu WELCHEM Zeitpunkt mit WELCHEN Hilfsmitteln?

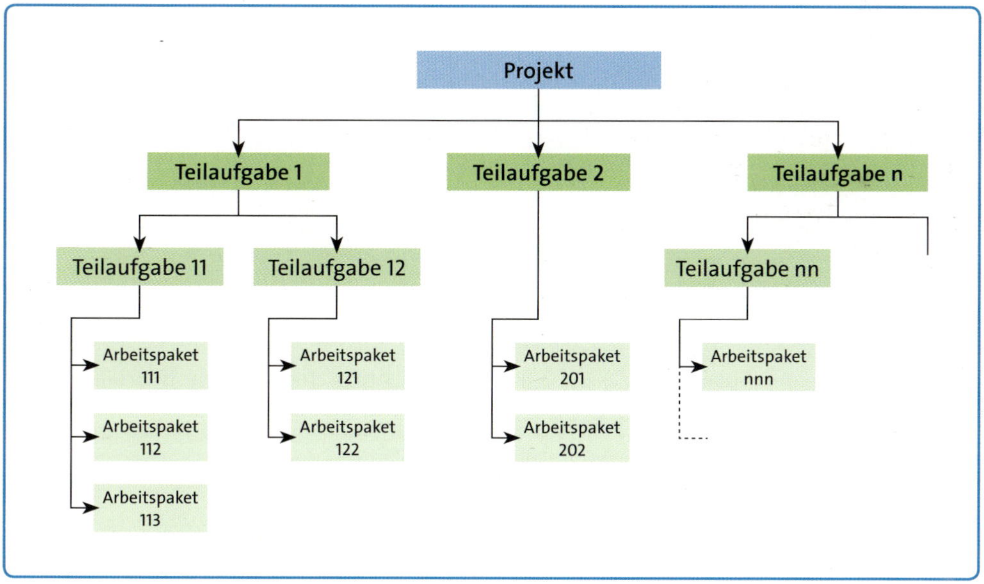

Abb. Projektstrukturplan (Muster)

Der **Projektstrukturplan (PSP) ist der »Plan der Pläne«** eines jeden Projektes. Er strukturiert das Projekt einheitlich und eindeutig hierarchisch und erfasst die Hauptaufgaben, alle Teilaufgaben (Teilprojekte) sowie die Arbeitspakete, die zur Erreichung der Projektziele notwendig sind.

3.1.1 Arbeitspakete

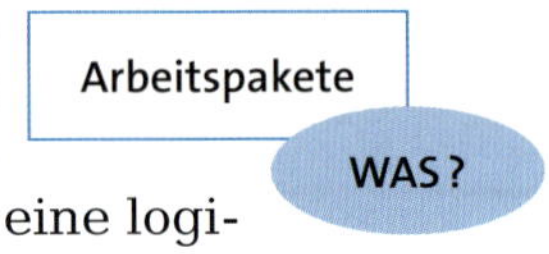

Arbeitspakete (engl. *Work Packages*) sind **überschaubare Aufgaben oder Tätigkeiten**, die für sich gesteuert und kontrolliert, und einem Verantwortlichen zugeordnet werden. Sie werden mit Hilfe einer Vorgangsliste in eine logische Reihenfolge gebracht.

Vorgangslisten stellen die Arbeitspakete tabellarisch und mit ihren logischen zeitlichen Abhängigkeiten (Vorgänger-Nachfolger-Beziehungen) dar. Mehrere Arbeitspakete (AP) können zu Teilaufgaben (TA) zusammengefasst werden.

<table>
<tr><th colspan="6">Arbeitspaketbeschreibung</th></tr>
<tr><td colspan="3">Projektnummer:</td><td colspan="3">Projektname:</td></tr>
<tr><td colspan="3">PSP-Code:</td><td colspan="3"></td></tr>
<tr><td colspan="3">AP-Name:</td><td colspan="3"></td></tr>
<tr><td colspan="3">AP-Verantwortlicher:</td><td colspan="3"></td></tr>
<tr><td colspan="3">Abhängigkeit von anderen APs</td><td colspan="3"></td></tr>
<tr><td colspan="3">Benötigte Ergebnisse anderer APs</td><td colspan="3"></td></tr>
<tr><td colspan="3">Zu erreichende Ziele:</td><td colspan="3"></td></tr>
<tr><td colspan="3">Aktivitäten:</td><td colspan="3">1.
2.
3.</td></tr>
<tr><td colspan="3">Erreichte Ergebnisse:</td><td colspan="3"></td></tr>
<tr><td colspan="3">Ressourcen:</td><td colspan="3"></td></tr>
<tr><td colspan="2">Gesamtdauer AP</td><td colspan="2">Gesamtaufwand AP</td><td colspan="2">Gesamtkosten AP</td></tr>
<tr><td colspan="3">Starttermin:</td><td colspan="3">Endtermin:</td></tr>
<tr><td colspan="3">Unterschriftsfelder Projektleiter
Datum:</td><td colspan="3">Unterschriftsfelder AP-Verantwortlicher
Datum:</td></tr>
<tr><td colspan="3">Unterschrift</td><td colspan="3">Unterschrift</td></tr>
</table>

Tab. Arbeitspaketbeschreibung (Muster)

BEISPIEL

Parameter für Arbeitspakete

Formal: Projektnummer, Projektname, PSP-Code
Projektleiter
Arbeitspaketnummer, Arbeitspaketname
Kostenträgernummer
Unterschriftsfelder (Projektleiter, AP-Verantwortlicher)

Inhaltlich: WAS sind die zu erledigenden Aufgaben?
WER hat die Verantwortung für die Erledigung?
WOMIT kann die Aufgabe erfüllt werden?
WAS wird WO und WIE dokumentiert?
WANN geschieht WAS? (Zeitpunkt, -dauer)
WO geschieht WAS? (Ort, Raum)
WIE VIEL Aufwand/Kosten sind dafür geplant?
WELCHE Risiken existieren? (Zeit, Kosten, Qualität)
WELCHE Ziele/Ergebnisse sind für das AP definiert?

Arbeitspakete (AP) bilden die unterste Ebene oder **kleinste Einheit eines PSP**. Sie sind Personen zugeordnet, legen Zuständigkeiten fest, beinhalten ein konkret zu erreichendes Ergebnis in einem definierten Zeitfenster, sind kalkulierbar und enthalten keine Überschneidungen.

Verantwortlichkeiten und Kompetenzen z. B. für ein Arbeitspaket werden in der Praxis häufig in einer so genannten **RACI-Matrix** geregelt.

R = *Responsible* (verantwortlich dafür, dass die Aufgabe umgesetzt wird)
A = *Accountable* (zuständig im kaufmännischen und juristischen Sinn)
C = *Consulted* (berät denjenigen, der die Aufgabe umsetzen muss)
I = *Informed* (werden informiert über das Ergebnis/den Fortschritt)

Arbeitspakete/ Vorgang	Team-Mitglied A	Team-Mitglied B	Team-Mitglied C	Team-Mitglied D	Team-Mitglied E
AP 1	A	R	I	I	
AP 2	R	A	I	I	C
AP 3	R	A	I	C	C
AP 4	R	C	A	I	

Tab. Verantwortlichkeitsmatrix im RACI-Format

3.2 Projektablaufplan

Der **Projektablaufplan (PAP)** stellt die **sachlogische Verknüpfung** der Teilprojekte und Arbeitspakete dar und legt somit die Reihenfolge der einzelnen Aktivitäten (Ablaufstruktur) fest. Aus der Ablaufstruktur (dargestellt in ▸ Vorgangslisten) ergibt sich der **vorläufige Terminplan**, der wiederum als Basis für den **Kapazitätsplan** (▸ Kapitel 3.4) dient.

Terminplan
WAS? WANN?

Kernfragen des Projektablaufplanes sind:

- Welche Aktivitäten müssen **nacheinander** ausgeführt werden?
- Welche Aktivitäten können **parallel** bearbeitet werden?

Um eine bessere Übersicht zu erreichen, wird die geplante sachliche und zeitliche Abfolge des Projektes und seiner Arbeitspakete mit dem Setzen von **Meilensteinen**, in Form eines *Gantt*-Diagramms (Balkendiagramm) oder als Netzplan dargestellt.

Die Darstellungsmöglichkeiten basieren auf den Vorgängen der **Vorgangsliste**, in welcher Dauer, Aufwand, Vorgänger (als PSP-Code) und Nachfolger (als PSP-Code) aufgelistet werden.

Vorgangsliste
WER? WANN?

3.2.1 Meilensteine

Um Projekte überschaubar und steuerbar zu gestalten, werden **Meilensteine** (Schlüsselereignisse) in einem Projektablaufplan gesetzt. Sie sind wesentliche Projektergebnisse oder Zwischenergebnisse, die zu bestimmten Terminen vorliegen müssen und stellen somit **wichtige Kontrollpunkte** auf dem Weg zum Projekterfolg dar.

Mit diesen **Schlüsselereignissen** wird überprüft, ob Teilprojekte vollständig und mit verwertbaren Ergebnissen abgeschlossen werden. Dazu werden »Meilenstein-*Reviews*« bzw. »-*Audits*« oder auch so genannte »*Quality Gates*« durchgeführt.

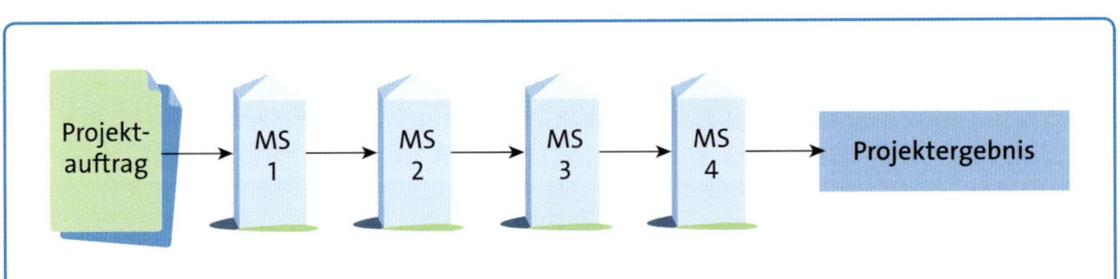

Abb. Meilensteine – Kontrollpunkte auf dem Weg zum Projektziel

Meilensteinergebnisse können entscheidend für die Freigabe der Mittel für die nächste Projektphase oder das nächste Arbeitspaket sein. Ihr Nicht-Erreichen oder die Zurückweisung ihres Ergebnisses kann eine Projektplanänderung oder den Abbruch des Projektes zur Konsequenz haben **(*go-/no go*-Entscheidungspunkt)**. Positive Meilensteinergebnisse stärken die Motivation und fördern eine vermehrte Anstrengung der Mitarbeiter.

MERKE

Meilensteine
- kennzeichnen den Anfang und das Ende eines Projekt, den Abschluss einer Phase und i. d. R. den Abschluss von Vorgängen (► Arbeitspakete). Sie sollten überprüfbar, kurzfristig und über das Projekt gleich verteilt sein.
- werden dem Grundsatz nach nicht verschoben. Das Projektteam legt sie z. B. anhand eines großen Jahreskalenders fest und hängt die Fixpunkte möglichst »öffentlich« aus.
- müssen genau definiert werden.

Die folgenden Informationen gehören beispielsweise zu einer **Meilensteinbeschreibung**:

Projektnummer:	Projektname:	Projektleiter:
Meilensteinnummer:	Meilensteinname:	Meilensteinverantwortlicher:
Meilensteintermin:		
Meilensteinvoraussetzungen: … …		
Unterschrift Projektleiter	Unterschrift Meilensteinverantwortlicher	

Tab. Meilensteinbeschreibung (Muster)

3.2.2 Gantt-Diagramm

Das *Gantt*-Diagramm ist die am **weitesten verbreitete Darstellungsform** für Projektabläufe und ermöglicht die Visualisierung von Terminen und Zeiträumen einzelner Aktivitäten in einem Projekt.

In dieser Darstellungsform werden die **Aktivitäten eines Projektes** in die erste Spalte einer Tabelle eingetragen. In der ersten Zeile der Tabelle wird eine Zeitskala dargestellt. In der so entstandenen Matrix werden die einzelnen Aktivitäten dann in den jeweiligen Zeilen mit einem waagerechten Balken dargestellt, der ein Start- und Enddatum aufweist. Das Gantt-Diagramm wird im Allgemeinen auch als **Projektplan** bezeichnet.

Darstellungen von Projektablaufplänen

BEISPIEL

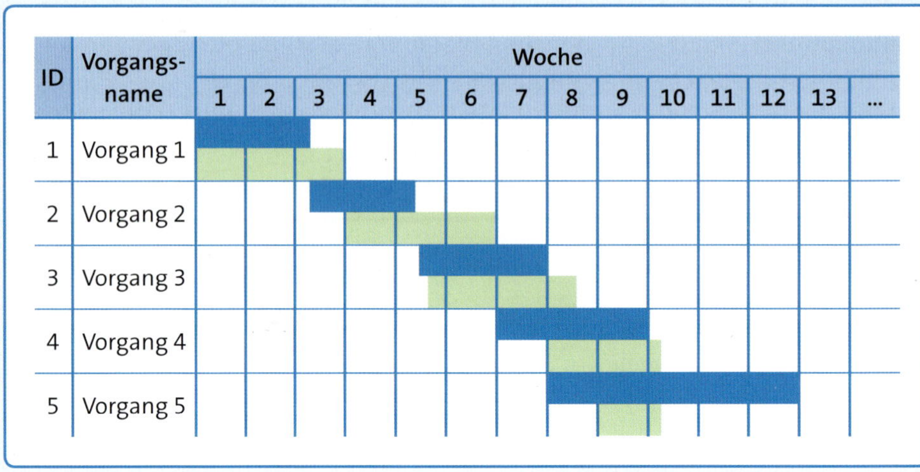

Abb. *Gantt*-Diagramm (Beispiel)

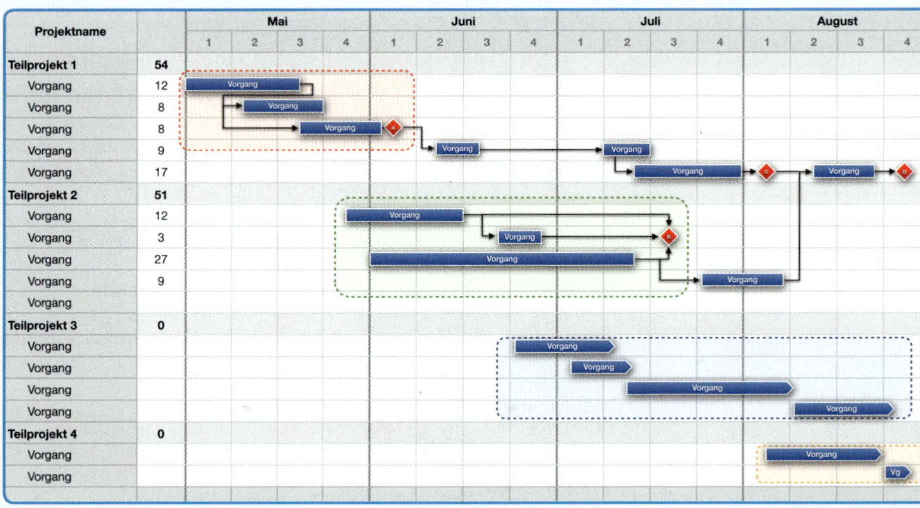

Abb. Netzplan (Beispiel)

www.keynotevorlagen.de > gantt-diagramm

Im Unterschied zu dem im folgenden Kapitel beschriebenen weit komplexeren Netzplan können die **Abhängigkeiten zwischen den Aktivitäten** im Projektplan nur **zeitbezogen** dargestellt werden.

3.3 Netzplan

Die Darstellung eines Projektes erfolgt funktionsorientiert sowie zeitorientiert. Der Netzplan ist die grafische Möglichkeit **logische und zeitliche Reihenfolgen** von Arbeitsschritten (Arbeitspaketen) eines bestimmten Arbeitsablaufes aufzuzeigen.

Der **Begriff »Netzplantechnik«** umfasst nach der Definition des Deutschen Instituts für Normung »[…] alle Verfahren zur Analyse, Beschreibung, Planung, Steuerung und Überwachung von Abläufen«. Gemäß DIN 69900:2009 ist der **Netzplan** eine »graphische oder tabellarische Darstellung einer Ablaufstruktur, die aus Vorgängen bzw. Ereignissen und Anordnungsbeziehungen besteht«.

Die nun folgenden, definitorischen Grundlagen beziehen sich auf den **Vorgangsknoten-Netzplan (VKN)**.

3.3.1 Vorgangsknoten

Der **Knotenpunkt eines Vorgangs** hat die Form eines Rechteckes. Er beinhaltet alle wichtigen Informationen des entsprechenden Vorgangs. Dazu zählen:

FAZ	GP	FEZ
	Vorgang x (D)	
SAZ	FP	SEZ

- x eindeutige Identifikation des Vorgangs (laufende Nummer, Buchstabe, Bezeichnung)
- D Dauer der Aktivität (eingeplant/geschätzt)
- FAZ frühest möglicher Anfang
- FEZ frühest mögliches Ende
- SAZ spätest möglicher Anfang
- SEZ spätest mögliches Ende
- GP gesamter Puffer
- FP freie Pufferzeit

Gesetzte Vorgangspfeile veranschaulichen eine **Beziehung zwischen zwei Knoten**. Sie können einerseits die Anordnungsbeziehung (AOB) darstellen oder zum anderen Vorgänge selbst verbildlichen.

- **Vorgänger** sind dabei die Vorgänge zu nennen, die abgeschlossen sein müssen, um den aktuellen Vorgang ausführen zu können.
- **Nachfolger** sind die Vorgänge, die sofort ausgeführt werden können, sobald der aktuelle Vorgang abgeschlossen ist.

Bei der **Darstellung von Anordnungsbeziehungen** können Vorgänge parallel oder einander folgend verlaufen, d. h. ein Vorgang muss abgeschlossen sein, bevor ein anderer auf ihn folgen kann. Aufeinander folgende Vorgänge werden hintereinander gezeichnet, parallel verlaufende untereinander.

Abhängigkeit und Folgeart – Beziehung zwischen zwei Vorgängen

BEISPIEL

Abhängigkeit	Folgeart	Beziehung zwischen zwei Vorgängen	Abhängigkeiten
Ende – Anfang (EA)	Normalfolge	Anfang von B gekoppelt an Ende von A	Normalfolge (EA) 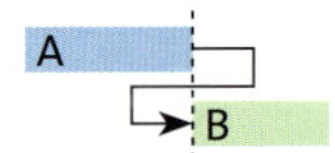
Anfang – Anfang (AA)	Anfangsfolge	Anfang von B gekoppelt an Anfang von A	Anfangsfolge (AA) 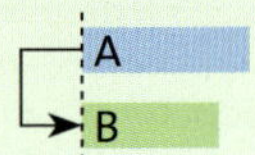
Ende – Ende (EE)	Endfolge	Ende von B gekoppelt an Ende von A	Endfolge (EE) 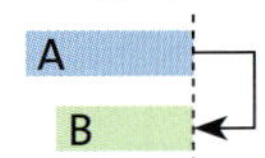
Anfang – Ende (AE)	Sprungfolge	Ende von B gekoppelt an Anfang von A	Sprungfolge (AE) 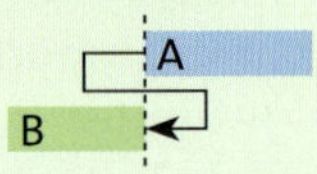

Die **Ende-Anfang-Abhängigkeit (EA)** von Vorgangsknoten ist in der Praxis am häufigsten anzutreffen.

Exkurs: Anwendung der Netzplantechnik

Die **Netzplantechnik** ist eine Methode um die verschiedenen Teilaufgaben eines Projektes in ihrem zeitlichen Ablauf und in ihren Abhängigkeiten zueinander zu erfassen, übersichtliche darzustellen und ihre Ausführung zu überwachen.

Sie bietet darüber hinaus die Möglichkeit Änderungen bei der Projektabwicklung zu berücksichtigen.

Vorwärtsrechnung

Das Ziel der Vorwärtsrechnung ist die **Ermittlung der frühesten Anfangs- (FAZ) und Endzeitpunkte (FEZ)** aller Vorgänge beginnend beim Quellknoten.

Kernfrage: Wann ist das Projekt frühestens abgeschlossen?

Besitzt ein Vorgang mehrere Vorgänger, muss für den FAZ und FEZ jeweils der späteste aller berechneten Termine eingesetzt werden.

- Normalfolge: FEZ = FAZ + Dauer
- Anfangsfolge: FEZ = FAZ + Dauer
- Endfolge: FAZ = FEZ – Dauer
- Sprungfolge: FAZ = FEZ – Dauer

BEISPIEL

FEZ und FAZ werden berechnet

Vorgang i mit D i (= 5) und Vorgang k mit D k (= 7) sind Vorgänger von Vorgang j.
Vorgang j kann erst beginnen , wenn Vorgang k abgeschlossen ist.
FEZ für Vorgang j ist 7.

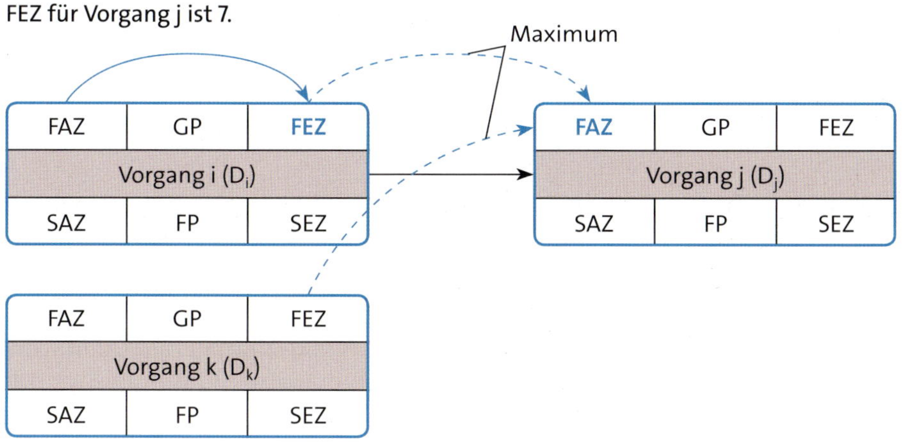

Rückwärtsrechnung

Das Ziel der Rückwärtsrechnung ist die Ermittlung **der spätesten Anfangszeitpunkte (SAZ)** und **der spätesten Endzeitpunkte (SEZ)** eines nächsten Vorgangs, dessen sämtliche Nachfolger bereits berechnet wurden.

Kernfrage: Wann kann das Projekt spätestens begonnen werden?

Besitzt ein Vorgang mehrere Nachfolger, muss für SAZ und SEZ jeweils der früheste aller berechneter Termine (Auswahl des Minimums der Dauer D aller Nachfolgeaktivitäten) eingesetzt werden.

- Normalfolge: SAZ = SEZ – Dauer
- Anfangsfolge: SEZ = SAZ + Dauer
- Endfolge: SAZ = SEZ – Dauer
- Sprungfolge: SEZ = SAZ + Dauer

BEISPIEL

SEZ und SAZ werden berechnet

Vorgang l mit SAZ (= 5) und Vorgang j mit SAZ (= 7) sind Nachfolger von Vorgang i.
SEZ für Vorgang i ist 5.

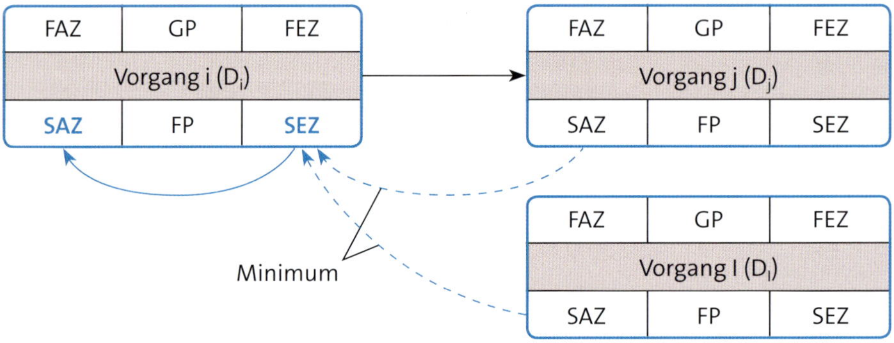

3.3.2 Netzplanpuffer

Puffer sind **Zeitintervalle, in denen Arbeitspakete (Vorgänge) verschoben werden können**, ohne dass dadurch der Terminplan – von seiner Gesamtdauer her gesehen – verändert wird. Die Berechnung der Pufferzeiten erfolgt, nachdem die Vorwärts- und die Rückwärtsrechnungen bereits durchgeführt wurden.

Kernfrage: Wie groß ist der zeitliche Spielraum (Puffer) in einem Projekt?

Puffer in einem Netzplan — MERKE

Puffer sind Zeitintervalle, in denen Vorgänge verschoben werden können, ohne dass dadurch der Gesamtterminplan in seiner Dauer verändert. Der Puffer gibt an, um wie viel sich ein Vorgang verzögern oder verlängern darf.

Bei der Netzplantechnik wird generell in Gesamtpuffer und Freie Puffer unterschieden.

Der **Gesamtpuffer (GP)** eines Vorgangs beschreibt die Zeitspanne, um die ein Vorgang verschoben werden darf, ohne dass dies den Endtermin eines Projektes beeinflusst.

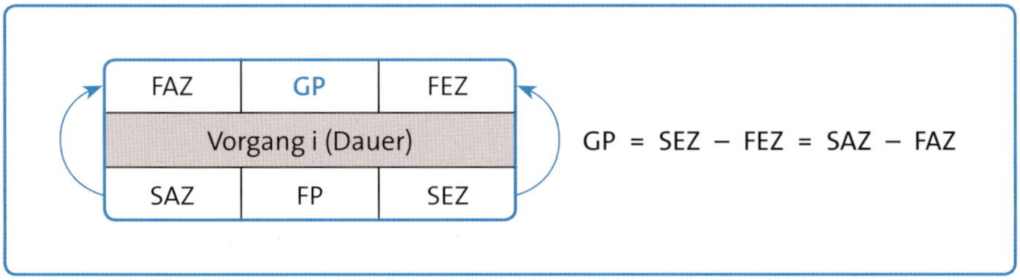

Der **Freie Puffer (FP)** beschreibt die Zeitspanne, um die sich ein Vorgang verzögern kann, ohne dass sich dadurch auch einen anderen Vorgang verzögern würde. Er ergibt sich aus der Differenz von Frühestem Ende des betrachteten Vorgangs und dem Frühestem Beginn seines Nachfolgers.

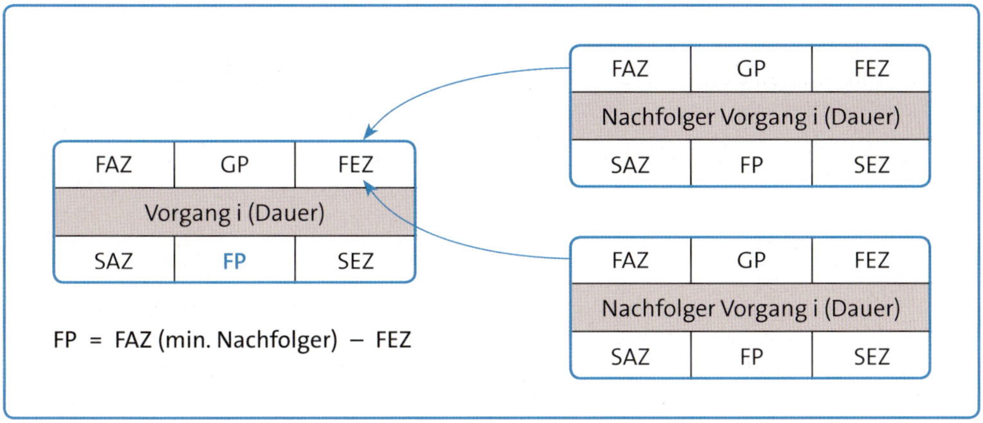

Ist innerhalb einer Aktivitätenkette (Vorgangskette) eines Netzplanes **keine Pufferzeit gegeben**, d. h. GP, FP = 0, so wird sich durch Verzögerungen in einem Vorgangsknoten das Projektende insgesamt verschieben.

3.3.3 Kritischer Pfad

Ein Arbeitspaket (Vorgang) dessen früheste und späteste Termine identisch sind, kann nicht verschoben werden und wird demnach **als kritisch** bezeichnet.

Der **Kritische Pfad** verbindet alle Vorgänge, bei denen der früheste Anfangszeitpunkt (FAZ) **gleich** dem spätesten Anfangszeitpunkt (SAZ) und der früheste Endzeitpunkt (FEZ) **gleich** dem spätesten Endzeitpunkt (SEZ) ist. Verzögerungen auf diesem Pfad verzögern das Projektende.

Der Kritische Pfad wird nach der **Vorwärts- und Rückwärtsrechnung** ermittelt.

Berechnung der Knotengrößen

BEISPIEL

Vorgaben: Vorgang G hat eine Dauer von 6 Zeiteinheiten.
Beginn frühestens am Zeitpunkt 2, SEZ =12.
Vorgang G hat drei Nachfolger mit den FAZ = 10, 14 und 16.

Knotenstruktur:

FAZ	GP	FEZ
Vorgang (Dauer)		
SAZ	FP	SEZ

2	–	–
Vorgang G (6)		
–	–	–

Vorgabe:
Vorgang G hat eine Dauer von 6 Zeiteinheiten und beginnt frühestens an Zeitpunkt 2 (FAZ)

2	–	8
Vorgang G (6)		
–	–	–

Berechnung:
FEZ = FAZ + Dauer
2 + 6 = 8

2	–	8
Vorgang G (6)		
–	–	12

Vorgabe:
SEZ = 12

2	–	8
Vorgang G (6)		
6	–	12

Berechnung:
SAZ = SEZ – Dauer
12 – 6 = 6

2	4	8
Vorgang G (6)		
6	–	12

Berechnung:
GP = SEZ – FEZ =
SAZ – FAZ =
12 – 8 = 4

2	4	8
Vorgang G (6)		
6	2	12

Berechnung:
FP = FAZ (min. Nachfolger 10, 14 und 16) – FEZ
10 – 8 = 2

Für die Netzplantechnik sind folgende Arbeitsschritte sinnvoll:

© GEWA FotoStudio – MEV Verlag

© Creativstudio – MEV Verlag

© Mike Witschel – MEV Verlag

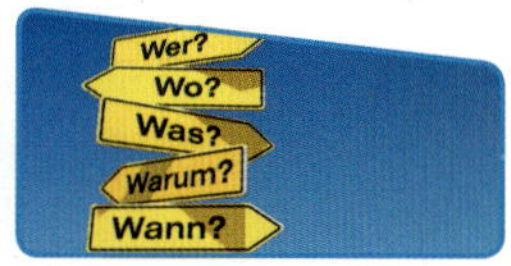

© bluedesign – Fotolia.com

- **Vorgangsliste erstellen** mit der Auflistung aller Arbeitspakete (Projekt-Vorgänge) und deren Vorgangsdauer
- Ergänzen der Vorgangsliste um die »**Vorgänger**«
- Zeichnen des **Netzplanes**
- Berechnung des Netzplanes: **Vorwärtsrechnung** (FAZ und FEZ), **Rückwärtsrechnung** (SAZ und SEZ)
- Einzeichnen des **Kritischen Pfades**
- Berechnen der **Puffer** aller Vorgänge

Zusammenfassendes Beispiel

BEISPIEL

Sie haben Expedienten aus Ihrer Berufsschulklasse zu einem italienischen Abend eingeladen und bereiten zusammen mit Ihren Geschwistern eine Lasagne vor.

Vorgangsliste	Projekt: Aussteller:					Nr.: Datum:			Seite:	
Nr.	Projekttätigkeit	Vorgangszeitpunkte				Vorgangsdauer Minuten	Vorgänger	Nachfolger	Pufferzeiten	
	Arbeitspakete	FAZ	FEZ	SAZ	SEZ				GP	FP
1	Start					0		A		
2	A Zutaten einkaufen	0	10	0	10	10	–	C, B, D	0	0
3	B Pilze schneiden	10	15	13	18	5	2	G	3	3
4	C Tomatensauce kochen	10	12	12	14	2	2	G, H	2	0
5	D Mozzarella schneiden	10	14	10	14	4	2	E, F	0	0
6	E Eier und Käse mischen	14	18	14	18	4	5	G	0	0
7	F Käse-Sahne-Sauce kochen	14	21	15	22	7	5	I	1	1
8	G Zur Füllung vermischen	18	22	18	22	4	3, 4, 6	I	0	0
9	H Lasagne-Nudeln kochen	12	20	14	22	8	4	I	2	2
10	I Lasagne bereiten und backen	22	42	22	42	20	7, 8, 9	–	0	–

Entsprechend der umseitigen Vorgangsliste ist das Ihr Netzplan:

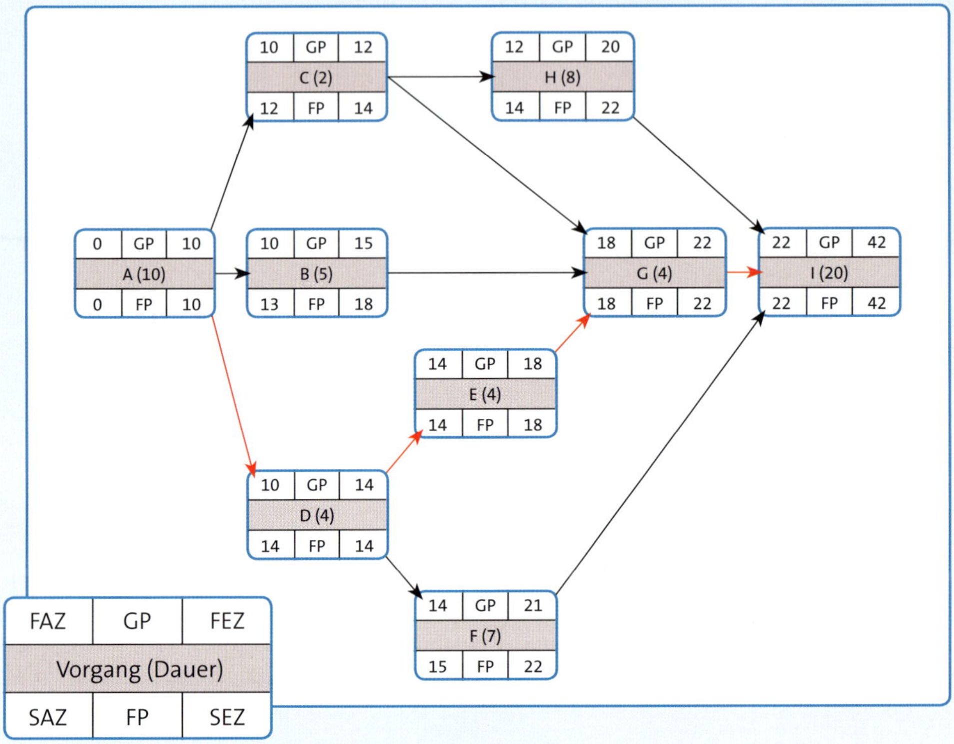

Ihr Kritischer Pfad ist eingezeichnet. Wenn Sie Ihre Gäste um 19 Uhr erwarten und um 19.30 Uhr essen möchten, dann müssen Sie um 18.48 Uhr damit beginnen die Lasagne vorzubereiten. Zu dieser Zeit sollten Sie auch Ihren Backofen einschalten.

3.4 Kapazitätsplanung

Die Grundlage für die **Kapazitätsplanung (*Ressourcen*planung, Einsatzmittelplan)** sind die Daten des Projektstrukturplans (PSP), der Aufwandsplanung und der Terminplanung. Im Rahmen der *Ressourcen*planung werden der Bedarf an Personal- und Sachmitteln ermittelt und eine Optimierung des *Ressourcen*einsatzes durch Aufzeigen von Engpässen und Leerläufen durchgeführt.

Grundsätzlich werden bei der Kapazitätsplanung so genannte **Repetierfaktoren**, also Produktionsfaktoren, die während des Prozesses verbraucht werden (z. B. Geld, Rohstoffe, Betriebsstoffe, Einzelteile) und **Potenzialfaktoren**, d. h. Faktoren, die im Fertigungsprozess nur genutzt, aber nicht verbraucht werden (z. B. Arbeitskräfte und Maschinen) unterschieden.

Kernfrage ist: Welche Art von und welche Menge an *Ressourcen* werden zu welchem Zeitpunkt im Projekt benötigt und sind diese entsprechend verfügbar?

MERKE

Ziel der Kapazitätsplanung

Ziel der Kapazitätsplanung ist die Zuweisung von ausreichenden *Ressourcen* zu einzelnen Vorgängen, unter Berücksichtigung der vorhandenen Kapazitäten unter einer optimalen Auslastung.

Im Tourismus liegt der Schwerpunkt des *Ressourcen*bedarfs im Personal. **Dabei gilt:** Eine *Ressource* entspricht einem Personal. Der voraussichtliche Personal-Aufwand wird in Personenwochen (PW), Personentagen (PT) oder Personenstunden (Ph) angegeben.

Bei der Personalplanung im Tourismus ist besonders zu beachten:

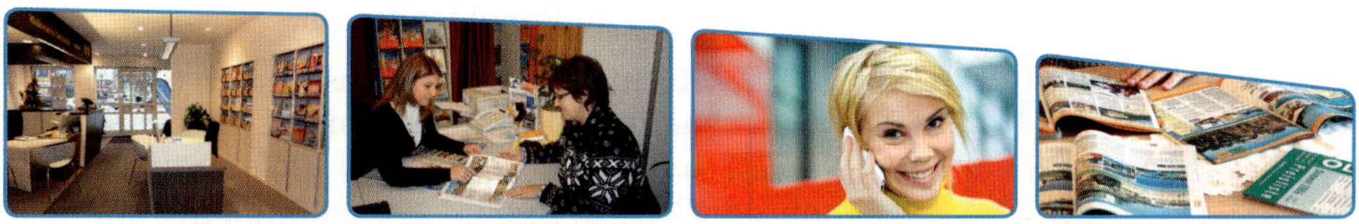

© Karl Thomas – MEV Verlag

- Qualifikation
- Verfügbare Personalkapazität
- Zeitliche Verfügbarkeit
- Örtliche Verfügbarkeit
- Organisatorische Verfügbarkeit

Die Aufgabe der Projektleitung besteht darin, die Projektteammitglieder einerseits unter »quantitativen«, anderseits jedoch unter »qualitativen« Aspekten einzuplanen.

Quantitative Ressourcenplanung

Anhand der **vorgegebenen Termine** und des **ermittelten Aufwands** kann die benötigte Anzahl der *Ressourcen* abgeleitet werden. Vereinfacht stellt sich die Vorgehensweise folgendermaßen dar:

A : Z = P	Z:	Zeit bis zum Endtermin in Kalendertage
	A:	geschätzter Aufwand in Personentagen
	P:	*Ressourcen*zahl benötigte Vollzeitprojektmitglieder

BEISPIEL

Methoden der Aufwandsschätzung

Die Aufwandsschätzung kann u. a. *Top-Down* oder *Bottom-Up* durchgeführt werden:

Top-Down-Ansatz (Schätzung »von oben nach unten«)

Der Aufwand für das Gesamtprojekt wird auf die einzelnen Teilaufgaben, AP sowie Aktivitäten verteilt.

Bottom-Up-Ansatz (Schätzung »von unten nach oben«)

Der Aufwand für einzelne Aktivitäten, AP und Teilaufgaben wird geschätzt und zu Gesamtaufwand summiert.

Gleich welches Verfahren genutzt wird, **Projektkosten** entsprechen immer der **Summe der Arbeitspaketkosten**. **Ziel der Kostenplanung** ist die Ermittlung möglichst realistischer Gesamtkosten für ein Projekt. Sie wird auf Grundlage des Projektstrukturplans, der definierten Arbeitspaketen (AP) und der eingeplanten Ressourcen erstellt. Hierzu werden auf Basis der geschätzten Dauer eines APs die voraussichtlichen Kosten für jedes Paket ermittelt und daraus die Gesamtkosten errechnet.

Arbeitspaket	Mitarbeiter	Qualifikation	Zeitdauer PT/ Kosten PT	Sachmittel/ Kosten	Raumbedarf/ Kosten	AP-Kosten
AP 1						
AP 2						
AP 3						
AP 4						
Gesamtkosten						

Tab. *Ressourcen*plan Gesamt-Projektkosten auf Ebene der APs

(Generell können Aufwendungen auch nur über Personentage (PT) und deren Gesamtkosten erfasst werden.)

Eine **Kostenplanung** ist sinnvoll, auch wenn die wirklich entstehenden Kosten zu Projektbeginn nur **geschätzt** werden können. Sie ermöglicht eine **Kostenkontrolle im Projektverlauf** aufgrund kontinuierlicher Gegenüberstellung von Plan- und Ist-Werten (**Mitlaufende Kalkulation**) und ermöglicht einen Überblick über die Kosten während der Projektlaufzeit nach Arbeitspaketen oder *Ressourcen*. Schließlich kann das Erfahrungswissen aus der letzten Mitlaufenden Kalkulation (Nachkalkulation) im Projekt dazu dienen künftige Aufwandsschätzungen zu verbessern.

Die Kostenplanung wird um einen **Finanzplan** ergänzt, in dem die entsprechenden Ein- und Auszahlungen (Fälligkeiten der Kosten) geplant werden.

3.6 Risikomanagement und Planoptimierung

Projektrisiken sind Ereignisse mit negativen Auswirkungen auf das Projekt. Sie haben eine **Eintrittswahrscheinlichkeit** und sie haben **Ursachen**.

Typische Kriterien für die Einteilung von Risiken auf der ersten Ebene sind z. B. strategische Risiken und operative Risiken, auf der zweiten Ebene qualitative Risiken und quantitative Risiken. Einer weiteren Kategorisierung in Untergruppen sind keine Grenzen gesetzt. Risiken können u. a. finanzieller, organisatorischer und technischer Art sein.

Da die Risiken häufig Unternehmens-, Projekt- und Projektumfeldbezogen sind, sollte man eine ***Checkliste* mit den wichtigsten Risikofaktoren** übersichtlich und nach Risikogruppen gegliedert anlegen.

Risiko-Checkliste (Auszug)

BEISPIEL

1. Risiken der Projektabwicklung	1.1 Wirtschaftliche Risiken
	1.2 Terminrisiken
	1.3 Personelle Risiken
	1.4 Abwicklungstechnische Risiken (ungenaue Planung)
	1.5 zwischenmenschliche Konflikte
	1.6 zu optimistische Planung
2. Risiken im Projektumfeld	2.1 Risiken im Bereich der *Stakeholder*
	2.2 Risiken aufgrund strategischer Vorgaben
	2.3 Vertragliche Risiken
	2.4 juristische Risiken (Änderung Gesetzeslage)
	2.5 Risiken aus Umwelteinflüssen (Wetter)

Der **Risikomanagementbeauftragte** hat die Aufgabe, eine **objektive Risikobewertung** der identifizierten Risiken hinsichtlich ihrer Eintrittswahrscheinlichkeit, Ursachen und den daraus resultierenden Auswirkungen mit und ohne Risikovorsorge auf die Projektziele durchzuführen.

Grundsätzlich stehen im Zentrum der Methoden des **Risikomanagements vier Aufgaben**:

© GEWA FotoStudio – MEV Verlag

© Creativstudio – MEV Verlag

© Mike Witschel – MEV Verlag

© bluedesign – Fotolia.com

- Risiken **identifizieren**
- Risiken **bewerten**
- **Maßnahmen** erarbeiten
- Risiken **steuern**

Als **Grundlage der Risikobewertung** dient häufig eine **Risikomatrix**, in die einzelne, identifizierte und analysierte Risiken eingetragen werden. Die Abschätzungen der **Eintrittswahrscheinlichkeit** und die **Auswirkung** auf das Projekt im Hinblick auf Kosten und Termine bilden die Basis der Matrix. Hierzu werden auf einer xy-Darstellung auf der x-Achse die Auswirkungen des Risikos auf das Projekt und auf der y-Achse die Eintrittswahrscheinlichkeit des Risikos in einer Skala von 1 bis 5 eingetragen.

Danach werden die Risiken **entsprechend der Risiko-*Checkliste*** (bzw. neu auftretende Risiken) mit der entsprechenden Risikonummer **als Kreise** eingetragen.

Aus Übersichtsgründen sollten nicht mehr als 5 bis 10 Risiken in die Matrix eingetragen werden.

Wichtig: Zu Beginn eines Projektes sollte kein Risiko im »roten Bereich« sein.

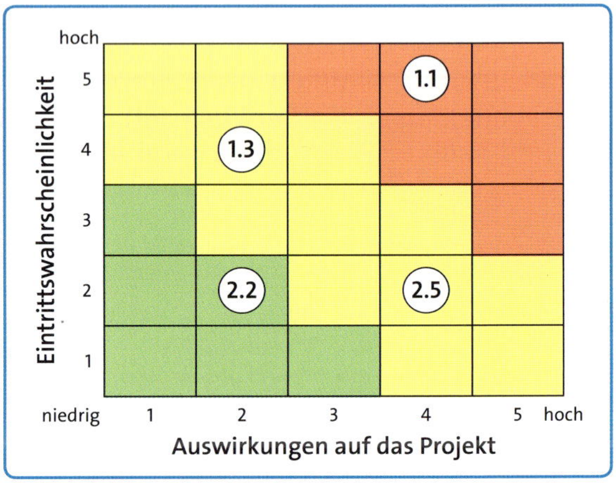

Abb. Risikomatrix (Beispiel)

Ein **Problem bei der Verwendung der Risikomatrix** ist die Quantifizierung der Eintrittswahrscheinlichkeit. Deshalb werden für die einzelnen Risiken prozentuale Eintrittswahrscheinlichkeiten angenommen, die mit Punkten bewertet und dann erst in die Matrix übertragen werden.

1	2	3	4	5
sehr niedrig	niedrig	mittel	hoch	sehr hoch
5 % – 10 %	20 % – 40 %	40 % – 60 %	60 % – 90 %	90 % – 99 %

Tab. Punktbewertung von Eintrittswahrscheinlichkeiten

Risiken mit geringer und z. T. auch mit im Prozentmittel gelegenen Auswirkungen werden im Regelfall **akzeptiert**. Für bestimmte, »mittlere Risiken« mit gravierenden Auswirkungen und einer hohen Eintrittswahrscheinlichkeit sind vorbeugende Maßnahmen zu treffen, damit das Risiko **vermindert** bzw. **vermieden** wird.

Neben der bisher beschriebenen Vorgehensweise dienen in der Praxis häufig auch **Risikokataloge**, die um vorhandene Maßnahmen zur Risikominimierung ergänzt sind, als Grundlage der Risikobewertung.

Risiko	Ursache	Eintrittswahrscheinlichkeit	Auswirkung	Maßnahme	Verantwortlicher	*Review*-Termin

Tab. Risikokatalog (Muster)

Eine **Risikominimierung** bzw. Vermeidung kann im Vorfeld bereits durch **Puffer** (▸ Kapitel 3.3) im Termin- und *Ressourcen*plan, durch einen **Risikozuschlag** bei der Aufwandsschätzung, durch den Einsatz qualifizierter Mitarbeiter und durch **zusätzliche *Reviews*** (▸ Kapitel 1.5) erreicht werden. Die systematische und unabhängige Beurteilung von Teilaufgaben bietet die Chance, Risiken/Probleme frühzeitig zu erkennen.

Die Maßnahmen zur Vermeidung oder Verminderung der wichtigen Risiken sind zu überwachen und ggf. veränderten Bedingungen anzupassen.

Generell können **folgende Risikostrategien** Anwendung finden:

- **Risikovermeidung**, d. h., die Ursache verbannen. Beispiel: Projektteammitglied entlassen.
- **Risikoübertragung**, d. h., das Risiko an Dritte übertragen. Beispiel: Ausführung eines Arbeitspaketes an eine Fremdfirma übertragen (Delegation).
- **Risikominderung**, d. h., Reduktion der Eintrittswahrscheinlichkeit bzw. der Auswirkung des Risikos. Beispiel: Schulung von Projektteammitgliedern.
- **Risikoakzeptanz**, d. h., mit dem Risiko leben lernen. Beispiel: Budgeterhöhung beantragen.

Eine **Risikoanalyse** sollte schon vor Projektbeginn stattfinden und nicht erst durchgeführt werden, wenn das Projekt bereits in einer Krise steckt.

Planoptimierung

Die **Optimierung des Projektplanes** dient dazu, den Projektplan so zu straffen, dass das Projekt zum **frühest möglichen Termin** endet, die *Ressourcen* so sinnvoll wie möglich eingesetzt und die **Kosten so gering** wie möglich gehalten werden.

Möglichkeiten zur Planoptimierung sind die Erstellung von **Planungsalternativen**, aus der die optimale Lösung ausgewählt wird. Das heißt, der Kritische Pfad wird reduziert bzw. vermieden, die bessere Auslastung und der zielgerichtete Einsatz der *Ressourcen* wird unterstützt und die Möglichkeit kostenintensive *Ressourcen* durch preiswertere zu ersetzen wird genutzt.

AUFGABEN

1. Was versteht man unter einem Projektstrukturplan und welche Funktionen erfüllt er?
2. Skizzieren Sie den typischen Aufbau eines funktions- und eines objektorientierten Projektstrukturplanes (PSP).
3. Wie geht man bei der Projektstrukturplanung nach der *Top-Down*-Strukturierung vor?
4. Warum sollte eine Projektplanung auf der Basis der fünf W-Fragen stattfinden?
5. Arbeitspakete
   a) Was ist ein Arbeitspaket?
   b) Wie ist es formal und inhaltlich aufgebaut?
   c) Sie möchten einen Kundenabend unter dem Motto »Zeitreise durch eine Destination« organisieren. Entwerfen Sie ein entsprechendes Arbeitspaket.

6. Im Rahmen der Umsetzung von Arbeitspaketen wird gerne auf die RACI-Matrix zurückgegriffen. Welche Bedeutung hat eine Verantwortlichkeitsmatrix?
7. Was ist ein Projektablaufplan?
8. Wie ist ein Meilensteinplan formal und inhaltlich aufgebaut?
9. Sie möchten eine Radreise unter dem Motto »Herrliche Landschaften und aufregende Städte entdecken« organisieren. Entwerfen Sie einen PSP mit drei Teilleistungen und jeweils drei Arbeitspaketen und nennen Sie drei typische Meilensteine für das Projekt.
10. Welche Informationen können einem *Gantt*-Diagramm im Zusammenhang mit einem Projekt entnommen werden?
11. Welche Gemeinsamkeit und welchen Unterschied weisen *Gantt*-Diagramm und Netzplan auf?
12. Was versteht man unter den Begriffen »FAZ«, »FEZ«, »SAZ«, »SEZ«, »kritischer Pfad«, »Gesamtpufferzeit« und »freie Pufferzeit«?
13. Netzplantechnik:
    a) Zeichnen Sie einen Netzplan (VKN) für die vorgegebene Vorgangsliste.
    b) Bestimmen Sie jeweils FAZ, FEZ, SAZ, SEZ sowie GP und FP für jeden Vorgang.

Vorgangsliste		Projekt: Aussteller:				Nr.: Datum:			Seite:	
Nr.	Projekttätigkeit	Vorgangszeitpunkte				Vorgangs-dauer in Wochen	Vorgänger	Nachfolger	Pufferzeiten	
	Arbeitspakete	FAZ	FEZ	SAZ	SEZ				GP	FP
1	AP 1					25	–	AP 2, AP 4, AP 5		
2	AP 2					8	AP 1	AP 3		
3	AP 3					6	AP 2	AP 6		
4	AP 4					9	AP 1	AP 6		
5	AP 5					21	AP 1	AP 7, AP 8		
6	AP 6					10	AP 3, AP 4	AP 7		
7	AP 7					6	AP 5, AP 6	AP 9		
8	AP 8					15	AP 5	AP 10		
9	AP 9					2	AP 7	AP 10		
10	AP 10					1	AP 8, AP 9	AP 11		
11	AP 11					2	AP 10			

Tab. Vorgangsliste zu Aufgabe 13

14. Wozu dient die Kapazitätsplanung und welches Ziel hat sie?

15. Mit Hilfe welchen Parameter wird die Ressourcenplanung durchgeführt?

16. Warum ist eine qualitative Ressourcenplanung notwendig?

17. Was versteht man unter einem Mengengerüst?

18. Welche Komponenten sind bei der Aufwandsschätzung zu berücksichtigen?

19. Wozu dient die Risikomatrix?

20. Welche Parameter umfasst ein Risikokatalog?

4 Projektdurchführung

Diese Phase umfasst – abgesehen von der Durchführung selbst – die **Projektsteuerung und die Kontrolle des Projektfortschritts** (entsprechend der bis *dato* erstellten Projektpläne) sowie das Projektberichtswesen.

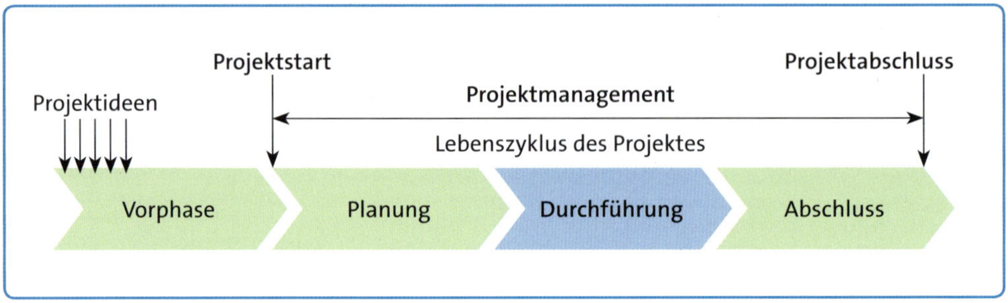

Abb. Phasen eines Projektes

Der **Projektleiter** hat dafür zu sorgen, dass das Projekt so weit wie möglich entsprechend der Planung realisiert wird. Es kann jedoch vorkommen, dass sich die Planvorgaben als unrealistisch erweisen oder dass im Projekt störende Ereignisse auftreten, die während der Phase der Projektdurchführung zu **Abweichungen von den Planvorgaben führen**.

Diese Umstände sollten möglichst früh erkannt werden, so dass die **Ist-Situation** (z. B. Kostenüberschreitung oder Terminverzögerung) durch geeignete Planungsänderungen und Korrekturmaßnahmen wieder an die **Soll-Situation** (Planwert) angenähert wird. Der Projektleiter muss in diesem Fall agieren; er ist gefordert, das Projekt **aktiv** zu beeinflussen und damit zu steuern.

MERKE

Projektsteuerung

Unter Projektsteuerung versteht man alle Maßnahmen, die dazu dienen den tatsächlichen Projektverlauf mit der ursprünglichen Planung in Einklang zu bringen. Ziel der Projektsteuerung (auch des Projektcontrollings) ist es, ein Frühwarnsystem aufzubauen, das dem Projektleiter möglichst bald und möglichst deutlich aufzeigt, wann eine Reaktion auf Planabweichungen notwendig ist.

4.1 Projektcontrolling

Unter dem **Begriff Projekt*controlling*** wird sowohl die **Projektkontrolle** als auch die **Projektsteuerung** zusammengefasst. Projekt*controlling* findet in allen Phasen des Projekts statt. Ziel ist es **Abweichungen** vom geplanten Ergebnis des Projektes während der Abwicklungsphase **zu vermeiden**.

Nach DIN 69901-5:2009-01/DIN09/ ist die **Aufgabe des Projekt*controllings*** die »Sicherstellung des Erreichens aller Projektziele durch Ist-Datenerfassung, Soll-Ist-Vergleich, Analyse der Abweichungen, Bewertung der Abweichungen gegebenenfalls mit Korrekturvorschlägen, Maßnahmenplanung, Steuerung und Durchführung der Maßnahmen«.

Inhaltliche Aspekte beziehen sich z. B. auf die Kontrolle der Zielerreichung und die Qualitätskontrolle. **Normenkonformität** der Kontrollfunktion betrifft z. B. die Einhaltung gesetzlicher Vorschriften und vertraglicher Vereinbarungen. Bei Kontrollaspekten der **Wirtschaftlichkeit** stehen der *Ressourcen*verbrauch, die Termineinhaltung und die Budgeteinhaltung im Vordergrund.

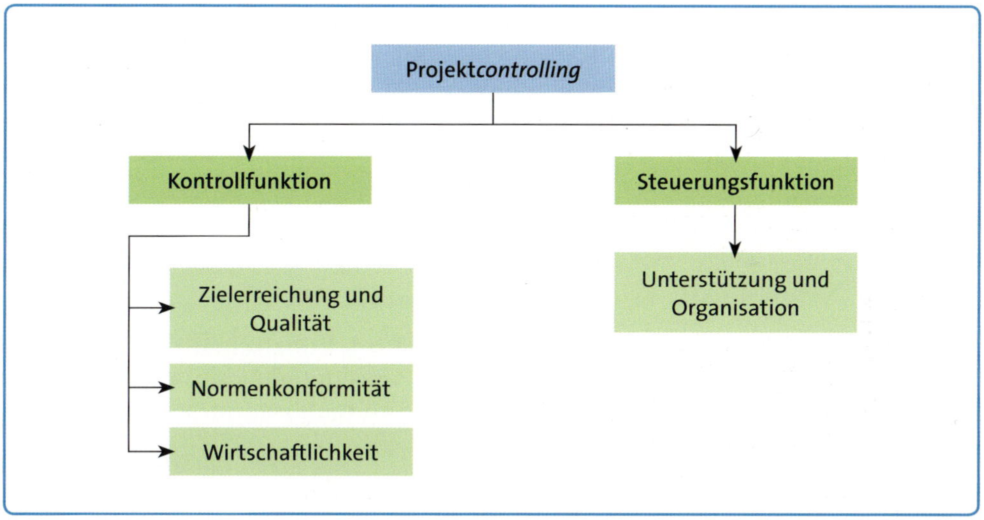

Abb. Aufgaben des Projekt*controllings*

Der **Projektleiter** verantwortet das Projektergebnis (Leistung, Kosten, Termine), während der **Projekt*controller*** die Transparenz der Ergebnisse zu verantworten hat. Hierzu sammelt er Daten aus dem laufenden Projekt, bewertet diese und unterstützt die Steuerung des Projektes. Die Hauptverantwortung im Projekt*controlling* trägt jedoch die Projektleitung.

Die **Basis des Projekt*controllings*** sind die Arbeitspakete des Projektstrukturplans (▸ Kapitel 3.1). Folgende Größen können in einem Projekt »*controlled*« werden:

- Kosten
- Termine
- Kapazitäten
- Qualität
- Risiken
- Fehler
- Fertigstellungsgrad
- Zahlungen

Grundsätzlich gilt: Alles, was geplant wird, wird auch kontrolliert.

Sollten sich während der Projektdurchführung **kritische Abweichungen** von den Planvorgaben abzeichnen bzw. ergeben, müssen die Ursachen dafür analysiert und Maßnahmen zur Korrektur initiiert und durchgeführt werden.

Die **Steuerung eines Projektes** während der Durchführung ist aber nur möglich, wenn der Projektleiter weiß, »wo genau« sich das Projekt im Verlauf befindet.

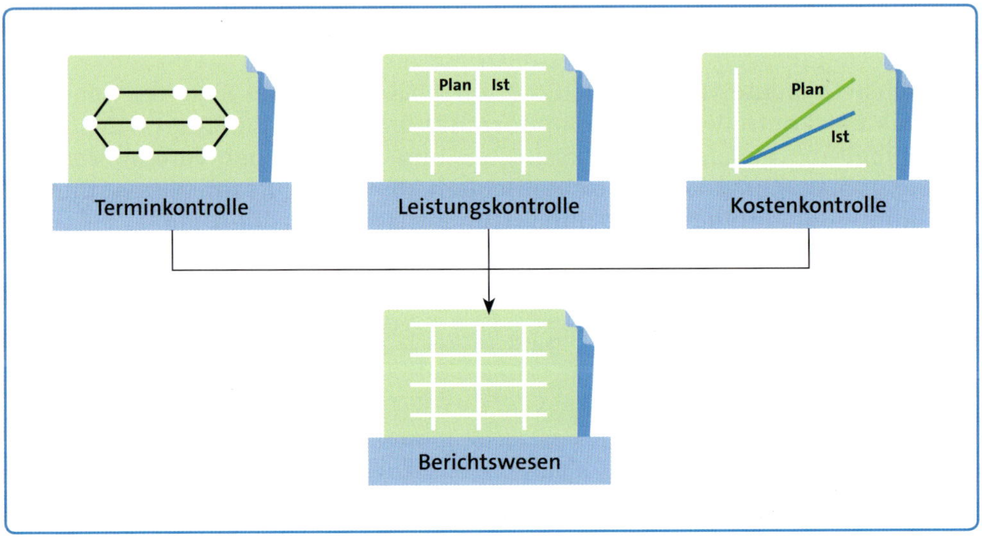

Abb. Projektdurchführung

Deshalb ist es notwendig den **Projektstatus (Projektfortschritt)** während der Durchführung kontinuierlich zu überwachen, in regelmäßigen Abständen die aktuellen **Projektdaten (Ist-Daten)** korrekt und zeitnah zu erfassen und mit den geplanten **Zieldaten (Soll-Daten)** zu vergleichen.

BEISPIEL

Aktivitäten im Rahmen des Projektcontrolling

Konkret werden hier u. a. die Arbeitspakete (AP) im Hinblick auf ihre Fertigstellung bzw. ihren Arbeitsfortschritt überprüft, die Ist-Kosten mit den Soll-Kosten verglichen, die Ressourcenzuteilung und der Terminplan gecheckt sowie die ermittelten und potentiellen Risiken hinsichtlich ihrer Eintrittswahrscheinlichkeit und ihrem Gefährdungspotential für das Projekt untersucht.

Bei Abweichungen können z. B. zusätzliche Ressourcen in Form von Mehrarbeit, Erhöhung der Mitarbeiterzahl, Budgeterhöhung, Anpassung des Finanzplans, Neuverteilung der Arbeitsaufgaben oder Änderungen des zeitlichen Projektablaufs sowie Präventivmaßnahmen zur Vermeidung von Risiken als mögliche Steuerungsmaßnahmen eingesetzt werden.

Die **Resultate der Projektüberwachung** und die initiierten Steuerungsmaßnahmen sind die **Grundlage für die Projektberichterstattung** und führen zu einem *Update* der Projektpläne (z. B. des Netzplans). Auf dieser Basis können Aussagen über die Wahrscheinlichkeit und den Grad der Einhaltung der Projektziele getätigt werden.

Der **Projektsteuerungszyklus (Regelkreis)** umfasst folgende Schritte (Darstellung angelehnt an den *Demingkreis* des Qualitätsmanagements ▸ LF 12, Kapitel 5.1):

- **Planung des Projektfortschritts** (Soll-Daten),
- **Erfassung des Projektfortschritts** (Ist-Daten),
- **Abgleich** der Soll-Ist-Daten, um die Differenzen festzustellen und Analyse der Ursachen für die Abweichungen,
- **Einleitung von** Korrekturmaßnahmen, ggf. Planänderung.

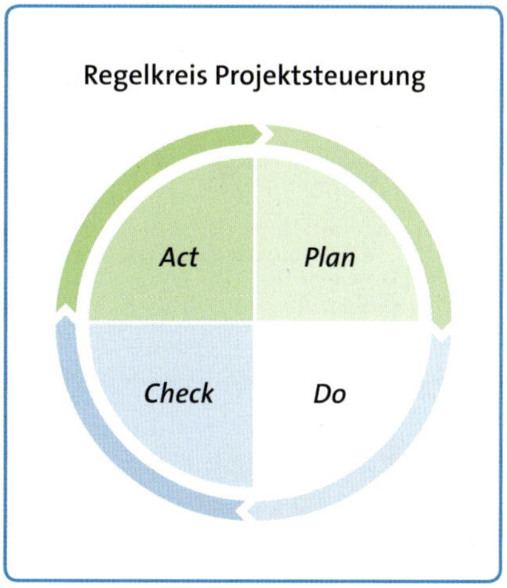

In der Praxis hat es sich bewährt den Soll-Ist-Abgleich mittels Tabellen und Grafiken zu visualisieren. Diese Darstellungsarten werden auch als **Kommunikationsmittel für Projektteam*meetings*** genutzt.

4.1.1 Meilenstein-Trend-Analyse

Wesentliche Planungseinheiten des Projektmanagements sind Arbeitspakete und Meilensteine. Sie werden mit Hilfe der **Zieldimensionen Termine, *Ressourcen* und Ergebnisse** kontrolliert.

In diesem Zusammenhang dient die **Meilenstein-Trend-Analyse (MTA)** der Überwachung des inhaltlichen Projektfortschritts und stellt den Projektstatus anschaulich dar. Dazu werden die Meilensteinverantwortlichen während **regelmäßiger *Reviews*** (▸ Kapitel 1.5) befragt, zu welchen Terminen die Meilensteine fertig gestellt sein werden.

Die ermittelten Termine werden in einem **Meilenstein-Trend-Diagramm** festgehalten: Dabei werden die Berichtstermine auf der x-Achse und die ermittelten Endtermine auf der y-Achse abgetragen. So entsteht auf Basis der prognostizierten Termine für jeden Meilenstein eine Trendlinie.

Mit Hilfe eines Meilenstein-Trend-Diagramms werden **Terminverzögerungen** sichtbar gemacht. Es können frühzeitig Rückschlüsse auf die weitere Entwicklung des Projektes gezogen werden.

Außerdem wird es zur **Bestimmung des Fertigstellungsgrades eines Projekts** genutzt und damit für die Kontrolle des Projektfortschritts auf der Grundlage der erreichten und offiziell abgenommenen Meilensteine.

Termin-Trend-Analyse für Meilensteine

BEISPIEL

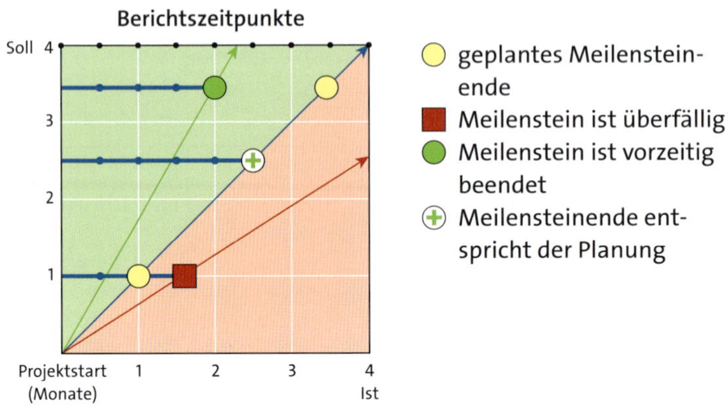

Abb. Meilenstein-Trend-Diagramm

Kurve nach oben = Terminverzug
Kurve horizontal = Projekt im Plan
Kurve nach unten = frühere Fertigstellung als geplant

Folgende **Maßnahmen der Projektsteuerung bei drohendem Terminverzug** sind möglich:

Verkürzung der Dauer von Termin bestimmenden Vorgängen durch Erhöhung der verfügbaren Kapazität (z. B. durch Überstunden, Fremdvergabe von Arbeitspaketen),

- **höhere Effizienz** bei der Abwicklung der Aktivitäten (z. B. durch externe Spezialisten, Mitarbeiterschulungen),
- **Verminderung des Leistungsumfangs** von Aufgaben oder des gesamten Projektes,
- **Änderung der Reihenfolge** durch Überlappung oder Parallelisierung bislang sequentieller Arbeitspakete,
- **Verschieben von Terminen,** notfalls des Projektendtermins.

Die **Meilenstein-Trend-Analyse (MTA)** wird vom Projektleiter beim vorwärts gerichteten Projekt*controlling* eingesetzt (Vorwärtsrechnung im Rahmen der Netzplantechnik ▸ Exkurs Kapitel 3.3).

Mit Hilfe der MTA lassen sich folgende ***Controlling*-Kennzahlen** herleiten:

Time to complete – Die Kennzahl »*time to complete*« wird in Tagen gemessen und drückt aus, wie viel Zeit noch bis zum Projektabschluss notwendig ist.

Cost to complete – Die Kennzahl »*cost to complete*« weist Kosten zur Projektbeendigung aus. Auch hier gilt, dass die Kennzahl alleine nur bedingt aussagefähig ist, da sie immer in den Zusammenhang mit »time to complete« und dem Fertigstellungsgrad gesetzt werden muss.

Fertigstellungsgrad – Der Fertigstellungsgrad wird in Prozent dargestellt und drückt aus, inwieweit das Projektziel bereits erreicht ist.

4.1.2 Kosten-Trend-Analyse

Im Rahmen des **Kosten*controllings*** werden Faktoren, die Abweichungen von geplanten Kosten verursachen identifiziert und Faktoren, die Abweichungen vom Projektbudget verursachen kontrolliert. Eine weitere Aufgabe besteht darin, die Projektkosten während regelmäßig stattfindender ***Reviews*** zu erfassen und auf dieser Basis die Projektgesamtkosten zu prognostizieren. Bei Abweichungen der Ist-Kosten von den Soll-Kosten werden auf der Basis einer **Abweichungsanalyse** die Ist-Kosten durch geeignete Steuerungsmaßnahmen auf das Niveau der Plankosten zurückgeführt.

Eine der am weitesten verbreiteten Methoden des Kostencontrollings ist die **Kosten-Trend-Analyse (KTA)**. Sie zeigt in grafischer Form zum jeweiligen Berichtszeitpunkt den bisherigen Kostenauflauf und den noch prognostizierten Aufwand (Voraussichtliche Ist-Kosten), um die vorgegebenen Projektergebnisse zu erreichen. Auf die Darstellung eines zeitlichen und leistungsmäßigen Fertigstellungsgrades wird an dieser Stelle verzichtet.

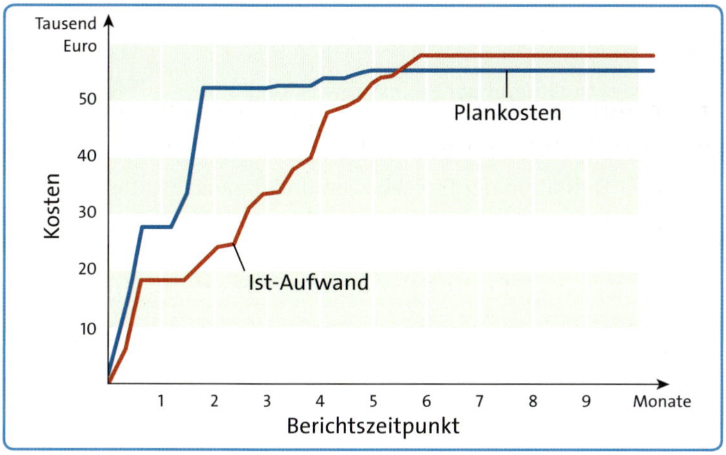

Abb. Kosten-Trend-Analyse

In Anlehnung an die MTA werden auf der Zeitachse (x) die Berichtszeitpunkte für die Plankosten (von z. B. Arbeitspaketen und Planaufwendungen für weitere Ressourcen) und auf der Aufwandsachse (y) der kumulierte Aufwand an Einsatzmitteln und Finanzmitteln abgetragen.

MERKE

Kosten-Trend-Analyse

Die Kosten-Trend-Analyse (KTA) dient der **Kostenverfolgung** in Projekten, indem sie die Plankosten zum jeweiligen Berichtszeitpunkt dem bisher erforderlichen Aufwand gegenübergestellt.
Mit Hilfe der KTA lassen sich die zu erwartenden Projektgesamtkosten (Schätzwerte) bis zur Fertigstellung der definierten Projektergebnisse als Trend berechnen.

Bei **einer drohenden Aufwands- oder Kostenüberschreitung** verbleiben als mögliche Steuerungsmaßnahmen nur

- die höhere Effizienz bei der Auftragsabwicklung oder
- die Verminderung des Leistungsumfangs.

4.1.3 Risikocontrolling

Die periodische Quantifizierung, Analyse, Überwachung, Kontrolle und Steuerung von Risiken durch einen **Risiko*controller*** ist ein wesentlicher Bestandteil des **operativen Projekt*controllings***. Alle Risiken müssen regelmäßig überprüft werden, da sich die Risikosituation z. B. aufgrund neu entstandener Risiken oder aktualisierter Projektziele im Projektverlauf verändert. Somit müssen auch die festgelegten Maßnahmen überprüft, kontrolliert und ggf. angepasst werden.

Zentrale Frage: Was könnte die Projektdurchführung gefährden und welche Maßnahmen sind dagegen zu treffen?

BEISPIEL

Typische Projektrisiken

- Ausfall von wichtigen Mitarbeitern während der Projektabwicklung
- Nichteinhaltung zugesagter Termine
- zu optimistische Planung
- Verzögerung aufgrund unklarer Definition der Projektrollen und daraus resultierende Kompetenzkonflikte
- Interpersonelle Konflikte zwischen Teammitgliedern
- Kommunikationsdefizite
- Fehlerhafter Zeitplan
- Umweltrisiken (z. B. gesellschaftliche Veränderungen, höhere Gewalt)
- Währungsrisiko
- Projektbudget reicht nicht aus

Der **Begriff »Risiko«** wurde aus dem italienischen übernommen und bedeutet so viel wie »eine Klippe umschiffen«. Im Rahmen der Projektdurchführung sollen adäquat durch entsprechende Aktivitäten Risiken »umschifft« werden.

Die **Aufgaben des Risiko*controllings*** insbesondere in der Phase der Projektdurchführung sind:

- regelmäßige **Bewertung der Eintrittswahrscheinlichkeit** von Risiken,
- **permanente Kontrolle** der identifizierten, relevanten Risiken,
- neue Risiken und deren Eintrittsindikatoren identifizieren und **Risikopotenzial beschreiben**,
- **Prioritäten** bei der Risikoeinschätzung regelmäßig aktualisieren,
- Aktualität der **prognostizierten Risiken** überprüfen,
- Implementierung von **Risikoabwehrmaßnahmen**,
- **Überprüfung und Kontrolle der festgelegten Maßnahmen** zur Risikoabwehr auf Effektivität und Effizienz und ggf. aktualisieren,
- **neue Risikostrategien** entwickeln,
- **Risikoreports** erstellen,
- Projektabwicklungsrisiken und die eingeleiteten Maßnahmen **kommunizieren**.

Der **mit dem Risiko*controlling* durchgeführte Soll-Ist-Vergleich** liefert Erkenntnisse über den **Risikostatus** und statistische Werte für zukünftige Risikoanalysen. Die gewonnenen Informationen werden gesammelt und für entsprechende Entscheidungen und Berichte aufbereitet, um auf deren Grundlage gegebenenfalls eine neue **Risikostrategie** zu entwickeln.

Regelmäßige **Risiko*reviews*** mit Überarbeitung des Risiko-Maßnahmenplanes sind ein Themenpunkt von Status-Besprechungen im Rahmen von turnusmäßig stattfindenden Projektteam-Meetings (*Reviews*).

Der Risikocontroller hat darüber hinaus die Aufgabe den Projektleiter bei Fragen der Planung, der Kontrolle, der Organisation, dem Personaleinsatz und der Informationsbeschaffung zu unterstützen. **Risikomanagement** ist ein »Muss-Bestandteil« jeder Projektphase und somit auch der Projektdurchführung.

4.2 Projekt-Berichtswesen

© Fotowerk – Fotolia.com

Das Berichtswesen bildet eine **Grundvoraussetzung für die erfolgreiche Projektsteuerung**. Auch in der Projektdurchführungsphase ist es wichtig, alle Beteiligten über den Stand des Projekts »auf dem Laufenden« zu halten.

Projektberichte werden zur Berichterstattung z. B. für Präsentationen oder Sitzungen verfasst. Für die unterschiedlichen Berichte in einem Projekt sind **einheitliche Vorlagen** (Checklisten, Formulare) zu entwickeln bzw. zu verwenden (▸ Kapitel 1.5). Grundsätzlich sollen Berichte auf den jeweiligen **Empfängerkreis** (Verteiler) abgestellt sein, d. h. einen unterschiedlichen Grad der Detaillierung von Informationen aufweisen und generell vom »Groben ins Feine« verlaufen.

Für die betriebliche Praxis sind diese beiden Berichtsarten relevant:

Projekt-Statusbericht	Er wird in regelmäßigen Abständen erstellt, an einen fest definierten Empfängerkreis verteilt, und gibt periodisch Auskunft über den Projektstand.
Projekt-Sonderbericht	Er wird nur in Ausnahmefällen erstellt. Dies ist der Fall, wenn unerwartet Situationen eintreten, die zu »größeren« Abweichungen führen oder über vereinbarte »Korridor«-Werte hinaus gehen (z. B. bei gravierender Leistungs-, Termin- oder Kostenabweichung) und weitere Maßnahmen und Entscheidungen erfordern.

Tab. Berichtsarten der Projektdurchführung

Im Folgenden wird näher auf den Projekt-Statusbericht eingegangen, weil er vor allem für die Projektdurchführung von Bedeutung ist.

4.2.1 Projekt-Statusbericht

Der **Projekt-Statusbericht** wird zu festgelegten Zeitpunkten vom Projektleiter auf der Grundlage der Berichte von den Teilprojektleitern und der Arbeitspaketverantwortlichen verfasst, um über die aktuellen Ergebnisse des Projektfortschritts (Termine, Aufwand, Kosten, Fertigstellungsgrad und Risiken) zu informieren.

Darüber hinaus informiert er über die Gründe und möglichen Auswirkungen von Soll-Ist-Abweichungen, unterrichtet über entsprechende Steuerungsmaßnahmen, besondere Vorkommnisse im Projektablauf und den Status der Offenen Punkte. Nach DIN 69901-5:2009/DIN09/ ist der Projektstatusbericht ein »zusammenfassender Projektbericht über den aktuellen Stand im Projekt (über alle Teilbereiche).«

Der **periodische Projekt-Statusbericht** informiert i. d. R. den Auftraggeber, die *Stakeholder*, den Steuerkreis (▸ Kapitel 1.3) und weitere Projektteamverantwortliche kurz und knapp über den Stand des Projektes. Er sollte nicht mehr als zwei bis drei Seiten umfassen und die wesentlichen Informationen aufbereitet wiedergeben. Er enthält die verschiedenen Aspekte des Projekt-Fortschritts. Dazu werden in ihm jeweils das Soll, der aktuelle Stand und eine Vorschau dargestellt.

Ein Projekt-Statusbericht **bietet die Chance** Unklarheiten und Risiken/Problemen zu erkennen und Verbesserungsmöglichkeiten zu initiieren. Eine Zusammenfassung des Statusberichts, der so genannte **Situationsbericht**, wird zu definierten Zeitpunkten für das unternehmensweite Projektcontrolling erstellt.

Zur Aufbereitung des Projekt-Statusberichts wird häufig eine **Ampeltabelle** verwendet, die auf einen Blick zeigt, wo Probleme aufgetreten sind und wo alles »glatt« verläuft. Die Bedeutung der unterschiedlichen Ampelschaltungen muss vorab klar geregelt sein, damit kein Interpretationsspielraum möglich ist. Die **PM-Ampeldarstellung** (»der Ampelreport«) bietet einen Überblick über den Projektstatus und dient zur sehr einfachen Zusammenfassung des Projektstatus.

BEISPIEL

Projekt-Statusbericht (mit PM-Ampeldarstellung)

1. Projektstammdaten

Projekttitel		Projektkürzel	
Projektleiter		Datum:	

2. Empfängerkreis

Rolle	Name	Telefon	E-Mail
Auftraggeber			
Lenkungsausschuss			
Teamleiter 1			
Teamleiter 2			
cc:			

3. Gesamtübersicht über den aktuellen Projektstand

Projektampel:

= okay (im Plan) | = Vorwarnung | = Eskalation/Erläuterung

= Verbesserung in Sicht | = gleich bleibend | = Verschlechterung wird erwartet

Gesamteinschätzung des Projekts (Projektstatus) aus Sicht der Projektleitung

Bereich	Status	Trend	Erläuterung
Zielerreichung	!	⇨	
Termine	✓	⇨	
Qualität	!	⇧	
Aufwand/Kosten	✓	⇩	
Ressourcenstatus	✓	⇨	
Fertigstellungsgrad	!	⇧	
Risikoentwicklung	↯	⇧	

4. Aktueller Status der Kerninformationen im Projekt

4.1 Zeitplanung

Meilenstein (lt. Projektplanung) Arbeitspaket (AP)	Abgleich		Bewertung	Prognose	Hinweise/ weiteres Vorgehen
	SOLL	IST/Bewertung			
AP 01			✓	⇨	
AP 02					

4.2 Aufwand/Kosten

Meilenstein (lt. Projektplanung) Arbeitspaket (AP)	Abgleich		Bewertung	Prognose	Hinweise/ weiteres Vorgehen
	SOLL	IST/Bewertung			
AP 01					
AP 02					

4.3 Ressourcenstatus

Ressourcen (lt. Projektplanung)	Abgleich		Bewertung	Prognose	Hinweise/ weiteres Vorgehen
	SOLL (in T €)	IST (kumulativ in T €)			
Budgetstatus Sachmittel (nach Arbeitspaketen)					
Aufwandsstatus (Manntage/ Personentage)					

4.4 Risiken

Erkennbare Risiken:				
Eintrittswahrscheinlichkeit:		Auswirkungsgrad:		Risikokategorie:
Eingeleitete Maßnahmen:				
Inhalt:	Erwartete Wirkung:	Aufwand:	Verantwortlich:	Termin:

4.5 Offene Punkte

Offene Entscheidung:	
Inhalt:	
Entscheidungsvorschlag/Beschlussempfehlung:	
Entscheidungsinstanz:	Termin:

Datum, Unterzeichnung des/r Projektleiters/in

Als **Grundlage für alle Steuerungsaktivitäten** hat sich die genannte Ampelsteuerung bewährt und kann entsprechend auch z. B. für die Beurteilung des aktuellen Standes von Arbeitspaketen und Teilleistungen verwendet werden.

Bei jeder Projektdurchführung ist darauf zu achten, dass parallel zu den Ausführungsprozessen auch die Steuerungsprozesse erfolgen. Während der gesamten Ausführung des »Fahrplanes« müssen ständig die Soll-Werte (der Fahrplan) mit den Ist-Werten verglichen werden. Bei allen Abweichungen werden die notwendigen Steuerungsprozesse eingeleitet, die die Prozesse wieder auf den vorgegebenen Plan zurückbringen sollen (► Regelkreis).

AUFGABEN

1. Warum muss der Projektleiter im Rahmen der Projektsteuerung agieren und nicht reagieren?
2. Was ist die Basis für das Projekt*controlling*?
3. Wie beurteilen Sie die hier abgebildete Meilenstein-Trend-Analyse (MTA) im Hinblick auf ihre Aussage?

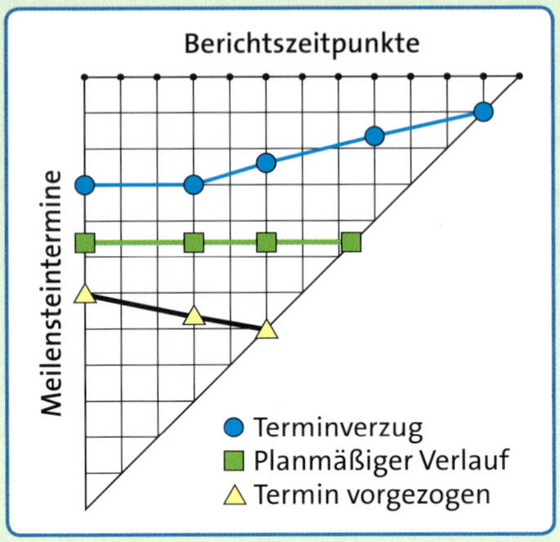

4. Welche Risiken sind mit dem Ausfall von wichtigen Mitarbeitern durch z. B. Krankheit während der Projektabwicklung und der Nichteinhaltung zugesagter Fertigungsstellungstermine für Arbeitspakete verbunden?
5. Inwieweit können solche Risiken durch die Puffer (FP bzw. GP) aufgefangen werden?
6. Erstellen Sie grafisch eine Kosten-Trend-Analyse (KTA) mit Hilfe der in folgender Tabelle abgebildeten Daten.

Zeit	Personalaufwand €		Abweichungen (Soll/Ist)
	Ist	Soll	
01.02.20..	6.000,00	6.000,00	
01.03.20..	5.000,00	4.000,00	
01.04.20..	6.000,00	5.000,00	
01.05.20..	6.000,00	4.000,00	
01.06.20..	7.000,00	5.000,00	
Summe			

7. Entwerfen sie ein Formular für einen Projekt-Sonderbericht.
8. Formulieren Sie drei Beispiel für »Korridor«-Werte.
9. Wie ist ein Projekt-Statusbericht formal und inhaltlich aufgebaut?
10. Welche Funktion hat die Ampelschaltung in einem Projekt-Statusbericht?
11. Welche Informationen müssen den Adressaten zu einer Ampelschaltung bzw. Trendanalyse in einem Projekt-Statusbericht zur Verfügung gestellt werden?

5 Projektende und -abschlussbericht

Ein Projekt ist abgeschlossen, wenn das **Projektziel erreicht** ist bzw. das Projekt abgebrochen wird. Zu **diesem Zeitpunkt sind im Wesentlichen vier Aufgaben** zu erfüllen:

© GEWA FotoStudio – MEV Verlag

© Creativstudio – MEV Verlag

© Mike Witschel – MEV Verlag

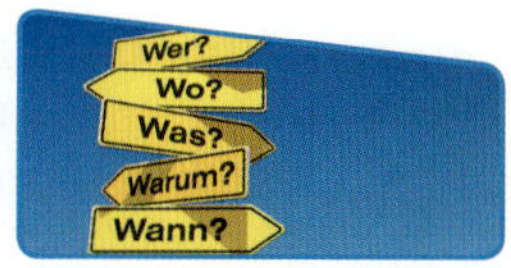

© bluedesign – Fotolia.com

- 1. Übergabe des **Projektergebnisses** an den Auftraggeber,
- 2. *»**Kick-Out-Meeting**«* für das Projektteam,
- 3. **Projektabschlussbericht** für das Management,
- 4. **Auflösung** des Projekt*teams* (oder der Projektgruppe).

Übergabe des Projektergebnisses

Spätestens bei der Übergabe des Projektergebnisses müssen die erbrachten Leistungen **durch den Auftraggeber formal abgenommen** werden. Häufig sind hiermit vertragliche Vereinbarungen verbunden.

Nach DIN 69901-5:2009/DIN09/ ist die Abnahme eine »unternehmerische Entscheidung des Auftraggebers, dass ein (Teil-)Ergebnis den Vereinbarungen und Erwartungen entspricht und somit als Grundlage für nachfolgende Prozesse verwendet werden kann und muss.«

Das **Abnahmeprotokoll** sollte die Beschreibung der erbrachten Leistungen beinhalten und ggf. Vorbehalte bei der Abnahme. Das Protokoll wird vom Auftraggeber und dem Projektleiter unterschrieben.

»Kick out-Meeting«

© FotolEdhar – Fotolia.com

Die letzte Phase im Lebenszyklus eines Projektes ist das *»Kick out-Meeting«*, die förmliche **Projektabschlusssitzung**. An dieser Sitzung sollte das gesamte Projektteam teilnehmen.

Möglicher Ablauf:

- Dank an alle Beteiligten,
- Vergleich der ursprünglichen Ziele mit den erreichten Zielen (Abschlusspräsentation),
- formale Entlastung des Projektleiters und des Projektteams.

An den offiziellen Teil schließt sich meist eine Abschlussparty an und es werden z. B. *Incentives* vergeben.

Der Projektabschlussbericht

Der **Projektabschlussbericht wird vom Projektleiter erstellt**. Nach DIN 69901-5:2009 /DIN09/ ist er eine »zusammenfassende, abschließende Darstellung von Aufgaben und erzielten Ergebnissen, von Zeit-, Kosten- und Personalaufwand sowie gegebenenfalls von Hinweisen für mögliche Anschlussprojekte.« Er ist das Pendant (dt. passendes Gegenstück) zum Projektauftrag.

Der **Abschlussbericht** hat zwar keine Bedeutung für die Projektsteuerung, allerdings ist er für **zukünftige Projekte von Bedeutung**, da in ihm die ursprünglichen Planvorgaben den eingetretenen Ist-Werten gegenüber gestellt werden. Er unterrichtet über die Nachkalkulation und legt in diesem Zusammenhang eine ursachenorientierte Abweichungsanalyse offen. Er stellt somit die gesammelten Erfahrungen und Erkenntnisse bereit, die für zukünftige Projekte relevant sein können.

Mögliche Gliederung des Projektabschlussberichtes

BEISPIEL

1. Projektauftrag und Projektziel,
2. Planungsunterlagen,
3. Ist-Unterlagen (letzter Stand) bei Projektende,
4. Abschlussanalyse (Gegenüberstellung von ursprünglichen Plangrößen und während des Projektverlaufs modifizierten Plangrößen im Hinblick auf Termine, Aufwand/Kosten und Zielerreichung),
5. Dank an die Beteiligten für deren Mitwirkung.

Sollte das Projektziel nicht erreicht werden oder das Projekt abgebrochen worden sein, so beinhaltet der Projektabschlussbericht eine ***»Post-Mortem-Analyse«***, in der die Ursachen für das Scheitern des Projektes analysiert und aufgeführt werden.

Der **Tourismusmarkt** ist dynamisch und hochkomplex mit international geprägtem Branchenumfeld. Vor dem Hintergrund rascher Veränderungen der touristischen Nachfrage, neuen Trends und gewachsenen Ansprüchen der Kunden, benötigen die involvierten Unternehmen Nachwuchskräfte im mittleren und gehobenen Management. – Sie sollen bereits während Ihrer Ausbildung an Ihrer eigenen Karriere bauen, um an einer effizienten Gestaltung und Umsetzung unternehmerischer Tourismusziele auch z. B. im Rahmen von gut geplanten, professionell durchgeführten und fundiert ausgewerteten Tourismusprojekten tatkräftig mitzuwirken.

AUFGABEN

1. Welche Inhalte hat ein Projektabschlussbericht?
2. Entwerfen Sie ein Formular für einen Projektabschlussbericht.
3. Welche Bedeutung kommt einem Projektabschlussbericht im Hinblick auf potenzielle (weitere oder Anschluss-)Projekte zu?
4. Zu welchem Zweck wird eine *Post-Mortem*-Analyse angefertigt?
5. Entwerfen Sie ein Formular für einen Projektabschlussbericht.

   Mussbestandteile:
   - Projekt, Projekt-ID
   - Projektleiter
   - Vertragsgrundlage
   - Auftraggeber (Vertreter)
   - Auftragnehmer (Vertreter)
   - Abnahmegegenstand (Gesamtleistung, Teilleistungen)
   - Abnahmemängel
   - Vorbehalt(e) bei der Abnahme
   - *To-Do*-Liste
   - Entsprechende Unterschriften

Nachsatz:

Für die beteiligten Autorinnen und den beteiligten Autor sowie die Lektorin der Kompetenzreihe »*All inclusive* – Fachwissen Tourismus« ist das Projekt noch nicht abgeschlossen: Als Kolleginnen, Kollegen und Auszubildende haben Sie mit Recht den Anspruch die theoretischen Inhalte des Ausbildungsberufes »Tourismuskaufmann/Tourismuskauffrau (Kaufmann/-frau für Privat- und Geschäftsreisen)« entsprechend der fachlichen Entwicklung auf einem adäquaten Niveau dargestellt zu erhalten. Insofern stehen in absehbarer Zeit für die Beteiligten schon wieder die ersten *Reviews* an.

Sachwortverzeichnis

6-3-5-Methode **465**
6 Hüte-Methode **464**
(empirische) Forschung **190, 191, 199**

A

ABC-Analyse **370, 371**
Abgrenzungskriterien von Marktforschungsformen **192**
Ablaufkosten **387**
Abnehmerorientierung **183**
Abreisetag **135**
Absatz
- direkter **270**
- Effizienz **271**
- indirekter **270**
absatzmarktorientierte Unternehmensziele **212**
Absatz orientierte PR **266**
Absatzpotenzial **221**
Absatzvolumen **221**
Absatzwege, klassische **270**
Abschlussqualität **440**
Abschöpfungsstrategie **211**
Abschwung **343, 349**
Absicherung der Veranstalterrisiken **234**
Abstinenzphase **368**
Abweichungen AGB-Inhalte **244, 245, 246**
Abweichungsanalyse **507**
ACRISS-Code **101**
adaptive Preispolitik **185**
affektive Einflüsse **319**
affektive Werbewirkung **315, 316**
Affiliate-Marketing **305**
After Sales-Marketing **441**
AGB **135, 241, 245**
- Abweichungen **244, 245, 246**
- Einbeziehung **243**
- Fernbuslinienbetreiber **88**
- Gliederung **242**
- Hotelaufnahmevertrag **135**
- Inhalte **244, 245, 246**
- Inhaltskontrolle **241**
AGBH **135**
Agenturvertrag **273**
AIDA-Formel **292, 293**
AIDA-Prozess **292**
aktive Preispolitik **183**
aktives Beschwerdemanagement **324-326, 382, 383**
aktives Reklamationsmanagement **324**
Aktivität (Tätigkeit) **390**
aktuelle Kundenzufriedenheit **252**
A-Kunden **370**
Allgemeine Geschäftsbedingungen **135, 241, 245**
Allgemeine Reisebedingungen **241**
Allokationseffekt **403**
- Beispiel **404**
Allotmentvertrag **234**
Analyse der Marktposition eines Unternehmens **190**
analytisches CRM **356, 359**
Anbahnungsphase **366**
Anbieterrente **170**
Anfrage eines Angebotes – spanisch **248, 249, 250**
Angebotsgesetz **169, 171**
Angebotskurve **171**
Angebotskurve eines Polypolisten **179**
Angebotsoligopol **180**
Angebotspolitik eines Unternehmens **147**
Angebotsüberschuss **170, 172**
Angebotsvergleich **246**
- qualitativer **248**
- quantitativer **248**
Angebot und Nachfrage **168**
angemessener Gewinn **183**
angemessener Preis **183**
Annullierung **37, 38, 86, 97**
Anordnungsbeziehungen **486**
Anreisetag **135**
Antworten-Matrix **323**
Antwortroutine **195**
Antwortskala **195**
Anwendung der Netzplantechnik **487**
Anzeichen einer Rezession **338**
Anzeigefrist **73**
AP **480, 481**
ARB **241**
Arbeitsgang **390**
Arbeitshilfe für die Produktplanung **158**
Arbeitspaketbeschreibung **480**
Arbeitspakete **480, 481**
- Parameter **481**
Arbeitsschritte der Netzplantechnik **491**
Arten von Kundenanforderungen **320**
Athener Übereinkommen **31, 99**
Attention Tracking **316**
Attraktivitätsfaktoren einer Destination **159**
Aufbau einer Marke **152**
Aufbau eines Markenimages **225**
Aufgabe des Projektcontrollings **503**
Aufgaben des Projektmanagements **449, 450**
Aufgaben des Risikomanagements **497**
Aufschwung **342**
Auftraggeber **454**
Auftragseingang der Industrie **347**
Aufwandsschätzung **495, 496**
- Methoden **496**
Aufwandsüberschreitung **508**
Ausfallrisiko **247**
Ausflug-Stückkosten **406**
ausgezeichnetes Reisebüro **443**
Ausgleichsfunktion des Marktpreises **168**
Ausgleichzahlungen bei Nichtbeförderung **37**
außergewöhnliche Umstände **39 , 87**
außerökonomischer Werbeerfolg **314 , 315**
außerökonomische Ziele
- Kontrolle **315**
Ausstattung an Bord von Fähren **93**
Austauschbarkeit von Angeboten **224**
Auswahl von Beherbergungsbetrieben **160**
Auswärtstätigkeit **12, 17**
Auswertung einer empirischen Befragung **195**
Autofähren **90**
autonome Preispolitik **178**
Autozug **65, 66, 72**

B

B2B-Marktforschung **191**
B2B-Mietwagenprogramme **99, 100**
B2C-Marktforschung **191**
Bahnbeförderungsvertrag **70**
bahn.bonus-Programm **78**
BahnCard **74, 75, 77, 78**
BahnCard Business **77, 78**
bahn.corporate-Programm **76, 77**
Bahnreise **60**
Bahnticket **67, 68**
Bahnunfall **73**
Bannerwerbung **304**
barrierefreies Hotel **127**
barrierefreies Reisen **50, 62**
Barwert **421**
Basisdienstleistungen **23**
Basis einer SWOT-Analyse **206**
Basisfaktoren **320**
Basismerkmal **323**
Basisstrategien zur Markenbildung **416, 417, 418, 419**
Bearbeitung einer Reklamation **326**
Beförderungsgesetze **30**
Beförderungsklassen **46, 47**
Beförderungsleistung **30**
Beförderungspflicht **83**
Beförderungsvertrag **30, 31**
Beförderung von Tieren **53, 54, 88, 95**
Beförderung von unbegleitet reisenden Kindern **49**
Befragung **194, 203, 316**
begeisternde Faktoren **321**
Begeisterungsmerkmal **323**
Begriffe rund um die Geschäftsreise **12**
Beherbergung **115, 116**
- Betriebsarten **115, 116, 160**
Beherbergungsmängel **136**
Beherbergungsvertrag **134, 234, 236, 237**
Beinfreiheit **84**
Belästigung **286**
- unzumutbare **286**
Belegungsgarantien **247**
Benchmark-Indikatoren **328**
Benchmarking **204**
- Erfolgsrezept **204**
- externes **205**
- internes **205**
Beobachtung **199, 203, 316**
Beratungsprozess **436**
Beratungsqualität **435, 439**
Berechnung der Entschädigungshöhe **311**
Berechnung des Kundenwertes **372**
Berechnung des Teilprozesskostensatzes **401, 402, 403**
Berechnung von Mannjahren **399**
Berichtsarten der Projektdurchführung **510**
Beschädigung von Gepäck **99**
beschäftigungsabhängige Prozesskosten **400**
beschreibende Ethik **332**
Beschreibung der Marktstrukturen **221**
Beschwerdeannahme **382**
Beschwerdebearbeitung **383**
Beschwerdefrist **87, 98**
Beschwerdemanagement **326, 327, 382, 383, 441**

- Vorteile eines adäquaten Beschwerdemanagements **327**
Beschwerdereaktion **383**
Beschwerdestimulierung **382**
Bestandteile von Reiserichtlinien **18**
Bestimmung der Prozesskosten **397**
Betreuungsgebühr **49**
Betreuungsleistungen **37, 39**
Betriebsarten der Beherbergung **115, 116**
Beziehungsmarketing **301**
Bezugsobjekte des Marketing-Controlling **313**
BGB-InfoV **241, 275, 288**
BIP **339, 340, 341**
- Berechnungsarten **341**
B-Kunden **370**
Blickregistrierung **316**
Bonusprogramme **54, 55, 78, 138**
- der großen Hotelketten **139, 140**
Booking Services **24**
Boom **343, 348**
Bordausstattung (Fähre) **93**
Botschaft für den Empfänger **257**
Bottom-Up-Ansatz **496**
Bottom Up-Methode **400**
Boutiquehotel **128**
Brainstorming **467**
Branchenanalyse **201**
Brandinganforderungen **420**
Broker **100, 101**
Bruttoinlandsprodukt **339**
Bruttoreiseintensität **197**
Buchung **440**
- über Reisebüro **20**
- von Beförderung und Mobilität **30**
- von Beherbergung **115**
Buchungs-Apps **280**
Buchungswege **20**
Budgethotel **122, 123**
Bundesdatenschutzgesetz **24, 25**
Business Class **47, 48**
Business Travel **10, 11, 12, 272**
Business Travel Center **21**
Business Travel-Leistungen **22**
Business Travel Management **12**
Busreiseverkehr **79**
Busurlaubsreise **79**

C

Call Center **21, 270**
Camping an Bord von Fähren **96, 97**
Cash Cows **210, 211**
C/D-Paradigma **319, 378, 431**
Chancen-Risiken-Analyse **190, 200**
Chancen-Risiken-Profil **206**
Chancen und Risiken einer Marke **410**
Checklisten **461, 497**
C-Kunden **370**
Clubhotel **131**
CO_2-Ausstoß
- Vergleich **161**
- von Kreuzfahrtschiffen **165**
CO_2-Emissionen **328**
CO_2-Kompensation **19, 20**
Code of Conduct **308**
Codeshare **42**
Codesharing **45, 46**
Confirmation-/Disconfirmation-Paradigma **319, 378, 431**
Controlling **298, 313**
Controlling-Kennzahlen **507**
Copy-Strategie **296**
Corporate Behaviour **259, 260**
- Ziel **261**
Corporate Brand **418**
Corporate Communication **259, 263, 264**
- Instrumente **292**
Corporate Design **259, 261**
Corporate Identity **258, 259**
- Säulen **259**
Corporate Image **259, 260**
Corporate Net Rates **27**
Corporate Sound **262**
Corporate Wording **264**
Creative Class **253**
CRM **355-359, 412**
- System **355**
- Ziele **356**
Cross-Selling-Potenzial **227**
CRS-Code **102**
CSR Tourism certified **442**
Customer Interaction Center **270**
Customer Lifetime Value **372, 373**
Customer Relationship Management **355-359, 412**

D

Dachmarkenstrategie **418**
Darstellung von Anordnungsbeziehungen **486**
Data Mining **356, 359**
Data Warehouse **356, 359**
Datenerhebung
- Methoden **194**
Datenschutz **25**
Dauerwerbung **298**
Debitorenbuchhaltung **310**
Deckungsbeitrag **374**
Definition des Hauptprozesses **393**
Definition für »Dienstleistungsmarke« **411**
Definition Total Quality Management **427**
Degenerationsphase **155, 156, 368**
Degressionseffekt **405**
DEHOGA **118, 119, 120**
Demingkreis **426**
Demoskopie **193, 199**
Depression **342, 343, 348**
Designhotel **129**
Desinvestitionsstrategie **211**
Desk Research **192, 193**
deskriptive Marktforschung **192**
Determinanten **374, 375**
deutsche Hotelklassifizierung **118**
Deutscher Hotel- und Gaststätten-Verband **118-120**
Deutscher ReiseVerband **308**
Diagnose der Ist-Situation **209**
Diebstahlversicherung **104**
Dienstleister
- Haftung **240**
- Pflichtverletzungen **240**
Dienstleistungen
- Erstellungsprozess **146**
- Merkmale **146**
Dienstleistungs-Informationspflichten-Verordnung **274**
Dienstleistungsmarke **411**
Dienstleistungsmarketing **144**
Dienstleistungsqualität **429, 430, 431, 434, 437**
- fünf Dimensionen **432**
- sieben Dimensionen **437**
Dienstrecht **239**
Dienstvertrag **240**
- Hauptpflichtverletzung **240**
- Pflichtverletzung **240**
- Vertragstypische Pflichten **239**
- Verzug **240**
Dienstverträge im Tourismus **239**
Differenzierungsstrategie **224**
Differenzkalkulation **330**
Differenzwerte **438**
Dimensionen der Dienstleistungsqualität **434**
Dimensionen der internen Unternehmenskommunikation **264**
Dimensionen der Verkaufsförderung **302**
Dimensionen des Unternehmensverhaltens **260**
Direct Marketing **300**
Direktanbieter **100, 101**
Direktbuchung **20**
direkte Prozesskosten **398**
direkter Absatz **270**
Direktionsrecht **17**
Direktmarketing **298**
Diskonfirmation **378**
Diskriminationsfähigkeit **420**
Distributionsgrad **270**
Distributionspolitik **270**
Distributionsstrategien, multiple **270**
Distributionswege **270**
Diversifikation **220**
DL-InfoV **274**
Dokumentation (Projekt) **459**
Domizilbefragung **197**
Dreieck der Preispolitik **182**
DRV **308**
Durchschnittspreis **183**
Dynamic Packages **157**
Dynamic Packaging **247**

E

Economy Class **47, 48**
Economy Hotel **123**
effektiver Tausender-Kontakt-Preis **306, 315**
Effektivität **313, 314**
Effizienz **313, 314**
Effizienz des Absatzes **271**
EG-VO Nr. 261/2004 **35**
Ehrenkodex **308**
eigene Leistungen bündeln und kalkulieren **234**
Einbeziehung der AGB **243**
Einflussfaktoren auf zukünftige marktpolitische Entscheidungen **332**
Einführungsphase **155**
Einholen von Angeboten und Preisen **246**
Einkauf von Business Travel-Leistungen **22**
Einkommenselastizität **176, 177**
Einkommenserwartung **346**
Einsatzmittelplan **492, 495**
Einsatzplan **494**
Einsatz von Körpersprache **434**
Einteilung der Konjunkturindikatoren **344**
Einteilung von Risiken **497**

Einzelprozessqualität **441**
Eisbergphänomen **365**
elastische Nachfrage **174**
elektronischer Marktplatz **279, 280**
Elemente der Unternehmenskommunikation **264**
E-Mail-Marketing **304**
E-Mail-Werbung **286**
emotionale Einflüsse **319**
emotionale Kundenbindung **380**
emotionaler Markennutzen **414**
Entschädigung **36, 38, 72, 73, 86, 98**
Entschädigungsansprüche **32, 34**
Entschädigungshöhe **311**
Entschädigungssumme **37**
Entscheidungspunkte **483**
Entstehungsrechnung **340, 341**
Entwicklung des BIP **339**
Entwicklung einer Marketing-Strategie **209, 214**
Entwicklung passender Strategien **209**
Entwicklungsprozess einer Marketingstrategie **149**
Erarbeitung eines Stärken-Schwächen-Profils **207**
Erfolg **333**
Erfolgsbewertungen **314**
Erfolgsmessungen **314**
Erfolgsrezept von Benchmarking **204**
Erfolg unter den Kriterien der Nachhaltigkeit **327**
Erfüllungsgrad der Nachhaltigkeitsaspekte **328**
Ergebnis der Ressourcenplanung **494**
Ergebniskontrolle **441**
Ergebnisqualität **436**
Erhebung von Imageprofilen **421**
Erlebnisorientierung **27**
Erlebniswelten **129**
Ermittlung der Prozesskostensätze **400**
Ermittlung des Kundenwertes **369**
Ermittlung des Ressourcenbedarfs **494**
Ermittlung von Kostentreibern **394, 396**
Erstattung des Fahrpreises **86**
Erstellung von Marketingstrategien **212**
erwerbswirtschaftliches Prinzip **169**
eTKP **306, 315**
EU-Buspassagierrechte-Verordnung **86, 87**
EU-Fahrgastrechtverordnung **70**
EU-Fluggastverordnung **35, 40**
Eurocity-Zug **63**
Europäische Dachorganisation der Hotellerie- und Gastronomieverbände **117**
europäische Fahrtgebiete von Fähren **90**
europäischer Bahn- und Fernverkehr **62**
europäischer Fernlinienbusverkehr **82**
europaweite Fernlinienbusbetreiber **82**
Eventagentur **27**
Eventmarketing **300**
Eventtourismus **300**
Expansion **342**
Expansionsraster **220**
externes Benchmarking **205**

F

Fachkompetenz **494**
Fährbuchung **95**
Fähren **88-91**
Fahrerlaubnis **104**
Fährfernverkehr **88**
Fahrgastrechte **70, 71, 72**
- im Kraftomnibusverkehr **86**
fahrlässig **289**
Fährnahverkehr **88**
Fahrpreiserstattung **86**
Fährschiffe **88-91**
Fährtarife **96**
Fährverbindungen ab Deutschland **89**
Fahrzeitenvergleich **81**
Feldrecherche **204**
Ferienpark **132, 133**
Fernbusreisen **84, 87**
Fernbusreiseverkehr **80**
Fernbusunternehmen **83, 84**
Fernlinienbusbetreiber **82, 84**
- AGB **88**
- Pflichten **83**
Fernlinienbusverbindungen **82**
Fernlinienbusverkehr **80**
Fernreisebusse **86**
Fernverkehr **79, 82, 88**
Fertigstellungsgrad **507**
Festanmietung **235**
Festlegung der Instrumentalstrategie **215, 293**
Festlegung der Marketingziele **149, 214**
Festlegung von Prozessmengen **396**
Field Research **192, 193**
Finanzplan **496**
First Class **47, 48**
Flugallianz **42**
Flugbeförderung **31, 46**
Fluggastrechte und Haftungsbestimmungen **32**
Fluggesellschaft
- Verträge **238**
Flugstundenvertrag **238**
Flugtarife und Beförderungsklassen **46**
Fokusgruppenbefragung **322**
Formular zur Tätigkeitserfassung **392**
Four A's **159**
Four P's **145, 256**
Fragebogen **194, 322**
Frageform **195**
Fragen für eine Wettbewerbsanalyse im Tourismus **203**
Fragen zu den Analysebereichen der SWOT-Analyse **206, 207**
Franchise-Abkommen **44**
Franchise-Geber **277**
Franchisegebühr **277**
Franchise-Marktführer im Privatkundengeschäft **278**
Franchise-Nehmer **277**
Franchise-System
- Vorteile und Nachteile **278**
Franchisevertrag **277**
Franchising **277**
Free Sale **235**
Freie Puffer **489**
Freigabe des Projektes **472**
Freigepäck **51**
Freizeitpark **132**
Frühindikatoren **344, 345, 347**
Fullfilment Center **21**
fünf Dimensionen der Dienstleistungsqualität **432**
fünf Wettbewerbskräfte **202**
Funktionen von Projektzielen **454**
Fürsorgepflicht **18**

G

Gantt-Diagramm **483, 484**
Garantiebelegung **235**
Gästebefragung **198**
Gauß'sche Glockenkurve **196**
Gelegenheitsverkehr **79, 80, 87**
- Unterteilung **80**
Geltendmachung von Entschädigungsansprüchen **34**
Geltendmachung von Mängeln **136**
Gemeinkosten **387, 398, 403**
- Entstehung **396**
- proportionale Verrechnung **405**
Generalklausel **284**
General Sales Agreement **45**
geografische Kriterien **218**
Gepäck **95, 99**
Gepäckkonzepte **50**
Geprüfte Servicequalität **442**
Gerichtsstand **40, 41**
Gesamtjahresminuten **400**
Gesamtpuffer **489**
geschäftliche Handlung **283, 285**
Geschäftsfelder **216**
Geschäftsfeldstärke **206**
Geschäftsfeldstrategien **211, 216**
Geschäftsklima **344**
Geschäftslage **345**
Geschäftsprozess **387**
Geschäftsreiseanalyse **13**
Geschäftsreisebüro **22, 23, 26**
Geschäftsreisekosten **13**
Geschäftsreisen **10, 12, 13**
Geschäftsreisende **10, 11, 12, 28, 77**
Geschäftsreiseprozess **17, 23, 24**
Geschäftsreiseverkehr **13, 338, 349**
Geschäftsreiseziel **14**
Gesetz gegen den unlauteren Wettbewerb **282, 283**
Gesetz gegen Wettbewerbsbeschränkungen **282**
Gesprächsleitfaden **360-364**
- Funktionen **361**
- Zweck **361**
Gesprächsoptimierung **360**
Gestaltungsphase **149, 215, 293**
Gesundheitsreisebüro **442**
Gewichtskonzept **50, 51**
Gewinnmaximierung eines Monopolisten **178**
Gewinnmaximum **181**
Gewinnzuschlag **182**
GfK-Konsumklimaindex **346**
GK **387, 398, 403**
G-Klassifizierung **120**
Gleichgewichtsmenge **169, 172**
Gleichgewichtspreis **169, 170, 172**
Global Code of Ethics **334**

go-Entscheidungspunkte **483**
Gourmethotel **126**
Grenzkostenfunktion **181**
Großkunden-Rabatt **76**
Ground Handling Agreement **44**
Grundlage der Risikobewertung **498**
Grundnutzen **93**
- einer Reise **251**
Grund- und Zusatznutzen **183, 219**
- positiver **184**
Günstigkeitsprinzip **73**
Gütegemeinschaft Buskomfort **84**
gute Konjunktur **338**
Gütekriterien der empirischen Forschung **191**
Gütesiegel **308, 441, 442, 443, 444**
gutes Preis-Leistungs-Verhältnis **183**
GWB **282**

H
Haag-Visby Regeln **31**
Haftung des Dienstleisters **240**
Haftung des Hoteliers **135**
Haftung im Fährverkehr **97**
Haftungsbestimmungen im Flugverkehr **32**
Haftungshöchstgrenzen **34, 99**
Handelsmakler **275**
Handelsvertreter **273**
- Pflichten **274**
- Reisebüro **273**
Handgepäck **52**
Händlerpromotionen **300**
Handling Agreements **43**
Happy Planet Index **350**
Harte Auswahlkriterien **247**
Hauptpflicht **240**
Hauptprozess **393**
- Definition **393, 394**
- Verdichtung **393**
Hauptziele der Prozesskostenrechnung **388**
Haustiertransport **95**
Herstellung der Kundenzufriedenheit **365**
Hochkonjunktur **343**
Hochpreisstrategien **167**
höhere Gewalt **74, 97, 99**
horizontale Integration **143, 234**
horizontale Kooperation **275**
horizontale Servicequalität **429**
Hörmarke **262**
Hotelbezeichnungen **127**
Hotel-Bonusprogramme **138**
Hotelketten **124**
Hotelklassifizierung **117, 118**
- Mindestkriterien **118**
Hotelkonzerne **122**
Hotelkooperationen **124**
Hotelmarkt **122**
Hotelname als Marketinginstrument **127**
Hotelsterne **118**
Hotelverband Deutschland **121, 126**
HOTREC **117**

I
ICE-Züge **61, 62**
Ideenbewertung **463**
Identitätsmix **259 , 260**
ifo-Geschäftsklimaindex **345, 346**
IHA **121, 126**
Imageanalyse **318**
Imageprofil **421**
Implant **21**
Indikator für den Geschäftsreiseverkehr **347**
Indikator für die Konjunkturentwicklung **338**
Indikator für die Weltkonjunktur **338**
indirekte Prozesskosten **398**
Individualhotellerie **120, 127**
Inflation **340**
Inflationsrate **340**
Informationspflichten-Verordnung **241, 275, 288**
Informationsquelle zur Qualitätssicherung **324**
Informationsverordnung **274**
Inhaberpapier **70**
innerdeutsche Fernbuslinien **82**
Innovationsführerschaft **215**
Insassenunfallversicherung **104**
inside-out-Orientierung **190**
Instrumentalstrategie **293**
- Festlegung **215**
Instrumente zur Ermittelung von Kundenzufriedenheit **376**
Instrument zur Kundenbindung **185**
Integration
- horizontale **143, 234**
- vertikale **143, 234**
integrierter Serviceprozess **146**
Interchange Agreement **44**
Intercity-Zug **63**
Interline Agreement **44**
intermediäre Abhängigkeiten **271**
internationale Fahrkarte **72**
internationale Zugverbindungen **69**
interne Kommunikation **264, 440**
internes Benchmarking **205**
Internetauftritt des Reisebüros **380**
Internet-Buchungsportale **21**
Internetreisebüro **21**
interne Unternehmenskommunikation
- Dimensionen **264**
InterRail **69**
Interview **194, 322**
Inweltanalyse **207**
irreführende geschäftliche Handlungen **285**
irreführende Werbung **285**
ISO 9001:2008 **443**
Ist-Leistung **326**
Ist-Situation
- Diagnose **209**
IuK-Technologien **355, 356**

K
kalkulierter Gewinn **330**
Kampagnenmanagement **358**
Kano-Analyse **320, 321**
- Fragen **323**
- Schritte **322**
Kano-Modell **320**
Kapazität **396**
Kapazitätsanteile **399**
Kapazitätsplanung **492**
- Ziel **493**
Kapitalwertmethode **372**
KATE-Leitfaden **327, 328**
Kaufbegründung **295**
Käufermarkt **170**
kausale Marktforschung **192**
Kenngrößen des Reisemarktes **197**
Kernfrage der Produktpolitik **151**
Kernfragen des Projektablaufplanes **482**
Kernkompetenzen **209, 215, 293**
Kernprodukte und Zusatzleistungen **153**
Kettenhotellerie **124**
Kick off-Meeting **475, 476**
Kick out-Meeting **515**
Kinder **49**
Klassifizierungskategorien für Busse **85**
klassische Absatzwege **270**
klassische Kostenrechnung **387**
klassische PR **266**
klassische Preisfindungsstrategien **182**
klassische Werbung **257**
Klima-Fußabdruck **268**
kognitive Werbewirkung **315, 316**
kollaboratives CRM **357**
Komfortmaß **84**
Kommunikation **256**
- Management **265**
Kommunikationsaussage **257**
Kommunikationsdesign **262**
- Beispiele **262**
Kommunikationsfähigkeit **434**
Kommunikationsinstrumente **256**
Kommunikationskanal **256, 264**
Kommunikations-Mix **258**
- Ziele **258**
Kommunikationspolitik **256, 293**
Kommunikationsstrategie **259**
Kommunikationsziele **263**
Kommunikation, unmittelbare **272**
kommunikatives CRM **357**
Kompensationsprojekte **162, 163, 164**
Komplexitätseffekt **404**
Komponenten der Preisbildung **185**
Komponenten des Wettbewerbsrechts **282**
konative Werbewirkung **316**
konative Ziele **316**
Konditionenpolitik **184**
Konfirmation **378**
Konjunktur **339, 344**
Konjunktureinbruch **349**
konjunkturelle Lage einer Volkswirtschaft **341**
Konjunkturindikatoren **344, 345**
Konjunkturphasen **342**
Konjunkturschwankungen **343**
Konjunkturseismograf Reisebranche **338**
Konjunkturzyklus **342, 344**
Konkurrenzausschlussklausel **247**
Konkurrenzstrategien **215**
Konsumentenrente **179**
- Nachfragerrente **179**
Konsumklimaindex **346**
Kontaktstelle für Umwelt & Entwicklung **327**
Kontingentvertrag **234, 236, 237**
Kontrolle (Projekt) **478**

Kontrollpunkte (Projekt) **482**
konventionelle Fährschiffe **89**
Kooperationshotellerie **124**
kooperatives Verhalten **180**
Körpersprache **434**
Kostendeckung **183**
Kostenführerschaft **215**
Kostenkontrolle **496**
kostenlose Stornierungspflicht **134**
Kostenorientierung **182**
Kostenplan **495**
Kostenplanung **496**
Kostenrechnung **387**
kostenspezifische Einflussfaktoren **495**
Kostentreiber **394, 395**
- Kriterien **395**
Kosten-Trend-Analyse **507, 508**
Kostenüberschreitung **508**
Kostenverrechnung in der klassischen Kostenrechnung **387**
Kostenverursachung **396**
Kostenvolumen **394**
kreatives Ticketing **27**
Kreativitätsmethoden **464, 465**
Kreativitätstechniken **464**
Kreuzpreiselastizität **176**
Kriterien des nachhaltigen Tourismus **161**
Kriterien für Kostentreiber **395**
Kriterienkatalog des DEHOGA **119, 120**
Kritischer Pfad **490, 492**
Kunde **425**
Kundenakquisitionsphase **366**
Kundenbefragungskonzept **376**
Kundenbeziehung **301, 365, 366, 368, 369**
Kundenbeziehungs-Lebenszyklus **366, 367, 368**
Kundenbeziehungsmanagement **356, 412**
Kundenbindung **43, 54, 74, 75, 78, 108, 355, 356, 365, 374, 378, 379, 381, 419**
- emotionale **380**
- im stationären Reisebüro **380**
- Maßnahmen **379**
- nachhaltige **381**
- Wirkungskette **379**
Kundenbindungsinstrumente **365**
Kundenbindungsphase **367**
Kundenbindungsprogramme **74, 138**
Kundendeckungsbeitragsrechnung **371**
Kundenerfahrung **378**
Kundenerfolgsrechnung **371**
Kundenerwartung **378**
Kundenevent **300**
Kundenfragebogen **376, 377**
Kundengruppen **294**
Kundeninformationen, qualitativ und quantitativ **369**
Kundeninterview **322**
Kundenkontakt **425**
Kundenloyalität **379**
Kundenmerkmale **360**
kundenorientierter Qualitätsbegriff **429**
kundenorientierte Unternehmensphilosophie **355**
Kundenorientierung **183, 427, 435**
- optimieren **357**
Kundenportfolio **374**
Kundenpositionierung im Portfolio **374**
Kundenprofiling **360**
Kundenrückgewinnungsphase **368**
Kundentreue **365**
Kunden- und wettbewerbsbezogene Strategien **215**
Kundenwert **373, 375, 378**
Kundenwertanalyse **369, 370, 371, 372, 373**
Kundenwertoptimierung **367**
Kundenzufriedenheit **273, 318, 319, 323, 324, 327, 356, 365, 375, 376, 378, 379, 382**
Kündigungsphase **368**

L

langfristiges Urlaubsprodukt **137**
Lastenheft **474**
Lead-User-Ansatz **322**
Leerkosten **230**
Leistung einer Volkswirtschaft **340**
Leistungsdifferenzierung **224**
Leistungsdiversifikation **224**
Leistungsfaktoren **321**
leistungsmengeninduzierte Kosten **398**
leistungsmengenneutrale Kosten **398**
Leistungsmerkmal **323**
Leistungsorientierte PR **266**
Leistungspolitik **223**
Leistungsvorteil-Marketing **225**
Leistung, touristische **412, 413**
Leisure Travel **10, 11**
Leitbildgedanke **148**
Leitidee der Marktorientierung **149**
Lenkungsausschuss **455**
Lenkzeitverordnung **86**
Liegewagen **64, 65**
Lifestylehotel **128**
Linienverkehr **79**
lmi **398**
lmi-Prozesskostensatz **402**
lmn **398**
LOHAS **253**
lokale Wertschöpfung **328**
Lösungsfindungsphase **466**
Lounges **58**
Lounge-Zugangsregeln **59, 60**
Low Cost-Autovermieter **101**
Low Cost Carrier **226**
Loyalitätsleiter-Konzept **219**
Loyalty-Programme **54**
Luftfahrtallianzen **42**
Luftfahrtkooperationen **42**

M

Magisches Dreieck des Projektmanangements **450**
Makroumfeldanalyse **201**
Management by Aristoteles **332**
Management der Kommunikation **265**
Management Fee **25, 27**
Mängel **136**
Mannjahr **399**
Margenbesteuerung **251**
Marke **410, 411, 412, 413, 414**
- Funktion aus Kunden- und Anbietersicht **415**
- Schutzdauer **411**
- touristische **412**
Markenarchitektur **415**
Markenauftritt **420**
Markenbekanntheit **421**
Markenbildung **415, 422**
- Basisstrategien **416, 417, 418**
Markenbotschafter **414**
Markenbudgethotel **122**
Markenchancen **410**
Markendefinition **411**
Markendreieck **419**
Markenfamilienstrategie **417**
Markenfunnels **420**
Markengesetz **410**
Markenhotellerie **120, 121**
- nach IHA **121**
Markenidentität **413, 419**
Markenimage **225, 413, 414**
Markeninhaber **411**
Markenkäufer **222**
Markenkontrolle **420, 421**
Markenmerkmale **411**
Markennutzen **414**
Markenpersönlichkeit **413, 416**
Markenpolitik **152, 419**
Markenpositionierung **414**
Markenreichweite **414**
Markenrisiken **410**
Markenstrategien der Reiseveranstalter **414**
Markenteile **420**
Markentonalität **413**
Markentransfer **419**
Markentreue **419**
Markenwert **419, 421**
Markenzeichen **419**
Markenziel **413**
Marketing **144, 334**
Marketing-Controlling **149, 255, 313**
- Aufgaben **313**
- Bezugsobjekte **313**
Marketinginstrumente **145, 151**
- Participants **146**
- Physical Evidence **147**
- Process **147**
Marketingkommunikation **257, 292, 293**
Marketing-Management **313**
Marketing-Mix **145, 217, 219, 256, 304**
Marketingplanung **151**
Marketingstrategien **150**
- Entwicklung **214**
- Entwicklungsprozess **149**
- Erstellung **212**
- Vorbereitung **149**
Marketingziele **145, 148, 208, 214**
- Festlegung **149, 214**
- ökonomische **148**
- psychologische **148**
Markt **168, 169**
Marktanalyse **200, 204**
Marktanteil **221, 222**
Marktanteile der Reiseveranstalter **222**
Marktauftritt **416**
Markt aus Sicht eines Reiseveranstalters **201**
Marktbeobachtung **193**
Marktdurchdringung **220**
Marktentwicklung **220**
Marktfeldstrategien **220**
Marktformen **177**
Marktforschung **190, 334**
- deskriptive **192**
- explikative **192**
- kausale **192**
- prognostische **192**
- sekundäre **193**

- zentrale Aufgabe der **191**
Marktforschung für den Tourismus **191**
Marktforschungsanalyse
- quantitative **193**
Marktforschungsdaten **191, 199, 212**
Marktforschungsformen **192**
- Abgrenzungskriterien **192**
Marktführer im Privatkundengeschäft **275**
marktgerichtete Verkaufsförderung **301**
Marktgrößen **221**
Marktlücken **221**
Marktnischen **221**
Marktorientierung
- Leitidee **149**
Marktpotenzial **221**
Marktpreis **168**
Marktpreisvergleich **185**
Markträumungsfunktion **169**
Marktsättigung **221**
Marktsegment **217**
Marktsegmentierung **217, 218**
Marktsegmentierung zur Identifikation von Zielgruppen **218**
Marktstrukturen
- Beschreibung **221**
Marktvolumen **221**
Marktwachstums-Marktanteil-Matrix **210**
Massenkommunikation **293**
Massentourismus **333**
Maßnahmen zur Kundenbindung **379**
Matrix-Projektorganisation **458**
Medieneinsatz **435**
Megatrends **252**
mehrdimensionaler Zusatznutzen **225**
Mehrkanal-Absatzsystem **271**
Mehrmarkenstrategie **416**
Mehrwert **161, 264, 415**
Meilensteinbeschreibung **483**
Meilensteine **482, 483**
Meilenstein-Trend-Analyse **505**
Meilenstein-Trend-Diagramm **505, 506**
Mengenanpasser **172, 178**
mengenfix **398**
Mengengerüst **494, 495**
mengenvariabel **397**
Merkmale von Dienstleistungen **146**
Merkmale von Projekten **448**
merkmalsorientierte Zufriedenheitsmessung **375, 376**
Messung der Kundenzufriedenheit **318, 375**
Messung der Markenbekanntheit **421**
Messung der Werbewirksamkeit **315**
Messung des Werbeerfolges **315**
Methode der Großkreisentfernung **38**
Methoden der Aufwandsschätzung **496**
Methoden der Datenerhebung **194**
MICE-Segment **12**
Mietwagen **99, 100, 108**
- Internetbuchung **108**
- Tankregelungen und Bezahlung **107**
Mietwagenanbieter **100**
Mietwagenbroker **100, 101**
Mietwagenbuchung **101**
Mietwagenkategorien **103**
Mietwagenklassifizierung **101**
Mietwagennutzung **99**
Mietwagenvermittler **101**
Mietwagenversicherung **104, 105**
Mietwagenvoucher **106**
Mikroumfeldanalyse **201**
Miles & More Statuslevel **56, 57**
Millennials **253**
Mindestdeckungssummen **105**
Mindesterwartung **425**
Mindestwartezeit **38**
Mindmapping **468, 469**
Minikreuzfahrten **94**
Minutenkostensatz **400, 402**
Mitarbeiterbindung **264**
mitlaufende Kalkulation **496**
Mittelwert **196**
mobiles Reisebüro **272**
Mobilitätsangebot **30**
Modell der geknickten Nachfragekurve **181**
modernes Projektmanagement **450**
Monopol **177, 178**
Monopolist **177**
Montrealer Übereinkommen **32, 33, 34**
Morphologischer Kasten **469, 470, 471**
Motto **263**
Multi Brand Strategy **416**
Multi-Channel-Distribution **270, 279**
Multi-Channel-Management **258, 357**
Multimarkenstrategie **418**
multiple Distributionsstrategien **270**
Muss-Faktoren **320**
- im Angebotsvergleich **251**
Mystery Shopping **199, 203, 252**

N

Nachfrage
- elastische **174**
- unelastische **174, 175**
Nachfragegesetz **169, 171**
Nachfragekurve **171**
Nachfragelebenszyklus **211**
Nachfragerrente **170**
- Konsumentenrente **170**
Nachfrageüberschuss **170, 172**
nachhaltige Kommunikation **268**
nachhaltige Kommunikationspolitik **267**
nachhaltige Kundenbindung **379**
nachhaltige Produkte **162, 163, 164**
- klimaneutrale Hotels **162**
- Kompensationsprojekte **162**
- Atmosfair Airline Index **163**
- Ökoprogramme **164**
nachhaltige Produktentwicklung **161, 162**
nachhaltige Produktpolitik **160**
nachhaltiges unternehmerisches Handeln **267**
Nachhaltigkeit **19, 160**
- Erfolg **327**
- Umwelt **268**
Nachhaltigkeitsaspekte **328**
Nachhaltigkeitsbericht **267**
Nachhaltigkeits-Check **327**
Nachhaltigkeitsdimensionen **328**
Nachhaltigkeitskommunikation **267, 268**
Nachkalkulation **330, 331**
Nachtreisezug **63, 72**
Nahverkehr **79, 88**
negativer Preisnutzen **184**
Nettoreiseintensität **197**
Nettoreisepreis **330**
Netzplan **484, 485, 492**
Netzplanpuffer **488**
Netzplantechnik **485, 487, 491**
neue Zielgruppen **252, 253**
neun Kundensegmente **218**
Nichtbeförderung **35, 36, 37**
nicht kooperatives Verhalten **180**
Nicht-Rechtzeitig-Zahlung **310**
Niedrigpreispolitik **226**
Niedrigpreisstrategien **167**
Nielsengebiete **296**
no go-Entscheidungspunkte **483**
nominales BIP **340**
Normalverteilungskurve **196**
Nutzkosten **230**
Nutzwertanalyse **251**

O

objektive Verfahren **318**
offene Standards **126**
Offensivstrategie **211**
öffentlicher Busverkehr **79**
Öffentlichkeitsarbeit **265, 266**
Öffentlichkeitskommunikation **265**
ökonomische Erfolgskontrollen **330**
ökonomische Kennzahlen **314**
ökonomische Merkmale einer Marke **411**
ökonomischer Erfolg **379**
ökonomische Ziele **214**
Ökoskopie **193, 199**
Oligopol **177, 180**
Oligopolist **181**
oligopolistische Interdependenz **180**
Online-Buchung **279**
Online Business Travel **76**
Online-Marketing **304, 306**
Online-Reiseportal **279**
Online-Reiseveranstalter **279**
Online Research **193**
On Trip Services **24**
operative Pricing **167**
operatives CRM **356, 358**
operatives Projektcontrolling **508**
Optimierung der Kundenorientierung **357**
Optimierung der Ressourcen **495**
Optimierung des Projektplanes **499**
Optionsvertrag **235, 238**
Organisation von Geschäftsreisen **10**
Outplant **21**
outside-in-Orientierung **190**
outsourcing **16**

P
Packages **154, 224, 300**
Panel **192, 198, 316**
PAngV **287**
Parahotellerie **116**
Parallelindikatoren **347**
Participants **146**
Partneragentur-Check **329**
Passagierfähren **90**
passive Markenbekanntheit **421**
passive Preispolitik **183**
Pauschalreise **10, 88**
Pauschalreiserecht **42**
Pauschalreisevertrag **32**
PDO **459**
Performance-Modell **27**
Permission Marketing **305, 357**
personalisiertes Anschreiben **299**
Personalkapazität **398, 399**
Personalplanung im Tourismus **493**
Personenbeförderungsgesetz **79, 80, 81**
- Liberalisierung **80**
Personenfähren **90**
persönliche Befragung **194**
persönlicher Verkauf **272**
Pflichten
- als Handelsvertreter **274**
- als Reisevermittler **274**
- als Unternehmer **274**
Pflichtenheft **475**
Pflichtverletzungen des Dienstleisters **239, 240**
Pflicht zur Preisangabe **287**
Phasen des Produktlebenszyklus **155**
Philosophie des Unternehmens **149**
Physical Evidence **147**
physiologische Aktivierungsmessung **317**
PL **455**
Planoptimierung **497, 499**
Planung (Projekt) **478**
Planungsziele (Projekt) **478**
Planung von Eigenveranstaltungen **157**
PLUS-Faktoren **320, 321**
Point-of-Sale **301**
Polypol **177, 178, 179**
Polypolist **178**
polypolistische Angebotskurve **179**
polypolistische Angebotsstruktur **179**
Poor Dogs **210, 211**
Portfolio **374**
- Kundenpositionierung **374**
Portfolioanalyse **209, 210, 211, 374, 375**
- Deckungsbeitrag und Kundenbindung **374**
- Kundenzufriedenheit und Kundenwert **375**
Positionierung der Kunden im Portfolio **374**
positiver Grund- und Zusatznutzen **184**
positives Qualitätsimage **413**
Post-Mortem-Analyse **516**
Post-Test **315**
Post Trip Services **24**
Potenzialanalyse **206**
Potenzialfaktoren **492**
Präferenz **179, 181**
Präferenzstrategie **222, 225**
praktische Philosophie **332**
Präsentationsfähigkeit **434**
Praxisprojekt **453**
Praxistest **251**
Preis-Absatz-Funktion (PAF) **181**
Preisangaben **288**
Preisangabenverordnung **287**
Preisausschreiben **199**
Preisbestimmung **184**
Preisbildung **169, 172**
- Komponenten **185**
- im Oligopol **180**
- in verschiedenen Marktformen **177**
Preisbildungskurve **172**
Preisbündelung **226, 227**
Preisdifferenzierung **227, 228**
- Voraussetzungen **230**
- zeitliche **230**
Preisdifferenzierungen im Tourismusbereich **228**
Preiselastizität **173**
- der Nachfrage **173-175, 182, 230**
- des Angebots **173**
Preiselastizität und Umsatz **175**
Preisfindungsoptionen **182**
Preisfindungsstrategien
- klassische **182**
Preisführerschaft **180**
Preis für ein Produkt **168**
Preiskalkulation **251**
Preiskäufer **222, 226**
Preis-Mengen-Strategie **222, 226**
Preis-Mix **185**
Preisnutzen **183**
- negativer **184**
Preispolitik **167, 185, 251**
- adaptive **185**
- aktive **183**
- autonome **178**
- passive **183**
- strategische **167**
- taktische **167**
preispolitische Strategien **167, 226**
Preisruhe **182**
Preisspielräume **175**
Preis und Grundnutzen **226**
Preisuntergrenze **182**
Preisvergleich **246**
Pre-Tests **251, 315**
Pre Trip Services **24**
Primärforschung **193**
PR-Instrumente **266**
Prinzip des Target Pricing **227**
Priorisierung **452, 509**
Privatreisende **10, 11, 28**
Privatreiseverkehr **13, 338, 349**
Process **146**
Product Placement **303**
- Ausprägungen **303**
Produktentwicklung **220**
Produktgestaltung **157**
Produktinnovation **155, 156**
Produktlebenszyklus **154, 155**
- Analyse **211, 212**
Produkt-Markt-Expansionsraster **220**
Produktplanung **157**
- Arbeitshilfe **158**
Produktpolitik **151, 157, 223**
- strategische **223**
- Ziel **152, 154**
produktpolitische Strategien **223**
Produktprogramm **152, 153, 223**
Produzentenrente **179**
Professional Congress Organizer **27**
Profitabilität der Kundenbeziehung **369**
prognostische Marktforschung **192**
Programmbreite **152**
Programmgruppen **152, 209-211, 223**
- im Produktlebenszyklus **211**
Programmsponsoring **302, 303**
Programmstrategien **211**
Programmtiefe **152, 224**
Programmvertiefung **224**
Prohibitivpreis **171**
Projekphasen **463**
Projektablaufplan **482, 484**
Projektabschlussbericht **516**
Projektakte **460**
Projektampel **511, 512**
Projektantrag **473**
Projektarbeit **448**
Projektarten **449**
Projektauftrag **473, 474**
Projektbegriff **448**
Projektberichte **510**
Projektberichterstattung **505**
Projekt-Berichtswesen **510**
Projektbudget **495**
Projektcoach **455**
Projektcontroller **503**
Projektcontrolling **503, 504, 508**
Projektdokumentation **459, 460**
- Aufgaben **459**
- Inhalte **460**
- Regeln **459**
Projektdurchführung **502, 504, 513**
Projektende **515**
Projektergebnis **515**
Projektfortschritt **504**
Projektfreigabe **472**
Projektgruppe **455**
Projekthandbuch **460**
Projektidee **463, 464, 472**
Projektinformationssystem **460**
Projektinitialisierung **472**
Projektinitiative **463**
Projektkontrolle **478, 503**
Projektkoordinator **455**
Projektkosten **495, 496**
Projektkostenplanung **495**
Projektlebenszyklus **450, 451**
Projektleiter **455, 456, 502, 503**
Projektmanagement **449, 450**
- Magisches Dreieck **450**
- Phasen **450, 451**
Projektmerkmale **448**
Projektorganisation **456, 457, 458**
Projektphasen **448, 450, 451, 478, 502**
Projektplan **483, 484**
Projektplanoptimierung **499**
Projektplanung **478**
Projektrisiken **497, 508**
Projektrollen **454**
Projektstart **475**
Projektstatus **504**
Projekt-Statusbericht **510, 511, 512**
Projektsteckbrief **473**
Projektsteuerung **478, 502-504**
- bei drohendem Terminverzug **506**
Projektsteuerungszyklus **505**

Projektstrukturplan **479, 480**
Projektteammitglieder **455**
Projektüberwachung **503, 504, 505**
Projektvorphase **463**
Projektziele **452, 454, 473**
Projektzielsetzung **453**
Promotion **256**
Promotionsinstrument **256**
proportionale Verrechnung der Gemeinkosten **405**
Pro Rata-Vertrag **235**
Prosumer **144**
Prozess **389**
Prozessanalyse **397**
Prozessbildung **391**
Prozesskosten **394, 397**
- Berechnung auf Minutenkostensatz **402**
- beschäftigungsabhängige **400**
- je Minute **406**
- Verrechnung **401**
Prozesskostenrechnung **387, 388, 390, 403, 405, 406**
- Hauptziele **388**
Prozesskostensatz **397, 400**
Prozessleistung und Kostentreiber **395**
Prozessmenge **396**
prozessorientierte Kalkulation **394, 405, 406**
prozessorientierte Kundendeckungsbeitragsrechnung **371**
Prozessreife **435, 436**
PSP **479, 480**
psychografische Kriterien **218**
psychografische Marketingziele **318**
psychografische Ziele **214**
PTM **455**
Public Relations **265, 266**
- Absatz orientierte **266**
- klassische **266**
- leistungsorientierte **266**
- strategische **266**
Puffer **499**
Puffer in einem Netzplan **488, 489**
Pull-Charakter **306**
Pull-Konzept **301**
Push-Charakter **306**
Push-Konzept **301**

Q

Q – das Zertifikat für Servicequalität **444**
Qualität **430, 436, 438**
- aller Teilprozesse **441**
- als Unternehmensstrategie **426**
- der internen Kommunikation **440**
qualitative Kundeninformationen **369**
qualitative Merkmale **192**
qualitativer Angebotsvergleich **248**
qualitative Ressourcenplanung **494**
Qualitätsdimensionen **432, 433, 434, 435, 436, 437**
- Annehmlichkeit **432**
- Einfühlungsvermögen **434**
- Kommunikationsfähigkeit **435**
- Leistungskompetenz **433**
- Präsentationsfähigkeit **435**
- Prozessreife **436**
- Reaktionsfähigkeit **433**
- Zuverlässigkeit **433**
Qualitätsführerschaft **215**
Qualitätsimage **413**
Qualitätskreislauf **441**
- eines Reisebüros **439, 440**
Qualitätsmanagement **426**
Qualitätsmessung **431**
Qualitätsnorm **430**
Qualitätssicherung
- Informationsquelle **324**
Qualitätssystem **427**
Qualitätswahrnehmung von Dienstleistungen **429**
Qualitätswettbewerb **225**
Qualitätszertifikate **441**
quantitative Kundeninformationen **369**
quantitative Marktforschungsanalyse **193**
quantitative Merkmale **192, 199**
quantitativer Angebotsvergleich **248**
quantitative Ressourcenplanung **493**
Quellen der Sekundärforschung **193**
Question Marks **210, 211**

R

Rabattprogramme **74**
RACI-Matrix **481**
Rahmenabkommen **100**
Rahmenprogramme **27, 28**
Rahmenverträge **138, 238**
Rail&Fly **71**
Rail Inclusive Tours (RIT) **72**
RAILPLUS **75**
Range-Markenstrategie **417**
Reaktanz-Verhalten **303**
reales BIP (Bruttoinlandsprodukt) **339, 340**
Recall **316, 317**
Rechte bei Annullierung **37**
Rechte bei Nichtbeförderung **35**
Rechte bei Verspätung **38**
Rechte des Reiseveranstalters bei Zahlungsverzug **311**
Rechtsfolgen unlauterer Handlungen **289**
Recognition **316, 317**
Regelkreis **505**
Regeln für das Brainstorming **467**
Regeln für das Mindmapping **468**
Reifephase **155, 156, 368**
reine Projektorganisation **457**
Reiseanalyse **13**
Reisebüroarten **272**
Reisebüro-Kette **275**
Reisebürokooperation **275**
- horizontale **275**
- vertikale **275**
- Ziele **276**
Reisebüro, mobiles **272**
Reiseformen **223**
Reisegepäck **50, 73, 88**
Reisehäufigkeit **197**
Reisekosten **12, 14, 16**
Reisemarkt
- Kenngrößen **197**
Reise-Messe **301**
Reisepreis und Wechselkurs **349**
Reiseprofil **14, 15, 16**
Reiserichtlinien **17**
- Bestandteile **18**
Reiseveranstalter
- Verträge **238**
Reiseverhalten **338, 348**
Reiseverkehr **10**
Reiseverkehrsmittel **30**
Reisevermittler
- Pflichten **274**
Reklamation **382**
- Bearbeitung **326**
- Definition **382**
Reklamationsmanagement **324**
Reklamationsprozess **324**
Reklamations-Workflow nach der Reise **326**
Relationship-Marketing **185, 301, 306**
Relaunch **156**
Repetierfaktoren **492**
Reputation **318**
Reputationsmanagement **318**
Resorthotel **128**
Ressourcenbedarf **494**
Ressourcenoptimierung **495**
Ressourcenplan **494, 495**
Ressourcenplanung **492, 493, 494**
Resultate der Projektüberwachung **505**
Reviews **461, 505**
Revitalisierung **368**
Rezession **338, 342, 343**
Risiken **497**
Risiko **509**
Risikoabwehrmaßnahmen **509**
Risikoanalyse **499**
Risikobewertung **497, 498**
Risiko-Checkliste **497**
Risikocontrolling **508, 509**
Risikokataloge **498, 499**
Risikomanagement **18, 497, 509**
Risikomanagementbeauftragte **497**
Risikomanagement und Planoptimierung **497**
Risikomatrix **498**
Risikominimierung **499**
Risikoreviews **509**
Risikostatus **509**
Risikostrategien **499, 509**
RIT **72**
RoPax-Fähren **90, 91**
RoRo-Fähren **90, 91**
Round the World-Tarif **48**
Royality Agreement **45**
Rücktrittsgebühren **312**
Rückwärtskalkulation **227**
Rückwärtsrechnung **488**

S

sachlogische Abfolge **389**
Sales Promotion **300**
Sammelposition **401**
Sättigungsphase **155, 156**
Säulen des Corporate Identity **259**
Schadenersatz **39, 136**
- bei Dienstvertragsverletzung **240**
Schiffstypen **89**
Schiffs- und Fährpassagen **88**
Schlafwagen **64, 65**
Schlichtungsstelle **41, 70**
Schlüsselereignisse **482**
Schnellfähren **90, 92**
Schutzdauer einer eingetragenen Marke **411**
Sechs-Hüte-Methode **464**
Segmentierung des Gesamtmarktes **216**
Seismograf **338, 339**
sekundäre Marktforschung **193**
Sekundärforschung **193**
- Quelle **193**
Selbstkosten **330**

selektive Kostenführerschaft **215**
selektive Qualitätsführerschaft **215**
Servicekonzepte **355**
Service Level Agreement **23**
Servicequalität **425, 426, 429, 435, 440**
- im Reisebüro **425, 445**
SERVQUAL-Fragebogen **437**
SERVQUAL-Methode **431, 434, 437, 438, 439**
SERVQUAL-Modell **438**
SERVQUAL-Wert **438**
Seven P's **147**
sieben Dimensionen der Dienstleistungsqualität **437**
Silent Shopping **199**
Simultanstrategie **225**
SIPP-Code **101, 102**
Situationsanalyse **149, 200, 294**
Situationsbericht **511**
Sitzabstand **62**
Sitzwagen **65**
sk-Management-Dienstleister **19**
Skript **360, 362**
Slogan **263**
SMART-Formel **452**
SmileGarantie **443**
Social Media-Marketing **304, 306, 307**
soft facts **248**
SOLL-Faktoren **320, 321**
Soll-Leistung **326**
Sonderziehungsrechte **32**
Soundlogo **262**
soziale Kompetenz **494**
soziales Netzwerk **306**
Sozialisationsphase **367**
soziodemographische Kriterien **218**
Spannungsfeld der Strategien **215**
Sparpreis **68, 69**
Spätindikatoren **345, 347**
Sponsoring **302**
Sportgepäck **52, 53**
Stab-Projektorganisation **456, 457**
Städtereisen per Schiff **94**
Standardabweichung (s) **196**
Standardsitz **62**
Stärken-Schwächen-Analyse **159, 190, 206**
Stärken-Schwächen-Profil **206**
Stars **210, 211**
status **513**
steigende Einkommen **338**
Steigerung des ökonomischen Erfolges **379**
Steuerkreis **455**
Steuerung **478**
Stornierungsgebühren **134**
Stornierungspflicht **134**
Stornoklausel **311, 312**
Strategiealternativen nach Art der Leistungsvorteile **222**
Strategieanpassungen **252**
Strategie der Marktentwicklung **220**
Strategie der Produktentwicklung **220**
Strategien
- kunden- und wettbewerbsorientiert **215**
Strategiephase **149, 214**
strategische Geschäftsfelder **216**
Strategische PR **266**
strategische Preispolitik **167**
strategische Produktpolitik **223**
strategisches Marketing **214**
Streckenbindung **83**
Streugebiet **296**
Streukreis **296**
Streuverluste **297**
Streuzeit **296, 297**
Strukturierung der Beratungsprozesse **436**
Stückkonzept **50**
Sub-Charter Berechtigung **238**
subjektive Verfahren **318**
Substituierbarkeit des Faktors Zeit **399**
Substitutionskonkurrenz **179**
Substitutionsschwelle **179**
Suchmaschinenmarketing **304**
SWOT-Analyse **205, 206, 207, 208**
SWOT-Matrix **208, 463**
Synergieeffekte **43, 418, 419**

T

Tagungshotel **126**
taktische Preispolitik **167**
Tankregelung **107, 108**
Target Costing **227**
Target Pricing **227**
- Prinzip **227**
Tarifangebote im Fernverkehr **67**
Tarifpositionen bei der Flugbeförderung **46**
Tätigkeit **390**
Tätigkeitsanalyse **390, 391, 392**
Tätigkeitserfassung (Formular) **392**
Tätigkeitskatalog **392**
Tauschsystemvertrag **137**
Tausenderkontaktpreis **315**
Teambesprechungsroutinen **461**
Teamentwicklung **455**
Teilprozesse **393, 398, 400**
Teilprozesskostensatz **400, 402, 403**
- Berechnung **401, 402, 403**
Teilzeit-Wohnrechtvertrag **136, 137**
Telefax-Werbung **286**
Testsituation **199**
Themenhotel **129, 130**
Themenpark **132**
Ticketarten **96**
Ticketpreis **231**
Tiere **53, 54, 88, 95**
Timesharing **136, 137**
Tipps für ein erfolgreiches Unternehmensmarketing **307**
TKP **315**
TMC-Dienstleistungen **23**
top ausgebildetes Reisebüro **443**
Top Down-Ansatz **496**
Top Down-Methode **399**
Total Quality Management **426, 427**
- Definition **427**
Tourism certified **442**
Tourismusethik **333**
Tourismusmarketing **144**
Tourismus und Konjunktur **339**
touristische Dienstleistung Reise **144**
touristische Label **160**
touristische Leistung **412**
touristische Makroumfeldanalyse **200**
touristische Marke **412**
touristische Nachfrage **348**
touristischer Klima Fußabdruck **268**
touristisches Produkt **271**
touristische Unterkünfte **115**
TQM **428**
traditionelle Vertriebswege **272**
Tragflächenboote **93**
Trajektschiffe **91**
Transaction Fee **26, 27**
Transaktion **390**
Transaktionsmarketing **306**
Transportmittel **160**
Transportunternehmen
- Verträge **238**
Travel App **16**
Travel Management **20**
- Company **22**
- System **21**
Travel Manager **16**
Travel Risk Management **18, 19**
Trend **343, 346**
Treueprogramme **54**

U

Überbuchung **36**
Übergepäck **51, 52**
Überprüfung der Kundenzufriedenheit **318**
Überraschungsqualität **429**
Überschneidung Pauschalreiserecht und EU-Verordnung **42**
Überwachung von Zahlungseingängen **310**
Umfeldanalyse **200, 206**
Umlage **401**
umsatzbezogene ABC-Analyse **370**
Umsetzungsqualität **441**
Umwelt und Nachhaltigkeit **268**
unbegleitete Kinder **49**
unelastische Nachfrage **174, 175**
Unique Selling Proposition (USP) **152, 156**
unkonventionelle Fährschiffe **89**
unlautere geschäftliche Handlungen **284**
unlautere Handlungen **289**
- Rechtsfolgen **289**
unlauteres Handeln **284**
unlautere Werbung **285**
unlautere Wettbewerbshandlungen **284**
Unmöglichkeit **240**
Unterbrechung **87**
Unternehmensanalyse **190, 205, 206**
Unternehmensbezogene SWOT-Analyse **209**
Unternehmensethik **332, 333, 334**
Unternehmensidentität **258, 260**
Unternehmenskommunikation **263**
- Elemente **264**
Unternehmensleitbild **263**
Unternehmenspolitik **144**
Unternehmensstrategie **150**
Unternehmensziele **149**
- absatzmarktorientierte **212**
Unternehmer
- Pflichten **274**
- Reisebüro **274**

unvollkommener Markt **168, 179, 230**
Unzufriedenheitsstiftung **323**
Unzumutbare Belästigung **286**
Urlaubscommunity **131**
Usabilitytests **204**
UWG **282, 283, 284, 285, 288, 289**
- Verjährung **290**

V
Vampir-Effekt **316**
variable Gemeinkosten **398**
verändertes Reiseverhalten **338**
Verantwortlichkeitsmatrix **481**
Verband Internet Reisevertrieb **308**
Verbraucher **283, 338**
Verbraucherpreisindex **340**
Verbraucherpromotionen **301**
Verbraucherschutzvorschriften **241**
Verdrängungswettbewerb **180**
Vergleich des CO_2-Ausstoßes pro km **161**
vergleichende Werbung **285, 286**
Vergütungsmodelle **25**
Verhaltenskriterien **218**
Verjährung **40, 73**
Verjährung bzgl. UWG **290**
Verkauf, persönlicher **272**
Verkaufsförderung **300, 302**
Verkaufsförderungsmaßnahmen **300**
Verkehrsformen **160**
Verkehrsmittel Bus **79**
Verkehrsmittelvergleich **20**
Verlosung **199**
Vermarktung **293**
Verrechnung der Prozesskosten **401**
Versandqualität **440**
Versicherungen und Voucher (Mietwagen) **104**
Verspätung **38, 39, 70, 86, 97**
Verteilungsrechnung **340, 341**
vertikale Integration **143, 234**
vertikale Kooperation **275**
vertikale Servicequalität **429**
Verträge mit Beherbergungsbetrieben **234**
Verträge mit Transportunternehmen **238**
Verträge zwischen Reiseveranstalter und Fluggesellschaft **238**
Vertragsklauseln **242**
Vertragstypische Pflichten beim Dienstvertrag **239**
Vertrauensbildung **413**
Vertrauenslogo **444**
Vertriebsautomatisierung **358**
Vertriebswege **258**
- traditionelle **272**
Verwendungsrechnung **340, 341**
Verzögerung **87**
Verzug **240**
Vielfliegerprogramme **54, 55**
vier K's des Kundenmanagements **381**
VIR **308**
Vision des Unternehmens **214**
visuelles Firmenbild **261**
Vollbeschäftigung **343**
Vollcharter **238**
Vollkaskoversicherung **104**
vollkommene preiselastische Nachfrage **174**
vollkommener Markt **168, 169, 178**
vom Werbebudget zum Werbeplan **293**
Voraussetzungen für eine Preisdifferenzierung **230**
Vorbereitung einer Marketingstrategie **149**
Vorgangskalkulation **388**
Vorgangsknoten **485, 486**
Vorgangsliste **480, 482, 491**
Vorkalkulation **330, 331**
vorsätzlich **289**
Vorstellungsbild einer touristischen Leistung **413**
Vorstellungsbilder **413**
Vorteile der Markenbildung **422**
Vorteile eines adäquaten Beschwerdemanagements **327**
Vorteile und Nachteile des Franchise-Systems **278**
Vorwärtsrechnung **487**
Voucher (Mietwagen) **104, 106**
- MIA **107**
- PMI **106**
VPI **340**

W
Wachstumsphase **155, 156, 368**
Wachstumsstrategie **211**
wahrgenommene Leistung **378**
Walt Disney-Methode **471**
Warenzeichenklassen **410, 411**
Wechselkursrisiko **251**
Wechselkurs und Reisepreis **349**
weiche Auswahlkriterien **248**
weitere Regelungen der EU-Fluggastverordnung **40**
Wellnesshotel **127**
Werbeaktion
- Zeitpunkt **298**
Werbebotschaft **295**
Werbebudget **293**
Werbeerfolg **315**
Werbeetat **294**
Werbegrundsätze **293**
Werbemaßnahmen **257**
Werbeplan **294**
Werbestil **296**
Werbetextarten **295, 296**
Werbeträger **297**
Werbeträgereinsatz **296**
Werbewirksamkeit **315**
Werbewirksamkeitsmessung **316**
Werbeziele **294, 295**
Werbung **285, 293, 298**
- irreführende **285**
- unlautere **285**
- vergleichende **285, 286**
- Zusendung **287**
Wertschöpfungskette **357**
- des Tourismus **234**
Wettbewerbsanalyse im Tourismus **202, 203, 205**
- Ziel **203**
- Fragen **203**
Wettbewerbskräfte **202**
Wettbewerbsorientierung **183**
Wettbewerbsposition **208**
Wettbewerbsrecht **282**
- Komponenten **282**
Wettbewerbsverhältnis **283**
W-Fragen der Werbung **294**
Wir-Gefühl **264**
Wirkungen nachhaltiger Kundenbindung **381**
Wirkungskette der Kundenbindung **379**

X
X-Produkt **430**

Y
Yield-Management **230, 231**

Z
Zahlungsverzug **310, 311**
- Rechte des Reiseveranstalters bei Zahlungsverzug **311**
Zeitanteil **399**
Zeitfaktor **399**
zeitliche Preisdifferenzierung **230**
Zeitpunkte für Werbeaktionen **298**
Zentrale Aufgabe der Marktforschung **191**
Zertifikate **441, 442, 443, 444**
Zertifikat für Reiseverkäufer **444**
Ziel
- Kapazitätsplanung **493**
- Kostenplanung **496**
- Niedrigpreisstrategie **226**
- Planung **478**
- Produktpolitik **152, 154**
- Wettbewerbsanalyse **203**
- Loyalitätsleiter-Konzept **219**
Zieldimensionen **505**
Ziele der Marktsegmentierung **217**
Ziele des Kommunikations-Mix **258**
Zielfunktionen **454**
Zielgruppen **218, 224, 234, 294, 295**
- neue **252, 253**
Zielgruppengerechte Produktpolitik **157**
Zielgruppen im Tourismus **252**
Zielgruppen-Marketing **283**
Zielkonflikte und Priorisierung **452**
Zimmertypen **116, 117**
Zufriedenheitsdeterminanten **326**
Zufriedenheitsfaktoren **320**
Zufriedenheitsmessung, merkmalsorientiert **375, 376**
Zufriedenheitsstiftung **323**
Zusammenhang der Zufriedenheitsfaktoren **320**
Zusatznutzen **93, 413**
- mehrdimensionaler **225**
Zuschlagskalkulation **404, 405, 406**
Zusendung von Werbung **287**